AF748404

Martial Zongo

L'Union de droit au sein de l'Union économique et monétaire ouest-africaine (UEMOA). Étude à la lumière du droit de l'Union européenne (UE).

L'Harmattan

Collection « Études africaines »

dirigée par Denis Pryen et son équipe

Forte de plus de mille titres publiés à ce jour, la collection « Études africaines » fait peau neuve. Elle présentera toujours les essais généraux qui ont fait son succès, mais se déclinera désormais également par séries thématiques : droit, économie, politique, sociologie, etc.

Dernières parutions

Chrysostome CIJIKA KAYOMBO, *Histoire de la pédagogie. Lumière sur la pédagogie traditionnelle africaine*, 2020.
Olo Sib PALE, *Au cœur d'une administration douanière africaine*, 2020.
Thalès DJIMRASSEM et Reoular NDIGMBAYEL, *Pour une éducation à la paix et au développement au Tchad,* 2020.
Firmin Marius Olivaint NYAMA (coord.), *La violence au Gabon*, 2020.
Jose Do NASCIMENTO, *La pensée politique de Cheikh Anta Diop,* 2020.
Giscard Kevin DESSINGA, *Démocraties au four et au moulin, Alternance et conflits électoraux,* 2020
Roger NDONA KAYAMBA, *La production agricole dans la Province du Kwilu (RDC)*, 2020.
Georges Moussavou, *Organisation et système universitaire au Gabon. Sociologie des processus et systèmes institutionnels*, 2020.
Abdoulaye Wotem SOMPARÉ, *L'énigme d'Ebola en Guinée. Une étude socio-anthropologique des réticences*, 2020.
Arsène Francoeur NGANGA et Roland Christian MBINDA-NZAOU, *Peuples et civilisations kongo dans le sud du Gabon*, 2020.
Sylvain OBAME, *Gabon : la réforme administrative sans la réforme de l'État,* 2020.
Bernadette Clara Alvine AYO MBARGA, *La mission de la femme dans le processus de réconciliation*, 2020.

© 2020, L'Harmattan
5-7, rue de l'École-Polytechnique – 75005 Paris
www.editions-harmattan.fr
ISBN : 978-2-343-19768-5
EAN : 9782343197685

Remerciements

Cet ouvrage, fruit de cinq longues années de labeur, n'aurait pu voir le jour sans la présence et le concours de plusieurs personnes.

J'exprime d'emblée ma reconnaissance à l'endroit de « Celui qui est » et qui fait toute chose belle en son temps...

Mes remerciements et mes hommages vont ensuite à l'endroit de mes superviseurs (Prof. Christine Kaddous et Prof. Abdoulaye Soma) et des membres du jury de soutenance de ma thèse de doctorat (Prof. Nicolat Levrat et Prof. Moïse Makane Mbengue) dont les critiques et les suggestions ont largement contribué à renforcer la qualité de l'ouvrage. J'adresse une mention spéciale au Fonds National Suisse de la Recherche Scientifique (FNSRS) et au Centre Social Protestant (CSP) de Genève qui ont généreusement financé pendant respectivement deux ans et demi et six mois, ces travaux de recherche. Ces remerciements s'adressent également à la Cour de Justice de l'Union Économique et Monétaire (UEMOA) dont le Président est par ailleurs le préfacier de cet ouvrage, pour l'hospitalité et la bonne coopération de ses membres dans le cadre du stage doctoral que j'y ai effectué dans le premier trimestre de l'année 2017.

Je ne saurais clore ces lignes sans remercier mes très chers parents, Hortense et Simon Zongo, dont les prières et les bénédictions m'ont toujours accompagné et poussé vers l'avant ; et Priscilla, mon épouse, dont le soutien moral et spirituel a été une des clés d'aboutissement de ce projet.

À l'endroit de mes frères et sœurs, et de toutes les personnes dont les encouragements ont été précieux dans cette longue aventure qui si bellement s'achève... À tous et à chacun (e),

Comme le dit littéralement un proverbe mossi, « je n'ai pas de bouche pour vous dire merci » ![1]

---

[1] Proverbe mossi (une ethnie au Burkina-Faso) voulant dire « les mots me manquent pour vous dire merci ».

Dédicace

À Nadège, ma regrettée sœur aînée que j'aurais tant aimé connaitre…

Préface

La thèse de M. Relwendé Louis Martial ZONGO, intervient à un moment charnière de l'histoire des pays africains, lesquels mesurent à sa juste valeur l'adage « l'union fait la force ».

Les regroupements économiques se consolident, notamment au niveau des États, alors que les peuples, eux ont achevé le phénomène.

Pour le paysan burkinabé, son champ de culture, arbitrairement situé au Mali ou au Benin, a peu d'importance. Il n'a aucun souci à se déplacer et à commercer de part et d'autre de cette frontière imaginaire, née hélas du traité de Berlin en 1884-1885.

M. Zongo, par la finesse de son écriture, la profondeur des analyses et la justesse des comparaisons entre le Droit Européen et celui naissant de l'Union Économique et monétaire Ouest-Africaine (UEMOA) force l'admiration.

On peut sans risque de se tromper affirmer qu'il fait partie de cette jeunesse prête à assurer la relève.

Il me vient à l'esprit, les vers du Poète Albert Béville, plus connu sous son nom d'écrivain de Paul Niger quand il écrit :

« Écoute : le tam-tam s'est tu ; le sorcier peut-être a livré son secret.

Le vent chaud des savanes apporte son message.

L'hippocampe déjà m'a fait un signe de silence.

L'Afrique va parler.

(…)

Je veux que sur mon sol de tiges vertes l'homme droit porte

Enfin la gravité du ciel ».

Cette génération, celle de M. Zongo, devra assumer d'être le devenir de l'Afrique nouvelle, cette Afrique qui est un scandale à tout point de vue,

vaste continent, abondamment irrigué de fleuves et autres cours d'eau, avec une flore abondante et luxuriante, portant en son sein une faune des plus riches ; une Afrique au sous-sol outrageusement riche et qui paradoxe suprême, possède les populations les plus pauvres de la planète.

A cela, s'ajoute un déficit démocratique criard, tant et si bien qu'il arrive quelquefois que l'on se pose la question de savoir, si le droit peut s'acclimater sous les tropiques. La vérité, c'est que le Droit est universel, certains en font très mauvais usage, le détournant par la force et la violence de son but.

En décidant le 10 janvier 1994 à Dakar de créer une Union économique et monétaire, sept puis huit États de l'Afrique de l'ouest, ont dans les principes et objectifs de cette Union, fait la présente profession de foi à l'article 3 du traité : « l'Union respecte dans son action les droits fondamentaux énoncés dans la déclaration universelle des droits de l'homme de 1948 et la Charte africaine des droits de l'homme et des peuples de 1981 »

L'UEMOA entend vivre sous le règne de l'État de droit. Telle est la conclusion qui se déduit aisément de l'ensemble de sa pratique, surtout quand on se réfère à la création dans le traité des organes de contrôle juridictionnel que sont la Cour de Justice et la Cour des Comptes.

Tant dans le traité Constitutif du 10 janvier 1994 que dans le traité modifié du 29 janvier 2003, un principe est posé à l'article 6 : « les actes arrêtés par les organes de l'Union pour la réalisation des objectifs du présent Traité et conformément aux règles et procédures instituées par celui-ci, sont appliqués dans chaque État membre nonobstant toute législation nationale contraire, antérieure ou postérieure. »

Dès lors, l'articulation est toute trouvée pour justifier la pertinence de la thèse de M. Zongo, intitulé :

L'Union de droit au sein de l'Union Économique et monétaire Ouest-Africaine (UEMOA) étude à la lumière du droit de l'Union Européenne (UE).

Ce travail, est à saluer, tant il offre des éclairages aux praticiens et aux étudiants qui veulent s'imprégner du droit communautaire.

Par des analyses profondes, il évoque les fondements normatifs de l'union de droit, tant dans ses aspects d'exigence de respect du principe de légalité, que dans ceux de son ancrage au principe démocratique et de protection des droits fondamentaux.

L'aspect pratique va être déroulé dans des principes relatifs à l'accès aux garanties juridictionnelles tout comme l'efficacité à l'accès auxdites garanties.

Une jurisprudence abondante, européenne et ouest-africaine va être traitée tout au long de l'étude.

Voici un ouvrage d'une rigueur scientifique à la disposition de ceux qui veulent mieux connaître le droit communautaire.

Être le préfacier de cet ouvrage, est donc un honneur pour moi. Que M. Zongo trouve en ces quelques mots, les expressions de ma profonde gratitude, pour la confiance et l'estime portées à ma modeste personne.

Daniel Amagoin TESSOUGUE
Docteur en droit
Magistrat
Président de la Cour de Justice de l'UEMOA

Liste des principales abbréviations, signes et acronymes

ACP	Afrique Caraïbes et Pacifique
AFDI	Annuaire français de droit international
Aff.	Affaire
AHRLJ	African Human Rights Law Journal
AIPN	Autorité investie du pouvoir de nomination
AJIL	American Journal of international Law
AJICL	African Journal of international and Comparative Law
ALENA	Accord de libre-échange Nord-américain
AMP	Association des médiateurs des pays membres de l'UEMOA
ANAD	Accord de Non-agression et d'Assistance en matière de défense
APE	Accord de Partenariat Économique
Art.	Article
AYIL	African Yearbook of international Law
BCE	Banque centrale européenne
BCEAO	Banque Centrale des États de l'Afrique de l'Ouest
BO	Bulletin officiel
BOAD	Banque Ouest Africaine de développement
CADEG	Charte africaine de la démocratie, des élections et de la gouvernance
CADHP	Charte africaine des droits de l'Homme et des peuples
CCR	Chambre consulaire régionale
CDE	Cahier de droit européen
CE	Communauté Européenne
CEA	Communauté Économique Africaine
CEAO	Communauté Économique de l'Afrique de l'Ouest
CECA	Communauté européenne du charbon et de l'acier
CEDEAO	Communauté Économique des États de l'Afrique de l'Ouest

CEE	Communauté économique européenne
CEEA	Communauté européenne de l'énergie atomique
CEMAC	Communauté Économique et Monétaire de l'Afrique Centrale
Cf.	Confère
CFA	Communauté financière africaine
CIJ	Cour international de Justice
CIP	Comité interparlementaire
CJCE	Cour de justice des Communautés européennes
CJUE	Cour de justice de l'Union européenne
CJUEMOA	Cour de Justice de l'Union économique et monétaire ouest-africaine
CMLRev.	Common Market Law Review
CMS	Conseil de médiation et sécurité
CPJI	Cour permanente de Justice internationale
CPS	Conseil de paix et de sécurité (UA)
CPP	Conseil parlementaire pour la paix
CREPMF	Conseil régional de l'Épargne publique et des marchés publics
CTDS	Conseil du travail et du dialogue social
EEE	Espace économique européen
EURATOM	Voir CEEA
FILJ	Fordham international Law Journal
FMI	Fonds Monétaire International
GATT	Accord général sur les tarifs douaniers et le commerce
GJMWP	Geneva Jean Monnet Working Papers
JDE	Journal de droit européen
JOCE	Journal officiel de la Communauté européenne
JOUE	Journal officiel de l'Union européenne
ILJ	Indiana Law Journal
MEE	Mesure d'effet équivalent
MEERQ	Mesures d'effet équivalent aux restrictions quantitatives
MERCOSUR	Marché commun Sud-américain
OAPI	Organisation Africaine de Propriété Intellectuelle
OCAM	Organisations commune africaine et malgache

OCDE Organisation de coopération et de développement économique
OHADA Organisation pour l'Harmonisation en Afrique du Droit des Affaires
OMC Organisation Mondiale du Commerce
Op. cit. Opere citato (œuvre cité)
OUA Organisation de l'Unité africaine
Préc. Précisément
PAC Politique Agricole Commune
PAS Programme d'Ajustement Structurel
PAU Politique Agricole de l'Union
PESC Politique étrangère et de sécurité commune
PMA Pays les moins avancés
PUF Presses Universitaires de France
RADIC Revue africaine de droit international et comparé (voir AJICL)
RAE Revue des affaires européennes
RBD Revue burkinabè de droit
RBDI Revue Belge de droit international
RCADI Recueil des cours de l'Académie de droit international de la Haye
RDUE Revue de droit de l'Union européenne (ex RMUE)
Rec. Recueil des arrêts de la Cour de justice
RFDA Revue française de droit administratif
RFDC Revue française de droit constitutionnel
RGDIP Revue générale de droit international public
RIDA Revue internationale de droit africain
RIDC Revue internationale de droit comparé
RIDE Revue internationale de droit économique
RMC Revue du Marché Commun
RMCUE Revue du Marché Commun et de l'Union européenne (ex RMC)
RMUE Revue du marché unique européen
RQDI Revue québécoise de droit international
RTD Revue tunisienne de droit
RTD eur. Revue trimestrielle de droit européen
RTDH Revue trimestrielle des droits de l'Homme
RSDIE Revue suisse de droit international et européen

SADC Communauté pour le Développement de l'Afrique Australe
SFDI Société française de droit international
TCE Traité instituant la Communauté européenne
TDC Tarif douanier commun
TEC Tarif Extérieur Commun
TEE Taxe d'effet équivalent
TFUE Traité sur le Fonctionnement de l'Union Européenne
TILJ Texas international Law Journal
TPI Tribunal de première instance (UE)
Trib. (UE) Tribunal de l'Union européenne
TUE Traité sur l'Union européenne
UA Union africaine
UDEAO Union Douanière des États de l'Afrique de l'Ouest
UE Union Européenne
UEMOA Union Économique et Monétaire Ouest-Africaine
UMOA Union Monétaire Ouest-Africaine
YEL Yearbook of European Law

Épigraphe

« L'âme qui sur le droit noblement se repose, mieux qu'un fourbe subtil voit clair en toute chose ».

Citations de Sophocle,
Alétès, Ve siècle av. J.-C.

Introduction générale

L'ancrage dans le droit, comme l'une des conditions clé pour la réussite de l'entreprise d'intégration économique régionale, est depuis longtemps une idée courante au sein de la doctrine. Évoquant notamment l'expérience de l'intégration européenne, l'on ne manque pas de souligner, par exemple, le « rôle et la chance du droit et des juges dans la construction de l'Europe »[2], les vertus d'une « intégration à travers le droit »[3] ou encore de considérer le droit comme étant le « moteur de l'Europe »[4]. Résumant de fort belle manière l'apport considérable du droit dans la réussite du processus d'intégration européenne, Jean-Paul JACQUÉ écrivait que

> « Si, comme on le proclame parfois, le moteur de la construction européenne devait être la seule volonté politique des États, ce serait un moteur de faible cylindrée. L'existence d'un système de règles sanctionnées par le juge et qui offre la possibilité tant de faire condamner la carence de la Communauté que les manquements des États, a joué un rôle important dans l'intégration »[5].

Si la magie du droit semble avoir bien opéré en Europe, il n'en est pas de même en Afrique où le phénomène d'intégration économique régionale existe pourtant depuis déjà près d'un siècle[6]. Procédant au

---

[2] Pierre PESCATORE, « Rôle et chance du droit et des juges dans la construction de l'Europe », *RIDC*, Vol. 26, n° 1, 1974, pp. 5-19.

[3] Mauro CAPPELLETTI, Monica SEECOMBE et Joseph WEILER (eds), *Integration through Law*, New York, De Gruyter, 1986, Vol. I, Liv. I, p. 169.

[4] Albin CHALANDON, « Le droit, moteur de l'Europe », *Revue administrative*, 1986, pp. 427-430.

[5] Jean-Paul JACQUÉ, « Le rôle du droit dans l'intégration européenne », *Philosophie politique*, n° 1, 1991, pp. 119-133, préc. p. 122.

[6] Le phénomène d'intégration économique en Afrique n'est pas aussi récent qu'on le croirait de prime abord. La plus ancienne des unions douanières africaines, la Southern African Customs Union (SACU), existe depuis le 29 juin 1910. Il faut néanmoins attendre la décennie des années 1960 pour voir apparaître la plupart des organisations d'intégration régionale africaines qualifiées de « première génération ». Ainsi peut-on citer l'Union douanière et économique de l'Afrique centrale (UDEAC) créée en 1964 et dissoute en 1998, la première Communauté d'Afrique de l'Est créée en 1967 et dissoute en 1977, ou encore la Communauté économique d'Afrique de

diagnostic des premières organisations d'intégration économique sur ce continent, Sadok BELAID relevait dès 1989 un certain nombre de tares congénitales liées précisément au rôle secondaire attribué au droit dans la réalisation des objectifs assignés à ces organisations[7], avant de conclure que « [...] c'est dans l'intégration par le droit que les chances de survie des peuples peuvent être assurées »[8]. Entre hauts et bas, les processus africains d'intégration économique ont, depuis, poursuivi leur évolution en subissant une cure de jouvence dans les années 1990[9].

---

l'Ouest (CEAO) créée en 1973 et dissoute en 1994. Pour une étude détaillée sur ces organisations, voir respectivement, Samuel-Jacques PRISSO-ESSAWE, *Intégration économique et droit en Afrique centrale : étude de la zone UDEAC*, thèse, Université Montpellier I, 1997, 461 p., Kennedy GASTORN, *Processes of legal integration in the East African Community*, Dar es Salaam, Dar es Salaam University Press, 2011, 293 p. et Luc Marius IBRIGA, *L'évolution des systèmes d'intégration économique en Afrique occidentale et francophone : le cas de la CEAO*, thèse, Nancy II, 1991, 404 p. Sur la CEAO, l'on lira également avec intérêt Jean-Claude GAUTRON, « La Communauté Économique de l'Afrique de l'Ouest : antécédents et perspectives », *AFDI*, Vol. 21, n° 1, 1975, pp. 197-215. S'inscrivant, pour la plupart, dans une logique développementaliste de l'intégration régionale, ces organisations se caractérisaient par la promotion d'une politique de substitution des importations et une déconnexion du système international. Voir Philippe HUGON, « Les économies en développements au regard des théories de la régionalisation », *Revue tiers monde*, t. XLIII, n° 169, 2002, p. 9.

[7] L'auteur relève notamment le problème de la définition trop générale et trop vague des objectifs dans des documents de portée juridique incertaine, l'intergouvernementalisme dominant des systèmes institutionnels, les handicaps de la règle de l'unanimité dans le decision-making process ainsi que le problème lié au statut des décisions des instances communautaires vis-à-vis des États membres et de leurs ordres juridiques internes. Sur les faiblesses institutionnelles des premières organisations africaines d'intégration économique, l'on lira également avec intérêt Ntumba Lwaba LUMU, « La faiblesse du cadre institutionnel décisionnel comme frein à l'intégration régionale africaine » *in Etat, Société et Pouvoirs à l'aube du XXIème siècle, Mélanges en l'honneur de François BORELLA*, Nancy, Presses Universitaires de Nancy, 1999, pp 335-364.

[8] Sadok BELAID, « Le rôle du droit dans l'intégration régionale », *RTD*, n° 1, 1989, pp.27-54, préc. p. 54.

[9] Abdallah BENHAMOU, « Les mutations du régionalisme dans les pays en développement », *RADIC*, Vol. 8, n° 4, 1996, pp. 871-903, préc. p. 872. Dans cette nouvelle vague d'organisations africaines d'intégration économique, l'on peut citer notamment la Communauté économique des États de l'Afrique de l'Ouest (CEDEAO) qui remplace la CEAO dès 1975 mais dont le traité est significativement révisé en 1993, la Communauté économique et monétaire de l'Afrique centrale (CEMAC) qui remplace l'UDEAC en 1994 ou encore la nouvelle Communauté d'Afrique de l'Est qui remplace l'ancienne en 1999. À ce jour, l'Afrique ne compte pas moins de quatorze (14) communautés économiques régionales (CER) et figure à ce titre au

Tirant les leçons du passé, les organisations créées à cette période se caractérisent par la volonté d'une juridisation poussée, elle-même marquée par une forte juridictionnalisation desdites organisations[10].

Créée dans le tourbillon de la crise économique des années 1990, en vue de résorber les effets néfastes de la dévaluation du franc de la Communauté financière d'Afrique (CFA), l'Union Économique et Monétaire Ouest-Africaine (ci-après UEMOA) appartient à cette nouvelle génération d'organisations africaines d'intégration économique et ne déroge pas à la règle. Issue du traité de Dakar du 10 janvier 1994[11], l'UEMOA est vite décrite comme « une nouvelle

---

premier rang du classement des continents comportant le plus grand nombre d'organisations régionales. Voir dans ce sens, CEA (NU), État de l'intégration régionale en Afrique, Addis-Abeba, Publications de la CEA, 2004, 311 p., préc. p. 30. Ce pullulement d'organisations d'intégration économique sur le continent marque la consécration de conception dite 'senghorienne' (de l'ancien président sénégalais Léopold Sédar Senghor) de l'unité africaine, laquelle postule une intégration africaine par cercles concentriques et par étapes successives à l'inverse de la conception 'nkrumahienne' (de l'ancien président ghanéen Kwamé N'krumah) qui défendait l'idée d'une intégration globale, hic et nunc, avec un parlement et un exécutif supranationaux. Pour en savoir plus sur cette conception, voir Kwamé N'KRUMAH, L'Afrique doit s'unir, [traduit de l'anglais par L. Jospin], Paris, Présence africaine, 1994, 256 p. Parmi ces organisations africaines, huit (8) ont été reconnues par l'Union Africaine (UA) comme étant les piliers de la Communauté Économique Africaine (CEA) créée par le traité d'Abuja de 3 juin 1991. Il s'agit notamment de l'Union du Maghreb Arabe (UMA), de la CEDEAO, de la CAE, de l'Autorité intergouvernementale pour le développement (IGAD), la Communauté de Développement de l'Afrique Australe (SADC), le Marché Commun de l'Afrique de l'Est et de l'Afrique Australe (COMESA), de la Communauté Économique des États de l'Afrique Centrale (CEEAC) ainsi que la Communauté des États Sahélo-sahariens (CEN-SAD). À long terme, l'ensemble des CER, appelées à disparaître, devrait se dissoudre dans l'organisation d'envergure continentale qu'est la CEA. Pour une vue d'ensemble des CER en Afrique et dans les pays en développement en général, voir Jacques TERNIER, Intégrations régionales dans les pays en développement, Paris, l'Harmattan, 2005, 222 p. Pour en savoir plus sur la CEA, voir Ahmed MAHIOU, « La Communauté économique africaine », *AFDI*, Vol. 39, n° 1, 1993. pp. 798-819.

[10] Dramane SANOU, *La juridictionnalisation des organisations régionales d'intégration économique en Afrique* (thèse), Paris, Panthéon-Sorbonne, 2012, 993 p., préc. p. 18.

[11] Voir BO n° 05, édition spéciale, pp.1-14. Notons que l'UEMOA n'a pas été créée *ex nihilo*. En effet, sa création intervient comme le prolongement de l'intégration monétaire préexistante entre certains pays de l'ex Afrique occidentale française (AOF). Voir dans ce sens Etienne CEREXHE et Louis le Hardy De BAULIEU, *Introduction à l'Union économique ouest africaine*, Bruxelles, De Boeck & Larcier, 1997, 157 p., préc. p. 15. Pour plus de détails sur l'AOF, consulter en plus : Joseph-

approche de l'intégration économique régionale en Afrique »[12]. Il s'agit d'une approche dominée au plan juridico-institutionnel par la supranationalité des organes mis sur pied[13] et l'instauration d'un nouveau rapport avec le droit dans le fonctionnement desdits organes[14].

Roger De BENOIST, *L'Afrique occidentale française de la Conférence de Brazzaville (1944) à l'indépendance* (*1960*), Dakar, Nouvelles éditions africaines, 1982, 617 p. À noter par ailleurs que l'article 2 du traité de Dakar de 1994 stipulait que « Par le présente Traité, les Hautes parties contractantes complètent l'Union Monétaire Ouest Africaine (UMOA) instituée entre elles, de manière à la transformer en Union Économique et Monétaire Ouest-Africaine (UEMOA), ci-après dénommée l'Union ». Le premier traité instituant l'Union monétaire ouest africaine a été signé à Paris le 12 mai 1962 entre sept nouveaux Etats indépendants qui avaient en partage le franc des colonies françaises d'Afrique devenu le franc de la communauté française d'Afrique à la suite de la création de la Communauté franco-africaine en 1958. Ce sont notamment le Dahomey (le Bénin actuel), le Mali, le Sénégal, la Haute-Volta (Burkina-Faso actuel), la Côte d'Ivoire, le Niger et la Mauritanie. Ce traité visait à réformer le régime monétaire de l'Afrique de l'Ouest. Il crée une union monétaire entre les Etats membres et définit les nouvelles modalités de coopération financière avec l'ancienne puissance coloniale. Malgré les retraits successifs du Mali et de la Mauritanie qui décident de créer leurs propres monnaies, le traité de 1962 restera en vigueur jusqu'au 14 novembre 1973, date de la signature d'un nouveau traité UMOA en remplacement du premier. Cette signature intervient entre les six pays restants, auxquels se joint le Togo. Ces pays seront également rejoints par le Mali qui marque son retour en 1984. Si cette intégration monétaire ne manque pas d'atouts, elle révèlera très vite ses limites avec l'avènement de la crise économique des années 1990 et le spectre de la dévaluation du franc CFA qui conduiront les Etats membres à mesurer l'ampleur d'un nécessaire élargissement de leur coopération au domaine économique. D'où la création de l'UEMOA. Compte tenu de son lien historique avec l'UMOA, l'UEMOA a pu être qualifiée par la doctrine d'« actualisation de l'AOF ». Voir dans ce sens, Luc Marius IBRIGA, « L'UEMOA ou l'actualisation de l'AOF » *in* Charles BECKER, Saliou MBAYE, Ibrahima THIOUB (Dir.), *AOF : réalités et héritages. Sociétés ouest-africaines et ordre colonial, 1895-1960*, Dakar, Direction des Archives du Sénégal, 1997, 667 p., p. 512. Le traité de l'UEMOA est entré en vigueur le 1er août 1994 après sa ratification par tous les États membres originaires. Ces derniers seront rejoints en 1997 par la Guinée-Bissau qui en devient ainsi le huitième État membre. Le Traité de Dakar de 1994 a été révisé le 29 janvier 2003 par le traité modifié de l'UEMOA, entré en vigueur le 1er mai 2013 (réf. officielles non disponibles).

[12]Luc Marius IBRIGA, « L'UEMOA : une nouvelle approche de l'intégration économique régionale en Afrique de l'Ouest », *AYIL*, Vol.6, 1998, pp. 23-64, spéc. p. 47.

[13] Alioune SALL, *Les mutations de l'intégration des Etats en Afrique de l'Ouest. Une approche institutionnelle*, Paris, l'Harmattan, 2006, p. 63.

[14] *Idem*, p. 159. Sur les mutations institutionnelles des organisations africaines d'intégration africaines, voir également, Kofi Oteng KUFUOR, *The insitutionnal*

Ces derniers agissent désormais sous la surveillance d'une Cour de Justice (ci-après CJUEMOA) qui se voit également conférer des pouvoirs de sanction à l'encontre des États membres[15].

Partant de ce constat, Babacar SARR considérait le traité de l'UEMOA comme étant « une constitution traduisant la volonté de ses géniteurs de mettre en place une communauté de droit »[16]. Loin d'être une affirmation isolée, cette conviction est partagée par plusieurs auteurs qui restent cependant divisés quant au degré d'ancrage de ladite « Communauté de droit » au sein de l'Union. Si pour certains, l'UEMOA est vraisemblablement une « Communauté de droit » déjà acquise[17], elle n'est encore pour d'autres qu'« une communauté de droit en perspective »[18] ou qu'« une communauté de droit [...] en émergence »[19]. Pour une dernière catégorie d'auteurs, il n'existerait pas de « véritables communautés de droit »[20] au sein des organisations africaines d'intégration économique, l'UEMOA y comprise.

C'est sur fond de ces affirmations divergentes et peu étayées, que nous nous proposons d'examiner l'« Union de droit au sein de l'UEMOA. Étude à la lumière du droit de l'Union européenne »[21]. Pour cerner la

---

Transformation of the Economic Community of West African states, Hampshire, Ashgate, Routledge, 2006, 190 p.

[15] Prévue à l'article 38 du traité de l'UEMOA, la Cour de justice a précisément pour mission de veiller « au respect du droit quant à l'interprétation et à l'application du Traité de l'Union ». Voir Art. 1er du protocole additionnel n° 1 relatif aux organes de contrôle de l'UEMOA, BO, n° 05, édition spéciale, pp. 14-15.

[16] Babacar SARR, « Le traité de l'UEMOA : un pacte constitutionnel fédératif », *RIDA*, 1999, n°43, p. 80.

[17] Voir les propos introductifs de l'ancien président de la Cour de Justice de l'UEMOA, Ousmane DIAKITÉ, dans le Recueil des textes fondamentaux de l'institution publié en 2012 : UEMOA, *Recueil des textes fondamentaux de la Cour de Justice de l'UEMOA*, Ouagadougou, Papeterie Eclair, 2012, p. 9.

[18] Luc Marius IBRIGA et Pierre MEYER, « La place du droit communautaire UEMOA dans le droit interne des Etats », *RBD*, 2000, n°37, pp. 28-46, préc. p. 46.

[19] Robert YOUGBARÉ, « La nature juridique de l'acte additionnel dans le système juridique de l'UEMOA à la lumière de l'affaire YAÏ », *Penant*, Vol. 118, n° 864, 2008, p. 342.

[20] Luc Marius IBRIGA, *« L'ordre juridique communautaire et plus spécialement le droit dérivé »* *in* Séminaire organisé par l'UIA en collaboration avec l'ordre des avocats du Bénin, 2013, disponible sur www.uianet.org (consulté la dernière fois le 25.01.2016).

[21] La substitution ici opérée de la notion d'« Union de droit » à celle de « Communauté de droit » n'a aucune incidence sur le contenu des deux concepts qui restent, pour nous, identiques. Elle ne reflète que le souci d'adapter le substantif au complément de

portée de l'analyse, il convient de s'arrêter sur la signification de la notion qui en constitue le cœur, l'Union de droit. Si le syntagme peut surprendre le juriste classique habitué à réserver le qualitatif « droit » à l'Etat[22], elle l'est davantage pour celui de l'intégration africaine encore peu habitué à son usage. Ce constat est logique puisque c'est du droit de l'Union européenne (UE) que l'expression tire son origine. C'est pourquoi, il importe de s'intéresser à son contenu en droit de l'Union européenne (paragraphe I) afin de mieux comprendre le sens de l'emprunt dans l'analyse du système juridique de l'UEMOA (paragraphe II).

Paragraphe I- La notion d'Union de droit en droit de l'UE

La notion d'« Union de droit » découle, en droit de l'UE, de celle de « Communauté de droit » dont la paternité est communément attribuée au premier président de la Commission européenne Walter Hallstein[23]. Elle est reprise ensuite par la Cour de justice des Communautés européennes (CJCE), qui l'invoque dans son arrêt les Verts du 23 avril 1986pour caractériser la Communauté économique européenne d'alors. Pour cette Cour, la Communauté économique européenne est une Communauté de droit en ce que « Ni ses États membres ni ses institutions n'échappent au contrôle de la conformité de leurs actes à la charte constitutionnelle de base qu'est le traité »[24].

Deux décennies après, c'est à la notion d'Union de droit que la Cour de Justice de l'Union européenne (CJUE) va recourir pour définir l'Union

---

nom. Aussi, emploierons-nous dans la suite de notre texte la majuscule pour désigner l'Union de droit en lien avec l'usage de la majuscule dans la notion d'« État de droit ». Nous réserverons toutefois le cas des citations que nous reprendrons telles.

[22] Joël RIDEAU (Dir.), *De la Communauté de droit à l'Union de droit. Continuités et avatars européens,* Nice, LGDJ, 2000, p. 1.

[23] *Idem*, p. 3. Lire aussi, Walter HALLSTEIN, *Die Europäische Gemeinschaft,* Düsseldorf, Econ-Verlag, 5e éd. 1979, pp.51-77.

[24] CJCE, arrêt Les Verts c. Parlement européen du 23 avril 1986, aff. 294/83, Rec. 1986, p. 1339, pt 23. Voir aussi : CJCE, Ordonnance Zwartveld e.a. du 13 juillet 1990, aff. C-2/88, Rec. 1990, p. I-3365, pt 16 ; CJCE, arrêt Beate Weber du 23 mars 1993, aff. C-314/91, Rec. 1993, p. I-1093, pt 8 ; CJCE, arrêt Parlement européen c. Conseil et Commission du 30 juin 1993 aff. Jointes C-181/91 et C-248/91, Rec. 1993, p. I-3685, pt 13 ; TPICE, arrêt Jégo-Quéré c. Commission du 3 mai 2002, aff. T-177/01, Rec. 2002, p. II-2365, pt 40 ; CJCE, arrêt Unión de Pequeños Agricultores (UPA) c. Conseil du 25 juillet 2002, aff. C-50/00 P, Rec. 2002, p. I-06677, pt 40 ; CJCE, arrêt Segi, Araitz Zubimendi Izaga et Aritza Galarraga c. Conseil de l'Union européenne

européenne comme « une union de droit dans laquelle ses institutions sont soumises au contrôle de la conformité de leurs actes, notamment avec le traité FUE et les principes généraux du droit »[25]. Formellement absente des traités constitutifs de l'UE[26], la notion d'Union de droit se révèle difficilement pénétrable dès qu'on entreprend de s'y intéresser plus en détail. L'absence de définition claire dans les contributions doctrinales portant respectivement sur la Communauté de droit[27] et l'Union de droit[28] est révélatrice à cet égard. Sur ces deux termes, une remarque préliminaire mérite d'être effectuée.

Il convient de souligner notamment que la référence au terme « Communauté de droit » puis « Union de droit » dans la jurisprudence de la CJUE ne correspond pas véritablement à une évolution définitionnelle[29]. Comme nous y procédons dans cette thèse, le

du 27 février 2007, aff. C-355/04, Rec. 2007, I-01657, pt 34 ; CJCE, arrêt Gestoras Pro Amnistía, Juan Mari Olano et Julen Zelarain Errasti c. Conseil de l'Union européenne du 27 février 2007, aff. C-354/04, Rec. 2007, p. I-01579, pt 34 ; CJCE, arrêt Yassin Abdullah Kadi et Al Barakaat International Foundation c. Conseil de l'Union européenne et Commission des Communautés européennes du 3 septembre 2008, aff. Jointes C-402/05 et C-415/05, Rec. 2008, p. I-06351 pt 281. Cette liste de décisions n'est pas exhaustive.

[25] CJUE, arrêt Procédure pénale c. E. et F. du 29 juin 2010, aff. C-550/09, Rec. 2010 I-6213, pt 44. Lire aussi : CJUE, arrêts République de Pologne c. Commission européenne du 26 juin 2012, aff. C-335/09 P et aff. C-336/09 P, EU:C:2012:385 et EU:C:2012:385 (Respectivement, pts 48 et 36) ; CJUE, arrêt Inuit Tapiriit Kanatami et autres c. Parlement européen et Conseil de l'Union européenne du 3 octobre 2013, aff. C-583/11 P, EU:C:2013:625, pt 91. Cet arrêt est une confirmation de l'arrêt du Tribunal rendu dans la même affaire le 25 avril 2013, aff. T-526/10, ECLI:EU:T:2013:215.

[26] Il faut noter cependant que la notion a fait une brève apparition dans le traité sur l'Union européenne, notamment dans sa version issue du traité d'Amsterdam, avant de disparaître par la suite. L'article 6 du traité UE stipulait alors que « l'Union est fondée sur les principes de la liberté, de la démocratie, du respect des droits de l'Homme et des libertés fondamentales, et de l'Union de droit, principes qui sont communs aux États membres ».

[27] Ninon COLNERIC, David EDWARD, Jean-Pierre PUISSOCHET, Dámaso Ruiz-Jarabo COLOMER (Dir.), *Une Communauté de droit. Festschrift für Gil Carlos Rodríguez IGLESIAS*, Berlin, BerlinerWissenschafts-Verlag, 2003, 648 p.

[28] Jean-Claude MASCLET, Hélène Ruiz FABRI, Chahira BOUTAYEB, Stéphane RODRIGUES (Dir), *L'Union européenne. Union de droit, union des droits. Mélanges en l'honneur du Professeur Philippe Manin*, Paris, Pédonne, 2010, 937 p.

[29] En effet, l'évolution définitionnelle, dans le sens de l'enrichissement matériel de la « structure de droit », a lieu bien avant l'adaptation terminologique de la CJCE, notamment dans l'arrêt UPA de 2002. Cf. infra, p. 12 et s.

changement des termes employés par cette Cour doit plutôt s'analyser comme un « aggiornamento » du substantif associé au complément. L'Union européenne s'étant substituée à la Communauté européenne après l'entrée en vigueur du traité de Lisbonne, la commodité du langage imposait naturellement la substitution du terme « Union de droit » à celui de « Communauté de droit ». Cette adaptation de l'expression à l'objet visé est corroborée par d'autres propos tenus par la Cour dans un tout autre contexte. Dans son rapport de 1995 relatif à l'application du traité sur l'Union européenne, celle-ci présente, en effet, les Communautés européennes comme « des communautés de droit » et « l'union fondée sur elles [comme partageant] cette nature »[30].

Pour autant, Jean-Pierre PUISSOCHET considère que l'Union de droit ne doit pas être assimilée à la Communauté de droit tout comme l'Union européenne ne peut être confondue à la Communauté européenne[31]. Alors que la Communauté de droit constituerait un dispositif complet et cohérent, doté de mécanismes de garanties efficaces mais limité par le caractère spécialisé (limité) du champ communautaire, l'Union de droit, potentiellement dotée de l'universalité qui manque à la première, prendrait la forme d'un ensemble incomplet, partiel et hétéroclite de normes et de méthodes et se présenterait ainsi comme une notion à construire[32]. Cette distinction opérée par l'auteur doit être resituée dans son contexte.

En effet, elle intervient à une époque où le processus d'intégration européenne est encore caractérisé par une construction en piliers faisant coexister au sein de l'Union européenne les Communautés européennes (pilier communautaire), la politique étrangère et de sécurité commune ainsi que la coopération policière et judiciaire en matière pénale (piliers intergouvernementaux). Dans ce contexte, la distinction de Jean-Pierre PUISSOCHET n'est que le reflet du gap qui existait entre les garanties procédurales offertes dans le cadre des compétences communautaires et celles qu'on pouvait retrouver dans les autres domaines où prévalait la coopération intergouvernementale, comme a pu bien le mettre en évidence l'avocat général Poiares MADURO dans l'affaire Espagne c.

[30] Rapport de la Cour de justice des Communautés européennes sur l'application du traité sur l'Union européenne, Luxembourg, 1995. Disponible sur http://www.cvce.eu (consulté la dernière fois, le 9.12.2017).

[31] Jean-Pierre PUISSOCHET, « Conclusion » *in* Joël RIDEAU (Dir), *De la Communauté de droit à l'Union de droit…*, *op. cit.* p. 495.

[32] *Idem*, p. 493.

Eurojust de 2005[33]. Ainsi, la distinction opérée par l'auteur ne doit pas être interprétée comme remettant en cause le fait que les deux notions « soient fondées sur des prémisses communes »[34]. Au demeurant, il s'agit d'une distinction qui nous semble avoir perdu de son intérêt avec la substitution intégrale de l'Union européenne aux Communautés européennes et la disparition des piliers communautaires.

Ceci ayant été dit, il convient de se référer à la définition jurisprudentielle d'origine pour mieux cerner les contours du concept amphigourique d'Union de droit. L'analyse détaillée de cette définition permet d'entrevoir une notion autonome (B) et à caractère fonctionnel (C) malgré son indubitable atavisme à la notion d'État de droit (A).

A) L'Union de droit, une notion atavique au concept d'État de droit

La notion d'Union de droit puise ses racines dans le concept d'État de droit dont elle apparaît comme un rejeton. Avant d'examiner le reflet de la conception moderne de l'État de droit dans la notion d'Union de droit (2), il convient de s'intéresser aux origines et à l'évolution historique de ladite notion (1).

1) Des origines à la conception moderne de l'État de droit

L'État de droit, dans sa version moderne[35], est apparu en Allemagne au XIXe siècle (concept de *Rechtssaat*) et tire ses origines philosophiques

---

[33] Conclusions de l'avocat général Poiares MADURO, du 16 décembre 2004, rendues dans l'arrêt Espagne c. Eurojust, aff. C-160/03, Rec., p. I-2077, pt 17. Cette affaire soulevait notamment la question de la recevabilité du recours en annulation d'un État membre à l'encontre d'un organe pris par un organe de l'UE dans le cadre d'un des piliers intergouvernementaux de l'époque : la coopération policière et judiciaire en matière pénale.

[34] Jean-Pierre PUISSOCHET, *op. cit.*, p. 495.

[35] La doctrine oppose généralement aux origines allemandes de la version moderne de l'État de droit, les origines anglo-saxonnes du Rule of Law qui apparaît comme une version ancienne de l'État de droit établie dès le XVIIe en Grande Bretagne. Le Rule of Law (doctrine de la règle de droit ou encore du règne du droit) est notamment le résultat d'un long combat qui a opposé le parlement britannique au roi, le premier dénonçant l'omnipotence du second. Le concept doit sa formulation moderne à Albert Venn DICEY qui le définit en ces termes : « La règle de droit signifie [...] la suprématie ou la prédominance absolue d'un droit ordinaire, ce qui l'oppose au pouvoir arbitraire et exclut l'existence de l'arbitraire, des prérogatives, voire d'une

de la conception kantienne de l'État et du droit[36]. Comme l'affirme Olivier JOUANJAN, « L'État de droit, en ce qu'il est un concept normatif, dit avant tout que l'État doit s'accomplir dans et par le droit et que le droit doit s'accomplir dans et par l'État »[37]. Cette définition positiviste du syntagme démontre la forte imbrication existante entre l'État et le droit, laquelle a conduit Hans KELSEN à qualifier l'expression de pléonastique[38].

En Allemagne, le *Rechtsstaat* apparaît au départ comme une théorie mobilisée au soutien des revendications politiques de la bourgeoise libérale. Il est invoqué par des auteurs libéraux tels que Robert Von MOHL[39], Friedrich Julius STAHL et Rudolf GNEIST, pour justifier les limitations de l'absolutisme de l'État et prévenir les intrusions arbitraires de ce dernier dans la sphère de l'autonomie privée. Il vise alors précisément à « soumettre le pouvoir exécutif et son administration au respect de la légalité par le biais des principes de la

---

autorité discrétionnaire étendue, de la part du gouvernement ». Voir Albert Venn DICEY, Introduction to the study of the Constitution, London, Macmillan & Co Ltd, 10e éd., 1959, p. 183. Malgré leurs origines différentes, les concepts d'État de droit et de Rule of Law se rapprochent dans la mesure où elles visent le même objectif, à savoir empêcher le pouvoir arbitraire du souverain ou de la puissance publique. Pour une analyse du concept de Rule of Law, voir Daniel MOCKLE, « Rule of Law », *in* Michel TROPER et Dominique CHAGNOLLAUD (Dir.), *Traité international de droit constitutionnel*, Paris, Dalloz, Tome I, 2012, p. 671 et s.

[36] Vlad CONSTANTINESCO et Stéphane PIERRÉ-CAPS, *Droit constitutionnel*, Paris, PUF, 2006, p. 285. Pour Emmanuel Kant, l'État est un État juridique, libéral et républicain. Il s'agit notamment d'un État entièrement coulé dans le moule du droit, ayant pour finalité de garantir la liberté humaine à travers la forme républicaine de gouvernement qui exclut tout despotisme par l'usage arbitraire de la force. Sur ce point, lire aussi, Eric CARPANO, État de droit et droits européens, Paris, l'Harmattan, 2005, pp. 66-81 et Kaarlo TUORI, « L'État de droit » *in* Michel TROPER et Dominique CHAGNOLLAUD (Dir.), *Traité international de droit constitutionnel*, Paris, Dalloz, Tome I, 2012, p. 645 et s.

[37] Olivier JOUANJAN (Dir.*), Figures de l'État de droit. Le Rechtsstaat dans l'histoire intellectuelle et constitutionnelle de l'Allemagne,* Strasbourg, PUS, 2001, p. 1.

[38] Pour une étude détaillée de la théorie kelsénienne de l'État de droit, voir Jacques CHEVALLIER, *L'Etat de droit*, Paris, Montchrestien, 2e éd., 1994, p. 44. Lire aussi, Hans KELSEN, *Théorie pure du droit*, Trad. de la 2e éd., Paris, Dalloz, 1962, p. 411.

[39] Certains auteurs attribuent à ce dernier, l'emploi, pour la première fois, de l'expression « Rechtsstaat » à travers son ouvrage *Die Polizeiwissenschaft nach den Grundsätzen des Rechtsstaates*, 1831. Voir Vlad CONSTANTINESCO et Stéphane PIERRÉ-CAPS, *Droit constitutionnel*, *op. cit.*

suprématie et de la réserve de la loi, du contrôle judiciaire des actes administratifs et de la responsabilité de l'État »[40].

La réception de la notion en France, au début du XXe siècle, conduira à mettre l'accent sur le principe de la hiérarchie des normes, vestige de la révolution de 1789, ainsi que sur le contrôle de constitutionnalité des lois auquel aboutissent les contestations doctrinales de l'État légal dont Raymond CARRÉ DE MALBERG demeure une des figures de proue[41]. Pour ce dernier, il convenait de distinguer l'État légal et l'État de droit. Alors que l'État légal est celui dans lequel « tout acte de puissance administrative présuppose une loi à laquelle il se rattache et dont il est destiné à assurer l'exécution », l'État de droit est celui qui,

> « En même temps qu'il formule les prescriptions relatives à l'exercice de sa puissance administrative, assure aux administrés, comme sanction de ces règles, un pouvoir juridique d'agir devant une autorité juridictionnelle à l'effet d'obtenir l'annulation, la reformation ou en tout cas la non-application des actes administratifs qui les auraient enfreintes »[42].

Il considère ainsi, qu'en l'absence de tout recours contre la loi qui demeurait hégémonique, la France ne s'était pas élevée à la perfection de l'État de droit ; d'où la nécessité d'établir le contrôle de la conformité de la loi à la Constitution, norme supérieure dans la hiérarchie des normes internes.

Après l'éclipse qu'il a connu sous la 2nde guerre mondiale et particulièrement sous le régime nazi du 3e Reich, le concept connaitra une « glorieuse résurrection »[43] tout en subissant des inflexions notables. Présenté jusque-là sous des aspects purement formels, l'État de droit se verra doté d'un contenu à travers le développement des droits de l'Homme[44]. Cette évolution traduit l'idée que l'État de droit ne

---

40 Andreas AUER, Georgio MALINVERNI et Michel HOTTELIER (Dir.), *Droit constitutionnel suisse, l'État*, Berne, Stämpfli, 3e éd., Vol. I, p.467.

41 Jacques CHEVALLIER, *L'Etat de droit*, *op. cit.* p. 16.

42 Raymond CARRE De MALBERG, *Contributions à la théorie générale de l'État*, Paris, Sirey, 1922, pp. 489-490 cité par Eric CARPANO, *État de droit et droits européens, op. cit.* p.155.

43 Andreas AUER, Georgio MALINVERNI, Michel HOTTELIER (Dir.), *Droit constitutionnel suisse, l'État*, *op. cit.*

44 À noter que ce mouvement d'enrichissement matériel de la notion gagne du terrain même du côté anglo-saxon où la Rule of law se voit insuffler un nouveau contenu en

saurait être « l'État de n'importe quel droit, mais d'un droit sous-tendu par des valeurs et des principes »[45]. L'État de droit ainsi enrichi va progressivement devenir, au-delà du concept doctrinal, un concept de droit positif formellement consacré dans les constitutions des États, avant de s'imposer comme un concept mondial[46] à la faveur du mouvement de décolonisation puis de l'effondrement des régimes du bloc communiste[47].

Malgré les particularités qu'il est encore susceptible de revêtir au sein des ordres juridiques internes[48], l'ensemble de la doctrine semble aujourd'hui convenir d'un concept « à la Janus », comportant un aspect formel et un aspect matériel. Dans sa dimension formelle, l'État de droit recouvre principalement l'organisation générale de l'État (Constitution, séparation des pouvoirs, principe de démocratie, répartition des compétences), l'encadrement de l'action administrative à travers le principe de la légalité, ainsi que les garanties juridictionnelles dont elles sont assorties. Dans sa dimension matérielle, le concept renvoie généralement à la protection des individus à travers les droits fondamentaux et les divers principes généraux de droit.

Dans un effort de modélisation du concept au sein de l'Europe, Éric CARPANO souligne trois grands sous-principes structurels qui, dans leur contenu, renvoient pour l'essentiel à l'ensemble des éléments relevés ci-dessus. Il s'agit notamment du droit au droit (principes de légalité, sécurité juridique et proportionnalité), du droit au juge (droit au recours juridictionnel effectif et droit à un procès équitable) et du

---

référence aux droits de l'Homme, à la faveur du « liberal normativism » qui voit le jour au sein des milieux intellectuels à partir des années 1980. Voir dans ce sens, Luc HEUSCHLING, « Le regard d'un comparatiste : l'État de droit dans et au-delà des cultures juridiques nationales » *in SFDI, L'État de droit en droit international,* Colloque de Bruxelles, Paris, A. Pedone, 447 p., pp. 41-67, préc. pp. 47, 48 et 63.

[45] Jacques CHEVALLIER, *L'Etat de droit,* Paris, Montchrestien, 4e éd., 2003, p. 91.

[46] Jacques CHEVALLIER, « La mondialisation de l'État de droit », *in* Michel BORGETTO (éd.), *Mélanges Philippe Ardent. Droit et politique à la croisée des cultures*, Paris, LGDJ, 1999, pp. 325-337.

[47] Voir également Jacques CHEVALLIER, L'État de droit, *op. cit.*, p. 128 et s.

[48] Pour une analyse récente de la notion en droit suisse, l'on lira avec beaucoup intérêt, Henri TORRIONE, « Principe de la prééminence du droit (rule of law) ou Rechtsstaatsprinzip en droit suisse ? Quelle version de l'intitulé de l'art. 5 Cst. privilégier : « Principes de l'activité de l'Etat régi par le droit" ou plutôt "Grundsätze rechtsstaatlichen Handelns» ? », *Zeitschrift für schweizerisches Recht*, Vol. 136, issue 1, page 231-254.

droit à la liberté (droits et libertés fondamentales de la personne humaine)[49]. Dans la même veine d'idées, Constance GREWE énumère les « éléments standards » de l'État de droit dans ses réflexions comparatives sur la notion[50]. Elle se réfère plus précisément aux qualités requises de l'État (État structuré, Constitution, hiérarchie des normes, séparation des pouvoirs, droits fondamentaux), aux qualités requises du droit (clarté et accessibilité, principes de sécurité juridique, confiance légitime et proportionnalité), ainsi qu'au droit au juge (protection juridictionnelle, principe ne bis in idem, etc.).

Il convient de relever cependant l'existence d'une doctrine assez minoritaire selon laquelle l'État de droit doit être compris indépendamment des droits fondamentaux et de la démocratie. Tel est par exemple le cas de Jeffrey JOWELL pour qui la *Rule of law* concerne uniquement l'exécution et la mise en œuvre du droit et non son contenu[51] ou encore de Katharina SOBOTA, qui considère que les droits fondamentaux ne devraient plus caractériser le Rechtsstaat dans la mesure où il serait incohérent de vouloir en faire à la fois un principe constitutionnel fondamental, tel qu'il en ressort de la Constitution allemande et un élément constitutif du principe de *Rechtsstaat*[52]. L'on peut également se référer à Éric MILLARD qui considère que l'affirmation selon laquelle l'État de droit garantirait la démocratie et les droits de l'Homme, ne génère pas de signification précise. Pour cet auteur, même dans le discours juridique, « le concept d'État de droit est appréhendé principalement comme modèle prescriptif d'organisation sociale, sans que l'on puisse pour autant avec certitude désigner un

---

[49] Eric CARPANO, *État de droit et droits européens*, *op. cit.* p. 317 et s.

[50] Constance GREWE, « Réflexions comparatives sur l'État de droit » *in* Joël RIDEAU (Dir), *De la Communauté de droit à l'Union de droit…*, *op. cit.*, pp. 11-22.

[51] Jeffrey JOWELL, « The Rule of Law Today » *in* Jeffrey JOWELL, Dawn OLIVER et Colm O' CINNEIDE (eds), *The Changing Constitution,* Oxford, Clarendon, 4e éd., 2000, 387 p., pp. 3-22, préc. pp. 20-21.

[52] Katharina SOBOTA, *Das Prinzip Rechtsstaat: verfassungs- und verwaltungsrechtliche Aspekte*, Tübingen, Mohr Siebeck, 1997, 569 p., préc. 444. Pour un point complet sur cette doctrine minoritaire, voir Émilie DEAL, *La garantie juridictionnelle des droits fondamentaux communautaires. La Cour de Justice face à la Communauté de droit*, thèse, Université d'Aix-Marseille III, 2006, 617 p., préc. p. 139 et s.

modèle existant dont il rendrait compte, ni un modèle politique unique auquel il serait attaché »[53].

Sans entrer en matière sur la complexité des liens qui unissent ces trois notions dans la théorie juridique, il s'impose de constater leur forte imbrication dans le droit positif contemporain aussi bien national qu'international et européen. Sur le plan national, la plupart des constitutions qui évoque l'État de droit le rattache simultanément soit à la démocratie, soit à la protection des droits fondamentaux. En Europe occidentale, l'on peut citer par exemple la Constitution portugaise qui définit la République comme « un État de droit démocratique »[54] ou encore la Constitution allemande qui évoque un « État de droit républicain, démocratique et social »[55].

Sur le plan international, la déclaration universelle des droits de l'Homme de 1948 souligne cette imbrication en proclamant « qu'il est essentiel que les droits de l'homme soient protégés par un régime de droit pour que l'homme ne soit pas contraint, en suprême recours, à la révolte contre la tyrannie et l'oppression »[56]. Même si la Convention européenne des droits de l'Homme (CEDH) du 4 novembre 1950 ne mentionne expressément la notion d'État de droit nulle part dans son préambule et dans son corpus, ladite notion apparaît à de nombreuses reprises dans la jurisprudence de la Cour EDH, comme suppléant tantôt la notion de « prééminence du droit » prévue dans le Statut du Conseil de l'Europe et le préambule de la CEDH, et tantôt la notion de « société démocratique » mentionnée aux articles 8 à 11 de la même Convention[57]. Fort de son imbrication avec la notion de l'État de droit,

---

[53] Eric Millard « L'Etat de droit : Idéologie contemporaine de la démocratie » *in* J.M. Février & P. Cabanel. *Question de démocratie*, Toulouse, Presses universitaires du Mirail, 2001, pp.415-443, préc. p. 415.
[54] Art. 2 de la Constitution du 2.04.1976.
[55] Art. 28 de la Constitution du 23.5.1949.
[56] 4e considérant du préambule de la DUDH de 1948. Nous soulignons.
[57] Pour un aperçu de l'usage de la notion d'État de droit par la Cour EDH, voir Céline HUSSON-ROCHCONGAR, « La redéfinition permanente de l'État de droit par la Cour européenne des droits de l'Homme », *Civitas Europa*, n° 37, 2016/2, pp. 183-220.

Éric CARPANO a d'ailleurs pu requalifier cette dernière notion de « société démocratique de droit »[58].

Si cette conception matérielle (ou substantielle) de l'État de droit, intimement liée à la démocratie et aux droits fondamentaux, a pu l'emporter, c'est sans doute à cause de son ancrage dans l'idéologie du libéralisme politique et de l'hégémonie actuelle de ce modèle aussi bien en Europe que dans le monde[59]. Le régime de l'État de droit est de ce fait devenu « indissociable de l'adhésion aux valeurs essentielles de la démocratie et à la reconnaissance des droits fondamentaux »[60]. Ce constat ne remet pas en cause, pour autant, la dimension formelle originaire du concept, qui continue d'exister tout en étant associée à la dimension matérielle.

2) Le reflet de la conception moderne de l'État de droit dans la notion d'Union de droit

Si l'arrêt fondateur les Verts rendu par la CJCE au sujet de la Communauté de droit traduit sans ambages l'écho de la dimension formelle de l'État de droit dans l'ordre juridique de l'UE, il n'en est pas

[58]Éric CARPANO, *État de droit et droits européens*, *op. cit.*, p. 442.

[59] Jacques CHEVALLIER, « Les aspects idéologiques de l'État de droit » *in* SFDI, *L'État de droit en droit international*. Colloque de Bruxelles, *op. cit.*, pp. 69-80, préc. p. 70 et p. 77. Le rayonnement du modèle substantiel de l'État de droit, en lien avec la démocratie et les droits fondamentaux, est ainsi perceptible tant sur le continent africain que sur le continent américain. En effet, la Charte démocratique interaméricaine (CDI) du 11 septembre 2001 évoque la notion d'État de droit en la liant fortement à la démocratie représentative. Voir art. 2 de ladite Charte, disponible sur : http://www.oas.org/OASpage/frn/documents/Democractic_Charter.htm (consulté pour la dernière fois, le 24.2.2018). Quant à la Charte africaine de la démocratie, des élections et de la bonne gouvernance (CADEG) du 30 janvier 2007, elle consacre également la notion d'État de droit dans son acception matérielle, en se référant notamment au triptyque « droits de la personne, démocratie et bonne gouvernance » découlant du préambule et des articles 3 et 4. Voir dans ce sens, Armel LALI, « La perception de l'État de droit dans le droit et la pratique de l'Union africaine » *in* SFDI, *L'État de droit en droit international*, Colloque de Bruxelles, Paris, Pedone, 2009, 447 p., préc. pp. 287-300, préc. p. 289. Également, Jamil Ddamulira MUJIZI, "The rule of law: Approaches of the African Commission on Human and Peoples' Rights and selected African states", *AHRJ*, Vol. 12, n° 1, pp. 89-111.

[60] Denys SIMON, « La Communauté de droit » *in* Frédéric SUDRE et Henri LABAYLE (Dir.), *Réalité et perspectives du droit communautaire des droits fondamentaux,* Bruxelles, Bruylant, 2000, 531 p., pp. 85-123, préc. p. 96.

de même de la dimension matérielle qui n'apparaîtra que plus tard. En effet, en affirmant que la Communauté économique européenne est une Communauté de droit dans la mesure où « ni ses États membres, ni ses institutions n'échappent au contrôle de la conformité de leurs actes à la charte constitutionnelle de base qu'est le traité », la CJCE emprunte, consciemment ou non, à la conception formelle de l'État de droit, d'une part l'idée de la délimitation de l'État et de son administration par le droit et d'autre part, la figure du juge préposé au contrôle de la licéité de l'action étatique et à la protection judiciaire des citoyens. Fondée sur une charte constitutionnelle se trouvant au sommet de l'édifice normatif régissant l'organisation, la Communauté européenne en tant que Communauté de droit, puis l'Union européenne en tant qu'Union de droit, agissent dans les limites du droit dont la juridiction supranationale veille au respect à travers l'interprétation et l'application des traités.

Toutefois, la définition de la CJCE demeurait incomplète tant qu'elle n'incluait pas la dimension matérielle rattachée à la protection des droits fondamentaux[61]. Ainsi, pour Joël RIDEAU,

> « Si important que soit le contrôle juridictionnel, la notion de Communauté de droit doit être entendue plus largement en englobant l'analyse de l'organisation des pouvoirs dans le système communautaire, le jeu de la démocratie dans l'exercice du pouvoir de décision, <u>les droits des sujets</u> de l'ordre juridique communautaire et spécialement des particuliers dans les perspectives de l'Europe des citoyens [...] »[62].

De même que l'on ne pouvait admettre la neutralité du concept d'État de droit à moins d'être partisan « d'un formalisme aigu et d'un positivisme obtus »[63], il était difficile de concevoir une Communauté de droit indifférente à la protection des droits fondamentaux.

Pour Denys SIMON, l'évocation de la charte constitutionnelle de la Communauté de droit devait intégrer les principes généraux de droit et

---

[61] Jean Paul JACQUÉ, « Cours général de droit communautaire », *Collected Courses of the Academy of European Law*, Vol. I, Book 1, Dordrecht, Martinus Nijhoff, 1991, p. 277.

[62]Joël RIDEAU, « Communauté de droit et Etats de droit » *in Humanité et droit international*, *Mélanges René-Jean DUPUY*, Paris, éd. A. Pédonne, 1991, p. 249. Nous soulignons.

[63] Denys SIMON, « La Communauté de droit », *op. cit.*, p. 94.

partant, les droits fondamentaux qui faisaient partie intégrante du bloc de la légalité communautaire[64]. Il a fallu néanmoins attendre l'arrêt UPA[65] en 2002 pour que la CJCE intègre, pour la première fois, la protection des droits fondamentaux dans la définition de la Communauté de droit. Elle affirme notamment dans cet arrêt que « La Communauté européenne est une Communauté de droit dans laquelle ses institutions sont soumises au contrôle de la conformité de leurs actes avec le traité et les principes généraux de droit dont font partie les droits fondamentaux »[66]. Les droits fondamentaux deviennent ainsi désormais partie intégrante de la Communauté/Union de droit, comme en témoigne le développement de la jurisprudence ultérieure[67]. Mais tout comme pour l'État de droit, la caractérisation de l'Union de droit par la protection des droits fondamentaux est contestée par une doctrine très minoritaire.

Pour Émilie DEAL,

> « Si la construction communautaire a engendré uneCommunauté de droit et une Union de droit, dont l'élaboration est toutefois encorependante, elles ne sont pas caractérisées par les droits fondamentaux. Ces derniers sontcertes devenus un élément important du droit communautaire, mais aucune autoritéjurisprudentielle ou même « constitutive » n'a jamais exprimé une telle subordination.Les droits fondamentaux communautaires doivent par conséquent être conçus comme unoutil d'approfondissement de l'Union européenne en général, tout comme la 'structurede droit' »[68].

L'auteur fonde sa position sur plusieurs arguments. Elle s'appuie d'abord sur le caractère controversé de la caractérisation de l'État de

---

[64]Denys SIMON, *Le système juridique communautaire*, Paris, PUF, 3e éd., 2001, p. 96 et s.

[65] CJCE, arrêt Unión de Pequeños Agricultores c. Conseil (arrêt UPA) du 25 juillet 2002, aff. C-50/00 P, Rec. 2002, p. I-6677.

[66] *Idem*, pt 38. Voir également arrêt Procédure pénale c. E et F. précité.

[67] Cf. *infra*, p. 28 et s.

[68] Émilie DEAL, *La garantie juridictionnelle des droits fondamentaux communautaires. La Cour de Justice face à la Communauté de droit*, *op. cit.*, p. 171. Voir également, dans ce sens, Joël MOLINIER, « D'un traité l'autre : les principes fondateurs de l'Union européenne, de Maastricht à Amsterdam » *in Pouvoirs et Libertés. Études offertes à Jacques MOURGEON,* Bruxelles, Bruylant, 1998, 703 p., pp. 439-455, préc. p. 445.

droit par les droits fondamentaux. Ensuite, elle relève le fait que la référence aux droits fondamentaux dans l'arrêt UPA ne porte en réalité que sur le droit au recours effectif qui n'est autre qu'une caractéristique « classique » de la Communauté de droit. Or, considère-t-elle, « comme le droit au recours à la fois découle du second caractère de la « structure de droit » et constitue un droit fondamental, il ne peut être déduit de son lien avec la Communauté de droit que tous les droits fondamentaux en constituent un troisième caractère »[69].

Comme nous l'avons indiqué et comme nous le démontrerons par la suite, cette position ne reflète aucunement l'état du droit positif contemporain relatif à l'État de droit, ainsi que le développement ultérieur de la jurisprudence de la CJUE, qui se réfère également à d'autres droits fondamentaux en lien avec l'Union de droit[70]. Hormis les droits fondamentaux, le principe démocratique, comme caractéristique de l'Union de droit, n'échappe pas non plus à la controverse doctrinale[71] d'autant plus qu'à ce jour, contrairement aux premiers, le second ne figure pas expressément dans la définition jurisprudentielle de la notion telle que retenue par la CJUE. Malgré tout, la doctrine considère dans son écrasante majorité, que la référence à la notion d'Union de droit est difficilement isolable d'une vision de la Communauté européenne fondée sur le principe de démocratie[72]. Impossible en effet de ne pas percevoir dans la jurisprudence relative au contentieux du Parlement européen, le lien implicite très fort qui existe entre la Communauté de droit et le principe démocratique.

Dans le prolongement de l'arrêt Roquettes et frères (Isoglucose)[73], l'arrêt les Verts participe en effet de la reconnaissance du statut du Parlement européen et, par ricochet, du principe démocratique au sein de l'UE. En consacrant la légitimation passive dudit Parlement, la Cour

---

[69] *Idem*, p. 170.

[70] Cf. *infra*, p. 28 et s.

[71] Voir notamment, Joël MOLINIER, « D'un traité l'autre : les principes fondateurs de l'Union européenne, de Maastricht à Amsterdam », *op. cit.*

[72] Voir Denys SIMON, « La Communauté de droit », *op. cit.*, p. 99. Également, Joël RIDEAU, « Communauté de droit et États de droit », *op. cit.*, p. 249 ou encore, Catherine CASTOR, *Le principe démocratique dans le droit de l'Union européenne,* Bruxelles, Bruylant, 2011, 524 p., préc. p. 211 et s.

[73] CJCE, arrêt Roquettes et frères SA c. Conseil du 29 octobre 1980, aff. 138/79, Rec. p. 3333. L'arrêt consacre notamment le droit de consultation du Parlement comme un élément essentiel de l'équilibre institutionnel voulu par les traités et le reflet d'un principe fondamental qu'est le principe démocratique.

reconnaissait à cette institution, de manière implicite, la place qui lui était due dans l'architecture institutionnelle de l'Union ainsi que les limites qui s'imposaient, dans ce cadre, à l'exercice de ses prérogatives qui ne devaient pas empiéter sur celles des autres institutions. Elle affirmait ainsi notamment le fait que l'activité de l'organe démocratique de l'UE ne pouvait se déployer au mépris du principe de légalité, pierre angulaire de la Communauté de droit[74]. Comme le dit si bien Éric CARPANO, « La Communauté de droit, qui indirectement concourt à la reconnaissance du Parlement européen et du principe démocratique, contribue également à l'encadrement du principe démocratique »[75].

Encore timide et relativement tenu dans l'arrêt les Verts, le lien entre Communauté de droit et principe démocratique se dégage de manière plus forte dans l'arrêt dit Post Tchernobyl[76]. La CJCE y consacre, cette fois-ci, la légitimation active du Parlement européen qui est désormais apte à agir pour défendre son statut et partant, le principe démocratique fondamental dont il est l'expression. Même si elle ne se réfère explicitement ni à la Communauté de droit, ni au principe démocratique, la Cour évoque le principe d'équilibre institutionnel qui entretient des liens étroits avec les deux notions[77]. Impliquant que « chacune des institutions exerce ses compétences dans le respect de celles des autres »[78], le principe d'équilibre institutionnel n'est autre qu'un dérivé du principe des compétences d'attribution, une des composantes du principe de légalité. Aussi, comme le démontre largement la jurisprudence de la CJCE, le principe d'équilibre institutionnel s'avère intimement lié à la sauvegarde des prérogatives législatives du Parlement européen en tant qu'organe démocratique de

[74] Cf. *infra*, p. 21 et s.

[75] Éric CARPANO, *État de droit et droits européens, op. cit.*, p. 453.

[76] CJCE, arrêt Parlement c. Conseil du 22 mai 1990, aff. C-70/88, Rec. 1990, p. I-2041, pts 21-31.

[77] Voir dans ce sens, Denys SIMON, « La Communauté de droit », *op. cit.*, p. 101.

[78] CJCE, arrêt Parlement c. Conseil du 22 mai 1990, *op. cit.*, pt 22.

l'Union. Ce principe a pu être ainsi présenté comme « manifestation et condition de l'État de droit » au sein de l'UE[79].

L'analyse de l'évolution du contenu de la notion de Communauté/Union de droit démontre ainsi suffisamment qu'il ne s'agit guère d'une notion créée ex nihilo, mais qu'elle constitue une transposition du concept modernisé de l'État de droit dans l'ordre juridique de l'Union européenne. Cette parenté entre les deux notions pourrait expliquer leur assimilation, souvent volontaire, par certains auteurs[80]. Cependant, l'atavisme de l'Union de droit à la notion d'État de droit ne saurait autoriser une telle extrapolation. L'Union de droit, au-delà de son lien « génétique » avec la notion d'État de droit, doit être appréhendée comme une notion autonome, compte tenu de la spécificité de l'objet et de l'ordre juridique auxquels elle se rapporte.

B) L'Union de droit, une notion autonome du droit de l'UE

L'ordre juridique de l'Union européenne constitue « un nouvel ordre juridique de droit international »[81] et mieux, « un ordre juridique propre »[82] dont l'autonomie se veut également notionnelle[83]. Aussi, sans qu'il soit nécessaire de revenir sur la vieille querelle qui divise la

---

[79] Judicaël ETIENNE, « Le principe de l'équilibre institutionnel, manifestation et condition de l'État de droit » *in* SFDI, *L'État de droit en droit international*. Colloque de Bruxelles, *op. cit*., pp. 249-262.

[80] Ainsi, pour définir l'Union de droit, Chahira BOUTAYEB se réfère simplement à une définition de l'État de droit donnée par Guy CARCASSONNE dans les Mélanges écrits en l'honneur de Guy BRAIBANT. Voir Chahira BOUTAYEB, « La violation de la règle de droit. Fleuron des moyens de légalité en droit communautaire » *in* Jean-Claude MASCLET, Hélène Ruiz FABRI, Chahira BOUTAYEB et Stéphane RODRIGUES, *op. cit*. p. 806. De même, l'avocat général VILLALÓN considère dans ses conclusions générales rendues dans l'affaire CIVAD (aff. C-533/10), que l'ordre juridique de l'UE est « constitué en État de droit et [...], s'inspire du principe de légalité et de la garantie de son contrôle par les organes juridictionnelles », pt 56.

[81] CJCE, arrêt Van Gend en Loos du 5 février 1963, aff. 26/62, Rec. 1963, p. 3.

[82] CJCE, arrêt Costa c. ENEL du 15 juillet 1964, aff. 6/64, Rec. 1964, Rec. 1964, p. 1145.

[83] Jean-Claude GAUTRON, « Un ordre juridique autonome et hiérarchisé », *in* J., RIDEAU (Dir.), *De la Communauté de droit à l'Union de droit*..., *op. cit*. p. 35. Selon le professeur GAUTRON, « L'autonomie notionnelle consiste à attribuer un sens proprement communautaire à des notions inscrites dans les droits internes des États membres mais qui ne pourraient pas du fait de cette pluralité recouvrir des significations différentes, ou ne pas correspondre aux exigences spécifiques de la Communauté ».

doctrine au sujet de la nature juridique de l'Union européenne[84], il convient de tenir compte, dans l'analyse de la notion d'Union de droit, du fait que l'Union européenne n'est pas un État même si certains auteurs ont cru déceler dans le recours à la notion de Communauté de droit « un potentiel politique » à vocation statomorphique pour l'organisation[85]. Pour Luc HEUSCHLING,

> « À moins de nier l'élément étatique dans l'expression '' État de droit'', ce qui semble infondé au regard de la généalogie du concept, ou de proclamer la nature ''paraétatique'' de la Communauté, ce qui est discutable, on ne peut que souscrire à un usage sémantique strict qui évite toute confusion de genre »[86].

Ainsi, quand bien même le concept d'Union de droit correspondrait à une transposition de l'idée d'État de droit dans l'ordre juridique de l'Union européenne, cette idée ne peut se réaliser qu'à travers les spécificités de cet ordre juridique à savoir, notamment, sa nature, ses objectifs et sa structure. L'Union de droit ne saurait donc correspondre terme pour terme à l'État de droit, pas plus qu'elle n'équivaudrait à la somme arithmétique des États de droits qui la composent[87]. La duplicité

---

[84] Pour un aperçu sur l'état de la question, voir Louis DUBOUIS, « La nature de l'Union européenne », *in* Gérard COHEN-JONATHAN et Jacqueline DUTHEIL De La ROCHERE (Dir.), *Constitution européenne, démocratie et droits de l'Homme*, Bruylant, Bruxelles, Collection Droit et Justice n° 47, 2003, 312 p. Également, Marjorie BEULAY, « L'Union européenne comme organisation internationale ? » *in* Myriam BENLOLO-CARABOT, Ulas CANDAS et Eglantine CUJO (Dir.), *Union européenne et droit international,* Éd. A. Pedone, Paris, 2012, 912 p.

[85] Carmenza CHARRIER, « La Communauté de droit, une étape sous-estimée de la construction européenne », *RMCUE*, n° 400, 1996, p. 529 et p. 531. Pour l'auteur, l'approche suivie par la Cour dans sa qualification de la Communauté économique européenne « contenait, implicite, une réflexion sur la nature même de la construction européenne. La Cour de justice ne s'est pas bornée en effet à introduire ce concept évocateur de l'État de droit mais en a esquissé la portée politique en mettant l'accent sur la nature des traités ».

[86] Luc HEUSCHLING, *État de droit, Rechtsstaat, Rule of Law*, Paris, Dalloz, 2002, p. 305.

[87] Telle semble être pourtant l'idée suggérée par l'avocat général DARMON lorsqu'il affirme dans ses conclusions du 28 janvier 1986 rendues dans l'affaire Johnston (aff. 222/84), que « Constitués d'États de droit, la Communauté européenne est nécessairement une communauté de droit. Sa création comme son fonctionnement, autrement dit le pacte communautaire, repose sur l'égal respect par les États membres de l'ordre juridique communautaire ». Si nous partageons l'opinion de Joël RIDEAU

résultant de la traduction de ces deux termes par la même expression « rule of law » en anglais ne saurait prévaloir à cet égard étant donné la distinction bien établie entre ces deux notions dans d'autres traductions linguistiques[88].

Comme le fait remarquer Denys SIMON, si la CJCE avait voulu opérer une assimilation pure et simple entre État de droit et Communauté de droit, elle aurait pu utiliser une toute autre formulation basée, sans équivoque, sur l'État de droit[89]. Une seule véritable possibilité se serait alors offerte à elle, à savoir, affirmer que « la Communauté européenne est un État de droit », quitte à être incomprise ou à affirmer un « non-sens juridique ». Sans doute pour éviter une telle situation, la juridiction européenne préfère s'en tenir à des déclarations du genre « la Communauté européenne ou l'Union européenne est fondée ou respecte le principe de l'État de droit ». Dans ces cas de figures, l'invocation de l'État de droit ne vise pas à définir la nature de l'organisation[90] mais plutôt à indiquer un principe qui guide son action. L'État de droit est précisément envisagé comme une valeur à défendre ou à promouvoir à l'intérieur comme à l'extérieur de l'UE[91] ou comme « un modèle duquel découlerait un ensemble de règles et de principes

---

selon laquelle les États de droit constitués des États membres auraient contribué à l'enrichissement de la communauté de droit (Voir Joël RIDEAU, « Communauté de droit et États de droit », *op. cit.* p. 250.), cette circonstance ne saurait pour autant entamer l'autonomie de la notion de communauté de droit qui vise à caractériser l'ordre juridique propre et intégré de la Communauté européenne.

[88] Les versions allemande, italienne et néerlandaise de l'arrêt les verts font respectivement référence à la « Rechtsgemeinschaft », à la « commuta di dirrito », et à « Rechtsgemeenchap ».

[89] Denys SIMON, « La Communauté de droit », *op. cit.* p. 96.

[90] Joël MOLINIER (Dir.), *Les principes fondateurs de l'Union européenne*, Paris, PUF, 2005, p. 211.

[91] Voir l'article 2 du traité UE qui dispose « l'Union est fondée sur les valeurs de respect de la dignité humaine [...] de l'État de droit [...] » et les articles 49 et 21, par. 1, du même traité, qui en font respectivement une condition d'adhésion à l'organisation et une valeur de promotion dans les relations extérieures. Sur la référence à l'État de droit dans les relations extérieures de l'UE et dans les conditions de participation à ladite organisation, lire respectivement, Rostane MEHDI, « Le respect de l'État de droit en droit européen et dans les relations extérieures de l'Union européenne » *in* SFDI, *L'État de droit en droit international,* Paris, A. Pédonne, 2009, pp. 219-238 ; Despina SINOU, « Le respect de l'État de droit comme condition de participation à l'Union européenne », *in* SFDI, *L'État de droit en droit international, op. cit.,* pp. 239-248.

que l'ordre juridique communautaire devrait garantir [...] »[92]. C'est dans ce sens qu'il convient d'interpréter les propos de la CJCE, lorsqu'elle affirme dans les arrêts Segi et Gestoras Pro Amnistia, en se référant expressément à l'article 2 du traité UE (ex article 6), que

> « L'Union est fondée sur le principe de l'État de droit et respecte les droits fondamentaux en tant que principes généraux du droit communautaire. Il s'ensuit que les institutions sont soumises au contrôle de la conformité de leurs actes avec les traités et les principes généraux du droit, de même que les États lorsqu'ils mettent en œuvre le droit de l'Union »[93].

Cette idée réapparaît plus récemment sous la plume de l'avocat général Yves BOT. S'exprimant sur les « règles minimales » contenues dans les directives relatives aux droits des personnes en matière de procédure pénale, ce dernier affirme qu'« [...] il s'agit en fait d'un socle impératif de principes procéduraux assurant dans le cadre d'un procès pénal, la mise en œuvre et le respect des droits fondamentaux qui constituent la base des valeurs communes faisant de l'Union un système fondé sur le principe de l'État de droit »[94]. Il en découle que l'Union de droit qui caractérise l'Union européenne n'est pas un « État de droit » mais elle se veut une organisation fortement imprégnée des principes et des valeurs qui sous-tendent ledit concept en droit interne. Après avoir relevé cette nuance entre les deux notions, il convient de s'intéresser au sens de l'invocation de la notion d'Union de droit par la CJUE.

C) L'Union de droit, une notion fonctionnelle en droit de l'UE

Dans un article devenu célèbre portant sur la notion de « voie de fait » en droit administratif, le doyen Georges VEDEL relevait que celle-ci lui semblait appartenir à

> « Cette espèce de catégories juridiques dont l'unité est plus fonctionnelle que conceptuelle [...]. En tant que concepts, elles sont vagues, contradictoires et sans unité. Un logicien est tenté de leur denier tout droit à l'existence. Pourtant, si on les envisage non au point de vue de leur logique, mais à celui de la

[92] Joël MOLINIER (Dir.), *Les principes fondateurs de l'Union européenne*, *op. cit.*
[93] Voir les arrêts Segi et Gestoras Pro Amnistía précités, pts 51.
[94] Conclusions de l'avocat général Yves BOT, du 7 mai 2015, rendues dans l'affaire Procédure pénale c. Gavril Covaci, aff. C-216/14, ECLI:EU:C:2015:305, pt 32.

fonction qu'elles jouent, on s'aperçoit que leur unité est réelle. Elles permettent au juge de résoudre un certain nombre de problèmes du même type au jour le jour, tout en réservant l'avenir [...]. Elles constituent des notions ''ouvertes'', prêtes à s'enrichir de tout l'imprévu du futur »[95].

Même si elle n'a pas manqué de faire l'objet de critique au sein de la doctrine[96], la caractérisation « védélienne » apparaît pertinente dans la description d'une notion prétorienne au contenu aussi varié que celui de l'Union de droit. Comme l'affirme Fabrice PICOD, « Le temps où la Cour de justice faisait de la théorie du droit communautaire paraît révolu, la Cour dégage et interprète des notions de manière fonctionnelle, aux strictes fins du règlement du litige »[97]. Ainsi, la CJUE confère à la notion de Communauté/Union de droit, un caractère opérationnel, l'utilisant ainsi comme base d'une interprétation constructive des traités[98] et comme soutien à la création/révisitation de plusieurs sous-principes et caractéristiques du droit de l'UE. L'examen approfondie de l'arrêt les Verts ainsi que de la jurisprudence ultérieure de la CJUE permet notamment d'en identifier cinq que nous présenterons tour à tour : le principe de légalité (1), l'obligation du contrôle juridictionnel (2), le principe de coopération loyale (3), la protection des droits fondamentaux (4), et la constitutionnalisation de l'ordre juridique de l'UE (5).

1) L'Union de droit et le principe de légalité

Confrontée, dans l'arrêt les Verts, au mutisme du traité quant au caractère attaquable des décisions du Parlement au titre de l'article 173 du traité CEE (actuel article 263 du traité FUE), la CJCE a recours à la notion de Communauté de droit pour « faire prévaloir l'obligation de

[95] Georges VEDEL, « De l'arrêt Septfonds à l'arrêt Barinstein (la légalité des actes administratifs devant le juge judiciaire) », *Semaine juridique*, 1948, I, n° 682, p. 682 et s.
[96] Voir dans ce sens Guillaume TUSSEAU, « Critique d'une métanotion fonctionnelle. La notion (trop) fonctionnelle de ''notion fonctionnelle'' », *RFDA*, n° 4, 2009, p. 641 et s.
[97] Fabrice PICOD, « Le développement de la juridictionnalisation » *in* Joël RIDEAU (Dir.), De la Communauté de droit à l'Union de droit..., *op. cit.* p. 262.
[98] Joël RIDEAU, « Communauté de droit et Etats de droit », *op. cit.* p. 249.

respecter le droit […] sur les étroitesses de la loi »[99] eu égard à l'exigence du contrôle juridictionnel de la légalité des actes des institutions de l'UE et des États membres. Il en résulte une légitimation passive, clairement *contra legem*, du Parlement européen. Au cœur de l'affirmation de la CJCE, se trouve l'idée selon laquelle la Communauté économique européenne se définit comme une communauté de légalité créée et agissant par le droit. Le tribunal de l'UE exprimera cette même idée en des termes plus clairs lorsqu'il affirme dans l'arrêt Vahan Adjemian que « dans une communauté de droit […] tout sujet de droit est soumis au principe du respect de la légalité »[100].

Le traité qui fonde l'organisation ne s'analyse plus dès lors comme un simple support d'engagements interétatiques mais comme une charte constitutionnelle, « base de la légalité » dans l'Union européenne[101]. En tant que charte constitutionnelle de base de la légalité au sein de l'UE, le traité constitutif établit une hiérarchie des normes à laquelle est soumise l'action des institutions et des États membres. Dans ce sens, Jean-Paul JACQUÉ affirmait « It is then easy to reach the conclusion that respect for the rule of law is necessarily accompanied by respect for the hierarchy of laws and, thus, of the subordination of secondary legislation to treaty provisions »[102].

En plus de la hiérarchie des normes, la légalité fondée sur la charte constitutionnelle de base implique le respect de la répartition des compétences, d'une part entre les institutions de l'UE et d'autre part, entre cette dernière et les États membres. Fondant l'existence d'un système constitutionnel complet et cohérent, ladite Charte procède en effet à une répartition à la fois verticale et horizontale desdites

---

[99] Voir Conclusions de l'avocat général Federico MANCINI, du 4 décembre 1985, rendues dans l'affaire Parti écologiste 'les Verts', aff. 294/83, Rec. 1986, p. 1341.
[100] Trib. (UE), arrêt Vahan Adjemian c. Commission européenne du 21 septembre 2011, aff. T-325/09 P, Rec. 2011, p. II-6515, pt 56. Voir également CJCE, arrêt Commission c. CAS Succhi di Frutta, aff. C-496/99 P, Rec., p. I-3801, pt 63.
[101] Loïc AZOULAI et Laure CLÉMENT-WILZ, « Le principe de légalité » *in* Jean Bernard AUBY et Jacqueline DUTHEIL De La ROCHERE (Dir.), *Traité de droit administratif européen,* Bruxelles, Bruylant, 2014, p. 543.
[102] Jean-Paul JACQUÉ, « Les Verts v the European Parliament » *in* Miguel Poiares MADURO and Loïc AZOULAÏ (eds), *The Past and the Future of EU Law. The classics of EU Law revisited on the 50th anniversary of the Rome Treaty,* Oxford and Portland, Oregon, Hart Publishing, 2010, 512 p., pp. 316-323, préc. p. 318.

compétences, qui s'impose à tous[103]. Ainsi la CJCE considère dans l'arrêt sous examen, qu'une interprétation de l'article 173 du traité CEE, qui exclurait les actes du Parlement européen de ceux qui peuvent être attaqués, aboutirait à un résultat contraire tant à l'esprit du Traité qu'à son système. Comme elle l'explique, « Les actes que le Parlement européen adopte dans la sphère du traité CEE, pourraient en effet, sans que la possibilité soit ouverte de les déférer à la Cour, empiéter sur les compétences des États membres ou des autres institutions, ou outrepasser les limites qui sont tracées aux compétences de leur auteur »[104]. Il est par ailleurs intéressant de relever le fait que la Cour se fondera plus tard, dans l'affaire dite Post-Tchernobyl, sur ce même argument, découlant du principe d'équilibre institutionnel, pour reconnaitre également la légitimation active audit Parlement[105]. Renversant son raisonnement dans l'arrêt les Verts, la Cour considère, cette fois-ci, l'obligation qui est la sienne,

> D'« assurer la pleine application des dispositions des traités relatives à l'équilibre institutionnel et de faire en sorte que, comme les autres institutions, le Parlement ne puisse pas être atteint dans ses prérogatives sans disposer d'un recours juridictionnel, parmi ceux prévus par les traités, qui puisse être exercé de manière certaine et efficace »[106].

L'exigence du contrôle juridictionnel de l'action des institutions et des États membres apparaît, ainsi, comme le corollaire du principe de légalité auquel sont soumis ces derniers.

2) L'Union de droit et le contrôle juridictionnel

Dans la Communauté/Union de droit, les institutions et les États membres, lorsqu'ils mettent en œuvre le droit de l'UE, se voient obligés de se conformer à la charte constitutionnelle de base sous peine

---

[103] Koen LENAERTS, « The Basic Constitutional Charter of a Community based on the rule of law » *in* Miguel Poiares MADURO and Loïc AZOULAÏ (eds), *The Past and the Future of EU Law. The classics of EU Law revisited on the 50th anniversary of the Rome Treaty, op. cit.*, pp. 295-315, préc. pp. 298-301.

[104] Arrêt les Verts précité, pt 25.

[105] CJCE, arrêt Parlement c. Conseil du 22 mai 1990, aff. C-70/88, Rec. 1990, p. I-2041, pts 21-31.

[106] *Idem*, pt 25.

d'engager leur responsabilité[107] à travers « un système complet de voies de recours et de procédures destiné à confier à la Cour de justice le contrôle de la légalité des actes des institutions »[108]. Conformément à l'article 19 du traité UE, la CJUE assure le contrôle juridictionnel des actes pris par les institutions de l'UE et de ceux adoptés par les États, en étant aidée, en ce qui concerne les actes étatiques, par les juridictions nationales, garantes auxiliaires de l'Union de droit[109].

Au contrôle juridictionnel institué au sein de l'UE, se trouve intimement liée l'idée d'assurer aux individus, personnes physiques et morales, une protection juridictionnelle effective vis-à-vis des actes pris sur le fondement du droit de l'UE et leur faisant grief. En consacrant le droit au contrôle juridictionnel dans l'arrêt les Verts[110], la CJCE consacrait ainsi implicitement le droit d'accès au juge qui ne tarda pas à être expressément proclamé dans l'arrêt Johnston rendu moins d'un mois après[111]. Aujourd'hui le droit au juge (ou encore droit au recours effectif) des individus est formellement établi à l'article 47 de la Charte des droits fondamentaux de 2007[112] (ci-après CDF). Aux termes de l'article 47 de la CDF « Toute personne dont les droits et libertés garantis par le droit de l'Union ont été violés, a droit à un recours effectif devant un tribunal dans le respect des conditions prévues au présent article [...] ».

En tant que corollaire du contrôle juridictionnel institué au sein de l'Union européenne, le droit au recours effectif apparaît comme une exigence-clé de l'Union de droit. Dans cette perspective, l'avocat

---

[107] Dans ces conclusions du 8 avril 2003 rendues dans l'affaire Köbler (C-224/01), l'avocat général Philippe LEGER estime que « [...] conformément à une communauté de droit [...] les États membres sont tenus pour responsables en cas de violation du droit communautaire, quel que soit l'organe qui en est l'auteur, législatif, exécutif ou judiciaire », pt 70.

[108] Arrêt les verts précité, pt 23.

[109] CJUE, arrêt Telefónica SA c. Commission européenne du 19 décembre 2013, aff. C-274/12 P, EU :C :2013 :852, pts 56 et 57.

[110] Voir dans ce sens, Stéphanie PAYET, *Le droit à une protection juridictionnelle effective en droit de l'Union européenne*, Université de la Réunion, thèse, 2012, 1033 p., préc. p. 194 et s.

[111] CJCE, arrêt Marguerite Johnston c. Chief Constable of the Royal Ulster Constabulary du 15 mai 1986, aff. C-222/84, Rec. 1986, p. 1651.

[112] Depuis l'entrée en vigueur du Traité de Lisbonne le 1er décembre 2009, la Charte des droits fondamentaux de Nice a acquis force contraignante et a le statut de droit primaire dans l'ordre juridique de l'UE.

général MENGOZZI a pu considérer le droit à réparation des personnes lésées par une violation du droit de l'Union comme une déclinaison particulière du principe de protection juridictionnelle et un principe cardinal de l'Union de droit mis en place par les traités[113]. Plus tôt en 2007, la CJCE s'était aussi référée à la Communauté de droit ainsi qu'à l'exigence de protection juridictionnelle, pour procéder à une interprétation large du renvoi préjudiciel prévu à l'ex article 35 du traité UE, dans sa version résultant du traité d'Amsterdam du 2 octobre 1997[114].

Dans les affaires Segi et Gestoras Pro Amnistia précitées, les associations demanderesses réclamaient le droit à une action indemnitaire non prévue dans le traité contre une position commune portant inscription de leurs noms sur des listes de personnes impliquées dans des actes de terrorisme. La CJCE a rejeté cette prétention tout en se refusant toute interprétation restrictive de l'ex article 35 du traité UE dans le but de préserver le droit au juge des requérantes. Elle considère de manière « audacieuse »[115], que la possibilité de saisir la Cour à titre préjudiciel devait être ouverte « à l'égard de toutes les dispositions prises par le Conseil, quelles qu'en soient la nature ou la forme, qui visent à produire des effets de droits vis-à-vis des tiers », de sorte à permettre l'interprétation d'une position commune quand bien même cela n'aurait pas été prévu par le traité[116]. En outre, la CJCE affirme qu'elle serait même compétente pour contrôler la légalité d'un tel acte

[113] Voir les conclusions de l'avocat général Paolo MENGOZZI, du 2 septembre 2010, rendues dans l'affaire DEB Deutsche Energiehandels, aff. C-279/09, Rec. 2010, p. I-13849, pt 46.
[114] Aux termes de l'ex article 35 du traité UE : « La Cour de justice des Communautés européennes est compétente, sous réserve des conditions définies au présent article, pour statuer à titre préjudiciel sur la validité et l'interprétation des décisions-cadres, et des décisions, sur l'interprétation des conventions établies en vertu du présent titre, ainsi que sur la validité et l'interprétation de leurs mesures d'application [...] ». Disposition supprimée par le traité de Lisbonne de 2007.
[115] Fabrice PICOD, « Droit au juge et voies de droit communautaire. Un mariage de raison » *in* Jean-Claude MASCLET, Henri Ruiz FABRI, Chahira BOUTAYEB et Stéphane RODRIGUES (Dir.), *Mélanges Philippe Manin, op. cit.* p. 919.
[116] Voir respectivement pts 53 et 54 des arrêts Segi et Gestoras Pro Amnistia précités. La Cour considère notamment qu' « une position commune qui aurait du fait de son contenu, une portée qui dépasse celle assignée par le traité UE à ce type d'acte, doit pouvoir être soumise au contrôle de la Cour ».

en cas de recours formé par un État membre ou par la Commission sur le fondement de l'ex article 35[117].

En 2012, la CJUE s'est également fondée sur l'Union de droit et le principe d'égalité de traitement entre anciens et nouveaux États membres dans l'exercice du droit au recours effectif, pour déroger au principe d'interprétation stricte des délais de recours, admettant un recours introduit par la Pologne contre une décision de la Commission, plus de deux mois après sa publication au journal officiel[118]. Il convient toutefois de nuancer cette jurisprudence en faveur du contrôle juridictionnel et du droit au juge, par le refus constant du juge de l'UE de procéder, en vertu de la Communauté/Union de droit et du droit à une protection juridictionnelle effective, à un assouplissement des conditions de recevabilité du recours en annulation des individus[119] ainsi que par les compétences limitées de ce dernier dans les domaines de la politique étrangère et de sécurité commune (PESC)[120] et de l'espace de liberté, sécurité et justice (ELSJ)[121].

Dans l'arrêt UPA rendue en 2002 par la CJCE, la requérante contestait la décision du Tribunal par laquelle ce dernier avait déclaré irrecevable son recours en annulation contre un règlement du Conseil, pour non satisfaction des conditions prévues à l'ex article 173, al. 4, du traité CE. Pour la requérante, le Tribunal avait commis une erreur de droit en ne procédant pas à l'examen de l'effectivité de son droit au recours devant les juridictions nationales. Même si elle évoque sa jurisprudence relative à la Communauté de droit et au droit à une protection juridictionnelle effective reconnu aux individus, la Cour rejete les prétentions de la requérante en considérant qu'il n'appartient pas au juge de l'UE, saisi dans le cadre d'un recours en annulation, de vérifier s'il existe une voie de recours devant les juridictions nationales. Pour la Cour, une telle démarche irait clairement au-delà des compétences qui lui sont reconnues dans le cadre du contrôle de la légalité des actes institutionnels. La Cour conclut qu'il incombe aux États membres de prévoir un système de voies de recours et de procédures permettant d'assurer le respect du droit à une protection juridictionnelle effective

---

[117] *Idem*, pt 55.

[118] CJUE, arrêt Pologne c. Commission du 26 juin 2012, *op. cit.*

[119] Voir l'arrêt UPA précité de 2002 et l'arrêt Jégo-Quéré rendu sur pourvoi par la CJCE le 1er avril 2004 (aff. C-263/02 P, Rec. 2004, p. I-3425).

[120] Voir notamment l'article 24, par. 1, alinéa 2, du traité UE et l'article 275 du TFUE.

[121] Art. 276 du TFUE.

des individus, lorsque ces derniers ne peuvent attaquer un acte de l'UE directement devant la Cour de Justice.

Dans l'arrêt Jégo-Quéré de 2004, la CJCE a confirmé cette conception de la Communauté/Union de droit en répondant à l'argument selon lequel un acte de l'UE qui ne comporterait pas de mesures nationales de mise en œuvre n'offrirait, comme unique possibilité de contestation, aux individus qui ne remplissent pas les conditions du recours direct en annulation, la violation de cet acte et l'invocation de son illégalité devant les juridictions nationales. Pour la CJCE, il ne pouvait être exclu qu'un système juridique national ouvre la possibilité à un opérateur directement concerné par un règlement de solliciter auprès des autorités nationales un acte se rapportant à ce règlement, susceptible d'être mis en cause devant la juridiction nationale, de sorte à lui permettre de contester indirectement le règlement en question.

Même si le droit de l'Union européenne a aujourd'hui évolué avec la modification des conditions du recours en annulation des particuliers telles que prévues à l'article 263, al. 4, du traité FUE, la Cour de Justice de l'UE a continué d'avoir une approche plutôt « réservée » quant à la possibilité d'assouplir les conditions d'accès des individus au juge de la légalité des actes de l'Union. Dans l'arrêt Inuit de 2013, elle a ainsi réaffirmé que « les conditions de recevabilité prévues à l'article 263, quatrième alinéa, TFUE doivent être interprétées à la lumière du droit fondamental à une protection juridictionnelle effective, sans pour autant aboutir à écarter les conditions expressément prévues par ledit traité »[122].

En revanche, la CJUE semble avoir amorcé une certaine ouverture en ce qui concerne la justiciabilité des décisions prises par les institutions de l'UE dans le domaine de la politique étrangère et de sécurité commune. Partant du constat que l'UE est fondée sur la valeur de l'État de droit prévue aux articles 2, 21 et 23 du traité UE et s'appuyant sur l'article 47 de la CDF, la Cour a considéré dans l'arrêt Rosneft rendu le 28 mars 2017 que le principe de protection juridictionnelle effective implique que l'exclusion de la compétence de la Cour en matière de

[122] Arrêt Inuit de 2013 précité, pt 98. Voir dans le même sens, CJUE, arrêt T & L Sugars Ltd et Sidul Açúcares Unipessoal Lda c. Commission européenne du 28 avril 2015, aff. C-456/13 P, EU:C:2015:284, pt 44.

PESC soit interprétée de manière restrictive[123]. La CJUE a ainsi reconnu, sur cette base, sa compétence pour statuer à titre préjudiciel, en vertu de l'article 267 TFUE, sur la validité d'un acte adopté sur le fondement des dispositions relatives à la PESC, pour autant que la demande de décision préjudicielle porte soit sur le contrôle du respect de l'article 40 TUE par cette décision, soit sur le contrôle de la légalité des mesures restrictives prises à l'encontre des personnes physiques et morales[124].

En tout état de cause, la mobilisation du concept de Communauté/Union de droit par le juge de l'Union européenne revêt bien d'autres aspects allant de l'exigence prévisible de la protection des droits fondamentaux à l'invocation inattendue du principe de coopération loyale.

3) L'Union de droit et le principe de coopération loyale

Au regard de son atavisme au concept d'État de droit et du contenu communément attribué à ce dernier, l'invocation de la Communauté de droit, en lien avec le principe de coopération loyale, peut apparaître surprenante dans la jurisprudence de la CJCE. Dans l'affaire Zwartfeld du 13 juillet 1990, la Cour a admis, *contra legem*, la recevabilité d'une demande d'entraide judiciaire qui lui avait été adressée par le Rechtercommissaris de Groningen aux Pays-Bas, en affirmant que « la Communauté économique européenne est une Communauté de droit dans laquelle les relations entre États membres et institutions étaient régies par le principe de coopération loyale »[125]. *In casu*, la demande d'entraide portait sur la communication de documents et l'audition, en tant que témoins, de certains fonctionnaires de la Commission, dans le cadre d'une instruction judiciaire interne pour faux en écriture à l'encontre de certains fonctionnaires nationaux. La juridiction nationale se fondait notamment sur les articles 1er et 12 du protocole sur les privilèges et immunités des Communautés européennes.

Pour la Commission, une telle demande n'était pas admissible dans la mesure où elle n'était pas prévue parmi les voies de saisine de la Cour, qui ne pouvait être saisie par les juridictions nationales que dans le

---

[123] CJUE, arrêt PJSC Rosneft Oil Company du 28 mars 2017, aff. C-72/15, ECLI:EU:C:2017:236, pt 74.
[124] *Idem*, pt 81.
[125] Voir Ord. Zwartfeld précitée.

cadre du renvoi préjudiciel. Elle estimait ensuite qu'une telle demande ne pouvait être fondée sur les dispositions citées du protocole sur les privilèges et immunités dans la mesure où l'article 1er dudit protocole ne concernait pas les documents tels ceux qui étaient visés par la demande d'entraide. Seul l'article 2 du protocole invoquait l'inviolabilité des archives des Communautés mais ne prévoyait pas expressément la possibilité pour la Cour de la lever, pas plus que l'article 19 du Statut des fonctionnaires des Communautés, relatif à l'audition de ces derniers comme témoins. Mobilisant les principes de Communauté de droit et de coopération loyale, la Cour rejeta en bloc ces arguments en procédant à une interprétation plus dynamique du traité constitutif et du protocole.

La Cour considéra notamment à la lumière des principes sus cités, que le protocole sur les privilèges et immunités n'avait pas une portée absolue compte tenu de son caractère fonctionnel. Il en découlait que ledit protocole ne pouvait en aucun cas permettre aux institutions communautaires de ne pas respecter l'obligation de coopération loyale avec les autorités nationales, à moins de justifier de raisons impératives tenant à la nécessité d'éviter des entraves au fonctionnement et à l'indépendance des Communautés. En vertu de son rôle de garante du respect du droit conformément à l'article 164 du traité CEE (art. 19, par. 1, TUE), il appartenait notamment à la Cour de Justice d'assurer le contrôle juridictionnel du respect de l'obligation de coopération loyale qui s'imposait de cette manière à la Commission[126].

Au-delà de son caractère en apparence isolé dans la jurisprudence de la CJCE, il est permis de voir dans le principe de coopération loyale invoqué dans l'arrêt Zwartfeld, la volonté de la Cour de Justice de contribuer à une bonne administration de la justice et partant, à la réalisation du droit au recours effectif qui se trouve être un élément-clé de la Communauté de droit. Contrairement à l'invocation inattendue du principe de coopération loyale, celle de la protection des droits fondamentaux était plus prévisible. Elle constitue en quelque sorte une réponse aux vœux formulés par la doctrine dans le sens de

[126] *Idem*, pts 23 et 25.

l'enrichissement matériel de la notion de Communauté/Union de droit[127].

4) L'Union de droit et la protection des droits fondamentaux

Après avoir évolué de manière autonome au sein la jurisprudence de la CJCE[128], la Communauté de droit et les droits fondamentaux apparaissent liés, pour la première fois, dans l'arrêt UPA de 2002. La Cour affirme alors que « La Communauté européenne est une Communauté de droit dans laquelle ses institutions sont soumises au contrôle de la conformité de leurs actes avec le traité et les principes généraux de droit dont font partie les droits fondamentaux »[129]. L'invocation des droits fondamentaux dans cet arrêt est précisément rattachée au droit au recours effectif des particuliers, tel que découlant des traditions constitutionnelles communes des États membres et des articles 6 et 13 de la CEDH[130] ou encore de l'article 47 de la CDF[131].

Toutefois, comme nous l'indiquions plus haut[132], la portée de l'invocation « combinée » du duo terminologique Union de droit/droits fondamentaux reste limitée dans la mesure où la CJUE se réfuse, de manière constante, à assouplir sur ce fondement les conditions de recevabilité du recours en annulation exercé par les individus (personnes physiques et morales) devant sa juridiction. Ainsi, la CJUE a considéré dans l'arrêt Inuit précité, que la protection conférée par l'article 47 de la CDF n'avait pas pour

> « Objet de modifier le système de contrôle juridictionnel prévu par les traités, et notamment les règles relatives à la recevabilité des recours formés directement devant la juridiction de l'Union européenne, ainsi qu'il découle également des explications afférentes à cet article 47, lesquelles doivent, conformément aux

---

[127] Voir dans ce sens, Joël RIDEAU, « Communauté de droit et Etats de droit », *op. cit.*, p. 249. Également, Denys SIMON, *Le système juridique communautaire, op. cit.*, p. 96 et s.

[128] Émilie DEAL, *La garantie juridictionnelle des droits fondamentaux communautaires. La Cour de Justice face à la Communauté de droit*, Université Paul Cézanne-Aix-Marseille III, thèse, 2006, 617 p., préc. p. 156 et s.

[129] Voir arrêt UPA précité, pt 38.

[130] *Idem*, pt 39.

[131] Voir dans ce sens l'arrêt Inuit précité, pts 91 et s.

[132] Cf. *supra*, Introduction, Par. 1, C, 2°)

articles 6, paragraphe 1, troisième alinéa, TUE et 52, paragraphe 7, de la Charte, être prises en considération pour l'interprétation de celle-ci »[133].

L'invocation simultanée de l'Union de droit et des droits fondamentaux intervient également en lien avec d'autres droits fondamentaux tels que le droit de propriété ou encore le droit à la protection de la vie privée, respectivement dans l'arrêt Kadi du 3 septembre 2008[134] et dans l'arrêt Schrems du 6 octobre 2015[135]. Dans le premier arrêt, la CJCE a notamment jugé qu'un règlement de l'UE, pris en application d'une résolution du conseil de sécurité de l'ONU adoptée sur le fondement du chapitre 7 de la Charte des Nations Unies, ne pouvait déroger à l'exigence du respect des droits fondamentaux. Pour la Cour, cette exigence

> « Du contrôle de la validité de tout acte communautaire au regard des droits fondamentaux doit être considérée comme l'expression, dans une communauté de droit, d'une garantie constitutionnelle découlant du traité CE en tant que système juridique autonome à laquelle un accord international ne saurait porter atteinte »[136].

Quant au second arrêt, la Cour y interprète la directive 95/46 sur la protection des données à caractère personnel[137], comme autorisant une autorité de contrôle d'un État membre à examiner la demande d'une personne, dont les données ont été ou pourraient être transférées vers un pays tiers, lorsque cette personne fait valoir que le droit et les pratiques en vigueur dans ledit État n'assurent pas un niveau de protection adéquat, nonobstant l'existence d'une décision de la Commission constatant le contraire. La CJUE relève notamment qu'une telle demande porterait en substance sur la compatibilité de la décision prise par la Commission avec la protection de la vie privée et des

---

133 Voir arrêt Inuit précité, pt 97.

134 CJCE, arrêt Yassin Abdullah Kadi et Al Barakaat International Foundation c. Conseil de l'Union européenne et Commission des Communautés européennes, du 3 septembre 2008, *op. cit.*

135 CJUE, arrêt Maximillian Schrems c. Data Protection Commissioner, du 6 octobre 2015, aff. C- 362/14, ECLI:EU:C:2015:650.

136 Voir arrêt Kadi précité, pt 316. Nous soulignons.

137 Directive 95/46/CE du Parlement européen et du Conseil, du 24 octobre 1995, relative à la protection des personnes physiques à l'égard du traitement des données à caractère personnel et à la libre circulation de ces données, JOUE L 281, p. 31.

libertés et droits fondamentaux des personnes et elle se réfère, à cette occasion, à sa jurisprudence constante selon laquelle « l'Union est une Union de droit dans laquelle tout acte de ses institutions est soumis au contrôle de la conformité avec, notamment, les traités, les principes généraux du droit ainsi que les droits fondamentaux »[138].

Dans l'arrêt Schrems tout comme dans les autres arrêts précités, l'intérêt de l'invocation combinée de la Communauté de droit/Union de droit et des droits fondamentaux ne saurait être perçu dans l'exigence du contrôle juridictionnel de la légalité des actes institutionnels au regard des droits fondamentaux. En effet, l'on sait depuis l'arrêt Internationale Handelsgesellschaft que « le respect des droits fondamentaux fait partie intégrante des principes généraux du droit dont la Cour de Justice assure le respect »[139]. Dans l'arrêt Grant, la Cour affirme d'ailleurs de manière expresse que « [...] le respect des droits fondamentaux qui font partie intégrante de ces principes généraux constitue une condition de la légalité des actes communautaires »[140].

Ces arrêts semblent témoigner surtout d'une certaine volonté à enrichir matériellement le concept de Communité de droit/Union de droit, initialement présenté avec des traits purement formels dans l'arrêt les Verts[141]. Il est également possible de percevoir dans ces arrêts, la poursuite de l'autonomisation du système de garantie des droits fondamentaux au sein de l'UE. Denys SIMON affirme ainsi que « la référence à la Communauté de droit entérine et confirme la consécration de l'autonomie de l'ordre juridique communautaire à l'égard des influences externes, et en particulier du droit international des droits de l'homme »[142]. Cette fonction de la Communauté/Union de droit est très prégnante dans l'arrêt Kadi où la protection des droits fondamentaux est perçue comme étant une « garantie constitutionnelle découlant du traité CE en tant que système juridique autonome à laquelle un accord international ne saurait porter atteinte ». L'invocation de la

---

[138] Arrêt Schrems précité, pt 60.

[139] CJCE, arrêt Internationale Handelsgesellschaft mbH du 17 décembre 1970, aff. 11/70, Rec. 1970, p. 1125, pt 4. Voir aujourd'hui, art. 6 TUE.

[140] CJCE, arrêt Lisa Jacqueline Grant c. South-West Trains Ltd du 17 février 1998, aff. C-249/96, Rec. 1998, p. I-621, pt 45.

[141] Cf. *supra*, Introduction, Par. 1, A, 2°). Voir également dans ce sens, Denys SIMON, « Y a-t-il des principes généraux du droit communautaire ? », Droits, 1991, n°14, p.82 et s.

[142] Denys SIMON, « La Communauté de droit », *op. cit.*, p. 102.

Communauté/Union de droit participe ainsi, également, d'une logique de constitutionnalisation de l'ordre juridique de l'UE.

5) L'Union de droit et la constitutionnalisation de l'ordre juridique de l'UE

À travers sa jurisprudence relative à la Communauté/Union de droit, la CJUE a également contribué à la constitutionnalisation de l'ordre juridique de l'UE[143]. Même s'il ne peut se prévaloir d'un « pouvoir constituant originaire » et d'un « demos » au même titre que l'ordre constitutionnel interne comme l'a relevé la Cour de Karlsruhe dans sa décision de 1993 relative au traité de Maastricht, l'ordre juridique de l'Union européenne dispose d'une « charte constitutionnelle » qui remplit les fonctions classiques d'une constitution de droit interne. Formée des traités constitutifs, ladite charte jouit non seulement du statut de norme suprême dans l'ordre juridique de l'UE[144] mais elle renferme également un contenu « matériellement constitutionnel » comme a pu le mettre en évidence la doctrine à de nombreuses reprises[145].

Dans ce sens, Koen LENAERTS relève l'existence de trois types de garanties constitutionnelles assurés par la charte constitutionnelle de base de l'UE. Il s'agit notamment de la division horizontale des pouvoirs entre les institutions de l'UE, de la division verticale des

[143] Vlad CONSTANTINESCO, « La constitutionnalisation de l'Union européenne » *in* Joël RIDEAU (Dir.), *De la Communauté de droit à l'Union de droit*, *op. cit.*, pp. 133-152. Abdelkhaleq BERRAMDANE et Jean ROSSETTO, *Droit de l'Union européenne. Institutions et ordre juridique*, Paris, Montchrestien, 2010, p. 65 et s. Voir aussi Neil WALKER, « Opening or Closure ? The Constitutional Intimations of the ECJ » *in* Miguel Poiares MADURO and Loïc AZOULAÏ (eds), *The Past and the Future of EU Law. The classics of EU Law revisited on the 50th anniversary of the Rome Treaty*, Oxford and Portland, Oregon, Hart Publishing, 2010, 512 p., pp. 333-342.

[144] Jorg GERKRATH, *L'émergence d'un droit constitutionnel pour l'Europe,* Bruxelles, Université de Bruxelles, 1997, 425 p., préc. p. 276.

[145] Rudolf BERNHARDT, « Les sources du droit communautaire : la constitution de la Communauté » *in Trente ans de droit communautaire, perspectives européennes*, Luxembourg, OPOCE, 1982, 536 p., préc. p. 74. Pour un commentaire de l'arrêt les Verts allant dans ce sens, voir Koen LENAERTS, « The Basic Constitutional Charter of a Community based on the rule of law » *in* Miguel Poiares MADURO and Loïc AZOULAÏ (eds), *The Past and the Future of EU Law. The classics of EU Law revisited on the 50th anniversary of the Rome Treaty, op. cit.*, pp. 295-315.

pouvoirs entre l'UE et les États membres, ainsi que de la protection des droits fondamentaux[146]. Le contrôle juridictionnel de ces garanties est confié à la CJUE qui se voit ainsi attribuer les fonctions d'une juridiction constitutionnelle[147]. Par ailleurs, il convient de relever avec Jean Paul JACQUÉ, le fait que la CJCE, dans l'arrêt les Verts, s'abstienne d'employer le terme « constitution » en lui préférant celui de « charte constitutionnelle ». Pour l'auteur, cette dernière expression peut être rapprochée de la « charte octroyée » de 1814 sous la période de la restauration de la monarchie en France entre 1815 et 1830[148].

De même que la Charte constitutionnelle de 1814 était instituée non pas comme l'émanation d'une volonté populaire mais plutôt comme un acte d'autolimitation de la part du monarque, la Charte constitutionnelle de base de l'UE peut être perçue, par analogie, comme un acte d'autolimitation des pouvoirs souverains des États membres, seuls maîtres des traités[149]. Cette lecture de l'arrêt les Verts trouve un fort écho dans l'iconoclaste arrêt Costa c. ENEL de 1964 où la Cour affirmait que les États membres avaient « limité, bien que dans des domaines restreints, leurs droits souverains et crée ainsi un corps de droit applicable à leurs ressortissants et à eux-mêmes »[150]. Comme conséquence de cette autolimitation, le traité CEE avait institué, à la différence des traités internationaux ordinaires, un « ordre juridique propre »[151], distinct à la fois de l'ordre juridique interne et de l'ordre juridique international.

Poussée à ses extrêmes, l'invocation de la « charte constitutionnelle de base d'une Communauté/Union de droit », vient ainsi en soutien aux

[146] *Ibidem.*

[147] Vincent BOUVIER, « La notion de juridiction constitutionnelle », Droits (*Revue française de théorie juridique*), 1989, n° 9, p. 119-129.

[148] Jean-Paul JACQUÉ, "Les Verts v The European Parliament" *in* Miguel Poiares MADURO and Loïc AZOULAÏ (eds), *The Past and the Future of EU Law. The classics of EU Law revisited on the 50th anniversary of the Rome Treaty*, Oxford and Portland, Oregon, Hart Publishing, 2010, 512 p., pp. 316-323, préc. p. 319. Sur la charte octroyée de 1814, voir Alain LAQUIÈZE, « Chapitre I. La Charte octroyée de 1814 et l'avènement de la monarchie limitée », *in* Alain LAQUIÈZE (Dir.), *Les origines du régime parlementaire en France, 1814-1848*, Paris, PUF, 2002, pp. 37-76.

[149] Jean-Paul JACQUÉ, "Les Verts v The European Parliament", *op. cit.*

[150] CJCE, arrêt Costa c. ENEL du 15 juillet 1964, aff. 6/64, Rec. 1964, Rec. 1964, p. 1145, préc. 1159.

[151] *Idem*, p. 1158.

« revendications » portant sur l'autonomie de l'ordre juridique d'intégration compte tenu de ses spécificités. Cette idée est clairement énoncée dans l'avis 1/91 relatif à l'Espace économique européen (EEE), lorsque la CJCE affirme que

> « […] le traité CEE, bien que conclu sous la forme d'un accord international, n'en constitue pas moins la charte constitutionnelle d'une communauté de droit. Selon une jurisprudence constante de la Cour de justice, les traités communautaires ont instauré un nouvel ordre juridique au profit duquel les États ont limité, dans des domaines de plus en plus étendus, leurs droits souverains et dont les sujets sont non seulement les États membres, mais également leurs ressortissants »[152].

En clair, il s'agit de rappeler l'autonomie de l'ordre juridique de l'UE, un principe cher à la CJUE et auquel celle-ci attache une attention particulière à chaque fois qu'elle est amenée à se prononcer sur la conformité de l'action d'une institution ou d'un État membre avec les traités constitutifs dont elle est la gardienne[153]. En vertu du principe d'autonomie, l'Union de droit qu'est l'Union européenne est fondée, entre autres, sur ses propres sources de droit ainsi que sur une interprétation autonome desdites sources par la CJUE[154]. Loin d'être anodine, la constitutionnalisation de l'ordre juridique de l'UE apparaît comme une condition de sa survie dans la mesure où elle lui garantit à la fois stabilité et légitimité.

Au regard de tout ce qui précède, il n'est pas erroné de considérer la notion d'Union de droit comme étant un « catch-all word », regroupant diverses institutions, principes ou mécanismes juridiques à l'instar du concept d'État de droit qualifié d'« umbrella term » par Geoffrey MARSHALL[155]. Cette caractéristique justifierait, par ailleurs, la sobriété de l'usage qu'en fait la CJUE, cette dernière préférant se référer directement au sous-principe pertinent pour la résolution des litiges qui

---

152 CJCE, avis EEE du 14 décembre 1991, 1/91, Rec. p. I-6079, pt 21.

153 Voir notamment CJUE, avis 2/13 du 18 décembre 2014, ECLI:EU:C:2014:2454

154 Vlad CONSTANTINESCO, « La constitutionnalisation de l'Union européenne », *op. cit.* p. 137.

155 Geoffrey MARSHALL, « The rule of Law. Its meaning and scope », *CPPJ*, n° 24, 1993, p. 43, cité par Luc HEUSCHLING, *op. cit.* p. 304.

lui sont soumis[156]. Toutefois, en tant que concept dérivé de la notion d'État de droit et en tenant compte des principales significations qui se dégagent à travers la jurisprudence de la CJUE, il apparaît possible d'appréhender l'Union de droit comme un concept visant à soumettre l'action de l'Union européenne et des États membres à un certain nombre d'exigences normatives, assorties de garanties juridictionnelles visant à en sanctionner l'irrespect et à protéger des droits individuels.

Ainsi présentée, l'Union de droit apparaît sans difficulté particulière comme une notion transposable en droit de l'UEMOA pour l'analyse du système juridique institué par cette organisation régionale africaine.

Paragraphe II- La notion d'Union de droit dans l'analyse du système juridique de l'UEMOA

Le recours à la notion d'Union de droit dans l'analyse du système juridique de l'UEMOA implique de convenir, au préalable, de sa transposabilité dans le système issu des traités constitutifs de l'UEMOA (A), d'examiner ensuite la problématique générale et l'intérêt que revêt une telle analyse dans le contexte de l'intégration économique au sein de cet espace commun (B) et d'expliquer, enfin, la démarche méthodologique (C) qui la soustient.

A) L'Union de droit, une notion transposable en droit de l'UEMOA

Qualifiant[157] le droit issu de l'initiative des pays ayant recouru à l'article XXIV du GATT pour asseoir entre eux une intégration plus étroite[158], Pierre PESCATORE se référait à l'appellation « droit de l'intégration »

[156] Éric CARPANO, *État de droit et droits européens*, *op. cit.*, p. 300.

[157] Nous nous permettons de reprendre ici, en partie, des développements que nous avons eus à mener dans le cadre d'une contribution aux Geneva Jean Monnet Working Paper (2016). Voir précisément Rélwendé Louis Martial ZONGO, « Le dialogue 'unilatéral' entre la Cour de Justice de l'UE et la Cour de Justice de l'UEMOA », *GJMWP*, n° 11, 2016, disponible sur www.ceje.ch (consulté pour la dernière fois le 11.11.2017).

[158] S'agissant précisément des pays en voie de développement (PVD), voir Décision L/4903 dans GATT, IBDD, Supplément n°26, p. 223, plus connue sous le nom de clause d'habilitation. Pour plus détail sur ces questions en rapport avec les pays africains, voir Ousséni ILLY, *L'OMC et le régionalisme. Le régionalisme africain,* Bruxelles, Larcier, 2012, 333 p.

qui est propre à l'accord[159]. Ce droit « préférentiel » dont l'Union européenne représente à ce jour l'expérience la plus significative, se caractériserait par de « nouvelles constellations structurelles », un « réaménagement des souverainetés étatiques », l'« émergence d'un pouvoir législatif multinational » et l'existence d'un « pouvoir judiciaire européen »[160]. Cette systématisation de l'ancien juge PESCATORE renferme l'idée de supranationalité qu'il résume sous la forme de trois propositions à savoir « la reconnaissance, par un groupe d'États, d'un ensemble d'intérêts communs ; la création d'un pouvoir effectif, placé au service de ces intérêts ou valeurs ; enfin l'autonomie de ce pouvoir »[161]. La supranationalité qui caractérise le droit de l'intégration a un caractère double dans la mesure où elle porte non

---

[159] Pierre PESCATORE, *Le droit de l'intégration : émergence d'un phénomène nouveau dans les relations internationales selon l'expérience des communautés européennes,* Bruxelles, Bruylant, 2005, 100 p. Le recours à l'appellation « droit de l'intégration » de l'ancien juge de la CJCE, en vue de soutenir notre thèse sur le transposabilité de la notion d'Union de droit pour l'analyse du système juridique de l'UEMOA, appelle quelques précisions relatives à notre position quant aux rapports existants ou devant exister entre ce droit et le droit international 'classique'. Sur la question, notre position s'inscrit dans ligne de mire des doctrines de la spécificité du droit de l'UE mais se veut relative dans la mesure où, pour nous, l'affirmation de la spécificité du droit de l'intégration ne saurait remettre en cause « le mythe de la rupture totale » affirmé par Alain PELLET *in* « Les fondements juridiques internationaux du droit communautaire », *Collected Courses of the Academy of European Law*, Vol. V, Book 2, p. 201. En effet, nous pensons que l'autonomie du droit de l'intégration ne saurait consister en la négation des origines internationales et du lien entre ces deux droits, pas plus qu'elle n'admet l'assimilation pure et simple de ce droit au droit international. L'autonomie du droit de l'intégration se justifie au regard de ses spécificités et de son régime juridique essentiellement (mais non exclusivement) dérogatoire au droit international 'classique'. Dans ce sens nous nous identifions plutôt en la position de Denys SIMON qui sans remettre en cause le « patrimoine génétique international » du droit de l'UE affirme sa « personnalité émancipée » mais « non autarcique ». Voir Denys SIMON, « Les fondements de l'autonomie du droit communautaire » *in* SFDI, *Colloque de Bordeaux. Droit international et droit communautaire. Perspectives actuelles*, éd. A. Pédonne, Paris, 2000, pp. 209-250). Sur la relativité de l'autonomie du droit de l'UE, voir Jean-Claude GAUTRON, « Remarques sur quelques limites de l'autonomie du droit de l'Union européenne » *in* Brunessen BERTRAND, Fabrice PICOD et Sébastien ROLAND (Dir.), *L'identité du droit de l'Union européenne. Mélanges en l'honneur de Claude BLUMANN*, Bruxelles, Bruylant, 2015, 829 p., pp. 361-373.

[160] Pierre PESCATORE, *Le droit de l'intégration..., op. cit.*

[161] *Idem*, p. 50. Sur la notion de supranationalité en droit, voir Klaus Von LINDEINER-WILDAU, *La supranationalité en tant que principe de droit*, thèse de doctorat, Leyde, A.W. Sijthoff, 1970, 175 p.

seulement sur les structures autonomes mises en place pour servir l'intérêt commun (supranationalité structurelle) mais aussi sur les outputs normatifs de ces structures (supranationalité juridique)[162].

Créée sous les bons offices de la France et de la Banque mondiale[163], l'UEMOA a été conçue dans la matrice de l'intégration européenne dont elle tient les traits de supranationalité structurelle et juridique. Matérialisée par la création d'un marché commun[164], l'intégration économique ouest-africaine se caractérise par l'existence d'une Commission qui « exerce, en vue du bon fonctionnement et de l'intérêt général de l'Union, les pouvoirs propres que lui confère le [...] traité »[165]. Le Conseil des ministres de l'UEMOA prévu à l'article 20 du même traité se voit conférer l'exclusivité du pouvoir normatif (« législatif ») autonome en « assurant la mise en œuvre des orientations générales définies par la conférence des chefs d'États et de gouvernement ».

Enfin, la Cour de justice de l'UEMOA, créée suivant l'« orthodoxie juridictionnelle communautaire » inspirée du modèle de la CJUE[166], assure le contrôle juridictionnel conformément à l'article 38 du Traité. L'intégration juridique n'est pas en reste dans l'UEMOA[167]. Elle se traduit principalement par la voie de l'harmonisation des législations

---

[162] Joseph WEILER, "The Community System : The Dual Character of Supranationalism", *YEL*, Vol. 1, Issue 1, 1981, pp.267-306 cité par Pierre PESCATORE, *Le droit de l'intégration*, *op. cit.*, p. 5.

[163] En effet, la France aurait financé aux côtés de la Banque mondiale les études de faisabilité relatives à la transformation de l'UMOA en UEMOA (Voir Alioune SALL, *Les mutations de l'intégration des États en Afrique de l'Ouest*, *op. cit.*, p. 17). On comprend alors mieux le rôle de conseiller joué dans ce processus par l'ancien secrétaire général français de la Commission économique européenne, M. Émile NOEL (Voir Pierre VIAUD, « Union européenne et Union économique et monétaire de l'ouest africain, une symétrie raisonnée » *RMCUE*, n° 414,1998, p. 15).

[164] Art. 76 du traité de l'UEMOA.

[165] *Idem*, art. 26.

[166] Voir Laurence BURGORGUE-LARSEN, « Le fait régional dans la juridictionnalisation du droit international » *in* SFDI, *La juridictionnalisation du droit international*, colloque de Lille, Paris, Pedone, 2003, pp. 203-266, préc. p. 207.

[167] Pour une étude complète de l'intégration juridique au sein de l'UEMOA, voir Amadou Yaya SARR, *L'intégration juridique dans l'Union économique et monétaire ouest-africaine (UEMOA) et l'Organisation pour l'harmonisation en Afrique du droit des affaires (OHADA)*, thèse, Aix-Marseille, Presses universitaires d'Aix-Marseille, 2008, 654 p.

des États membres[168] et la consécration des principes de primauté et d'effet direct dans le corps du Traité[169]. La grande ressemblance entre l'UE et l'UEMOA est encore perceptible sous d'autres angles que la doctrine n'a pas manqué de relever[170]. Ainsi, prise individuellement et sous réserve de ses spécificités, il est possible d'opérer une classification du droit de l'UEMOA dans la catégorie du droit de l'intégration dont relève le droit de l'UE.

Le recours à l'adjectif « communautaire » par la doctrine africaine pour identifier le droit de l'UEMOA traduit sans doute cette assimilation plus inconsciente que délibérée à une catégorie distincte[171], dont le

---

[168] Art. 4, let. e, du traité de l'UEMOA.

[169] *Idem*, respectivement art. 6 et 43.

[170] Voir par exemple Pierre VIAUD, « Union européenne et Union économique et monétaire de l'ouest africain », *op. cit.* ; André WATTEYNE, « Une intégration économique africaine à l'image de l'intégration économique européenne : le cas de l'UEMOA », *RBD*, n° 39-40, 2001, pp.83-92. André WATTEYNE se fonde, en l'occurrence, sur l'intégration commerciale, l'intégration monétaire et la coordination des politiques macroéconomiques pour décrire la similitude de ces deux systèmes juridiques.

[171] Pour ne citer que quelques exemples, voir Luc Marius IBRIGA ; Abou Saïb COULIBALY et Dramane SANOU (éd.), *Droit communautaire ouest-africain* (Collection Précis de droit burkinabé), Ouagadougou, Presses africaines, 2008, 510 p. ; Mor BAKHOUM, *L'articulation du droit communautaire et des droits nationaux de la concurrence dans l'Union économique et monétaire Ouest africaine (UEMOA)*, Bruxelles, Bruylant, 2007, 427 p. ; Ousmane BOUGOUMA, *La libre circulation des marchandises en droit communautaire européen et de l'UEMOA*, Sarrebruck , Éd. Universitaires européennes, 2015, 432 p. Pour notre part, nous nous démarquerons de cette appellation générique que nous considérons comme sémantiquement incorrecte s'agissant de l'UEMOA. En effet, sauf à la considérer comme une « Communauté économique régionale » (CER) au sens du droit de l'Union africaine (UA), l'UEMOA n'est pas une communauté comme l'est par exemple la CEDEAO mais plutôt une union à l'instar de l'UE. Relevons d'ailleurs que l'appellation « droit communautaire » pour désigner le droit issu du processus d'intégration européenne s'est progressivement éclipsée au profit de celle de « droit de l'UE », avec la disparition de la construction en piliers et l'avènement du traité de Lisbonne. En plus, même en la considérant comme une communauté au sens du droit de l'UA, l'appellation « droit communautaire » pour désigner le droit secrété par l'UEMOA s'avère juridiquement problématique dans la mesure où cette organisation ne figure pas parmi les huit CER formellement reconnues par l'UA. Ainsi, tout en comprenant les motivations de ceux qui y ont recours pour qualifier le droit issu de l'UEMOA (c'est-à-dire l'identification à la famille des droits assimilables au droit de l'UE), nous pensons que l'usage de l'expression « droit communautaire », comme terme englobant, est inapproprié dans la mesure où les droits rattachés à cette catégorie ne sont pas tous issus de « Communautés » de même que l'existence d'une

« droit communautaire de l'UE » serait le premier et plus évolué des spécimens[172].

Décrite de cette manière, l'UEMOA apparaît comme la manifestation d'une « transplantation juridique » du modèle européen d'intégration économique en Afrique de l'Ouest[173]. Également qualifié de « transferts de droit » par certains auteurs, ce phénomène est défini comme « l'entrée dans une société d'un droit ou de certaines règles juridiques qui ont été élaborées dans un milieu social différent et parfois à une époque déjà lointaine »[174]. De ce point de vue, la transposition de l'Union de droit dans l'étude du système juridique de l'UEMOA n'est autre que la reprise d'un concept appartenant à un ensemble juridique importé. Ainsi, le concept de Communauté/Union de droit n'est pas inconnu des droits des organisations africaines d'intégration économique en général et du droit de l'UEMOA en particulier.

Dans le droit de la CEDEAO, la notion apparaît de manière furtive dans l'arrêt Hon Dr Jerry Ugokwe c. République Fédérale du Nigéria & autres[175] rendu par la Cour de justice d'Abuja à la suite de la saisine d'un parlementaire nigérian, qui contestait l'invalidation de son

---

« communauté » au sens littérale ou juridique du terme ne saurait signifier ipso facto l'appartenance à cette famille spécifique du droit.

[172] L'approche « individualiste » que nous adoptons ici pour identifier la nature « droit de l'intégration » du droit de l'UEMOA, assimilable au droit de l'UE, constitue un démarquage vis-à-vis de l'approche « intégrative » suivie par Joseph Kazadi MPIANA dans son article sur « La problématique de l'existence du droit communautaire africain. L'option entre mimétisme et spécificité », *RLD*, n° 1, 2014, p.38-78. Dans cet article, l'auteur définit la conception intégrative comme celle qui « aborde le droit communautaire africain dans son unicité, autour d'éléments dominants communs » et la préfère aux conceptions dites restreinte et intégrale. La conception intégrale est celle qui englobe l'ensemble du droit international africain, du droit des organisations africaines et les relations internationales africaines tandis que la conception restreinte vise individuellement « les droits communautaires africains » en fonction de leur parenté au droit de l'UE. C'est à cette dernière catégorie que nous nous identifions quoique l'adjectif « restreint » nous paraisse ici inapproprié.

[173] Alan WATSON, *Legal Transplants. An approach to comparative law*, Edimbourg, Scottish academic Press, 1974, 106 p.

[174] Jean GAUDEMET, « Les transferts de droit », *L'année sociologique*, Vol. 27, 1976, pp. 29-59, préc. p. 29.

[175] CJCEDEAO, arrêt Hon Dr Christian Ugokwe c. République Fédérale du Nigéria & Hon Dr Christian C. Okike et autres, du 7 octobre 2005, aff. n° ECW/CCJ/APP/02/05, disponible sur http://www.courtecowas.org/. (consulté pour la dernière fois le 31.5.2018).

élection par les juridictions internes, motif pris de la violation de son droit à un procès équitable. Dans sa décision, la Cour de justice de la CEDEAO se référa notamment à un commentaire de Renaud DEHOUSSE évoquant la notion d'« État de droit » au sujet de l'arrêt les Verts rendu par la CJCE[176]. Dans le droit de la CAE, l'article 6, lettre d, du traité constitutif, mentionne sans la définir, la « rule of law » comme un des principes fondamentaux de l'organisation. Amenée à se prononcer sur la violation dudit principe dans l'arrêt James Katabazi and 21 others v. Secretary general of the EAC and Attorney general of Republic of Uganda[177], la East African Court of Justice (EACJ) a considéré l'indépendance de la justice comme formant l'une de ses pierres angulaires et a condamné l'État ougandais pour ne l'avoir pas respecté.

Contrairement au droit de la CAE, il n'existe aucune référence expresse à l'État de droit ou à la Communauté/Union de droit, comme principe fondamental de l'organisation, dans les traités constitutifs de l'UEMOA. Seul le préambule du Traité portant création du Parlement du 29 janvier 2003[178] souligne l'attachement des États membres aux principes de « démocratie et de bonne gouvernance ainsi qu'à l'État de droit ». L'État de droit est également évoqué comme principe devant régir la gestion des finances publiques au sein des États membres, dans le préambule de l'annexe à la directive n° 01/2009 portant code de transparence dans la gestion des finances publiques au sein de l'UEMOA[179]. Toutefois, ces références expresses à l'État de droit dans le droit de l'UEMOA ne visent que les États membres auxquels son application semble se limiter, hormis le fait qu'elles interviennent dans

---

[176] Ainsi peut-on lire, dans une formulation impropre, au paragraphe 31 de ladite décision : « Dans l'affaire Les Verts [...] de la Cour de justice des Communautés Européennes, R. Dehousse disait entre autres que '' la Communauté européenne est une Communauté fondée sur l'État de droit et qu'en conséquence les actes des États membres doivent être révisés et des mesures doivent être prises conformément à la Charte constitutionnelle fondamentale, qu'est le Traité'' ».

[177] EACJ, James Katabazi and 21 others v. Secretary general of the EAC and Attorney general of Republic of Uganda, reference n°1 of 2007, 1st November 2007, disponible sur www.eacj.org (consulté pour la dernière fois, le 31.5.2018).

[178] Le traité portant création du Parlement de l'UEMOA est entré en vigueur le 1er février 2014.

[179] Directive n° 01/2009/CM/UEMOA portant code de transparence dans la gestion des finances publiques au sein de l'UEMOA, BO indisponible.

les préambules des instruments juridiques cités, lesquels ne comportent en soi aucune force obligatoire.

Comme nous l'indiquions précédemment, la référence au concept de Communauté/Union de droit est donc exclusivement le fait de la doctrine en droit de l'UEMOA. La définition qu'elle en donne épouse les contours de la notion telle que développée en droit de l'Union européenne. L'UEMOA est en effet définie comme

> « [...] Une communauté de droit au sens objectif, d'abord parce qu'elle entend faire en sorte que sur le territoire de l'Union, une même règle, un même juge et une même autorité s'attachent aux décisions et aux arrêts rendus par la juridiction communautaire. Une communauté de droit au sens des droits subjectifs ensuite, car elle prend l'engagement de respecter dans son action, les droits fondamentaux énoncés dans la déclaration universelle des droits de l'homme de 1948 et la charte africaine des droits de l'homme et des peuples de 1981 »[180].

On retrouve ici l'idée de légalité qui sous-tend l'action de l'Union et la protection des droits fondamentaux. Le contrôle juridictionnel et la protection qui en découle pour les droits individuels ne sont pas oubliés puisqu'en poursuivant leur synthèse, les auteurs soulignent le lien entre la Communauté de droit et le rôle des juridictions « communautaires » à cet effet[181]. Il faut toutefois souligner l'absence remarquable du principe de démocratie dans la définition susmentionnée. Loin d'être bénigne, cette omission reflète une lacune du traité de l'UEMOA qui ne comporte aucune référence expresse à la notion de démocratie et encore moins à celle de l'État de droit qui est pourtant consacrée dans toutes les constitutions nationales des États membres[182]. Fort

---

[180] Pierre MEYER et Luc Marius IBRIGA, « La place du droit communautaire UEMOA dans le droit interne des Etats membres », *op. cit.*

[181] *Ibidem.*

[182] Voir les préambules des constitutions des États membres : Constitution du Bénin du 11 décembre 1990, JO du 1er janvier 1991, 102e année, n°1 ; Constitution de la Guinée-Bissau du 16 mai 1984, Disponible sur : http://mjp.univ-perp.fr/constit/gw1984.htm (consulté la dernière fois le 11.11.2017), Constitution du Burkina-Faso du 2 juin 1991, JOBF du 13 juin 1991, p. 794 ; Constitution de la République de Côte d'Ivoire du 8 novembre 2016, JO, n° spécial, 9 novembre 2016, pp. 129-144 ; Constitution du Mali du 12 janvier 1992, disponible sur : http://www.courconstitutionnelle.ml (consulté la dernière fois le 13.1.2018) ; Constitution du Niger du 18 juillet 1999, JO du 9 août 1999, p. 1 ; Constitution du

heureusement, cette lacune a été comblée par le traité portant création du Parlement du 29 janvier 2003.

Après avoir ainsi examiné la transposabilité de la notion d'Union de droit dans l'ordre juridique de l'UEMOA, il y a lieu de s'intéresser à présent à la problématique générale et à l'intérêt de l'analyse qui y est consacrée dans le cadre de cette thèse.

B) Problématique générale et intérêt du sujet

Dans une approche « développementaliste » de l'intégration économique régionale[183], l'UEMOA porte en elle, dès sa création, la promesse d'une meilleure affirmation de ses membres dans le concert des nations et d'un mieux-être économique et social de ses ressortissants[184]. Pour ce faire, les États membres ont consenti à de « nouveaux transferts de souveraineté »[185] en confiant à des organes autonomes la gestion de plusieurs domaines d'activité au profit de leurs ressortissants. Dans ce contexte, le recours au droit et précisément, le recours aux attributs de l'Union de droit, apparait non seulement comme une condition de l'engagement des États mais également comme une condition du succès du projet commun d'intégration économique. En effet, l'on se demande comment les jeunes États ouest-africains, attachés à leurs souverainetés si chèrement conquises,

---

Sénégal du 22 janvier 2001, JO du 22 janvier 2001, n°5963, pp.27-42 ; et art. 1 de la constitution du Togo du 14 octobre 1992, JO du 19 octobre 1999, 37e année, n°36, p. 1.

[183] L'approche développementaliste de l'intégration économique régionale participe d'une idée largement reçue au sein des pays en développement qui y voient la solution pour leur émergence politique et économique sur la scène internationale. Elle est cependant remise en cause par certains auteurs qui juge le phénomène régional « par trop disparate, par trop hétérogène, pour que l'on puisse estimer ne varietur qu'il serait la planche de salut du développement ». Voir dans ce sens, Laurence BURGORGUE-LARSEN, « La régionalisation du développement » *in* SFDI, *Droit international et développement*, Colloque de Lyon, Paris, Pedone, 2015, 504 p., préc. pp. 429-440.

[184] L'approche développementaliste de l'intégration économique au sein de l'UEMOA est décelable dès le préambule du traité constitutif où les parties contractantes affirment « la nécessité de favoriser le développement économique et social des États membres, grâce à l'harmonisation de leurs législations, à l'unification de leurs marchés intérieurs et à la mise en œuvre de politiques sectorielles communes dans les secteurs essentiels de leurs économies ».

[185] *Idem*, préc. le 7e considérant.

auraient pu en céder des « portions » dans le cadre d'une entreprise commune, sans s'assurer au préalable de toutes les garanties juridiques nécessaires au contrôle et à la sanction, en cas d'abus, des pouvoirs qu'ils remettaient entre les mains des nouvelles structures supranationales ? Ces États ne pouvaient non plus courir le risque de s'engager dans une telle entreprise, sans prévoir au préalable des mécanismes juridiques pour se prémunir en cas d'éventuels écarts de conduite les uns à l'égard des autres.

Dans la mesure où cette entreprise commune devait également avoir une forte incidence sur les droits de leurs ressortissants, il s'imposait d'aménager, au profit de ces derniers, des garanties de même nature. Ces ressortissants devaient ainsi disposer de moyens d'action tant à l'encontre des structures supranationales qu'à l'encontre des États membres, au cas où l'action des unes ou des autres viendrait à affecter leurs droits. Par ailleurs, il aurait été inefficace d'instituer un marché commun sans donner aux opérateurs économiques de ce marché, la sécurité juridique indispensable à leurs investissements ainsi que les moyens d'obtenir la protection de leurs droits en cas de violation. Enfin dans un contexte marqué par la résurgence et la mondialisation du concept d'État de droit, l'entreprise d'intégration commune initiée par les États ouest-africains ne pouvait faire l'impasse sur le principe démocratique et la protection des droits fondamentaux, alors même que celle-ci se réclamait comme étant « fidèle aux objectifs de la Communauté Économique Africaine »[186], elle-même défenseur de l'État de droit promue au sein de l'Union Africaine (UA)[187]. L'institution de mécanismes de fonctionnement démocratique et la garantie des droits fondamentaux s'imposaient, en particulier, dans le but de conférer une certaine légitimité aux structures supranationales et de favoriser l'adhésion des peuples à l'entreprise d'intégration commune.

Pourtant, plus de vingt années après sa création, le processus d'intégration au sein de l'UEMOA semble s'essouffler. Certes, il convient de lui reconnaître certains acquis, dans la construction du

---

[186] *Id.*, préc. le 1er considérant.

[187] Voir art. 3 et art. 4 de l'Acte constitutif de l'UA. Sur l'État de droit dans le droit de l'UA, voir Armel LALI, « La perception de l'État de droit dans le droit et la pratique de l'Union africaine » *in* SFDI, *L'État de droit en droit international,* Colloque de Bruxelles, Paris, Pedone, 2009, 447 p., préc. pp. 287-300.

marché commun notamment[188], ainsi qu'en matière de politiques sectorielles communes[189]. Malgré ces acquis, l'UEMOA continue d'être confrontée à d'énormes défis en termes d'aboutissement et d'adhésion des peuples au processus d'intégration au sein de l'espace commun. L'intégration prévue sur le papier semble avoir du mal à se concrétiser sur le terrain. Dans son discours prononcé à la cérémonie commémorative du 20e anniversaire de la création de l'UEMOA, Eugène Yayi BONI, alors président en exercice de la Conférence des chefs d'État et de gouvernement (CCEG), soulignait la nécessité persistante du « relèvement de plusieurs défis liés à la mise en application effective des réformes des textes et programmes adoptés »[190].

Au même moment, l'on assistait à une fronde ahurissante au sein de la Cour de justice, l'organe qui était censé assurer le respect, par tous les acteurs du processus, de leurs engagements en vertu du droit de l'UEMOA[191]. L'ensemble de cette situation affecte grandement l'effectivité des droits conférés aux ressortissants des États membres dans le cadre du processus d'intégration économique. Elle est non seulement imputable aux organes de l'Union qui semblent s'accommoder de moins en moins au respect de la règle de droit et au

---

[188] Au titre de ces acquis, on peut citer la libre circulation en franchise totale des droits et taxes d'entrée, pour les produits de l'agriculture, de l'élevage, de l'artisanat et les produits industriels originaires agréés et l'entrée en vigueur du TEC depuis le 1er janvier 2000. Il faut néanmoins souligner que dans le cadre d'une politique de coordination et d'harmonisation de l'intégration économique en Afrique de l'Ouest, l'UEMOA et la CEDEAO ont convenu de l'adoption d'un TEC unique effectif depuis le 1er janvier 2015. L'UEMOA dispose par ailleurs d'une abondante « législation » en matière de concurrence ainsi que d'un certain nombre de textes visant à mettre en œuvre les libertés de circulation au sein des États membres. Voir Règlement n° 6/2014/CM/UEMOA du 25 septembre 2014 portant modification du règlement n° 2/97 portant adoption du tarif extérieur commun de l'UEMOA, BO indisponible.

[189] L'UEMOA s'est dotée d'une politique agricole commune et d'une politique énergétique commune depuis le 19 décembre 2001. L'organisation dispose également d'une politique commune dans les domaines de l'industrie et des mines.

[190] UEMOA, *Discours de son excellence Docteur Yayi Boni*, président de la République du Bénin, président en exercice de la conférence des chefs d'État et de gouvernement de l'UEMOA, Ouagadougou, le 20 octobre 2014, p. 7. Disponible sur www.uemoa.int (consulté la dernière fois, le 11.11.2017).

[191] Nous faisons notamment allusion à la crise judiciaire qu'a connu cette juridiction entre 2011 et 2015. Nous y reviendrons plus en détail dans la deuxième partie de la thèse.

principe de la séparation des pouvoirs, mais également aux États membres qui ne respectent pas, eux-mêmes, les obligations qui leur incombent en vertu des traités constitutifs. En réalité, le sombre tableau peint au sein de l'UEMOA n'est qu'une déteinte de la situation vécue au sein des États membres. Confrontés, pour la plupart, à d'intermittents conflits sociopolitiques, les États membres ont vu se dégrader, au fil des années, l'État de droit promu dans leurs constitutions nationales. Cette situation se caractérise, entre autres, par un certain monolithisme politique persistant au sein desdits États, par certaines violations caractérisées des droits de l'Homme, ainsi que par la compromission de l'indépendance de la justice, dans un déséquilibre généralisé des pouvoirs au profit de l'exécutif[192].

De ce qui précède, plusieurs interrogations jaillissent à l'esprit. L'Union de droit, vraisemblablement voulue par les concepteurs de l'UEMOA, est-elle une réalité au sein de l'organisation ? Le droit et la pratique au sein de l'UEMOA sont-ils assortis aux exigences d'une Union de droit ? Plus concrètement, le droit de l'UEMOA garantit-il le respect du principe de légalité, l'ancrage démocratique et la protection des droits fondamentaux au sein de l'organisation ? Les organes et les États membres se conforment-ils à ces exigences lorsqu'ils mettent en œuvre le droit de l'UEMOA ? La Cour de Justice et les juridictions nationales censées veiller à leur effectivité, tout en assurant la protection des droits individuels, sont-elles équipées pour être à la hauteur de la tâche ? Les voies et procédures instituées devant ces juridictions pour sanctionner la violation de ces exigences sont-elles accessibles aux personnes privées et sont-elles aménagées de manière à répondre adéquatement à la violation de leurs droits ? Autrement dit, l'article 1er du protocole additionnel n° 1 a-t-il une réelle signification au sein de l'UEMOA ou faut-il la considérer comme une simple « clause de style dans un instrument juridique qui a lui-même du mal à trouver une application effective »[193] ? Face à de telles interrogations,

[192] Sur la question de l'État de droit au sein des États ouest-africains, on lira avec beaucoup d'intérêt Losséni CISSÉ, La problématique de l'état de droit en Afrique de l'ouest : analyse comparée de la situation de la Côte d'Ivoire, de la Mauritanie, du Libéria et de la Sierra Léone, Paris, l'Harmattan, 2013, 284 p. Voir également, Armel LALI, « La perception de l'État de droit dans le droit et la pratique de l'Union africaine », *op. cit.*

[193] Nous reprenons ici une citation de Maurice KAMTO *in* « Les cours de justice des communautés et des organisations d'intégration économique africaines », *AFDI*, 1998, Vol. 6, p.108.

l'analyse portant sur l'« Union de droit » au sein de l'UEMOA revêt un double intérêt théorique et pratique.

Sur le plan théorique, l'intérêt de l'analyse va au-delà de la diffusion du concept d'Union de droit dans l'étude du droit de l'intégration ouest-africaine. En recourant au concept d'Union de droit, l'analyse menée dans le cadre de cette thèse permet de mettre en évidence non seulement l'applicabilité des attributs de l'État de droit aux organisations de type supranational mais également l'apport de ces attributs pour l'effectivité et le succès de l'entreprise d'intégration économique. Ce faisant, l'analyse contribue à élucider des pans entiers du droit de l'UEMOA, longtemps marginalisés dans la littérature juridique, à savoir la protection des droits fondamentaux et l'ancrage démocratique du système institutionnel. L'étude apporte ainsi à la littérature existante, le complément d'une analyse à la fois complète et actualisée du droit et de la pratique institutionnels de l'UEMOA.

Certes, l'UEMOA qui était considérée dans les années 2000 comme étant l'expérience africaine d'intégration économique la mieux réussie[194], a déjà suscité l'intérêt de plusieurs chercheurs, lesquels y ont consacré différentes études portant à la fois sur le droit matériel[195] et sur le droit institutionnel[196]. S'agissant cependant du droit institutionnel, les études menées à ce jour, lorsqu'elles ne sont pas

[194] Voir dans ce sens Philippe HUGON (Dir.), *Analyse comparative des processus d'intégration économique régionale*, publication du ministère français des affaires étrangères, 2001, 275 p., préc. p. 16.

[195] En droit matériel, on peut citer, parmi les travaux les plus récents, la thèse de Mor BAKHOUM relative à « *L'articulation du droit communautaire et des droits nationaux de la concurrence dans l'Union économique et monétaire Ouest africaine (UEMOA)* », *op. cit.* ; et celle d'Ousmane BOUGOUMA portant sur « *La libre circulation des marchandises en droit communautaire européen et de l'UEMOA* », *op. cit.*

[196] S'agissant du droit institutionnel, on peut citer la thèse de Robert YOUGBARÉ relative à « *La fonction de représentation extérieure commune des organisations d'intégration ouest-africaines dans les négociations commerciales* », voir Robert YOUBARÉ, thèse, Université de Ouaga II, 2012, 417 p. Il y a lieu de mentionner aussi la thèse de Dramane SANOU sur « *La juridictionnalisation des organisations régionales d'intégration économique en Afrique* », *op. cit.* ; et enfin la thèse de Sylvain OUEDRAOGO sur « *Les compétences nationales en matière fiscale et la communautarisation des règles dans l'espace ouest-africain* », thèse, Université de Bordeaux, 2015, 649 p.

limitées à des domaines spécifiques[197], apparaissent par trop large[198] pour offrir un aperçu complet et détaillé du droit et de la pratique institutionnelle au sein de l'organisation. Hormis le fait que, sans prétendre à l'exhaustivité, les travaux par nous menés visent à y remédier, ils intègrent les développements les plus récents de la jurisprudence de la Cour de Justice de l'UEMOA, dont la richesse insoupçonnée nous semble avoir été, à ce jour, sous-exploitée par la doctrine[199].

Sur le plan pratique, comme nous l'avons déjà expliqué, l'Union de droit n'est pas une option pour les États membres de l'UEMOA s'ils tiennent à réussir là où plusieurs de leurs prédécesseurs ont échoué et, de manière plus urgente, s'ils veulent insuffler une nouvelle dynamique au processus d'intégration. En effet, l'Union de droit apparaît comme le terreau ou encore le prérequis nécessaire au développement harmonieux de l'intégration économique et à l'effectivité des « nouveaux » droits qu'elle est censée engendrer dans le patrimoine juridique des individus. Dans ce sens, l'analyse menée dans le cadre de cette thèse pourrait contribuer, à travers les perspectives qu'elle dégage, à redynamiser le processus d'intégration économique au sein de l'UEMOA. En s'intéressant à l'ancrage des attributs de l'Union de droit non seulement au niveau supranational mais également au niveau national, la thèse contribue, par ailleurs, à l'amélioration de la condition de l'État de droit au sein des États membres[200]. Enfin, dans la mesure

[197] Tel est notamment le cas des travaux de Robert YOUGBARÉ, de Sylvain OUEDRAOGO ou encore de Dramane SANOU, qui se limitent respectivement aux domaines des relations extérieures, des compétences, ainsi que du contentieux en droit de l'UEMOA.

[198] Nous faisons allusion ici aux travaux de Dramane SANOU qui, parce qu'ils abordent le phénomène de juridictionnalisation au sein de plusieurs organisations à la fois, n'offrent pas, selon nous, la possibilité de mener une analyse approfondie et détaillée du contentieux de chacune des juridictions étudiées, dont la CJUEMOA en particulier.

[199] Ces travaux prennent en considération non seulement la jurisprudence antérieure mais aussi l'ensemble des décisions rendues par la Cour de Justice de l'UEMOA depuis la fin de la crise et la reprise de ses activités en 2016 jusqu'en 2018. Par son caractère transversal, cette thèse ne marginalise aucun domaine de cette jurisprudence. Est ainsi passée au peigne fin, la jurisprudence relative au contentieux économique, institutionnel, ou encore administratif (contentieux du personnel de l'UEMOA).

[200] Voir dans ce sens Joël RIDEAU, « Communauté de droit et Etats de droit », *op. cit.* Voir également, Rostane MEHDI, « Les retombées de la Communauté de droit

où ils portent également sur l'apport de la CJUEMOA dans le développement de l'Union de droit au sein de l'organisation, à travers notamment une analyse profonde du rôle et de la qualité de la justice de l'intégration, ces travaux offrent au juge supranational, garant principal de l'Union de droit, et au juge national, garant auxiliaire de cette Union, l'occasion de mesurer l'importance de leur mission, de scruter avec recul leurs décisions, et de les améliorer dans l'intérêt d'une meilleure protection juridictionnelle des individus.

Pour ce faire, l'analyse menée dans le cadre de ces travaux de recherche s'appuie sur une démarche méthodologique largement dominée par la méthode comparative et l'analyse critique du droit.

C) Méthodologie et annonce du plan

L'étude qui fait l'objet de la thèse procède à une analyse transversale du système institutionnel de l'UEMOA, afin de déterminer l'existence et la condition de l'Union de droit au sein de cette organisation. Pour ce faire, elle a principalement recours à la méthode comparative bien connue des sciences juridiques[201]. En effet, la présente étude se réfère principalement, comme l'indique son titre, au droit de l'Union européenne. Le recours au droit comparé de l'Union européenne s'impose pour plusieurs raisons. Il s'impose d'abord parce que l'étude menée emprunte à ce droit son principal support d'analyse qu'est la notion d'Union de droit[202]. Ensuite, comme nous l'avons amplement démontré, le droit de l'UEMOA est un droit largement inspiré du droit de l'Union européenne[203], la CJUEMOA n'hésitant pas à se référer,

---

dans les États de droit » *in* Joël RIDEAU (Dir.), *De la communauté de droit à l'union de droit..., op. cit.* pp. 377-422.

[201] Voir notamment, Léontin-Jean CONSTANTINESCO, *Traité de droit comparé, t. II : La méthode comparative*, Paris, LGDJ, 1974, 412 p. ; Pierre LEGRAND, « Comparer », *RIDC*, Vol. 48, n° 2, 1996, pp.279-318 ; Étienne PICARD, « L'état du droit comparé en France en 1999 », *RIDC*, Vol. 52, n°4, 1999, pp. 885-915. Sur l'usage de la méthode comparative en droit européen, voir François VAN DER MENSBRUGGHE (Dir), *L'utilisation de la méthode comparative en droit européen*, Namur, Presses universitaires de Namur, 2003, 218 p.

[202] Cf. *supra*, Introduction, Par. 1, A.

[203] Cf. *supra*, Introduction, Par. 2, A.

elle-même, au droit de l'UE, aussi bien de manière implicite que de manière explicite, dans ses décisions[204].

Contrairement au droit de l'UE qui bénéficie de plus d'un demi-siècle d'existence et dont la doctrine et la jurisprudence pullulent, le droit de l'UEMOA est un droit « chétif » et relativement récent. Il n'a connu à ce jour que très peu de développements dans la doctrine et la pratique de la CJUEMOA. Dans ce sens, le recours au droit comparé de l'UE apparaît indispensable pour éclairer le sens et les dynamiques d'évolution du droit de l'UEMOA. Toutefois, l'analyse comparative avec le droit de l'UE tient compte des limites des « transfert de droit » ou de « l'importation juridique » du droit de l'espace UEMOA[205]. N'est donc comparé et proposé à la transposition en droit de l'UEMOA, que ce qui est comparable et transposable au regard des spécificités de l'organisation ouest-africaine. L'étude menée revêt ainsi, par ailleurs, une dimension résolument critique.

Partant de ce que devrait être le droit et la pratique institutionnelle dans une Union de droit, elle procède à une critique constructive du droit et de la pratique existants et formule des propositions pour un meilleur ancrage des attributs de l'Union de droit au sein de l'UEMOA. Pour servir l'analyse comparative et critique menée dans le cadre de la thèse, la thèse a notamment recours à la technique juridique et à l'approche sociologique du droit. Définie comme une méthode visant à « exposer l'état du droit tel qu'il existe et à en déterminer le contenu »[206], la technique juridique vise à confronter un concept ou une règle de droit à un cas particulier[207]. En effet, l'objectif de cette thèse est moins de faire de la théorie du droit que d'examiner l'ancrage d'un concept normatif à l'intérieur d'un système juridique spécifique. Ainsi, par la mobilisation des diverses sources du droit de l'UEMOA, le recours à cette méthode permet d'identifier et d'interpréter le droit positif de cette

---

[204] Rélwendé Louis Martial ZONGO, « Le dialogue 'unilatéral' entre la Cour de Justice de l'UE et la Cour de Justice de l'UEMOA », *op. cit.*
[205] Cf. *supra*, Introduction, Par. 2, A.
[206] Olivier CORTEN, *Méthodologie du droit international public*, Éd. De l'Université de Bruxelles, 2017, 291 p., préc. p. 23.
[207] *Idem*, p. 25.

organisation afin d'y déterminer l'existence des attributs de l'Union de droit.

Au-delà du droit positif, l'analyse se préoccupe d'évaluer la réalité sociale de l'Union de droit au sein de l'UEMOA. D'où le recours à l'approche sociologique du droit. Comme l'affirme Renato TREVES, « L'objet de la sociologie du droit est de confronter des règles juridiques ou des concepts de droit à la réalité sociale existante »[208]. Ainsi, la présente analyse s'intéresse à la manière dont les attributs de l'Union de droit sont perçus et vécus au sein des organes de l'UEMOA, avec un accent particulier sur la Cour de Justice. Dans ce sens, l'analyse menée dans la thèse fait appel à des données empiriques collectées lors de plusieurs interviews réalisés avec des membres de la Commission et des membres de la Cour de Justice, dans le cadre d'un stage doctoral réalisé sur une période d'un mois (1) au sein desdits organes[209].

La rédaction de cette thèse de doctorat ne s'est pas faite sans difficultés. Deux obstacles majeurs méritent d'être relevés. Il s'agit d'abord, de la difficulté d'accéder aux documents officiels de l'UEMOA. Il existe certes un mini catalogue des actes officiels sur le site internet de l'organisation[210]. Cet accès en ligne est toutefois limité dans son contenu et dans son actualité. En effet, il ne concerne que le traité constitutif et quelques actes pris par les organes. Qui plus est, la publication des actes de droit dérivé dans ce mini catalogue n'est ni exhaustive ni à jour. Quant aux décisions de la Cour de Justice, elles ne disposent d'aucun répertoire officiel en ligne. Cette situation rend quasi-impossible la collecte des données documentaires à distance et entrave considérablement le travail du chercheur[211]. Le second obstacle

---

[208]Renato TREVES, *Sociologie du droit*, Paris, PUF, 1995, p. 21.

[209] Sur le recours à l'entretien comme instrument de méthode sociologique du droit, voir Pierre GUIBENTIF, « Questions de méthode en sociologie du droit : à propos de l'entretien en profondeur » *in* Robert ROTH, Jean KELLERHALS, Dominique MANAI-WERHRLI (eds), *Pour un droit pluriel*. Études offertes au professeur Jean-François PERRIN, Genève, Bâle, Helbing & Lichtenhahn, 2002, pp. 311-338. Les entretiens menés au sein de la Commission et de la Cour de Justice se sont appuyés sur un questionnaire réparti en trois points (principe de légalité, démocratie et droits fondamentaux, droit au juge). Le questionnaire est précédé d'une brève présentation des interviewés (fonction et carrière). Pour un aperçu du questionnaire, voir document en annexe 1, p. 486 et s.

[210] Voir http://www.uemoa.int/fr (consulté pour la dernière fois le 27.5.2018)

[211] Dans notre cas, cet obstacle a été surmonté grâce à la coopération de M. Narcisse HOUNYO, le documentaliste de la CJUEMOA qui a aimablement mis à notre

auquel nous avons été confrontés tient à la difficulté d'interviewer certains acteurs clés de l'Union de droit au sein de l'UEMOA. Il s'agit précisément des conseils (avocats) des personnes ayant sollicité la protection juridictionnelle de leurs droits devant la Cour de Justice. Initialement conçu pour être également soumis à ces derniers, le questionnaire que nous avons élaboré dans le cadre de notre séjour de terrain au siège de la Cour n'a pu être administré qu'aux les membres de la Commission et aux membres de la Cour de Justice, ces derniers ayant par ailleurs requis l'anonymat dans l'utilisation des données collectées.

En tout état de cause, l'analyse menée dans le cadre de la thèse s'attache à rechercher l'existence et à évaluer la condition de l'Union de droit au sein de l'UEMOA, en regroupant, sous deux grands axes, les attributs de cette notion bidimensionnelle. Dans une première partie consacrée aux fondements normatifs de l'Union de droit (Ière Partie), l'analyse se focalise sur la dimension normative de cette notion qui, ainsi que nous l'avons démontré, se fonde sur le principe de légalité, l'ancrage démocratique ainsi que la protection des droits fondamentaux. D'abord, l'analyse relative au principe de légalité s'intéresse à examiner principalement, le cadre juridique de la légalité au sein l'UEMOA. Il s'agit de rechercher en l'occurrence si la hiérarchie des normes et la répartition des compétences jouissent, en tant que paramètres de la légalité, de la clarté et de la prévisibilité requises, à l'intérieur de ce cadre juridique. Quant à l'ancrage démocratique et à la protection des droits fondamentaux, il s'agit de les examiner non seulement en tant que principes directeurs de l'Union (c'est-à-dire comme principe applicable aux organes) mais également en tant que principes de gouvernement des États membres (c'est-à-dire comme principe imposé à ces derniers en raison de leur appartenance à l'Union).

Après l'analyse des fondements normatifs de l'Union de droit, il est question d'examiner, dans la seconde partie de la thèse, la dimension juridictionnelle de la notion, à travers l'analyse des garanties juridictionnelles (IIème Partie) prévues en droit de l'UEMOA pour

---

disposition, la majeure partie des documents dont nous avons eue besoin. Fort heureusement, la Cour dispose depuis le début de l'année 2020 d'un site internet propre avec un catalogue où est répertoriée la plupart des décisions rendues à ce jour. Ces décisions sont disponibles en pdf et téléchargeables sur www.courdejusticeuemoa.org

garantir l'effectivité des fondements normatifs. Le fil de l'analyse dans cette seconde partie de la thèse consiste notamment à rechercher si l'ensemble des voies et procédures aménagées devant la Cour de Justice garantit l'accès des individus au juge de l'UEMOA. L'accès aux garanties juridictionnelles est ainsi examiné d'abord en cas de contestation des actes des organes et ensuite, en cas de contestation des actes étatiques. La thèse s'interroge, par ailleurs, sur l'existence et la portée d'un droit d'accès au juge national en droit de l'UEMOA. Elle examine enfin, au-delà de l'accès aux garanties juridictionnelles, la question de son efficacité à travers notamment la possibilité pour les individus d'obtenir une protection provisoire de leurs droits ainsi que l'exécution des décisions finales de justice.

Première partie : Les fondements normatifs de l'Union de droit

Comme nous l'avons précédemment étayé[212], l'Union de droit requiert l'existence et le respect de plusieurs fondements normatifs. Du point de vue formel, elle se fonde notamment sur l'exigence du respect du principe de légalité. Dans le contexte de l'Union de droit, ce principe traduit notamment l'obligation pour les organes et les États membres de se conformer à la charte constitutionnelle de base, formée principalement des traités constitutifs. L'Union de droit se caractérise ensuite, du point de vue institutionnel, par l'ancrage démocratique au sein de l'organisation et des États membres. Enfin, du point de vue matériel, l'Union de droit prescrit la protection des droits fondamentaux. Prenant en considération la forte imbrication qui existe entre les deux derniers fondements (droits fondamentaux et principe démocratique), le deuxième titre de cette partie les aborde ensemble (titre II), après avoir procédé à l'examen du respect du principe de légalité au sein de l'UEMOA dans le premier titre (titre I).

---

[212] Cf. *supra*, Introduction, Par. 1, A et C.

Titre Ier : L'obligation de respecter le principe de légalité

Considéré comme « l'un des piliers fondamentaux du processus historique d'affirmation de l'État de droit »[213], l'obligation de respecter le principe de légalité traduit dans le contexte de l'Union de droit, « l'exigence de la conformité des actes des institutions et des États membres avec la Charte constitutionnelle de base qu'est le traité »[214]. En droit de l'UEMOA, le principe trouve son ancrage non seulement à l'article 1er du protocole additionnel n° 1, qui stipule que « la Cour de Justice veille au respect du droit quant à l'interprétation et à l'application du traité de l'Union », mais également à l'article 8 dudit protocole, qui confie à cette dernière le contrôle de la légalité des actes pris par les organes. Ainsi, la Cour de Justice a pu souligner dans l'arrêt Eugène YAÏ de 2005, l'obligation qui est la sienne « d'assurer le respect de la légalité communautaire ainsi qu'il résulte de l'article 1er du protocole n°1 »[215].

Aux termes de l'article 9 du protocole additionnel n° 1, « la Cour de Justice prononce la nullité totale ou partielle des actes entachés de vice de forme, d'incompétence, de détournement de pouvoir, de violation du Traité de l'Union ou des actes pris en application de celui-ci ». Pris individuellement, ces moyens de légalité externe et interne au sens du droit administratif, renvoient aux composants « historiques » du principe, à savoir d'une part la suprématie de la loi et d'autre part, la réserve de la loi ou principe de la base légale[216].

Résumée de façon martiale en ces termes « toute initiative du soldat doit rester conforme aux instructions du caporal, de même toute

---

[213] Conclusions de l'avocat général Pedro CRUZ VILLALÓN, du 1er mars 2012, rendues dans l'affaire IFAW Internationaler Tierschutz-Fonds gGmbH c. Commission européenne, aff. C-135/11 P, ECLI :EU :C :2012 :118, pt 67.

[214] Voir arrêt les verts précité, pt 23.

[215] CJUEMOA, arrêt Eugène YAÏ c. Conférence des Chefs d'Etat et de Gouvernement de l'UEMOA, du 27 avril 2005, aff. n°03/05, Rec. 2008, p. 550.

[216] Pierre MOOR, « Introduction à la théorie de la légalité » *in* Charles-Albert MORAND (éd.), *Figures de la légalité*, Paris, Publisud, 1992, p. 12. Également, Claude ROUILLER, « Le principe de la légalité en droit public suisse », *in* Charles-Albert MORAND (éd.), *La légalité : un principe à géométrie variable*, Bâle et Francfort-sur-le-Main, Helbing & Lichtenhahn, 1992, p. 7.

instruction du caporal à celles du lieutenant, et ainsi de suite jusqu'au général »[217], la suprématie de la loi se rattache aujourd'hui à la primauté de la constitution. Resituée dans le contexte de notre analyse, elle se traduit par l'interdiction de violer les traités constitutifs formant la charte constitutionnelle de l'UEMOA. Quant à la réserve de la loi ou principe de la base légale, elle impose aux organes de l'État de « fonder leur activité sur une base légale quand cette activité a des effets à l'égard des particuliers »[218]. Fondement des titres de compétences respectifs de l'Union et des États membres, la base légale qui puise son origine dans les traités constitutifs et les actes subséquents, ne peut être valablement utilisée en dehors des formes et des procédures qu'elle induit, et à des fins autres que celles pour lesquelles elle a été instituée.

De ce qui précède, il apparaît que l'obligation de respecter le principe de légalité au sein de l'UEMOA requiert non seulement l'existence d'une hiérarchie des normes bien définie et acceptée comme telle par tous (Chapitre I) mais également l'existence d'une répartition claire et sans équivoque des compétences entre les divers organes de l'Union d'une part et entre cette dernière et les États membres d'autre part (Chapitre II).

[217] Pierre MOOR, « Introduction à la théorie de la légalité », *op. cit.*
[218] Claude ROUILLER, « Le principe de la légalité en droit public suisse », *op. cit.*, p. 8.

Chapitre Ier : La hiérarchie des normes au sein de l'UEMOA

En des termes rappelant un célèbre *obiter dictum* de l'arrêt Costa c. ENEL rendu par la CJCE[219], la CJUEMOA affirmait dans l'avis n°2/2000 que

> « [...] l'Union constitue en droit une organisation de durée illimitée, dotée d'institutions propres, de la personnalité et de la capacité juridique et surtout de pouvoirs issus d'une limitation de compétences et d'un transfert d'attributions des États membres qui lui ont délibérément concédé une partie de leurs droits souverains pour créer un ordre juridique autonome [...] »[220].

En partant du principe que le traité de l'UEMOA a institué un ordre juridique à part entière, constitué de sources autonomes de droit[221], la hiérarchie des normes suppose l'unité et la cohérence de cet ordre juridique, c'est-à-dire l'existence d'

> « [...] un ordre de priorités formel grâce auquel une norme prévaut sur une autre, avec cette conséquence que la conformité à la première constitue un paramètre de légalité de la seconde et que cette dernière ne peut dès lors déroger à l'autre sauf dans les limites autorisées par la source supérieure »[222].

En effet, comme l'affirme Hans KELSEN, « l'ordre juridique n'est pas un système de normes juridiques placées toutes au même rang, mais un édifice à plusieurs étages superposés ou couches de normes juridiques »[223]. Ayant pour *lex fondamentalis* les traités constitutifs,

---

[219] CJCE, arrêt Costa c. ENEL du 15 juillet 1964, *op. cit.*

[220] CJUEMOA, avis n° 2/2000 du 2 février 2000, demande d'avis du président de la Commission de l'UEMOA relative à l'interprétation de l'article 84 du traité de l'UEMOA, Rec. 2008, p. 226, préc. p. 241. Nous soulignons.

[221] Santi ROMANO, L'ordre juridique, 2e éd., Paris, Dalloz, 2002, 174 p.

[222] Antonio TIZZANO, « La hiérarchie des normes communautaires », *RMUE*, n°3, 1995, p. 221. Dans le même sens, Voir Simone GOYARD-FABRE, « Les fondements de la légalité » *in* Charles-Albert MORAND (éd.), *Figures de la légalité, op. cit.*, p. 30.

[223] Hans KELSEN, *Théorie pure du droit*, trad. Eisenmann, 2e éd., Paris, LGDJ, Coll. La pensée juridique, 1999, n°35, p. 224.

qualifiés par la Cour de Justice de « Charte constitutionnelle »[224], voire de « Constitution »[225] de l'Union, l'ordre juridique de l'UEMOA se présente, par ailleurs, comme un ordre juridique « intégré » aux ordres juridiques des États membres[226]. De ce point de vue, la hiérarchie des normes, comme paramètre de la légalité au sein de l'UEMOA, se présente sous deux angles[227]. Il s'agit d'une part, de la hiérarchie des sources du droit dans l'ordre juridique de l'UEMOA (Section I) et d'autre part, de la hiérarchie des normes issues de ces sources dans les ordres juridiques internes des États membres (Section II).

Section I : La hiérarchie des sources du droit dans l'ordre juridique de l'UEMOA

La hiérarchie des normes au sein de l'UEMOA requiert, dans un premier temps, la différenciation desdites normes à partir de leurs sources et dans un second temps, leur hiérarchisation à partir de l'autorité qui s'attache à chacune de ces sources. En effet, contrairement au droit international général où il n'existe pas, en principe, de hiérarchie entre les sources du droit[228], les sources des normes juridiques issues des organisations d'intégration économique n'apparaissent pas logées à la même enseigne[229]. Dans les lignes qui suivent, nous nous intéresserons d'abord à la nomenclature des sources du droit dans l'ordre juridique de l'UEMOA (paragraphe II), avant de rechercher à savoir si cette nomenclature constitue un système cohérent

---

[224] CJUEMOA, avis n° 3/2000 du 27 février 2000, demande d'avis de la Commission relative à l'interprétation des articles 88, 89, et 90 du traité, relatifs aux règles de concurrence de l'Union, Rec. 2008, p. 244, préc. p. 255.

[225] CJUEMOA, avis n°2/2003 du 20 juin 2003, demande d'avis de la Commission de l'UEMOA relative au renouvellement du mandat des conseillers de la Cour des comptes, Rec. 2008, p. 479, préc. p. 487.

[226] Voir arrêt Costa c. ENEL précité. Également, Jacques MEGRET, « La spécificité du droit communautaire », *RIDC*, Vol. 19, n° 13, 1967, p. 570 et s.

[227] Voir dans ce sens, Jean-Claude GAUTRON, « Un ordre juridique autonome et hiérarchisé » *in* Joël RIDEAU (Dir.), *De la Communauté de droit à l'Union de droit. Continuités et avatars européens, op. cit.*, p. 41.

[228] Alain PELLET, Patrick DAILLIER et Mathias FORTEAU, *Droit international public*, Paris, LGDJ, 2009, p. 127. Voir aussi dans ce sens CIJ, arrêt Activités militaires et paramilitaires au Nicaragua et contre celui-ci, du 27 juin 1986, Rec. 1986, p. 95.

[229] Sur la question de manière générale, voir Pierre-Yves MONJAL, *Recherche sur la hiérarchie des normes communautaires,* Paris, LGDJ, 2000, pp. 22 et s.

à même d'assurer le respect du principe de légalité ou s'il s'agit d'un simple « bric-à-brac »[230] de sources juridiques éparses (paragraphe II).

Paragraphe II- Taxinomie des sources du droit

En droit de l'UEMOA, les sources du droit ne sont pas répertoriées en une disposition similaire à l'article 38 du Statut de la Cour internationale de justice (CIJ). Elles apparaissent dispersées dans les traités constitutifs, la pratique des organes et la jurisprudence de la Cour de justice. Rassemblées de part et d'autre, elles peuvent être classifiées néanmoins en sources du droit primaire, caractérisées par leur pluralité (A) et en sources du droit dérivé, marquées par une certaine hétérogénéité (B).

A) La pluralité des sources du droit primaire

Il existe plusieurs sources du droit primaire en droit de l'UEMOA. Celles-ci sont d'origine conventionnelle, parce que soumises aux procédures d'élaboration du droit des traités[231], mais également d'origine jurisprudentielle dans une certaine mesure. Elles se caractérisent par la coexistence de deux traités constitutifs (1) qu'il convient de distinguer des autres sources du droit primaire (2).

1) La coexistence des traités constitutifs

Deux traités constitutifs coexistent dans l'ordre juridique de l'UEMOA. Il s'agit d'abord du traité de l'UEMOA (traité de Ouagadougou modifiant le traité de Dakar de 1994) qui a été conclu le 29 janvier 2003. Il est entré en vigueur le 1er mai 2013, à la suite du dépôt des instruments de ratification de la Côte d'Ivoire, le 9 avril 2013, auprès du gouvernement de la République du Sénégal. Ensuite, il faut mentionner le traité de l'UMOA (traité modifiant le traité de l'UMOA de 1973), conclu le 20 janvier 2007 à Ouagadougou et entré en vigueur le 1er avril 2010[232]. Contrairement à l'article 42 du traité de l'UMOA de 2007 qui

[230] Jean COMBACAU, « Le droit international : bric-à-brac ou système ? », *Archives de philosophie du droit*, 1986, pp. 88-105.
[231] Luc Marius IBRIGA, Abou Saïb COULIBALY et Dramane SANOU (éd.), *Droit communautaire ouest-africain, op. cit.* p. 93.
[232] Le traité de l'UMOA du 20 janvier 2007 abroge et remplace le traité de l'UMOA du 14 novembre 1973. Le traité de l'UMOA du 20 janvier 2007 est disponible sur :

abroge et se substitue au traité de l'UMOA du 14 novembre 1973, le traité modifié de l'UEMOA de 2003 ne comporte aucune disposition similaire, ce qui signifie qu'il coexiste de manière superflue avec le traité de Dakar de 1994 depuis son entrée en vigueur. Pour des raisons de rigueur juridique, nous ne considérons, dans le cadre de cette thèse, que le traité modifié de 2003 (ci-après traité de l'UEMOA, traité constitutif ou Traité), auquel se réfère également les organes de l'UEMOA[233].

Aux termes de l'article 2 du traité de l'UEMOA « Les hautes parties contractantes complètent l'Union monétaire ouest africaine (UMOA) instituée entre elles, de manière à la transformer en Union économique et monétaire ouest-africaine (UEMOA) ». En ce qui concerne le traité de l'UMOA, l'article 2, alinéa 2, stipule que : « Le traité de l'Union Monétaire Ouest-Africaine (UMOA) est complété par le traité de l'Union Économique et Monétaire Ouest-Africaine (UEMOA) ». En tenant compte de la complémentarité entre les deux traités, le traité de l'UEMOA de 1994 avait opéré des modifications de plusieurs dispositions du traité de l'UMOA de 1973[234], lesquelles ont été consolidées dans le traité de 2007.

Hormis cette consolidation des modifications du traité de Dakar, le nouveau traité de l'UMOA procède, à son tour, à des modifications du traité de l'UEMOA tel que modifié en 2003, en vue de tenir compte notamment de l'abrogation du traité de 1973 et de la nouvelle mouture du texte issu de la révision de 2007. Cependant, ces derniers réaménagements des traités n'ont, à ce jour, pas encore été répercutés sur le texte du traité de l'UEMOA de 2003, lequel demeure ainsi partiellement déphasé. Ce défaut de mise à jour ne favorise pas la clarté et la compréhension des traités constitutifs de l'UEMOA, qui se trouveraient définitivement assurées par l'adoption du traité de fusion prévue, mais renvoyée sine die, à l'article 112 du traité de l'UEMOA[235].

---

http://www.bceao.int/IMG/pdf/TraiteUMOA2010.pdf (consulté en dernier lieu le 14/01/2016).

[233] Seul le traité modifié de 2003 est disponible sur le site officiel de l'organisation : www.uemoa.int (consulté en dernier lieu, le 27.5.2018).

[234] Voir les articles 113 à 115 du traité de Dakar de 1994.

[235] Dans sa version résultant du traité de l'UMOA de 2007, l'article 112 du traité de l'UEMOA dispose qu'« En temps opportun, la Conférence des Chefs d'État et de gouvernement adoptera un Traité fusionnant le Traité de l'UMOA et le présent Traité ».

En attendant cette fusion, les traités constitutifs de l'UEMOA représentent deux types d'engagements indépendants l'un vis-à-vis de l'autre, comme l'a affirmé la Cour de justice dans l'avis n° 3/96 du 10 décembre 1996[236]. Aux traités constitutifs de l'UEMOA s'ajoutent d'autres sources de droit primaire.

2) Les autres sources du droit primaire

Le droit primaire de l'UEMOA englobe également le traité portant création du Parlement de l'UEMOA, conclu le 29 janvier 2003 et entré en vigueur le 1er février 2014[237], ainsi que le traité d'adhésion de la République de Guinée-Bissau, conclu le 5 mars 1997 et entré en vigueur le 2 mai 1997. À ces traités, il convient d'ajouter les diverses annexes et protocoles qui les accompagnent[238] et qui en font partie intégrante. À ce titre, on peut citer le protocole additionnel n°1 relatif aux organes de contrôle de l'UEMOA[239] et le protocole additionnel n°2 relatif aux politiques sectorielles communes de l'UEMOA[240]. Quant à l'UMOA, il existe les statuts de la BCEAO ainsi que le protocole relatif à ses privilèges et immunités, qui sont annexés au traité de l'UMOA dont ils font partie intégrante. De même, la Convention régissant la Commission bancaire et son annexe, signés et ratifiés par les États membres de l'UEMOA, méritent d'être citées[241].

À toutes ces sources du droit primaire, il est important d'ajouter l'ensemble des décisions visant à apporter des modifications aux différents traités constitutifs, adoptées par la CCEG et soumises à

---

[236] CJUEMOA, avis n°03/96 du 10 décembre 1996, demande d'avis de la BCEAO sur le projet d'agrément unique pour les banques et les établissements financiers, Rec. 2008, p. 110, préc. p. 122.

[237] Le traité portant création du Parlement de l'UEMOA est disponible sur : http://www.uemoa.int/Documents/Actes/TraitParlement.pdf (consulté en dernier lieu le 14.1.2016).

[238] Amadou Yaya SARR, *L'intégration juridique dans l'Union Économique et Monétaire Ouest Africaine (UEMOA) et dans l'Organisation pour l'Harmonisation du Droit des Affaires en Afrique (OHADA), op. cit.* p. 62.

[239] Protocole additionnel n° 1 relatif aux organes de contrôle de l'UEMOA, BO. n° 05, édition spéciale, pp.14-15.

[240] Protocole additionnel n° 2 relatif aux politiques sectorielles communes de l'UEMOA, BO, n° 05, édition spéciale, pp. 15-17.

[241] L'ensemble de ces textes est disponible sur le lien suivant : http://www.bceao.int/Cadre-Institutionnel,346.htl (consulté la dernière fois le 14/01/2016).

l'adoption par les États en fonction de leurs règles constitutionnelles respectives[242]. Il s'agit, en principe, de décisions adoptées par acte additionnel de la Conférence des chefs d'État et de gouvernement conformément à l'article 42 modifié du traité de l'UEMOA[243] ; ce qui apparaît pourtant contradictoire avec les dispositions de l'article 19, alinéa 2, qui dispose que les actes additionnels ne peuvent modifier les traités[244].

Enfin, il convient de se pencher sur le statut des principes généraux du droit (PGD), sources non écrites du droit, comme paramètre de la légalité dans l'ordre juridique de l'UEMOA. Considérés comme des vecteurs privilégiés de l'Union de droit[245], les PGD divisent la doctrine quant à leur place dans la catégorie des sources du droit primaire. Certains auteurs les ont considérés comme ayant une valeur supra législative et infra constitutionnelle[246]. Cette position est partiellement remise en cause par une autre partie de la doctrine[247], pour ce qui concerne notamment les PGD consacrant des droits fondamentaux[248].

---

[242] Voir respectivement, art. 106 et art. 37 des traités de l'UEMOA et de l'UMOA.

[243] D'après cette disposition relative au régime des actes juridiques de l'UEMOA, la Conférence des chefs d'État et de gouvernement légifère de manière contraignante uniquement par le biais de l'acte additionnel.

[244] Nous y reviendrons plus en détail dans l'analyse dédiée au droit dérivé.

[245] Joël RIDEAU, « Ordre juridique de l'Union européenne. Sources non écrites », Jurisclasseur Europe Traité, Fasc. n° 191, 2014, p. 7 et Denys SIMON, « Y a-t-il des principes généraux de droit communautaire ? », *op.cit.*, p. 73. Sur les PGD en général, voir aussi Takis TRIDIMAS, *The General Principles of Law*, Oxford, Oxford EC law Library, 2e éd., 2007, 712 p.

[246] Frederic SUDRE, « Article I-9. Droits fondamentaux » *in* Laurence BURGORGUE-LARSEN, Anne LEVADE, Fabrice PICOD (Dir.), *Traité établissant une Constitution pour l'Europe.* Commentaire article par article, Bruxelles, Bruylant, 2007, t. 1, p. 153. En droit de l'UEMOA, voir Amadou Yaya SARR qui analyse les PGD comme étant du droit dérivé, dans sa thèse consacrée à l'intégration juridique dans l'UEMOA et l'OHADA. Amadou Yaya SARR, op. cit. p. 123 et s. Pour Luc Marius IBRIGA, ils relèveraient même d'un droit subsidiaire en raison de leur origine prétorienne : « Le droit subsidiaire est l'œuvre du juge communautaire. Il s'agit non seulement des principes généraux du droit dégagés par les différentes juridictions communautaires dans l'exercice de leur activité prétorienne à laquelle elles sont rattachées ». Voir, « L'ordre juridique communautaire et plus spécialement le droit dérivé », *op. cit.* p. 4.

[247] Vraisemblablement majoritaire.

[248] Fabrice PICOD, « Droit de l'Union européenne des droits de l'Homme et des libertés fondamentales » *in Jurisclasseur Libertés,* Fasc. n° 120, 2014, p. Voir également, Claude BLUMANN et Louis DUBOUIS, *Droit institutionnel de l'Union européenne*, Paris, LexisNexis, 5e éd., 2013, p. 455 et s.

À titre de droit comparé, la CJCE a reconnu le caractère constitutionnel des « principes généraux du droit communautaire » dans l'arrêt Audiolux du 15 octobre 2009[249]. Pour nous, la qualification constitutionnelle des PGD doit être relativisée en tenant compte de leurs origines variées et des différentes valeurs qu'ils visent à protéger[250]. En tout état de cause, ces principes s'imposent aux organes et ont donc une valeur supérieure au droit dérivé[251].

B) L'hétérogénéité des sources du droit dérivé

Les sources du droit dérivé désignent l'ensemble des actes pris par les organes crées par le droit primaire. Il s'agit principalement des actes émanant de la Conférence des chefs d'État et de gouvernement, du Conseil des ministres, de la Commission, du Parlement, de la Cour des comptes ainsi que de la Cour de Justice. La nomenclature des actes du droit dérivé de l'UEMOA emprunte à la nomenclature des actes de l'Union européenne, telle que prévue à l'article 288 (ex art. 249 CE) du traité FUE, à l'exception de l'acte additionnel qui constitue un pur produit du droit de l'UEMOA[252]. Ces derniers ne forment pas une catégorie homogène et doivent être distingués selon qu'ils produisent (1) ou non (2) des effets juridiques contraignants.

1) Les sources du droit dérivé à effet contraignant

Ce sont les sources obligatoires du droit dérivé de l'UEMOA, qui regroupent d'une part les sources à caractère unilatéral (a) et d'autre part, les sources à caractère conventionnel (b).

a) Les sources à caractère unilatéral

---

[249] CJUE, arrêt Audiolux SA e.a c. Groupe Bruxelles Lambert SA (GBL) e.a. et Bertelsmann AG e.a., du 15 octobre 2009, aff. C-101/08, Rec.2009, p. I-9823, pt 63. Jaron VAN BEKKUM, "Commentary on the EU Court's Decision in Audiolux", ECL, 2010, Vol.7, n° 4, pp.161-164.

[250] Voir dans ce sens, Samantha BESSON, « General Principles in International Law-Whose Principles ? » *in* Samantha BESSON et Pascal PICHONNAZ (éd.), *Les principes en droit européen. Principles in European Law,* Genève, Schulthess, 2011, pp. 19-64, spéc. p. 31.

[251] CJCE, arrêt Goed Wonen du 26 avril 2005, aff. C-376/02, Rec. 2005, p. I-3445, pt 32.

[252] Robert YOUGBARÉ, « La nature juridique de l'acte additionnel dans le système juridique de l'UEMOA, à la lumière de l'affaire YAÏ », *op. cit.* p. 340.

Les sources obligatoires à caractère unilatéral du droit dérivé sont principalement définies à l'article 42 modifié du traité de l'UEMOA. Il s'agit notamment de l'acte additionnel, du règlement, de la directive, et de la décision, auxquels il convient d'ajouter la loi uniforme, instrument juridique d'harmonisation des législations en matière bancaire et financière, conformément à l'article 34 du traité de l'UMOA de 2007. Aux termes des articles 44 et 45 du traité de l'UEMOA, ces actes doivent être dûment motivés et publiés au Bulletin officiel de l'Union, tout en étant soumis, chacun, à un régime spécifique.

Prévu à l'article 19 du traité de l'UEMOA, l'acte additionnel émane de la Conférence des chefs d'État et de gouvernement. Dénommé « Acte de la Conférence » dans le cadre du traité de l'UMOA[253], l'acte additionnel est annexé aux traités qu'il complète sans toutefois modifier. Son utilisation est expressément prévue par certaines dispositions du traité de l'UEMOA à chaque fois qu'une étape importante doit être franchie dans la voie de l'intégration[254]. Ainsi en est-il de l'article 40, alinéa 2, qui prévoit le recours à l'acte additionnel pour la création d'autres organes consultatifs, en plus de la chambre consulaire régionale prévue à l'alinéa 1. Il en est de même de l'article 27 qui vise la modification du nombre des membres de la Commission ou encore de l'article 10 relatif à la fixation du régime des droits, immunités et privilèges accordés à l'UEMOA et aux membres de ses différents organes.

Toutefois, le champ d'application *ratione materiae* de l'acte additionnel n'apparaît pas limité à ces cas au regard des termes de l'article 19 du traité de l'UEMOA, qui dispose que « La Conférence des chefs d'État et de gouvernement prend, en tant que de besoin, des actes additionnels au Traité de l'Union [...] ». Ainsi, l'acte additionnel est-il utilisé pour adopter aussi bien des actes de portée majeure pour l'intégration, tels que l'acte additionnel n°10/96 portant statuts de la Cour de justice de l'UEMOA[255] et l'acte additionnel n°4/2013 instituant

---

[253] Art. 8 du traité de l'UMOA.

[254] Voir Amadou Yaya SARR, *L'intégration juridique dans l'Union économique et monétaire ouest-africaine (UEMOA) et dans l'organisation pour l'harmonisation du droit des affaires en Afrique (OHADA), op. cit.* p. 100.

[255] Acte additionnel n°10/96/CCEG/UEMOA portant statuts de la Cour de justice de l'UEMOA, BO, Éd. spéciale, 2è trimestre, 1996, pp. 15-18.

la politique commune de l'UEMOA dans le domaine de la paix et de la sécurité[256], que des actes purement administratifs à l'instar de la nomination des membres de la Commission[257], au point de devenir « un acte à tout faire »[258] entre les mains de l'organe suprême de l'organisation. Dans l'arrêt Eugène YAÏ de 2005[259], la Cour de justice de l'UEMOA a opéré une systématisation des actes additionnels de l'UEMOA en distinguant l'acte additionnel à portée générale ou règlementaire de l'acte additionnel à caractère individuel[260].

Pour certains[261], cette systématisation de la Cour devrait conduire à considérer l'acte additionnel général comme relevant des sources du droit primaire dans la mesure où, comme ces dernières, cette catégorie d'acte juridique n'est pas justiciable devant la Cour de Justice de l'UEMOA. Pour notre part, la justiciabilité ne saurait être le critère décisif pour l'assimilation aux sources du droit primaire. À titre de droit comparé, les actes relevant de la politique étrangère et de sécurité commune (PESC) de l'UE ne sont pas, en principe, justiciables devant la CJUE[262], mais ne relèvent pas pour autant du droit primaire. Qui plus est, la non-justiciabilité de l'acte additionnel général n'est pas expressément affirmée par la Cour de Justice. Elle est seulement déduite du raisonnement de ladite Cour[263]. Enfin, l'affirmation de la non-justiciabilité de l'acte additionnel général est fondée sur un raisonnement pour le moins contestable, qui s'avère clairement en contradiction avec les traités constitutifs[264]. Quoiqu'il en soit, il faut

---

[256]Acte additionnel n°4 2013/CCEG/UEMOA instituant la politique commune de l'UEMOA dans le domaine de la paix et la sécurité, BO, n° 87, 4è trimestre, 2013, pp. 4-5.

[257]Voir par exemple l'acte additionnel portant nomination de M. Cheikh Hadjibou SOUMARE à la tête de la Commission de l'UEMOA : Acte additionnel n°08/2011/CCEG/UEMOA portant nomination du Président de la Commission de l'UEMOA, BO non disponible.

[258] Robert YOUGBARÉ, « La nature juridique de l'Acte additionnel dans le système juridique de l'UEMOA à la lumière de l'affaire "YAI" », *op. cit.* p. 350.

[259] Arrêt Eugène YAÏ de 2005 précité.

[260] La Cour de justice en a déduit d'importantes conséquences pour la justiciabilité de cette catégorie d'actes dérivés. Cf. *infra*, deuxième partie de la thèse.

[261] Voir Questionnaire administré aux membres et au personnel de la Cour de Justice de l'UEMOA. Annexe 1, 2017, p. 486 et s.

[262] Art. 275, al. 1, TFUE.

[263] Cf. infra, p. 325 et s.

[264] Nous y reviendrons plus en détail dans le premier chapitre de la deuxième partie de cette thèse.

relever que dans un avis antérieur à l'arrêt Eugène YAÏ, la Cour de Justice avait clairement reconnu que

> « l'acte additionnel, en tant qu'acte unilatéral, bien qu'il soit pris par la Conférence des chefs d'État et de gouvernement et annexé au traité, n'en constitue pas moins un acte de droit dérivé hiérarchiquement inférieur au traité, et ne saurait en aucun cas se substituer à celui-ci mais plutôt le compléter dans son application sans le modifier dans la lettre ou dans son esprit »[265].

Aux côtés de l'acte additionnel qui demeure la chasse gardée de la Conférence des chefs d'État et de gouvernement, le règlement est principalement édicté par le Conseil, mais peut provenir également de la Commission qui l'adopte sur délégation du Conseil, pour l'exécution des actes qu'il édicte[266]. Il constitue le « moyen radical »[267] par lequel, le Conseil met en œuvre les orientations générales de l'UEMOA définies par la Conférence des chefs d'État et de gouvernement et opère l'harmonisation des législations des États membres prévue à l'article 4, lettre c, du Traité ainsi qu'à l'article 60. À ce titre, le Conseil arrête les règlements nécessaires pour déterminer, entre autres, « [...] le rythme et les modalités d'élimination, sur les échanges entre les pays membres, des droits de douane, des restrictions quantitatives et de toutes autres mesures d'effet équivalent »[268] dans le cadre de la réalisation du marché commun. Il fixe, également par voie de règlement, le tarif extérieur commun (TEC), le régime applicable au produit du cru et de l'artisanat, ainsi que le régime de la politique commerciale commune avec les États tiers et les règles visant à faciliter l'application du droit de la concurrence[269]. Selon l'article 43 du traité de l'UEMOA, le règlement

---

[265] CJUEMOA, avis n° 2/99 du 25 juin 1999, demande d'avis du président de la Commission de l'UEMOA sur les projets d'acte additionnel portant statuts de la Cour des comptes et de règlement portant modalités de reddition et de contrôle (non publié), p. 3.

[266] Art. 24, al. 1, du traité de l'UEMOA.

[267] Nous reprenons ici une qualification de Joseph ISSA-SAYEGH qui oppose le moyen radical d'harmonisation des législations que constitue le règlement au moyen souple que représente la directive. Voir Joseph ISSA-SAYEGH, « L'ordre juridique de l'UEMOA et l'intégration juridique africaine » *in* Joël ANDRIANTSIMBAZOVINA et al. (éd.), *Les dynamiques du droit européen en début de siècle : études en l'honneur de Jean Claude GAUTRON,* Pedone, Paris, pp. 663-679, préc. p. 674.

[268] Art. 78 al. 1, du traité de l'UEMOA.

[269] *Idem*, respectivement les articles 82, 88 et 89.

a une portée générale. Il est obligatoire dans tous ses éléments et est directement applicable dans tout État membre contrairement à la directive qui ne peut en principe se prévaloir de l'effet direct.

Plus souple, la directive se veut « tendre » à l'égard de la souveraineté des États membres. En effet, elle prescrit à ces derniers d'atteindre des résultats précis tout en leur laissant le soin de choisir la forme et le moyen le plus approprié pour y parvenir dans l'ordre juridique interne[270]. Elle n'est obligatoire que pour les États et invocable par les particuliers uniquement dans les circonstances prévues par la jurisprudence[271]. La directive émane exclusivement du Conseil. Le choix entre cette dernière et le règlement dépendrait bien souvent « soit de la maturité de la question à traiter, soit de la volonté de préparer les esprits à une mutation législative »[272]. Dans le traité de l'UMOA, c'est la loi uniforme qui s'apparente le plus à la directive.

La loi uniforme est l'acte par lequel le Conseil des ministres procède à l'uniformisation de la réglementation des États membres dans le domaine bancaire et financier[273]. Le procédé des lois uniformes a été présenté comme étant un perfectionnement du procédé des traités multilatéraux utilisés à des fins de législation uniforme (law making treaties)[274]. La loi uniforme est soumise aux parlements nationaux qui l'adoptent comme telle sauf lorsqu'il est autorisé une ou plusieurs

---

[270] Il peut ainsi s'agir d'une loi ou d'un décret d'application, ou de tout autre moyen jugé approprié dans l'ordre juridique interne des États membres.

[271] Délai de transposition échu, caractère inconditionnel et suffisamment précis de la disposition invoquée et effet direct vertical ascendant. Voir, CJCE, arrêt Faccini Dori du 14 juillet 1994, aff. C-91/92, Rec. p. 3325.

[272] Abou Saïb COULIBALY, « Obs. Avis n°1/97 du mai 1997 de la Cour de justice de l'UEMOA », *RBD*, 2000, n°37, p. 106, cité par Joseph ISSA-SAYEGH, « L'ordre juridique de l'UEMOA et l'intégration juridique africaine », *op. cit.*, p. 669.

[273] Selon l'article 34 du traité de l'UMOA, cette réglementation uniforme concerne notamment, l'exécution et le contrôle des relations financières avec les États tiers, les règles générales d'exercice de la profession bancaire et financière, les systèmes de paiement, la répression de la falsification des signes monétaires et de l'usage des signes falsifiés, ainsi que la répression du blanchiment de capitaux. Voir par exemple, la loi uniforme portant réglementation des systèmes financiers décentralisés du 6 avril 2007 et la loi uniforme relative à la répression des infractions en matière de chèque, de carte bancaire, et d'autres instruments et procédures électroniques de paiement du 1er décembre 2010. Disponible sur : http://www.bceao.int/-Reglementations-.html (consulté pour la dernière fois le 15.6.2017).

[274] Pierre PESCATORE, *L'ordre juridique des Communautés européennes. Études des sources du droit communautaire*, Bruxelles, Bruylant, 2006, 316 p., préc. p. 13.

modifications afin de tenir compte des problèmes particuliers de chaque État membre[275]. Introduite dans l'ordre juridique interne sous la forme de « loi d'État »[276], elle permet d'aboutir à une législation identique ou quasi-identique entre les parties contractantes.

De ce qui précède, la loi uniforme se présente comme un acte hybride. Adopté par un organe de l'UEMOA (en l'occurrence le Conseil), elle se définit comme un acte de droit dérivé. Mais, en même temps, la loi uniforme n'est rien d'autre qu'une loi nationale « prêt-à-porter », sous réserve de l'accomplissement des formalités de publication au journal officiel. En tant que telle, la loi uniforme n'est pas sans poser un certain nombre de problèmes au regard de la souveraineté constitutionnelle du pouvoir législatif interne. En tant que paramètre de la légalité dans l'ordre juridique de l'UEMOA, la loi uniforme « supranationale » est justiciable devant la Cour de Justice. Quant à la loi uniforme « nationale » ou « nationalisée », elle ne pourra y faire l'objet que d'un contrôle juridictionnel indirect[277], sauf dans le cadre d'un recours en manquement où la Cour est habilitée à exercer un contrôle juridictionnel direct.

Enfin, il y a la décision qui est de portée individuelle. Celle-ci peut émaner du Conseil ou de la Commission, en application des actes adoptés par le premier. Cependant, au regard du libellé de l'article 42 modifié qui se réfère sans autre aux « décisions » que prend la Commission et en considération de certaines dispositions du traité de l'UEMOA, il est possible de reconnaître à cette dernière l'existence d'un pouvoir autonome pour adopter des décisions. C'est en particulier le cas lorsqu'elle prend des décisions dans le cadre du mandat qui lui est conféré à l'article 90 du traité de l'UEMOA en vue de veiller à l'application des règles de concurrence prescrites aux articles 88 et 89. La décision est obligatoire dans tous ses éléments pour le ou les destinataires qu'elle désigne.

Hormis les décisions du Conseil et de la Commission, telles que prévues à l'article 42 modifié du traité de l'UEMOA, il faut mentionner la présence des décisions rendues par la Cour de Justice. Les décisions de la Cour de Justice sont appelées « arrêts ». Elles ont force exécutoire et

---

[275] *Ibidem.*

[276] Voir Art. 150 de la loi uniforme portant réglementation des systèmes financiers décentralisés du 6 avril 2007, *op. cit.*

[277] Notamment, par le canal du renvoi préjudiciel en interprétation.

sont publiés au bulletin officiel de l'Union[278], à l'instar des autres actes de droit dérivé ci-dessus énumérés[279]. Les sources obligatoires à caractère unilatéral du droit dérivé de l'UEMOA coexistent avec les sources obligatoires à caractère conventionnel.

b) Les sources à caractère conventionnel

Il s'agit précisément des accords internationaux conclus par l'UEMOA avec des tiers dans le cadre des compétences qui lui sont dévolues par les traités constitutifs. Ces accords font office de sources externes (ou internationales) du droit de l'UEMOA à l'opposé des autres sources (internes) du droit. Dans l'avis n° 2/2000 relatif à l'interprétation de l'article 84 du traité de l'UEMOA, la Cour de justice a qualifié les accords internationaux conclus avec des tiers comme étant des « actes communautaires dérivés à caractère conventionnel »[280]. Cette qualification trouve son écho dans la jurisprudence Haegeman de la CJCE, laquelle a assimilé les accords conclus par la Communauté à des actes pris par les institutions[281]. La qualification « Haegeman » des accords internationaux est aujourd'hui consacrée à l'article 216, paragraphe 2, du traité FUE. Même s'il n'existe pas de disposition similaire dans le traité de l'UEMOA, la qualification de l'avis n° 2/2000 trouve une explication en droit international général. En effet, en sa qualité de sujet du droit international, l'UEMOA se trouve liée par les accords internationaux qu'elle conclut, conformément au principe pacta sunt servanda[282].

Dans la catégorie des accords internationaux conclus avec des tiers, il convient d'apporter quelques précisions sur le statut des actes des organisations internationales dans l'ordre juridique de l'UEMOA. À cet effet, il convient de distinguer le cas où l'UEMOA est membre d'une organisation internationale et celui dans lequel elle ne l'est pas. En effet, l'UEMOA qui détient la personnalité juridique internationale en vertu de l'article 9 du traité constitutif, a la capacité de devenir membre à part entière d'une organisation internationale, dans le respect des règles

---

[278] Art. 21, al. 1, du protocole additionnel n° 1.

[279] Art. 45, al. 1, du traité de l'UEMOA.

[280] CJUEMOA, avis n°2/2000 du 2 février 2000, *op. cit.*, p. 242.

[281] CJCE, arrêt R. & V. Haegeman c. État belge du 30 avril 1974, aff. 181/73, Rec.1974, p.449.

[282] Voir art. 26 de la Convention de Vienne sur le droit des traités de 1969.

instituées par les traités, et lorsque l'acte constitutif de l'organisation en question le permet. Notons cependant que l'UEMOA n'est à ce jour membre à part entière d'aucune organisation internationale[283]. Toutefois, dans l'hypothèse où elle viendrait à adhérer à une organisation internationale, l'Union et ses organes seraient liés tant par l'acte constitutif que par les décisions contraignantes prises par les organes institués par ladite organisation, en vertu des règles du droit international[284]. Ces actes feront partie des accords internationaux conclus par l'UEMOA avec des tiers et appartiendront aux sources conventionnelles du droit dérivé de l'UEMOA[285].

Il en va autrement lorsque l'UEMOA n'est pas membre de l'organisation internationale considérée. Compte tenu de l'effet relatif des traités, les actes émanant d'une telle organisation ne devraient pas lier en principe cette dernière. Deux tempéraments peuvent toutefois être apportés à ce principe. D'abord, il convient de distinguer la situation où, sans être membre d'une organisation internationale, l'UEMOA peut être considérée comme ayant succédé aux obligations de ses États membres. Cette solution a été dégagée par la CJCE, dans l'arrêt International Fruit Company, avant l'adhésion de l'UE à l'OMC le 1er janvier 1995[286]. Partant du principe que les États membres n'avaient pu, par l'effet d'un acte passé entre eux, se dégager de leurs obligations à l'égard des tiers, la Cour a notamment affirmé que « dans la mesure où, en vertu du traité CEE, la Communauté [avait] assumé des compétences précédemment exercées par les États membres dans le

283 L'UEMOA dispose toutefois du statut d'observateur auprès de l'Assemblée générale des Nations Unies (AGNU), du Conseil économique et social des Nations Unies (ECOSOC) ainsi que l'Organisation pour l'harmonisation en Afrique du droit des affaires (OHADA). Elle dispose par ailleurs du statut d'observateur ad 'hoc auprès de l'OMC.

284 Art. 26 du traité de Vienne sur le droit des traités entre États et organisations internationales ou entre organisations internationales de 1986. Voir dans ce sens, Joël RIDEAU, « La participation de l'UE aux organisations internationales » *in* SFDI, *Droit international et droit communautaire. Perspectives actuelles*, Paris, A. Pedone, 448, pp. 303-386. Également, Éric DAVID, *Droit des organisations internationales*, Bruxelles, Bruylant, 2016, 829 p.

285 *Ibidem.*

286CJCE, arrêt International Fruit Co. et a. du 12 déc. 1972, aff. jtes 21/72 à 24/72, Rec. 1972, p. 1219. Pour un commentaire de cet arrêt, voir Robert KOVAR, « Les accords liant les Communautés européennes et l'ordre juridique communautaire : à propos d'une jurisprudence récente de la Cour de justice », *RMC*, 1974, pp.345-360.

domaine d'application de l'Accord général, les dispositions de cet accord [avaient] pour effet de lier la Communauté »[287].

L'argumentaire développé par la CJCE, dans l'arrêt International Fruit Company, sera remobilisé par le Tribunal de première instance (TPICE) dans les arrêts *Yusuf et Kadi* du 21 septembre 2005, s'agissant de l'applicabilité de la Charte des Nations Unies et des résolutions du Conseil de sécurité dans l'ordre juridique communautaire. Rappelant le fait que le droit communautaire devait être interprété, et les compétences de la Communauté exercées, à la lumière des règles du droit international, ce dernier avait jugé que

> « Dans la mesure où les compétences nécessaires à la mise en œuvre d'engagements des États membres au titre de la charte des Nations unies [avaient] fait l'objet d'un transfert à la Communauté, les États membres s'[étaient] obligés, en droit international public, à ce que la Communauté elle-même les exerce à cette fin »[288].

Cette application, au droit de l'ONU, de la solution dégagée dans l'arrêt *International Fruit Company*, semble avoir été entérinée par la CJCE dans l'arrêt *Kadi* rendu sur pourvoi le 3 septembre 2008 ainsi que par la CJUE, dans l'arrêt *Front Polisario* du 21 décembre 2016. En se fondant également sur des considérations liées au respect du droit international[289], la CJCE a admis, dans le premier arrêt, que

> « le respect des engagements pris dans le cadre des Nations unies s'[imposait] tout autant dans le domaine du maintien de la paix et de la sécurité internationales, lors de la mise en œuvre par la Communauté, par l'adoption d'actes communautaires pris sur le fondement des articles 60 CE et 301 CE, de résolutions

---

[287] Arrêt International Fruit Co. précité, pt 18.

[288] TPICE, arrêt Yusuf et Al Barakaat International Foundation c. Conseil et Commission, 21 septembre 2005, aff. T-306/01, Rec. 2005, p. II-3533, pt 248 ; TPICE, arrêt Kadi c. Conseil et Commission, 21 septembre 2005, aff. T-315/01, Rec. 2005, p. II-3649, pt 198. Pour un commentaire de ces arrêts, voir Denys SIMON et Flavien MARIATTE, « Le Tribunal de première instance des Communautés : Professeur de droit international ? À propos des arrêts Yusuf, Al Barakaat International Foundation et Kadi du 21 septembre 2005 », *Europe*, n° 12, 2005, pp.6-10.

[289] Arrêt Kadi de 2008 précité, pt 291.

adoptées par le Conseil de sécurité au titre du chapitre VII de la charte des Nations unies »[290].

Dans l'arrêt Front Polisario, la CJUE s'est aussi référé à plusieurs reprises à la Charte des Nations unies ainsi qu'aux résolutions de l'Assemblée générale (AG), pour déterminer le champ d'application territorial de l'accord d'association entre l'UE et le Royaume du Maroc dont l'annulation partielle, par le Tribunal, était contestée devant sa juridiction[291].

En appliquant cette solution, qui a d'ailleurs été citée en exemple par la CJUEMOA dans l'avis n° 2/2000 précité[292], il est possible de considérer l'UEMOA comme étant liée par le droit de l'OMC et le droit de l'ONU quand bien même elle n'est pas membre de ces organisations internationales. En tout état de cause, il est important de savoir que le traité de l'UEMOA se réfère lui-même expressément au droit de l'Accord général sur les tarifs douaniers et le commerce (GATT) auquel il entend se conformer[293]. Quant à la Charte des Nations Unies et aux résolutions du Conseil de sécurité, il est également important de tenir compte non seulement du caractère universel de l'ONU mais également du fait que c'est elle qui assume, à l'échelle mondiale, la responsabilité principale du maintien de la paix et de la sécurité, et du fait qu'elle puisse prendre à ce titre des décisions à caractère obligatoire vis-à-vis de ses membres.

Le second tempérament à l'inapplicabilité, dans l'ordre juridique de l'UEMOA, des actes des organisations auxquelles elle n'est pas partie, peut consister dans le procédé de l'engagement unilatéral décrit par Julien CAZALA[294]. Selon cet auteur, « lorsqu'un tiers à un traité

---

[290] *Idem*, pt 293.

[291]CJUE, arrêt Conseil c. Front Polisario, du 21 décembre 2016, aff. C-104/16 P, ECLI:EU:C:2016:973, pts 88 et 90. Voir également Ion GÂLEA, "The Law of Treaties in the Recent Case-Law of the European Court of Justice: the Frente Polisario Case, Interpretation and Territorial Application of Treaties", Analele Universitatii din Bucuresti, 2017 pp.139-155.

[292] CJUEMOA, avis n° 2/2000 du 2 février 2000, demande d'avis du président de la Commission de l'UEMOA relative à l'interprétation de l'article 84 du traité de l'UEMOA, *op. cit.*, p. 242.

[293] Voir dans ce sens les articles 77 et 83 du traité de l'UEMOA relatifs au marché commun.

[294] Julien CAZALA, « Le soft law international : entre inspiration et aspiration » *in* Isabelle HACHEZ, Yves CARTUYVELS, Hugues DUMONT et al. (Dir.), *Les*

s'engage à respecter les termes de celui-ci, il n'est pas lié par le traité, n'intègre pas la Communauté des États parties, mais sera lié par l'engagement unilatéral pris »[295]. Par ce procédé, un sujet de droit international peut être amené à manifester son intention à être lié juridiquement par un acte auquel il est n'est pas formellement partie. Il est possible d'opérer un rapprochement entre ledit procédé et l'article 30, paragraphe 2, de la Convention de Vienne de 1969 qui stipule que lorsqu'un traité précise qu'il est subordonné à un traité antérieur ou postérieur ou qu'il ne doit pas être considéré comme incompatible avec cet autre traité, les dispositions de celui-ci l'emportent ». Dans cette hypothèse, l'acte constitutif ou l'accord international visé devrait s'insérer dans l'ordre juridique de l'UEMOA en tant que source du droit liant matériellement cette organisation tierce. Tel est exactement le cas de la Charte africaine des droits de l'homme et des peuples (CADHP) que l'UEMOA s'engage à respecter à l'article 3 du traité constitutif[296].

En revanche, il n'est pas certain que cette solution puisse s'appliquer au droit de l'Union africaine (UA) dont l'Acte constitutif n'est nulle part invoqué dans le traité de l'UEMOA. À défaut d'une disposition à tout le moins semblable à l'article 3 du Traité, il apparaît en effet difficile de considérer le droit de l'UA comme une source du droit de l'UEMOA. D'une manière générale, la nature des rapports entre l'Acte constitutif de l'UA et l'ordre juridique de l'UEMOA, de même que celle des rapports avec les autres organisations auxquelles est partie l'ensemble des États membres (CEDEAO, OHADA, etc.), doit être recherchée du côté des règles de droit international applicables aux traités successifs entre États et dans la clause d'incompatibilité prévue à l'article 14 du traité de l'UEMOA[297].

De ce qui précède, il apparaît que les actes des organisations internationales peuvent être, à certaines conditions, assimilés aux accords internationaux passés avec les tiers et constituer des sources conventionnelles du droit dans l'ordre juridique de l'UEMOA. Faut-il,

---

sources revisitées, Vol. I, Normes internationales et constitutionnelles, Louvain-la-Neuve, Bruxelles, Anthémis, 2012, pp. 17-55.

[295] *Idem*, p. 39.

[296] Aux termes de l'article 3 du traité de l'UEMOA, « L'Union respecte dans son action les droits fondamentaux énoncés dans la déclaration universelle des droits de l'homme de 1948 et la Charte africaine des droits de l'homme et des peuples de 1981 ». Cf. *infra*, Partie 1, titre 2, Chap. 1.

[297] Cf. *infra*, par. 2, A, 2°).

pour autant, conclure à l'appartenance ipso facto de ces sources au bloc de la légalité dans l'ordre juridique de l'UEMOA ? La question n'est pas dénuée d'intérêt dans la mesure où il n'en va pas ainsi ailleurs.

En droit de l'Union européenne notamment, l'invocabilité des règles découlant des accords internationaux, pour l'invalidation des actes institutionnels ou des actes pris par les États membres, est soumise à la démonstration préalable de leur effet direct, qu'elles soient invoquées par des requérants ordinaires[298] ou par des requérants privilégiés[299]. En effet, pour la CJCE, « l'obligation de reconnaitre [à ces règles] valeur de règles de droit international immédiatement applicables dans les ordres juridiques internes des parties contractantes » doit pouvoir découler de l'esprit, de l'économie et des termes de l'accord[300]. Tel n'est pas le cas, par exemple, de l'accord du GATT de 1947[301] tout comme de celui de 1994[302]. Il n'en va autrement que lorsque « *l'adoption des mesures donnant exécution à des obligations assumées dans le cadre du GATT est en cause, ou lorsqu'un acte visé renvoie expressément à des dispositions précises de l'accord général* »[303].

Cette jurisprudence, à l'égard des accords internationaux conclus par l'UE, appelle plusieurs remarques. D'abord, elle peut se comprendre, dans une certaine mesure, lorsqu'il s'agit de l'appliquer au recours introduit par les requérants ordinaires. En revanche, il n'en est pas de même pour ce qui est des requérants privilégiés, et notamment des États membres, destinataires *« attitrés »* des règles du droit international.

---

[298] Arrêt International Fruit Company précité, pt 8.

[299] CJCE, arrêt Allemagne c. Conseil, du 5 octobre 1994, aff. C-280/94, Rec. 1994, p. 109 : « Ces particularités de l'Accord général, relevées par la Cour pour constater qu'un justiciable de la Communauté ne peut pas s'en prévaloir en justice afin de contester la légalité d'un acte communautaire, s'opposent également à ce que la Cour prenne en considération les dispositions de l'Accord général pour apprécier la légalité d'un règlement dans le cadre d'un recours introduit par un État membre au titre de l'article 173, premier alinéa, du traité ».

[300] *Idem*, pt 110.

[301] *Id.*, pt 111 ou arrêt International Fruit Company précité, pt 27.

[302] CJCE, arrêt Portugal c. Conseil, du 23 novembre 1999, aff. C-149/06, Rec. 1999, p. I-8395, pts 31 et 47.

[303] CJCE, *arrêt* Fediol c. Commission, du 22 juin 1989, aff. 70/87, Rec. p. 1781, et CJCE, arrêt Nakajima c. Conseil, du 7 mai 1991, aff. C-69/89, Rec. 1989, p. I-2069. Dans l'affaire dite Van Parys II, la CJUE a refusé d'étendre les cas d'effet direct des dispositions du GATT de 1994. Voir CJUE, arrêt *LVP NV c. Belgische Staat du 18 décembre 2014, aff. C-306/13, ECLI:EU:C:2014:2465.*

S'agissant ensuite des accords conclus dans le cadre de l'OMC, la position de la CJCE s'avère motivée, dans le fond, par des considérations d'ordre politique. Certains partenaires commerciaux de l'organisation ne reconnaissant pas à ces accords la qualité de règles appartenant à leur bloc de légalité interne, il ne saurait aller autrement dans l'UE, au risque d'aboutir à *« un déséquilibre dans l'application des règles de l'OMC »*[304]. En ce qui concerne l'UEMOA, nous ne pensons pas qu'il s'agisse là de raisons suffisantes à l'insertion sélective des accords internationaux dans le bloc de la légalité. Ceux-ci devraient être insérés dans le bloc de la légalité dès lors qu'il est établi leur effet contraignant vis-à-vis de l'Union.

Pour clore le point relatif aux sources conventionnelles du droit dans l'ordre juridique de l'UEMOA, il est important de mentionner les règles du droit international général et le droit coutumier international. En effet, ces sources constituent des sources internationales du droit de l'UEMOA au même titre que les premières. En effet, en tant que sujet de droit international, il apparaît tout à fait logique que l'UEMOA se voit appliquer les règles du droit international général ainsi que celles du droit coutumier international comme sources du droit et paramètre de la légalité. Cette solution a été expressément consacrée par la CJCE dans l'arrêt Poulsen dans lequel elle a admis que « les compétences de la Communauté [devaient] être exercées dans le respect du droit international »[305]. Dans l'arrêt Racke, la CJCE a également jugé que les règles du droit international coutumier faisaient « partie de l'ordre juridique communautaire »[306].

Après avoir passé en revue toutes les sources du droit de l'UEMOA à effet contraignant, il convient de s'intéresser à présent aux sources non obligatoires du droit dérivé.

---

[304] Arrêt Portugal c. Conseil précité, pt 45.

[305] CJCE, arrêt Poulsen du 24 novembre 1992, aff. C-286/90, Rec. 1992, p. I-6052, pt 9.

[306] CJCE, arrêt Racke GmbH du 16 juin 1998, aff. C-162/96, Rec. 1998, p. I- 3665, pt 46. Sur le principe de la bonne dans l'exécution des traités, voir par exemple, CJCE, arrêt Intertanko e. a. du 3 juin 2008, aff. 308/06, Rec. 2008, p. I- 4057, pt 52.

2) Les sources du droit dérivé à effet non contraignant

Les sources du droit dérivé à effet non contraignant désignent les sources non obligatoires du droit dérivé de l'UEMOA. Elles ont un caractère incitatif[307] dans la mesure où elles visent plutôt à inciter les États à adopter un certain comportement. Ici, il convient de distinguer entre les actes typiques prévus dans les traités et les actes atypiques développés par la pratique.

Les actes typiques regroupent d'abord les avis et les recommandations inscrits à l'article 42 modifié du traité de l'UEMOA. Ils peuvent émaner du Conseil, de la Commission mais aussi du Parlement, qui conformément à l'article 26 du traité portant création du Parlement de l'UEMOA, « [...] exprime ses vues sous forme de recommandation, d'avis simple ou conforme ou de proposition d'amendement ». On peut y ajouter enfin les avis et recommandations délivrés par la Cour de Justice conformément à l'article 15, paragraphe 7, de son règlement de procédures.

Quand bien même l'article 43, alinéa 3, du traité de l'UEMOA, stipule que « [...] les recommandations et les avis n'ont pas de force obligatoire », il convient de considérer comme étant matériellement contraignants les avis conformes rendus par le Parlement, ainsi que les propositions d'amendement qu'il formule dans le cadre de l'adhésion des nouveaux États membres, des accords d'association avec des États tiers, du droit d'établissement ou encore de la libre circulation des personnes[308], dans la mesure où ces actes lient les autres organes de l'Union, qui ne peuvent les ignorer sous peine de contrevenir aux dispositions du traité portant création du Parlement.

Par ailleurs, dans le cadre de la mission de contrôle démocratique qui lui assignée, le Parlement adopte des résolutions et des rapports[309]. En considérant leur caractère déclaratoire, il est possible d'assimiler ces actes aux avis et recommandations, en termes d'effet juridique. En effet, les résolutions tout comme les rapports, dressent en général un état des lieux, qui s'accompagne, souvent, d'une prise de position ou d'un

---

[307] Luc Marius IBRIGA, Abou Saïb COULIBALY et Dramane SANOU (éd.), *Droit communautaire ouest-africain, op. cit.* p. 96.

[308] Art. 25 al. 3 du traité portant création du Parlement de l'UEMOA.

[309] *Idem*, art. 24.

engagement à agir dans un sens déterminé. En droit de l'UE, la CJCE a jugé dans l'arrêt Vittorio Salerno, qu'« une résolution du Parlement ne [revêtait] pas un caractère contraignant et ne [pouvait] faire naître une confiance légitime à ce que les institutions s'alignent sur celle-ci »[310]. Même si les résolutions du Parlement doivent être considérées, en principe, comme telles, elles restent dotées d'une valeur politique certaine qui ne peut être ignorée des autres organes de l'UEMOA dans la conduite des politiques de l'Union.

Au titre des actes atypiques développés par la pratique, il existe les déclarations et les communiqués finaux de la CCEG ou du Conseil. Ces actes non contraignants ne sont tout de même pas dépourvus de tout effet juridique puisqu'ils s'avèrent indispensables pour éclairer le sens de nombreux actes obligatoires[311]. En tout état de cause, l'examen de l'effet juridique des actes adoptés par les organes de l'UEMOA devrait également considérer leur contenu, au-delà de la forme ou de la qualification juridique retenue par les traités, afin de déterminer si matériellement, ces derniers ne visent pas à produire des effets de droit.

Même si les sources du droit à effet non contraignant ne font pas partie, en tant que telles, du bloc de la légalité dans l'ordre juridique de l'UEMOA, ils constituent d'importants outils pouvant permettre au juge de la légalité d'éclairer le sens et la portée des sources du droit à effet contraignant. En tout état de cause, ces dernières ne pourront servir utilement de paramètre de légalité que si elles sont organisées au sein d'une hiérarchie des normes claire, cohérente et prévisible.

Paragraphe II- L'ordonnancement hiérarchique des sources du droit

L'examen de l'ordonnancement hiérarchique des sources du droit de l'Union se fera en distinguant la hiérarchie des sources du droit dérivé (B) de celle qui régit les sources du droit primaire (A). Au-delà de la supériorité générale des sources du droit primaire sur les sources du droit dérivé, laquelle ne soulève aucune difficulté particulière, l'analyse sera accentuée sur l'ordonnancement hiérarchique à l'intérieur de chacune de ces deux catégories, ce qui n'apparaît pas évident compte tenu du silence des traités constitutifs en la matière.

---

[310] CJCE, arrêt Salerno e.a. c. Commission et Conseil du 11 juillet 1985, aff. jtes 87,130/77 ; 22/83 ; 9 et 10/84, Rec. p. 2523, pt 59.

[311] CJCE, arrêt Grimaldi du 13 décembre 1989, aff. C-322/88, Rec. 1989, p. 4407.

A) La hiérarchie des sources du droit primaire

Avant de s'interroger sur l'existence d'une hiérarchie entre les différentes sources du droit primaire (3), il convient d'examiner la place hiérarchique desdites sources non seulement à l'égard des sources de droit dérivé (1), mais également vis-à-vis des sources conventionnelles liant les États membres à en dehors du cadre de l'Union (2).

1) La primauté sur les sources du droit dérivé

C'est devenu presqu'une lapalissade d'affirmer la primauté du droit primaire sur le droit dérivé. Même si le principe ne figure pas expressément dans les traités constitutifs, il n'en découle pas moins des diverses dispositions régissant l'activité des organes de l'UEMOA. En effet, ces derniers n'exercent que les pouvoirs normatifs qui leur sont attribués par le traité de l'UEMOA et conformément aux objectifs fixés par celui-ci[312]. Quant à la Cour de Justice, elle se voit confier la responsabilité de veiller au respect du droit quant à l'interprétation et à l'application du Traité[313]. C'est notamment à cette dernière que l'on doit l'affirmation expresse de la primauté du droit primaire sur l'ensemble de l'ordre juridique de l'UEMOA.

Dans l'avis n° 2/2003 relatif au renouvellement du mandat des conseillers de la Cour des comptes, la Cour de Justice a affirmé que « [...] le protocole additionnel, norme de droit primaire, est au sommet de la hiérarchie des normes communautaires et qu'il forme avec le traité, la Constitution de la Communauté »[314]. Constituée de toutes les sources de droit primaire, la Charte constitutionnelle de l'Union énonce ainsi des dispositions qui servent de fondement à la création des organes et à l'élaboration des normes juridiques[315]. En tant que bloc de « constitutionnalité » ou de « fondamentalité », l'ensemble des sources du droit primaire s'impose non seulement aux sources unilatérales prévues par l'article 42 modifié du traité de l'UEMOA, mais également aux sources conventionnelles du droit dérivé.

---

[312] Art. 5 du traité de l'UEMOA.
[313] Art. 1er du protocole additionnel n° 1.
[314] CJUEMOA, avis n° 2/2003 précité, p. 8.
[315] *Ibidem.*

Dotée de la personnalité juridique internationale, l'UEMOA a la capacité de nouer des liens contractuels internationaux en établissant « toute coopération utile avec les organisations régionales ou sous-régionales existantes [...]. Des accords de coopération et d'assistance peuvent être conclus avec des États tiers ou organisations internationales, selon les modalités prévues à l'article 84 du présent Traité »[316]. Suivant les modalités de l'article 84 du traité, l'UEMOA a conclu des accords internationaux avec l'Union européenne[317] et les États-Unis d'Amérique[318], et a entrepris des négociations visant à conclure des accords commerciaux avec le Maroc et l'Algérie. Ces accords se doivent de respecter les dispositions des traités constitutifs si bien qu'en cas de doute, le Conseil des ministres, la Commission ou un État membre pourra recueillir l'avis de la Cour de justice sur la compatibilité, avec lesdits traités, d'un projet d'accord international en cours de négociation[319].

Cette clause de contrôle *a priori* de la compatibilité des projets d'accords internationaux avec les traités constitutifs, trouve son équivalent à l'article 218, paragraphe 11, du traité FUE, ainsi que dans le contrôle a priori de la constitutionnalité des accords internationaux en droit interne. Elle n'est pas sans incidence sur la hiérarchie entre les traités constitutifs et les autres normes conventionnelles du droit de l'UEMOA[320]. En effet, même si contrairement à l'article 218, paragraphe 11, du traité FUE, l'article 27, alinéa 3, des Statuts de la CJUEMOA, ne tire pas les conséquences de l'incompatibilité avérée du projet d'accord mis en examen, il est possible de déduire, du contrôle a priori de compatibilité, la primauté des traités constitutifs.

---

[316] *Idem*, Art. 13.

[317] Voir notamment, l'Accord entre la Communauté européenne et l'Union économique et monétaire ouest-africaine sur certains aspects relatifs aux services aériens, JOUE L 56 du 6.3.2010, p. 16–36.

[318] Accord conclu entre le gouvernement des États-Unis d'Amérique et l'UEMOA, relatif au développement des relations de commerce et d'investissement du 24 avril 2002, disponible sur : https://ustr.gov/sites/default/.../agreements/.../asset_upload_file647_7729 *(consulté la dernière fois le 15.1.2016).*

[319] Art. 27, al. 3, des Statuts de la Cour de justice.

[320] Amadou Yaya SARR, *L'intégration juridique au sein l'Union économique et monétaire ouest africaine (UEMOA) et de l'organisation pour l'harmonisation du droit des affaires en Afrique (OHADA)*, op. cit. p. 324.

En tout état de cause, la CJUEMOA a elle-même classé les accords internationaux conclus par l'Union avec des tiers en dessous des traités constitutifs, en les qualifiant d'actes de droit dérivé[321] et en affirmant qu'elles « ne peuvent en aucun cas affecter le traité constitutif et les actes pris en son application ». À ce titre, elles ne devraient pas non plus échapper au contrôle juridictionnel a posteriori par le biais de la théorie des actes détachables[322], quitte à exposer l'Union à voir sa responsabilité internationale engagée sur la base de l'article 27, paragraphe 2, de la Convention de Vienne de 1986 (ci-après CV de 1986)[323]. La primauté des traités constitutifs de l'UEMOA devrait s'appliquer, également, à toutes les sources conventionnelles auxquelles l'Union n'est pas formellement partie[324].

Il pourrait néanmoins subsister un doute quant à la subordination de la Charte des Nations Unies aux traités constitutifs de l'UEMOA en raison notamment de la règle de primauté prévue à l'article 103 de ladite Charte. La Cour internationale de justice (CIJ) a jugé notamment dans l'arrêt Activités militaires et paramilitaires au Nicaragua et contre celui-ci, que cette primauté s'appliquait à l'ensemble des accords régionaux, bilatéraux et même multilatéraux, que les parties pouvaient avoir conclus[325]. Qui plus est, il ressort de l'article 30, paragraphe 6, de la Convention de Vienne de 1986, que la primauté de la Charte des Nations telle que définie à son article 103, déroge à l'application des règles sur les traités successifs.

En droit de l'Union européenne, le TPICE avait ainsi consacré, dans un premier temps, la primauté de ladite Charte ainsi que des résolutions du Conseil de sécurité sur le droit primaire communautaire[326]. Cette solution a toutefois été invalidée par la CJCE qui a jugé dans l'arrêt

---

[321] Cf. *Supra*, Par. 1, B, 1°), b.
[322] En application de la théorie des actes détachables, la CJUE procède au contrôle de la légalité des décisions du Conseil portant autorisation de signature ou application des accords conclus par l'Union avec des tierces entités.
[323] Aux termes de l'article 27, paragraphe 2, de la Convention de Vienne de 1986 : « Une organisation internationale, partie à un traité, ne peut invoquer les règles de l'organisation comme justifiant la non- exécution du traité ».
[324] Cf. *supra*, Par. 1, B, 1°), b.
[325] CIJ, arrêt Activités militaires et paramilitaires au Nicaragua et contre celui-ci (Nicaragua c. États-Unis d'Amérique), 26 novembre 1984, Rec. 1984, p. 392, pt 107.
[326] TPICE, arrêt Yusuf et Al Barakaat International Foundation c. Conseil et Commission, *op. cit.*, pt 240; TPICE, arrêt Kadi c. Conseil et Commission, 21 septembre 2005, *op. cit.*, pt 190.

Kadi du 3 septembre 2008 que l'insertion de la Charte des Nations et des résolutions du Conseil de sécurité, dans l'ordre juridique communautaire, ne pouvait avoir pour effet de porter atteinte aux garanties constitutionnelles du traité constitutif, dont celle en vertu de laquelle, les actes pris par les institutions de l'UE ne peuvent échapper au contrôle de la légalité vis-à-vis des droits fondamentaux[327]. Cette question reste pour l'heure ouverte en droit de l'UEMOA, la CJUEMOA n'ayant pas encore eu l'occasion de s'y prononcer.

Quant au rapport entre les traités constitutifs de l'UEMOA et les accords de l'OMC, la question pourrait se résoudre en mobilisant l'article 30, paragraphe 2, de la Convention de Vienne de 1969 qui stipule que « lorsqu'un traité précise qu'il est subordonné à un traité antérieur ou postérieur ou qu'il ne doit pas être considéré comme incompatible avec cet autre traité, les dispositions de celui-ci l'emportent ». Or tel est précisément le cas du traité de l'UEMOA qui entend se conformer, notamment à l'article 77, aux dispositions de l'article XXIV de l'Accord Général sur les Tarifs Douaniers et le Commerce (GATT) de l'OMC.

Bien que ne faisant pas partie des sources du droit de l'UEMOA, il est utile de s'interroger, à ce stade de l'analyse, sur le sort des accords internationaux conclus par les États membres, dans leurs relations internationales respectives, lorsque ces accords apparaissent contraires aux obligations qu'ils assument dans le cadre de l'UEMOA.

2) La primauté sur les conventions liant uniquement les États membres

La primauté générale des sources du droit primaire, dans l'ordre juridique de l'UEMOA, s'étend également aux sources conventionnelles liant les États membres en dehors du cadre de l'Union. Ici, il convient de distinguer entre plusieurs hypothèses : la convention liant les États membres peut être antérieure ou postérieure aux traités constitutifs ou encore être conclue exclusivement entre lesdits États ou avec des États tiers. En tout état de cause, la Convention de Vienne de 1969 (ci-après CV de 1969) est applicable lorsque les accords

[327] Voir arrêt Kadi de 2008 précité, pts 304 et 305.

successifs portent sur la même matière. Aux termes de l'article 30, paragraphe 3, de la CV de 1969

> « Lorsque toutes les parties au traité antérieur, sont également parties au traité postérieur, sans que le traité antérieur ait pris fin ou que son application ait été suspendue en vertu de l'article 59, le traité antérieur ne s'applique que dans la mesure où ces dispositions sont compatibles avec celles du traité postérieur ».

En vertu de cette disposition, les accords internationaux conclus antérieurement par l'ensemble des États membres, et relevant des matières régies par les traités constitutifs de l'UEMOA, doivent être conformes (compatibles) à ces derniers sous peine d'inapplicabilité. Il en est de même lorsque l'accord antérieur jugé incompatible a été conclu seulement entre deux ou plusieurs États membres. Ces derniers pourront maintenir leur relation antérieure à condition de la rendre conforme aux traités constitutifs de l'UEMOA. C'est cette logique qui semble avoir prévalu au maintien du traité du Benelux conclu entre la Belgique, les Pays-Bas et le Luxembourg au sein de l'UE[328].

La situation s'avère en revanche plus complexe lorsque l'accord antérieur a été conclu avec des États tiers. Dans ce cas, l'article 30, paragraphe 3, de la CV de 1969 est applicable dans les rapports entre les États membres parties aux accords successifs[329]. Cependant, dans les rapports entre ces derniers et les États tiers, seul le traité qui leur est commun régira leurs droits et obligations respectifs, les États membres ne pouvant, en principe, exciper des dispositions des traités constitutifs pour se soustraire aux obligations qu'ils assument en vertu dudit traité et conformément au principe pacta sunt servanda[330]. Dans ce cas de figure, l'article 14 du traité de l'UEMOA entre en jeu en obligeant les États membres à tout mettre en œuvre en vue d'éliminer les incompatibilités que comporterait ce traité vis-à-vis des traités constitutifs[331]. Aux termes de cette disposition,

> « Les États membres se concertent au sein du Conseil afin de prendre toutes les mesures destinées à éliminer les incompatibilités ou les doubles emplois entre le droit et les

---

[328] Voir art. 350 du traité FUE.

[329] Art. 30, par. 4, let. a, de la CV de 1986.

[330] Voir dans ce sens, CJCE, arrêt Budéjovicky Budvar du 18 novembre 2003, aff. C-216/01, Rec. p. 13617.

[331] Voir également dans ce sens, l'art. 351 TFUE.

compétences de l'Union d'une part, et les conventions conclues par un ou plusieurs États membres d'autre part, en particulier celles instituant des organisations économiques internationales spécialisées ».

Dans le même ordre d'idées, l'article 60, alinéa 2, du traité de l'UEMOA stipule que « [...] la Conférence tient compte des progrès réalisés en matière de rapprochement des législations des États de la région, dans le cadre d'organismes poursuivant les mêmes objectifs que l'Union », dans l'exercice de ses fonctions consistant, notamment, à identifier les domaines prioritaires dans lesquels un rapprochement des législations des États membres est nécessaire pour atteindre lesdits objectifs. Ces dispositions s'appliquent notamment dans les relations entre l'UEMOA et les autres organisations régionales africaines qui l'ont précédée, telles que la CEDEAO, l'OHADA, ou encore la Communauté économique africaine (CEA)[332].Elle est également applicable lorsque l'accord antérieur a été conclu seulement par un ou plusieurs États membres. L'obligation d'éliminer les incompatibilités incombe alors à l'État ou aux États membres en cause.

À titre de droit comparé, la CJCE est parti de cette obligation pour condamner le Portugal pour n'avoir pas dénoncé, à la suite de l'échec de toute solution négociée, des accords conclus avant la date de son adhésion à la Communauté avec des pays tiers, alors que lesdits accords comportaient une clause de dénonciation qui permettait au Portugal de se libérer de ses engagements sans violer le principe pacta sunt servanda [333]. Il ressort de cette jurisprudence que l'obligation qui pèse

---

[332] Sur les rapports entre la CEA et les autres organisations d'intégration économique africaine, lire : M. Ayo AJOMOA et Omobolaji ADEWALE (éd.), *African Economic Community Treaty, Issues Problems and Prospects, Lagos, Nigerian Institute of Advanced Legal studies*, 1993, 376 p. À noter que l'UEMOA n'est pas partie au protocole de 2008 sur les relations entre l'UA et les CER dont l'article 22 prévoit la possibilité pour l'UA ne prendre des mesures contraignantes à l'égard des CER et éventuellement des sanctions. Aux termes de l'article 32, en cas de différends dans l'interprétation et l'application de l'Acte constitutif, du traité d'Abuja et des traités des CER, c'est l'Acte constitutif de l'UA qui prévaut ipso jure. Il existe cependant une déclaration de fidélité vis-à-vis de la CEA dans le préambule du traité de l'UEMOA mais cela suffit-il pour appliquer, dans les relations entre ces deux organisations, l'article 30, paragraphe 2, de la Convention de Vienne ?

[333] Voir CJCE, arrêt Commission c. Portugal, du 4 juillet 2000, aff. C-62/98, Rec. 2000, p. I-5171 (accords conclus avec le Sénégal, la République du Cap Vert, l'Angola, et la République de Sao Tomé et Principe) et CJCE, arrêt Commission c. Portugal, du 4 juillet 2000, aff. C-84/98, Rec. 2000, p. I-5215 (accord conclu avec la

sur l'État membre dans ses rapports conventionnels avec des États tiers va au-delà d'une simple obligation de moyens et de diligence, en exigeant, s'il y a lieu, l'élimination des incompatibilités par le moyen radical de la dénonciation du traité. Cette dénonciation doit cependant intervenir dans le respect du droit international sous peine d'engager la responsabilité de l'État membre en cause.

Pour ce qui concerne les traités conclus par les États membres, postérieurement aux traités constitutifs, l'approche est différente selon que lesdits traités relèvent ou pas d'un domaine ayant fait l'objet d'un transfert de compétence vers l'UEMOA. En effet, s'il s'agit d'un accord postérieur relevant d'un domaine de compétence exclusive de l'Union, les États membres ne pourront plus, en principe, « ni individuellement, ni collectivement, négocier ou conclure des accords internationaux »[334]. Ainsi, en matière de politique commerciale, l'article 87 du Traité proscrit aux États membres « de conclure de nouvelles conventions d'établissement [...] ». La conclusion d'un tel accord postérieur ne saurait dès lors prévaloir sur les traités constitutifs. Pire, elle engagerait la responsabilité de l'État membre concerné vis-à-vis de l'Union, à travers l'ouverture d'une procédure de recours en manquement[335].

Dans le cas où il s'agirait d'un accord mixte tel l'accord de partenariat économique (APE) entre l'Afrique de l'Ouest et l'Union européenne[336], les dispositions portant sur les matières relevant de la compétence exclusive de l'UEMOA ne peuvent déroger aux traités constitutifs. En tout état de cause, les accords postérieurs conclus par les États membres ne peuvent « faire obstacle à l'application du [...] Traité et des actes pris pour son application »[337] conformément à leur devoir de loyauté[338]. Après avoir ainsi passé en revue la hiérarchie des sources du droit primaire sur celles du droit dérivé et sur les sources conventionnelles

---

République fédérale de Yougoslavie). Arrêts cités par Denys SIMON, Le système juridique communautaire, *op. cit.*, p. 311.

334 Voir avis n° 2/2000 précité, p. 242.

335 Sur ce point, voir Mathias FORTEAU, « La place des conventions internationales dans l'ordre juridique de l'UE » *in* Myriam BENLOLO-CARABOT, Ulaş CANDAS, Eglantine CUJO (Dir.), *Union européenne et Droit international, op. cit.,* p. 596.

336 Sur les APE d'une manière générale, voire Valérie Edwige KABORÉ, Les relations commerciales entre l'Union européenne et les États d'Afrique, des Caraïbes et du Pacifique, thèse de doctorat, Rouen, 2012, p. Voir également, Ousséni ILLY, L'OMC et le régionalisme. Le régionalisme africain, *op. cit.*

337 Avis n° 2/2000 précité.

338 Art. 7 du traité de l'UEMOA.

liant les États membres en dehors du cadre de l'UEMOA, voyons enfin s'il existe une hiérarchie à l'intérieur desdites sources du droit primaire.

3) La hiérarchie à l'intérieur des sources du droit primaire

Si la supériorité hiérarchique des traités constitutifs sur les autres sources de droit primaire ne soulève pas de difficulté particulière, il n'en va pas de même quant à l'ordre hiérarchique à établir entre les premiers. Les rapports entre le traité de l'UMOA de 2007 et le traité de l'UEMOA de 2003 ont été précisés par la Cour de justice dans l'avis n°3/96 relatif au projet d'agrément unique pour les banques et les établissements financiers au sein de l'UEMOA[339]. Elle y affirme que

> « [...] L'Union repose juridiquement sur les deux traités, cadres juridiques autonomes, distincts même s'ils sont complémentaires, disposant de compétences et de pouvoirs propres à chaque traité, il s'agit en l'occurrence de : a) l'UMOA qui couvre principalement l'intégration dans ses aspects financiers et monétaires, et, b) l'UEMOA qui couvre l'intégration dans ses aspects complémentaires à caractère essentiellement économique ».

L'article 62 du traité de l'UEMOA stipule, quant à lui, que « La politique monétaire de l'Union est régie par les dispositions du traité de l'Union Monétaire Ouest-Africaine (UMOA) et par les traités subséquents. Sans préjudice des objectifs qui lui sont assignés, elle soutient également l'intégration économique de l'Union ». Cette disposition confère au traité de l'UMOA le caractère de lex specialis par rapport au traité général de l'UEMOA. Cela signifie notamment qu'à chaque fois que le traité de l'UMOA règle une matière de manière exhaustive, le traité de l'UEMOA ne peut s'appliquer[340]. En revanche, lorsque le traité spécifique comporte une lacune, les dispositions du traité de l'UEMOA, ainsi que les actes subséquents, peuvent trouver à s'appliquer[341] en leur qualité de lex generalis. L'application praeter ou secondum legem du traité général conduit, ici, à faire prévaloir les

---

339 CJUEMOA, avis n° 3/96 précité.

340 En droit de l'Union européenne, le même principe a été affirmé par la CJCE en ce qui concerne le traité de la CECA du 18 avril 1951. Voir CJCE, arrêt Hauts Fournaux de Givors du 10 mai 1960, aff. 27 à 29/58, Rec. 1960, p. 527.

341 CJCE, arrêt Deutsche Babcock du 15 décembre 1987, aff. 328/85, Rec. 1987, p. 5119.

dispositions d'un traité sur celles d'un autre. Il s'agit toutefois d'une prééminence casuelle, spontanée et limitée à la lacune du traité spécifique.

Dans cette logique, la CJUEMOA s'est référée aux dispositions combinées de l'article 112, alinéa 1er, du traité de l'UEMOA et de l'article 8, alinéa 2, du protocole additionnel n°1, pour pallier le silence du traité de l'UMOA sur la possibilité d'intenter un recours en annulation contre les actes pris par le Conseil des ministres dans le cadre dudit traité[342]. Pour la Cour de justice, sa compétence en vue de procéder à un tel contrôle s'impose en raison du fait que l'UMOA et l'UEMOA ont en commun les mêmes organes de direction à savoir la Conférence des chefs d'État et de gouvernement et le Conseil des ministres[343]. Cependant, l'argument de la Cour n'emporte pas totalement notre adhésion dans la mesure où sa compétence pour connaître des actes du Conseil, prise dans le champ d'application du traité de l'UEMOA, n'implique pas forcément sa compétence à l'égard des actes adoptés dans le cadre strict du traité de l'UMOA, en l'absence de toute stipulation expresse à cet effet. A contrario, la conclusion de la Cour de justice aurait eu plus de force si elle s'était fondée sur les dispositions de l'article 3, alinéa 2, du traité de l'UMOA, pour en opérer une interprétation extensive. Aux termes de cette disposition, la Cour de justice de l'UEMOA est compétente pour connaître des manquements des États membres aux obligations qui leur incombent en vertu du traité de l'UMOA. Cette compétence de la Cour devrait logiquement impliquer la compétence pour connaître des actes institutionnels, qui viendraient à violer également ce traité en faisant grief à des individus.

Quoiqu'il en soit, au regard des détours jurisprudentiels, parfois périlleux, auxquels oblige la coexistence des traités de l'UEMOA et de l'UMOA, il convient de formuler le vœu de la conclusion rapide du traité de fusion évoqué à l'article 112 du traité de l'UEMOA, afin d'apporter plus de cohérence au droit primaire de l'Union, d'autant plus

[342] CJUEMOA, aff. n° 3/2013, Charles Afolabi ABIALA c. Conseil de l'UMOA/Commission bancaire de la BCEAO, 18 décembre 2013 (non encore publié).

[343] Cela résulte de la lecture combinée des articles 16, 18 et 21 du traité de l'UEMOA, lesquels se réfèrent à la Conférence des chefs d'État et de gouvernement ainsi qu'au Conseil des ministres, tels qu'ils sont prévus dans le traité de l'UMOA.

que la situation n'est guère plus reluisante du côté des sources du droit dérivé.

B) La hiérarchie des sources du droit dérivé

S'il renseigne presque parfaitement sur la nomenclature des actes de droit dérivé, l'article 42 modifié du traité de l'UEMOA, ne comporte aucune hiérarchisation formelle de ces différents actes juridiques. L'interprétation fournie par la Cour de Justice, à travers sa jurisprudence, remédie quelque peu à cette lacune sans toutefois épuiser la question (1). Il s'impose alors de rechercher, en droit de l'UEMOA, les critères pouvant contribuer à une meilleure clarification de l'« ordre de priorité » entre les différentes sources du droit dérivé (2).

1) L'absence d'une hiérarchisation des actes de droit dérivé

Reprenant à son compte l'ex article 249 du traité CE (art. 288 du traité FUE), l'article 42 modifié du traité de l'UEMOA stipule que :

> « Pour l'accomplissement de leurs missions et dans les conditions prévues par le présent Traité :
> -la Conférence prend des actes additionnels, conformément aux dispositions de l'article 19 ;
> -le Conseil édicte des règlements, des directives et des décisions ; il peut également formuler des recommandations et/ou des avis ;
> -la Commission prend des règlements pour l'application des actes du Conseil et édicte des décisions ; elle peut également formuler des recommandations et/ou des avis ;
> -le Parlement prend des actes dont le régime juridique est déterminé par le Traité portant création de cet organe ».

Cette disposition est complétée par l'article 43 du Traité qui définit les effets juridiques attachés à ces différents actes. Ainsi, comme a pu le souligner la doctrine au sujet de l'ex article 249 du traité CE, les actes juridiques par lesquels les organes de l'UEMOA sont amenés à exercer leurs compétences respectives sont définis « [...] quant à leur structure et à leurs effets mais non quant à leur rang respectif ou quant à leurs rapports mutuels sur le plan du degré de force normative [...] »[344]. Face à cette lacune, la Cour de Justice a développé une, à l'instar de sa

[344] Antonio TIZZANO, « La hiérarchie des normes communautaires », op. cit. p. 222.

consœur européenne, « une fonction structurante »[345], apportant ainsi quelques réponses au problème de la hiérarchisation du droit dérivé de l'UEMOA. L'apport de la Cour de justice de l'UEMOA, à la hiérarchisation des sources du droit dérivé, repose notamment sur la distinction entre les « actes communautaires dérivés unilatéraux » et les « actes communautaires dérivés à caractère conventionnel »[346]. En effet, il ressort de l'avis n° 2/2000, relatif à l'interprétation de l'article 84 du traité de l'UEMOA, que

> « [Les] accords de compétence exclusive, une fois entré en vigueur, acquièrent un effet obligatoire vis-à-vis des États membres en vertu de la nature d'actes communautaires dérivés à caractère conventionnel. Ils sont en principe classés, dans la hiérarchie des normes, au-dessus des actes communautaires unilatéraux tels que les règlements, les directives et les décisions ».

Si les accords internationaux passés par l'UEMOA ne peuvent déroger aux traités constitutifs, ils prévalent en revanche sur l'ensemble de sources unilatérales du droit dérivé. L'affirmation de la Cour de Justice clarifie ainsi le rang des accords conclus par l'Union dans la hiérarchie des sources du droit dérivé. Malgré tout, l'apport « structurant » de la Cour de Justice s'avère limité dans la mesure où la théorie de la supériorité des actes à caractère conventionnel sur ceux à caractère unilatéral ne résout pas la question de la hiérarchie à l'intérieur des catégories citées.

En effet, elle ne renseigne pas sur l'ordre de priorité à établir entre un règlement, une directive et une décision. L'on ne sait rien non plus sur l'ordre de priorité entre les divers accords internationaux liant l'UEMOA. L'on pourrait se demander par exemple, lequel d'un accord multilatéral et d'un accord bilatéral liant l'Union, prévaudrait en cas de conflit ? À cet égard, l'application des règles du droit international des traités pourrait s'avérer d'une grande utilité. Par ailleurs, l'affirmation de la Cour de justice est susceptible de semer le doute sur la nature de l'acte additionnel non expressément cité. En effet, il est possible de se demander si le fait de ne pas avoir mentionné expressément l'acte additionnel dans la catégorie des actes unilatéraux ne dissimule pas une

[345] Voir dans ce sens, Pierre-Yves MONJAL, *Recherches sur la hiérarchie des normes au sein du système juridique communautaire*, *op. cit.*, p. 70.
[346] Cf. *supra*, Par. 1, B, 1°), b.

volonté d'y exclure ce type d'acte en l'assimilant aux actes conventionnels de droit primaire. Cette interprétation n'est pas dénuée de sens dans la mesure où elle paraît s'accommoder au statut « sui generis » de l'acte additionnel, lequel se rapproche à certains égards du droit primaire[347].

Pour plausible qu'elle puisse paraître, une telle lecture de l'avis de la Cour de justice ne prend, néanmoins, pas en considération la lettre de *l'obiter dictum* rendu par la juridiction de l'Union. Le doute se dissipe grâce, notamment, à la tournure employée par cette dernière, qui procède à une énumération exemplative par l'usage de la locution « tel que ». L'usage de cette locution signifie notamment que la Cour de justice ne vise pas uniquement le règlement, la directive et la décision mais aussi tout autre acte juridique dérivé dont notamment l'acte additionnel. En tout état de cause, il convient de mentionner que dans deux avis antérieurs, relatifs aux statuts de la Cour des comptes de l'Union, la CJUEMOA avait déjà jugé que : « l'acte additionnel, en tant qu'acte unilatéral, bien qu'il soit pris par la Conférence des chefs d'État et de gouvernement, n'en constitue pas moins un acte de droit dérivé hiérarchiquement inférieur au traité, et ne saurait en aucun cas se substituer à celui-ci [...] »[348].

Enfin, la solution retenue par la Cour de justice de l'UEMOA semble se limiter aux accords conclus par l'Union au titre d'une compétence exclusive. Qu'en est-il dans ce cas des accords mixtes conclus par l'UEMOA et ses États membres avec des entités tierces ? Si la CJUEMOA affirme que ces accords mixtes ne peuvent en aucun cas affecter le traité constitutif et les actes pris pour son application, on se demande s'il faut les assimiler aux accords de compétence exclusive qui priment sur tout le droit dérivé unilatéral. Cette solution nous paraît logique dans la mesure où, comme les accords de compétence

---

[347] En effet, l'article 19, al. 2, du traité de l'UEMOA, considère les actes additionnels comme des « annexes » au traité quand bien même ils n'auraient aucun pouvoir de le modifier.

[348] Voir CJUEMOA, avis n°2/99 du 25 juin 1999, demande d'avis du président de la Commission de l'UEMOA sur les projets d'acte additionnel portant statuts de la Cour des comptes et de règlement portant modalités de reddition et de contrôle, non publié. Voir aussi, CJUEMOA, avis n°3/99 du 25 novembre 1999, demande d'avis du président de la Commission de l'UEMOA relative à l'interprétation de dispositions du traité de l'UEMOA et de son protocole additionnel n°1, non publié. Cette jurisprudence a été confirmée dans les arrêts Eugène YAÏ de 2005 et 2008, ainsi que dans l'arrêt El Hadj Abdou SACKO de 2017 précités.

exclusive, les accords mixtes constituent des engagements internationaux, pris par l'UEMOA, et s'imposant aux organes qui doivent les respecter.

De ce qui précède, il apparait que la hiérarchie des sources du droit de l'UEMOA ne brille pas par sa clarté et sa cohérence, notamment en ce qui concerne les actes juridiques à caractère unilatéral cités à l'article 42 modifié du traité de l'UEMOA, par lesquels se réalisent, en majeure partie, les compétences conférées aux organes. Sous le point qui suit, nous tenterons de dégager quelques critères pouvant contribuer à élucider la question en droit de l'UEMOA.

2) L'identification de critères d'hiérarchisation du droit dérivé

Pour tenter de dégager une certaine hiérarchie entre les actes juridiques cités à l'article 42 modifié du traité de l'UEMOA, plusieurs critères peuvent être mobilisés. Il s'agit notamment du critère organique, du critère fonctionnel, ainsi que du critère procédural. Ces critères peuvent être appliqués individuellement ou de manière combinée. Ils restent dans tous les cas purement palliatifs et n'épuisent pas toutes les ramifications liées à la question de la hiérarchie des sources du droit dérivé.

Du point de vue du critère organique, il ressort des dispositions combinées de l'article 16 modifié du traité de l'UEMOA et de l'article 6 du traité de l'UMOA, que la CCEG constitue l'organe suprême de l'Union. À ce titre, le respect des actes additionnels qu'elle édicte « [...] s'impose aux organes de l'Union ainsi qu'aux autorités des États membres »[349]. De cette prééminence organique, la doctrine déduit, dans son ensemble, l'ascendance hiérarchique des actes additionnels sur l'ensemble des sources du droit dérivé à caractère unilatéral[350]. Suivant toujours le critère organique, il est possible de considérer les actes émanant de la Commission comme étant assujettis à ceux édictés par le Conseil, en raison de leurs qualités respectives d'organe « exécutif » et d'organe « législatif », même si ces termes n'apparaissent pas

[349] Art. 19, al. 2 du traité de l'UEMOA.

[350] Luc Marius IBRIGA, Saïb Abou COULIBALY & Dramane SANOU (éd.), *Droit communautaire ouest-africain, op. cit.*, p. 94. Voir également, Amadou Yaya SARR, *L'intégration juridique dans l'Union économique et monétaire ouest-africaine (UEMOA) et dans l'Organisation pour l'harmonisation du droit des affaires en Afrique (OHADA), op. cit.*, p. 100.

expressément du traité de l'UEMOA. Ainsi que nous le verrons plus loin dans l'analyse, le Traité confère à la Commission essentiellement des compétences d'exécution du droit de l'UEMOA[351]. Cette dernière est notamment appelée à « prendre des règlements pour l'application des actes du Conseil [...] »[352]. Quant au caractère d'organe « législatif » du Conseil, il peut se déduire par opposition au caractère d'organe « exécutif » de la Commission. En effet, contrairement à la Commission qui n'édicte des normes de manière autonome que dans des cas délimités[353], le Conseil exerce l'essentiel du pouvoir normatif de l'Union et peut être ainsi assimilé au législateur en droit interne, toute proportion gardée. Dans ce sens, la notion d'« actes législatifs » en droit de l'UEMOA se définirait sur la base d'un critère essentiellement organique, à l'opposé du droit de l'UE où il repose sur un critère purement formel (procédural)[354].

Cependant, le critère organique présente quelques limites dans la mesure où l'on se demande quel rang de priorité établir alors entre une décision adoptée par le Conseil en sa qualité d'organe « législatif » et une décision prise par la Commission en vertu de son pouvoir autonome d'édiction de normes dans le cadre de l'article 90 du traité de l'UEMOA ? En effet, dans l'un comme dans l'autre cas, l'on se trouve en présence d'« actes dérivés de premier niveau »[355], c'est-à-dire qui trouvent directement leur base dans le Traité. De même, quel ordre de priorité convient-il d'établir entre un règlement d'exécution pris par le Conseil et un règlement d'exécution édicté par la Commission, d'autant plus qu'ils constituent ensemble des « actes dérivés de deuxième niveau »[356], c'est-à-dire destinés à assurer l'exécution des actes qui trouvent directement leur base dans le Traité ? Enfin, quid du règlement et de la directive, actes « législatifs » émanant tous deux du Conseil et dont le choix est laissé à l'appréciation de ce dernier, dans l'exercice de

---

351 Cf. *infra*, Chap. 2.

352 Art. 42 modifié du traité de l'UEMOA. Également, art. 24, al. 1, du Traité.

353 *Idem*, art. 42 modifié et art. 90. Aux termes de l'article 90 du Traité, la Commission dispose notamment du pouvoir de prendre des décisions en matière de concurrence.

354 Voir dans ce sens, Paul CRAIG & Gráinne De BÙRCA, *EU Law, Text, Cases, and Materials*, 6th ed., Oxford, OUP, 2015, 1198 p., préc. p. 113 et s.

355 Marc BLANQUET et Guy ISSAC, *Droit général de l'Union européenne, op. cit.* p. 315.

356 *Ibidem.*

la mission d'harmonisation des législations nationales qui lui est assignée ?[357]

À certains égards, la mobilisation du critère fonctionnel peut se révéler plus opérationnel pour résoudre certains problèmes évoqués. Suivant le critère fonctionnel, la hiérarchie des normes découle non pas de la nature des organes dont elles émanent mais de la fonction « législative » ou « exécutive » que lesdites normes sont censées remplir[358]. Contrairement au droit de l'Union européenne qui opère, depuis le traité de Lisbonne, une distinction entre « acte délégué » et « acte d'exécution », le traité de l'UEMOA se contente de confier à la Commission le pouvoir de prendre des actes d'exécution pour les normes édictées par le Conseil tout en soulignant que ce pouvoir s'exerce dans le cadre d'une délégation expresse de la part de ce dernier[359]. Certes, il peut arriver que le critère organique coïncide avec le critère fonctionnel[360] mais cela n'est pas toujours le cas. En tout état de cause, l'acte d'exécution se trouve assujetti à l'acte « législatif » sur le fondement de la seule considération qu'il a pour objet d'assurer l'exécution de ce dernier. Dans cette logique, une décision du

[357] Art. 61 du traité de l'UEMOA.

[358] Voir Denys De BÉCHILLON, *Hiérarchie des normes et hiérarchie des fonctions normatives de l'État*, Paris, Economica, 1996, cité par Mar BLANQUET et Guy ISAAC, *Droit général de l'Union européenne*, Paris, Sirey, 10e éd., 2012, 768 p., préc. p. 315. Également, Abdoulaye SOMA, « Les caractères généraux du droit communautaire », *Rev. CAMES/SJP*, n° 1, 2017, p. 8.

[359] Voir art. 26 modifié du traité de l'UEMOA. Contrairement au droit de l'UEMOA qui est resté figé dans le temps (de même que l'article 42 modifié du traité de l'UEMOA est une reprise de l'ex article 249 du traité CE, l'article 26 modifié reprend en substance l'ex art. 202 du traité CE, relatif aux compétences d'exécution de la Commission européenne), le droit de l'UE a connu une certaine évolution avec l'avènement du traité de Lisbonne qui a introduit expressément les notions d' « actes législatifs » (art. 289 FUE), d' « actes délégués » (art. 290 TFUE) et d' « actes d'exécution » (art. 291 TFUE). Sur l'ensemble de ces notions et leur incidence sur la hiérarchie des norms au sein de l'UE, voir Jurgen BAST, "New Categories of Acts after the Lisbon Reform: Dynamics of parliamentarization in the EU Law", *CMLRev.* n° 49, 2012, p. 885; Bart DRIESSEN, "Delegated Legislation after The Treaty of Lisbon: An Analysis of Article 290 TFEU", *ELRev.* n° 35, 2010, p. 837; Herwig HOFMANN, "Legislation, delegation and Implementation under the Treaty of Lisbon: Typology meets Reality", *ELJ*, n° 15, 2009, p. 482.

[360] Tel est le cas, par exemple, lorsque la Commission, en sa qualité d'organe exécutif, adopte un règlement d'exécution visant à mettre en œuvre un règlement pris par le Conseil.

Conseil[361], prise en application d'un acte « législatif » dont il est lui-même l'auteur, ne saurait prévaloir sur une décision prise par la Commission en vertu de son pouvoir normatif autonome. À l'image de la loi et du décret d'application en droit interne, la légalité des actes d'exécution demeure conditionnée par le respect des habilitations prévues dans l'acte de base conformément aux principes de la délégation des pouvoirs dégagés par la jurisprudence.

Dans l'arrêt Méroni[362], la CJCE a affirmé en substance qu'une délégation de pouvoirs ne pouvait porter que sur des pouvoirs d'exécution au risque d'enfreindre le principe d'équilibre institutionnel qui caractérise l'Union européenne. Elle doit viser notamment « des pouvoirs d'exécution nettement délimités et dont l'usage, de ce fait, est susceptible d'un contrôle rigoureux au regard des critères objectifs fixés par l'autorité délégante [...] ». L'objet de la délégation des pouvoirs a depuis lors connu une modification avec l'article 290 du traité FUE qui limite désormais la possibilité d'opérer une délégation de pouvoirs à « des actes non législatifs de portée générale qui complètent ou modifient certains éléments non essentiels de l'acte non législatif ». Hormis cette dernière spécificité, les principes énoncés dans l'arrêt Méroni se reflètent également dans l'avis n°1/98, rendu par la CJUEMOA, au sujet de la délégation de signature et transposable à la délégation des pouvoirs. La CJUEMOA y dégage notamment trois conditions à remplir à savoir, que la délégation ait été autorisée par une norme juridique de base, qu'un acte valable de délégation ait été pris en application de la norme de base et que les limites fixées par l'acte d'autorisation de la délégation aient été respectées[363]. Dans cette logique, la CJCE affirmait dans l'arrêt Tradax, que les règlements d'exécution, quel que soit leur auteur, ne pouvaient ni modifier, ni méconnaître, les règlements de base[364]. Désormais, l'article 290 du traité FUE règlementant la matière de la délégation des pouvoirs précise

[361] Le terme « décision » est ici employé au sens large et désigne aussi bien une décision qu'un règlement exécutif.

[362] CJCE, arrêt Méroni du 13 juin 1958, aff. 10/56, Rec. 1958, p. 53.

[363] Cour de Justice de l'UEMOA, avis n°1/98 du 10 septembre 1998 : Demande d'avis de Monsieur Moussa TOURE, président de la Commission de l'UEMOA sur la décision n°90/96/PCOM du 11 septembre 1996 par laquelle celui-ci a donné à son Directeur de Cabinet Monsieur Antoine SARR, délégation de signature portant sur une catégorie d'actes, de documents et de pièces, Rec. 2008, p. 141.

[364] CJCE, arrêt Tradax du 10 mars 1971, aff. 38/70, Rec. 1971, p. 145.

par ailleurs que l'adjectif « délégué » doit être inséré dans l'intitulé des actes délégués.

Malgré les solutions qu'il apporte au problème de la hiérarchisation des normes du droit dérivé de l'UEMOA, le critère fonctionnel est également imparfait puisqu'il reste inopérant face à certaines situations telles que celle résultant de la confrontation entre le règlement et la directive en tant qu'« actes législatifs ». Pourrait s'avérer pertinent à ce niveau, la mobilisation du critère procédural qui fait prendre en considération la procédure suivant laquelle l'acte juridique est adopté. En droit de l'UEMOA, le traité portant création du Parlement a institué une procédure de codécision qui rappelle, à certains égards, celle qui existait en droit de l'Union européenne[365], avant d'être remplacée par la procédure législative introduite à l'article 289 du traité FUE. Aux termes de l'article 25, du traité portant création du Parlement de l'UEMOA,

> « Le Parlement peut être consulté sur les projets d'actes additionnels, de règlements et de directives. Cette consultation est obligatoire dans les domaines suivants :
> -l'adhésion de nouveaux États membres
> -les accords d'association avec les États tiers
> -les budgets de l'Union
> -les politiques sectorielles communes
> -le droit d'établissement et la libre circulation des personnes
> -la procédure de l'élection des membres du Parlement
> -les impôts, taxes et tous prélèvements communautaires.
> L'avis conforme du Parlement est requis pour l'adhésion de nouveaux États membres, les accords d'association avec les États tiers, le droit d'établissement et la libre circulation des personnes ».

Au regard de la double légitimité dont elle auréole l'acte juridique ainsi adopté[366], cette procédure de codécision nous paraît justifier une supériorité hiérarchique sur les autres actes « législatifs » adoptés par le Conseil ou la CCEG, qu'il s'agisse d'un acte additionnel, d'un règlement ou d'une directive. Ainsi, les actes adoptés avec l'avis

---

[365] Voir notamment art. 251 TCE.

[366] Cette double légitimité repose non seulement sur les États membres représentés au sein du Conseil mais également sur les ressortissants de l'UEMOA qui se trouvent indirectement représentés au sein du Parlement.

conforme du Parlement devraient prévaloir sur les actes adoptés avec l'avis simple de ce dernier, et les actes adoptés avec l'avis simple devraient l'emporter, à leur tour, sur ceux édictés sans consultation préalable du Parlement.

Il ressort des développements précédents que la hiérarchie des sources du droit de l'UEMOA mérite d'être mieux articulée dans l'intérêt de l'application du principe de légalité. Au regard du caractère tentaculaire de la matière, nous nous contenterons de souligner, pour ce qui concerne notamment le droit dérivé à caractère unilatéral, l'importance d'une application combinée des critères organique, fonctionnel et procédural, pour la détermination de la hiérarchie des normes, tout en souhaitant que la Cour de Justice ou les États membres y apportent plus de précision, respectivement dans le cadre de la jurisprudence ou d'une éventuelle future révision du Traité. Dans les ordres juridiques internes, la question de la hiérarchie des sources normatives du droit de l'UEMOA se pose en des termes différents.

Section II : La hiérarchie des sources du droit de l'UEMOA dans les ordres juridiques internes

La hiérarchie des normes au sein de l'UEMOA ne peut pas être évoquée sans mentionner les rapports de l'ordre juridique de l'UEMOA avec les ordres juridiques internes des États membres. En effet, les normes juridiques émises dans l'ordre juridique de l'UEMOA ont vocation à être reçues dans les ordres juridiques des États membres où elles sont amenées à cohabiter avec les règles de droit national. Le surgissement d'éventuels conflits de normes n'est dès lors pas à exclure dans le commerce de ces ordres juridiques.

Contrairement au droit international qui laisse aux ordres juridiques internes le loisir d'articuler leurs rapports vis-à-vis de l'ordre juridique international[367], le droit de l'UEMOA postule le monisme juridique,

---

367 Si en vertu du principe pacta sunt servanda prévu à l'art. 26 de la Convention de Vienne de 1969, les États ont l'obligation de se conformer aux traités qui les lient et de veiller à les faire respecter par leurs divers organes internes, la question de l'intégration du droit international dans les ordres juridiques internes demeure à l'appréciation de ces derniers dont les solutions, prévues en général dans les constitutions nationales, sont largement inspirées des conceptions dualiste et moniste

avec primauté de l'ordre juridique de l'Union sur les ordres juridiques internes, et leur en impose directement les conséquences. Il en découle que la hiérarchie des normes issues des sources du droit de l'UEMOA englobe la primauté de ces normes sur l'ensemble des normes générées dans les ordres juridiques internes. Ces normes intègrent ainsi, avec rang de priorité, les blocs de légalité internes des États membres. Consacrée dans l'ordre juridique de l'UEMOA (Paragraphe I), cette solution nécessite, pour être effective, d'être ainsi reconnue (acceptée) et garantie dans les ordres juridiques nationaux (Paragraphe II).

Paragraphe I : La consécration de la primauté générale dans l'ordre juridique de l'UEMOA

La consécration de la primauté générale du droit de l'UEMOA sur les droits des États membres repose sur deux grands fondements (A) et a une portée significative en cas d'incompatibilité avérée (B).

A) Les fondements de la consécration

Si les normes issues de l'ordre juridique de l'UEMOA prévalent sur l'ensemble des normes issues des ordres juridiques nationaux, c'est en raison des principes d'effet direct (1) et de primauté (2). Ces principes caractérisent, de manière spécifique, le droit de l'intégration[368],

---

des ordres juridiques. Selon la conception dualiste dont la paternité est communément attribuée aux théoriciens Anzilotti (Dionisio Anzilotti, Cours de droit international, trad. Gidel, 1929) et Triepel (Heinrich Triepel, « Les rapports entre le droit interne et le droit international », *RCADI*, 1923, Vol. 1, p. 73), l'ordre juridique international et l'ordre juridique interne sont deux systèmes juridiques séparés et indépendants dans leur fonctionnement. Ainsi, un traité régulièrement ratifié ne saurait avoir d'effet que dans l'ordre juridique international et qu'à l'égard des États parties. Pour pouvoir s'appliquer dans l'ordre juridique interne, ce dernier doit y être réceptionné à travers une formule juridique ou être transformé en une norme nationale, en général, une loi. Il subit ainsi une transformation de nature et n'est applicable dans l'ordre juridique que comme une norme nationale. En revanche, la conception moniste développée par Hans Kelsen (Hans KELSEN, « Les rapports de système entre le droit international et le droit interne », *RCADI*, 1926, Vol. 14, p. 231) se fonde sur l'unité de l'ordre juridique interne et de l'ordre juridique international, la norme internationale s'appliquant alors immédiatement, en tant que tel, dans l'ordre juridique interne sans subir de transformation, ni de réception préalable. Pour une étude plus détaillée sur la question, Voir Jean COMBACAU et Serge SUR, *Droit international public*, Paris, LGDJ, 11e éd., p. 182 et s.

[368] Voir, Jacques MEGRET, « La spécificité du droit communautaire », RIDC, Vol. 19, n°13, 1967, p. 565 et s. Également, Laurence BURGORGUE-LARSEN, « Les

« concrétisent »[369] l'autonomie de ce droit vis-à-vis des ordres juridiques internes et fondent sa primauté générale sur l'ensemble du droit national[370].

1) Le principe de l'effet direct

L'effet direct ou applicabilité directe du droit de l'UEMOA met en évidence son caractère « self executing ». Considéré comme étant un acte juridiquement parfait, la norme dotée de l'effet direct doit pouvoir déployer ses effets dans le chef des particuliers en l'absence de toute mesure complémentaire. L'effet direct est ainsi, pour Rostane MEHDI,

> « L'aptitude d'une norme communautaire à créer par elle-même des droits ou des obligations au bénéfice ou à la charge des personnes privées. Ces particuliers jouissent, quant à eux, de la faculté d'invoquer de telles dispositions, plus ou moins largement et toujours sous conditions, afin d'en obtenir, à l'occasion d'un litige, l'application directe et effective »[371].

En des termes quasi identiques, Luc Marius IBRIGA le définit comme étant

> « la capacité du droit communautaire à créer des droits et des obligations au bénéfice ou à la charge des particuliers, dont ceux-ci peuvent se prévaloir, à toutes fins utiles, directement devant les autorités ou les juridictions nationales, sans recours préalable à une mesure d'exécution, notamment pour en tirer des droits ou pour faire annuler ou déclarer inapplicables des actes nationaux non conformes au droit communautaire »[372].

---

résistances des États de droit » *in* Joël RIDEAU (Dir.), *De la Communauté de droit à l'union de droit..., op. cit.* p.

[369] Nous reprenons ici le terme employé par Denys SIMON pour évoquer « les bases existentielles » de l'autonomie du droit communautaire. Voir Denys SIMON, « Les fondements de l'autonomie du droit communautaire », *op. cit.*, p. 235.

[370] Voir Abdoulaye SOMA, « Les caractères généraux du droit communautaire », *op. cit.*

[371] Rostane MEHDI, « Ordre juridique de l'Union européenne. Effet directe », *Jurisclasseur Europe Traité*, Fasc. 195, 2018, pt 13. Voir également Léontin-Jean CONSTANTINESCO, *L'applicabilité directe dans le droit de la CEE*, Bruxelles, Bruylant, 2006, 145 p.

[372] Luc Marius IBRIGA, Abou Saïb COULIBALY et Dramane SANOU (éd.), *Droit communautaire ouest-africain,* p. 104.

Par le biais du principe d'effet direct, l'individu voit son patrimoine juridique enrichi par des droits supplémentaires que lui confère le processus d'intégration économique auquel est partie prenante son État d'origine. Il s'agit de droits directement invocables par ce dernier, non seulement devant les juridictions nationales de l'État membre[373], mais aussi, devant toutes les autorités publiques et administratives dudit État[374]. Les normes juridiques issues de l'ordre juridique d'intégration deviennent ainsi, en vertu de leur effet direct, une « source de légalité en vigueur dans l'ordre juridique national ou mieux, [...] une source de droit sur le territoire national »[375].

Dans le traité de l'UEMOA, le principe est expressément prévu à l'article 43 mais uniquement pour ce qui concerne les règlements. Toutefois, cette référence expresse du principe au seul endroit du règlement ne saurait exclure son application à d'autres textes du droit de l'UEMOA même s'il n'existe pas encore, à l'heure actuelle, de jurisprudence équivalente à celle issue de l'arrêt Van Gend & Loos en droit de l'Union européenne. En effet, en passant à la loupe l'arrêt fondateur du principe, en ce qui concerne les traités constitutifs en droit de l'UE[376], l'on identifie trois principaux critères qui en sont à la base et que l'on retrouve également en droit de l'UEMOA. Il s'agit du critère matériel constitué de l'objectif du traité CEE (traité FUE) d'établir un marché commun dont le fonctionnement concerne directement les individus, du premier critère institutionnel constituée de la collaboration de ces derniers au fonctionnement de la Communauté (ou de l'Union), à travers notamment différentes institutions, ainsi que du second critère institutionnel visant le mécanisme de renvoi préjudiciel qui induit que les États membres ont reconnu au droit communautaire

[373] CJCE, arrêt Franz Grad du 6 octobre 1970, aff. 9/70, Rec. p. 825
[374] CJCE, arrêt Fratelli Costanzo c. Commue de Milan du 22 juin 1989, aff. 108/88, Rec. p. 1839. De cette manière, l'applicabilité directe confère aux textes du droit communautaire le statut de sources directes de droits pour servir de fondement à une décision de justice au même titre que les textes de droit national en vigueur.
[375] Guy ISAAC et Marc BLANQUET, *Droit général de l'Union européenne*, Paris, Sirey, 9e éd., 2006, 539 p., préc. p. 268.
[376] Pour un commentaire relativement récent de l'arrêt Van Gend & Loos, voir Franz C. MAYER, « Van Gend & Loos: The foundation of a Community of Law » *in* Miguel Poiares MADURO and Loïc AZOULAÏ (ed.), *The Past and the Future of the EU Law. The Classics of EU Law revisited on the 50th Anniversary of the Rome Treaty, op. cit.*, pp. 16-26.

(droit de l'UE), une autorité susceptible d'être invoquée par leurs ressortissants devant les juridictions nationales.

S'agissant du premier critère, il convient de noter que l'article 4, lettre c, du traité de l'UEMOA vise la création d'un marché commun basé sur les quatre libertés de circulation reconnues en droit de l'UE[377]. Même si le préambule dudit traité ne vise pas expressément « les peuples », il va de soi que rien que par cet objectif, le traité de l'Union constitue « plus qu'un accord international qui ne créerait que des obligations mutuelles entre les États membres »[378]. Comme le souligne bien Robert LECOURT,

> « On oublie trop souvent [...] que ce ne sont pas les états membres qui donnent vie à l'unité du marché, mais les particuliers et les entreprises. Les états membres en ont, certes, par le traité, institué le cadre et les instruments juridiques. Mais les véritables moteurs en sont les opérateurs économiques, producteurs, commerçants, travailleurs »[379].

Quant au second critère, il est également rempli dans la mesure où le traité de l'UEMOA prévoit l'association des ressortissants des États membres au fonctionnement de l'Union, par le truchement du parlement prévu à l'article 35 nouveau du Traité, et du conseil des collectivités territoriales, organe consultatif crée par l'acte additionnel n°2 du 30 mai 2011[380]. Enfin, pour ce qui est du troisième critère, l'article 12 du protocole additionnel n°1 institue le mécanisme de renvoi préjudiciel qui implique pour le droit de l'UEMOA, une « autorité susceptible d'être invoquée par les ressortissants »[381] devant les juridictions nationales. Ainsi, sous bénéfice d'inventaire, les dispositions des traités constitutifs de l'UEMOA devraient pouvoir bénéficier d'un effet direct, dès lors qu'il ressort de l'esprit, de

---

[377] L'article 4, lettre c, du traité de l'UEMOA, vise notamment « [...] un marché commun basé sur la libre circulation des personnes, des biens, des services, des capitaux, et le droit d'établissement des personnes exerçant une activité indépendante ou salariée, ainsi que sur un tarif extérieur et une politique commerciale commune ».

[378] Arrêt Costa c. ENEL précité.

[379] Robert LECOURT, « Quel eut été le droit des communautés sans les arrêts de 1963 et de 1964 ? » *in Mélanges en l'honneur de Jean Boulouis*, Paris, Dalloz, 1991, p. 360.

[380] Acte additionnel n°02/CCEG/UEMOA/2011 du 30 mai 2011 portant création et organisation du conseil des collectivités territoriales, BO non disponible.

[381] Voir arrêt Van Gend en Loos précité.

l'économie et des termes desdites dispositions, qu'elles sont claires, inconditionnelles et précises[382]. Il en est de même des directives dont les dispositions seraient privées de leur effet contraignant et de tout effet utile, si les justiciables, personnes physiques et morales, ne pouvaient valablement les invoquer à l'encontre d'un État membre qui manquerait d'adopter, dans les délais, les mesures d'exécution nécessaires à leur application ou qui adopterait des mesures de transposition incorrectes[383].

Toutefois, les dispositions de telles directives ne sauraient être invocables avant l'expiration du délai prévu pour leur transposition[384]. Aussi, comme pour le droit primaire, l'applicabilité directe des dispositions de directives devait intervenir en examinant, « dans chaque cas, si la nature, l'économie et les termes de la disposition en cause, sont susceptibles de produire des effets directs »[385]. Autrement dit, les dispositions de directives, susceptibles d'applicabilité directe, doivent être claires, précises et inconditionnelles. Il ne peut s'agir que d'une applicabilité directe verticale applicable uniquement dans les litiges opposant des individus aux pouvoirs publics[386].

Enfin, il convient de dire quelques mots sur le principe d'applicabilité immédiate qui ne doit pas être confondu avec celui de l'effet direct. L'applicabilité immédiate ou encore intégration immédiate[387] du droit de l'UEMOA signifie que celui-ci pénètre immédiatement dans l'ordre juridique interne et y devient une source autonome de droit sans

---

382 *Idem*, p. 24. En droit de l'UEMOA, voir dans ce sens Pierre MEYER et Luc Marius IBRIGA, « La place du droit communautaire UEMOA dans le droit interne des États membres », *op. cit.* p. 41 et s. Voir aussi, Joseph ISSA-SAYEGH, « La production normative de l'UEMOA. Essai d'un bilan et de perspectives », Ohadata D-03-18, 14 p, disponible sur http://www.ohada.com (consulté la dernière fois le 16.11.2017).

383 CJCE, arrêt Becker c. Finanzamt Münster-Innenstadt du 19 janvier 1982, aff. 8/81, Rec. 1982, p. 53. Pour une étude détaillée sur le principe d'effet direct en droit de l'UE, Voir Rostane MEHDI, « Ordre juridique de l'Union européenne. Effet direct », Jurisclasseur Europe, fasc. 195, 2013, p. 52.

384 CJCE, arrêt Van Duyn du 4 décembre 1974, aff. 41/74, Rec. 1974, p. 1337, préc. p. 1349.

385 *Ibidem.*

386 Rostane MEHDI, « Ordre juridique de l'Union européenne. Effet direct », *op. cit.*, pt 26.

387 Marc BLANQUET et Guy ISSAC, *Droit général de l'Union européenne*, Paris, Sirey, 10e éd., 2012, op. cit. p. 370.

qu'aucune « médiatisation » des instances nationales[388], sous forme de réception ou de transformation, ne soit nécessaire à son invocation[389]. Ainsi, les normes dérivées de l'Union font partie intégrante des droits nationaux dès leur publication au bulletin officiel de l'UEMOA ou leur notification aux destinataires[390] dans la mesure où l'acceptation initiale et globale résultant de la ratification du Traité de base vaut insertion automatique de l'ensemble du droit dérivé pris en application du droit originaire[391].

Quant au droit originaire, le principe d'applicabilité immédiate signifie moins l'interdiction de toute réception formelle que l'exclusion de tout « effet de transformation nationale de la norme internationale » par ladite réception. Par exemple, la formalité de ratification par laquelle « l'autorité étatique la plus haute, détenant la compétence constitutionnelle de conclure les traités internationaux, confirme le traité élaboré par ses plénipotentiaires, consent à ce qu'il devienne définitif et obligatoire et s'engage solennellement au nom de l'État à l'exécuter »[392], n'a aucune incidence sur l'applicabilité immédiate qui n'est pas remise en cause. En revanche, toute formalité de réception supplémentaire ayant pour effet d'opérer l'incorporation du traité constitutif dans le droit interne se voit proscrite. D'une manière générale, la doctrine considère que l'applicabilité immédiate bénéficie à toutes les normes du droit de l'UEMOA[393]. Il en est de même du principe de primauté.

---

388 Denys SIMON, « Les fondements de l'autonomie du droit communautaire », *op. cit*, p. 236.

389 Dans l'arrêt Molkerei (CJCE, arrêt du 3 avril 1968, aff. 28/67, Rec. 1968, p. 211), la Cour a précisé qu'en vertu du principe d'applicabilité immédiate, « les dispositions communautaires pénètrent dans l'ordre juridique interne sans le secours d'aucune mesure nationale ».

390 Luc Marius IBRIGA, Abou Saïb COULIBALY et Dramane SANOU, *Droit communautaire ouest-africain, op. cit*. p. 102.

391 Denys SIMON, « Les fondements de l'autonomie du droit communautaire », *op. cit*. p. 236.

392 Patrick DAILLLIER, Mathias FORTEAU et Alain PELLET, *Droit international public, op. cit.*, p. 153.

393 Luc M. IBRIGA, Saïb A. COULIBALY et Dramane SANOU (éd.), *Droit communautaire ouest-africain, op. cit*. p. 103.

2) Le principe de primauté

Ce principe constitue le corollaire des principes d'effet direct et d'applicabilité immédiate. En effet, l'applicabilité immédiate et l'effet direct du droit de l'UEMOA seraient privés d'effet si un État membre pouvait y opposer par un acte législatif interne contraire[394]. C'est pourquoi, le droit de l'UEMOA doit nécessairement faire partie intégrante de l'ordre juridique interne avec rang de priorité. Il y va de la prospérité du projet d'intégration dans son ensemble. En effet, l'intégration « ne peut être réalisé sans que les activités économiques couvertes par les traités fassent l'objet d'une réglementation juridique commune »[395]. Or pour être efficace, la réglementation commune qui accompagne la réalisation du marché commun nécessite une application uniforme en vue de réduire à néant tout obstacle qui pourrait surgir de son application diffus et disparate au sein des États membres, et prévenir toute résurgence des « frontières » nationales. Cette application uniforme du droit a d'ailleurs été qualifiée d'« exigence fondamentale dans une communauté de droit »[396]. Contrairement au droit de l'Union européenne où il demeure un principe jurisprudentiel dont l'autorité et la portée sont reconnues comme telles par l'ensemble des États membres[397], le principe de primauté trouve sa consécration, en droit de l'UEMOA, à l'article 6 du traité constitutif. Cet article stipule que

---

[394] Voir dans ce sens, arrêt Costa c. ENEL précité. Pour un commentaire de cet arrêt, voir Morten RASMUSSEN, « From Costa v ENEL to the Treaties of Rome: A bief History of a Legal Revolution » *in* Miguel Poiares MADURO and Loïc AZOULAÏ (ed.), *The Past and the Future of the EU Law. The Classics of EU Law revisited on the 50th Anniversary of the Rome Treaty, op. cit.,* pp. 69-86.

[395] Denys SIMON, « Les fondements de l'autonomie du droit communautaire », *op. cit.* p. 220.

[396] Trib. (UE), arrêt Vahan Adjemian e.a c. Commission européenne du 21 septembre 2011, aff. T-325/09 P, Rec. 2011 p. II-6515.

[397] Prévue à l'art. I-6 du traité établissant une Constitution pour l'Europe de 2005, la consécration formelle tant attendue du principe de primauté n'aura finalement pas lieu au sein de l'UE. Le traité de Lisbonne demeure silencieux sur la question tandis qu'une simple déclaration (déclaration n°17) et un avis du service juridique du Conseil du 22 juin 2007 affirme que « Le fait que le principe de primauté ne soit pas inscrit dans le futur traité ne modifiera en rien l'existence de ce principe ni la jurisprudence en vigueur de la Cour de justice ». Sur le principe de primauté en droit de l'UE, voir Rostane MEHDI, « Ordre juridique de l'Union européenne. Primauté du droit de l'Union européenne », *Jurisclasseur Europe Traité, Fasc.* 196, 2017.

> « Les actes arrêtés par les organes de l'Union pour la réalisation des objectifs du présent traité et conformément aux règles et procédures instituées par celui-ci, sont appliqués dans chaque État membre nonobstant toute législation nationale contraire, antérieure ou postérieure ».

À la suite des rédacteurs du Traité, la Cour de justice a affirmé la primauté absolue du droit de l'UEMOA sur l'ensemble du droit national, le droit constitutionnel y compris[398].

Conformément à l'article 68 du traité de l'UEMOA qui prévoit l'obligation pour les États membres d'assurer un contrôle transparent et indépendant de leurs comptes en recourant au contrôle de la Cour des comptes de l'UEMOA ou à la création d'une cour des comptes nationale, le Conseil des ministres avait adopté la directive n° 02/2000, qui appelait les États membres à se doter de « cours de comptes autonomes »[399] au plus tard le 31 décembre 2002. Face à l'article 83 de sa constitution qui instituait une Cour suprême comprenant une section judiciaire, une section administrative et une section des comptes, et suite à une tentative infructueuse de le réviser afin d'éclater ladite Cour suprême en trois juridictions distinctes, le gouvernement malien a saisi la Cour de justice de l'UEMOA d'une demande d'avis sur la contrariété qui semblait exister entre d'une part, le traité de l'UEMOA et la directive n°02/2000 et d'autre part, sa constitution du 12 janvier 1992. Dans son avis n° 1/2003, la Cour de justice a affirmé que

> « La primauté bénéficie à toutes les normes communautaires, primaires comme dérivées [...], et s'exerce à l'encontre de toutes les règles nationales administratives, législatives, juridictionnelles et, même constitutionnelles parce que l'ordre juridique communautaire l'emporte dans son intégralité sur les ordres juridiques nationaux »[400].

Pour la Cour de Justice, cette règle « trouve sa consécration expresse non seulement en son article 6, mais aussi dans l'article 116 de la Constitution de la République du Mali [...] »[401]. Commentant l'avis n° 1/2003, certains auteurs n'ont pas manqué de déplorer la référence

---

[398] CJUEMOA, avis n°1/2003 du 18 mars 2003, demande d'avis de la Commission de l'UEMOA relative à la création d'une Cour des Comptes au Mali, Rec. 2008, p. 470.
[399] Nous soulignons.
[400] Avis n° 1/2003, p. 477.
[401] *Idem*, p. 476.

inattendue à la Constitution malienne, qui a pour conséquence de brouiller le raisonnement de la Cour[402]. Bien qu'on puisse regretter l'invocation maladroite de la Constitution malienne par le juge de l'UEMOA[403], cette référence au droit constitutionnel d'un État membre n'est pas en soi négative. Elle doit être considérée comme un argument surabondant et ne doit pas être interprétée comme un abandon du principe de primauté aux concessions constitutionnelles des États membres[404]. Pour nous, la mobilisation de la Constitution malienne s'analyse comme une anticipation du juge de l'UEMOA sur les velléités contestataires des juridictions nationales, et surtout des juridictions constitutionnelles, promptes à faire prévaloir le droit interne sur le droit de l'intégration[405]. En effet, une chose est d'affirmer la primauté du droit de l'UEMOA au niveau supranational, et une autre en est de s'assurer de sa réception dans les ordres juridiques internes, spécialement par les droits constitutionnels des États membres.

Avant de revenir plus en détail sur ce point, il convient d'analyser la portée de la consécration de la primauté du droit de l'UEMOA sur le droit national.

---

402 Emilie CHEVALIER, « La déclinaison du principe de primauté dans les ordres juridiques communautaires. L'exemple de l'Union économique et monétaire ouest-africaine », CDE, Vol. 42, n° 3-4, 2006, p. 351 et s. Se référer aussi à Dramane SANOU, *La juridictionnalisation des organisations régionales d'intégration économique en Afrique, op. cit.* p. 286 et s.

403 En effet, il faut reconnaitre que la formulation de la Cour de justice, qui associe la Constitution malienne au traité de l'UEMOA, dans l'affirmation du principe de primauté, peut prêter à confusion. Qui plus est, il faut regretter le fait que la Cour de justice de l'UEMOA ne se réfère pas à la disposition spécifique de l'article 117 de la Constitution malienne, en lieu et place de l'article 116, qui est la disposition générale relative au droit international ordinaire.

404 Sur ce point précis, il convient de faire remarquer que la Cour de justice, comme pour lever l'équivoque, ne se réfère qu'au traité de l'UEMOA dans le dispositif de son avis. Ainsi, peut-on y lire « La Cour est d'avis que : le traité de l'UEMOA consacre la primauté de la législation communautaire sur celle des États membres [...] ».

405 Soulignant ce défi lié à l'affirmation du principe de primauté du droit de l'UEMOA, la doctrine mettait déjà en garde contre cette éventuelle opposition des juridictions constitutionnelles au regard de la sacralisation de la Constitution au sein des jeunes États de droit toujours en construction au sein des États membres. Voir Luc Marius IBRIGA et Pierre MEYER, « La place du droit communautaire dans le droit interne des États membres », *op. cit.* p. 52.

B) La portée de la consécration

La primauté du droit de l'UEMOA sur le droit national engendre des conséquences directes en cas d'incompatibilité avérée entre les deux droits. Sur ce point, on peut distinguer principalement l'effet d'exclusion (2) de l'effet de substitution (1), auxquels se greffent l'obligation d'interprétation conforme et l'inopposabilité préventive du droit national.

1) L'effet de substitution au droit national

La primauté du droit de l'UEMOA sur le droit national conduit à un effet de substitution de ses normes à celles du droit national contraire, notamment lorsque cette primauté est liée au principe de l'effet direct. Ainsi que l'affirme la CJCE dans l'arrêt Simmenthal du 9 mars 1978,

> « l'applicabilité directe signifie que les règles du droit communautaire doivent déployer la plénitude de leurs effets d'une manière uniforme dans tous les États membres, à partir de leur entrée en vigueur et pendant toute la durée de leur validité ; qu'ainsi, ces dispositions sont une source immédiatede droits et d'obligations pour tous ceux qu'elles concernent, qu'il s'agisse des États membres ou des particuliers qui sont parties à des rapports juridiques relevant du droit communautaire [...] »[406].

Par analogie, l'effet direct du droit de l'UEMOA a ainsi pour conséquence de conférer à l'individu, hic et nunc, des droits qui enrichissent son patrimoine juridique et qui peuvent être invoqués tant à l'égard des personnes privées que des autorités nationales. Ces droits se substituent directement au droit national existant et suppléent automatiquement au droit national inexistant. En cas de conflit entre le droit de l'UEMOA et le droit national existant, l'incompatibilité sera

---

[406] Voir arrêt Simmenthal précité, pt 14. Nous soulignons. Sur les effets du principe de primauté dans l'arrêt Simmenthal, voir par exemple, Ingolf PERNICE, « Costa v ENEL and Simmenthal : Primacy of European Law » *in* Miguel Poiares MADURO and Loïc AZOULAÏ (ed.), *The Past and the Future of the EU Law. The Classics of EU Law revisited on the 50th Anniversary of the Rome Treaty, op. cit.*, pp. 47-59.

résolue par l'effet de remplacement découlant *ipso facto* du principe de l'effet direct.

En l'absence de tout effet direct de la norme issue de l'ordre juridique supranationale, l'effet de substitution est relayé par l'obligation d'interpréter le droit national à la lumière du texte et de la finalité de ladite norme, afin d'atteindre le résultat visé par cette dernière. C'est l'obligation d'interprétation conforme qui concerne aussi bien le droit dérivé[407] que le droit primaire[408]. In fine, cet « effet d'imprégnation » du droit national par le droit supranational a pour résultat de vider le premier de sa charge conflictuelle avec le second. Il a un avantage psychologique pour le juge national qui n'est pas ainsi obligé d'écarter l'application du droit interne, chose à laquelle il répugne généralement[409]. L'effet d'interprétation conforme se fonde précisément sur le principe de primauté au même titre que l'effet d'exclusion.

2) L'effet d'exclusion du droit national

En vertu du principe de primauté, il appartient aux États membres de veiller à ce qu'une règle de droit national incompatible avec le droit de l'UEMOA ne puisse pas être valablement opposée à celui-ci[410]. Combiné au principe d'effet direct, le principe de primauté conduit à ce que

> « les dispositions du traité et les actes des institutions […] [aient] pour effet, dans leurs rapports avec le droit interne des États membres, non seulement de rendre inapplicable de plein droit, du fait même de leur entrée en vigueur, toute disposition contraire de la législation national existante, mais encore-en tant que ces dispositions et actes font partie intégrante, avec rang de

[407] Voir pour la directive, CJCE, arrêt Von Colson et Elisabeth Kamann, 10 avril 1984, aff. 14/83, Rec. 1984, p. 1891, pt 20 ; et CJCE, arrêt Marleasing SA c. La Comercial Internacional de Alimentacion SA, 13 novembre 1990, aff. C-106/89, Rec. 1990, p. I-4135, pt 8. Pour le règlement, CJCE, arrêt Procédure pénale c. X, du 7 janvier 2004, aff. C-60/02, Rec. 2004, p. I-651, pt 64.

[408] CJCE, arrêt Murphy du 4 février 1988, aff. 157/86, Rec. 1988, p. 686, pt 11. Voir également, CJUE, arrêt Casteels du 10 mars 2011, aff. C-379/09, Rec. 2011, p. I-1379, pt 33.

[409] Rostane MEHDI, « Ordre juridique de l'Union européenne. Primauté du droit de l'Union européenne », *op. cit.*, pt 101.

[410] CJUEMOA, avis n° 1/2003 précité, p. 477.

priorité, de l'ordre juridique applicable sur le territoire de chacun des États membres- d'empêcher la formation valable de nouveaux actes législatifs nationaux dans la mesure où ils serait incompatibles avec des normes communautaires »[411].

L'effet d'exclusion résultant du principe de primauté vaut ainsi tant à l'égard du droit national antérieur, que du droit national postérieur. Pour ce qui est du droit national postérieur, les États membres ne peuvent donc se prévaloir de la règle lex posterior derogat priori à l'égard du droit de l'UEMOA. Quant au droit national antérieur, il devient inapplicable dès l'entrée en vigueur du droit de l'UEMOA et doit être exclu en cas d'incompatibilité avéré, sans attendre l'abrogation par le législateur national ou une éventuelle invalidation par la juridiction constitutionnelle. L'effet d'exclusion du droit national contraire se caractérise par son automaticité, la seule condition préalable étant l'entrée en vigueur, et donc le déclenchement de l'applicabilité immédiate, de la norme supranationale.

Toutefois, il est admis depuis l'arrêt Inter-Environnement Wallonie[412], l'obligation d'exclure, de manière anticipée, l'application du droit national contraire, alors même que la norme issue de l'ordre juridique supranationale ne serait pas encore en mesure de produire pleinement ses effets dans l'ordonnancement juridique interne. Tel est le cas notamment lorsqu'une règle de droit national prive de son effet une directive dont le délai de transposition n'est pas encore arrivé à son terme[413].

En tant que juge de droit commun du droit de l'UEMOA, c'est au juge interne qu'il revient d'assurer, sur la scène judiciaire nationale, l'arbitrage du conflit entre le droit de l'Union et le droit interne, et donc de garantir tant l'effet de substitution que l'effet d'exclusion, ainsi que l'obligation d'interprétation conforme et l'inopposabilité préventive du droit national contraire[414]. Toutefois, l'effectivité de cette garantie juridictionnelle de la primauté des normes issues de l'ordre juridique de

---

[411] Arrêt Simmenthal précité, pt 17.

[412] CJCE, arrêt Inter-Environnement Wallonie, 18 décembre 1997, aff. C-129/96, Rec. 1997, p. I-7411.

[413] *Idem*, pt 45.

[414] Cf. *infra*, 2e Partie, titre 1, chap. 2, sect. 1, par. 2. Voir aussi dans ce sens, les conclusions de l'avocat général Antonio SAGGIO, du 16 décembre 1999, rendues dans les affaires Océano Grupo Editorial SA et Salvat Editores SA c. Rocío Murciano Quintero e.a., aff. jtes C-240/98 à C-244/98, Rec. 2000 I-04941, pts 37-39.

l'UEMOA exige au préalable la reconnaissance, dans les ordres juridiques internes, de ladite primauté[415]. À cet effet, le recours à l'analyse du « droit constitutionnel de l'intégration »[416] se révèle d'une importance capitale. Fondée sur l'examen des constitutions des États membres et de la pratique des juridictions constitutionnelles, le droit constitutionnel de l'intégration permet d'évaluer l'ancrage constitutionnel, en droit interne, de la primauté du droit de l'UEMOA sur le droit national.

À titre de droit comparé, l'examen de l'expérience européenne démontre que l'ouverture des juridictions nationales à la primauté du droit de l'UE sur les droits nationaux, n'a été possible que dans la mesure où leurs constitutions nationales leur en offraient les moyens ou, à tout le moins, lorsque ces dernières n'y comportaient aucune objection[417]. Existe-t-il dans les constitutions des Etats membres de

---

[415] Cf. *infra,* 2e Partie, titre 1, chap. 2, sect. 2, par. 2.

[416] Constance GREWE, « La normativité de l'autonomie de l'ordre juridique de l'Union européenne ou illustration et défense du ''désordre des ordres'' », *in* (Dés) *ordres juridiques européens,* Genève, Schulthess, 2012, p. 255.

[417] Par exemple, même si le Conseil constitutionnel français a refusé pendant longtemps de tirer toutes les conséquences de l'art. 88-1 de la Constitution de 1958, laquelle stipule que « La République participe à l'Union européenne constituée d'États qui ont choisi librement d'exercer en commun certaines de leurs compétences en vertu du traité sur l'Union européenne et du traité sur le fonctionnement de l'Union européenne, tels qu'ils résultent du traité signé à Lisbonne le 13 décembre 2007 », c'est bien en se fondant sur cette disposition qu'il a fini par affirmer que « le constituant a ainsi consacré l'existence d'un ordre juridique communautaire intégré à l'ordre juridique interne et distinct de l'ordre juridique international ». Voir, Cons. Const. Fr., 19 novembre 2004, Traité établissant une constitution pour l'Europe, 2004-505 DC, pt 11 et Cons. Const. Fr, 20 décembre 2007, Traité de Lisbonne, 2007-560 DC, pt 7. De même, se fondant sur la clause d'intégration prévue à l'art. 2/A (1) de sa Constitution du 23 octobre 1989, révisée à la faveur de l'adhésion du pays à l'UE, la Cour constitutionnelle hongroise a affirmé, dans une affaire relative aux activités de paris en ligne, qu'« en dépit de leur origine conventionnelle [elle] n'entend pas considérer les traités fondateurs de l'Union européenne (ou les traités qui les modifieraient) comme des traités internationaux ». Voir, Cour Const. Hon., 16 juin 2006, 1053/E/2005 AB. Pour une analyse sur la question de la réception du droit communautaire dans les ordres juridiques internes des États membres de la CEDEAO, de la CAE et du COMESA, voir Richard Frimpong OPPONG, « Making regional economic community laws enforceable in national legal systems-constitutional and judicial challenges », Monitoring regional integration in Southern Africa yearbook, 2008, 30 p. Voir également Sanwé Médard KIENOU, « L'incidence du droit régional africain sur le droit constitutionnel des États francophones d'Afrique de l'Ouest », *RFDC*, n° 110, 2017/2, pp. 413-436. L'auteur s'y intéresse, notamment dans la

l'UEMOA des fondements à la spécificité du droit de l'intégration et à la reconnaissance de sa primauté sur le droit interne ? Les juridictions constitutionnelles de ces pays ont-elles une pratique à l'avenant ? Telles sont les principales interrogations qui sous-tendent la reflexion dans le paragraphe suivant.

Paragraphe II : La reconnaissance de la primauté générale dans les ordres juridiques internes

L'analyse des ordres juridiques constitutionnels des États membres de l'UEMOA permet de mettre en évidence deux tendances : une première tendance d'ordres constitutionnels enclins à la reconnaissance de la primauté du droit de l'UEMOA sur le droit national (A) et une seconde tendance d'ordres constitutionnels hostiles ou enclins au rejet de la primauté (B).

A) Les ordres juridiques enclins à la reconnaissance de la primauté générale

Par ordres juridiques enclins à la reconnaissance de la primauté du droit de l'UEMOA sur le droit national, nous entendons les ordres juridiques dont non seulement les constitutions mentionnent expressément la possibilité pour l'État membre de participer à un ou plusieurs projets d'intégration, mais dont également les juridictions constitutionnelles n'ont pour l'heure manifesté aucune attitude allant dans le sens d'un rejet de la primauté générale du droit de l'intégration sur le droit national. Il s'agit notamment des ordres juridiques du Burkina-Faso, du Mali, du Niger et du Sénégal.

Ainsi peut-on successivement lire dans les constitutions de ces Etats : « Les traités ou accords régulièrement ratifiés ont, dès leur publication, une autorité supérieure à celle des lois, sous réserve, pour chaque accord ou traité, de son application par l'autre partie »[418] ; puis « [La République…] peut conclure avec tout État africain, des accords

première partie de son analyse, aux fondements constitutionnels du droit régional africain.

[418] Lire respectivement les articles 151, 98, 116 et 171 des Constitutions burkinabè, sénégalaise, malienne et nigérienne.

d'association ou de communauté[419] impliquant un abandon total ou partiel de souveraineté »[420]. Si l'on a pu relever au sujet de la « clause européenne » contenue dans la constitution française de 1958, le fait qu'elle souligne par trop le « rôle majeur des États membres » dans le processus d'intégration en suggérant plutôt une situation de « coopération intergouvernementale »[421], il est difficile de soutenir une telle affirmation en ce qui concerne les constitutions ouest-africaines qui se veulent plus claires et plus précises quant à la volonté des États membres d'instituer une organisation de type supranational, voire de type fédéral, marquée par un abandon partiel et même total de souveraineté.

En prévoyant des clauses spécifiques, aussi explicitement dédiées à l'intégration africaine, on peut soutenir que ces États membres reconnaissent implicitement non seulement la spécificité de l'entreprise d'intégration dans laquelle ils s'aventurent, mais aussi l'ensemble des conséquences juridiques qui découlent de leur participation à ladite entreprise, dont notamment la reconnaissance de la primauté du droit supranational sur le droit national. La pratique développée par leurs juridictions, notamment en ce qui concerne les rapports avec la loi, permet pour l'heure d'être optimiste même si cet optimisme doit être mesurée en ce qui concerne les rapports avec la Constitution.

En ce qui concerne la loi, les juridictions des États précités ont emboîté le pas aux juridictions françaises[422] en se démarquant de la doctrine Matter[423] pour consacrer la primauté du droit international sur la loi nationale. Au Burkina-Faso par exemple, le juge administratif a fait prévaloir les dispositions d'un accord international sur celles d'une ordonnance ayant force de loi[424]. Bien que nous ne disposions pas de données relatives au droit de l'intégration, il est logique de soutenir que

[419] Nous soulignons.

[420] Lire respectivement les articles 146, 117, 133 et 96 al. 4, des constitutions burkinabè, malienne, nigérienne et sénégalaise.

[421] Constance GREWE, « La normativité de l'autonomie de l'ordre juridique de l'Union européenne ou illustration et défense du ''désordre des ordres'' », *op. cit.* p. 257.

[422] Voir Cass., mixte, 24 mai 1975, Société Jacques Vabre, D. 1975, p. 497 et CE. Ass., 20 octobre 1989, Nicolo, Rec. Lebon, p. 190.

[423] Conclusions du procureur général Matter dans Cass. Civ, 22 décembre 1931, Sanchez, D. 1932, 1. 131.

[424] Ch. Adm., 23 janvier 1976, TIENDREBEOGO Anatole et 2 autres c/Gouvernement de Haute-Volta, n°2.

les juges nationaux de ces États membres, s'ils reconnaissent la primauté du droit international sur la loi interne, admettraient *a fortiori* la primauté du droit de l'UEMOA, qui bénéficie d'une clause spécifique prévue dans leurs lois fondamentales respectives.

En ce qui concerne la constitution, la résolution du problème s'annonce redoutable au regard de la tendance naturelle des juridictions constitutionnelles à défendre, presque de manière belliqueuse, la suprématie de leurs lois fondamentales. En France, c'est le Conseil d'État qui a pris le taureau par les cornes en affirmant, dans l'arrêt Sarran & Levacher, que la suprématie conférée par l'article 55 de la Constitution de 1958 aux engagements internationaux ne pouvait s'appliquer, dans l'ordre juridique interne, aux dispositions de nature constitutionnelle[425]. Il élargira ensuite sa position au droit de l'UE, dans l'arrêt Syndicat national de l'industrie pharmaceutique (SNIP)[426], en affirmant que la primauté de ce droit ne pouvait conduire, dans l'ordre juridique interne, à remettre en cause la suprématie de la Constitution. L'ouverture de la brèche d'évolution en faveur de la primauté du droit de l'intégration viendra plus tard du juge constitutionnel, à travers sa décision relative à La loi pour la confiance dans l'économie numérique[427].

En effet, sur le fondement de l'article 88-1 de la Constitution de 1958, le Conseil constitutionnel français a déduit non seulement l'obligation pour la France de transposer une directive « communautaire » mais aussi, l'obligation de s'abstenir de tout contrôle de constitutionnalité de la loi nationale de transposition (contrôle de constitutionnalité indirecte d'une directive) sauf disposition expresse de la Constitution[428] ou violation d'une règle ou d'un principe inhérent à l'identité constitutionnelle de la France[429]. Comme on peut le remarquer, l'ouverture opérée par le Conseil constitutionnel français reste tout de même limitée par un certain nombre de balises visant à préserver *in fine*

---

[425] CE Ass., 30 octobre 1998, Sarran, Levacher e.a. Rec. Lebon, p. 624.

[426] CE Ass., 3 décembre 2001, Syndicat national de l'industrie pharmaceutique, Rec. Lebon, p. 624.

[427] Cons. Const. Fr., 10 juin 2004, Loi pour la confiance dans l'économie numérique, 2004-496 DC.

[428] *Ibidem.*

[429] Voir notamment, Cons. Const. Fr, 27 juillet 2006, Loi relative au droit d'auteur, 2006-540 DC ; Cons. Const. Fr., 30 novembre 2006, Loi relative au secteur de l'énergie, 2006-543 DC.

la spécificité de l'ordre constitutionnel français[430]. Dans l'arrêt Arcelor Atlantique et Lorraine du 8 février 2007[431], le Conseil d'État va opérer un revirement de jurisprudence en s'alignant sur la position du Conseil constitutionnel en matière de contrôle des lois de transposition des directives[432].

En considérant la forte inclinaison des juridictions africaines à considérer la jurisprudence de leurs homologues hexagonaux[433], il faut espérer que cette attitude de réserve vis-à-vis de la primauté du droit communautaire, prégnante dans la jurisprudence française, ne puisse pas prospérer auprès des juridictions burkinabè, malienne, nigérienne et sénégalaise. Ces dernières devraient, en donnant pleinement effet aux clauses d'intégration contenues dans leurs constitutions, s'engager résolument dans la voie d'une franche reconnaissance de la primauté du droit de l'intégration sur leurs lois fondamentales respectives. Ce vœu ne peut, hélas, pas être formulé avec le même dégré d'optimisme à l'égard de tous les ordres juridiques des États membres.

---

[430] Il faut relever que cette réserve à la primauté du droit de l'UE n'est pas uniquement l'apanage du Conseil constitutionnel français. En droit allemand, la réserve à la primauté du droit de l'UE tirée de la compétence générale de la Cour constitutionnelle allemande en matière de protection des droits fondamentaux est une constante dans la jurisprudence de la Cour de Karlsruhe depuis les arrêts Solange I et II jusqu'à l'arrêt du 30 juin 2009 rendu au sujet de la loi d'approbation du Traité de Lisbonne.

[431] CE Ass., 8 février 2007, Société Arcelor Atlantique et Lorraine, n°287110.

[432] Face à une loi nationale de transposition d'une directive, le Conseil d'État cherche d'abord à savoir si la violation alléguée vise un droit ou un principe qui trouve son équivalent en droit de l'UE, auquel cas il se réfère à la CJUE lorsqu'il a un doute sur la validité de l'acte de droit dérivé, puis en tire les conséquences pour ce qui est de l'acte législatif national querellé. Si en revanche, le juge national n'identifie pas, dans l'ordre juridique de l'UE, un principe équivalent au principe constitutionnel invoqué, ce dernier procède lui-même à l'examen de la validité de la loi avec la Constitution. Sur cette 'nouvelle ligne de conduite', voir CJCE, arrêt Société Arcelor Atlantique et Lorraine e. a. c. Premier ministre, Ministre de l'Écologie et du Développement durable et Ministre de l'Économie, des Finances et de l'Industrie, du 16 décembre 2008, aff. C-127/07, Rec. 2008, p. I-9895.

[433] Voir Luc SINDJOUN, *Les grandes décisions de la justice constitutionnelle africaine. Droit constitutionnel jurisprudentiel et Politiques constitutionnelles au prisme des systèmes politiques africains*, Bruxelles, Bruylant, 2009, p. 581.

B) Les ordres juridiques hostiles ou enclins au rejet de la primauté générale

Les ordres juridiques enclins au rejet de la primauté du droit de l'UEMOA sur le droit national désignent les ordres juridiques dont les constitutions ne contiennent pas de dispositions spécifiques dédiées aux projets d'intégration. En effet, dans ces ordres juridiques, l'absence de tout fondement à la spécificité du droit de l'intégration est de nature à faciliter l'assimilation de ce droit au droit international classique et à compromettre la réception de sa primauté générale sur le droit national.

Il s'agit notamment de la Constitution du Togo qui ne comporte aucune disposition spécifique à l'intégration africaine. Seul l'article 140 stipule que : « les traités et accords régulièrement ratifiés ou approuvés ont dès leur publication, une autorité supérieure à celle des lois [...] ». Pour autant, l'on ne saurait en déduire l'absence de toute possibilité à la reconnaissance de la primauté générale du droit de l'UEMOA sous un rapport de spécificité. En effet, il convient de rappeler que c'est sur la base des dispositions de l'article 55 relatif aux traités internationaux ordinaires que les juridictions françaises ont affirmé la primauté du droit de l'UE sur la loi nationale et non sur l'article 88-1 de la Constitution française de 1958[434] qui n'a été invoqué que plus tard. L'usage de la disposition relative au droit international « classique » requiert néanmoins l'invocation parallèle des spécificités de l'ordre juridique d'intégration, lesquelles en commande une application différenciée[435]. Par exemple, l'ordre juridique d'intégration ne saurait souffrir de la réserve de réciprocité habituellement formulée par les clauses de droit international général[436].

Ainsi, il n'est pas impossible pour le juge togolais de reconnaitre au droit de l'UEMOA la primauté générale sur le droit interne en considération de l'article 140 de sa Constitution et surtout en considération des spécificités de ce droit issu du processus d'intégration. La situation s'avère plus complexe dans le cas bissau-guinéen. La Constitution bissau-guinéenne est complètement aphone aussi bien sur l'intégration économique africaine que sur les traités

---

434 Voir les arrêts Café Jacques Vabre (Cass. Civ.) et Nicolo (CE. Ass.) précités.

435 Marc BLANQUET et Guy ISAAC, Droit général de l'Union européenne, op. cit. p. 412 et s.

436 CJCE, arrêt du 13 novembre 1964, Commission c. Luxembourg et Belgique, aff. 90 et 91/63, Rec. 1217.

internationaux en général. Même si ce silence ne doit pas être hâtivement interprété comme un quitus donné à cet État pour obéir ou pour enfreindre ses obligations internationales, il laisse planer un doute sur la reconnaissance des spécificités du droit de l'intégration et sur les rapports entre ce dernier et le droit national.

Quant aux ordres juridiques hostiles à la primauté générale du droit de l'UEMOA, il s'agit des ordres juridiques des Etats membres dont les constitutions contiennent des dispositions spécifiques aux projets d'intégration africaine mais dont les juridictions constitutionnelles ont malgré tout, retenue une interprétation limitant ou de nature à limiter la portée de la primauté générale du droit qui découle. Tel est le cas de la Côte d'Ivoire et du Bénin. En effet, la Constitution ivoirienne avant sa révision de 2016 ne comportait aucune disposition spécifique à l'intégration africaine. Il n'y avait que l'article 122 qui stipulait que « La République de Côte d'Ivoire peut conclure des accords d'association avec d'autres États. Elle accepte de créer avec ces États des organisations intergouvernementales de gestion commune, de coordination et de libre coopération ». Désormais, l'article 124 de la Constitution révisé de 2016 dispose que « La République de Côte d'Ivoire peut conclure des accords d'association ou d'intégration avec d'autres Etats africains comprenant un abandon partiel de souveraineté en vue de réaliser l'unité africaine (...) »[437].

Cependant, l'on relève dans la pratique du juge constitutionnel ivoirien un certain « nationalisme constitutionnel »[438] dont il faut craindre les éventuelles rémanences malgré le changement de cap opéré en 2011[439]. En effet, le juge constitutionnel ivoirien n'a pas hésité à faire prévaloir littéralement sa Constitution sur une Résolution du Conseil de sécurité de l'ONU adoptée en vertu du chapitre VII de la Charte des Nations

---

437 Nous soulignons.

438 Luc SINDJOUN, *Les grandes décisions de la justice constitutionnelle africaine. Droit constitutionnel jurisprudentiel et Politiques constitutionnelles au prisme des systèmes politiques africains, op. cit.* p. 305.

439 Cons. Const. Civ., 4 mai 2011, décision n° CI-2011-EP-036/04-05/CC/SG. Pour un commentaire de cette décision, voir Guy-Fleury NTWARI, « La décision du Conseil Constitutionnel ivoirien n° CI-2011-036 du 4 mai 2011 », *RQDI*, n° 24.1-2011, 2012, pp. 407-411. Disponible sur : https://www.sqdi.org/fr/la-decision-du-conseil-constitutionnel-ivoirien-nci-2011-036-du-4-mai-2011/ (consulté pour la dernière fois le 13.6.2017).

Unies[440]. Même si pour Luc SINDJOUN, cette position du juge ivoirien peut s'expliquer par l'« effet Beckett »[441] et le contexte politique marqué par la crise de l'autorité d'État et des institutions de la République, elle n'en demeure pas moins un précédent remarquable qui constitue une menace claire à l'affirmation de la primauté générale du droit de l'UEMOA sur le droit ivoirien.

À l'instar des constitutions ivoirienne, burkinabè, malienne, nigérienne et sénégalaise, la Constitution béninoise de 1990 prévoit en plus de l'article 147 consacré aux traités internationaux ordinaires, l'article 149 qui dispose que « La République du Bénin, soucieuse de réaliser l'unité africaine, peut conclure tout accord d'intégration sous-régional (…) ». Fort de ces dispostions, la Cour constitutionnelle béninoise avait refusé en 2016 de se prononcer sur un recours en inconstitutionnalité d'un acte additionnel en se fondant sur le caractère strictement « national » de sa compétence en matière de contrôle de constitutionnalité des lois et de protection des droits fondamentaux[442]. Malheureusement, cette jurisprudence respecteuse de l'autonomie et de la primauté de l'ordre juridique d'intégration va connaître un revirement en 2019.

En effet, dans l'affaire Eric DEWEDI relative à la possibilité pour les professeurs agrégés en droit de s'inscrire au tableau de l'ordre des avocats du Bénin, la Cour constitutionnelle béninoise a jugé qu'une disposition législative nationale qui accorde aux citoyens des droits plus avantageux que ceux résultant d'une norme communautaire ou

---

[440] Cons. Const. Civ., 6 décembre 2006, décision n°19/GG/SG. Prise dans le cadre du règlement du conflit ivoirien des années 2000, la résolution 1721 du 1er novembre 2006 fixait à l'expiration du mandat du président de la République et des députés de l'Assemblée nationale, une période de transition en vue du rétablissement de la paix et de la normalité en Côte d'Ivoire. Cette résolution créait un poste de premier ministre revêtu de pouvoirs considérables allant au-delà des prérogatives normalement dévolues à ce dernier par la Constitution ivoirienne.
À la suite du recours du président de la République, à l'effet de savoir si ladite résolution était conforme à la Constitution, le Conseil constitutionnel a déclaré celle-ci contraire à la loi fondamentale nationale, en soutenant qu'elle tendait à modifier la répartition des compétences entre les institutions de la République de manière à porter atteinte au fonctionnement régulier des pouvoirs publics dont elle était la garante.
[441] Ce dernier se réfère notamment à Jacques CHEVALIER qui définit l'effet Beckett comme le processus d'identification des juges constitutionnels à leurs institutions et de valorisation de celles-ci. Voir Jacques CHEVALIER, « Le juge constitutionnel et l'effet Beckett », *Renouveau du droit constitutionnel, Mélanges en l'honneur de Louis Favoreu*, Paris, Dalloz, 2007, pp. 83-94.
[442] Cour Const. Ben., 7 janvier 2016, Décision DCC 16-006.

internationale n'est pas contraire à la Constitution[443]. En effet pour la Cour, le droit communautaire antérieur ou postérieur est appellé à ne s'appliquer qu'« aussi longtemps qu'il ne diminue ni ne restreint les droits reconnus par la Constitution et les lois en général en faveur des personnes »[444]. C'est comme si les sages de la Cour de Karlsruhe et ceux de la Cour constitutionnelle béninoise s'étaient passé le mot tant l'influence de la jurisprudence *Solange*[445] de la première est papable dans l'affirmation de la seconde. Si cette réserve à la primauté du droit de l'UEMOA était prévisible au regard des developpements que la question a connus en Europe, il faut espérer qu'elle ne puisse pas prospérer au sein des juridictions constitutionnelles des Etats membres. Cela nécessite que la Cour de Justice de l'UEMOA, en s'inspirant de la CJUE, s'illustre davantage dans la protection des droits fondamentaux en tirant pleinement parti de l'article 3 du traité de l'UEMOA qui impose à l'Union le respect de ces droits.

En somme, bien qu'il soit un peu tôt pour le dire, compte tenu notamment de la jurisprudence encore peu développée des juridictions nationales en la matière, l'effectivité de la primauté générale des normes issues du droit de l'UEMOA sur le droit national, se trouve menacée tantôt par le silence ou l'indifférence des dispositions constitutionnelles, tantôt par l'action des juridictionnelles constitutionnelles. Cette situation compromet largement le respect de la hiérarchie des normes comme paramètre de la légalité dans l'ordre juridique intégré de l'UEMOA. Dans l'intérêt de l'Union de droit et en vertu de l'obligation de respecter le principe de la légalité qui en découle, il convient d'émettre le vœu que les juridictions constitutionnelles des États membres se montrent plus coopératives à l'avenir en garantissant le plein effet de la primauté consacrée dans l'ordre juridique supranational.

---

[443] Cour Const. Ben., 22 août 2019, Décision DCC 19-287.
[444] *Ibidem*, p. 4.
[445]Cour const. All., arrêt dit Solange I du 29 mars 1974, BVerfGE 37, p. 271

Chapitre IIème : Les compétences au sein de l'UEMOA

La compétence constitue le second pilier du principe de légalité au sein d'une Union de droit. Elle est en effet présentée comme étant « le fondement juridique de l'action des autorités publiques dans un État de droit »[446]. Il n'existe pas une seule définition de la notion de compétence mais une pluralité d'acceptions en fonction du critère de définition que l'on retient[447]. Suivant une approche matérielle, Valérie MICHEL définit la compétence comme étant

> « L'aptitude reconnue à un sujet, par la règle juridique institutive de l'ordre juridique, ou par une règle dérivée qui y trouve son fondement, d'accomplir des actes juridiques licites. La norme de compétence détermine donc un espace matériel d'intervention normative licite et, a contrario, délimite la frontière entre les actes licites et illicites susceptibles d'être adoptés dans le cadre de cet espace »[448].

Cette définition peut être combinée à une approche fonctionnelle, qui tienne compte de la « valeur instrumentale »[449] de l'organisation au sein de laquelle elle s'exerce. Suivant cette approche, la compétence peut être également considérée comme « un instrument au service d'une fin »[450]. Elle renferme, dans ce sens, l'ensemble des pouvoirs conférés à l'organisation en vue d'atteindre les buts pour lesquels elle a été créée, lesquels en constituent à la fois le fondement et la limite[451]. L'Union de droit requiert la présence, au sein de l'UEMOA, d'un régime juridique adéquat relatif à l'attribution et à l'exercice des compétences (Section

---

446 Vlad CONSTANTINESCO, Compétences et pouvoirs dans les Communautés européennes, contribution à l'étude de la nature juridique des Communautés, Paris, LGDJ, t. LXXIV, 1974, p. 70.
447 *Ibidem.*
448 Valérie MICHEL, *Recherches sur les compétences de la Communauté*, Paris, l'Harmattan, 2003, p. 26.
449 Michel VIRALLY, « La notion de fonction dans la théorie de l'organisation international » *in La Communauté internationale.* Mélanges offerts à Charles Rousseau, Paris, Éd. A. Pedone, p. 282.
450 Vlad CONSTANTINESCO, *Compétences et pouvoirs dans les Communautés européennes…, op. cit.* p. 80.
451 *Ibidem.*

I), ainsi que l'existence d'une catégorisation claire et prédéfinie desdites compétences (Section II).

Section I : Le régime juridique applicable aux compétences

Le régime juridique applicable aux compétences au sein de l'UEMOA englobe les règles applicables aussi bien à l'attribution des compétences (paragraphe 1) qu'à leur exercice par les organes et les États membres (paragraphe 2).

Paragraphe I : L'attribution des compétences

Compte tenu de son origine conventionnelle, l'UEMOA n'est pas dotée d'une capacité illimitée d'action. Elle n'agit que dans les limites des compétences que les États membres lui ont reconnues à travers la charte constitutionnelle de base. Contrairement à l'État qui jouit de la « Kompetenz Kompetenz », l'UEMOA est ainsi régie par le principe des compétences d'attribution (A). L'application de ce principe, au sein de l'UEMOA, s'accompagne de plusieurs tempéraments développés dans la pratique institutionnelle (B).

A) Le principe des compétences d'attribution

Au-delà du fait qu'il découle de la règle de la spécialité des organisations internationales[452], le principe des compétences d'attribution est un principe consacré, à part entière, en droit de l'UEMOA (1). Il implique principalement le fait que l'Union et ses organes ne peuvent agir que sur la base d'un titre de compétence à eux conféré par une « règle d'investiture »[453] prévue ou induite des traités (2).

---

452 En droit international, ce principe a été affirmé par la Cour international de justice dans l'avis « Licéité de la menace ou de l'emploi d'armes nucléaires » du 8 juillet 1996, Rec. p. 78. Lire aussi sur ce point, Charles CHAUMONT, « La signification du principe de spécialité dans les organisations internationales » *in* Mélanges Henri ROLIN, 1964, pp. 55-66.

453 Vlad CONSTANTINESCO, Compétences et pouvoirs dans les Communautés européennes…, *op. cit.* p. 72.

1) La consécration du principe

La consécration du principe des compétences d'attribution est indirecte et tacite dans l'ordre juridique de l'UEMOA. Indirecte dans la mesure où elle ne bénéficie pas d'une disposition autonome, semblable à l'article 5 du traité UE, qui affirme expressément qu'« en vertu du principe d'attribution, l'Union n'agit que dans les limites des compétences que les États membres lui ont attribuées dans le traité [...] »[454]. Dans l'ordre juridique de l'UEMOA, le principe se déduit au contraire du principe des compétences d'attribution des organes, lequel se dégage de la lecture de l'article 16, alinéa 2, du traité constitutif. Cette disposition stipule que « Ces organes [les organes de l'UEMOA] agissent <u>dans la limite des attributions</u> qui leurs sont conférées par le traité de l'UMOA et le présent traité et dans les conditions prévues par ces traités »[455].

Le principe des compétences d'attribution des organes de l'UEMOA signifie « qu'à la différence des États, les organes crées ne disposent pas d'une plénitude de pouvoirs et de compétences. Ils ne peuvent exercer que les pouvoirs qui leur ont été attribués par ou en vertu de l'acte constitutif de l'organisation »[456]. Etroitement lié au caractère fonctionnel de la personnalité juridique des organisations internationales[457], le principe des compétences d'attribution des organes implique nécessairement celui de l'organisation prise à part entière, dans la mesure où l'on ne saurait concevoir le premier sans le second. Au-delà de cette consécration indirecte du principe des compétences d'attribution de l'Union, à travers l'article 16, alinéa 2, le principe apparaît aussi implicitement à travers « l'économie et le système » du traité de l'UEMOA. En effet, l'analyse de plusieurs dispositions dudit Traité permet de conclure, au sujet de l'UEMOA, ce qu'Antonio TIZZANO affirmait, il y a quelques années, concernant la Communauté européenne, à savoir que

---

[454] Ce principe a été expressément introduit en droit de l'UE par l'article 3 B du traité de Maastricht, puis réaffirmé par la CJUE dans l'avis 2/94 relatif à l'adhésion de la Communauté européenne à la Convention EDH, du 28 mars 1996, Rec. 1996, p. I-1759.

[455] Nous soulignons.

[456] Etienne CEREXHE et Louis le Hardÿ de BEAULIEU, Introduction à l'Union économique ouest-africaine, *op. cit.*, p. 47.

[457] *Ibidem.*

« Le principe se dégage surtout du système adopté par le traité et consistant à spécifier, dans les règles matérielles de celui-ci, la portée, les conditions et les modalités d'exercice des différentes compétences communautaires, en évitant que les dispositions de caractère général puissent être interprétées comme une attribution automatique et illimitée de pouvoirs d'action aux institutions communautaires »[458].

C'est le même raisonnement qu'a suivi la CJUEMOA pour consacrer le principe des compétences d'attribution, d'abord de manière implicite dans l'avis n° 2/2000 relatif à l'interprétation de l'article 84 du traité de l'UEMOA[459], puis de manière expresse, dans l'avis n° 3/2000 relatif à l'interprétation des règles de concurrence[460]. Dans l'avis n° 3/2000, la Cour de justice se réfère d'abord « aux instruments juridiques appropriés » mis à la disposition des organes de l'UEMOA afin d'accomplir les objectifs fixés dans les traités. Elle se réfère ensuite à l'obligation qui leur incombe d'agir « dans les limites de leurs attributions ».

Enfin, elle évoque l'obligation consistant pour les États membres « à s'abstenir de prendre des mesures inhibitives de l'application du traité et des actes pris en son application ». De l'appréciation de ces dispositions, la Cour déduit que « le traité constitutif, charte constitutionnelle de l'Union, a reconnu à la Communauté, des compétences d'attribution à côté des compétences retenues des États membres ».[461] Il s'agit de compétences transférées à l'Union, par les États membres, en vue de réaliser les buts communs que ceux-ci se sont fixés. La notion de compétences transférées mérite quelques clarifications à ce stade de l'analyse. En effet, il ne s'agit guère d'affirmer que « les compétences communautaires ne sont que l'addition des compétences nationales antérieures des États membres »[462]. Une telle acception de la théorie des transferts de compétence a très vite été remise en cause au sein de la doctrine dans

---

[458] Antonio TIZZANO, « Les compétences de la Communauté » *in Commission des Communautés européennes, Trente ans de droit communautaire*, Luxembourg, OPOCE, 1982, p. 46.

[459] Avis n° 2/2000 précité, p. 341.

[460] CJUEMOA, avis n° 3/2000 du 27 juin 2000, *op. cit.*, p. 255.

[461] *Ibidem.*

[462] Vlad CONSTANTINESCO, Compétences et pouvoirs dans les Communautés européennes..., *op. cit.* p. 236.

la mesure où l'attribution des compétences à la Communauté n'entraînait pas toujours une perte identique de compétence dans le chef des États membres. Comme le souligne Vlad CONSTANTINESCO, les États membres, titulaires d'une compétence originaire, pouvaient attribuer aux institutions de la Communauté, aussi bien des compétences que ces derniers ne pouvaient et ne voulaient plus assurer seuls, que des compétences nouvelles, entièrement différentes de celles qu'ils possédaient auparavant[463].

L'exemple, par excellence, cité pour illustrer cette réalité est l'union douanière dans laquelle la perte de la compétence étatique pour imposer des droits de douane ne signifie pas que les institutions de l'Union sont « automatiquement et symétriquement investie de cette prérogative »[464]. Une acception différente de la notion des compétences transférées conduirait, rigoureusement, à ne concevoir que l'existence de compétences exclusives au profit de l'organisation d'intégration, ce qui n'est pas le cas. En effet, cette dernière se voit attribuée dans les traités aussi bien des compétences impliquant un dessaisissement total des États membres que des compétences dont l'exercice requiert encore l'intervention et la collaboration des États membres. De ce fait, l'acception retenue par Denys SIMON nous semble plus proche de la réalité quand celui-ci affirme que « la notion des compétences transférées renvoie à la coïncidence entre la soustraction des compétences nationales et l'apparition d'une compétence communautaire, sans préjuger l'identité de nature et de contenu de ces compétences »[465]. C'est précisément dans ce sens qu'il convient d'appréhender les notions de « nouveaux transferts de souveraineté » ou encore de « transfert d'attribution des États membres », respectivement dans le préambule du traité constitutif de l'UEMOA et dans l'avis n° 2/2000 de la Cour de Justice[466].

Revenant au principe des compétences d'attribution au sein de l'UEMOA, la question que l'on peut enfin se poser est de savoir si les compétences attribuées à l'Union, en vertu de ce principe, sont définitives ou si un éventuel retour dans le chef des États membres est possible ? C'est la question de la réversibilité des compétences. Notons

---

[463] Vlad CONSTANTINESCO, op. cit., p. 71.

[464] Valérie MICHEL, *Recherches sur les compétences de la Communauté, op. cit.* p. 27.

[465] Denys SIMON, *Le système juridique communautaire, op. cit.* p. 133.

[466] CJUEMOA, avis n° 2/2000 précité, p. 241.

qu'en droit de l'UE, la CJCE a constamment affirmé l'irréversibilité des titres de compétences attribuées. Cela ressort notamment des arrêts Costa c. Enel et Simmenthal, dans lesquels elle évoque respectivement la « limitation définitive »[467] des droits souverains des États membres, puis les « engagements inconditionnellement et irrévocablement assumés »[468] par ces derniers[469]. Malgré cette jurisprudence constante de la CJCE, il semble que le traité de Lisbonne ait amorcé une nouvelle approche pouvant signifier que si les compétences exclusives demeurent irréversibles, les compétences partagées ne le seraient plus[470]. En effet, comme l'envisage désormais l'article 2, paragraphe 2, in fine, du traité FUE, il n'est pas exclu que l'Union en vienne à décider de ne plus exercer une compétence partagée. Dans ce cas, les États membres pourraient procéder à une révision des traités ayant précisément pour objet de réduire les compétences attribuées à l'Union, conformément à l'article 48, paragraphe 2, du traité UE[471].

En ce qui concerne l'UEMOA, l'article 106 du Traité[472] confère aux États membres le pouvoir de révision des traités sans toutefois préciser si la révision peut avoir pour objet un dessaisissement de compétences attribuées à l'Union et le retour des objets qu'elles concernent dans le chef des compétences des États membres. Toutefois, au regard du caractère « intergouvernemental »[473] de la procédure prévue par cette

---

[467] Arrêt Costa c. Enel précité, p. 1160.

[468] Arrêt Simmenthal précité, pt 18.

[469] Sur la question de l'irréversibilité des compétences en droit de l'UE, voir également Maurice FLORY, « Irréversibilité et point de non-retour » *in* Pierre GERBET et Daniel PEPY (Dir.), *La décision dans les Communautés européennes*, coll. « Grands colloques européens », Bruxelles, Presses universitaires de Bruxelles, 1969, p. 439.

[470] Voir Marc BLANQUET, « Compétence de l'Union. Architecture générale. Délimitation », *Jurisclasseur Europe Traité*, Fasc. 170, 2012, pts 38 et 80.

[471] Aux termes de l'article 48, par. 2, du traité UE, « Le gouvernement de tout État membre, le Parlement européen ou la Commission peut soumettre au Conseil des projets tendant à la révision des traités. Ces projets peuvent, entre autres, tendre à accroître ou à réduire les compétences attribuées à l'Union dans les traités [...] ».

[472] Aux termes de l'article 106 du traité de l'UEMOA, « Tout État membre ou la Commission peut soumettre à la Conférence des chefs d'État et de gouvernement des propositions tendant à modifier le présent traité. Les modifications approuvées par la Conférence des chefs d'État et de gouvernement entrent en vigueur après avoir été ratifiées par tous les États membres, conformément à leurs règles constitutionnelles respectives ».

[473] Etienne CEREXHE et Louis le Hardÿ De BAULIEU, *Introduction à l'Union économique ouest-africaine, op. cit.* p. 38.

clause et compte tenu du fait que les gouvernements des États membres demeurent « maîtres des traités », il n'y a pas de raison de penser que le domaine des compétences attribuées puisse échapper à leur pouvoir de révision. De manière plus concrète, le principe des compétences d'attribution se traduit dans le choix de la base juridique des actes adoptés.

2) La traduction du principe dans le choix de la base juridique

Dans la mesure où l'UEMOA ne peut agir que dans les limites des compétences qui lui sont attribuées, toute action de celle-ci doit être fondée sur une base légale prévue ou induite des traités. De là découle l'importance du choix de la base juridique appropriée dans le système juridique de l'Union. La détermination de la base juridique appropriée revêt plusieurs intérêts. D'abord, elle permet de déterminer à la fois la compétence ratione materiae et ratione personae pour l'adoption de l'acte visé. C'est elle qui détermine non seulement le ou les organes compétents pour adopter l'acte, mais aussi l'étendue et les limites du domaine matériel dans lequel celui-ci peut intervenir. Dans ce sens, le choix approprié de la base juridique contribue à garantir l'équilibre institutionnel de l'organisation[474] ainsi que la « séparation constitutionnelle des pouvoirs respectifs de la Communauté et des États membres »[475]. La base juridique assure aussi la sécurité juridique à travers la clarté et la prévisibilité de la législation[476]. Elle renseigne notamment sur le type d'acte à adopter, la procédure y relative ainsi que les objectifs spécifiques qui doivent être poursuivis par l'action projetée ou dans l'exercice de la compétence concernée[477].

Dans l'ordre juridique de l'UEMOA, il a été consacré la règle de la majorité qualifiée des deux tiers (2/3) des membres du Conseil pour l'adoption des normes, dans la plupart des domaines couverts par les

---

[474] Cf. *infra*, p. 130 et s.

[475] Conclusions de l'avocat général Nial FENNELLY, du 15 juin 2000, rendues dans l'affaire dite du « Tabac », C-74/99, Rec. I, p. 8419, citées par Christian KOHLER et Jean-Charles ENGEL, « Le choix approprié de la base juridique pour la législation communautaire : enjeux constitutionnels et principes directeurs », Europe, n°1, 2007, p. 7.

[476] *Idem*, p. 8.

[477] Jacques ZILLER, « Bases juridiques et compétences en droit de l'Union européenne » *in* Mélanges en l'honneur de Philippe MANIN, *op. cit.* p. 753.

traités, à l'exception du domaine monétaire et financier où prévaut la règle de l'unanimité[478]. De ce point de vue, l'intérêt du choix de la base juridique, surtout dans le domaine de l'établissement du marché commun[479], apparaît réduit dans la mesure où celle-ci renvoie dans la plupart des cas, à la procédure décrite à l'article 61 du traité de l'UEMOA[480]. L'intérêt du choix de la base juridique appropriée, en droit de l'UEMOA, va cependant au-delà des modalités de vote. Dans certaines matières spécifiques, les dispositions pertinentes du traité de l'UEMOA, lues en combinaison avec l'article 25 du traité portant création du Parlement de l'UEMOA, confèrent à ce dernier un droit de consultation obligatoire, parfois assorti d'un avis conforme[481].

Au regard des exigences de l'Union de droit et du principe démocratique en l'occurrence[482], le respect des prérogatives procédurales dévolues au Parlement devrait s'imposer aux autres organes de l'UEMOA, de telle sorte que le recours à une base juridique erronée, qui aurait pour effet de le priver desdites prérogatives, puisse être considéré comme la violation d'une forme substantielle de l'acte en cause, susceptible d'en provoquer l'annulation[483]. Au-delà de

---

478 Ousmane BOUGOUMA, *La libre circulation des marchandises en droit communautaire européen et UEMOA, op. cit.* p. 54.

479 Voir précisément les articles 78 à 98 du traité de l'UEMOA.

480 Aux termes de l'article 61 du traité de l'UEMOA « Le Conseil statuant à la majorité des deux tiers (2/3) de ses membres, sur proposition de la Commission, arrête les directives ou les règlements nécessaires pour la réalisation des programmes mentionnés à l'article 60 ». À noter que l'article 60 du traité de l'UEMOA se réfère à l'harmonisation des législations des États membres pour atteindre les objectifs de l'organisation d'une manière générale.

481 Tel est le cas par exemple en ce qui concerne les politiques sectorielles de l'UEMOA, le droit d'établissement et la libre circulation des personnes, l'avis conforme étant requis notamment dans les domaines du droit d'établissement et de la libre circulation des personnes conformément aux articles 91, paragraphe 2, et 92, paragraphe 4, du traité de l'UEMOA.

482 Cf. *infra*, Chap. Ier du titre II.

483 Il convient de rappeler à cet effet que, dans l'ordre juridique de l'UE, la CJCE a précisé que le droit pour le Parlement d'être consulté en vertu d'une disposition du traité constitutif, constitue une telle prérogative et que l'adoption d'un acte sur une base juridique ne prévoyant pas une consultation obligatoire, est susceptible de porter atteinte à cette prérogative, même si une consultation facultative a eu lieu, la consultation régulière du Parlement dans les cas prévus par le traité, étant un moyen lui permettant de participer effectivement au processus législatif de la Communauté. Voir CJCE, arrêt Parlement c. Conseil du 2 mars 1994, aff. C- 316/91, Rec. 1994, p. I-625, pts 10-17.

l'organe parlementaire, l'intérêt de la protection des prérogatives procédurales, à travers le choix de la base juridique approprié, doit être étendue à tous les organes de l'Union.

Enfin la base juridique révèle la philosophie qui sous-tend l'acte juridique tout entier. Comme l'explique si bien Christian KOHLER et Jean-Charles ENGEL,

> « si par exemple, un même acte peut relever tout autant de la politique commerciale commune que de la politique de l'environnement ou de la protection de la santé publique, le choix de le rattacher à la politique commerciale commune dénote, en effet, la philosophie de la protection minimale de cet acte dans les deux autres domaines ou inversement »[484].

En considération de tous ces enjeux rattachés au choix de la base juridique, la CJCE a affirmé dans l'avis 2/00 dit du « protocole de Carthagène »[485], que « le choix de la base juridique appropriée revêt une importance de nature constitutionnelle ».

Au sein de l'UEMOA, l'exigence du choix de la base juridique appropriée, en corrélation avec le principe des compétences d'attribution, peut être rattachée à l'article 44 du traité constitutif, qui institue l'obligation de motivation des actes pris par les organes de l'Union[486]. En effet, il faut rappeler que dans l'arrêt Rewe du 7 juillet 1981, la CJCE a affirmé que pour satisfaire à l'obligation de motivation, il était nécessaire que

> « les actes communautaires contiennent l'exposé des éléments de fait et de droit sur lesquels l'institution s'est fondée, de sorte que la Cour puisse exercer son contrôle et que tant les États membres que les intéressés connaissent les conditions dans

---

[484] *Idem*, p. 5.

[485] CJCE, avis 2/00 du 6 décembre 2001, *op. cit.*

[486] Aux termes de l'article 44, « Les règlements, les directives et les décisions du Conseil et de la Commission sont dûment motivés ». À noter l'absence, dans cette disposition, de toute référence aux actes additionnels. Pour nous, cette absence ne saurait soustraire la Conférence des chefs d'État et de gouvernement de l'obligation de motiver dans la mesure où l'acte additionnel est un acte de droit dérivé. Cf, supra (nos développements sur la nomenclature des actes juridiques de l'UEMOA dans le chapitre I de cette thèse).

lesquels les institutions communautaires ont fait application du traité »[487].

Dans plusieurs affaires postérieures, elle a précisé que l'obligation d'indiquer la base juridique d'un acte relève de ladite obligation, laquelle ne saurait être considérée comme remplie en l'absence d'une telle indication[488]. À cet effet, la CJCE a dégagé un certain nombre de principes qui pourraient être transposés dans l'ordre juridique de l'UEMOA. D'abord, elle a affirmé dans l'affaire dite des Systèmes de préférences généralisées [489] que « le choix de la base juridique d'un acte ne peut pas dépendre seulement de la conviction d'une institution quant au but poursuivi, mais doit se fonder sur des éléments objectifs susceptibles de contrôle juridictionnel ». Il en est ainsi du but et du contenu de l'acte. Si l'identification de la base juridique d'un acte apparaît relativement aisée, lorsque ce dernier poursuit un seul objectif bien défini, la solution est en revanche moins évidente lorsqu'il est question de poursuivre la réalisation de deux ou plusieurs objectifs différents.

Dans cette hypothèse, la CJCE a développé une jurisprudence consistant à faire prévaloir la base juridique de la composante principale ou prépondérante de l'acte sur celle ayant trait à ses dimensions accessoires[490]. Néanmoins, de manière exceptionnelle, la CJCE a retenu la solution de la double base juridique lorsque l'acte poursuit plusieurs objectifs différents, liés de façon indissociable, et sans que l'un puisse être considéré comme étant secondaire ou indirecte par rapport à l'autre[491]. Cette solution ne peut cependant s'appliquer lorsque les procédures d'adoption auxquelles renvoie la pluralité des bases

---

[487] CJCE, arrêt Rewe du 7 juillet 1981, aff. 158/80, Rec. p. 1805, cité dans l'arrêt dit des « Systèmes de préférences généralisés » du 26 mars 1987, aff. 45/86, Rec. 1987, p. 1493, pt 6.

[488] CJCE, arrêt Espagne c. Commission du 20 septembre 1988, aff. C-203/86, Rec. p. 4563, pts 36 à 38 ; CJCE, arrêt Commission c. Conseil du 1er Octobre 2009, aff. C-370/07, Rec. 2009, p. I-8917. CJUE, arrêt Parlement c. Conseil du 16 avril 2015, aff. C-540/13, EU:C:2015:224.

[489] Arrêt Commission c. Conseil, aff. 45/86, précité.

[490] Voir l'avis 2/00 précité et CJCE, arrêt Espagne c. Conseil du 30 janvier 2001, aff. C-36/98, Rec. I-779.

[491] CJCE, arrêt Huber du 19 septembre 2002, aff. C-336/00, Rec. I, p. 7699 et CJCE, arrêt Commission c. Conseil du 12 décembre 2002, aff. C-281/01, Rec. I-2049.

juridiques retenues ne sont pas compatibles ou lorsque le cumul de ces bases juridiques conduit à porter atteinte aux droits du Parlement[492].

Bien que l'obligation du choix de la base juridique appropriée soit prévue en droit de l'UEMOA, l'analyse de la pratique institutionnelle au sein de l'organisation tend à démontrer une tendance au choix hasardeux de la base juridique des actes adoptés, au grand dam de l'Union de droit. La règlementation de l'Union, relative à la mise en œuvre du marché commun[493], est topique à cet égard. Concernant premièrement la mise en œuvre du marché commun, on peut citer les trois actes additionnels par lesquels la CCEG a progressivement mis en œuvre la suppression des droits de douanes entre les États membres, sur le fondement d'une base juridique erronée, en violation flagrante de l'article 78, alinéa 1, du traité de l'UEMOA. Il s'agit notamment de l'acte additionnel n°4/96 instituant un régime tarifaire préférentiel transitoire dans les échanges au sein de l'UEMOA[494] ainsi que des actes additionnels n°1/97[495] et n°4/98[496] portant modifications successives de la taxe préférentielle initiale de 30%, qui était appliquée à l'importation des produits originaires agrées. En effet, alors que l'article 2 de l'acte additionnel n°4/96 définit son objet comme portant sur la mise en place d'un régime tarifaire préférentiel transitoire, destiné à régir les échanges commerciaux entre les pays membres, le préambule dudit acte se réfère, de manière foisonnante et superflue, à douze dispositions différentes du traité de l'UEMOA, dont l'article 58 et l'article 86.

[492] CJCE, arrêt Commission c. Conseil du 10 janvier 2006, aff. C-94/03, Rec. I-1. Pour une étude approfondie sur le contentieux de la base juridique en droit de l'Union européenne, voir Delphine CORRE, Recherche sur les bases juridiques en droit communautaire, thèse, Bordeaux, 2002 et Anne WACHSMANN, « *Le contentieux de la base juridique dans la jurisprudence de la Cour de justice* », Europe, n°1, 1993, p. 1.

[493] Art. 4, let. c, du traité de l'UEMOA.

[494] Acte additionnel n° 4 /1996 du 10 mai 1996 instituant un régime tarifaire préférentiel transitoire des échanges au sein de l'UEMOA et son mode de financement, BO, Éd. spéciale, juin 1996, p. 7.

[495] Acte additionnel n° 1/1997 modifiant l'article 12 de l'acte additionnel n° 04/96 du 10 mai 1996, instituant un régime tarifaire préférentiel transitoire des échanges au sein de l'UEMOA et son mode de financement, Bull. off.

[496] Acte additionnel n° 4/98 portant modification de l'article premier de l'acte additionnel n° 01/97 du 23 juin 1997 modifiant l'article 12 de l'acte additionnel n° 04/96 du 10 mai 1996 instituant un régime tarifaire préférentiel transitoire des échanges au sein de l'UEMOA, BO non disponible.

Or, l'article 58 se réfère à la création d'un dispositif automatique transitoire de compensation financière, pour les États membres subissant des moins-values, du fait de la mise en place de l'Union douanière. Il prévoit, à cet effet, l'intervention de la Conférence des chefs d'État et de gouvernement par acte additionnel. Quant à l'article 86, elle confère compétence au Conseil pour fixer, par voie de règlement, les modalités selon lesquelles les États membres sont autorisés à prendre des mesures de sauvegarde, dans un ou plusieurs domaines de leur économie, par dérogation aux règles générales de l'union douanière (UD) et de la politique commerciale commune (PCC).

Même s'ils se trouvent quelque peu abordés par l'acte additionnel n°4/96, il apparaît manifestement que les domaines visés par les deux bases juridiques sollicitées par la CCEG, ne constituent nullement les composantes prépondérantes dudit acte, ni en vertu de l'article 2 ci-dessus mentionné, ni au regard du préambule qui évoque le souci de la « libre circulation des marchandises sur le territoire de l'Union » et « l'élimination, dans les échanges entre les pays membres, des droits de douane, des taxes d'effet équivalent et de tous autres mesures susceptibles d'affecter lesdites transactions ». Ces deux éléments nous semblent plutôt correspondre, assez objectivement, à l'article 78, alinéa1, du traité de l'UEMOA. Celui-ci stipule que

> « Sur proposition de la Commission, le Conseil, statuant à la majorité des deux tiers (2/3) de ses membres, détermine conformément aux dispositions de l'article 5 du présent traité, le rythme et les modalités d'élimination, sur les échanges entre les pays membres, des droits de douanes, des restrictions quantitatives et de toutes autres mesures d'effet équivalent. Il arrête les règlements nécessaires [...] ».

Il ressort ainsi de ces dispositions qu'il y a eu violation des prérogatives du Conseil des ministres de l'UEMOA.

Plus récemment, le Conseil a adopté la directive n° 06/CM/UEMOA relative à la libre circulation et à l'établissement des médecins ressortissants de l'Union au sein de l'espace UEMOA[497], en se référant

[497] Directive n° 6/2005/CM/UEMOA relative à la libre circulation et à l'établissement des médecins ressortissants de l'Union au sein de l'espace UEMOA du 16 décembre 2005, BO, n°47, 4e trimestre 2005, pp.44-46.

à l'article 61 du traité de l'UEMOA et, de manière vague, aux articles 91 à 93 relatifs à la libre circulation des personnes et à la liberté d'établissement. Pourtant, dans la mesure où elle visait précisément à « faciliter la libre circulation ainsi que l'établissement pour l'exercice de la profession de Médecin dans les États membres par un Médecin ressortissant de l'Union déjà inscrit à l'ordre des Médecins d'un des États membres », cette directive aurait dû se fonder, à notre avis, spécifiquement sur les articles 91, paragraphe 2[498], et 92, paragraphe 4[499], du traité de Dakar. Contrairement au cas de l'Acte additionnel n° 4/96, cette précision n'aurait certes pas eu de grande incidence sur la procédure applicable et les pouvoirs des organes. Elle aurait toutefois eu le mérite de la clarté et la rigueur requises en matière de bases juridiques.

En droit international comme en droit de l'Union européenne, l'affirmation du principe des compétences d'attribution s'accompagne de l'aménagement d'une certaine flexibilité dans sa mise en œuvre. L'analyse qui suit vise à identifier, dans le droit de l'UEMOA, l'existence et la manière dont opère cette flexibilité.

B) La flexibilité dans l'application du principe des compétences d'attribution

La flexibilité dans la mise en œuvre du principe des compétences d'attribution n'est pas en soi incompatible avec l'existence de l'Union de droit[500]. Elle peut prendre plusieurs formes allant des mécanismes de flexibilité dans l'interprétation et l'application du principe d'attribution

---

[498] Aux termes de l'article 91, paragraphe 2, du traité de l'UEMOA, « Le Conseil, statuant à la majorité des deux tiers (2/3) de ses membres et sur proposition de la Commission, après avis conforme du Parlement, arrête dès l'entrée en vigueur du présent Traité, par voie de règlement ou de directive, les dispositions utiles pour faciliter l'usage effectif des droits prévus au paragraphe 1 ». À noter que le paragraphe 1 de cette disposition pose le principe de la libre circulation des personnes d'un État membre à un autre, en vue d'y rechercher et d'y exercer un emploi.

[499] Aux termes de l'article 92, paragraphe 4, du traité de l'UEMOA, « Le Conseil, statuant à la majorité des deux tiers (2/3) de ses membres et sur proposition de la Commission, après avis conforme du Parlement, arrête dès l'entrée en vigueur du présent Traité, par voie de règlement ou de directive, les dispositions utiles pour faciliter l'usage effectif du droit d'établissement ».

[500] Anthony M. COLLINS, « Flexibilités et union de droit » *in* Joël RIDEAU (Dir.), *De la Communauté de droit à l'Union de droit. Continuités et avatars européens, op. cit.* p. 180.

des compétences[501] aux mécanismes d'intégration différenciée ou d'intégration à « *plusieurs vitesses* »[502]. L'examen du droit de l'UEMOA révèle l'absence de mécanismes d'intégration différenciée et une application partielle des autres mécanismes de flexibilité. En effet, la Cour de justice se montre réticente à l'infléchissement du principe des compétences d'attribution, à travers notamment le rejet de la théorie des compétences implicites (1) tandis qu'il est prévu, dans le droit primaire, un mécanisme d'adaptation des compétences (2).

1) Le rejet de la théorie des compétences implicites

La théorie des compétences implicites tire ses origines lointaines de la théorie dite des « implied powers » (pouvoirs implicites ou plus proprement, pouvoirs impliqués), issue de l'arrêt *Mc Chulloch v. Maryland* de la Cour suprême des États-Unis, rendu au sujet de la répartition des pouvoirs entre les organes de l'État fédéral et ceux des États fédérés[503]. En droit international, l'on se réfère généralement à l'avis de la Cour international de justice (CIJ) du 11 avril 1949, rendu

---

[501] Il s'agit notamment de la théorie des compétences implicites connue en droit international et en droit de l'Union européenne ainsi que du mécanisme de clause de flexibilité prévu dans le traité FUE. Pour une étude comparée de la théorie des compétences implicites en droit international et en droit européen, voir Lisa LOUWERSE, « The doctrine of implied powers in EU and International Law : points of convergence and divergence » *in* Samantha BESSON et Nicolas LEVRAT (éd.), *The European Union and International law*, Genève, Schulthess, 2015, pp. 67-90.

[502] Connue à travers le principe de « géométrie variable » dans l'ordre juridique de la CAE (art. 7, alinéa 1, let. e du traité instituant la CAE), l'intégration à « plusieurs vitesses » se traduit, dans l'ordre juridique de l'UE, par le mécanisme de coopération renforcée prévu dans les traités (art. 20 du TUE) et les mécanismes d'opting-in/out développés par la pratique. Sur le principe de géométrie variable dans l'ordre juridique de la CAE, voir aussi EACJ, Advisory opinion to the Council of Ministers, n° 1, 2010, disponible sur www.eacj.org Sur les mécanismes d'opting in/out en droit de l'UE, voir Laurence BURGORGUE-LARSEN, « Le droit communautaire dans tous ses états ou les désordres du in et du out » *in 50 ans de droit communautaire, Mélanges en hommage à Guy ISAAC*, tome 1, Presses de l'Université de Toulouse, 2004, pp. 135-136. Le principe de géométrie de variable ou d'intégration à plusieurs vitesses semble par ailleurs se refléter dans l'article 41 de la Convention de Vienne de 1969 qui prévoit la possibilité pour deux ou plusieurs parties à un traité multilatéral, de conclure, à certaines conditions, un accord ayant pour objet de modifier le traité dans leurs relations mutuelles.

[503] Cour suprême des États-Unis, Mc Chulloch v. Maryland, 17 U.S. (1819) 316. Pour un commentaire de cet arrêt, voir Elisabeth ZOLLER, *Les grands arrêts de la Cour suprême américaine*, Paris, Dalloz, 2010, 922 p., pp. 29-55.

au sujet des réparations de dommages subis par un agent des Nations Unies[504] pour évoquer ladite théorie[505].

Pour ce qui est du droit de l'UE, il convient de distinguer l'arrêt Fédéchar, qui évoque plutôt les pouvoirs impliqués, de l'arrêt AETR qui concerne à proprement parler la théorie des compétences implicites. Dans l'arrêt Fédéchar, la Fédération charbonnière belge contestait le pouvoir de la Haute autorité de la CECA pour prendre, d'autorité, des décisions d'abaissement des prix du charbon à l'encontre des entreprises qui ne respectaient pas cette obligation prescrite dans le cadre du système de péréquation mis en place par la Communauté. Pour la requérante, la Haute autorité avait outrepassé les limites posées par l'article 61 du traité CECA, lequel ne prescrivait pas expressément un tel pouvoir. Se prononçant sur cette question, la CJCE a affirmé pouvoir recourir à

> « Une règle d'interprétation généralement admise tant en droit international qu'en droit national et selon laquelle, les normes établies par un traité international ou par une loi, impliquent les normes sans lesquelles les premières n'auraient pas de sens ou ne permettraient pas une application raisonnable et utile »[506].

Dans la mesure où l'article 8 du traité de la CECA reconnaissait à la Haute autorité le pouvoir d'assurer, avec une certaine autonomie, la réalisation des objectifs fixés par ledit traité, ce pouvoir pouvait licitement impliquer l'abaissement, d'autorité, des prix du charbon, qui s'imposait comme la mesure de nature à garantir la réalisation immédiate de l'abaissement des prix devant obligatoirement accompagner la péréquation. Même si elle apparaît in nuce dans l'arrêt Fédéchar, la théorie des compétences implicites est posée plus

---

[504] CIJ, avis Réparation de dommages subis au service des Nations Unies du 11 avril 1949, Rec. p. 182. Dans cet avis, la CIJ a notamment affirmé que « Selon le droit international, l'organisation doit être considérée comme possédant ces pouvoirs [en l'espèce, pouvoirs de protection fonctionnelle des agents et de réclamation internationale] qui, s'ils ne sont pas expressément énoncés dans la charte, sont, par une conséquence nécessaire, conférés à l'organisation en tant qu'essentiels à l'exercice des fonctions de celle-ci [...] ».

[505] Voir dans ce sens « Compétences implicites » *in* Jean SALMON (Dir.), *Dictionnaire de droit international public,* Bruxelles Bruylant, 2001, p. 216.

[506] CJCE, arrêt Fédéchar du 29 novembre 1956, op. cit., p. 304. Voir également CJCE, République italienne c. Haute Autorité de la CECA, 15 juillet 1960, aff. 20/59, Rec. p. 663.

nettement dans l'arrêt AETR[507]. La CJCE y affirme notamment que la compétence, pour la Communauté, de conclure des accords internationaux, peut « non seulement résulter d'une attribution explicite par le traité [...] mais peut découler également d'autres dispositions du traité et d'actes pris dans le cadre de ces dispositions, par les institutions de la Communauté »[508]. La Cour précise qu'

> « En particulier, chaque fois que pour la mise en œuvre d'une politique commune prévue par le traité, la Communauté a pris des dispositions instaurant, sous quelque forme que ce soit, des règles communes, les États membres ne sont plus en droit, qu'ils agissement individuellement ou même collectivement, de contracter avec les États tiers des obligations affectant ces règles »[509].

En mettant en avant le critère de l'affectation des règles internes mises en œuvre par la Communauté, et en ayant recours au jeu de la préemption des compétences en matière de politiques communes, l'arrêt AETR confère à cette dernière, en dehors de toute stipulation expresse des traités, une compétence implicite exclusive pour conclure l'Accord européen relatif au travail des équipages des véhicules effectuant des transports internationaux par route[510].

Au critère de l'affectation dégagée dans l'arrêt AETR pour déterminer le caractère implicite de la compétence exercée par la Communauté, il convient d'ajouter le critère de nécessité évoqué dans l'avis 1/76 relatif à la compétence de la Communauté pour négocier et conclure un accord international dans le domaine du transport fluvial des marchandises dans le bassin rhénan[511]. Consacrant pleinement le parallélisme des compétences en gestation dans l'arrêt AETR, l'avis 1/76 souligne que

---

[507] CJCE, arrêt AETR du 31 mars 1971, aff. 22/70, Rec. 1971, p. 263.
[508] *Idem*, pt 16.
[509] *Id.*, pt 17. Nous soulignons.
[510] Sur l'arrêt AETR, voir Jean-Victor LOUIS, « La doctrine AETR et les impératifs de l'action externe de l'Union européenne » *in* Ninon COLNERIC, David EDWARD, Jean-Pierre PUISSOCHET, Damaso RUIZ-JARABO COLOMER (Dir.), *Une Communauté de droit..., op. cit.*, pp. 315-328. Également, Robert KOVAR, « L'affaire de l'A.E.T.R. devant la Cour de justice des Communautés européennes et la compétence internationale de la C.E.E. », *AFDI*, vol. 17, 1971, pp. 386-418.
[511] CJCE, avis 1/76 du 26 avril 1977, Rec. p. 741.

> « Chaque fois que le droit communautaire a établi dans le chef des institutions de la Communauté des compétences sur le plan interne en vue de réaliser un objectif déterminé, la Communauté est investie de la compétence pour prendre les engagements internationaux nécessaires à la réalisation de cet objectif, même en l'absence d'une disposition expresse à cet égard »[512].

Si la règle s'applique notamment dans tous les cas où la compétence interne a déjà été utilisée en vue d'adopter des mesures s'inscrivant dans la réalisation des politiques communes, elle n'est cependant pas limitée à cette éventualité. Il ressort en particulier que

> « Si les mesures internes ne sont adoptées qu'à l'occasion de la conclusion et de la mise en vigueur de l'accord international [...] la compétence pour engager la Communauté vis-à-vis des Etats tiers découle néanmoins de manière implicite des dispositions du traité établissant la compétence interne pour autant que la participation de la Communauté à l'accord international [...] est nécessaire à la réalisation d'un des objectifs de la Communauté »[513].

Les critères définis dans l'arrêt AETR et dans l'avis 1/76 ont par la suite été codifiés par le traité de Lisbonne, à travers l'article 216, paragraphe 1, du traité FUE qui vise de manière générale les compétences externes implicites[514] et l'article 3, paragraphe 2, du traité FUE qui est spécifique aux compétences implicites exclusives[515].

---

[512] *Idem*, pt 3. Nous soulignons.

[513] *Id.*, pt 4. Nous soulignons. Pour un commentaire de cet arrêt, voir Michael HARDY, « Opinion 1/76 of the Court of Justice. The Rhine Case and the Treaty-Making Powers of the Community », *CMLRev.*, Vol. 14, 1977, pp. 561-600.

[514] Aux termes de l'article 216, par. 1, TFUE « L'Union peut conclure un accord avec un ou plusieurs pays tiers ou organisations internationales lorsque les traités le prévoient ou lorsque la conclusion d'un accord, soit est nécessaire pour réaliser, dans le cadre des politiques de l'Union, l'un des objectifs visés par les traités, soit est prévue dans un acte juridique contraignant de l'Union, soit encore est susceptible d'affecter des règles communes ou d'en altérer la portée ».

[515] Cette disposition stipule que « L'Union dispose également d'une compétence exclusive pour la conclusion d'un accord international lorsque cette conclusion est prévue dans un acte législatif, ou est nécessaire pour lui permettre d'exercer sa compétence interne, ou dans la mesure où elle est susceptible d'affecter des règles communes ou d'en altérer la portée ». Cette codification a connu sa première application jurisprudentielle dans l'arrêt Commission c. Conseil du 4 septembre 2014 relatif à la conclusion d'une convention du Conseil de l'Europe concernant les droits

Contrairement au juge international et au juge européen, le juge de l'UEMOA va, à l'occasion de l'avis n° 1/2007 rendu dans le domaine des accords d'investissements[516], démontrer sa frilosité à s'engager dans les sentiers sinueux de la théorie des pouvoirs implicites, alors même qu'il avait donné l'impression d'y être favorable dans l'avis n° 2/2000 relatif à la politique commerciale commune. Sollicitée à l'effet de se prononcer sur la nature exclusive ou partagée de la compétence conférée à l'UEMOA, par l'article 84 du Traité, pour conclure des accords internationaux en matière de PCC, la Cour de justice avait affirmé, dans cet avis, l'exclusivité de ladite compétence en se fondant sur un raisonnement en deux étapes.

Dans un premier temps, elle s'est référée aux dispositions des articles 82, 83 et 84 du traité de l'UEMOA, relatives aux actions que l'Union pouvait être amenée à entreprendre en matière de PCC et notamment aux actions se rattachant au volet externe de ladite politique. Ensuite, la Cour avait particulièrement mis l'accent sur l'article 84[517], qui met en œuvre les « dispositions d'ordre externe » précitées, dans « des termes non équivoques » et « n'envisage en aucun cas l'intervention des États membres au stade de la négociation ». Ces derniers ne peuvent intervenir qu'au stade de l'élaboration des recommandations du Conseil à la Commission et, éventuellement, en tant que membres du comité ad hoc constitué par le Conseil des ministres. La Cour en avait alors inféré l'exclusivité de la compétence externe de l'UEMOA en matière de PCC

---

voisins des organismes de radiodiffusion (aff. C-114/12, ECLI:EU:C:2014:2151). Pour un commentaire de cet arrêt, voir Fabien Le BOT, « Précisions sur les compétences externes implicites après le traité de Lisbonne. CJUE, gde ch., 4 septembre 2014, Commission /Conseil, aff. C-114/12 », RAE, 2014/3, pp. 633-640. Voir également plus récemment l'avis 2/15 relatif à la conclusion de l'Accord de libre-échange entre l'UE et la République de Singapour (CJUE, avis 2/15 du 16 mai 2017, ECLI:EU:C:2017:376). Dans cet avis, la Cour de Justice de l'UE a, entre autres, jugé que la notion de « règles communes » mentionnée à l'article 3, paragraphe 2, in fine, du TFUE ne visait que « les dispositions de droit dérivé » et ne pouvait s'appliquer à une règle du droit primaire telle l'article 63 du traité FUE relatif à la libre circulation des capitaux. Voir pt 233 à 235 de l'avis 2/15.

[516] CJUEMOA, avis n°1/2007 - Demande d'avis du président de la Commission de l'UEMOA relative à la possibilité des Etats de conclure individuellement des accords d'investissement avec les pays tiers, Rec. 2008, p. 595.

[517] Aux termes de l'article 84 du traité de l'UEMOA, « L'Union conclut des accords internationaux dans le cadre de la politique commerciale commune [...] ».

à l'exception des cas prévus à l'article 85 du traité[518] et des accords mixtes, c'est-à-dire les accords qui excèdent le cadre strict de la PCC[519].

Dans un second temps, la Cour de justice de l'UEMOA s'est référée, de manière implicite et inattendue, à la doctrine AETR pour appuyer sa position dans l'affirmation de la compétence externe exclusive de l'Union en matière de PCC. Ainsi a-t-elle affirmé,

> « on peut dire que dans l'hypothèse de compétences exclusives où pour la mise en œuvre d'une politique commune, l'Union a pris, par actes communautaires, des dispositions communes, les États membres ne sont plus en droit ni individuellement, ni collectivement, de contracter, encore moins de négocier avec des États tiers des obligations portant sur ce domaine »[520].

Après cette affirmation qui évoque manifestement l'attendu 17 de l'arrêt AETR, la Cour de justice s'évertue à l'appliquer à la PCC de l'UEMOA en relevant que « tel est le cas de la négociation et de la conclusion d'accords relevant de la politique commerciale commune dont le régime, aux termes de l'article 82 du traité, est fixé par voie de règlement communautaire, la conclusion relevant du Conseil des ministres de l'Union et la négociation, elle, de la Commission [...] »[521].

À travers ce raisonnement, la Cour de justice semblait marquer son adhésion à une transposition, dans l'ordre juridique de l'UEMOA, de la théorie des compétences implicites. En l'appliquant à la PCC de l'UEMOA, elle franchissait un pas dont s'était abstenu la CJCE dans l'avis 1/75 relatif à la compétence de la Communauté pour conclure l'Arrangement OCDE concernant une norme pour les dépenses locales[522]. Dans cet avis qui consacre l'exclusivité de la compétence externe de l'Union européenne en matière de politique commerciale commune[523], la CJCE avait plutôt fondé son raisonnement sur la

[518] Il s'agit notamment du cas où les accords envisagés sont négociés au sein d'organisations internationales où l'Union ne dispose pas de représentation propre. Cf. infra, p. 130 et s.
[519] *Ibidem.*
[520] Avis n° 2/2000 précité.
[521] *Ibidem.*
[522] CJCE, avis 1/75 du 11 novembre 1975, Rec. 1975, p. 1355.
[523] Voir Christine KADDOUS, *Le droit des relations extérieures dans la jurisprudence de la Cour de justice des communautés européennes*, Bâle (Helbing & Lichtenhahn), 1998, p. 211.

« manière dont la politique commerciale commune [était] conçue par le traité », compte tenu du caractère inapplicable de la doctrine AETR à ce domaine particulier[524].

Toutefois, il convient de souligner le caractère incomplet de l'application de la doctrine AETR dans l'avis n° 2/2000 de la Cour de justice de l'UEMOA. En effet, la Cour se réfère à la politique commerciale commune ainsi qu'à son régime prévu à l'article 82 et mis en œuvre par voie de règlement, sans s'intéresser à l'effectivité d'une telle mise œuvre. Sans doute, la Cour de justice répugne-t-elle, à travers cette omission, l'étape fastidieuse, mais non moins importante, d'identification de l'étendue de la mise en œuvre dans un domaine aussi sensible que celui de la PCC. En tout état de cause, la brèche ouverte à la consécration de la théorie des compétences implicites dans l'avis n° 2/2000 sera vite refermée dans l'avis n° 1/2007.

Dans l'avis n° 1/2007, le président de la Commission de l'UEMOA avait saisi la Cour de justice afin qu'elle se prononce sur la nature de la compétence de l'Union pour conclure, avec des pays tiers, des accords internationaux portant sur le domaine des investissements. En l'absence d'une disposition expresse du Traité incluant ladite matière dans le domaine de la PCC, comme c'est désormais le cas aux articles 206 et 207 du traité FUE[525], la Cour de justice de l'UEMOA, fidèle à une

---

[524] Sur ce point, voir: H. H. MAAS, « The External Powers of the EEC with regard to Commercial Policy: Comment on Opinion 1/75 », *CMLRev.*, 1976, pp.379-387, p. 384 et Paul Joan G. KAPTEYN, « The Common Commercial Policy of the European Economic Community: Delimitation of the Community's Power and the European Court of Justice's Opinion of November 11, 1975 », *TILJ*, 1976, p. 500 et s.

[525] Il faut néanmoins préciser que ces dispositions ne visent que « les investissements directs étrangers » à l'exclusion de tous autres investissements étrangers. Dans l'avis 2/15 du 16 mai 2017, la CJUE a jugé que « L'emploi, par les auteurs du traité FUE, des termes « investissements étrangers directs » à l'article 207, paragraphe 1, TFUE exprime sans ambiguïté leur volonté de ne pas inclure d'autres investissements étrangers dans la politique commerciale commune. Dès lors, il y a lieu de considérer que des engagements à l'égard d'un État tiers portant sur ces autres investissements ne relèvent pas de la compétence exclusive de l'Union au titre de l'article 3, paragraphe 1, sous e), TFUE », *op. cit.*, pt 83. Définis comme pouvant « avoir lieu sous la forme d'acquisitions de titres de société dans l'intention de réaliser un placement financier sans intention d'influer sur la gestion et le contrôle de l'entreprise (investissements dits « de portefeuille »), et que de tels investissements constituent des mouvements de capitaux au sens de l'article 63 TFUE » (pt 227), les investissements autres que les investissements directs étrangers relèvent de la

conception restrictive de la PCC, s'est refusée à y inclure le domaine « varié » des investissements. Ce faisant, la Cour, sans même rechercher à établir au préalable le fondement de la compétence externe de l'UEMOA en matière d'investissements, s'attaque directement à la question de sa nature exclusive ou partagée.

En réalité, elle semble prendre acte d'une attribution de compétence par « voie d'instruction » émanant du Conseil et invitant la Commission à « prendre dorénavant en compte, le volet promotion et protection des investissements dans le cadre des négociations d'accords commerciaux »[526] avec les partenaires de l'Union. La Commission avait également invoqué des directives émanant du même organe et lui donnant mandat pour ouvrir et conduire des négociations en vue de la conclusion d'accords commerciaux et d'investissement[527]. Toutes ces directives se fondaient pourtant sur les articles 82 à 87 du traité de l'UEMOA, dispositions relatives à la politique commerciale commune. Manquant de se prononcer tout d'abord sur les fondements de cette attribution de compétence[528], la Cour de justice focalise son

---

catégorie des compétences externes partagées entre l'UE et ses États membres (pt 243).

526 Voir CJUEMOA, avis n° 1/2007 précité, p. 599.

527 Voir, entre autres, la directive n° 07/98/CM/UEMOA du 22 décembre 1998, donnant mandat à la Commission pour ouvrir et conduire des négociations en vue de la conclusion d'un Accord entre les États-Unis d'Amérique et l'UEMOA, relatif au développement des relations de commerce et d'investissement, BO ; la directive n° 04/2003/CM/UEMOA du 26 juin 2003, donnant mandat à la Commission pour ouvrir et conduire les négociations en vue de la conclusion d'un accord commercial et d'investissement entre l'UEMOA et la République arabe d'Egypte, BO non disponible; et la directive n° 03/2003/CM/UEMOA du 26 juin 2003, donnant mandat à la Commission pour ouvrir et conduire les négociations en vue de la conclusion d'un accord commercial et d'investissement entre l'UEMOA et la République algérienne démocratique et populaire, BO.

528 En effet, la Cour affirme que « le fait pour le Conseil des ministres de signer des directives qui, si elles donnent pouvoir à l'Union de conduire des négociations en vue de la conclusion d'accords en matière commerciale et en matière de promotion et de protection des investissements, ne peut conférer la compétence exclusive […] ». Voir avis 1/2007 précité, p. 605. La compétence de l'Union pour ouvrir et conduire des négociations en vue de la conclusion d'un accord d'investissement ne peut résulter d'une directive signée par le Conseil des ministres. Une telle compétence n'existe valablement que si elle prévue (compétence expresse) ou déduite (compétence implicite) d'une disposition du droit primaire. La question qui se posait dès lors en l'espèce et que la Cour élude dans son avis, est celle de savoir si la compétence de l'Union en matière d'investissement pouvait être rattachée, précisément, aux

raisonnement au sujet de la nature de la compétence externe de l'Union en matière d'investissements, sur l'idée selon laquelle « les limitations de souveraineté ne [peuvent] être présumées »[529].

Pour la Cour de justice, « il ne peut y avoir compétence exclusive sans texte juridique, car le traité en son article 16 a spécifié que les organes de l'Union ne peuvent agir que dans les limites des attributions qui leur sont conférées par le traité de l'UMOA et le traité de l'UEMOA […] »[530]. En se référant, dans ce contexte, au principe des compétences d'attribution, la Cour de justice semble épouser la thèse selon laquelle la théorie des compétences implicites porterait atteinte audit principe. Or comme le dit si bien Jean-Victor LOUIS,

> « Admettre que l'exercice de la compétence interne puisse permettre la conclusion d'accords internationaux et rendre cette compétence exclusive dans le chef de la Communauté, ce n'est pas attenter au principe d'attribution des compétences, c'est reconnaître les conséquences de l'action communautaire pour la compétence des États membres en matière externe, sans rajouter aux compétences matérielles conférées à l'Union »[531].

La Cour de justice de l'UEMOA se refuse à une telle déduction alors même que le contenu de la demande d'avis du président de la Commission l'y invitait tacitement par la référence au projet du code communautaire des investissements qui était en cours d'élaboration à l'époque des faits[532]. En effet, affirme-t-elle,

> « Certes, l'article 21-c du Protocole additionnel n° II a prévu l'élaboration d'un code communautaire, et dès sa première

---

dispositions expresses de l'article 84 relatif au volet externe de la PCC ou dégagée d'autres dispositions (d'ordre interne) du droit primaire.

[529] Idem, p. 605. Cette affirmation n'est pas sans rappeler le positivisme volontariste qui imprègne le célèbre arrêt Lotus (France c. Turquie) rendu par la CIJ. Partant de l'affirmation selon laquelle les règles de droit liant les États procèdent de la volonté de ceux-ci, volonté manifestée dans des conventions ou des usages acceptés généralement comme consacrant des principes de droit, la Cour déclare dans cet arrêt que « […] les limitations de l'indépendance des États ne se présument donc pas ». Voir CIJ, arrêt Lotus du 7 septembre 1927, Séries A, n° 10, p. 1.

[530] Id., p. 606.

[531] Jean-Victor LOUIS, « La doctrine AETR et les impératifs de l'action externe de l'Union européenne », *op. cit.* p. 319.

[532] Sur le projet du code communautaire des investissements, voir aussi l'avis 1/2000 précité.

session tenue en mai 1996, la Conférence des chefs d'État et de gouvernement a défini comme priorité l'adoption d'un code communautaire des investissements [...]. Mais le code communautaire des investissements ne pouvant être qu'un acte dérivé, il ne saurait à lui seul conférer à l'Union une compétence exclusive empêchant les États membres de conclure des accords internationaux en l'absence de transfert exprès de souveraineté consenti par eux [...] »[533].

Il ressort ainsi implicitement du raisonnement de la Cour de Justice qu'un acte de droit dérivé peut fonder une compétence externe de l'Union mais non une compétence exclusive. Saluée par des analystes comme Alioune SALL[534], cette solution retenue par la Cour de justice ne demeure pas moins incohérente par rapport à l'avis n° 2/2000, et préjudiciable à l'affirmation du rôle et de la personnalité juridique de l'UEMOA sur la scène internationale. En réalité, la Cour de justice de l'UEMOA semble se méprendre sur le fondement réel de l'attribution des compétences externes implicites. Certes, un acte de droit dérivé ne peut fonder l'exclusivité d'une compétence externe implicite ni même une simple compétence externe implicite[535], comme semble l'induire le raisonnement de la Cour.

Toutefois, ce qui importe, ce n'est pas tant l'existence d'un acte de droit dérivé dans un domaine donné, que la compétence interne (expressément établie dans le droit primaire) que celui-ci met en œuvre. En l'espèce, la Cour de justice avait donc toute latitude pour dégager la compétence externe implicite, voire exclusive, en considération de la politique industrielle et minière commune prévue à l'article 21 du Protocole additionnel n°2, qui fait partie intégrante du Traité[536]. De surcroît, il s'agit d'une politique sectorielle commune pour laquelle la Cour reconnaît, elle-même, compétence exclusive à l'Union[537] même si cette qualification est pour nous sujette à caution[538].

---

[533] CJUEMOA, avis n° 1/2007 précité, p. 605.

[534] Alioune SALL, *La justice de l'intégration. Réflexions sur les institutions judiciaires de la CEDEAO et de l'UEMOA, op. cit.* p. 269.

[535] Jean-Victor LOUIS, « La doctrine AETR et les impératifs de l'action externe de l'Union européenne », *op. cit.* p. 318.

[536] Art. 102 du traité de l'UEMOA.

[537] Voir plus haut dans l'avis n° 1/2007, p. 604.

[538] Cf. infra, p. 149 et s.

L'existence d'une politique commune au sein de l'UEMOA et sa mise en œuvre imminente par l'adoption du projet de code communautaire des investissements constituaient des éléments suffisants pour déduire une compétence externe à l'Union conformément à la théorie des compétences implicites, quand bien même l'effectivité et l'étendue de cette compétence demeureraient suspendues à l'aboutissement et aux domaines couverts par le futur code communautaire[539]. Dans ce sens, il aurait juste fallu à la Cour de mettre en évidence les critères liés à la « nécessité » de la mise en œuvre des objectifs fixés à l'article 21 du protocole additionnel n° 2[540] et au risque d'« affectation » du futur code communautaire par la conclusion, à titre individuel, d'accords internationaux entre les États membres et des États tiers[541]. En lieu et place, la Cour préfère s'enfermer dans une contradiction flagrante en affirmant d'un côté, qu'une telle compétence exclusive ne peut émaner d'un acte de droit dérivé tout en admettant de l'autre, que celle-ci peut résulter « [...] d'Actes additionnels, qui relèvent du pouvoir de l'organe suprême de l'Union »[542], lesquels n'en demeurent pas moins des actes pris par un organe de l'Union.

Enfin, il faut relever que même si les limitations de souveraineté ne se présument pas, celles-ci, lorsqu'elles sont expressément concédées par la conclusion d'un accord international, confèrent à l'organisation qui en naît, l'ensemble des pouvoirs nécessaires à la réalisation des objectifs qu'elle s'est fixés, sans que ces derniers ne relèvent forcément de dispositions expresses contenues dans ledit accord. Le fait de ne pas l'accepter fait courir le danger d'une véritable sclérose à la personnalité

---

[539] En effet, la question se pose de savoir si pour l'affirmation de la compétence externe exclusive de l'Union, la simple « mise en œuvre imminente » peut suffire en lieu et place d'une « mise en œuvre effective ». Cette question n'est pas dénuée d'intérêt d'autant plus que dans la suite des événements, le code communautaire des investissements ne verra pas le jour. Pour nous, une application rigoureuse de la doctrine AETR est préférable et exige, de ce point de vue, une mise en œuvre effective par le biais de règles communes intervenant sur les aspects faisant l'objet de la négociation internationale. Cette solution apparaît plus conforme à la logique des compétences concurrentes auxquelles semblent appartenir, *ab initio*, les politiques communes stricto sensu en droit de l'UEMOA. Cf. infra, p. 198.

[540] Voir dans ce sens, Jean-Victor LOUIS, « La doctrine AETR et les impératifs de l'action externe de l'Union européenne », *op. cit.*

[541] Cela serait, du reste, contraire à l'obligation de coopération loyale qui incombe aux États membres en vertu de l'article 7 du traité de l'UEMOA.

[542] Avis n° 1/2007 précité.

juridique internationale reconnue à l'UEMOA[543], d'autant plus que le mécanisme de la clause d'adaptation prévu dans le protocole additionnel n° 2 s'avère inopérant à ce niveau.

2) Le mécanisme de la clause d'adaptation

Afin de tenir compte de la dynamique évolutive de l'entreprise d'intégration économique, le protocole additionnel n°2 du traité de l'UEMOA a prévu la possibilité de remédier à l'imprévoyance des auteurs du Traité, par l'institution de politiques sectorielles communes, qui s'avéreraient nécessaires à la réalisation des objectifs de l'Union. À cet effet, l'article 24 dudit protocole stipule que : « L'Union pourra instituer tout autre politique sectorielle commune nécessaire à la réalisation de ses objectifs. Ces nouvelles politiques sectorielles seront définies par voie d'acte additionnel de la Conférence des chefs d'État et de gouvernement ».

Cette disposition qualifiée, à juste titre, de « technique d'adaptation » par Etienne CEREXHE et Louis le Hardÿ de BEAULIEU[544], permet de faire face aux situations non prévues dans les textes de base de l'organisation et qui n'exigent pas nécessairement le recours à la lourde procédure de révision prévue à l'article 106 du traité de l'UEMOA. À l'instar de l'article 352 du traité FUE[545], l'article 24 du protocole additionnel n°2, relatif aux politiques sectorielles de l'Union, aménage aux institutions de l'UEMOA une « véritable réserve de compétences subsidiaires »[546], en permettant d'ajouter aux objectifs définis par les traités constitutifs, de nouveaux pouvoirs d'action dans les domaines des politiques sectorielles communes qu'il institue. À ce titre, l'article

---

[543] Art. 9 du traité de l'UEMOA.

[544] Etienne CEREXHE et Louis le Hardÿ De BEAULIEU, *Introduction à l'Union économique ouest africaine, op. cit.* p. 37.

[545] Aux termes de l'article 352 du TFUE « 1. Si une action de l'Union paraît nécessaire, dans le cadre des politiques définies par les traités, pour atteindre l'un des objectifs visés par les traités, sans que ceux-ci n'aient prévu les pouvoirs d'action requis à cet effet, le Conseil, statuant à l'unanimité sur proposition de la Commission et après approbation du Parlement européen, adopte les dispositions appropriées. Lorsque les dispositions en question sont adoptées par le Conseil conformément à une procédure législative spéciale, il statue également à l'unanimité, sur proposition de la Commission et après approbation du Parlement européen [...] ».

[546] Guy ISAAC et Marc BLANQUET, *Droit général de l'Union européenne, op. cit.* p. 76.

24 du Protocole additionnel n°2 de l'UEMOA se rapproche davantage de l'ex article 235 CEE[547] (article 308 du traité CE), que de l'actuel article 352 du traité FUE.

En effet, il permet de doter l'UEMOA de nouvelles politiques sectorielles, tout comme y avait servi au sein de l'UE, l'ex article 235 CEE, au début des années 1970, avant même que les politiques ainsi mises en œuvre ne soient formalisées par les révisions successives des traités constitutifs[548]. De manière plus restrictive, l'article 352 du traité FUE n'autorise l'action de l'Union européenne que dans le cadre des politiques déjà définies par les traités, sans doute afin de contenir les « emplois abusifs » auxquels avait donné lieu le recours à cette procédure dans les années passées. Toutefois, contrairement à l'article 308 du traité CE qui limitait le recours à ladite procédure à la poursuite de « l'un des objets de la Communauté dans le fonctionnement du marché commun »[549], le déclenchement de la procédure prévue à l'article 24 du Protocole n°2 de l'UEMOA apparaît ouvert à tous les domaines, au-delà du seul cadre lié au fonctionnement du marché commun.

Pour autant, le recours à l'article 24 du Protocole n°2 n'est pas absolument illimité et exempt de tout contrôle, puisqu'il doit s'avérer nécessaire à la réalisation d'un des objectifs de l'UEMOA définis à l'article 4 du Traité de 2003. Deux principales conditions en découlent pour le recours à la procédure de l'article 24 du Protocole n° 2. Il s'agit, d'une part, du caractère nécessaire de la politique sectorielle à instituer et d'autre part, de son aptitude à concourir à la réalisation d'un ou de plusieurs des objectifs définis par les traités. En ce qui concerne d'abord le caractère nécessaire de l'action de l'Union, il a été observé dans le cadre de l'ex article 308 traité CE, qu'« il [faisait] appel à des critères

---

[547] L'ex article 308 TCE stipulait « Si une action de la Communauté apparaît nécessaire pour réaliser, dans le fonctionnement du marché commun, l'un des objets de la Communauté, sans que le présent traité ait prévu les pouvoirs d'action requis à cet effet, le Conseil, statuant à l'unanimité sur proposition de la Commission et après consultation du Parlement européen, prend les dispositions appropriées ».

[548] Guy ISAAC et Marc BLANQUET, *Droit général de l'Union européenne, op. cit.* p. 77.

[549] Pour un éclairage sur les conditions de mise en œuvre de l'article 308 TCE en général, voir Luc WEITZEL, « Commentaire de l'article 308 CE » *in* Isabelle PINGEL (Dir.), Commentaire article *par article des traités CE et UE : de Rome à Lisbonne*, *Bâle*, *Helbing Lichtenhahn*, 2010, p. 1899 et s.

politiques, économiques et techniques bien plus que juridiques »[550] et relevait de ce fait, « du pouvoir discrétionnaire des institutions », le contrôle de la CJCE s'avérant réduit à cet égard[551].

Ces considérations devraient également prévaloir en droit de l'UEMOA dans la mesure où l'article 19 du traité de 2003, qui définit le régime juridique de l'acte additionnel dispose que « La Conférence des Chefs d'État et de gouvernement prend, en tant que de besoin, des actes additionnels au Traité de l'Union [...] »[552]. Cette formulation laisse clairement apparaître, au profit de l'organe suprême de l'Union, une marge d'appréciation considérable quant à l'opportunité et au caractère nécessaire de l'adoption, par acte additionnel, de la politique sectorielle visée. Cependant, il convient de relever que l'acte additionnel complète le traité « sans toutefois le modifier »[553], ce qui reflète l'exigence selon laquelle la politique sectorielle qu'il institue doit être apte à concourir à la réalisation des objectifs définies à l'article 4 dudit traité, et ne peut s'en écarter. Cette exigence devrait conférer à la Cour de justice un pouvoir résiduel de contrôle à même de sanctionner les dépassements manifestes du pouvoir d'appréciation de la CCEG dans l'usage de l'article 24 du Protocole n°2, même si pour l'instant, l'observation de la pratique permet de minimiser cette éventualité.

En effet, en usant de la faculté que lui confère l'article 24 précité, la Conférence des chefs d'État et de gouvernement a adopté quatre politiques sectorielles communes afin de compléter les politiques sectorielles déjà existantes. Il s'agit notamment de la politique commune dans le domaine de la libre circulation et du séjour des personnes non ressortissantes de l'Union[554], de la politique commune du tourisme[555], de la politique commune dans le domaine de la paix et de la sécurité[556], ainsi que de la politique commune de développement

---

550 *Idem*, p. 1904.

551 *Id.*

552 Nous soulignons.

553 Art. 19, al. 2 du traité de l'UEMOA.

554 Acte additionnel n°1/2009 instituant une politique commune de l'UEMOA, dans le domaine de la libre circulation et du séjour des personnes non ressortissantes de l'Union du 17 mars 2009, BO, n° 66, 1er trimestre 2009, pp.13-15.

555 Acte additionnel n°1/2010 portant institution d'une politique commune du tourisme au sein de l'UEMOA du 2 juin 2010, BO non disponible.

556 Acte additionnel n°4/2013 instituant la politique commune de l'UEMOA dans le domaine de la paix et de la sécurité du 24 octobre 2013, BO, n° 87, 4e trimestre 2013, pp.4-5.

culturel au sein de l'UEMOA[557]. L'examen des préambules respectifs des actes additionnels suscités laisse entrevoir une CCEG soucieuse de ne pas s'écarter des objectifs initiaux prévus dans le traité de l'UEMOA.

Ce souci se manifeste notamment par de longues motivations qui, tantôt se réfèrent expressément à l'article 4 du Traité[558], tantôt s'évertuent à établir un lien entre ledit article et les objectifs visés par l'acte additionnel[559]. Toutefois, il faut regretter le fait qu'en dehors de l'acte additionnel portant institution de la politique commune de développement culturel, dont le visa mentionne expressément l'article 24 du Protocole n°2, les autres actes additionnels se limitent à citer des dispositions du Traité ayant plus ou moins un lien avec la politique instituée[560]. Dans les meilleurs des cas, ils se limitent à une vague référence expresse au Protocole additionnel n°2[561]. En plus des règles d'attribution des compétences que nous venons de voir, il existe d'autres règles qui en régissent l'exercice par les organes et les États membres.

---

[557] Acte additionnel n°6/2013 portant institution de la politique commune de développement culturel au sein de l'UEMOA du 24 octobre 2013, BO, n°6, 4è trimestre 2013, pp 7-9.

[558] Tel est le cas notamment de l'acte additionnel instituant une politique commune de l'UEMOA, dans le domaine de la libre circulation et du séjour des personnes non ressortissantes de l'Union. Dans son préambule, cet acte mentionne précisément l'objectif de création d'un marché commun basé, entre autres, sur la libre circulation des personnes (art. 4, let. c et d, du traité de l'UEMOA) et souligne la nécessité d'une telle politique en vue de favoriser l'investissement et la promotion du tourisme, deux objectifs supplémentaires qui ne sont pas étrangers aux textes fondamentaux de l'UEMOA (voir art. 93 du traité de l'UEMOA relatif à la libre prestation de services et l'article 21 du protocole additionnel n°2 relatif à la politique industrielle et minière commune, cette dernière incluant notamment la politique commune d'investissement).

[559] C'est le cas de l'acte additionnel instituant la politique commune dans le domaine de la paix et de la sécurité. Dans le préambule de cet acte, la CCEG établit la nécessité d'une telle politique en évoquant le lien indissociable entre paix, sécurité, stabilité et développement socio-économique. Elle relève aussi le fait que les progrès réalisés par l'UEMOA en matière de libre circulation de personnes, des biens, des services et des capitaux, ne peuvent prospérer que dans un environnement de paix et de sécurité.

[560] Voir préambule de l'acte additionnel n°1/2009, *op. cit.* p. 1.

[561] Voir notamment l'acte additionnel n° 4/2013, *op. cit.* p. 1.

Paragraphe II - L'exercice des compétences

De même que l'attribution des compétences s'opère suivant des règles préétablies dont le respect s'impose aux organes et aux États membres de l'UEMOA, il existe des principes dont l'objectif est d'encadrer l'exercice, par ces derniers, de leurs compétences respectives. Ces principes visent, dans un premier temps, à garantir l'autonomie de chaque partie prenante dans l'exercice de ses compétences (A). Toutefois, cette autonomie dans l'exercice des compétences n'est pas absolue dans la mesure où elle est contrebalancée par d'autres principes tendant à préserver l'efficacité de l'action visée (B).

A) L'autonomie dans l'exercice des compétences

À l'image du principe de la séparation des pouvoirs en droit interne, les principes garantissant l'autonomie dans l'exercice des compétences visent à s'assurer que tant les organes de l'Union (1) que les États membres (2), agissent librement dans la sphère de leurs compétences respectives, sans risque d'immixtion de la part des autres.

1) L'autonomie de l'action des organes

L'autonomie de l'action des organes est d'abord garantie par le principe d'autonomie institutionnelle qui signifie que « dans le cadre de leurs attributions, les institutions ont le pouvoir d'organiser librement leurs modalités de fonctionnement »[562]. Il implique notamment le droit, pour lesdites institutions, d'adopter leurs propres règlements intérieurs[563]. En droit de l'UE, le principe découlerait de l'arrêt Lord Bruce of Donnington relatif au pouvoir du Parlement d'instituer un système forfaitaire de remboursement des frais de déplacement des parlementaires[564]. Dans cet arrêt, la CJCE a jugé qu'il appartenait audit parlement, de décider quels étaient les activités et les déplacements nécessaires ou utiles de ses membres, dont les dépenses pouvaient donner lieu à un remboursement[565].

---

562 Jean Paul JACQUÉ, *Droit institutionnel de l'Union européenne*, Paris, Dalloz, 8e éd., 2015, p. 247.
563 *Ibidem.*
564 *Ibid.*
565 *Ibid.*

Bien que le principe d'autonomie institutionnelle ne soit pas formellement consacré dans les traités de l'UEMOA, ceux-ci reconnaissent néanmoins aux organes le pouvoir de fixer, eux-mêmes, leurs règlements intérieurs[566]. En outre, le principe peut être déduit de l'arrêt Amadou M. DJERMAKOYE c. Comité interparlementaire de l'UEMOA rendu par le 27 mars 2002[567]. Dans cet arrêt, la Cour de justice s'est déclarée incompétente pour connaître d'une requête visant à obtenir le rétablissement d'un député nigérien dans ses anciennes fonctions de député membre du Comité interparlementaire (CIP). À cette occasion, elle a jugé que l'organisation interne de la désignation des membres du CIP, prévue à l'article 35 du traité de Dakar (article 35 nouveau du traité de Ouagadougou) ne pouvait faire l'objet d'un contrôle juridictionnel, sans méconnaître les limites des compétences qui lui étaient attribuées par les traités[568]. Ainsi, la Cour s'abstient de toute ingérence dans le fonctionnement interne du CIP, ce qui équivaut, en réalité, à la reconnaissance tacite de l'autonomie institutionnelle de cet organe.

Au-delà du fait qu'elle tend à préserver l'autonomie du fonctionnement interne des différents organes, l'autonomie institutionnelle bénéficie également à l'Union en tant qu'organisation prise à part entière par opposition aux États membres. Dans ce sens, elle signifie que dans les domaines relevant de ses compétences, l'UEMOA n'agit que par le truchement de ses propres organes et procédures prévus dans les traités. Les États membres ne seront, dès lors admis à intervenir qu'à la demande de l'Union ou seulement pour la mise en œuvre des actes par elle adoptés. Cette seconde dimension de l'autonomie institutionnelle est corroborée par l'avis n° 2/2000dans lequel la CJUEMOA affirme « qu'à côté des compétences retenues des États membres dont l'exercice est garanti par leur autonomie institutionnelle, il existe avec le même principe d'autonomie institutionnelle, une compétence exclusive de l'Union [...] »[569]. En ce qui concerne les organes de l'UEMOA, la notion inclut enfin le principe d'équilibre

---

[566] Voir l'article 34 du traité de l'UEMOA pour ce qui concerne la Commission et l'article 33 du traité portant création du Parlement de l'UEMOA, pour ce qui est de cet organe.

[567] CJUEMOA, arrêt Adamou Moumouni DJERMAKOYE c. Comité Interparlementaire de l'UEMOA (CIP), 27 mars 2002, aff. n°01/02, Rec. 2008, p. 376.

[568] *Idem*, p. 382.

[569] Avis n° 2/2000 précité, p. 241. Nous soulignons.

institutionnel[570]. L'équilibre institutionnel garantit l'intangibilité de la répartition des compétences entre les différents organes.

En droit de l'UE, le principe a été dégagé de l'arrêt Meroni où la CJCE s'est référé à « l'équilibre des pouvoirs, caractéristique de la structure institutionnelle de la Communauté » comme étant « une garantie fondamentale accordée par le traité, notamment aux entreprises et aux associations auxquelles il s'applique »[571]. Dans l'ordre juridique de l'UEMOA, il est possible de l'inférer du principe des compétences d'attribution prévu à l'article 16, alinéa 2, du Traité de l'UEMOA. En effet, dans la mesure où les organes de l'UEMOA ne peuvent agir que dans les limites des compétences qui leur sont attribuées par les traités, ceux-ci ne peuvent, en conséquence, empiéter les uns sur les compétences des autres[572]. Il en résulte l'importance du choix de la base juridique qui permet de désigner à la fois le ou les organes compétents ainsi que la procédure indiquée pour l'adoption des divers actes juridiques.

Malheureusement, comme l'a révélé l'examen de la pratique, notamment dans le domaine du marché commun, le choix de la base juridique au sein de l'UEMOA n'est pas toujours conforme aux règles établies par les traités. Cela entraîne, par ricochet, la violation du principe d'équilibre institutionnel visant à préserver les prérogatives respectives des organes[573]. Enfin, il faut relever l'existence, au sein de l'Union, d'un phénomène caractéristique des organisations d'intégration économique africaines, à savoir l'importante influence politique exercée par les conférences de chefs d'États et de

[570] Soulignons cependant qu'il ne s'agit guère d'une intangibilité absolue compte tenue de la possibilité de procéder à des délégations de pouvoirs ou de signature, d'un organe (ou d'une autorité) à un (e) autre.
[571] Voir arrêt Méroni précité.
[572] En droit de l'UE, la CJCE l'a affirmé dans l'arrêt Wybot (CJCE, arrêt du 10 juillet 1986, aff. 149/85, Rec. 1986, p. 2391) : « Dans le cadre de l'équilibre des pouvoirs entre les institutions, prévu par les traités, la pratique du Parlement ne saurait [...] enlever aux autres institutions une prérogative qui leur est attribuée par les traités eux-mêmes ». À l'inverse de cette décision, le principe d'équilibre institutionnel a aussi été mobilisé par la CJCE pour défendre les prérogatives du Parlement. Voir par exemple l'arrêt Roquette et Maïzena (aff. Jointes 138 et 139/79 du 29 octobre 1980, Rec. 1980, p. 3333) où la Cour a reconnu le droit du Parlement à être consulté comme « un élément essentiel de l'équilibre institutionnel voulu par le traité », susceptible d'entraîner l'annulation d'un acte pris par le Conseil.
[573] Cf. *supra*, nos développements relatifs au choix de la base juridique en droit de l'UEMOA.

gouvernement sur les autres organes. Si cette supériorité a une explication historique[574] et statutaire[575], il n'en demeure pas moins qu'elle doit s'exercer dans les limites du droit et dans le respect des pouvoirs conférés aux autres organes, conformément au principe d'équilibre institutionnel. Or cela n'a pas toujours été le cas au sein de l'UEMOA où les membres de la Commission sont parfois victimes d'un abus d'autorité de la part de l'organe suprême[576].

Tout comme les organes, l'action des États membres est régie également par le principe d'autonomie institutionnelle. À l'égard de ces derniers, le principe d'autonomie couvre également les diverses règles de procédures auxquelles ils peuvent avoir recours dans la mise en œuvre des politiques et des législations de l'Union.

2) L'autonomie de l'action étatique

Dans le cadre de la répartition des compétences au sein de l'UEMOA, l'action de l'Union n'est pas toujours exclusive de celle des États membres. En effet, ces derniers peuvent être amenés à intervenir, notamment, pour la mise en œuvre du droit de l'Union dans leurs ordres juridiques respectifs. En dehors de ce cas de figure où ils n'interviennent qu'en qualité d'exécutants du droit de l'UEMOA, les États membres peuvent également intervenir en tant que « codécideurs » ou « colégislateurs » aux côtés de l'Union dans un domaine donné. C'est l'hypothèse des domaines de compétences mixtes (compétences d'encadrement et compétences de coordination)[577], qui constituent la catégorie de droit commun des

---

574 Contrairement à l'intégration au sein de l'UE, l'intégration régionale en Afrique s'est longtemps résumée à la réunion des chefs d'États et de gouvernement par laquelle se prenait l'essentiel des décisions dans la vie des organisations.

575 Statutairement, la Conférence des chefs d'État et de gouvernement constituent, en général, l'organe suprême au sein des organisations. Voir par exemple, art. 6 du traité de l'UMOA, art. 7, al. 1, du traité révisé de la CEDEAO.

576 Voir CJUEMOA, arrêt Eugène YAÏ c. Conférence des Chefs d'Etat et de Gouvernement de l'UEMOA du 27 avril 2005, op. cit., et les développements, y relatifs, de Dramane SANOU : La juridictionnalisation des organisations régionales d'intégration économique en Afrique, op. cit. p. 328 et s.

577 Cf. *infra*, nos développements sur la typologie des compétences au sein de l'UEMOA.

compétences de l'UEMOA. En fait, il s'agit de domaines dans lesquels les États membres conservent la maîtrise de leurs compétences nationales, l'Union n'intervenant que pour les encadrer par des principes communs ou par des règles d'harmonisation. En vue de s'assurer que l'action de l'Union se limite à cette fonction sans empiéter sur la compétence parallèle des États membres, l'article 5 du traité de l'UEMOA institue le principe d'édiction minimale[578] et son corollaire, le principe d'autonomie institutionnelle et procédurale des États membres. Aux termes de cette disposition,

> « Dans l'exercice des pouvoirs normatifs que le traité leur attribue, et dans la mesure compatible avec celui-ci, les organes favorisent l'édiction des prescriptions minimales et des réglementations-cadres, qu'il appartient aux États membres de compléter conformément à leurs règles constitutionnelles respectives ».

Comme cela a été relevé par la doctrine, le principe d'édiction minimale exclut la logique des compétences exclusives[579] et se rapproche[580], de ce point de vue, du principe de subsidiarité consacré en droit de l'UE, lequel ne s'applique que dans les domaines qui ne relèvent pas de la compétence exclusive de l'Union européenne[581]. Pour autant, les deux principes ne peuvent être assimilés dans la mesure où le principe de subsidiarité correspond à la logique des compétences concurrentes

---

[578] Formulation consacrée par la doctrine en droit de l'UEMOA. Voir Etienne CEREXHE et Louis le Hardÿ De BEAULIEU, *Introduction à l'Union économique ouest-africaine, op. cit.* p. 48 ; Pierre MEYER et Luc Marius IBRIGA, « La place du droit communautaire de l'UEMOA dans le droit interne des États membres », *op. cit.*, p. 9.

[579] Etienne CEREXHE et Louis le Hardÿ De BEAULIEU, *Introduction à l'Union économique ouest-africaine, op. cit.*

[580] Pierre MEYER et Luc Marius IBRIGA, *op. cit.* Toutefois, cela ne saurait signifier pour nous que les traités de l'UEMOA, dans leur ensemble, excluent la logique des compétences exclusives comme le soutiennent ces auteurs. Cf. infra, p. 151 et s.

[581] Aux termes de l'article 5, paragraphe 3, du traité UE « En vertu du principe de subsidiarité, <u>dans les domaines qui ne relèvent pas de sa compétence exclusive</u>, l'Union intervient seulement si, et dans la mesure où, les objectifs de l'action envisagée ne peuvent être atteints de manière suffisante par les États membres, tant au niveau central qu'au niveau régional et local, mais peuvent l'être mieux, en raison des dimensions ou des effets de l'action envisagée, au niveau de l'Union ». Nous soulignons.

consacrée par le traité FUE[582] tandis que le principe d'édiction minimale correspond davantage à celles des compétences mixtes[583].

Cependant, cela ne signifie pas que le principe de subsidiarité soit inapplicable en droit de l'UEMOA. Comme nous le démontrerons plus tard, le principe de subsidiarité peut trouver à s'appliquer dans l'hypothèse des politiques communes stricto sensu, qui épousent la logique des compétences concurrentes[584]. Par ailleurs, le recours au principe de subsidiarité pourrait s'avérer utile, même dans l'hypothèse des compétences mixtes, notamment lorsque l'examen des dispositions des traités ne permet pas de déterminer les domaines dans lesquels l'Union peut exercer sa compétence d'encadrement ou de coordination et ceux dans lesquels les États membres conservent des compétences sur le plan interne[585].

En tout état de cause, l'examen de plusieurs actes additionnels instituant des politiques sectorielles au sein de l'UEMOA, permet de découvrir la consécration de la notion par la Conférence des chefs d'États et de gouvernement. Ainsi, l'acte additionnel n°3/2001 portant adoption de la politique agricole de l'UEMOA (PAU)[586] se réfère, parmi les principes directeurs de ladite politique, au principe de subsidiarité selon lequel, « l'UEMOA, hors des domaines relevant de sa compétence exclusive, ne traite au niveau régional que ce qui ne peut être traité, de façon plus efficace, au niveau national ou local »[587]. Dans l'avis n° 1/2007, la Cour de justice a également admis l'applicabilité du principe

---

[582] En effet, bien que le traité FUE emploie l'expression « compétence partagée », la définition retenue par les rédacteurs de l'article 2, paragraphe, consacre bel et bien l'idée de compétences concurremment exercées par l'Union et ses États membres. Cf. *infra*, nos développements sur la typologie des compétences en droit de l'UEMOA.
[583] Concernant la distinction entre compétences concurrentes et compétences mixtes, voir Vlad CONSTANTINESCO, Compétences et pouvoirs dans les Communautés européennes, *op. cit.* p. 278 et s. Cf. infra, p. 150 et s.
[584] *Ibidem.*
[585] Cf. *infra,* nos développements sur la typologie des compétences en droit de l'UEMOA.

[586] Acte additionnel n°3/2001/CCEG/UEMOA portant adoption de la politique agricole de l'UEMOA du 19 décembre 2001, BO, n°24, 4e trimestre 2001, pp.7- 10.
[587] *Idem*, art. 4, al. 2. Voir aussi, art. 2 de l'acte additionnel n°4/2001/CCEG/UEMOA portant adoption de la politique énergétique commune de l'UEMOA du 19 décembre 2001, BO, n°24, 4e trimestre 2001, pp.10- 11 ; Art. 6 de l'acte additionnel n°1/2008/CCEG/UEMOA portant adoption de la politique commune d'amélioration de l'environnement de l'UEMOA, BO, n° 60, 1er trimestre 2008, pp.3-6.

de subsidiarité, concernant la négociation et la conclusion, par les États membres, des accords internationaux en matière d'investissements[588].

En ce qui concerne le principe d'autonomie institutionnelle et procédurale des États membres, il signifie que ces derniers ne se conforment qu'à leurs propres règles constitutionnelles internes lorsqu'ils interviennent dans la sphère des compétences qui leur sont réservées. En plus de l'article 5 du traité de l'UEMOA dont il découle, le principe d'autonomie institutionnelle et procédurale des États membres peut être inféré de l'article 46 du traité de l'UEMOA, relatif à l'exécution des décisions du Conseil ou de la Commission formant titre exécutoire[589]. Dans cette hypothèse, l'article 46 du traité de l'UEMOA prévoit que l'exécution forcée est régie par « les règles de procédures civile en vigueur dans l'État sur le territoire duquel elle a lieu […] » et poursuivie devant « l'organe compétent selon la législation nationale ».

Cette autonomie institutionnelle et procédurale, dans l'exécution des décisions du Conseil ou de la Commission formant titre exécutoire, peut être généralisée à l'application de l'ensemble du droit de l'UEMOA dans les ordres juridiques internes. Pris dans ce sens, l'autonomie institutionnelle et procédurale des États membres signifierait que « dans l'application du droit communautaire, les États jouissent d'une entière autonomie tant dans l'exécution normative qu'administrative du droit communautaire »[590], ce qui implique que « lorsque des mesures de mise en œuvre du droit de l'Union doivent être arrêtées par les États membres, ceux-ci se conformeront aux règles qui découlent de leur droit interne et notamment de leur droit constitutionnel, pour ce qui

---

588 Avis 1/2007 précité, p. 607.

589 Conformément à l'article 46, alinéa 1, du Traité, il s'agit notamment des « décisions du Conseil ou de la Commission qui comportent, à la charge des personnes autres que les États, une obligation pécuniaire […] ». Cette disposition peut être rattachée, en ce qui concerne la Commission, aux décisions que celle-ci est amenée à prendre dans le cadre de ses compétences spécifiques en matière de concurrence, précisément celles comportant des astreintes ou des amendes destinées à sanctionner les interdictions énoncées dans l'article 88.

590 Pierre MEYER et Luc Marius IBRIGA, « La place du droit communautaire UEMOA dans le droit interne des États membres », *op. cit.* p. 37.

concerne la détermination des organes compétents et des procédures à utiliser »[591].

L'exécution du droit de l'UEMOA peut être également judiciaire[592]. Dans ce cas, l'autonomie institutionnelle et procédurale signifie la reconnaissance, aux États, du pouvoir de répartir les compétences entre leurs organes juridictionnels ainsi que les procédures judicaires applicables pour l'exécution du droit de l'Union[593]. Dans son fondement, le principe de l'autonomie institutionnelle et procédurale des États membres apparaît comme un ménagement de la souveraineté étatique mais dénote également d'un certain pragmatisme de la part de l'Union qui n'est pas obligée d'élaborer des règles de compétences et de procédures pour l'application interne des normes d'intégration[594].

Malgré les avantages liés aux principes garantissant l'autonomie des États membres et des organes de l'Union, dans l'exercice de leurs compétences respectives, celle-ci n'est pas exempt de risques, surtout vis-à-vis de l'unité et de l'efficacité de l'action menée. De ce fait, plusieurs autres principes s'imposent afin d'éviter que l'autonomie affirmée ne nuise à l'efficacité dans l'exercice des compétences au sein de l'Union.

B) L'efficacité dans l'exercice des compétences

L'efficacité dans l'exercice des compétences au sein de l'UEMOA est assurée de deux manières. D'abord, à travers des règles et des principes visant à encadrer l'autonomie des organes et des États membres (1), puis par le biais du principe de coopération loyale qui impose la collaboration entre ces derniers (2).

---

591 Guy ISSAC et Marc BLANQUET, Droit *général de l'Union européenne, op. cit.* p. 444. À noter qu'en droit de l'UE, le principe a été dégagé de l'arrêt International Fruit Company (CJCE, arrêt du 15 décembre 1971, aff. 51 à 54/71, Rec. 1971, p. 1116) dans lequel la Cour a affirmé que « lorsque les dispositions du traité ou des règlements reconnaissent des pouvoirs aux États membres ou leur imposent des obligations aux fins de l'application du droit communautaire, la question de savoir de quelle façon l'exercice de ces pouvoirs et l'exécution de ces obligations peuvent être confiés par les États membres à des organes déterminés relève uniquement du système constitutionnel de chaque État membre ».

592 Pierre MEYER et Luc Marius IBRIGA, *op. cit.*

593 Cf. *infra*, nos développements sur l'accès direct au juge national par les voies de droit nationales dans la deuxième partie de ce travail.

594 *Ibidem.*

1) L'encadrement de l'autonomie

Pour les organes de l'UEMOA, l'autonomie institutionnelle est rigoureusement encadrée par les traités, qui ne peuvent être outrepassés. Ainsi, les organes ne peuvent déroger aux modalités de fonctionnement interne déjà prévues par ces derniers[595]. Cela signifie, par exemple, que dans le cadre de la révision des textes régissant la gestion et le fonctionnement de la Commission, qui l'avait conduit à saisir la Cour de justice d'une demande d'avis portant sur « les précautions juridiques » à prendre à cet effet[596], l'organe supranational ne pouvait déroger au modalités de délibération interne prévues à l'article 32 du traité de l'UEMOA ou encore au principe de collégialité découlant de l'article 18 du traité portant création du Parlement de l'Union[597].

Par ailleurs, l'autonomie institutionnelle de l'UEMOA se trouve encadrée par le principe de proportionnalité. À l'instar du principe de subsidiarité, consacré dans plusieurs actes additionnels, le principe de proportionnalité trouve à s'appliquer dans l'exercice des compétences au sein de l'UEMOA. Conformément audit principe, « l'action de l'Union se limite aux moyens nécessaires pour atteindre les objectifs que lui assigne le traité »[598]. Cette définition correspond au contenu donné à la notion en droit de l'UE. En effet, l'article 5, paragraphe 4, du traité UE énonce qu'« en vertu du principe de proportionnalité, le contenu et la forme de l'action de l'Union n'excède pas ce qui est nécessaire pour atteindre les objectifs des traités ». Dans l'arrêt Vodafone du 8 juin 2010[599], la CJUE a rappelé que ledit principe exigeait que « les moyens mises en œuvre par une disposition du droit communautaire soient aptes à réaliser les objectifs légitimes poursuivis par la réglementation concernée et n'aillent pas au-delà de ce qui est nécessaire pour les atteindre »[600].

---

595 Jean Paul JACQUÉ, *Droit institutionnel de l'Union européenne, op. cit.* p. 249.
596 CJUEMOA, avis n°1/99 du 22 mars 1999, demande d'avis complémentaire du Président de la Commission de l'UEMOA par rapport à l'avis n°1/98 de la Cour de Justice de l'UEMOA en date du 10 septembre 1998, Rec. 2008, p. 217.
597 À propos du principe de collégialité, il faut relever que la règle a été affirmée, par la CJCE, à l'égard de la Commission de l'UE, dans l'arrêt Akzo (CJCE, arrêt Akzo du 23 septembre 1986, aff. 5/85, Rec. 1986, p. 2585).
598 Voir, art. 6 de l'acte additionnel n°1/2008/CCEG/UEMOA, *op. cit.*
599 CJUE, arrêt Vodafone du 8 juin 2010, aff. C-58/08, Rec. 2010, p. I-4999.
600 *Idem*, pt 51. Nous soulignons.

Toutefois, dans la mesure où l'action de l'UE intervient souvent dans des domaines impliquant des choix politiques, économiques et sociaux faisant appel à des appréciations et des évaluations complexes, la CJUE reconnaît, de manière constante, un large pouvoir d'appréciation au législateur européen. Ceci l'a conduit à limiter son contrôle du principe de proportionnalité au « caractère manifestement inapproprié » de la mesure par rapport aux objectifs poursuivis[601]. Au regard du contenu similaire du principe en droit de l'UEMOA et de la nature semblable des compétences exercées par l'Union, cette interprétation du juge de l'UE s'avère pertinemment applicable à l'encadrement de l'autonomie institutionnelle de l'UEMOA. Vis-à-vis des États membres, l'autonomie institutionnelle ne devrait pas conduire à légitimer la thèse dite de « congruence », qui tend à subordonner l'autorité des normes adoptées par l'Union, à leur compatibilité avec les principes fondamentaux contenus dans leurs constitutions[602]. Cette velléité ne pourrait, du reste, prospérer au regard de la primauté générale du droit de l'UEMOA[603].

En droit de l'UE, la CJCE a également dégagé les principes d'équivalence et d'effectivité, pour encadrer l'autonomie institutionnelle des États membres. Ces principes visent notamment à s'assurer que les États n'usent pas de l'autonomie procédurale, pour vider de leur contenu, les droits individuels découlant des actes adoptés par l'UE. Conformément au principe d'équivalence, « les modalités procédurales des recours en justice destinés à assurer la sauvegarde des droits que les justiciables tirent de l'effet direct du droit communautaire [...] ne peuvent être moins favorables que celles concernant des recours similaires de nature interne ». Quant au principe d'effectivité, il s'oppose notamment à ce que l'aménagement de ces procédures n'aboutisse « à rendre pratiquement impossible l'exercice des droits conférés par l'ordre juridique communautaire »[604].

---

601 *Id.*, pt 52.

602 Pierre MEYER et Luc Marius IBRIGA, « La place du droit communautaire UEMOA dans le droit interne des États membres », *op. cit.* p. 37.

603 Cf. *supra*, chap. 1.

604 CJCE, arrêt Rewe du 16 décembre 1976, aff. 33/76, *op. cit.* ; CJCE, arrêt Comet du 16 décembre 1976, aff. 45/76, Rec. 1976, p. 2043. Nous nous limiterons à ces indications à ce stade de nos développements dans la mesure où ces principes seront amplement étudiés dans la deuxième partie cette thèse.

L'application de ces principes, au sein de l'UEMOA, s'avère fondamentale. Elle permettrait d'éviter notamment que l'autonomie institutionnelle et procédurale reconnue aux États membres, ne se révèle préjudiciable à l'exécution ou à la mise en œuvre des actes pris par les organes.

2) L'obligation de coopération

Même s'ils agissent, chacun, par le biais de leurs propres moyens (organes et procédures), l'Union et les États membres sont également amenés à coopérer dans le cadre de leurs compétences respectives. En effet, le traité de l'UEMOA soumet les derniers à une obligation de coopération loyale vis-à-vis de l'Union. Cette obligation inscrite à l'article 7 du Traité, signifie que

> « Les États membres apportent leur concours à la réalisation des objectifs de l'Union en adoptant toutes mesures générales ou particulières, propres à assurer l'exécution des obligations découlant du [présent] traité. À cet effet, ils s'abstiennent de toutes mesures susceptibles de faire obstacle à l'application du [présent] traité et des actes pris pour son application ».

Ainsi défini, le principe de coopération loyale ou principe de loyauté[605], comporte deux dimensions : une première dimension s'analysant en une obligation de faire, et une seconde, comportant une obligation de ne pas faire.

Le respect de l'obligation de coopération loyale, par les États membres, leur impose tantôt une « attitude résolument dynamique »[606], en vue de favoriser la réalisation des objectifs du traité, tantôt une attitude négative visant à s'abstenir de tout ce qui pourrait nuire ou défavoriser la réalisation desdits objectifs. L'exemple classique généralement cité en matière d'obligation de faire est l'obligation incombant à ces derniers de transposer les directives adoptées par les organes de l'Union. La CJCE a jugé que cette obligation imposait, en particulier aux États membres, de s'abstenir de prendre, pendant les délais de transposition, des dispositions de nature à compromettre sérieusement

---

605 Etienne CEREXHE et Louis le Hardÿ De BEAULIEU, *Introduction à l'Union économique ouest-africaine, op. cit.* p. 48.
606 *Ibidem.*

le résultat prescrit par les directives[607]. Quant à l'obligation de ne pas faire, la CJUEMOA a jugé dans l'avis n° 2/2000[608], que le caractère exclusif de la compétence externe de l'Union en matière de PCC, imposait aux États membres de s'abstenir, en vertu de l'article 7 du Traité, de négocier ou de conclure, individuellement ou collectivement, des accords internationaux en matière commerciale.

Quand bien même la formulation de l'article 7 du Traité semble suggérer le contraire, l'obligation de coopération loyale ne saurait exister seulement en sens unique. Il faut souligner à cet effet, que la CJCE a affirmé la réciprocité de ladite obligation alors même que l'article 10 du traité CE (actuellement article 4, paragraphe 3, du traité FUE) était formulé dans des termes presqu'identiques à l'article 7 du traité de l'UEMOA[609]. En effet, en se référant de surcroît à la « Communauté de droit », la CJCE a affirmé dans l'ordonnance Zwartfeld[610], que les relations entre États membres et institutions de la Communauté étaient régies par le principe de coopération loyale. Elle en a inféré l'obligation, incombant à Commission européenne, de faire droit à la demande d'entraide judiciaire qui avait été formulée par le Rechtercommissaris de Groningen, dans le cadre de la procédure ouverte sur la gestion du port de Lauwersoog. Ainsi, tout comme les États membres sont soumis à l'obligation de loyauté vis-à-vis de l'Union et de ses organes, ces derniers devraient agir de même, le cas échéant, à l'égard de tous les États membres.

Hormis les rapports Union/États membres qu'il régit, le principe de coopération loyale s'applique aux organes de l'Union dans leurs rapports mutuels : c'est l'expression du principe de coopération loyale interinstitutionnelle, formellement consacré par le traité FUE[611]. À

[607] CJCE, arrêt Inter-Environnement Wallonie ASBL c. Région wallonne du 18 décembre 1997, *op. cit.*, pt 45.
[608] avis n° 2/2000 précité.
[609] Aux termes de l'article 10 du traité CE « Les États membres prennent toutes mesures générales ou particulières propres à assurer l'exécution des obligations découlant du présent traité ou résultant des actes des institutions de la Communauté. Ils facilitent à celle-ci l'accomplissement de sa mission.
Ils s'abstiennent de toutes mesures susceptibles de mettre en péril la réalisation des buts du présent traité ».
[610] CJCE, Ordonnance Zwartfeld du 13 juillet 1990, *op. cit.*
[611] Art. 13, paragraphe 2, in fine, du traité UE : « Chaque institution agit dans les limites des attributions [...]. Les institutions pratiquent entre elles une coopération loyale ».

l'analyse, les rédacteurs de l'article 16, paragraphe 2, du traité de l'UEMOA, semblent avoir omis d'ajouter à cette disposition similaire à l'article 13, paragraphe 2, du traité UE, le dernier membre de phrase « les institutions pratiquent entre elles une coopération loyale », lequel ne figure, non plus, à l'article 7 du traité de l'UEMOA. En dépit de ce constat, le traité de l'UEMOA pris dans son ensemble n'exclut pas toute idée de coopération loyale interinstitutionnelle. Ne serait-ce que dans le cadre du processus décisionnel, la Commission, le Conseil ainsi que le Parlement de l'UEMOA, sont amenés à coopérer en vue de réaliser les objectifs du Traité.

Même si l'essentiel des modalités de cette coopération se trouve régi par les dispositions du Traité, il n'en demeure pas moins que dans les situations non prévues par ce dernier, les organes n'auront d'autre choix que de se fixer, sur une base d'entente mutuelle, des règles de collaboration complémentaires. Il faut d'ailleurs rappeler que c'est de cette manière qu'a pris forme la pratique des accords interinstitutionnels au sein de l'UE. Ces accords constituent la manifestation la plus aboutie de la coopération interinstitutionnelle. Dans le cadre de ces accords, la CJCE a affirmé que devaient s'appliquer les mêmes devoirs de coopération loyale qui régissaient les relations entre les États membres et les institutions de la Communauté européenne[612]. Appliqué aux organes de l'UEMOA, le principe de coopération loyale interinstitutionnelle, non seulement imposerait à ces derniers de respecter leurs attributions respectives, mais autoriserait également la mise en place de procédures permettant d'assurer le bon déroulement du processus décisionnel, pourvu que celles-ci ne portent pas atteinte aux traités constitutifs[613]. À cet effet, il est possible de se référer à l'article 30 du traité portant création du Parlement de l'UEMOA. Celui-ci institue un Comité permanent de concertation (CPC) « chargé de faciliter le dialogue entre le Parlement, le Conseil et la Commission ». La composition, l'organisation et le fonctionnement dudit Comité devront être déterminés dans un futur règlement conjoint du Conseil et du Parlement[614].

L'ensemble des règles, jusqu'ici décrites, permet de veiller à ce que l'exercice des compétences au sein de l'UEMOA, se fasse

---

[612] CJCE, arrêt Parlement c. Conseil du 27 septembre 1988, aff. 302/87, Rec. 1988, p. 5615.

[613] Jean Paul JACQUÉ, *Droit institutionnel de l'Union européenne, op. cit.* p. 252.

[614] Art. 30, al. 2, du traité portant création du Parlement de l'UEMOA.

conformément aux traités dont elles découlent. Après les avoir toutes passées en revue, il convient de s'intéresser, à présent, à la catégorisation, proprement dite, des compétences au sein de l'organisation. Il s'agira notamment de déterminer si les compétences exercées respectivement par l'Union et par les États membres répondent à une logique de répartition dans des catégories bien prédéfinies.

Section II : La catégorisation des compétences

De l'aveu de la Cour de justice, « les dispositions du traité de l'UEMOA ne sont pas très explicites en matière de répartition des compétences entre l'Union et les États membres »[615]. L'absence de « catalogue » des compétences, dans les traités constitutifs, rend difficile toute entreprise d'identification desdites compétences, malgré la relative clarté des compétences des organes (paragraphe I). Au regard de l'incertitude juridique et des difficultés que cette situation est à même d'engendrer, il apparaît nécessaire de clarifier davantage la typologie des compétences au sein de l'Union (paragraphe II).

Paragraphe I : L'identification des catégories de compétences

Il faut distinguer d'une part, les compétences conférées aux organes de l'Union (A) et d'autre part, les compétences respectives de l'Union et des États membres (B). Tandis que les premières se caractérisent par une certaine clarté des dispositions des traités y relatives, l'identification des secondes s'avère malaisée et moins évidente.

A) La clarté relative des compétences des organes

La répartition des compétences, entre les organes de l'UEMOA, est facilitée du fait de la catégorisation retenue par les rédacteurs des traités. En effet, on y distingue les organes de direction[616], l'organe parlementaire[617] et les organes de contrôle juridictionnel[618]. À ces

---

[615] Avis n° 3/2000 précité, p. 255.

[616] La Conférence des chefs d'État et de gouvernement et le Conseil des ministres de l'UEMOA.

[617] Le Parlement de l'UEMOA.

[618] La Cour des comptes et la Cour de justice de l'UEMOA.

principaux organes s'ajoutent des organes consultatifs[619] ainsi que des institutions spécialisées autonomes[620]. Cette classification s'avère, néanmoins, partiellement trompeuse. Elle est trompeuse dans la mesure où elle ne reflète pas toujours la réalité de la compétence exercée par l'organe désigné[621]. En considérant les compétences réellement exercées, il convient de distinguer les organes de l'UEMOA[622] selon qu'ils exercent des compétences d'orientation et de législation (1), des compétences d'exécution (2) ou encore des compétences de contrôle (3).

1) Les compétences d'orientation et de « législation »

Les compétences d'orientation et de « législation » sont exercées par la Conférence des chefs d'États et de gouvernement (CCEG) et par le Conseil des ministres. Organe purement intergouvernemental, la CCEG exerce l'essentiel de la compétence d'orientation. Cette compétence, qui sert à impulser l'action de l'Union, s'exerce à travers la fixation des grandes orientations de la politique de l'organisation[623]. Dans ce cadre, la CCEG constate à intervalles réguliers, l'état d'avancement du processus d'intégration et fixe, s'il y a lieu, de nouvelles orientations[624]. Dans l'exercice de sa compétence d'orientation, elle établit également des principes directeurs pour l'harmonisation des législations des États membres et identifie les domaines prioritaires dans lesquels un rapprochement des législations est nécessaire pour atteindre les objectifs de l'Union[625]. Il faut, néanmoins, relever qu'à côté de la

---

[619] Chambre consulaire régionale et autres organes consultatifs crées par acte additionnel de la CCEG.

[620] Il s'agit notamment de la banque centrale des États de l'Afrique de l'Ouest (BECEAO) et de la banque ouest-africaine de développement (BOAD), voir art. 41 du traité de l'UEMOA.

[621] Par exemple, l'organe parlementaire qu'est le Parlement ne « légifère » pas véritablement en droit de l'UEMOA même si sa participation au processus décisionnel s'est considérablement accrue avec l'adoption des traités de 2003 (le traité modifié de l'UEMOA et le traité portant création du parlement de l'UEMOA). *A contrario*, le Conseil exerce l'essentiel du pouvoir « législatif » au sein de l'UEMOA.

[622] Dans le cadre de cette étude, nous nous limiterons à l'examen des compétences exercées par les principaux organes de l'UEMOA à l'exclusion des organes consultatifs et des institutions spécialisées autonomes.

[623] Art. 17 du traité de l'UEMOA et art. 7 du traité de l'UMOA.

[624] Etienne CEREXHE et Louis le Hardÿ de BEAULIEU, Introduction à l'Union économique ouest-africaine, *op. cit.* p. 49.

[625] Art. 60 du traité de l'UEMOA.

compétence générale d'orientation, principalement reconnue à la CCEG, les traités confèrent une « compétence d'orientation sectorielle » au Conseil, notamment dans le cadre de la surveillance multilatérale des politiques économiques des États membres[626]. Cette compétence est, néanmoins, exceptionnelle par rapport à la compétence de « législation » dont il a le monopole.

En effet, chargé de mettre en œuvre les orientations politiques fixées par la CCEG[627], le Conseil[628] représente le principal organe « législatif » de l'UEMOA. Il intervient notamment par le biais des règlements, des directives, des lois uniformes, et des décisions, en vue de l'harmonisation[629] et de l'uniformisation[630] des législations des États membres, conformément aux orientations fixées par la CCEG. C'est aussi le Conseil qui arrête le budget de l'Union conformément à l'article 47, alinéa 1, du traité de l'UEMOA. Sur le plan externe, le Conseil a la compétence pour conclure les accords internationaux[631] ainsi que les conventions financières avec les institutions internationales ou les instituts d'émission étrangers, dans le cadre de l'union monétaire[632]. Avec l'entrée en vigueur du traité portant création du Parlement de l'UEMOA, ledit Parlement participe dorénavant à l'exercice d'une partie des compétences législatives dévolues au Conseil[633].

De même que le Conseil dispose d'une compétence exceptionnelle d'orientation, les traités ont confié à la CCEG une compétence exceptionnelle de « législateur » dans un certain nombre de domaines. Celle-ci exerce notamment, « en tant que de besoin »[634], des compétences normatives internes visant à modifier le nombre des commissaires de l'UEMOA[635], à définir d'autres langues de travail au sein de l'organisation[636] ou encore, à instituer d'autres politiques

---

[626] Art. 17, alinéa 2, du traité de l'UMOA et art. 64 du traité de l'UEMOA.
[627] Art. 20, alinéa 1, du traité de l'UEMOA.
[628] Organe intergouvernemental à l'instar de la CCEG, le Conseil réunit les ministres des États membres compétents selon les matières à l'ordre du jour des réunions.
[629] Art. 61 du traité de l'UEMOA.
[630] Art. 34 du traité de l'UMOA.
[631] *Idem*, art. 84
[632] *Id.*, art. 20.
[633] Cf. *infra*, 3°).
[634] Art. 19 du traité de l'UEMOA.
[635] *Idem*, art. 27 in fine.
[636] *Id.*, art. 105

sectorielles au sein de l'Union[637]. Enfin, la CCEG peut être amenée à exercer une compétence « d'organe d'appel » pour trancher toute question n'ayant pu trouver une solution par accord unanime au sein du Conseil[638]. Une fois que la CCEG a tracé les grandes lignes des politiques de l'UEMOA et que le Conseil a légiféré dans les domaines couverts par lesdites politiques, il revient à la Commission d'en assurer l'exécution tant par les organes de l'Union que par les États membres.

2) La compétence d'exécution

De caractère supranational[639], la Commission est l'organe qui exerce principalement la compétence d'exécution au sein de l'UEMOA. À ce titre, elle exécute sur délégation expresse du Conseil, les actes que celui-ci adopte[640]. À quelques exceptions près, la pratique institutionnelle révèle le recours quasi automatique à la « formule délégante »[641] dans les actes adoptés par le Conseil. Cela confère *de facto*, à la Commission, le statut de principal organe exécutif de l'Union. En tant que « gardienne des traités », elle veille également à leur application en disposant même de pouvoirs de décision et de sanction dans le domaine du droit de la concurrence[642]. La Commission jouit également du pouvoir de saisir la Cour de justice lorsque les États membres ne respectent pas les obligations qui leur incombent en vertu des traités[643].

Hormis cela, elle exerce une compétence d'exécution du budget de l'Union conformément à l'article 26 et à l'article 47, alinéa 4, du traité de l'UEMOA. Sur le plan international, la Commission est enfin chargée de représenter l'Union, dans les négociations des accords internationaux, conformément aux directives fixées par le Conseil[644]. Nonobstant sa principale fonction d'organe exécutif, la Commission

[637] Art. 24 du protocole additionnel n°2.
[638] Art. 7 du traité de l'UMOA.
[639] Conformément à l'article 28 du traité de l'UEMOA, la Commission exerce ses pouvoirs en toute indépendance, dans l'intérêt général de l'Union.
[640] *Idem*, art. 24.
[641] Cette formule dispose généralement « La Commission est chargée du suivi de l'exécution de la présente directive » ou encore « Le président de la Commission est chargé de l'exécution du présent règlement ».
[642] Art. 89 et 90 du traité de l'UEMOA.
[643] Art. 5 du protocole additionnel n°1.
[644] Voir art. 12 et 84 du traité de l'UEMOA.

participe, dans une certaine mesure, au processus décisionnel de l'UEMOA puisqu'elle exerce, également de facto, le quasi-monopole de l'initiative de l'activité normative de l'Union[645]. En contrepoids aux compétences détenues par les organes législatifs (et d'orientation) et exécutifs, il existe enfin des compétences de contrôle exercées par le Parlement et la Cour de Justice.

3) Les compétences de contrôle

Les compétences de contrôle de l'action de l'Union sont exercées principalement par le Parlement, pour ce qui est du contrôle démocratique[646], et par la Cour de justice et la Cour des comptes, pour ce qui relève du contrôle juridictionnel[647]. Émanation directe de la volontaire populaire[648], le Parlement de l'UEMOA contrôle l'action de la Commission et peut voter, à son encontre, une motion de censure[649]. Tout comme la Commission, le Parlement participe accessoirement au processus décisionnel de l'Union dans la mesure où il peut être consulté sur certains projets d'actes additionnels, de règlements ou de directives[650]. Quant aux compétences de contrôle juridictionnel, elles sont principalement exercées par la CJUEMOA chargée de veiller au respect du droit quant à l'interprétation et l'application des traités[651]. Elle exerce, à cet effet, diverses compétences dont celle portant sur le contrôle de légalité de l'action de l'UEMOA[652]. La Cour de Justice de l'UEMOA rend des décisions à caractère obligatoire et exécutoire[653].

[645] Luc Marius IBRIGA, Abou Saïb COULIBALY et Dramane SANOU (éd.), *Droit communautaire ouest-africain, op. cit.* p. 64. En outre, l'article 22 du traité de l'UEMOA dispose que « toutes les fois que le présent traité prévoit l'adoption d'un acte juridique sur proposition de la Commission, le Conseil ne peut faire d'amendement à cette proposition qu'en statuant à l'unanimité de ses membres ».
[646] Art. 35 du traité de l'UEMOA.
[647] *Idem*, art. 38.
[648] Art. 5 du traité portant création du Parlement de l'UEMOA.
[649] *Idem*, art. 18, al. 2.
[650] *Id.*, art. 25, al. 1.
[651] Art. 1er du protocole additionnel n° 1.
[652] Sur la Cour de justice de l'UEMOA, nous nous limiterons à ces considérations sommaires tout en renvoyant aux développements approfondis qui sont effectués à ce sujet dans la deuxième partie de la thèse.
[653] Voir art. 57 du règlement de procédures de la Cour de Justice et art. 20 du protocole additionnel n° 1.

Elle jouit du pouvoir de prononcer des sanctions à l'encontre des organes et des États membres contrairement à la Cour des comptes.

Aux côtés de la Cour de Justice, l'article 38 du traité constitutif a institué une Cour des comptes dont le statut, la composition, les compétences ainsi que les règles de procédures et de fonctionnement sont énoncées dans le protocole additionnel n° 1. Aux termes de l'article 23 dudit protocole, « la Cour des Comptes assure le contrôle de l'ensemble des comptes des organes de l'Union. Ce contrôle porte notamment sur la régularité et l'efficacité de l'utilisation de leurs ressources ». Elle est composée de trois (3) conseillers nommés pour un mandat de de six (6) ans renouvelables une (1) fois, par la Conférence des chefs d'État et de gouvernement, parmi des personnalités offrant des garanties de compétence et d'indépendance. Ces derniers sont nommés sur proposition du Conseil[654].

Dans l'avis n° 2/99 du 25 juin 1999, relatif aux projets d'acte additionnel portant statuts de la Cour des comptes et au projet de règlement portant modalités de reddition et de contrôle, la Cour de Justice a affirmé que « le protocole additionnel n° 1, dans ses dispositions des articles 23 à 25, [avait] posé définitivement et limitativement les principes statutaires de la Cour des comptes […] »[655] et que « toutes les dispositions ultérieures devant intervenir ne [pouvait] porter que sur la mise en œuvre de ces orientations, y compris le modalités pratiques de fonctionnement de la Cour telles que prévues à l'article 26 du protocole additionnel »[656]. Se fondant notamment sur l'article 23 du protocole additionnel n° 1, la Cour a ainsi considéré que « le contrôle visé par le protocole additionnel n° 1 fait de la Cour des comptes, et ce en dépit de sa dénomination de contrôle juridictionnel, un organe de vérification de la régularité et de l'efficacité des comptes de l'Union et de ses organes […]»[657], à l'instar de la Cour des comptes de l'UE et non un organe chargé de juger les comptes et de sanctionner les coupables de mauvaise gestion comptable. Il en résultait que

[654] Art. 24 du protocole additionnel n° 1.

[655] CJUEMOA, avis n°2/99 du 25 juin 1999, demande d'avis du président de la Commission de l'UEMOA sur les projets d'acte additionnel portant statuts de la Cour des comptes et de règlement portant modalités de reddition et de contrôle, non publié, p. 3.

[656] *Ibidem.*

[657] *Ibid.*

> « Les textes d'application organisant la Cour des comptes ne [pouvaient], sans risquer la non-conformité avec l'acte suprême de l'Union, transformer la Cour des comptes en une institution juridictionnelle à caractère répressif, prononçant des amendes, des injonctions et mettant en débet des comptables par des arrêts de justice »[658].

Comme on peut s'en compte, la répartition des compétences entre les différents organes de l'UEMOA s'émancipe quelque peu de la théorie classique de la séparation des pouvoirs comme en droit de l'UE. En effet, cette répartition procède d'une reconfiguration du triangle décisionnel traditionnellement constitué du législatif, de l'exécutif et du judiciaire. En l'occurrence, les organes exécutifs en droit interne (Conseil des ministres et CCEG) se retrouve être les principaux organes « législatifs » en droit de l'UEMOA, tandis que l'organe assumant traditionnellement cette fonction (le Parlement) se retrouve confiné à un rôle de veille démocratique et de « législateur » auxiliaire. Demeures toutefois présente dans cette répartition atypique des compétences, l'idée selon laquelle l'ensemble des pouvoirs ne saurait être concentré entre les mains d'une seule et même entité mais devrait être réparti dans un triangle décisionnel formé d'un législatif, d'un exécutif et d'un judiciaire[659].

B) L'identification malaisée des compétences de l'Union

L'identification malaisée des compétences de l'Union, par rapport aux compétences des États membres, tient d'une part à l'absence de « catalogue » des compétences dans les traités constitutifs (1) et d'autre part, à l'apport limité de la systématisation opérée par la Cour de justice (2).

[658] *Idem*, p. 4. Cette décision a été confirmée par la suite dans l'avis 3/99. Voir CJUEMOA, avis n°3/99 du 25 novembre 1999, demande d'avis du président de la Commission de l'UEMOA relative à l'interprétation de dispositions du traité de l'UEMOA et de son protocole additionnel n°1, non publié.

[659] Sur la répartition atypique des pouvoirs législatif et exécutif en droit de l'intégration, l'on pourra utilement se référer à Sébastien ROLAND, *Le triangle décisionnel communautaire à l'aune de la théorie de la séparation des pouvoirs*, Bruxelles, Bruylant, 2008, 722 p.

1) L'absence de catalogue des compétences dans les traités constitutifs

Contrairement aux traités constitutifs actuels de l'UE[660]et aux constitutions des États fédéraux[661], les traités constitutifs de l'UEMOA ne contiennent aucun catalogue relatif aux différentes compétences exercées par l'Union. La situation de l'UEMOA est ainsi similaire à celle des traités originaires de l'UE[662]. Tout comme ces derniers, les différentes compétences de l'UEMOA se trouvent disséminées à travers les dispositions matérielles des traités de 2003 et de 2007. Ceux-ci se contentent de fixer les objectifs, les domaines d'action et les pouvoirs y relatifs, ainsi que les techniques et les moyens nécessaires pour y parvenir. Les différentes attributions de compétences qui en découlent ne font, quant à elles, l'objet d'aucune qualification particulière se rapportant à une éventuelle nature exclusive ou partagée. Face à cette lacune, le juge de l'UEMOA, à l'instar de son homologue européen[663], a progressivement tracé les sillons d'une systématisation palliative.

Ainsi, dans l'avis n° 2/2000 relatif à la politique commerciale commune, la Cour a dégagé le principe de la séparation entre compétences exclusives de l'Union et compétences retenues des États membres, affirmant « qu'à côté des compétences retenues des États membres [...], il existe [...] une compétence exclusive de l'Union »[664]. Ce premier niveau de répartition des compétences entre l'Union et les

---

[660] Voir précisément le titre I intitulé « catégories et domaines de compétences de l'Union », de la première partie du TFUE, spécifiquement les articles 3 à 6.

[661] Voir art. 1er de la Constitution fédérale des États-Unis, qui énumère les compétences du congrès vis-à-vis des États fédérés, ainsi que tout le chapitre 2, les articles 54 à 125, de la Constitution fédérale suisse. Pour une étude sur la répartition des compétences dans ces systèmes fédéraux, voir respectivement, Koen LENAERTS, *Le juge et la Constitution aux États-Unis d'Amérique et dans l'ordre juridique européen*, Bruxelles, Bruylant, 1988, 817 p. et Bernard DUBEY, *La répartition des compétences au sein au sein de l'Union européenne à la lumière du fédéralisme suisse, Genève, Bâle, etc., Helbing & Lichtenhahn*, 2002, 876 p.

[662] Notamment depuis le traité CEE signé le 25 mars 1957 et ses révisions successives jusqu'au traité de Lisbonne le 13 décembre 2007. Voir aussi, Denys SIMON, *Le système juridique communautaire*, *op. cit.* p. 129.

[663] Voir sur ce point Kosmas BOSKOVITS, *Le juge communautaire et l'articulation des compétences normatives entre la Communauté européenne et ses États membres*, Bruxelles, Bruylant, 2000, 876 p.

[664] Avis n° 2/2000 précité, p. 241.

États membres, se caractérise par une exclusivité réciproque. L'Union ne peut en principe interférer avec les compétences retenues des États, tout comme ces derniers ne peuvent normalement s'immiscer dans l'exercice des compétences exclusives de l'Union[665]. La question qui se posait était alors de savoir à quoi une telle compétence exclusive de l'UEMOA pouvait-elle se reconnaître dans une matière donnée ? La Cour y a répondu dans l'avis n° 3/2000 relatif aux règles de concurrence[666]. Pour elle,

> « il y a compétence exclusive lorsque la connaissance d'un certain domaine normatif d'intervention est réservée et aménagée pour un organe ou une organisation, seule habilitée à l'exercer dans un intérêt collectif. Elle a un caractère exceptionnel dans le cadre communautaire où elle s'impose toutes les fois que le fait de laisser aux États, une capacité d'initiative dans le même domaine est incompatible avec l'unité du marché commun et l'application uniforme du droit communautaire »[667].

Enfin, dans l'avis n° 1/2007 relatif aux accords d'investissements[668], la Cour de justice semble compléter cette définition en considérant les compétences exclusives de l'Union comme englobant « les matières où l'Union bénéficie d'un transfert de souveraineté »[669], à l'inverse des domaines de compétences partagées où elle ne disposerait que « d'un simple pouvoir d'harmonisation ou d'orientation »[670]. Sur la base du distinguo « compétences exclusives/compétences partagées », la Cour a reconnu l'existence d'une compétence exclusive à l'UEMOA dans les domaines de la politique commerciale commune, interne comme externe[671], dans les domaines de la concurrence et du marché commun de manière générale[672], de la politique monétaire, de la politique

---

[665] Il convient de relever que ce principe d'exclusivité réciproque n'est pas absolu dans la mesure où les États membres peuvent être amenés à participer à l'exercice d'une compétence de l'Union, voir à l'exercer carrément. Dans le même sens, l'Union peut exercer un certain contrôle de l'action des États mêmes dans le champ de leurs compétences retenues.
[666] Avis n°3/2000 précité.
[667] *Idem*, p. 256.
[668] Avis n°1/2007 précité.
[669] *Idem*, p. 604.
[670] *Ibidem*.
[671] Avis n° 2/2000 précité.
[672] Avis n° 3/2000 précité.

économique, ainsi que des politiques sectorielles communes définies, par la CCEG, conformément à l'article 24 du Protocole additionnel n°2[673]. En revanche, elle a rattaché le volet externe (conclusion d'accords internationaux) du domaine des investissements à la catégorie des compétences partagées. Dans ce domaine, affirme-t-elle, il appartiendrait à l'Union de « déterminer les matières pour lesquelles les États membres peuvent aller seuls aux négociations et celles pour lesquelles la compétence de l'Union est nécessaire »[674]. Ces matières peuvent « faire l'objet de réajustement au fur et à mesure de l'évolution économique des États et de l'avancée du processus d'intégration »[675].

Bien qu'elle constitue un apport significatif pour la clarification des compétences au sein de l'Union, la systématisation de la CJUEMOA n'en comporte pas moins des limites qu'il convient de relever.

2) L'apport limité de la systématisation jurisprudentielle

D'abord il faut noter que la Cour de justice, à travers le duo terminologique « compétences exclusives/compétences partagées », emprunte à la théorie juridico-politique du fédéralisme, les deux catégories classiques de compétences par lesquels s'opère la répartition des attributions entre l'État fédéral et les États fédérés[676]. Bien qu'elle ait une valeur explicative indéniable[677], cette summa divisio, partiellement appliquée par le système de l'Union européenne[678], ne reflète pas toutes les nuances et les complexités de la distribution des compétences entre l'UEMOA et ses États.

Concernant la systématisation proprement dite, plusieurs observations doivent être faites. S'agissant en premier lieu de la catégorie des compétences exclusives, la Cour de justice se réfère à trois critères

---

[673] Avis n° 1/2007 précité.
[674] *Ibidem.*
[675] *Ibid.*
[676] Vlad CONSTANTINESCO, *Compétences et pouvoirs dans les Communautés européennes, contribution à l'étude de la nature juridique des Communautés, op. cit.* p. 278.
[677] Denys SIMON, *Le système juridique communautaire, op. cit.* p. 131.
[678] En effet, le système des compétences tel qu'il résulte du traité de Lisbonne, retient en plus des catégories des compétences exclusives et partagées, une troisième catégorie dite des compétences complémentaires, d'appui ou de coordination, Voir art. 6 TFUE.

différents, sans qu'il soit possible d'affirmer avec certitude s'il s'agit de critères cumulatifs ou alternatifs. Il s'agit notamment du critère de l'habilitation exclusive des organes de l'Union, du critère de l'unité du marché commun et de l'application uniforme du droit de l'Union, ainsi que du critère du transfert de souveraineté. Bien que ces critères, en soi, nous paraissent pertinents[679], leur application pour la qualification exclusive de la compétence de l'Union, dans certains domaines, est discutable.

En effet, sur la base de ces critères et en particulier, sur la base du critère du transfert de souveraineté, la Cour de justice a reconnu compétence exclusive de l'Union pour toutes les politiques sectorielles communes sans exception, ce qui inclut par exemple la récente politique commune de l'UEMOA en matière de paix et de sécurité, dont l'un des principes directeurs s'avère, pourtant, le respect de la souveraineté des États membres[680]. Il est clairement contradictoire qu'une compétence, qui s'exerce dans le respect de la souveraineté des États, relève dans le même temps, de la catégorie des compétences exclusives, lesquelles supposent *a contrario* un abandon de la souveraineté étatique. Qui plus est, le domaine des politiques sectorielles communes se révèle, à l'analyse, beaucoup moins homogène qu'il y paraît[681].

En plus des politiques sectorielles communes, la Cour de justice considère la politique économique de l'Union comme relevant des compétences exclusives. Pourtant, en l'examinant, ni l'application du critère de l'habilitation exclusive, ni celui de l'unité du marché commun et de l'application uniforme du droit de l'UEMOA, encore moins le critère du transfert de souveraineté, ne permettent d'établir une telle exclusivité de compétence au profit de l'Union[682].

S'agissant en second lieu de la catégorie des compétences partagées, il faut relever qu'elle évoque en réalité deux modalités différentes de répartition des compétences[683] quoique dans les deux cas, l'on soit en

---

679 Cf. *infra*, nos développements dans le paragraphe dédié à l'essai d'une typologie des compétences au sein de l'UEMOA.
680 Art. 5 de l'acte additionnel n°4/2013, *op. cit.*
681 Cf. *infra*, par. 2.
682 *Idem.*
683 Charles DURAND, « L'État fédéral » *in* Centre de Sciences politiques de l'Institut juridique de Nice, *Le Fédéralisme*, PUF, Paris, 1956, p. 185 et s. cité par Vlad CONSTANTINESCO, *Compétences et pouvoirs dans les Communautés européennes, op. cit.*

présence d'une pluralité de titulaires des compétences, contrairement à la catégorie des compétences exclusives. La première modalité comprend les compétences dites « concurrentes » ou encore « alternatives »[684]. Dans cette catégorie, l'entité fédérale ou supranationale jouit du même titre de compétence que les États membres, dans une matière donnée. Toutefois, ces derniers ne peuvent exercer leur compétence que si et dans la mesure où, la première n'a pas exercé ou a cessé d'exercer la sienne. Ainsi, dans un même champ matériel de compétence, les deux titulaires sont amenés à intervenir « successivement et non simultanément »[685]. La compétence conserve son unité dans la mesure où seul le titulaire change dans le temps. C'est cette variable de la compétence partagée qui a été consacrée par les rédacteurs des traités constitutifs de l'UE à travers l'article 2, paragraphe 2, du traité FUE[686].

Néanmoins, le droit de l'Union connait également, quoique de manière relativement secondaire, l'autre modalité des compétences partagées qualifiées de « compétences mixtes », « compétences complémentaires »[687] ou encore de « compétences conjointes »[688]. Ici, les deux titulaires de la compétence interviennent conjointement à l'occasion de son exercice. Comme le décrit bien Valérie MICHEL, cette modalité « ne repose plus sur l'attribution à un titulaire d'une compétence et de l'ensemble des pouvoirs corrélatifs, mais sur un partage, pour une même compétence, de pouvoirs nécessaires à sa mise en œuvre »[689]. Elle opère ainsi une répartition matérielle de l'exercice

---

684 *Idem*, p. 279.

685 *Ibidem*.

686 Aux termes de l'article 2, paragraphe 2, du traité FUE « Lorsque les traités attribuent à l'Union une compétence partagée avec les États membres dans un domaine déterminé, l'Union et les États membres peuvent légiférer et adopter des actes juridiquement contraignants dans ce domaine. Les États membres exercent leur compétence dans la mesure où l'Union n'a pas exercé la sienne. Les États membres exercent à nouveau leur compétence dans la mesure où l'Union a décidé de cesser d'exercer la sienne ».

687 Vlad CONSTANTINESCO, *Compétences et pouvoirs dans les Communautés européennes, et op. cit.* p. 280.

688 Valérie MICHEL, *Recherches sur les compétences de la Communauté, op. cit.* p. 155. Voir notamment pour cette catégorie de compétences en droit de l'UE, l'article 4, paragraphes 3 et 4, du traité FUE, relatif aux domaines de la recherche, du développement technologique, de l'espace, de la coopération au développement et de l'aide humanitaire.

689 *Idem*, p. 156.

d'une même compétence entre l'entité supranationale et les États membres[690]. Au sein de l'UEMOA, c'est cette dernière modalité des compétences partagées qui semble avoir été privilégiée, au regard notamment de la consécration du principe d'édiction minimale en lieu et place du principe de subsidiarité[691]. De ce point de vue, l'emploi indistinct de la notion de « compétences partagées », dans la jurisprudence de la CJUEMOA, peut prêter à confusion.

L'identification malaisée des compétences de l'Union oblige ainsi à une clarification de la typologie desdites compétences dans l'ordre juridique de l'UEMOA.

Paragraphe II- Essai d'une typologie des compétences de l'Union

La présente typologie distingue principalement les compétences internes (A) des compétences externes (B). Elle se combine à la summa divisio « compétences exclusives et compétences partagées », tout en employant, par souci de clarté et de précision, le terme « mixtes » en lieu et place du terme « partagées », sauf lorsque le maintien de ce dernier se justifie pleinement. En considération de la logique fonctionnelle qui a prévalu dans la répartition des compétences au sein des traités constitutifs de l'UEMOA, la présente typologie porte une attention particulière aux dispositions matérielles des traités dont elle opère l'analyse, tout en empruntant divers critères développés par la doctrine, sur les compétences au sein de l'État fédéral et de l'Union européenne.

A) Les compétences internes

Par « compétences internes », il convient d'entendre l'ensemble des compétences exercées par l'UEMOA en son sein, c'est-à-dire exclusivement dans ses rapports avec les États membres et en dehors de ses relations extérieures. Nous examinerons successivement les compétences exclusives (1) et les compétences mixtes (2) de l'UEMOA.

---

690 Vlad CONSTANTINESCO, Compétences et pouvoirs dans les Communautés européennes, *op. cit.* p. 281.
691 Art. 5 du traité de l'UEMOA.

1) Les compétences internes exclusives

Trois principaux critères s'avèrent ici utiles pour déterminer la nature des compétences de l'UEMOA. Il s'agit du critère organique qui évoque le nombre des titulaires des pouvoirs normatifs conférés dans un domaine donné[692], du critère matériel qui prend en compte l'étendue du dessaisissement des États membres dans ledit domaine[693], et du critère fonctionnel rattaché à la protection de l'intérêt collectif par rapport aux risques liés à l'action parallèle, individuelle ou collective, des États membres[694].

Conformément au critère organique, la compétence exclusive est détenue par un titulaire unique qui est seul à disposer de l'ensemble des pouvoirs normatifs nécessaires à la réalisation des objectifs poursuivis[695]. Ainsi dans les domaines relevant des compétences exclusives, « [...] seule l'Union peut légiférer et adopter des actes juridiquement contraignants »[696]. Cela équivaut au critère de « l'habilitation exclusive » retenu par la CJUEMOA dans l'avis n° 3/2000[697]. Ce critère qui conduit à retirer aux États membres « tout droit de légiférer ou règlementer dans la matière faisant l'objet de la compétence exclusive »[698], n'exclut pas pour autant toute intervention desdits États. En effet, ces derniers peuvent intervenir notamment pour mettre en œuvre le droit de l'UEMOA dans leurs ordres juridiques respectifs (pouvoir d'exécution des actes de l'UEMOA)[699].

Le second critère constitue, en quelque sorte, le corollaire du critère organique. Il s'agit du critère matériel lié à l'étendue du dessaisissement des États membres (parallèlement du saisissement de l'Union) dans le domaine normatif considéré. Dans ce sens, la compétence exclusive est

---

692 Voir Valérie MICHEL, *Recherches sur les compétences de la Communauté, op. cit.* p. 131 et s.
693 Voir Denys SIMON, *Le système juridique communautaire, op. cit.* p. 132 et s.
694 CJUEMOA, avis n° 1/2007, *op. cit.* et Valérie MICHEL, *op. cit.* p. 171.
695 *Idem*, p. 268.
696 Art. 2, par. 1, TFUE.
697 Avis n° 3/2000 précité.
698 *Idem*, p. 256.
699 *Ibidem*. Voir aussi, Valérie MICHEL, *Recherches sur les compétences de la Communauté, op. cit.* p. 364.

celle qui postule le dessaisissement total des États membres. Ces derniers se voient dépouillés de tout pouvoir normatif dans le domaine concerné. C'est l'hypothèse du critère de « transfert de souveraineté » auquel se réfère la CJUEMOA dans l'avis n° 1/2007[700]. Elle repose notamment sur « la substitution des compétences communautaires aux compétences nationales antérieures »[701].

Quant au troisième critère dit fonctionnel, il se réfère à l'intérêt collectif devant être préservé compte tenu des risques liés à l'action parallèle, individuelle ou collective, des États membres. Pour la CJUEMOA « Il y a donc compétence exclusive, lorsque la connaissance d'un certain domaine normatif d'intervention est réservée et aménagée pour un organe ou une organisation, seule habilitée à l'exercer dans un intérêt collectif »[702]. Elle poursuit, en ajoutant, que ladite compétence exclusive s'impose « toutes les fois où le fait de laisser aux États membres une capacité d'initiative dans le même domaine est incompatible avec l'unité du marché et l'application uniforme du droit communautaire »[703]. Valérie MICHEL qui emploie l'expression « intérêt communautaire », qu'elle considère comme étant la ratio legis de la compétence exclusive[704], ne dit pas autre chose lorsqu'elle affirme que

> « L'exclusivité de la compétence communautaire se fonde autant sur l'obligation de résultat mise à la charge des institutions, que sur la prise en considération corrélative des dangers que font peser sur l'action communautaire des interventions nationales. Finalement, les compétences exclusives résultent de la nécessaire protection de l'uniformité du droit communautaire »[705].

Il en découle que l'intérêt collectif ou l'intérêt communautaire est, en quelque sorte, incarné par la nécessité de garantir l'unité du marché commun ou l'application uniforme du droit dans le domaine normatif considéré. L'application de ces trois critères, pour la détermination des

---

[700] Avis n° 1/2007 précité.
[701] Denys SIMON, *Le système juridique communautaire, op. cit.*
[702] Avis n°3/2000 précité, p. 256. Nous soulignons.
[703] *Ibidem.*
[704] Valérie MICHEL, Recherches sur les Compétences de la Communauté, op. cit. p. 172.
[705] *Idem*, p. 173.

compétences exclusives de l'UEMOA, requiert ainsi une analyse détaillée des dispositions matérielles des traités, et notamment des objectifs qui y sont définis, tant les objectifs généraux prévus à l'article 4 du Traité, que les objectifs spécifiques dispersés dans les diverses dispositions des traités constitutifs pris dans leur ensemble. En effet, n'a-t-il jamais été dit que les « compétences [étaient] sectorielles et [correspondaient] à des objectifs spécifiques »[706] ?

En outre, les différents critères, ci-dessus présentés, nous paraissent complémentaires dans un certain rapport de gradation, dans la mesure où le critère matériel de l'étendue du dessaisissement permettrait de déterminer la compétence exclusive de l'UEMOA là où l'examen des dispositions matérielles des traités ne permettrait pas d'établir, avec certitude, ladite compétence sur la base du critère organique de l'habilitation exclusive. Dans la même logique, le recours au critère fonctionnel devrait s'imposer toutes les fois où la compétence exclusive de l'Union ne peut être fondée, ni sur le critère organique de l'habilitation exclusive, ni sur le critère matériel du dessaisissement total des États membres. Relevons, cependant, qu'en droit de l'UEMOA, plusieurs auteurs ont soutenu que les traités constitutifs écartaient la logique des compétences exclusives[707]. Ces derniers se réfèrent notamment au principe d'édiction minimale des normes prévu à l'article 5 du Traité et à « l'orientation de la politique législative de l'Union », qui serait celle de l'harmonisation plutôt que de l'uniformisation[708]. Ils en opèrent une remise en cause de la qualification de compétence exclusive, retenue par la Cour de justice, en matière de concurrence[709].

---

[706] Voir Eleftheria NEFRAMI, « Le rapport entre objectifs et compétences : de la structuration et de l'identité de l'UE » *in* Eleftheria NEFRAMI (Dir.), *Objectifs et compétences dans l'Union européenne*, Bruxelles, Bruylant, 2013, 450 p., préc. p. 5.

[707] Voir notamment Etienne CEREXHE et Louis le Hardÿ De BEAULIEU, *Introduction à l'Union économique ouest-africaine, op. cit.* p. 48 ; Luc Marius IBRIGA et Pierre MEYER, « La place du droit communautaire UEMOA dans le droit interne des États », *op. cit.* p. 43.

[708] Mor BAKHOUM, *L'articulation du droit communautaire et des droits nationaux de la concurrence dans l'Union Économique et Monétaire Ouest-Africaine (UEMOA),* Berne, Stämpfli Editions SA, 2007, p. 63. L'auteur se réfère notamment aux dispositions des articles 4, lettres a et e, et 60, du traité de l'UEMOA.

[709] *Idem*, p. 63 et s. L'auteur évoque notamment une « conformité douteuse aux principes du traité ». Dans le même sens, voir Ayawa A. TSAKADI « De la compétence exclusive de l'Union en droit de la concurrence dans l'espace UEMOA »

Pour nous, cette thèse n'est pas soutenable pour plusieurs raisons. D'abord l'orientation de la politique législative de l'UEMOA sur laquelle elle repose en partie, n'exclut pas l'uniformisation des règles applicables aux États membres. En réalité, la technique d'« uniformisation » n'est autre qu'un niveau plus poussé de l' « harmonisation » censée réaliser le « rapprochement » des diverses législations nationales. Cette dernière notion, usitée à deux reprises à l'article 60 du traité de l'UEMOA, apparaît d'ailleurs comme synonyme à la première[710]. Cette interprétation est étayée, en droit de l'UE, par les propos de l'avocat général Christine STIX-HACKL, lorsqu'en définissant l'objectif du rapprochement des législations au sens de l'article 95 du traité CE (article 114 du traité FUE), elle affirmait que

> « L'article 95 CE ne permet toutefois pas seulement le rapprochement des législations nationales au sens strict, mais également ce que l'on appelle l'uniformisation du domaine concerné. Cette approche se justifie par le fait que l'article 95 CE, premièrement, n'autorise pas uniquement la forme juridique de la directive, mais également par exemple les règlements et, deuxièmement, l'uniformisation des législations ne présente, par rapport au rapprochement des législations au sens strict, qu'une différence d'échelle »[711].

Il convient de souligner ici, le choix également laissé au législateur de l'UEMOA d'avoir recours à la directive ou au règlement, selon le niveau de rapprochement souhaité et éventuellement, la nature de la compétence à exercer. Ensuite, si le principe d'édiction minimale est effectivement incompatible avec la notion de compétence exclusive[712], celui-ci ne s'applique pas en tout état de cause. À souligner que conformément à l'article 5 du traité de l'UEMOA, les organes ne favorisent l'édiction de normes minimales, que dans la mesure où cela

---

in Recueil d'Études sur l'OHADA et l'UEMOA, Aix-Marseille, PUAM, Vol. 1, p. 569 et s.

[710] Voir Abou Saïb COULIBALY, « Notes sur l'avis n° 1/1997 du 20 mai 1997 », *op. cit.* p. 10.

[711] Conclusions de l'avocate générale Christine STIX-HACKL, du 12 juillet 2005, rendues dans l'affaire Parlement c. Conseil, C-436/03, Rec, p. 3733, pt 61. À noter par ailleurs que l'article 95 du traité CE, tout comme l'article 114 du traité FUE, se réfère indifféremment aux notions de rapprochement des législations et d'harmonisation. Nous soulignons.

[712] Cf. *supra,* sect. 1, par. 2.

est « compatible avec les objectifs » des traités. Ainsi, le principe ne s'appliquera pas à un objectif, qui manifestement requiert l'adoption de règles identiques communes, directement applicables aux divers opérateurs économiques des États membres. Or, tel est précisément le cas du domaine de la concurrence où l'article 89 du traité de l'UEMOA prévoit uniquement l'adoption, par le Conseil, de règlements visant à instituer les « règles communes de concurrence applicables aux entreprises publiques et privées ainsi qu'aux aides publiques »[713].

Enfin, les auteurs qui dénient à l'UEMOA la compétence exclusive dans le domaine de la concurrence semblent établir une corrélation systématique entre la compétence exclusive et la technique d'harmonisation usitée. Bien que nous soyons d'avis qu'un certain rapport puisse exister entre les deux, ce rapport doit être relativisé dans la mesure où l'Union peut agir aussi bien par voie de directive (harmonisation stricto sensu) que par voie de règlement (uniformisation) dans un domaine de compétence exclusive[714]. En tout état de cause, même à supposer que l'habilitation exclusive des organes de l'Union pour légiférer dans le domaine de la concurrence, ainsi que le dessaisissement total corrélatif des États membres dans ce domaine, ne peuvent être déduits, à suffisance de droit, des dispositions matérielles du Traité, l'on se demande comment l'institution des règles communes applicables aux entreprises, pourrait être efficacement atteinte en laissant aux États membres une compétence parallèle, qui ne nuise pas à l'unité du marché commun et à l'uniformité des règles instituées ? En effet, il apparaît clairement des dispositions combinées de l'article 76, lettre c, et de l'article 89, du traité de l'UEMOA, que l'objectif visé par l'Union, est l'adoption d'une règlementation uniforme, applicable sur l'ensemble du territoire des États membres, et qui garantisse « un marché ouvert et concurrentiel » dans lequel, les entreprises établies commercent à « armes égales », sur la base de règles identiques pour toutes.

Hormis le droit de la concurrence, la politique monétaire apparaît comme le domaine de prédilection de la compétence exclusive de l'UEMOA. À la base, le domaine de la politique monétaire constitue

[713] Art. 76, let. c, du traité de l'UEMOA.
[714] Voir notamment la directive n°2/2002/CM/UEMOA relative à la coopération entre la Commission et les structures nationales de concurrence des États membres pour l'application des articles 88, 89 et 90 du traité de l'UEMOA, BO, n°26, 2e trimestre 2002, pp.164- 165.

l'un des principaux attributs de la souveraineté des États reconnu par le droit international[715]. Dans ce sens, la reconnaissance d'« une même unité monétaire dont l'émission est confiée à un institut d'émission commun », pour l'ensemble des États membres de l'UMOA[716], implique nécessairement à la fois un transfert préalable de souveraineté et une habilitation exclusive des organes de ladite Union entraînant, pour les premiers, l'abandon de leur privilège d'émission de la monnaie et de leur propre politique monétaire. Il en est de même du volet interne de la politique commerciale commune telle que définie à l'article 82 du traité de l'UEMOA et dans la jurisprudence de la Cour de justice. Sur la base de l'article 82 du traité de l'UEMOA, il est possible de distinguer le volet interne de la PCC (union douanière) du volet externe (TEC et régime de la politique commerciale avec les États tiers). Visant l'interdiction et la suppression des obstacles tarifaires et non tarifaires dans les échanges commerciaux entre les États membres, l'union douanière traduit le « degré maximum du dessaisissement des États membres »[717], lesquels se voient privés de toute capacité d'action quelconque.

Concernant toutefois le marché commun, considéré par la CJUEMOA comme étant « le domaine privilégié de la compétence exclusive aux termes du traité constitutif »[718], une approche plus spécifique nous semble mieux convenir à l'identification de la nature des compétences de l'Union dans ce domaine très composite. En effet, l'article 4, lettre c, du traité de l'UEMOA vise la création d'« un marché commun basé sur la libre circulation des personnes, des biens, des services, des capitaux et le droit d'établissement des personnes exerçant une activité indépendante ou salariée, ainsi que sur un tarif extérieur commun et une politique commerciale commune ». Cette large conception du marché commun est corroborée par l'article 76 du traité constitutif, qui y inclut tant l'union douanière et les quatre libertés de circulation, que le TEC et les règles de concurrence[719]. Certes, comme nous venons de le

---

[715] CPJI, arrêt du 12 juillet 192, affaire des emprunts serbes et brésiliens, série A, n°20/21, p. 1.

[716] Art. 2 du traité de l'UMOA.

[717] Denys SIMON, *Le système juridique communautaire, op. cit.*, p. 131.

[718] Avis n° 3/2000 précité.

[719] En comparant les articles 4 et 76 du traité de l'UEMOA avec l'article 26, paragraphe 2, du traité FUE, l'on constate l'existence d'une conception plus restrictive de la notion de marché intérieur en droit de l'UE, lequel « comporte un espace sans frontières intérieures dans lequel la libre circulation des marchandises, des personnes,

démontrer, les domaines de la concurrence et de l'union douanière (incluant la libre circulation de marchandises) relèvent des compétences exclusives de l'Union. Il n'en est cependant pas de même de la liberté de circulation des personnes, de la liberté d'établissement, ainsi que de la libre circulation des services et des capitaux, qui relèvent d'une logique différente de répartition des compétences entre l'Union et les États membres. L'examen des dispositions des traités permet d'inclure ces dernières dans la catégorie des compétences mixtes.

2) Les compétences internes mixtes

Différentes de la logique des compétences partagées ou concurrentes dont les rédacteurs des traités de l'UEMOA ont manifestement voulu s'écarter[720], les compétences mixtes ou compétences conjointes peuvent être identifiées à partir de deux principaux critères : un critère organique et un critère temporel. Le critère organique permet de distinguer les compétences mixtes des compétences exclusives sur la base de la multiplicité des titulaires qui les exercent. Il s'agit en réalité de l'Union qui exerce lesdites compétences conjointement avec les États membres[721]. Quant au critère temporel, il permet d'identifier les compétences mixtes qui s'exercent concomitamment, par rapport aux compétences concurrentes qui sont exercées de manière successive par leurs titulaires. Cette dimension temporelle qui différencie les compétences concurrentes et les compétences mixtes est explicitée par Vlad CONSTANTINESCO en ces termes :

> « Alors que dans le premier cas, la compétence restait une, elle va ici éclater. Son contenu, loin d'être homogène en étant soumis à régime juridique variable dans le temps, mais unique à chaque instant, va d'emblée être démembré en éléments soumis

---

des services et des capitaux est assurée selon les dispositions des traités ». Ici, nous n'appréhendons les deux notions que du point de vue de leur contenu indépendamment du niveau d'intégration des marchés économiques étatiques qu'ils peuvent sous-tendent. Voir également, Ousmane BOUGOUMA, *La libre circulation des marchandises en droit communautaire européen et UEMOA, op. cit.* p. 29 et 30 et Nathalie de GROVE-VALDEYRON, *Droit du marché intérieur européen,* Paris, LGDJ, 4e éd., 2014, p. 9.

720 Cf. *supra*, sect. 2, par. 1, B.

721 Valérie MICHEL, *Recherches sur les compétences de la Communauté, op. cit.* p. 155.

dans le même temps à des régimes juridiques différents et, bien entendu, à des titulaires différents »[722].

En fait, dans la catégorie des compétences mixtes, les États membres ne renoncent pas à leurs compétences mais consentent à en limiter l'exercice dans la mesure nécessaire au bon fonctionnement de l'union économique et monétaire (UEM). Mais cette catégorie n'est pas homogène. En effet, elle peut être scindée en deux selon la technique de limitation des compétences étatiques qui est privilégiée[723]. Ainsi peut-on considérer d'un côté la limitation qui opère essentiellement par l'harmonisation des législations nationales et de l'autre, celle qui fait principalement appel aux mesures de coordination ou d'orientation émanant des organes de l'Union. Ces deux variantes des compétences mixtes ressortent, en filigrane, dans la systématisation opérée par la CJUEMOA dans l'avis n°1/2007, lorsque cette dernière affirme que « […] dans les matières où l'Union dispose d'un simple pouvoir d'harmonisation ou d'orientation, elle dispose de compétences partagées »[724].

Elles se distinguent par le caractère contraignant ou non contraignant dominant dans les modalités de limitations des compétences des États membres. Tandis que dans la première variante ou sous-catégorie des compétences mixtes, l'Union agit principalement par le moyen d'un pouvoir contraignant d'harmonisation ou de rapprochement des législations, elle intervient, dans la seconde, essentiellement par le biais d'instruments non contraignants en vue de coordonner les différentes politiques des États membres. L'objectif principal ici recherché n'est nullement l'harmonisation des législations nationales, même si celle-ci n'est pas totalement exclue. En réalité, cette subdivision correspond aux hypothèses des compétences « encadrées » et des compétences « coordonnées » retenues par Denys SIMON pour décrire la répartition des compétences dans le système communautaire européen[725].

À l'analyse, les compétences encadrées concerneraient, au sein de l'UEMOA, d'abord les domaines des libertés de circulation des

---

[722] Vlad CONSTANTINESCO, *Compétences et pouvoirs dans les Communautés européennes, op. cit.* p. 281. Nous soulignons.
[723] Valérie MICHEL, *op. cit.* p. 156.
[724] Lire en lieu et place de « compétences partagées », « compétences mixtes ou concurrentes ». Nous soulignons.
[725] Denys SIMON, *Le système juridique communautaire, op. cit.* p. 134 et s.

personnes (travailleurs salariés et indépendants), des services et des capitaux, regroupés sous un même paragraphe dans le traité de l'UEMOA[726]. Dans ces domaines, les États membres conservent leurs compétences en matière de droit de travail, de règlementation des services ainsi que dans le secteur des capitaux, sous réserve de respecter les principes de libre circulation, de non-discrimination et d'égalité de traitement prévus dans les traités, ainsi que les mesures contraignantes d'harmonisation prévues aux articles 95 du traité de l'UEMOA[727] et 34 du traité de l'UMOA[728]. Il en est de même du domaine de la fiscalité. Conformément à l'article 4, lettre e, du traité de l'UEMOA, l'Union poursuit l'objectif d'« harmonier, dans la mesure nécessaire au bon fonctionnement du marché commun, les législations des États membres et particulièrement le régime de la fiscalité »[729]. Bien que l'UEMOA ait adopté un nombre considérable de directives en la matière[730], le domaine de la fiscalité demeure toujours dans le chef des compétences des États membres. Dans ces différents domaines, l'Union est tenue de

[726] Voir par. 5, Sect. III, chap. 2, titre IV, du traité de l'UEMOA.
[727] Aux termes de l'article 95 du traité de l'UEMOA « Selon la procédure prévue aux articles 60 et 61, il est procédé à l'harmonisation des dispositions nationales règlementant l'exercice de certaines activités économiques ou professions ainsi qu'à l'abolition des restrictions maintenues en vertu de l'article 93, en vue de faciliter le développement du marché commun et notamment du marché financier regional ».
[728] Selon l'article 34 logé sous le titre V du traité de 2007 intitulé « De l'harmonisation des législations » : « Les gouvernements des États membres de l'UMOA conviennent d'adopter une règlementation uniforme [...]. Cette règlementation uniforme concerne notamment : l'exécution et le contrôle de leurs relations financières avec les pays n'appartenant pas à l'UMOA [...], les systèmes de paiement, la répression et la falsification des signes monétaires et de l'usage des signes falsifiés, la répression du blanchiment de capitaux [...] ».
[729] Voir aussi art. 65, par. 3, du traité de l'UEMOA.
[730] Voir entre autres, Directive n° 1/2007 modifiant la directive n° 6/2001/CM/UEMOA portant harmonisation de la taxation des produits pétroliers au sein de l'UEMOA, BO non disponible ; Directive n° 1/2008 portant harmonisation des modalités de détermination du résultat imposable des personnes morales au sein de l'UEMOA, BO, n° 60, 1er trimestre 2008, pp.74-81; Directive n° 02/1998 qui définit le régime harmonisé de la Taxe sur la Valeur Ajoutée (TVA) applicable par l'ensemble des Etats membres de l'Union, BO non disponible ; Pour une analyse du processus d'harmonisation en matière fiscale au sein de l'UEMOA, voir Eloi DIARRA, « Coopération ou intégration fiscale au sein de l'Union économique et monétaire ouest africaine (UEMOA) », *RBD*, n° 45, 2004, 17 p.

favoriser l'édiction de normes minimales comme en témoigne le florilège des directives y adoptées, par préférence aux règlements[731].

En ce qui concerne les compétences coordonnées, le domaine de la politique économique apparaît comme une belle illustration. En effet, aux termes de l'article 63 du traité de l'UEMOA,

> « Les États membres considèrent leurs politiques économiques comme une question d'intérêt national et les coordonnent au sein du Conseil en vue de la réalisation des objectifs définis à l'article 4, paragraphe b, du présent traité. À cette fin le Conseil met en place un dispositif de surveillance multilatérale dont les modalités sont fixées aux articles 64 à 75 »[732].

Dans la mise en œuvre du dispositif de surveillance multilatérale, l'Union intervient essentiellement par le biais de recommandations et d'avis émis par le Conseil. Ainsi en est-il lorsque ce dernier se prononce sur les grandes orientations des politiques économiques des États membres et de l'Union[733] ou encore, lorsqu'il examine les politiques des prix et des revenus des États membres, ainsi que les actions de certains groupes économiques, sociaux ou professionnels, susceptibles de contrarier la réalisation des objectifs de politique économique de l'Union[734]. Quant à l'article 65 du Traité, il dispose que le Conseil arrête les règles supplémentaires requises pour la convergence des politiques économiques nationales et leur mise en cohérence avec la politique monétaire, sans toutefois préciser la nature contraignante ou non de ces règles. L'alinéa 3, paragraphe 2, dudit article, précise cependant qu'il s'agit de « règles de convergence », ce qui fait penser à de simples « règles de référence » qui n'imposeraient aux États membres qu'une simple obligation de diligence. Toutefois, les compétences coordonnées exercées par l'UEMOA et ses organes, en matière de politique économique, n'excluent pas toute idée de pouvoir contraignant d'harmonisation. Même s'il ne porte pas sur le mécanisme de la

[731] Pour aller plus loin sur le partage des compétences entre l'UEMOA et ses États membres en matière de fiscalité, voir Sylvain OUEDRAOGO, *Les compétences nationales en matière fiscale et la communautarisation des règles dans l'espace ouest-africain, thèse de doctorat*, Université de Bordeaux, 2015, 649 p.

[732] L'article 4, paragraphe b, du traité de l'UEMOA, prévoit que l'Union poursuit « la convergence des politiques économiques de l'Union par l'institution d'une procédure de surveillance multilatérale ». Nous soulignons.

[733] *Idem*, art. 64.

[734] *Id.*, art. 66.

surveillance multilatérale en tant que tel, l'Union dispose d'un pouvoir contraignant d'harmonisation des législations et des procédures budgétaires (lois de finances et comptabilités nationales) des États membres, dans la mesure nécessaire à l'exercice de la surveillance multilatérale[735]. Il en est de même lorsqu'elle met en œuvre l'obligation, pour les États membres, de prendre les dispositions utiles pour assurer la fiabilité des données budgétaires, nécessaires à l'organisation de la surveillance multilatérale[736].

Enfin, l'article 70 du traité de l'UEMOA fixe, pour les États membres, une obligation d'information à l'égard de la Commission, pour les besoins de la surveillance multilatérale, tandis que l'article 74, alinéa 3, prévoit l'éventualité de sanctions dans certaines conditions. En revanche, la surveillance multilatérale, par laquelle s'opère principalement les compétences de l'Union dans le domaine de la politique économique, s'appuie sur les recommandations et avis précités ainsi que sur divers autres mécanismes non contraignants prévus à l'article 74, alinéa 1[737].

Dans la catégorie des compétences coordonnées, il convient d'inclure la majeure partie des politiques sectorielles de l'UEMOA telles que définies dans le protocole additionnel n°2. À ce niveau, il faut relever que même si l'article 4, lettre d, du traité de l'UEMOA prévoit, de manière générale, que l'Union institue « une coordination des politiques sectorielles nationales [...] », les rédacteurs du traité semblent opérer une distinction entre la coordination par la mise en œuvre de simples « actions communes » et l'institution de véritables

---

[735] *Idem*, art. 67. Pour une analyse détaillée sur l'harmonisation des lois de finances et des comptabilités nationales des États membres de l'UEMOA, lire Salif YONABA, « L'intégration des règles budgétaires et comptables dans le cadre de l'Union économique et monétaire ouest-africaine (UEMOA) », *RBD*, n° 39-40, 2005, p. 93.

[736] Voir art. 68 du traité de l'UEMOA. À noter que l'Union a mis en œuvre cette disposition en adoptant la Directive n°2/2000/CM/UEMOA du 29 juin 2000, portant adoption du Code de transparence dans la gestion des finances publiques au sein de l'UEMOA, BO, n°18, 2e trimestre 2000, p. 18. C'est cette directive qui a donné lieu à l'avis n° 1/2003 relatif à la Cour des comptes du Mali. Voir CJUEMOA, avis 1/2003 du 18 mars 2003, *op. cit.*

[737] Il s'agit notamment du rapport semestriel d'exécution rendu par la Commission (article 72 du traité UEMOA), des éventuelles directives du Conseil s'exécutant par l'élaboration d'un programme de mesures rectificatives (article 73), ainsi que sur des éventuels avis émis par le Parlement (article 74).

« politiques communes »[738]. L'indifférence des termes employés par le protocole n°2 ne remet pas en cause cette intuition puisque l'examen des dispositions dudit protocole, ainsi que celles du droit dérivé existant, laisse apparaître une différence d'approche entre notamment d'une part, la politique industrielle et minière et la politique des transports et d'autre part, les autres politiques sectorielles. Les premières comportent l'institution de règles communes (codes communautaires) tandis que les secondes semblent exclure une telle éventualité[739]. Cette différence d'approche permet de distinguer dans la catégorie des politiques sectorielles, celles qui sont en réalité des politiques communes comportant l'institution de règles communes[740]. À l'exception desdites politiques communes, les autres politiques sectorielles relèvent ainsi des compétences de coordination de l'UEMOA[741].

---

[738] Voir art. 4, let. d, in fine du traité de l'UEMOA.

[739] Voir, en ce qui concerne la politique industrielle et minière, le code communautaire des investissements, prévu à l'article 21 du protocole n°2, mais non encore adopté à ce jour et le code minier communautaire, adopté par le règlement n° 18/2003 portant adoption du code minier communautaire de l'UEMOA, BO, n°35, 4e trimestre 2003, pp.20- 27. Dans le domaine de la politique des transports prévue à l'article 7 et s. du protocole n°2, on peut citer à titre d'exemples : le règlement n° 4/2003 fixant les règles communes pour l'attribution des créneaux horaires dans les aéroports de l'Union, BO, n°31, 1er trimestre 2003, pp.15- 18 ; Le règlement n° 1/2007 portant adoption du code communautaire de l'aviation civile des Etats membres de l'UEMOA, BO, n° 56, Edition spéciale, janvier 2007, p. ; Le règlement n° 2/2008 relatif aux transports maritimes au sein de l'UEMOA, BO, n° 60, 1er trimestre 2008, pp.11-13. Toutefois, dans le cadre de la présente analyse, nous ne nous focaliserons que sur la politique industrielle et minière.

[740] Voir, à cet égard, la définition édifiante de Vlad CONSTANTINESCO lorsqu'il affirme, s'agissant du droit des Communautés européennes, qu'« il y a politique commune au sens du traité, lorsqu'on est en présence d'une action d'ensemble destinée à modifier et à gérer un secteur particulier de l'économie des États membres. La politique commune implique l'existence de règles communes qui s'imposent aux États membres dans des secteurs où ils doivent parvenir à édifier peu à peu des principes uniques et communs qui s'appliquent de la même façon à tous les États membres », Compétences et pouvoirs dans les Communautés européennes, *op. cit.*, p. 286.

[741] Sur les auteurs ayant soutenu une distinction semblable entre les politiques communes et les politiques dites coordonnées en droit de l'Union européenne, voir Pierre-Henri TEITGEN, *Droit institutionnel communautaire,* Paris, Les cours de droit, 1977-1978, p. 86 et Commentaire MEGRET, *Les politiques des Communautés européennes*, Paris, les Cours de droit, 1977-1978, p. 3-4. Sur les auteurs ayant soutenu la thèse de l'assimilation des politiques communes aux autres politiques

Dans les domaines des politiques sectorielles, les États membres conservent leurs compétences nationales tout en s'engageant à les mettre en cohérence en vue de la réalisation des divers objectifs fixés par l'Union[742]. Les compétences de l'Union, exercées dans ce cadre, visent principalement à accompagner cette mise en cohérence, à travers une coordination des différentes politiques nationales. Pour ce faire, l'Union définit d'abord les orientations que les États membres sont invités à mettre en œuvre ainsi que les procédures d'information mutuelle auxquelles ils participent en vue de la coordination de leurs politiques nationales[743]. Enfin, elle promeut des actions communes entre lesdits États[744] et favorise la mise en place des structures d'appui à caractère consultatif[745] ou des cadres de concertation[746]. Comme dans le domaine de la politique économique, les compétences de coordination de l'Union, dans le domaine des politiques sectorielles, n'excluent pas l'harmonisation des législations nationales. Par exemple, l'article 8.2.1 de l'acte additionnel relatif à la politique agricole de l'Union (PAU) prévoit que « dans le cadre général de l'approfondissement du marché commun, les interventions de l'Union portent notamment sur l'harmonisation des normes de production et de mise en marché, des normes sanitaires, de la fiscalité appliquée au secteur agricole, ainsi qu'aux dispositions de contrôle [...] ». Il convient de relever néanmoins, que le pouvoir d'harmonisation ici

---

communautaires, voir Jean-Claude GAUTRON, « Présentation théorique des politiques communautaires », *in Les Communautés européennes en fonctionnement,* Bruxelles, Bruylant, 1981, p. 217. Il convient néanmoins de souligner que cette distinction a perdu aujourd'hui son intérêt en droit de l'UE avec la systématisation des compétences introduite par le traité de Lisbonne.

[742] Art. 8, alinéa 1, de l'Acte additionnel n° 1/2008 portant adoption de la politique commune d'amélioration de l'environnement de l'UEMOA, BO, n° 60, 1er trimestre 2008, pp.3-6 ; Art. 6 *in fine* de l'Acte additionnel n° 6/2013/CCEG/UEMOA portant institution de la politique commune de développement culturel au sein de l'UEMOA, *op. cit* ; art. 7 de l'Acte additionnel n° 03/2001 portant adoption de la politique agricole de l'UEMOA, *op. cit.*

[743] Voir art. 11, al. 1 ; art. 15, al. 1 ; art. 19, al. 1 ; et art. 23, let. a, du protocole additionnel n°2, respectivement pour les politiques d'environnement, d'énergies, de mines et d'industries.

[744] Voir art. 1 et s ; art. 11, al. 3 ; art. 15, al. 3, concernant respectivement les politiques du développement des ressources humaines, d'environnement et de politique agricole de l'Union.

[745] Art. 11 de l'Acte additionnel n° 1/2008, *op. cit.*

[746] Art. 9 de l'Acte additionnel n° 3/2001, *op. cit.* et art. 6 de l'Acte additionnel n°4/2013, *op. cit.*

reconnu à l'Union se rattache à des domaines dans lesquels celle-ci dispose d'une compétence d'encadrement conformément aux dispositions du Traité.

Contrairement aux politiques sectorielles ci-dessus décrites, la politique industrielle et minière de l'UEMOA, telle que définie à l'article 21 du protocole additionnel n°2, vise principalement[747] une véritable « harmonisation des cadres réglementaires des activités industrielles et minières, notamment l'élaboration d'un code communautaire des investissements »[748]. Cela signifie que pour la mise en œuvre de cette politique sectorielle de l'Union, celle-ci aura notamment recours à l'adoption de règles communes, qui devront progressivement se substituer aux règles nationales, dans le domaine précis des investissements.

Toutefois, bien que l'article 21 du protocole n° 2, ne vise expressément que le domaine des investissements, l'adoption des règles communes dans le cadre de la politique industrielle et minière de l'UEMOA ne se limite pas à ce seul domaine comme en témoigne l'adoption, par la suite, du « code minier communautaire »[749]. Les compétences de l'UEMOA dans le cadre de cette politique ne peuvent, de ce fait, être qualifiées de compétences coordonnées au risque de minimiser cet aspect prédominant d'harmonisation (uniformisation notamment) des règlementations nationales. Elles ne sauraient être, non plus, hâtivement catégorisées comme compétences d'encadrement, dans la mesure où elles interviennent dans un domaine dans lequel il est prévu l'adoption de règles communes, appelées à se substituer progressivement aux règlementations nationales, d'où un dessaisissement des États membres à terme. En réalité, les politiques communes, dont fait partie la politique industrielle et minière, devraient exceptionnellement relever de la catégorie des compétences partagées ou compétences concurrentes. Dans ces domaines, l'Union et les États peuvent légiférer au même titre, avec toutefois un droit de préemption reconnue à l'Union. Les États membres pourront exercer leur compétence dans le domaine considéré aussi longtemps que l'UEMOA

[747] Ce qui n'exclut pas la prise de mesure de coordination de la part de l'Union, même si ces dernières ne constituent pas l'objectif premier, mais peuvent s'analyser comme de simples mesures d'accompagnement pour l'adoption des règles communes.

[748] Art. 21, let. c, du protocole n°2 de l'UEMOA.

[749] Règlement n° 18/2003 portant adoption du code minier communautaire de l'UEMOA, *op. cit.*

n'aura pas exercé la sienne. Ils seront en revanche totalement dessaisis, dès lors que l'UEMOA aura décidé d'exercer sa compétence. Par le jeu des vases communicants, ledit domaine cessera ainsi de relever des compétences concurrentes pour appartenir à la catégorie des compétences exclusives de l'Union[750].

Cette qualification des compétences exercées par l'Union, dans le domaine de la politique industrielle et minière, est corroborée d'une part par l'avis n°1/2000 relatif au projet de code communautaire des investissements[751] et d'autre part, par le règlement n° 18/2003 portant adoption du code minier communautaire de l'UEMOA[752]. Sollicitée par le président de la Commission pour donner son avis sur le projet du code communautaire des investissements, lequel était sur le point d'être soumis au Conseil pour adoption[753], la Cour de justice a proposé de reformuler l'article 3 dudit projet en ces termes « En attendant l'intervention des mesures communautaires d'harmonisation des législations dans ces domaines, prévues dans le cadre de l'Union, les exploitations minières, pétrolifères et forestières restent régies par le droit national des États membres »[754]. Sans connaître le contenu initial de cette disposition dans le projet du code communautaire, tel que soumis à la Cour[755], il ne semble pas impossible de lui prêter un contenu relativement proche de la reformulation suscitée, ce qui confirme le caractère « provisoire » de la compétence des États membres dans les domaines cités. Les compétences résiduelles exercées par les États membres, « sous condition résolutoire, ou suspensive »[756], cesseront d'exister, notamment dans le domaine minier, à la suite de l'adoption du code communautaire, qui « abroge et remplace toutes dispositions antérieures contraires »[757].

En plus des compétences qui lui sont reconnues sur le plan interne, c'est-à-dire dans ses rapports avec les États membres, l'UEMOA

---

[750] Il s'agira notamment d'une compétence exclusive par exercice à l'inverse des compétences exclusives *ab initio*.
[751] CUEMOA, avis n°1/2000, *op. cit.* p. 226.
[752] Règlement n° 18/2003, *op.cit.*
[753] À souligner toutefois que ce projet n'a malheureusement jamais donné lieu à une adoption par les organes de l'UEMOA.
[754] Voir avis n° 1/2000 précité.
[755] (Texte inaccessible).
[756] Vlad CONSTANTINESCO, *Compétences et pouvoirs dans les Communautés européennes, op. cit.* p. 279.
[757] Art. 41 du règlement n°18/2003, *op. cit.*

entretient des relations extérieures avec des tiers et exerce à ce titre des compétences externes.

B) Les compétences externes

Dans l'avis n° 2/2000 portant sur l'interprétation de l'article 84 du traité de l'UEMOA[758], la Cour de justice a défini le régime des accords externes de l'Union en distinguant d'une part, les accords que l'Union peut conclure seule et représentée par la Commission, agissant sous les directives du Conseil[759] (1) et d'autre part, les accords mixtes qu'elle est tenue de conclure conjointement avec les États membres (2).

1) Les compétences externes exclusives

Les compétences externes exclusives portent sur l'ensemble des accords internationaux que l'Union peut négocier et conclure seule, sans l'intervention des États membres. Elles découlent de plusieurs dispositions expresses des traités. D'abord, l'Union est compétente pour conclure des accords de coopération et d'assistance avec des États tiers ou des organisations internationales[760]. On relève également à l'article 25 du traité portant création du Parlement, que l'Union est compétente pour conclure des accords d'association avec des États tiers. En effet, l'article 104 du traité de l'UEMOA dispose que « Tout État africain peut demander à participer à une ou plusieurs politiques de l'Union en qualité de membre associé. Les conditions d'une telle association font l'objet d'un accord entre l'État demandeur et l'Union, après avis conforme du Parlement [...] ». Enfin, l'UEMOA dispose d'une compétence externe exclusive dans le domaine de la politique commerciale[761].

L'exclusivité de la compétence de l'Union en matière de PCC (volet externe) peut être établie non seulement sur la base des dispositions des

---

[758] En rappel, l'article 84 est relatif à la compétence de l'Union pour conclure des accords commerciaux internationaux.

[759] Art. 12 du traité de l'UEMOA. Même si la Cour se réfère uniquement aux pays tiers dans l'avis, il convient d'inclure dans cette catégorie l'ensemble des accords conclus avec des organisations internationales.

[760] *Idem*, art. 13, al. 2.

[761] Avis n° 2/2000 précité. Voir également Robert YOUGBARÉ, *La fonction de représentation extérieure commune des organisations d'intégration ouest-africaines dans les négociations commerciales, op. cit.*, p. 78 et s.

traités, qui consacrent une habilitation exclusive des organes de l'Union[762], mais également sur le critère de l'intérêt collectif incarné par l'unité et la cohérence nécessaires de la politique commerciale commune de l'Union[763]. À l'analyse, la notion de PCC en droit de l'UEMOA apparaît plus restrictive que celle définie à l'article 207 du traité FUE en droit de l'UE. En effet, celle-ci ne comprend, pour la Cour de justice de l'UEMOA, que « [...] les mesures de défense commerciale, politique d'exportation, de négociation et de conclusion d'accords commerciaux bilatéraux ou multilatéraux avec des États ou des organisations internationales »[764]. Ainsi, contrairement au droit de l'UE[765], la PCC en droit de l'UEMOA n'englobe pas, pour l'heure, le domaine des services, les aspects commerciaux de la propriété intellectuelle, les investissements étrangers directs ou encore l'objectif du développement durable qui fait désormais partie intégrante des accords de libre-échange dits de « nouvelle génération »[766].

Toutefois, il faut relever que le contenu large de la PCC, en droit de l'UE, est le résultat d'une interprétation jurisprudentielle évolutive visant à prendre en considération les nouveaux aspects du commerce international contemporain. Partant du caractère exemplatif de l'énumération des objets de la PCC telle que cela était prévu à l'article 113 du traité CEE (article 207 FUE), la CJCE a ainsi considéré que « la question des échanges extérieurs [devait] être réglée dans une perspective ouverte »[767] et qu' « on ne saurait imprimer à l'article 113 du traité CEE une interprétation dont l'effet serait de limiter la politique commerciale commune à l'utilisation des instruments destinés à avoir

---

[762] Voir notamment l'article 82, lettres b et c, qui confère compétence à la Commission pour adopter, par règlements, le TEC ainsi que le régime de la politique commerciale avec les États tiers. Idem pour l'article 84 relatif à la conclusion des accords commerciaux internationaux. Voir CJUEMOA, avis n°2/2000, *op. cit.*

[763] Voir sur ce point, les développements de Valérie MICHEL sur l'avis 1/75 rendu par la CJUE in Recherches sur les compétences de la Communauté, *op. cit.* p. 171 et s.

[764] CJUEMOA, Avis n° 2/2000, *op. cit.*, p. 241

[765] Sur la notion de politique commerciale commune en droit de l'UE, voir Christine KADDOUS, « Politique commerciale commune », *Jurisclasseur Europe Traité*, Synthèse 240, 2017, pts 6 et s.

[766] CJUE, avis 2/15 du 16 mai 2017, *op. cit.*, pt 147.

[767] CJCE, avis 1/78 du 4 octobre 1979, Rec. 1978, p. 2913, pts 44-45. Avant, la Cour avait jugé que la notion de politique commerciale devait avoir le même contenu, qu'elle s'applique dans la sphère d'action internationale d'un État membre ou dans celle de la Communauté. Voir, CJCE, avis 1/75 du 11 novembre 1975, *op. cit.*

une prise sur les seuls aspects traditionnels du commerce extérieur »[768]. Ainsi a-t-elle jugé, par exemple, dans l'arrêt dit des systèmes de préférences généralisés[769], qu'une mesure inspirée de considérations d'aide au développement, n'échappait pas pour autant au domaine de la politique commerciale[770]. Une telle dynamique dans l'interprétation de la notion de PCC n'est, a priori, pas à exclure en droit de l'UEMOA. L'on relèvera à cet effet que, dans l'avis n° 2/2000, la Cour de Justice avait évoqué,

> « une politique commerciale comprenant notamment la détermination par actes juridiques communautaires du Tarif Extérieur Commun, de mesures de défense commerciale, de politique d'exportation, de négociation et de conclusion d'accords commerciaux bilatéraux ou multilatéraux avec des Etats ou organisations internationales »[771].

Cette énumération exemplative des objets de la PCC[772] pourrait constituer une brèche pour l'interprétation extensive et « moderne » de ladite notion en droit de l'UEMOA, même si la Cour de justice ne s'en est pas servie pour l'instant. Alors qu'elle en avait l'occasion dans l'avis n° 1/2007[773], la Cour a plutôt choisi d'exclure les investissements de la notion de politique commerciale. Ces derniers, relèvent ainsi des compétences externes partagées ou concurrentes en droit de l'UEMOA[774]. Toutefois, dans la mesure où il s'agit d'une matière relevant des politiques communes, où l'Union est amenée à prendre, par des actes juridiques internes, des dispositions communes ou règles communes, nous pensons que celle-ci devrait se voir reconnaitre une compétence externe exclusive en application de la doctrine « in foro

---

768 *Ibidem.*

769 CJCE, arrêt Commission c. Conseil du 26 mars 1987, *op. cit.*

770 Pour une présentation détaillée sur le contenu de la PCC dans la jurisprudence de la CJUE, voir Christine KADDOUS, *Le droit des relations extérieures dans la jurisprudence de la Cour de justice des Communautés européennes*, *op. cit.* p. 189 et s. Plus récemment, Christine KADDOUS, « Synthèse-Politique commerciale commune », *op. cit.*

771 Nous soulignons.

772 Il faut relever que cette logique d'énumération exemplative a été confirmée dans l'avis n° 1/2007, *op. cit.* p. 12.

773 Avis n° 1/2007 précité.

774 Voir également Seni OUEDRAOGO, « Les problèmes juridiques relatifs à la communautarisation du droit des investissements dans l'espace UEMOA », *AFDI*, vol. 58, 2012, pp. 515-549, préc. p.523.

interno, in foro externo » au fur et à mesure de la mise en œuvre de sa compétence sur le plan interne. Cette forme de compétence externe exclusive par exercice, nous semble être la seule explication plausible à l'accord conclu entre la Communauté européenne et l'UEMOA sur certains aspects relatifs aux services aériens[775].

Négocié et conclu de « bloc à bloc »[776] entre les deux organisations, le préambule de l'accord se réfère notamment à la décision n°8/2002 portant adoption du programme commun du transport aérien des États membres de l'UEMOA[777]. L'Union ayant progressivement institué, sur la base de ce programme commun, plusieurs règles communes portant sur certains aspects relatifs aux services aériens, il apparaissait logique que sur le plan externe, les États membres se voient parallèlement dessaisis de ces matières, au risque de contracter individuellement ou collectivement des engagements internationaux qui altéreraient ou méconnaîtraient les dispositions déjà adoptées par l'Union sur le plan interne. En plus des compétences externes exclusives, l'UEMOA dispose de compétences externes mixtes.

2) Les compétences externes mixtes

À côté des accords de compétence exclusive auxquels se réfère l'avis n° 2/2000, les accords mixtes sont mis en œuvre, quant à eux, par le biais des compétences externes mixtes de l'UEMOA. Pour la Cour, « il s'agit d'accord dont l'objet dépasse en quelque sorte la compétence de la Communauté et empiète sur la compétence des États membres »[778]. Ces accords ne sont pas prédéfinis par les traités, mais relèvent des « pratiques communautaires »[779]. Ils s'avèrent nécessaires dans la

[775] Accord entre la Communauté européenne et l'Union économique et monétaire ouest-africaine sur certains aspects relatifs aux services aériens, *op. cit.*

[776] *Idem*, dernier considérant du préambule.

[777] Décision n° 8/2002/CM/UEMOA du 27 juin 2002 portant adoption du programme commun du transport aérien des États membres de l'UEMOA, BO indisponible.

[778] CJUEMOA, avis n° 2/2000, *op. cit.* À noter que la notion de « compétence externe mixte » en droit de l'UEMOA apparaît identique à celle en droit de l'UE. En effet, comme l'affirme Eleftheria NEFRAMI, « la compétence pour conclure un accord international est […] mixte lorsque la Communauté ne dispose pas de compétence externe couvrant l'ensemble de l'accord envisagé et lui permettant de conclure sans le concours étatique », *Les accords mixtes de la Communauté européennes : aspects communautaires et internationaux*, Bruxelles, Bruylant, 2007, p. 15.

[779] *Ibidem.*

mesure où les champs de négociation des accords internationaux avec les tiers (pays ou organisations) ne respectent pas toujours les linéaments de la répartition des compétences entre l'Union et ses États membres. Pour l'identification des compétences mixtes, plusieurs cas de figures sont envisageables.

D'abord, une compétence mixte s'avère nécessaire lorsque, par exemple, l'accord international relève pour partie de la compétence exclusive de l'Union et pour partie de la compétence réservée des États membres. Tel est le cas de l'accord de partenariat économique (APE) négocié entre les États de l'Afrique de l'Afrique de l'Ouest, la CEDEAO et l'UEMOA d'une part, et l'Union européenne et ses États membres d'autre part[780]. Dans la mesure où il porte en partie sur la politique commerciale (compétence exclusive de l'Union) et en partie sur la coopération au développement pour laquelle aucune disposition en droit de l'UEMOA ne confère compétence à l'Union, l'APE a nécessité l'intervention conjointe de tous les huit États membres de l'UEMOA aux côtés de l'Union[781]. En plus de ce cas de figure, une compétence externe mixte s'impose lorsque l'accord envisagé porte sur un domaine dans lequel l'Union dispose d'une compétence d'encadrement sur le plan interne. Dans ce cas, il appartient à l'Union de déterminer les champs respectifs d'intervention des organes et des États membres, lorsque cela ne peut être induit des dispositions matérielles des traités. Celle-ci y procédera en se référant notamment aux priorités de sa politique dans le domaine visé et en s'inspirant du principe de subsidiarité[782]. En dehors des hypothèses de compétences externes mixtes, l'Union se voit privée de toute compétence externe au profit des États. Les accords ainsi conclus forment la catégorie des « accords interétatiques »[783].

Cette catégorie d'accords vise tout d'abord, les accords intervenant dans les domaines de compétences retenues des États membres. Quand

---

[780] Voir annexe à la proposition de décision du Conseil relative à la signature de l'accord de partenariat économique (APE) négocié entre les États de l'Afrique de l'Afrique de l'Ouest, la CEDEAO et l'UEMOA, d'une part, et l'Union européenne et ses États membres, d'autre part, COM (2014) 576 final du 15.9.2014.

[781] Sur les APE, se référer à la thèse de Valérie KABORÉ, *Les relations entre l'Union européenne et les pays d'Afrique, des Caraïbes et du Pacifique*, thèse de doctorat, Université de Rouen, 2012.

[782] CJUEMOA, avis n° 1/2007 du 19 octobre 2007, *op. cit.* p. 607.

[783] CJUEMOA, avis n° 2/2000 du 2 février 2000, *op. cit.* p. 240.

bien même l'Union ne peut intervenir en principe dans la négociation de ces accords, ceux-ci « ne peuvent en aucun cas affecter le traité constitutif et les actes pris en son application »[784]. Relèvent également de cette catégorie, à titre exceptionnel, les accords commerciaux négociés « au sein d'organisations internationales au sein desquelles l'Union ne dispose pas de représentation propre »[785]. Cette hypothèse évoque particulièrement la situation de l'UEMOA au sein de l'OMC où, contrairement à l'Union européenne, elle ne dispose pas encore du statut de membre à part entière[786]. Enfin, nous pensons que les accords conclus dans les domaines où l'UEMOA ne dispose que d'une compétence de coordination relèvent également des compétences externes retenues des États membres. La conclusion d'accords interétatiques dans ces domaines n'exclut pas toute intervention des organes de l'Union. Par exemple, dans le cas des accords commerciaux conclus au sein de l'OMC, l'article 85 du Traité dispose que les États membres conforment leurs positions de négociation aux orientations définies par le Conseil. Dans le domaine de la politique agricole de l'Union, l'article 11 de l'acte additionnel n° 3/2001[787] dispose, quant à lui, que

> « la Commission peut mettre en place un comité technique consultatif pour la préparation et le suivi des négociations internationales agricoles. Ce comité a pour mission, notamment, de proposer à la Commission toutes les mesures permettant de définir des positions communes de négociation. Il s'appuie sur des structures nationales chargées de la préparation et du suivi des négociations internationales agricoles ».

---

[784] Avis n° 2/2000 précité.

[785] Art. 85 du traité de l'UEMOA.

[786] Il semblerait que l'UEMOA ait entamé des démarches pour adhérer, en tant qu'organisation, à l'OMC. Toutefois, la requête n'aurait pas abouti pour des raisons politiques et techniques. La raison politique serait que l'OMC ne veut pas ouvrir le débat sur l'adhésion des communautés régionales au risque de se retrouver dans un engrenage où toutes les communautés voudront faire de même. Quant à la principale raison technique avancée, elle résiderait dans le fait que les États membres de l'UEMOA ne seraient pas suffisamment intégrés pour pouvoir prétendre à une représentation unique. Voir Ousséni ILLY, *L'OMC et le régionalisme. Le régionalisme africain*, Bruxelles, *op. cit.*, p. 233.

[787] Acte additionnel n° 3/2001 portant adoption de la politique agricole de l'UEMOA, *op. cit.*

L'intervention des organes de l'Union dans le processus de conclusion d'accords interétatiques ne doit pas être considérée comme chose étrange dans la mesure où elle est pleinement justifiée par le principe de coopération loyale et le souci de garantir la cohérence des règlementations et politiques des États membres avec celles de l'Union.

Conclusion du titre I

L'analyse consacrée au respect de la légalité, comme fondement normatif de l'Union de droit, au sein de l'UEMOA, conduit à plusieurs remarques. D'abord, il convient de relever que les paramètres de la légalité ne sont pas toujours aisés à identifier dans le système juridique de l'UEMOA. Il est vrai que certains principes tels que le principe de la primauté du droit de l'UEMOA ou encore le principe des compétences d'attribution, trouvent leur consécration dans les traités constitutifs. En dehors de ces exemples, les paramètres de la légalité manquent, pour la plupart, de clarté et de précision à l'intérieur des traités. Ainsi en est-il de la hiérarchisation des normes de droit dérivé et de la typologie des compétences.

Face à ces lacunes, l'analyse a permis de relever, de la part de la Cour de justice, un véritable effort de clarification, dans le cadre de sa mission visant à veiller au respect du droit quant à l'interprétation et à l'application des traités. L'apport du juge de l'UEMOA reste, malgré tout, limité et, par moment, préjudiciable à l'action de l'Union. Tel est le cas notamment de la théorie des compétences implicites qui mériterait d'être pleinement reconnue par la Cour de Justice afin de permettre à l'UEMOA de pouvoir exercer de manière optimale sa personnalité juridique internationale. Toutefois, il convient de tempérer les attentes portées vers la fonction « palliative » du juge de l'UEMOA. En effet, ce dernier ne saurait, dans l'exercice de sa fonction, substituer son interprétation aux règles qu'il revient aux organes ou aux États membres, d'adopter. Quant au respect des paramètres de la légalité, l'examen de la pratique a permis de relever une attitude contrariante, tantôt de la part des États membres, tantôt de la part des organes. Au niveau des États membres, cette attitude se révèle à travers notamment des systèmes constitutionnels relativement ou potentiellement hostiles à la reconnaissance de l'autonomie de l'ordre juridique de l'UEMOA. Cela constitue une menace à l'affirmation de la primauté absolue du droit de l'UEMOA au sein de ces États. En ce qui concerne les organes de l'UEMOA, l'inquiétude se manifeste surtout dans le développement d'une tendance au choix hasardeux de la base juridique des actes adoptés, au mépris du principe des compétences d'attribution.

En somme, il importe que les organes de l'UEMOA et les États membres, prêtent une meilleure attention au respect de la légalité au sein de l'UEMOA. Pour ce faire, il s'impose de clarifier, au préalable, les paramètres de cette légalité en envisageant, le cas échéant, l'usage du pouvoir de révision des traités qui est détenu par les États membres.

Titre II : L'ancrage du principe démocratique et la protection des droits fondamentaux

Autant l'État de droit ne peut être conçu dans le droit contemporain sans référence au respect de la démocratie et à la protection des droits de l'Homme, autant l'Union de droit ne peut en faire l'économie au risque de devenir « sans âme ». En effet, l'Union de droit ne saurait se résumer en un principe neutre, confiné aux seuls aspects formels du principe de légalité. Elle implique nécessairement l'existence de principes et de valeurs bénéficiant d'une consécration juridique explicite[788]. Le principe démocratique et les droits fondamentaux apparaissent comme la dimension ontologiquement « idéologique » de l'Union de droit[789].

Considérée comme un « lieu sémantique de perpétuelles interrogations et le creuset dans lequel s'accumulent d'interminables gloses »[790], la notion de démocratie est universellement connue à travers la célèbre citation d'Abraham LINCOLN « le gouvernement du peuple par le peuple et pour le peuple »[791]. Ainsi présenté, la démocratie est avant toute chose un concept 'politique' prescrivant un modèle de gouvernement axé sur la participation (démocratie directe) et/ou la représentation (démocratie indirecte) des citoyens dans la gestion du pouvoir politique. Ainsi considère-t-on, entre autres, l'élection, le

---

[788] Jacques CHEVALLIER, *L'État de droit, op. cit.* p. 100.

[789] Voir Jacques CHEVALLIER, « Les aspects idéologiques de l'État de droit », *in* SFDI, *L'État de droit en droit international*, p. 69. Voir également, Denys SIMOIN, « La Communauté de droit » *in* Frederic SUDRE et Henri LABAYLE (Dir.), *Réalités et perspectives du droit communautaire des droits fondamentaux, op. cit.* p. 94.

[790] Simone GOYARD-FABRE, *Qu'est-ce que la démocratie ? La généalogie philosophique d'une grande aventure humaine*, Paris, Armand Colin, 1998, p. 15 et s.

[791] Il est également intéressant de relever que cette définition trouve un certain écho dans l'étymologie grecque du terme « demos », le peuple, « kratos », pouvoir. Voir dans le même sens Hans KELSEN pour qui « Démocratie signifie identité du sujet et de l'objet du pouvoir, des gouvernements et des gouvernés, gouvernement du peuple par le peuple » *in La démocratie. Sa nature. Sa valeur*. Trad. par Charles Eisenmann. Paris, Economica, 1988, p. 25.

référendum, l'initiative populaire, et le droit de révocation, comme étant des éléments constitutifs de la démocratie politique[792].

Sous l'impulsion de l'État de droit, la démocratie acquiert une nouvelle connotation. Elle ne se réduit plus aux seuls processus électoraux mais suppose également le respect du pluralisme et la garantie des droits et des libertés[793]. La démocratie devient une « démocratie juridique », qui est à la fois une « démocratie de substance » fondée sur les droits, et une « démocratie de procédure » impliquant le respect de certaines règles par les autorités publiques[794]. Démocratie et droits de l'Homme apparaissent ainsi intimement liés et presqu'inséparables. Comme l'État de droit, ils ont acquis aujourd'hui une 'renommée' internationale[795] et sont considérés comme « la seule manière durable d'éviter la violence et la guerre [...] un préalable indispensable à l'accès aux échanges commerciaux et à la prospérité »[796].

Rattachés à l'Union de droit, le principe démocratique et les droits fondamentaux constituent respectivement le fondement institutionnel et le fondement matériel de l'Union de droit. Ils s'imposent non seulement à l'UEMOA (l'Union) en tant qu'entité distincte de ses États membres mais également à ces derniers, en raison de leur appartenance à ladite Union. C'est pourquoi, le respect du principe de démocratie et la protection des droits fondamentaux seront examinés d'abord en tant que principe d'organisation et de fonctionnement de l'Union (Chapitre I) puis, en tant que principe de gouvernement des États membres (Chapitre II).

---

[792] Andreas AUER, Giorgio MALINVERNI et Michel HOTTELIER (Dir.), *Droit constitutionnel suisse, l'État, op. cit.*, pp. 200 à 203.

[793] Voir Jacques CHEVALLIER, *L'État de droit, op. cit.*, p. 137.

[794] *Idem*, p. 138.

[795] La trilogie formée de l'État de droit, la démocratie et les droits de l'Homme, bénéficie aujourd'hui d'une protection juridique internationale tant au sein de l'ONU que dans diverses organisations régionales.

[796] Marc FISCHBACH, « Droits fondamentaux et mondialisation. Pour une globalisation éthique » *in Droits de l'Homme, démocratie et État de droit. Liber amicorum Luzius Wildhaber, Dike, Nomos,* 2007, pp., préc. p. 229.

Chapitre Ier : Le principe démocratique et la protection des droits fondamentaux comme principes directeurs de l'Union

En rupture avec le déficit démocratique qui prévalait dans les arrangements régionaux en Afrique[797], le traité de Dakar de 1994 amorçait la démocratisation de l'UEMOA, en instituant le Comité interparlementaire (CIP ou Comité)[798], dans l'attente de la création du parlement (Parlement de l'UEMOA)[799] qui se chargerait du contrôle démocratique des organes. Le traité portant création du Parlement de l'UEMOA a concrétisé cet objectif en 2003, démontrant l'attachement de l'organisation au principe démocratique[800]. Par ailleurs, l'article 3 du traité de Dakar stipulait que « L'Union respecte dans son action, les droits fondamentaux énoncés dans la déclaration universelle des droits de l'Homme de 1948 et la charte africaine des droits de l'Homme et des peuples de 1981 ». Cette disposition a été reprise dans le traité modificatif de 2003[801].

Ainsi, dès l'origine, l'UEMOA ne se définit pas uniquement comme une organisation à but purement économique. Elle poursuit également des objectifs plus ambitieux, à savoir la protection des droits de la personne humaine, au sein d'une société démocratique d'égalité et de liberté entre les ressortissants des États membres[802]. L'objectif de ce chapitre est d'évaluer l'ancrage du principe démocratique (section I) et la protection des droits fondamentaux (section II) dans l'organisation et le fonctionnement des organes de l'Union.

---

797 Luc Marius IBRIGA, « L'Union économique et monétaire ouest-africaine : un modèle de transition pour l'intégration régionale et internationale de l'Afrique de l'ouest *», in Actes de colloque de Ouagadougou des 29 et 30 octobre 1996*, CEEI, p. 54.

798 Art. 35 du traité de Dakar.

799 *Ibid*, art. 37, al. 3.

800 Voir préambule du traité portant création du Parlement de l'UEMOA de 2003.

801 Voir art. 3 du traité de 2003.

802 Jean-Yves CARLIER, « Intégration régionale et démocratie. Quelques réflexions à partir de la pensée d'Alexis de Tocqueville », *RBD*, n° 39-40, 2001, pp. 9-20, préc. p. 14 et s.

Section I : Le principe démocratique

Emprunté à la théorie générale de l'État, le principe démocratique n'est pas sans poser un certain nombre de difficultés d'ordre théorique et conceptuel dans son application aux organisations de type supranational. Appliqué à l'Union européenne, le principe a ainsi donné lieu à de nombreuses controverses doctrinales[803]. Nous n'entrerons pas en matière sur ces débats doctrinaux, notre approche se voulant plus pragmatique en examinant l'affirmation du principe démocratique dans le droit positif de l'UEMOA. En droit de l'UEMOA, le principe démocratique se décline sous deux dimensions à savoir d'une part, la représentation démocratique (paragraphe I) et d'autre part, la participation démocratique des ressortissants des États membres (paragraphe II).

Paragraphe I : La représentation démocratique au sein de l'Union

Le principe de la représentation démocratique est celui en vertu duquel les ressortissants des États réunis au sein d'une organisation sont appelés à collaborer par le truchement d'un parlement au fonctionnement de ladite organisation[804]. Dans ce sens, la CJCE a considéré dans l'arrêt Roquette, la compétence consultative du Parlement européen comme étant « le reflet, bien que limité, au niveau de la Communauté, d'un principe démocratique fondamental, selon lequel les peuples participent à l'exercice du pouvoir par l'intermédiaire d'une assemblée représentative »[805]. Au sein de l'UEMOA, la représentation démocratique des ressortissants des États membres s'opère non seulement de manière « directe », à travers l'existence d'une assemblée parlementaire supranationale (A) mais également de manière indirecte, à travers les exécutifs et les parlements nationaux (B).

---

[803] Pour un résumé sur l'état de ces controverses, voir Catherine CASTOR, *Le principe démocratique dans le droit de l'Union européenne*, Bruylant, Bruxelles, 2011, p. 20 et s. Pour étude plus récente sur la démocratie dans l'Union européenne, voir Catherine HAGUENAU-MOIZARD et Christian MESTRE (Dir.), *La démocratie dans l'Union européenne,* Bruxelles, Emile Bruylant, 2018, 300 p.
[804] Voir dans ce sens, CJCE, arrêt Van Gend & Loos du 5 février 1963, *op. cit.*
[805] CJCE, arrêt Roquette frères c. Conseil du 29 octobre 1980, préc. pt 33.

A) La représentation « directe » à travers l'organe parlementaire

La représentation parlementaire, au sein de l'UEMOA, ne s'est pas faite en une seule étape. À l'origine, elle était assurée par le Comité interparlementaire, organe de représentation indirecte des ressortissants des États membres (1). Toutefois, le traité de Dakar de 1994 prévoyait l'évolution vers la représentation directe à travers la création du Parlement (2). Bien que renforçant significativement la démocratisation de l'Union, le Parlement qui est effectif depuis le 1er février 2014[806], n'a pas véritablement résolu, à ce jour, le problème de la représentation indirecte, dans la mesure où l'élection de ses membres au suffrage universel direct n'est pas encore opérationnelle.

1) Le Comité interparlementaire

Institué à l'article 35 du traité de Dakar, le Comité interparlementaire était composé de quarante (40) membres, à raison de cinq (5) membres par État, désignés par l'organe législatif de chacun desdits États. De ce fait, le Comité apparaissait, à l'instar du Parlement européen dans ses premières années d'existence[807], plus comme une réunion de délégués parlementaires nationaux que comme une véritable assemblée représentative des ressortissants des États membres[808]. Sa légitimité démocratique s'en trouvait réduite, si tant est que la légitimité et l'autorité d'un organe parlementaire dépendent de la manière dont ses membres sont désignés, en l'occurrence, de la procédure d'élection au suffrage universel direct[809].

Néanmoins, on ne peut refuser au CIP toute légitimité dans la mesure où il bénéficiait, tout de même, d'une légitimité indirecte s'opérant par

---

[806] Date de l'entrée en vigueur du traité portant création du Parlement de l'UEMOA de 2003.

[807] En effet, de 1952 (date de la création de l'« Assemblée » par le traité de la CECA) à juin 1979 (date de la première élection du « Parlement européen » au suffrage universel direct), le parlement européen était composé de délégués parlementaires, désignés par les organes législatifs nationaux selon des procédures internes aux États membres.

[808] Pierre PESCATORE, « Les exigences de la démocratie et la légitimité de la Communauté européenne », CDE, 1974, p. 501.

[809] Barney KARUUOMBE, « The role of parliament in regional integration-the missing link », *Monitoring Regional Integration in Southern Africa Yearbook*, 2008, p. 8.

le biais des parlements nationaux[810]. Pour certains auteurs, l'opportunité même d'une représentation au suffrage universel direct au sein des organisations d'intégration régionale en Afrique peut être remise en question. Ulf TERLINDEN estime que dans le contexte de la pauvreté du continent, les assemblées parlementaires régionales gagneraient plus en légitimité en réduisant les coûts de leur mode d'élection et de fonctionnement, pour se focaliser sur la résolution des préoccupations quotidiennes des populations[811]. Ainsi affirme-t-il, « In other words, input legitimacy through democratic elections can be, at least for some time and in some stages, be substituted with output legitimacy achieved through a responsive conduct of politics »[812]. Se trouve ici élégamment reprise, l'idée de légitimité matérielle à laquelle se réfère Pierre PESCATORE dans sa contribution de 1974 sur la légitimité démocratique de la Communauté européenne[813]. Mais bien qu'étant celle de « toutes les révolutions victorieuses »[814], la légitimité matérielle reste, hélas, « provisoire, précaire, ambiguë »[815]. Il en découle que « seul le titre formel de la démocratie peut conférer une assise stable et définitive au pouvoir politique »[816]. Comme l'admet également Ulf TERLINDEN, il convient de ne pas perdre de vue le fait

---

810 Babacar SARR, « Le traité de l'UEMOA : un pacte constitutionnel fédératif », *op. cit.* p. 5.

811 Ulf TERLINDEN, « African Regional Parliaments-Engines of Integration and Democratization? », Background Paper on International Development Cooperation, Africa Desk of the Friedrich-Ebert-Foundation, Bonn, 2004, p. 3. Disponible sur http://www.ulf-terlinden.de/docs/Terlinden2004Reg_Parl.pdf (consulté le 23.05.2016).

812 *Ibidem.*

813 Voir Pierre PESCATORE, « Les exigences de la démocratie et la légitimité de la Communauté européenne », *op. cit.* p. 507. L'auteur y oppose notamment la légitimité matérielle qui « dérive de l'accomplissement convenable des fonctions mêmes du pouvoir public », à la légitimité formelle qui « relève du mode de désignation du pouvoir ».

814 Il est intéressant de faire ici le parallèle avec l'insurrection populaire burkinabè de 2014, marquée par l'incendie du siège de l'Assemblée nationale, vouée aux gémonies pour avoir trahit la confiance populaire, par sa tentative de voter une loi modificative de la Constitution, contraire aux aspirations d'alternance démocratique du peuple. En échouant à sa mission de garante de la volonté populaire, celle-ci perdait aux yeux des citoyens burkinabè, toute légitimité démocratique. Sur l'insurrection populaire survenue au Burkina-Faso, voir Abdoulaye SOMA, « Réflexions sur le changement insurrectionnel au Burkina-Faso », *Revue CAMES*, Vol. 1, n°1, 2015, 14 p.

815 Pierre PESCATORE, « Les exigences de la démocratie et la légitimité de la Communauté européenne », *op. cit.* p. 508.

816 *Ibidem.*

que la légitimité et le devoir de reddition des comptes dépendent, en dernier lieu, du pouvoir dont disposent les peuples, de révoquer leurs représentants à travers des élections périodiques[817]. Dans le cadre du CIP, les ressortissants des États membres se voyaient privés de cette faculté au profit de leurs assemblées parlementaires nationales, conformément à des procédures internes qui échappent complètement à leur contrôle et dont le caractère démocratique est souvent remis en question[818]. Au-delà du mode de désignation indirecte qui affectait la légitimité démocratique du Comité, ce dernier se caractérisait par une certaine précarité statutaire.

Analysant le rôle des parlements au sein de l'intégration régionale en Afrique, Barney KARUUOMBE les considérait comme le « missing link » dans la chaine institutionnelle des organisations régionales africaines[819]. Ce constat ne signifiait pas que les parlements étaient complètement absents desdites organisations, mais plutôt que ces derniers ne jouaient pas le rôle qui était censé y être le leur, à savoir celui d'organes législatifs et de contrôle démocratique, véritable contrepoids aux pouvoirs de l'exécutif. Ces observations décrivent bien la situation du Comité interparlementaire de l'UEMOA. En effet, l'article 16, alinéa 2, du traité de Dakar, se référait au CIP comme à un « organe de seconde zone », concourant à la réalisation des objectifs de l'Union, sans pour autant faire partie des principaux organes définis à l'alinéa 1 du même article.

De plus, en considérant les fonctions traditionnellement dévolues aux organes parlementaires[820], on peut se rendre compte du fait que le CIP ne répondait pas véritablement au rôle d'une assemblée parlementaire eu égard aux pouvoirs limités qui lui étaient conférés par le Traité. Certes, l'article 35, alinéa 4, du traité de Dakar prévoyait qu' « à l'initiative du Comité ou à leur demande, le président du Conseil et le

---

[817] Ulf TERLINDEN, "African Regional Parliaments-Engines of Integration and Democratization?", *op. cit.* p. 4.

[818] L'on notera, à titre illustratif, la levée de boucliers, en 2016, au sein de l'opposition politique burkinabè, laquelle s'insurgeait contre la désignation « antidémocratique » des députés burkinabè au sein des parlements régionaux. Voir billet de presse : http://www.burkina24.com/2016/02/15/assemblee-nationale-les-partis-cdp-adfrda-nafa-et-upc-denoncent-une-repartition-biaisee-des-postes/ (consulté le 23.05.2016).

[819] Barney KARUUOMBE, "The role of Parliament in regional integration- the missing link", *op. cit.* p. 1.

[820] Il s'agit principalement de voter la loi, de consentir à l'impôt et de contrôler l'action des gouvernements.

président de la Commission [pouvaient] être entendus par le Comité […] ». Aussi, conformément à l'article 36 du traité de Dakar, « le Comité [recevait] chaque année le rapport établi par la Commission sur le fonctionnement et l'évolution de l'Union conformément aux dispositions de l'article 26 ». Toutefois, cette fonction de contrôle restait limitée dans la mesure où l'audition des représentants des différents organes ne pouvait se traduire par un vote de censure[821]. De ce fait, le CIP se définissait plus comme « une forme de magistrature morale exercée par les représentants des organes législatifs nationaux »[822], que comme un véritable organe de contrôle démocratique. Qui plus est, le Comité ne disposait d'aucune compétence en matière budgétaire, l'adoption du budget de l'Union revenant exclusivement au Conseil[823] et son exécution, à la Commission[824].

Malgré tout, l'apport du Comité interparlementaire au processus d'intégration n'était pas inexistant. En effet, celui-ci contribuait, « par le dialogue et le débat », aux efforts d'intégration de l'Union dans les domaines couverts par le Traité[825], de même qu'il pouvait influer sur la conduite des politiques de l'Union, à travers ses prises de positions adoptées à l'occasion du rapport annuel de la Commission[826] ou dans le cadre de ses sessions parlementaires ordinaires. On peut citer, par exemple, la recommandation n°2/CIP/2008 relative à la situation monétaire de l'Union[827], la recommandation n°3/CIP/2008 relative à la mise en œuvre de la politique agricole[828] ou encore la résolution n° 1/CIP/2010 sur l'application des directives communautaires relatives à la libre circulation des personnes, des biens et au droit d'établissement. Enfin, le Comité a développé, dans la pratique, d'autres compétences, notamment en matière de paix et sécurité et en matière électorale, en y

---

[821] Etienne CEREXHE et Louis le Hardÿ de BEAULIEU, *Introduction à l'Union économique ouest-africaine, op. cit.* p. 55.

[822] *Idem*, p. 56.

[823] Art. 47 du traité de Dakar.

[824] *Idem*, art. 26.

[825] *Idem*, art. 35, al. 2.

[826] Etienne CEREXHE et Louis le Hardÿ de BEAULIEU, *Introduction à l'Union économique ouest-africaine, op. cit.*

[827] Recommandation n°2/CIP/2008 sur la situation monétaire de l'Union, BO, n° 63, 3e trimestre, 2008, p. 50.

[828] Recommandation n° 3/CIP/2008 sur la mise en œuvre de la politique agricole de l'Union, BO, n° 63, 3e trimestre, 2008, p. 51.

adoptant plusieurs résolutions[829]. L'on peut regretter, cependant, l'effet juridique limité des actes par lesquels s'opérait l'apport démocratique du CIP. En effet, ce dernier exprimait ses vues sous la forme de résolutions ou de rapports[830], auxquels il convient d'ajouter les recommandations et les déclarations développées par la pratique[831].

En somme, il convient de dire que la création du CIP, bien qu'ayant amorcé le processus de démocratisation de l'UEMOA, n'a pas véritablement répondu à toutes les attentes en termes de « participation des peuples au fonctionnement de l'Union par le truchement d'un organe représentatif »[832]. Le Comité était non seulement un organe parlementaire « imparfait »[833], mais également un organe de « seconde zone », réduit à la « portion congrue » des compétences exercées par l'ensemble des organes. La création du parlement, juridiquement effectif depuis le 1er février 2014, a-t-elle résorbé le déficit démocratique laissé par son prédécesseur ?

2) Le Parlement de l'UEMOA

La volonté du renforcement démocratique, à travers la création du Parlement de l'UEMOA, est manifeste dès la lecture de l'article 35 nouveau du traité de 2003. Aux termes de cette disposition,

> « Le contrôle démocratique des organes de l'Union est assuré par un Parlement dont la création fait l'objet d'un traité spécifique. Le Parlement participe au processus décisionnel et aux efforts d'intégration de l'Union dans les domaines couverts par le présent traité. Le Parlement jouit de l'autonomie financière [...] ».

Contrairement au CIP qui était logé, en seconde zone, avec les organes consultatifs et les institutions spécialisées autonomes[834], le Parlement

---

[829] Cf. *infra*, 2°).
[830] Art. 35, al. 3, du traité de Dakar.
[831] Voir par exemple, la déclaration du CIP-UEMOA du 25 mai 2012 sur les crises au Mali et en Guinée-Bissau, disponible sur www.uemoa.int (consulté la dernière fois, le 31.5.2018) . Sur l'effet juridique de ces actes, voir supra, p. 68.
[832] Voir dans ce sens l'arrêt Van Gend & Loos précité.
[833] Il n'est pas élu au suffrage universel direct et ne bénéficie pas d'une entière légitimité démocratique.
[834] Art. 16 al. 2 du traité de Dakar.

figure en bonne et due place dans la liste des organes principaux de l'Union[835].

En plus de son statut rehaussé dans le traité constitutif de l'UEMOA, la création du Parlement vise expressément à favoriser « une plus large participation des populations de l'Union au processus d'intégration »[836]. Ces derniers y sont notamment représentés par des députés élus au suffrage universel direct pour une durée de cinq (5) ans[837]. L'élection envisagée des membres du Parlement au suffrage universel direct constitue une avancée certaine dans la légitimation démocratique de l'organe parlementaire. En prévoyant, de surcroît, que ladite élection se fera selon une procédure électorale à déterminer par acte additionnel de la Conférence des chefs d'État et de gouvernement[838], le traité portant création du Parlement, soustrait le déroulement du processus électoral à l'emprise des règles nationales, « soumises aux aléas de la conjoncture politique, édictées ou modifiées unilatéralement par la majorité au pouvoir, selon les intérêts du moment [...] »[839].

Dans l'avis n° 4/99 portant sur le projet de traité du Parlement de l'UEMOA[840], la Cour de justice de l'UEMOA avait suggéré, implicitement, un modèle de procédure électorale uniforme qui, à l'instar du système adopté par l'Union européenne[841], laisserait aux

---

[835] Voir art. 16 modifié du traité de l'UEMOA.

[836] Voir préambule du traité portant création du Parlement de l'UEMOA de 2003.

[837] *Idem*, art. 5.

[838] *Ibidem*.

[839] Augustin LOADA et Luc Marius IBRIGA, *Droit constitutionnel et institutions politiques,* Ouagadougou, Collection précis de droit burkinabè, 2007, p. 454.

[840] CJUEMOA, Avis n°4/99 du 25 novembre 1999. Demande d'avis du président de la Commission de l'UEMOA sur le projet de traité du Parlement de l'UEMOA, non publié.

[841] Conformément à l'article 223 du traité FUE (ex art. 138 du traité CEE), l'élection des députés européens se déroule selon une procédure uniforme définie par le Conseil de l'UE, après approbation du Parlement européen. Les dispositions arrêtées par le Conseil de l'UE entrent ensuite en vigueur après soumission aux procédures nationales de ratification. Sur la base de l'ex article 138 du traité CEE, le Conseil de l'UE a adopté l'« Acte portant élection des représentants à l'Assemblée au suffrage universel direct », JOCE, n° L 278 du 8 octobre 1976. L'Acte de Bruxelles de 1976 sera ensuite modifié par la décision du Conseil, du 25 juin et du 23 septembre 2002, JOUE, n° L 283/1 du 21 octobre 2002. En réalité, la procédure électorale définie par ces actes, laisse des marges de libertés aux États membres, en se limitant à poser certains principes communs, comme le choix de la représentation proportionnelle ou

États membres le pouvoir de réglementer certains aspects propres à leurs cultures politiques respectives, tels que l'âge pour être électeur ou éligible, la nature du scrutin ou encore le calendrier électoral. Cette procédure a l'avantage de ménager, par sa souplesse, les droits constitutionnels des États membres.

Bien que le traité portant création du Parlement de l'UEMOA soit entré en vigueur depuis le 1er février 2014, l'acte additionnel censé préciser les modalités de l'élection au suffrage universel direct n'est pas encore effectif, encore moins l'élection au suffrage universel direct elle-même. Cette situation fait que le Parlement de l'UEMOA demeure, dans la réalité des faits, un organe de représentation indirecte comme son prédécesseur. Plus qu'un problème d'ordre normatif, la principale raison de ce blocage semble être l'appréhension des implications financières de l'opération par les États membres. En effet, étant pour la quasi-totalité de tradition juridique française, les États membres de l'UEMOA disposent de droits constitutionnels et électoraux plutôt similaires et, *a priori*, relativement aisés à harmoniser, dans le cadre d'un acte additionnel. En revanche, l'opérationnalisation de l'élection au suffrage universel direct pose des difficultés réelles en termes de logistique (notamment la constitution d'un fichier électoral régional) et de coûts relatifs à l'organisation de l'élection de manière générale.

Pourtant, ces écueils peuvent être résorbés, au moins en partie, par le couplage de l'élection au Parlement de l'UEMOA avec celle des parlements nationaux et leur synchronisation dans tous les États membres de l'Union. La synchronisation des élections dans tous les États membres de l'UEMOA se pose certes comme un véritable défi à relever mais contribuera beaucoup, une fois effective, à la régularisation des élections au sein des États membres et par ricochet, à l'ancrage de l'État de droit au sein desdits États. Dans l'attente, le traité portant création du Parlement de l'UEMOA, en tenant sans doute compte de l'ampleur du défi lié à l'effectivité du suffrage universel direct, prévoit une disposition transitoire permettant au Parlement d'être effectif, sur

---

la fixation possible d'un seuil minimal, ne dépassant pas 5%, pour l'attribution des sièges. Toutefois, comme le réaffirme l'article 223 du traité FUE, il ne faut pas perdre de vue le fait que l'objectif, à long terme, est de déterminer une véritable procédure uniforme qui s'applique à l'ensemble des États membres. Voir, Guy ISAAC et Marc BLANQUET, *Droit général de l'Union européenne, op. cit.* p. 155 et s.

la base d'une désignation provisoire de ses membres suivant l'ancien mécanisme appliqué à la désignation des membres du CIP.

L'article 31 dudit traité dispose notamment que « Dans l'attente de l'élection des députés au suffrage universel direct, les députés au Parlement sont désignés par l'organe législatif de chaque État membres ; le nombre des députés est fixé à cinq (5) par État membre [...] ». Il est regrettable, à ce niveau, que le traité portant création de l'UEMOA n'ait pas prévu une désignation des députés nationaux au prorata de la taille de leurs populations respectives. Une telle solution aurait pu conférer à la représentation indirecte une certaine assise populaire et renforcer, par conséquent, sa légitimité démocratique. Fort heureusement, le mode provisoire de désignation indirecte n'entrave en rien l'exercice, par le Parlement, de ses pouvoirs, considérablement accrus dans le traité relatif à sa création.

À la différence du CIP, le Parlement de l'UEMOA exerce sur les autres organes de l'Union, un véritable contrôle démocratique pouvant se traduire par le vote d'une motion de censure à l'égard de la Commission, au terme d'une série de mesures graduelles définies à l'article 18 du traité portant création du Parlement[842]. Dans le cadre de ses pouvoirs, le Parlement peut poser au Conseil et à la Commission, des questions d'actualité, écrites ou orales[843]. Quant à l'article 23, il étend la liste des personnes pouvant être entendues par le Parlement. Ce dernier peut auditionner en plus des présidents du Conseil et de la Commission, l'ensemble des membres de la Commission, le gouverneur de la BCEAO, le président de la BOAD ainsi que le président de la Chambre consulaire régionale.

Outre le rapport annuel de la Commission qu'il examine, le Parlement est saisi du rapport annuel conjoint de la Cour des comptes de l'UEMOA et des cours de comptes des États membres, sur l'évaluation des systèmes de contrôle des comptes en vigueur dans l'Union, ainsi que du rapport de la Cour des comptes de l'UEMOA, sur l'exécution

---

[842] La responsabilité de la Commission vis-à-vis du Parlement de l'UEMOA se traduit également par l'obligation faite à son président, de présenter à la session ordinaire qui suit sa nomination, le programme d'actions de son organe devant ledit Parlement. La présentation de ce programme est suivie de débats à l'issue desquels, le Parlement peut émettre des avis et recommandations par voie de résolution. Voir art. 15 du traité portant création du Parlement de l'UEMOA.

[843] *Idem*, art. 17.

des budgets de l'Union[844]. Il peut être aussi amené à constituer des commissions temporaires d'enquête à la demande du ¼ des députés[845]. Au-delà de l'accroissement de ses pouvoirs de contrôle démocratique, le Parlement participe dorénavant au processus décisionnel de l'Union, aux côtés du Conseil.

Au titre de ses pouvoirs en matière « législative », le Parlement jouit d'un droit de consultation générale sur les projets d'actes additionnels, de règlements et de directives au sein de l'Union[846]. Cette consultation est obligatoire en matière d'adhésion de nouveaux États à l'Union, d'accords d'association, de droit d'établissement et de libre circulation des personnes, de politiques sectorielles de l'Union, de procédure d'élection des membres du Parlement, en matière budgétaire, d'impôts, de taxes et de tous autres prélèvements communautaires[847], l'avis conforme étant requis pour les trois premières matières énumérées[848]. Le budget de l'Union, bien qu'étant adopté par voie de règlement du Conseil[849], l'est au terme d'une véritable procédure de codécision, qui ressemble quelque peu à la procédure législative ordinaire introduite par le traité de Lisbonne en droit de l'Union européenne[850]. En effet, la procédure décrite aux articles 28[851] et 29[852] du traité portant création du Parlement de l'UEMOA, confère à ce dernier un véritable pouvoir d'amendement dont le rejet par le Conseil donne lieu à la saisine du Comité permanent de concertation (CPC), à l'instar de l'intervention du Comité de conciliation (CC) dans la procédure législative ordinaire de

---

844 *Id.*, art. 21.

845 Dans ce cas, la décision est prise à la majorité absolue des membres du Parlement. Voir art. 22 du traité portant création du Parlement de l'UEMOA.

846 *Idem*, art. 25, al. 1.

847 *Id.*, art. 25, al. 2.

848 *Id.*, art. 25, al. 3.

849 *Id.*, art. 29, al. 5.

850 Art. 293 et s. du traité FUE.

851 Aux termes de l'article 28 du traité portant création du Parlement de l'UEMOA « Chaque année, la Commission transmet le projet du budget de l'Union au Parlement, au plus tard quinze (15) jours avant le début de la deuxième session ordinaire visée à l'article 10 du présent Traité ».

852 L'article 29 du traité précité stipule, quant à lui, que « Le Parlement peut proposer des amendements au projet de budget. Il renvoie alors le projet de budget à la Commission, dans un délai de trente (30) jours à compter de sa saisine. Le projet de budget accompagné des éventuels amendements du Parlement est transmis au Conseil par la Commission. Lorsque le Conseil rejette un amendement du Parlement, le Comité Permanent de Concertation prévu à l'article 30 du présent traité est saisi [...] ».

l'Union européenne[853]. En sus, le Parlement de l'UEMOA peut, conformément à l'article 27 du traité relatif à sa création, inviter la Commission à développer ou à infléchir les politiques existantes ou encore, à en initier de nouvelles.

Tandis qu'il se prononce par voie de rapports et de résolutions dans le cadre du contrôle démocratique[854], le Parlement exprime ses vues dans le cadre de sa participation au processus décisionnel, sous forme de recommandations, d'avis simples ou conformes ou encore, sous forme de propositions d'amendement[855]. Enfin, le Parlement a perpétué l'héritage des compétences développées par son prédécesseur en matière électorale et dans le domaine de la paix et la sécurité. Ainsi, a-t-il adopté le 3 avril 2014, deux résolutions portant l'une sur l'observation des élections dans l'espace UEMOA[856] et l'autre, sur la promotion du genre[857].

Malgré les avancées notables relatives au pouvoir « législatif », lesquelles viennent s'ajouter à l'accroissement des pouvoirs en matière de contrôle démocratique, il convient de déplorer le caractère limité du droit de consultation conféré au Parlement et le caractère encore plus restreint des domaines dans lesquels il bénéficie d'un véritable « pouvoir législatif », par le biais de son droit d'amendement. De manière plus inattendue, l'article 20 du traité portant création du Parlement confère à la CCEG, le pouvoir de dissoudre l'organe parlementaire[858]. Bien que la Cour de justice de l'UEMOA ait tiré la sonnette d'alarme sur les précautions à prendre vis-à-vis de ce

---

[853] Art. 294, par. 10, du TFUE.

[854] Art. 24 du traité portant création du Parlement de l'UEMOA.

[855] *Idem*, art. 26.

[856] Résolution n°3/CIP/2014 du 3 avril 2014. Disponible sur : http://www.uemoa.int/Pages/ACTES/ComiteInterparlementaire.aspx (consulté la dernière fois le 30.11.2017).

[857] Résolution n°4/CIP/2014 du 3 avril 2014. Disponible sur : http://www.uemoa.int/Pages/ACTES/ComiteInterparlementaire.aspx (consulté la dernière fois le 30.11.2017).

Cette seconde résolution ne relève pas, en réalité, d'une nouvelle compétence dans la mesure où elle peut être inscrite dans le cadre de la politique de l'UEMOA, en matière de développement des ressources humaines. Voir art. 2 du protocole additionnel n°2, *op. cit.* Concernant les deux résolutions adoptées par le Parlement de l'UEMOA, une irrégularité d'écriture mérite, toutefois, d'être soulignée. En effet, l'intitulé desdites résolutions contient la référence au CIP qui, pourtant, a juridiquement cessé d'exister depuis le 1er février 2014, pour laisser la place au Parlement.

[858] Voir aussi art. 37, al. 2, du traité de l'UEMOA.

mécanisme « peu connue du droit communautaire »[859], l'article 20 du traité précité stipule que : « La Conférence peut, après consultation du bureau du Parlement et du Conseil des ministres, dissoudre le Parlement ». Ce mécanisme fait penser à une sorte de duplication, au niveau de l'Union, du modèle issu du régime parlementaire prédominant dans les États membres de l'UEMOA[860]. Cette situation rompt l'équilibre institutionnel au sein de l'organisation, en exposant l'organe parlementaire aux abus de pouvoir de l'organe suprême.

De ce fait, elle apparaît comme un recul démocratique qui mitige nettement le renforcement démocratique opéré par la création du Parlement. Ce déficit de la représentation démocratique directe du Parlement est quelque peu compensé par une représentation démocratique indirecte des exécutifs et des parlements nationaux.

B) La représentation indirecte par les exécutifs et les parlements nationaux

Bien que les traités de l'UEMOA n'évoquent que la représentation directe à travers l'organe parlementaire, la représentation des ressortissants des États membres s'opère également, de manière indirecte, par le truchement des organes exécutifs (1) et des parlements nationaux (2).

1) La représentation par les exécutifs nationaux

La représentation indirecte des ressortissants des États membres de l'Union découle principalement de la représentation de leurs États respectifs au sein de la CCEG et du Conseil, à travers notamment les organes exécutifs nationaux. Contrairement à la représentation directe au sein du Parlement, le caractère démocratique de la représentation au sein du Conseil et de la Conférence, tient moins au mode de désignation et aux moyens d'action qu'aux règles de fonctionnement interne, en l'occurrence, les modalités de décision.

En effet, l'article 6 du traité de l'UMOA, auquel renvoie l'article 18 du traité de l'UEMOA, se contente de définir la CCEG comme étant « la réunion, en conférence, des chefs d'États et de gouvernement des États

[859] CJUEMOA, Avis n°4/99 du 25 novembre 1999, *op. cit.* p. 7.

[860] BCEAO, « Les grands principes constitutionnels en vigueur dans l'UEMOA », *RIDA*, n° 39, 1998, p. 22.

membres », sans imposer de condition particulière à la désignation interne de ces derniers. Il en est de même du Conseil, défini à l'article 23 du traité de l'UEMOA comme étant la réunion des ministres des États membres, compétents dans les matières inscrites à son ordre du jour. Désignés conformément aux règles constitutionnelles et aux institutions politiques en vigueur dans leurs pays respectifs, les chefs d'États et de gouvernement, tout comme les ministres, représentent respectivement au sein de la Conférence et du Conseil, leurs États d'origine dont ils assurent la défense des intérêts. Cependant, le caractère intergouvernemental de la CCEG et du Conseil ne doit pas occulter leur caractère d'organes autonomes, dans la mesure où une fois réunis au sein desdits organes, les chefs d'États et de gouvernement tout comme les ministres des États membres, y agissent en tant que membres d'organes de l'Union, dont les décisions engagent l'organisation tout entière[861] suivant la technique du dédoublement fonctionnel chère à Georges SCELLE[862].

Nonobstant le « déficit démocratique »[863] qui caractérise la désignation des représentants des exécutifs nationaux au sein de la Conférence et du Conseil, il est possible de se référer à une légitimité démocratique indirecte, qui passerait par l'imposition formelle du principe démocratique comme principe de gouvernement au sein des États membres[864]. Quand bien même elle resterait insuffisante à qualifier, toute seule, la Conférence et le Conseil, d'organes démocratiques, cette condition contribuerait à garantir, au moins, une légitimité démocratique ab initio dans la désignation de leurs membres respectifs[865].

---

[861] Il convient de réserver, cependant, les situations dans lesquelles les traités prévoient expressément une ratification interne, suivant les règles constitutionnelles nationales.

[862] Voir sur ladite théorie, voir Georges SCELLE, *Précis de droit des gens. Principes et systématique*, Vol. I, 1932, pp. 43, 54-56, 217.

[863] Le déficit démocratique dont il est ici question se réfère au fait que ces derniers ne sont pas désignés « directement » par mode électorale contrairement aux membres du Parlement.

[864] Cf. *infra*, chap. 2, titre 2, de la thèse.

[865] Tel est, du reste, le cas en droit de l'UE. Voir art. 2, 49 et 7 TUE, portant respectivement sur les valeurs fondatrices de l'UE, sur le respect de ces dernières comme condition d'adhésion et d'appartenance à l'UE et sur le mécanisme politique de sanction de la violation desdites valeurs. Cf. infra Chapitre IV de la thèse.

En droit de l'Union européenne, le caractère démocratique de la représentation, par les exécutifs nationaux, est également prétendu par le recours à une légitimité indirecte découlant du fait que ces derniers sont « eux-mêmes démocratiquement responsables, soit devant leurs parlements nationaux, soit devant leurs citoyens [...] »[866]. Mais, comme le relève pertinemment Catherine CASTOR, l'assise démocratique que confère cette responsabilité est fragile dans la mesure où « la responsabilité individuelle des membres du Conseil n'est pas la responsabilité du Conseil, précisément parce que le Conseil est autonome par rapport aux États membres »[867]. L'objectif étant de sanctionner l'action de l'Union européenne, par la mise en jeu de la responsabilité de ses institutions, l'idéal aurait sans doute été que cette mise en jeu de la responsabilité démocratique s'opère au niveau de l'Union, idéalement par le biais du Parlement européen.

Au sein de l'UEMOA, certes le Parlement exerce un certain contrôle démocratique de l'action du Conseil[868] mais ce contrôle reste limité et ne peut se traduire par la mise en jeu de la responsabilité dudit organe. En fait, le caractère démocratique de la représentation, par les organes exécutifs nationaux, semble plutôt se traduire par les règles relatives au vote des décisions même si, une fois de plus, les règles applicables à ce niveau se trouvent fragilisées par certaines limites. Au sein de la CCEG et du Conseil dans une moindre mesure, les règles de prise de décision se traduisent par une stricte égalité fonctionnelle, chaque État membre disposant par le biais de son représentant, d'un droit de veto découlant de la règle du vote à l'unanimité[869]. Conforme au sacro-saint principe de l'égalité souveraine entre États, établi en droit international, la règle du vote à l'unanimité a l'avantage de garantir une égalité des forces, en permettant aux petits États de faire valoir leurs intérêts au même titre que les grands États, notamment sur des questions revêtant une certaine importance nationale. Pour autant, la règle de l'unanimité ne garantit qu'une « belle apparence démocratique »[870], sous laquelle couvent de véritables risques de perversion et de blocage institutionnel. Même si l'existence de la règle au sein de l'UEMOA n'a conduit, à ce jour, à

[866] Art. 10, par. 2, al. 2, du TUE.

[867] Catherine CASTOR, *Le principe démocratique dans le droit de l'Union européenne, op. cit.* p. 386.

[868] Cf. *supra*, A, 2°).

[869] Art. 8, al. 1, du traité de l'UMOA.

[870] Roland DRAGO, « La pondération dans les organisations internationales », *AFDI*, Vol. 2, n° 1, 1956, p. 530.

aucune véritable paralysie ou crise institutionnelle[871], celle-ci ne reste pas moins exposée aux effets négatifs de l'utilisation abusive du droit de veto par les États membres. Comme l'affirme Luc Marius IBRIGA, la règle de l'unanimité, bien qu'elle « n'effarouche pas les susceptibilités de souveraineté, ne sert pas l'approfondissement du processus »[872].

À la différence de l'unanimité, la règle de la majorité qualifiée, largement appliquée au sein du Conseil[873], est l'expression d'un fonctionnement démocratique non seulement réaliste mais également efficace[874]. Considérant l'unanimité comme étant « chose irréalisable entre les hommes libres », Pierre PESCATORE soutenait que la légitimité démocratique ne pouvait jouer un rôle « qu'à la condition d'accepter, au plan de sa mise en œuvre concrète, la règle majoritaire »[875]. Dans le cadre du régime représentatif, la règle de la majorité se définirait comme une « règle de discussion », permettant la confrontation des intérêts nationaux et l'exercice par chaque État membre du droit de participation à la délibération[876]. Ainsi, Jean Paul JACQUÉ pouvait affirmer, au sujet de la généralisation du vote majoritaire au sein de l'UE, que celle-ci n'avait pas entraîné « la tyrannie de la majorité », mais qu'elle avait au contraire, « élargi le champ de négociation des États en favorisant la recherche de compromis puisque l'éventualité d'un vote [encourageait] la minorité à participer activement aux discussions pour obtenir que ses intérêts

[871] Cette situation heureuse peut sans doute s'expliquer par le recours à la formule du consensus dans la pratique de ces institutions.

[872] Luc Marius IBRIGA, « Problématique de l'intégration en Afrique : essai de définition d'un cadre juridique efficient », cité par Luc Marius IBRIGA, Abou Saïb COULIBALY et Dramane SANOU (éd.), *Droit communautaire ouest-africain, op. cit. p.*

[873] Même si cela n'est pas formellement consacré dans une disposition des traités de l'UEMOA, à l'instar de l'article 16, par. 3, du traité UE, il résulte de la pratique, que le vote à la majorité qualifiée constitue le mode de vote de droit commun au sein du Conseil.

[874] Voir dans ce sens, Jean Paul JACQUÉ, « Le vote majoritaire au Conseil de l'Union européenne. Une vison pragmatique » *in* Fabrice PICOD (Dir.), *Le principe majoritaire en droit de l'Union européenne*, Bruxelles, Bruylant, 2016, 277 p., pp. 105-114.

[875] Pierre PESCATORE, « Les exigences de la démocratie et la légitimité de la Communauté européenne », *op. cit.* p. 507.

[876] Catherine CASTOR, Le principe démocratique dans le droit de l'Union européenne, *op. cit.* p. 392.

soient pris en compte dans le texte final »[877]. La règle majoritaire a ainsi l'atout de développer le sens du compromis et de la solidarité, nécessaire à l'avancement du processus d'intégration.

En dépit de tous ces avantages, il n'est pas exclu que l'application de ladite règle conduise à la tyrannie tant redoutée de la majorité, notamment lorsque certains États sont mis en minorité, sur des questions d'importance nationale majeure, par une coalition d'autres États qui ne jouissent pas pour autant d'un facteur de légitimité[878]. Afin d'éviter une telle situation, la pratique des organisations internationales a développé différents correctifs, dont le mécanisme de la pondération des voix[879], appliqué au sein de l'Union européenne, jusqu'au traité de Lisbonne qui opère sa suppression[880]. Cette pondération des voix s'effectuait, au sein de l'UE, à travers une répartition reflétant les critères combinés de la taille démographique, politique et économique des États membres[881].

Le critère démographique a été particulièrement privilégié à partir du traité de Nice[882] afin d'éviter « l'adoption des textes par des majorités

[877] Jean Paul JACQUÉ, *Droit institutionnel de l'Union européenne,* Paris, Dalloz, 4e éd. 2006, p. 325, cité par Catherine CASTOR, *op. cit.* p. 394.

[878] Au sein de l'Union européenne, cette situation a conduit à la crise de la chaise vide de 1965, lorsqu'à la suite d'une proposition de la Commission relative au financement de la politique agricole commune, la France avait marqué sa désapprobation, en suspendant sa participation au sein du Conseil. La crise a pris fin en 1966 avec l'adoption du compromis de Luxembourg, qui prévoyait l'activation de la règle de l'unanimité lorsque des intérêts très importants d'un ou de plusieurs partenaires, étaient en jeu. Cette solution ne résolvait pas véritablement le problème puisqu'il se développa par la suite une tendance à en abuser, en considérant toutes les questions débattues comme touchant à des intérêts très importants. Elle a été abandonnée en 1974.

[879] Pour Roland DRAGO, « la pondération consiste à déterminer objectivement le ou les indices de l'importance d'un État et à en tirer des conséquences à propos de la place de cet État dans une organisation internationale », *in « La pondération dans les organisations internationales », op. cit.* p. 531.

[880] Marianne DONY, « La majorité qualifiée au Conseil du traité de Nice au traité de Lisbonne » *in* Mélanges en hommage à Georges Vandersanden. *Promenades au sein du droit européen*, Bruxelles, Bruylant, 2008, p. 131. Voir également Fabrice PICOD (Dir.), *Le principe majoritaire en droit de l'Union européenne*, Bruxelles, Bruylant, 2016, 277 p.

[881] Guy ISAAC et Marc BLANQUET, *Droit général de l'Union européenne, op. cit.* 130.

[882] Traité de Nice du 26 février 2001, JOCE C 80, 10 mars 2001, p. 1. En plus de la nouvelle pondération des voix qu'il a opéré, le traité de Nice a établi de nouvelles

étatiques correspondant à une minorité de citoyens européens »[883]. Le traité de Lisbonne a, quant à lui, consacré le mécanisme de la double majorité en termes d'États et de populations. À l'article 16, paragraphe 4, du traité UE, la majorité qualifiée, au sein du Conseil de l'UE, est désormais définie comme étant

> « Égale à au moins 55% des membres du Conseil, comprenant au moins quinze d'entre eux et représentant des États membres réunissant au moins 65% de la population de l'Union. Une minorité de blocage doit inclure au moins quatre membres du Conseil, faute de quoi la majorité qualifiée est réputée acquise [...] »[884].

Compte tenu de son caractère quelque peu arbitraire et du fait qu'il peut facilement donner lieu à des revendications étatiques de tout genre, la transposition du mécanisme de la pondération des voix, au sein de l'UEMOA, requiert la précaution, à l'inverse du système de la double majorité, avec filet démographique, qui présente l'atout d'être relativement simple et porteur d'une certaine légitimité démocratique à travers son caractère représentatif.

---

règles de calcul de la majorité qualifié en introduisant un « filet démographique » par lequel tout État membre pouvait demander, lors de la prise d'une décision par le Conseil à la majorité qualifiée, « qu'il soit vérifié que la majorité qualifiée représente au moins 62% de la population de l'Union. Si cette condition n'[était] pas remplie, la décision en cause ne [serait] pas adopté ». Voir Guy ISAAC et Marc BLANQUET, *op. cit.* p. 132.

883 Sophie PEREZ, « Démocratisation et complexification du processus de décision » *in* Joël RIDEAU (Dir.*), De la communauté de droit à l'Union de droit..., op. cit.* p. 189.

884 Il faut cependant relever, que le protocole sur les dispositions transitoires et la déclaration ad article 16, paragraphe 4, du Traité UE et l'article 238, paragraphe 2, du Traité FUE, prévoient plusieurs dispositions transitoires, dont deux possibilités de déroger, entre le 1er novembre 2014 et le 31 mars 2017, à la règle décrite à l'article 16, paragraphe 4, du traité UE. D'abord, l'État membre qui le souhaite, peut demander l'application de la majorité qualifiée telle que définie par le traité de Nice et appliqué avant le 1er novembre 2014. Ensuite, la seconde dérogation réside dans la possibilité d'appliquer un mécanisme couramment identifié comme s'apparentant au « compromis de Ioanina ». Ce mécanisme permet à un groupe des membres du Conseil, représentant au moins les ¾ de la population de l'Union ou au moins ¾ du nombre des États membres nécessaires pour constituer une minorité de blocage, de demander le réexamen d'une décision adoptée à la majorité qualifiée par le Conseil.

2) La représentation par les parlements nationaux

Dans la déclaration de Lomé sur le rôle des parlements dans le processus d'intégration et la diplomatie parlementaire du 6 février 2009 (ci-après déclaration de Lomé)[885], les députés du CIP considéraient les parlements nationaux comme « des lieux privilégiés d'expression des aspirations des peuples des États membres et que les députés, dans leurs missions de représentation et de contrôle de l'exécutif [constituaient] des relais indispensables pour faire aboutir le processus d'intégration ». Cette affirmation souligne l'importance de l'implication des parlements nationaux, dans le fonctionnement de l'Union, afin de parvenir à une représentation plus élargie des ressortissants des États membres et une meilleure prise en compte de leurs préoccupations. Par ailleurs, elle met en exergue l'apport démocratique de ces derniers, en termes de contrôle de l'action des gouvernements dans les domaines couverts par l'intégration.

Malheureusement, le potentiel démocratique des parlements nationaux est sous-exploité, ces derniers étant souvent réduits, au sein des États membres, à de simples chambres d'enregistrement ou de transposition des actes adoptés par l'Union[886]. Afin de remédier à cette situation, le Comité a formulé plusieurs propositions dans la déclaration de Lomé. Celles-ci peuvent être réparties en deux catégories de mesures à prendre. Il s'agit d'une part, de renforcer sur le plan interne, la prise en compte des questions liées à l'intégration par les parlements nationaux et d'autre part, de favoriser le développement d'un double partenariat entre les parlements nationaux et entre ces derniers et l'organe parlementaire de l'Union.

Au titre de la première catégorie de mesures proposées, la déclaration de Lomé appelle les parlements nationaux à prendre en compte, dans les budgets nationaux, les projets régionaux et d'intégration et à prévoir une ligne budgétaire pour le financement d'activités de promotion de

---

[885] Déclaration de Lomé du 6 février 2009 sur le rôle des parlements dans le processus d'intégration et la diplomatie parlementaire, disponible sur : http://www.uemoa.int/Documents/actualite/Le%20Comit%C3%A9%20Interparlementaire/5_session_CIP_declaration_Lome_fevrier2009.pdf (consulté la dernière fois le 30.11.2017).

[886] Barney KARUUOMBE, « The role of parliament in regional integration-the missing link », *op. cit.* p. 3.

l'intégration. En outre, les parlements nationaux devront procéder à un suivi diligent de la mise en œuvre des dispositions de l'Union relatives à la libre circulation des personnes et des biens, considérées comme étant le gage d'une véritable intégration des peuples. Afin de remplir convenablement ces missions, le CIP a adopté la recommandation n° 2/CIP/2009, sur la prise en compte du volet intégration par les assemblées nationales dans les commissions générales ou permanentes[887]. Cette recommandation vise à combler l'absence des commissions chargées des questions d'intégration au sein des parlements des États membres.

Quant à la seconde catégorie constituée des mesures de partenariat, la déclaration de Lomé, tout en soulignant « la nécessité d'établir des liens forts entre le Parlement communautaire et les parlements nationaux [...] », engagent les parlementaires nationaux à accompagner les actions de l'institution parlementaire de l'Union et les exhortent à la création de réseaux parlementaires de contrôle et de suivi de la mise en œuvre des réformes entreprises au sein de l'UEMOA. En particulier, la recommandation n° 3/CIP/2009 sur le parlement communautaire et la diplomatie parlementaire[888], recommande au CIP d'établir une coopération étroite avec les parlements nationaux pour un suivi de la législation de l'Union. Ces deux dernières propositions permettent de faire le parallèle avec la Conférence des organes spécialisés dans les affaires communautaires et européennes (COSAC), créée en 1989 au sein de l'UE [889].

Fort des acquis capitalisés dans le cadre de cette coopération institutionnalisée, le protocole n° 1 sur le rôle des parlements nationaux dans l'Union européenne[890] réitère les principes de coopération interparlementaire, en donnant à la Conférence des organes parlementaires spécialisés dans les affaires de l'Union, un pouvoir indirect d'initiative lui permettant de soumettre à l'attention des

---

[887] Recommandation n° 2/CIP/2009 du 6 février 2009 sur la prise en compte du volet intégration par les assemblées nationales dans les commissions générales ou permanentes, BO, n° 66, 1er trimestre, 2009, p. 106.

[888] Recommandation n° 3/CIP/2009 du 6 février 2009 sur le parlement communautaire et la diplomatie parlementaire, BO, n° 66, *op. cit.*

[889] Stefano MARTINELLI, « Le rôle des parlements nationaux dans l'architecture européenne », *RDUE*, n°4-2004, p. 753 et s.

[890] Protocole n°1 sur le rôle des parlements nationaux dans l'Union européenne, JOUE, C 326/01 du 26 octobre 2012, p. 201.

institutions, toute contribution jugée utile[891]. Qui plus est, cette conférence constitue un cadre d'échanges d'informations et de meilleures pratiques entre les parlements des États membres de l'UE. Au sein de l'UEMOA, il est souhaitable que la coopération interparlementaire, promue par le CIP, aboutisse à l'établissement d'un dispositif semblable au regard des avantages qu'il comporte en termes de contribution à la représentation des intérêts des ressortissants des États membres au sein de l'Union et en termes de renforcement démocratique au sein des États membres.

Dans l'ensemble, il convient de reconnaitre la qualité des actions promues par le Comité. Celles-ci pourraient contribuer à renforcer l'apport démocratique des parlements nationaux pour autant qu'elles soient suivies d'effet dans la pratique. Toutefois, il y a lieu de s'inquiéter au sujet du caractère non contraignant des actes contenant lesdites actions à entreprendre. En effet, au regard des enjeux liés à la question, il aurait été sans doute mieux que celle-ci soit traitée dans les textes fondamentaux de l'Union et par le recours à des actes juridiques contraignants, émanant des organes compétents[892]. Par ailleurs, l'institutionnalisation du rôle démocratique des parlements nationaux, au sein de l'UEMOA, devrait tenir compte du rôle que ces derniers pourraient être amenés à jouer, dans le contrôle en amont, du respect des principes d'édiction minimale, de subsidiarité et de proportionnalité, régissant l'exercice des compétences au sein de l'organisation.

Paragraphe II : La participation démocratique au sein de l'Union

Définie comme étant « l'existence de méthodes et de processus grâce auxquels le citoyen est associé à la décision politique de façon personnelle, donc sans que celle-ci soit le fait exclusif de ses représentants, mais sans pour autant être lui-même décideur, comme

---

[891] *Idem*, art. 10.

[892] En droit de l'Union européenne, l'article 12 du traité UE prévoit une série de moyens par lesquels les parlements nationaux contribuent activement au bon fonctionnement de l'Union. Le protocole n° 1 sur le rôle des parlements nationaux dans l'Union européenne organise quant à lui, dans des dispositions détaillées, les procédures par lesquelles ces derniers sont associés au fonctionnement de l'organisation. À cela, il faut aussi ajouter le protocole n° 2 sur l'application des principes de subsidiarité et de proportionnalité, JOUE, C 83 du 30 mars 2010, p. 202.

dans la démocratie directe [...] »[893], la démocratie participative se distingue par ses caractères « direct » et « délibératif »[894]. Si pour l'heure, la participation démocratique des ressortissants des États membres de l'UEMOA s'opère principalement en considération de leur qualité d'opérateurs économiques (travailleurs indépendants et salariés) (A), il n'en demeure pas moins possible de déceler, à travers l'évolution du processus d'intégration, l'ébauche d'une participation en tant que « citoyens » de l'Union (B).

A) La participation en tant qu'opérateurs économiques

La participation démocratique des ressortissants des États membres en tant qu'opérateurs économiques s'opère à travers les organes consultatifs constitués de la Chambre consulaire régionale (1) et du Conseil du travail et du dialogue social (2).

1) La chambre consulaire régionale

La Chambre consulaire régionale (CCR) se définit comme le lieu privilégié du dialogue entre l'UEMOA et les opérateurs économiques

---

[893]Christine BERTRAND, « La démocratie participative dans le système institutionnel de l'Union européenne », Siècles [En ligne], 37 | 2013, mis en ligne le 12 décembre 2013, consulté le 01 juin 2016. URL : http://siecles.revues.org/1246 (consulté la dernière fois le 30.11.2017). En droit de l'UE, c'est l'arrêt UEAPME du TPICE qui est à l'origine de l'émergence du principe de la démocratie participative. Le TPICE a notamment affirmé dans cet arrêt que « le principe de démocratie, sur lequel l'Union est fondée requiert, en l'absence de participation du parlement européen au processus d'adoption d'un acte législatif, que la participation des peuples à ce processus soit assurée de manière alternative, en l'occurrence par l'intermédiaire des partenaires sociaux ayant conclu l'accord auquel le Conseil, statuant à la majorité qualifiée sur proposition de la Commission, confère une assise législative au niveau communautaire ». Voir TPICE, arrêt Union européenne de l'artisanat et des petites et moyennes entreprises (UEAPME) c. Conseil, T-135/96, Rec. p. II-2335, pt 89. Ce principe jouit aujourd'hui d'une consécration formelle à l'article 10, paragraphe 3, du traité UE, qui dispose que « Tout citoyen a le droit de participer à la vie démocratique de l'Union. Les décisions sont prises aussi ouvertement et aussi près que possible des citoyens ».

[894] Voir Catherine CASTOR, *Le principe démocratique dans le droit de l'Union européenne, op. cit.* p. 133. Pour l'auteure, ces deux caractères se définiraient respectivement comme la condition de « l'expression totale des opinions et des intérêts les plus variés » et l'exigence selon laquelle les discussions doivent « [modeler] les décisions qui en découlent ».

privés. Elle apparaît, notamment, comme l'organe de participation démocratique des travailleurs indépendants au sein de l'UEMOA. Il s'agit du principal organe consultatif de l'Union, prévu à l'article 40 du traité de l'UEMOA, lequel renvoie à l'adoption d'un acte additionnel pour la détermination des modalités de fonctionnement dudit organe. Adopté le 23 juin 1997, l'acte additionnel n°2/97 fixant les attributions, la composition et les principes d'organisation et de fonctionnement de la CCR[895] dispose que ladite Chambre vise à « réaliser l'implication effective du secteur privé dans le processus d'intégration de l'UEMOA »[896]. L'objectif d'implication effective des opérateurs économiques du secteur privé est recherché dès la composition de l'organe, qui reflète le souci d'une représentativité de l'ensemble des composantes du secteur privé formel[897].

En effet, la CCR qui regroupe les chambres consulaires nationales, les associations professionnelles et les organisations patronales des États membres, est composée de cinquante-six (56) membres, à raison de sept membres par État, dont trois représentants des institutions consulaires[898], un représentant des associations professionnelles ou des organisations patronales des industries, un représentant des associations professionnelles ou des organisations patronales des importateurs et exportateurs, un représentant des associations professionnelles des banques et établissements financiers et un représentant d'une association professionnelle ou d'une organisation patronale d'un secteur désigné par la chambre nationale de commerce et d'industrie, parmi les secteurs non énumérés dans l'acte additionnel[899].

Jouissant d'une certaine autonomie financière[900], la chambre consulaire régionale est investie d'une triple mission de réflexion, d'étude et de

---

[895] Acte additionnel n°2/97 fixant les attributions, la composition et les principes d'organisation et de fonctionnement de la Chambre consulaire régionale de l'UEMOA, BO, non disponible.

[896] *Idem*, art. 3.

[897] Luc Marius IBRIGA, « L'UEMOA : une nouvelle approche de l'intégration économique régionale en Afrique de l'Ouest », *op. cit.* p. 54.

[898] Il s'agit notamment des représentants des chambres de commerce et d'industrie, des chambres d'agriculture et des chambres des métiers.

[899] Art. 6 de l'acte additionnel n° 2/97 précité. Les membres de la Chambre consulaire régionale sont désignés pour une durée de trois ans, renouvelable une fois conformément à l'article 8 de l'acte additionnel n° 2/97.

[900] L'autonomie financière de la CCR se traduit par son budget qui est financé en partie par des fonds propres, constitués des cotisations des chambres consulaires

conseil[901]. À cet effet, elle donne, à son initiative ou à la demande de la Commission, des avis sur toute question relative à la réalisation des objectifs de l'Union, notamment sur les législations commerciales, fiscales, douanières et sociales, sur les négociations commerciales auxquelles participe l'Union, sur la création et le fonctionnement de bourses de valeur et de commerce ainsi que d'observatoires économiques et enfin, sur la politique économique et monétaire[902]. En tant qu'organe consultatif, la Chambre consulaire régionale exprime ses vues sous forme d'actes non contraignant, à savoir, les recommandations et les rapports[903].

Malgré le caractère non contraignant de ses actes, la CCR exerce une véritable influence sur la conduite des politiques et l'adoption de la législation de l'Union. En effet, elle a contribué, depuis sa création, à la suppression de la double imposition, à l'harmonisation de la fiscalité intérieure et à l'établissement d'un répertoire des entreprises de l'UEMOA[904]. Par ailleurs, la Chambre consulaire régionale a participé aux réflexions qui ont abouti aux facilitations douanières et à la politique de construction des postes juxtaposés aux frontières des États membres[905]. Elle mène actuellement des négociations avec la BCEAO sur le financement des entreprises et participe désormais aux négociations aux côtés des présidents des commissions de l'UEMOA et de la CEDEAO, dans le cadre des négociations de l'accord de partenariat économique (APE) entre l'UE et la région ouest-africaine[906].

---

nationales, des associations professionnelles et des organisations patronales représentées, ainsi que de toutes autres ressources provenant des legs et dons. L'autre partie du financement du budget de la CCR est prise en charge par une subvention de l'Union. Voir art. 29 nouveau de l'Acte additionnel n° 4/2009 portant modification de l'acte additionnel n° 2/97 du 23 juin 1997 fixant les attributions, la composition et les principes d'organisation et de fonctionnement de la chambre consulaire régionale de l'UEMOA, BO, n° 66, 1er trimestre 2009, pp.16-17.

[901] Luc Marius IBRIGA, « L'UEMOA : une nouvelle approche de l'intégration économique régionale en Afrique de l'Ouest », *op. cit.*

[902] Art. 4 de l'acte additionnel n° 2/97 précité.

[903] *Idem*, art. 27.

[904] UEMOA, Agenda officiel 2015, p. 33 et s. Disponible sur http://www.mediacom.bf/pdf/AGENDA%202015%20UEMOA.pdf (consulté pour la dernière fois le 3.6.2016).

[905] *Ibidem*.

[906] *Ibid.*

À la suite de Luc Marius IBRIGA[907], il convient de souligner néanmoins que l'objectif poursuivi à travers la création de la Chambre consulaire régionale, à savoir l'approfondissement du processus d'intégration par l'implication de tous les acteurs, et notamment des acteurs non étatiques, aurait sans doute été mieux atteint si ses dimensions avaient été élargies à celles d'un conseil économique et social (CES). Cette affirmation se justifie d'autant plus qu'il sera créé par la suite, le Conseil du travail et du dialogue social, dont les fonctions auraient pu être associées à celles de la Chambre consulaire régionale au sein d'un organe unique.

2) Le Conseil du travail et du dialogue social

À l'inverse de la CCR qui est focalisée sur les opérateurs économiques indépendants, le Conseil du travail et du dialogue social (CTDS) englobe, quant à lui, les travailleurs salariés dans leur relation avec leurs employeurs. Crée par l'acte additionnel n°2 /2009 portant création et organisation du Conseil du travail et du dialogue social de l'UEMOA[908], conformément à l'article 40, alinéa 2, du traité de l'UEMOA[909], le CTDS vise à promouvoir le dialogue social entre l'UEMOA et les partenaires sociaux, définis comme étant l'« ensemble constitué par les organisations représentatives des travailleurs et les organisations représentatives des employeurs »[910].

La création du Conseil du travail et du dialogue social prend notamment en compte, « la nécessité d'ériger le dialogue social en processus préalable pour le renforcement de la bonne gouvernance et de la démocratie pour réduire les tensions, favoriser la prévention et le règlement des différends »[911]. De ce point de vue, la promotion du dialogue social, à travers « la participation des partenaires sociaux et de

---

907 Luc Marius IBRIGA, « L'UEMOA : une nouvelle approche de l'intégration économique régionale en Afrique », *op. cit.* p. 55.

908 Acte additionnel n° 2/2009/CCEG/UEMOA portant création et organisation du Conseil du travail et du dialogue social de l'UEMOA, BO, n° 66, 1er trimestre 2009, pp.13-15.

909 L'article 40, al. 2, du traité de l'UEMOA, prévoit la possibilité de créer d'autres organes consultatifs au sein de l'Union, par voie d'acte additionnel de la Conférence des chefs d'État et de gouvernement.

910 Art. 1er, al. 3, de l'acte additionnel n° 2/2009 précité.

911 Idem, voir préambule.

la société civile à la réalisation des objectifs de l'Union »[912], traduit une quête de légitimité et d'efficacité nécessitant que les politiques et les réformes de la construction de l'Union soient consolidés à travers un « consens social fort »[913]. À cet effet, le CTDS apporte sa contribution à travers l'examen et l'appréciation de toute question susceptible d'avoir un impact social. Il œuvre au renforcement des mécanismes de consultation et de concertation tripartite au sein de l'Union et apporte son appui à la consolidation du processus et des structures de dialogue social dans les pays membres[914]. Tout comme la Chambre consulaire régionale, le Conseil du travail et du dialogue social tend à réaliser l'implication effective de tous les acteurs non étatiques dans le processus d'intégration au sein de l'Union, d'où l'élargissement de sa composition à la société civile[915].

Ainsi, le CTDS est composé de soixante-douze (72) membres à raison de neuf membres par État, dont deux représentants d'organisations représentatives d'employeurs, deux représentants d'organisations représentatives de travailleurs, deux représentants de la société civile et trois représentants du gouvernement[916]. Le mode de désignation desdits membres est, quant à lui, précisé par le règlement intérieur du CTDS[917]. Le système de désignation des membres du CTDS de l'UEMOA appelle deux types de remarques importantes. D'abord, s'agissant d'un organe censé constituer un cadre de participation des partenaires sociaux au processus d'intégration de l'Union, il apparaît paradoxal que celui-ci offre la part belle de la représentation aux acteurs étatiques, dont l'opportunité de la présence au sein dudit organe peut être remise en question. Certes, la représentation des gouvernements étatiques au sein du CTDS reflète le schéma tripartite de la relation de travail entre gouvernements, employeurs et employés. Néanmoins, l'on peut se

---

912 *Id.*, art. 2.

913 *Id.*, voir préambule.

914 *Idem*, art. 3.

915 L'article 1er, al. 4, de l'acte additionnel n° 2/2009, définit la société civile comme « l'ensemble constitué par toutes organisations non étatiques à but non lucratif (à l'exception des partenaires sociaux), ayant vocation à influer sur la prise de décision et à répondre de façon collective et organisée aux préoccupations d'intérêt commun. Sont notamment classées dans la société civile, les organisations non gouvernementales, les associations professionnelles (autres que les syndicats), les organisations caritatives et les organisations de base ».

916 *Idem*, art. 5, al. 1.

917 *Id.*, art. 5, al. 2.

demander si cette représentation des gouvernements étatiques ne conduit pas à une surreprésentation de ces derniers et de ce fait, à un déséquilibre des forces participatives, dans la mesure où ils sont déjà représentés au sein du Conseil, qui se trouve être par ailleurs, le principal organe législatif de l'Union[918].

Ensuite, les modalités de la désignation des membres du CTDS sont laissées à l'appréciation desdits membres, comme cela semble être également le cas au sein de CCR, dont l'article 26 de l'acte additionnel n° 2/97 renvoie au règlement intérieur, s'agissant des modalités de fonctionnement. Cette 'autonomie de constitution' comporte un aspect positif et un aspect négatif. L'aspect positif se situe dans le fait que les différentes entités représentées fixent elles-mêmes leurs propres règles de désignation et peuvent les adapter à leur guise selon les besoins. Quant à l'aspect négatif, il réside dans le fait que pour le reste des organisations représentatives qui ne participent pas à ce processus, cette autonomie de constitution apparaît quelque peu arbitraire. Il en résulte l'importance d'un certain contrôle au sein de l'Union. Par comparaison, l'article 302, paragraphe 1, du traité FUE dispose que « [...] Le Conseil adopte la liste des membres établie conformément aux propositions faites par chaque État membre [...] ». À cet effet, il statue après consultation de la Commission et peut « recueillir l'opinion des organisations européennes représentatives des différents secteurs économiques et sociaux, et de la société, concernés par l'activité de l'Union »[919].

Qui plus est, le Tribunal de l'UE a déduit du principe démocratique, l'obligation pour les institutions de contrôler le caractère suffisant de la représentativité cumulée des partenaires sociaux, signataires d'un accord devant être mis en œuvre au sein de la Communauté européenne par l'adoption d'un acte lui conférant une assise communautaire de nature législative[920]. De ce fait, les partenaires sociaux qui n'avaient pas participé au processus ayant conduit audit accord et dont la représentation propre était nécessaire pour compléter la représentativité cumulée des signataires, disposaient du droit d'empêcher la Commission et le Conseil d'assurer sa mise en œuvre, sur le plan

[918] À titre comparatif, l'article 300, paragraphe 2, du traité FUE, qui fixe la composition du Conseil économique et social de l'UE, ne prévoit pas la représentation des gouvernements des États membres.
[919] Art. 302, par. 2, du TFUE.
[920] TPICE, arrêt UEAPME c. Conseil du 17 juin 1998, op. cit. pts 88 et 90.

communautaire, par acte législatif[921]. Bien que le droit de l'UEMOA ne prévoie aucune situation similaire dans laquelle les organes seraient amenés à simplement entériner, par voie d'actes législatifs, des accords négociés au sein du CTDS ou sous l'égide de ce dernier[922], il n'apparaît pas impossible de les charger d'une obligation de contrôle ab initio de la représentativité dudit organe, à travers une procédure de désignation impliquant une large consultation à la base. Hormis ces commentaires sur le mode de désignation des membres du CTDS, il convient de relever le flou juridique qui entoure la participation des organes consultatifs au processus décisionnel au sein de l'UEMOA.

S'agissant de la CCR, il est au moins clair que celle-ci peut donner des avis sur toute question relative à la réalisation des objectifs de l'Union, soit de son propre chef, soit à la demande de la Commission. En revanche, les modalités de l'intervention du CTDS, dont l'assemblée générale est seule compétente pour donner des avis, émettre des recommandations ou formuler des propositions[923], n'apparaissent pas clairement dans l'acte additionnel n°2/2009. En l'occurrence, l'on ne peut déterminer avec certitude si ces avis, recommandations ou propositions sont recueillis d'office ou seulement à la demande, encore moins affirmer dans quelle mesure ces actes lient les organes de l'UEMOA[924]. Dans l'intérêt de l'ancrage du principe démocratique au sein de l'Union, il est souhaitable que le CTDS puisse être au moins consulté d'office, sur les politiques sociales de l'UEMOA ainsi que sur toute autre question susceptible d'y avoir un impact social.

B) La participation en tant que « citoyens » de l'Union

Formellement, les traités constitutifs de l'UEMOA ne consacrent pas la notion de « citoyenneté de l'Union ». En effet, l'individu semble y être perçu principalement en sa qualité d'opérateur économique. C'est en grande partie à travers cette qualité qu'il participe au fonctionnement de l'Union et également autour de cette dernière, que se trouve articulé son statut, c'est-à-dire l'ensemble des droits et obligations que lui confère les traités (1). Toutefois, la combinaison de plusieurs facteurs

---

921 *Ibidem.*

922 En droit de l'UE, cette possibilité perdure jusqu'à ce jour à travers notamment l'article 155 du traité FUE.

923 Art. 7, al. 2, de l'acte additionnel n° 2/2009 précité.

924 S'agissant notamment des avis, l'on ne sait notamment s'il s'agit d'avis simples ou d'avis conformes.

permet d'appréhender l'amorce d'un processus visant à considérer les ressortissants des États membres de l'Union au-delà de leur seule qualité d'agent économique et d'y voir les prémices d'une véritable citoyenneté de l'UEMOA (2).

1) L'absence formelle d'une citoyenneté de l'UEMOA

Avec le développement des organisations d'intégration régionale censées concourir, à une plus grande échelle, au bien-être des individus, la citoyenneté définie comme étant la « qualité qui confère le droit de participer à la gestion des affaires de la cité, pensée comme un espace social choisi et régi par le principe fondamental d'égalité »[925], n'est plus uniquement l'apanage de l'État-nation, auquel elle se rattachait au point d'être assimilée à la notion de nationalité[926]. Il existe une nouvelle « espèce » de citoyenneté, qui sans remplacer la citoyenneté nationale, s'y superpose en l'enrichissant de nouveaux droits et devoirs.

Tel est le cas en droit communautaire de la CEDEAO, où l'institution apparaît dès 1975 dans le traité de Lagos[927]. Le contenu de la notion ainsi que le régime de ladite citoyenneté ne seront néanmoins clarifiés que sept années plus tard, à travers le protocole A/P3/5/1982 du 29 mai 1982 portant code de la citoyenneté de la Communauté[928]. C'est à ce protocole que renvoie notamment l'article 1er du traité révisé de la CEDEAO, relatif à la définition de la notion de « citoyen de la Communauté ». Conformément à l'article 1er dudit protocole, est citoyen de la Communauté,

---

925 Charly Delmas NGUEFACK TSAFACK, « La citoyenneté communautaire africaine et l'avenir du processus d'intégration régionale en Afrique. Comment œuvrer pour une bonne gouvernance future de l'Union Africaine ? », CODESRIA, Dakar, 2005, p. 1.

926 Jean SALMON (Dir.), *Dictionnaire de droit international public*, Bruxelles, Bruylant, p. 171.

927 En l'occurrence, l'article 27 du traité de Lagos disposait que « Les citoyens des États membres sont considérés comme citoyens de la Communauté et en conséquence, les États membres s'engagent à abolir tous les obstacles qui s'opposent à leur liberté de mouvement et de résidence à l'intérieur de la Communauté ».
Traité disponible sur : http://cidcom.cgeci.org/civ/fr/1/p/554/pdf.do (consulté pour la dernière fois, le 7.6.2016).

928 Protocole n° A/P3/5/1982 du 29 mai 1982, portant code de la citoyenneté de la Communauté, JO Vol. 4, juin 1982, p. 21.

« 1. Toute personne qui, par la descendance, a la nationalité d'un État membre et qui ne jouit pas de la nationalité d'un État non membre de la Communauté. 2. Toute personne qui a la nationalité d'un État membre par le lieu de naissance et dont l'un ou l'autre des parents est citoyen de la Communauté conformément aux dispositions du paragraphe (1) ci-dessus, à condition que cette personne ayant atteint l'âge de 21 ans, opte pour la nationalité de cet État membre [...] »[929].

Les citoyens de la Communauté jouissent notamment du « droit d'entrée, de résidence, et d'établissement »[930], que « les États membres s'engagent à respecter sur leurs territoires respectifs conformément aux dispositions des protocoles y afférents »[931]. En plus de ces droits, les citoyens communautaires de la CEDEAO sont électeurs et éligibles au Parlement de la Communauté[932].

En droit de l'UE, l'article 20, paragraphe 1, du traité FUE, dispose qu'il « est institué une citoyenneté de l'Union. Est citoyen de l'Union toute personne ayant la nationalité d'un État membre. La citoyenneté de l'Union s'ajoute à la citoyenneté nationale et ne la remplace pas ». Cette institution vise d'une part, à légitimer le processus d'intégration européenne à travers une meilleure participation démocratique des

---

[929] Toutefois, l'article 1er du protocole n° A/P3/5/1982 prévoit plusieurs autres conditions particulières d'acquisition de la citoyenneté de la Communauté concernant respectivement les personnes ayant atteint 21 ans avant l'entrée en vigueur du protocole, les enfants adoptés, les personnes naturalisées ainsi que les enfants nés de parents naturalisés d'un État membre.

[930] Art. 59 du traité révisé de la CEDEAO du 24 juillet 1993.

[931] *Ibidem*. La mise en œuvre de ces droits du citoyen communautaire au sein de la CEDEAO s'est faite en trois étapes à travers trois protocoles différents. Il s'agit du protocole A/P 01/05/1979 du 29 mai 1979, sur la libre circulation des personnes, le droit de résidence et d'établissement, JO Vol. 1, juin 1979, p. 3 ; du protocole additionnel A/SP 01/07/1986 du 1er juillet 1986, relatif à l'exécution de la deuxième étape (droit de résidence) du protocole sur la libre circulation des personnes, le droit de résidence et d'établissement, JO Vol. 9, juillet 1986, p. 3 ; et du protocole A/SP 02/05/1990 du 29 juin 1990, relatif à l'exécution de la troisième étape (droit d'établissement) du protocole sur la libre circulation des personnes, le droit de résidence et d'établissement, JO Vol. 17, juin 1990, p. 9.

[932] Art. 7 du protocole A/P2/8/94 du 6 août 1994, relatif au Parlement de la Communauté, disponible sur : http://www.dri.gouv.sn (consulté le 8.6.2016). Toutefois, cette disposition ne précise pas si ce droit peut être exercé indépendamment du lieu de résidence sur le territoire de la Communauté comme c'est le cas à l'article 20, paragraphe 2, lettre b, du traité FUE.

ressortissants des États membres et d'autre part, à réaliser l'objectif visant à « créer des liens sans cesse plus étroits entre les peuples de l'Europe »[933]. Introduite par le traité de Maastricht de 1992, la « citoyenneté européenne » confère aux citoyens européens un certain nombre de droit civils et politiques allant de la liberté de circulation et de séjour sur le territoire des États membres[934] au droit d'initiative citoyenne, perçu comme étant un « instrument de démocratie directe à l'échelle de l'Union européenne »[935]. Ce droit permet notamment aux citoyens européens, remplissant certaines conditions, d'obtenir de la Commission qu'elle formule une proposition législative dans un domaine couvert par les traités[936].

Contrairement à la CEDEAO et à l'UE, les traités constitutifs de l'UEMOA ne comportent aucune référence à l'institution d'une « citoyenneté de l'Union », encore moins au mécanisme de l'« initiative citoyenne ». Les individus ne sont régis par le droit de l'UEMOA que dans la mesure où ils exercent une activité professionnelle. Ainsi, l'article 4, lettre c, du traité de l'UEMOA établit le marché commun qui prévoit la « libre circulation des personnes [...] et le droit d'établissement des personnes exerçant une activité indépendante ou salariée [...] »[937]. Cette perspective du traité constitutif est confirmée à son article 91. Celui-ci définit la liberté de circulation et de résidence comme impliquant « l'abolition entre les ressortissants des États membres de toute discrimination fondée sur la nationalité, en ce qui concerne la recherche et l'exercice d'un emploi [...] »[938].

---

[933] Voir préambule du traité UE.
[934] Art. 21 TFUE.
[935] Christine KADDOUS, « L'initiative citoyenne : un instrument de démocratie directe à l'échelle de l'Union européenne » *in* Christine KADDOUS et Andreas AUER (éd.), *Les principes fondamentaux de la Constitution européenne,* Genève, Helbing & Lichtenhahn, 2006, p. 317.
[936] Art. 11, par. 4, TUE « Des citoyens de l'Union, au nombre d'un million au moins, ressortissants d'u nombre significatif d'États membres, peuvent prendre l'initiative d'inviter la Commission européenne, dans le cadre de ses attributions, à soumettre une proposition appropriée sur des questions pour lesquelles ces citoyens considèrent qu'un acte juridique de l'Union est nécessaire aux fins de l'application des traités [...] ». Ces conditions ont été complétées par le règlement n° 211/2011 du Parlement et du Conseil du 16 février 2011, relatif à l'initiative citoyenne, JOUE L 65 du 11.3.2011, p. 1–22.
[937] Nous soulignons.
[938] *Idem*, art. 91

Certes, la même disposition, qui énumère également le « droit de se déplacer et de séjourner sur le territoire de l'ensemble des États membres », ne comporte aucune référence, cette fois-ci, à l'activité professionnelle. Pour autant, cette partie de l'article 91 doit être replacée dans le contexte général de la disposition et ne doit pas être hâtivement interprétée comme autorisant une généralisation du droit de déplacement et de séjour à tout ressortissant d'un État membre. En effet, le point suivant cette composante de la liberté de circulation et de résidence se réfère au « droit de continuer à résider dans un État membre après y avoir exercé un emploi [939]». *In fine*, l'article 91, paragraphe 3, lettre b, du traité de l'UEMOA confère compétence au Conseil pour adopter des règles « permettant d'assurer aux travailleurs migrants et à leurs ayants droit, la continuité de la jouissance des prestations susceptibles de leur être assurées au titre des périodes d'emploi successives sur le territoire de tous les États membres »[940].

Il en est de même du droit d'établissement prévu à l'article 92, qui ne vise que « l'accès aux activités non salariées et leur exercice ainsi que la constitution et la gestion d'entreprises [...] »[941]. L'ensemble de ces dispositions attestent ainsi que c'est bien en considération de leur statut d'agent économique (travailleur salarié, travailleur indépendant ou prestataire de services), que les ressortissants des États membres de l'UEMOA peuvent prétendre à la jouissance des droits conférés par le traité constitutif. S'agissant des conjoints, enfants à charge et ascendants, même s'il est vrai que le regroupement familial devrait leur permettre de jouir également de ces droits[942], c'est en vertu de leur qualité de membres de la famille d'un agent économique, que s'opère l'extension du bénéfice desdits droits. De ce point de vue, la situation en droit de l'UEMOA se rapproche à bien d'égards, de celle des traités

---

939 *Ibidem*

940 *Ibid.*

941 Voir aussi dans la même logique l'article 93 du traité de l'UEMOA, relatif à la libre prestation des services au sein de l'Union.

942 Luc Marius IBRIGA, Abou Saïb COULIBALY et Dramane SANOU (éd.), *Droit communautaire ouest-africain, op. cit.* p. 207. Toutefois, il convient de souligner que le Conseil des ministres de l'UEMOA n'a, à ce jour, pas encore adopté les mesures d'application censées préciser « le régime applicable aux membres des familles des personnes faisant usage de ces droits » conformément à l'article 91, paragraphe 3, lettre a, du traité de l'UEMOA. Cette situation représente une carence de l'organe et constitue un obstacle à l'usage effectif des droits conférés aux ressortissants des États membres.

originaires de l'UE qui ont longtemps privilégié le critère économique comme condition du bénéfice des droits avant de s'ouvrir à l'affermissement du statut fondamental de la citoyenneté européenne[943].

Face à l'absence formelle d'une citoyenneté de l'Union dans le traité de l'UEMOA, une solution pourrait consister à considérer l'existence, de facto, d'une telle citoyenneté au profit des ressortissants des huit États membres de l'UEMOA, tous parties au traité constitutif de la CEDEAO. Cette approche qui a l'avantage de la facilité, présente néanmoins l'inconvénient de manquer de véritable fondement juridique. En effet, la citoyenneté communautaire de la CEDEAO constitue un statut crée et régi par les textes fondamentaux de la Communauté indépendamment du système juridique de l'UEMOA. Enfin, il s'agit d'un statut juridique auquel le droit communautaire de la CEDEAO attache des droits et des devoirs qui ne déploient pleinement leurs effets que dans le cadre du système juridique mis en place par la Communauté[944].

En tout état de cause, la participation démocratique des ressortissants des États membres au fonctionnement de l'UEMOA doit également être recherchée à travers l'existence d'éventuels « droits de citoyenneté » au sein de l'Union[945]. Suivant cette approche matérielle, plusieurs facteurs combinés à l'apparition progressive d'un certain nombre d'institutions permettent de croire en l'émergence d'un embryon de citoyenneté propre à l'UEMOA.

---

[943] Voir Nathalie De GROVE-VALDEYRON, *Droit du marché intérieur européen*, Paris, LGDJ, 4e éd., 2014, p. 99. Pour une étude approfondie sur la citoyenneté européenne et l'évolution de la libre circulation, voir également Silvia GASTALDI, Citoyenneté de l'Union et libre circulation : du critère économique au statut unique, Bâle, Helbing Lichtenhahn, 2013, 753 p.

[944] Par exemple, les ressortissants des États membres de l'UEMOA ne sauraient, *a priori*, se prévaloir des droits découlant de la citoyenneté communautaire de la CEDEAO devant la Cour de justice de l'UEMOA.

[945] Christine KADDOUS, « L'initiative citoyenne : un instrument de démocratie directe à l'échelle de l'Union européenne », *op. cit.* p. 319. Sur l'initiative citoyenne européenne, voir aussi Nicolas LEVRAT, « L'initiative citoyenne européenne : une réponse au déficit démocratique ? », *CDE*, 2011 n° 1, pp. 53-101.

2) Les prémices d'une citoyenneté de l'UEMOA

Bien qu'il n'existe pas formellement de citoyenneté propre à l'UEMOA, plusieurs facteurs constituent un terreau favorable à son émergence. Fruit d'un passé colonial qui a façonné son histoire et continue d'influencer son vécu, l'UEMOA offre aux ressortissants des États membres, le partage d'une langue et d'une monnaie commune qui contribuent à renforcer le sentiment d'appartenance à une communauté[946]. Fort de ce patrimoine historique, culturel et économique, l'UEMOA ne se limite pas à promouvoir « la solidarité économique »[947] et « monétaire »[948] entre les États mais vise à renforcer, au-delà, « la solidarité entre les peuples »[949].

Ainsi, même s'il apparaît clairement à la lecture des articles 4, lettre c, et 91 et suivants du traité de l'UEMOA, que l'institution du marché commun et notamment les libertés de circulation, s'adressent prioritairement aux ressortissants économiquement actifs des États membres, les ressortissants non actifs ne sont pas pour autant entièrement exclus. Ces derniers y sont considérés notamment en leur qualité de membres de la famille d'un travailleur salarié, indépendant ou d'un prestataire de services. Par ailleurs, comme le relèvent Etienne CEREXHE et Louis le Hardÿ de BEAULIEU, la possibilité laissée aux ressortissants ouest-africains de continuer à demeurer sur le territoire d'un autre État membre après la cessation de leur activité constitue « une ouverture sinon sur la citoyenneté du moins sur la reconnaissance d'une certaine communauté de vie au-delà de la communauté économique »[950]. En plus des membres de la famille des ressortissants

---

946 Jean-Yves CARLIER, « Intégration régionale et démocratie. Quelques réflexions à partir de la pensée d'Alexis de Tocqueville », *op. cit.* p. 14.

947 Terme employé dans le préambule du traité de l'UEMOA de 2003.

948 *Ibidem.*

949 Terme employé dans le préambule du traité portant création du parlement de l'UEMOA de 2003.

950 Etienne CEREXHE et Louis le Hardÿ De BEAULIEU, *Introduction à l'Union économique ouest africaine*, *op. cit.* p. 72. Sur ce point, voir précisément l'article 91, par. 1, 3e tiret, du traité de l'UEMOA. La situation de ces trois catégories de personnes peut être rapprochée de celle des membres de la famille des travailleurs, des personnes retraitées ainsi que des étudiants, en matière de libre circulation des personnes au sein de l'Union européenne, à travers les directives dites « séjour » de 1990, finalement abrogées et remplacées par l'actuelle directive 2004/38 relative aux droits des citoyens de l'UE et des membres de leurs familles de circuler et de séjourner librement sur le

actifs et des ressortissants ayant cessé d'être actifs, lesquels bénéficient du droit de se déplacer et du droit de séjour au titre de la libre circulation des personnes, les étudiants « ressortissants de l'UEMOA » se voient octroyés les mêmes droits à travers la directive n°1/2005, qui établit à leur profit une égalité de traitement sur l'ensemble du territoire de l'Union, dans l'accès aux institutions publiques d'enseignement supérieur[951].

Hormis ces trois catégories de ressortissants non actifs de l'UEMOA, la volonté des rédacteurs des traités constitutifs d'englober à la fois les actifs et les non actifs des États membres, pourrait sans doute expliquer le choix du terme « ressortissant » en lieu et place de « travailleur ». Dans cette logique, l'on ne saurait refuser l'existence d'un droit d'entrée et de séjour aux « ressortissants de l'Union » d'une manière générale. En effet, si la liberté de circulation des personnes, telle que définie à l'article 91 du traité de l'UEMOA, implique « l'abolition entre les ressortissants des États membres de toute discrimination fondée sur la nationalité en ce qui concerne la recherche [...] d'un emploi [...] », celle-ci devrait logiquement impliquer le droit de se déplacer librement sur le territoire d'un autre État membre en vue d'y répondre à une offre d'emploi et par conséquent, l'existence d'un droit d'entrée et de séjour au profit de ressortissants non encore actifs.

En outre, il serait incohérent et dénué de sens que, dans le cadre de la politique commune relative à la circulation et au séjour des personnes non ressortissantes de l'UEMOA[952], les ressortissants des États membres de la CEDEAO se voient dispensés de fournir un visa d'entrée

---

territoire des États membres. Voir, Directive 2004/38/CE du Parlement européen et du Conseil du 29 avril 2004 relative au droit des citoyens de l'Union et des membres de leurs familles de circuler et de séjourner librement sur le territoire des États membres, modifiant le règlement (CEE) n° 1612/68 et abrogeant les directives 64/221/CEE, 68/360/CEE, 72/194/CEE, 73/148/CEE, 75/34/CEE, 75/35/CEE, 90/364/CEE, 90/365/CEE et 93/96/CEE (Texte présentant de l'intérêt pour l'EEE), *JOUE L 158 du 30/04/2004 p.77 – 123.*

[951] Voir article 1er de la directive n° 1/2005/CM/UEMOA sur l'égalité de traitement des étudiants ressortissants de l'UEMOA, dans la détermination des conditions et des droits d'accès aux institutions publiques d'enseignement supérieur dans les États membres de l'Union, BO non disponible.

[952] Voir l'acte additionnel n° 1/2009/CCEG/UEMOA instituant une politique commune de l'UEMOA dans le domaine de la libre circulation et du séjour des personnes non ressortissantes de l'Union, *op. cit.*

sur le territoire de l'Union[953], sans qu'une telle dispense ne soit, a fortiori, reconnue à ses propres ressortissants. De l'ensemble de ces considérations, il ressort que les ressortissants des États membres de l'UEMOA ne participent pas au fonctionnement de l'Union en leur seule qualité d'opérateur économique, mais également en tant que « ressortissants de l'Union »[954].

À ce titre, ils bénéficient de la libre circulation des personnes et du principe de non-discrimination en raison de la nationalité, traduction du principe d'égalité démocratique au sein de l'Union. En plus de ces droits, les ressortissants de l'Union se voient progressivement reconnaître certains droits spécifiques. D'abord, on assiste à la gestation du droit à une bonne administration à travers l'association des médiateurs des pays membres de l'UEMOA (AMP-UEMOA)[955]. Cette

[953] Voir art. 4 du règlement n° 6/2009/CM/UEMOA portant reconnaissance mutuelle des visas délivrés par les États membres de l'UEMOA, BO, n° 67, 1er trimestre 2009, pp.4-5.

[954] La notion de « ressortissants de l'Union » apparaît itérativement dans la quasi-totalité des actes dérivés portant sur la libre circulation et l'établissement des personnes exerçant certaines catégories d'activités libérales (Voir notamment les directives relatives à la libre circulation et à l'établissement des médecins, architectes, chirurgiens-dentistes, pharmaciens, etc.). Le préambule du traité portant création du Parlement de l'UEMOA parle, quant à lui, « des populations de l'union ». Contrairement à la citoyenneté communautaire de la CEDEAO, la qualité de « ressortissant de l'Union » n'apparaît pas rattachée, en tout cas pour l'instant, à un statut autonome dont les critères sont unilatéralement définis par l'UEMOA. Cette qualité nous semble simplement se rattacher à la détention de la nationalité d'un État membre comme c'est le cas de la citoyenneté européenne. Cette subordination à la nationalité étatique considérée comme « le bastion symbolique de la souveraineté » des États, a l'avantage d'« apaiser les craintes relatives à l'émergence préfigurée d'un super État [ouest]-africain », tout en étant conforme au droit international. Voir Charly Delmas NGUEFACK TSAFACK, *op. cit.* p. 4 ; Art. 1er de la Convention de la Haye du 12 avril 1930, concernant certaines questions relatives aux conflits de lois sur la nationalité, Recueil des Traités de la Société des Nations, Vol. 179, p. 89, et ; CIJ, affaire Nottebohm (Liechtenstein c. Guatemala), Rec. 1955, p. 23.

[955] Créée le 29 octobre 2008, l'AMP-UEMOA est une association de droit burkinabè qui s'est vu reconnaitre le statut d'association d'intérêt communautaire par la Conférence des chefs d'État et de gouvernement. Dans le préambule de l'acte additionnel n° 3/2009/CCEG/UEMOA portant reconnaissance de l'intérêt communautaire à l'association des médiateurs des pays membres de l'UEMOA (BO non disponible), cette dernière entend « faire de la reconnaissance de l'intérêt communautaire à l'association des médiateurs des pays membres de l'UEMOA, une étape transitoire du processus de mise en place d'un organe communautaire de médiation au sein de l'Union ».

dernière préfigure notamment la création d'un organe de médiation au sein de l'Union à l'image du médiateur européen prévu à l'article 228 du traité FUE.

Conformément à l'article 3 de ses Statuts[956], l'AMP-UEMOA a, entre autres, pour objectif de « promouvoir la coopération entre les institutions membres en vue de faciliter l'examen ou l'instruction de toute réclamation concernant l'application d'une règle communautaire dont l'une quelconque d'entre elles pourrait être saisie par un ressortissant ou tout résident dans l'UEMOA ». À l'image de l'AMP-UEMOA, le futur organe de médiation de l'UEMOA devrait avoir compétence pour connaître des réclamations des usagers des organes. C'est la promotion d'un véritable droit à une bonne administration, qui passe nécessairement par la reconnaissance d'une égalité de traitement des ressortissants de l'Union devant lesdits organes[957].

En plus du droit à une bonne administration, les ressortissants de l'Union voient se dessiner à leur profit, les contours d'un droit d'accès aux documents, traduisant les principes de transparence et de libre accès à l'information, conditions indispensables à l'exercice de la veille citoyenne et à l'émergence d'un « espace public UEMOA ». Au sein de l'Union, ce droit apparaît en filigrane dans la recommandation n° 1/CIP/2009 du 6 février 2009, portant sur la nécessité de la restitution des résultats des travaux des sessions du CIP aux populations de l'Union[958]. Dans cette recommandation, le CIP considère que les populations de l'Union sont sous informées des décisions, projets et programmes pris par les organes et exprime le désir de contribuer

---

[956]Disponible sur http://www.amp-uemoa.org/IMG/pdf/STATUTS_ADOPTE_DE_L_AMP-UEMOA.pdf (consulté le 9.6.2016).

[957] Sur le principe du droit à une bonne administration en droit de l'UEMOA, l'on peut se référer, en outre, à l'avis n° 1/99 du 22 mars 1999 (CJUEMOA, avis n°1/99 du 22 mars 1999, Demande d'avis complémentaire du Président de la Commission de l'UEMOA par rapport à l'avis n°1/98 de la Cour de Justice de l'UEMOA en date du 10 septembre 1998, Rec.1-2002, p.91). Dans cet avis, la Cour a jugé que l'intérim du président de la Commission de l'UEMOA pouvait couvrir une partie ou la plénitude des attributions de celui-ci, le choix entre l'une ou l'autre de ces formules étant de l'appréciation « souveraine » de l'organe prenant la décision de l'attribution de la fonction intérimaire, « à la seule condition de n'être guidé que par les nécessités d'une bonne administration ».

[958] Recommandation n° 1/CIP/2009 du 6 février 2009 sur la nécessité de la restitution des résultats des travaux des sessions du CIP aux populations, BO, n° 66, 1er trimestre, 2009, p. 106.

activement à une meilleure appropriation des objectifs de l'intégration par ces dernières. Pour ce faire, il recommande notamment l'inscription, dans ses budgets, de moyens financiers et logistiques permettant la restitution des résultats des travaux du CIP auxdites populations.

En dépit de tous ces développements au sein de l'UEMOA, le catalogue des « droits de citoyenneté » attachés à la qualité de « ressortissant de l'Union » reste limité et devrait être élargie à d'autres droits. Hormis le droit de pétition[959] et d'initiative citoyenne[960], la participation démocratique citoyenne pourrait être renforcée, au sein de l'UEMOA, par la reconnaissance du droit de vote et d'éligibilité au Parlement, à tout ressortissant de l'Union, quel que soit l'État membre où il réside ainsi que le droit de vote et d'éligibilité aux élections municipales dans l'État membre de résidence[961].

Au-delà, les droits liés à la qualité de « ressortissant de l'Union » ne représentent qu'une catégorie spécifique pouvant être rattachée à la large catégorie des droits fondamentaux, dont le respect s'impose également à l'Union en tant que principe de fonctionnement.

Section II : La protection des droits fondamentaux

Les expériences d'intégration économique, en Europe comme en Afrique, ont démontré qu'elles n'étaient pas antinomiques aux droits fondamentaux. Bien au contraire, elles contribuent au renforcement de leur protection tout comme ces derniers ont la capacité de concourir à la réalisation des objectifs d'intégration, en l'occurrence, les libertés fondamentales garanties dans les marchés communs[962]. Ainsi, lorsqu'elle n'est pas prévue par les traités constitutifs des organisations d'intégration économique, la protection des droits fondamentaux est

[959] Art. 20, par. 2, let. d, TFUE.
[960] Art. 11, par. 4, TUE.
[961] Art. 20, par. 2, let. b, TFUE.
[962] Voir dans ce sens, Christine KADDOUS, « Droits de l'Homme et libertés de circulation : complémentarité ou contradiction ? » *in Mélanges en l'Hommage de Georges Vandersanden. Promenades au sein du droit européen, op. cit.* p. 563. Sur les liens entre intégration économique et droits fondamentaux en Afrique, voir notamment, Sisule Frederick MUSUNGU, « Economic integration and Human rights in Africa : A comment on conceptual linkages », *AHRLJ*, Vol. 3, n° 1, 2003, p. 88.

affirmée, puis consolidée, à travers l'interprétation dynamique de leurs juridictions.

En droit de l'UE, c'est à l'occasion de l'arrêt Internationale Handelsgesellschaft que la CJCE a affirmé que « [...] le respect des droits fondamentaux [fasait] partie intégrante des principes généraux de droit dont [elle] assure le respect [...] »[963]. Cet arrêt marquera le début d'une longue jurisprudence en matière de protection des droits fondamentaux[964], dont les dernières principales évolutions conduiront d'une part, à l'adoption de la Charte des droits fondamentaux de l'UE de 2000[965] et d'autre part, au second refus d'adhésion à la Convention EDH[966].

Parmi les Communautés économiques africaines, l'article 6, lettre d, du traité constitutif de la Communauté d'Afrique de l'Est (CAE), se réfère expressément au respect des droits fondamentaux au titre des « fundamental principles » de la Communauté, tandis que l'article 27, paragraphe 2, en conditionne la protection juridictionnelle par l'adoption d'un acte juridique ultérieure du Conseil des ministres, jusqu'ici inexistant[967]. Pour autant, ladite protection n'est pas complètement absente en droit de la CAE dans la mesure où la Cour de justice de cette Communauté y parvient tant bien que mal, par une interprétation poussée et osée de sa mission. Dans l'arrêt James

---

963 CJCE, arrêt Internationale Handelsgesellschaft du 17 décembre 1970, *op. cit.* pt 4. Voir ce point, José Narciso Cunha RODRIGUES, "The incorporation of Fundamental Rights *in the Community Legal Order" in Miguel Poiares MADURO and Loïc AZOULAÏ (ed.), The Past and Future of EU Law. The Classics of EU Law Revisited on the 50th Anniversary of the Rome Treaty*, op. cit., pp.89-97.

964 Sur le rôle de la Cour de justice de l'UE dans la protection des droits fondamentaux, voir Giuseppe TESAURO, « The Role of the Court of justice in the protection of fundamental rights » *in Ninon COLNERIC, David EDWARD, Jean-Pierre PUISSOCHET et Dámaso Ruiz-Jarabo COLOMER (Dir.), Une Communauté de droit. Festschrift für Gil Carlos Rodríguez Iglesias, op. cit.* p. 103.

965 Pour rappel, la CDF a acquis force contraignante et valeur des traités à travers l'article 6 du traité UE introduit par le traité de Lisbonne de 2007.

966 CJUE, avis 2/13 du 18 décembre 2014, *op. cit.* Pour un commentaire de l'avis, se référer, entre autres, à Thomas ACKERMANN (et al.), « Editorial comments : The EU's Accession to ECHR - a "NO" from ECJ ! », CMLRev., 2015, Vol. 52, p.1.

967 Sur les péripéties de la mise en œuvre de cette disposition au sein de la CAE, voir Solomy Balungi BOSSA, « A Critique of The East African Court of Justice as a Human Rights Court » *in Protecting Humanity : Essays in International Law and Policy in Honor of Navanethem Pillay / éd. by Chile Eboe-Osuji, Nijhoff*, 2010, p. 333.

Katabazi and 21 others[968], elle a notamment affirmé que « While the Court will not assume jurisdiction to adjudicate human rights disputes, it will not abdicate from exercising its jurisdiction of interpretation under article 27 (1) merely because the reference includes allegations of human rights violations ».

Dans la CEDEAO, la protection des droits fondamentaux a fait son entrée à la faveur du traité révisé de 1993, dont l'article 4, lettre g, énumère ladite protection, également, au titre des principes fondamentaux de l'organisation. Pour ce faire, le protocole additionnel A/SP1/01/05 portant amendement du protocole AP1/7/91 relatif à la Cour de justice de la CEDEAO[969], confie expressément à cette dernière, compétence pour connaître des recours individuels en matière de droits de l'Homme[970].

La protection des droits fondamentaux au sein de l'UEMOA emprunte quelque peu à ces divers mécanismes régionaux. Celle-ci y est garantie à travers notamment l'article 3 du traité constitutif, qui stipule que « L'Union respecte dans son action les droits fondamentaux énoncés dans la déclaration universelle des droits de l'Homme de 1948 et dans la Charte africaine des droits de l'Homme et des peuples de 1981 ». En application de cette disposition, la Cour de justice de l'UEMOA examine la conformité des décisions qui lui sont déférées au regard de l'obligation de protection des droits fondamentaux, indépendamment de tout acte juridique qui lui en donne expressément compétence, au-

---

[968] EACJ, James Katabazi and 21 others v. Secretary general of the EAC and Attorney general of Republic of Uganda, reference n°1 of 2007, op. cit. p. 16. Dans ce sens, voir également: EACJ, Plaxeda Rugumba v. The Secretary general of the East African Community and Attorney General of Rwanda, reference n° 8 of 2010 of 7th November 2010, disponible sur: www.eacj.org (consulté le 15.6.2016); Ally POSSI, « The East African Court of Justice: Towards effective Protection of Human Rights in the East African Community », *Max Planck Yearbook of United Nations Law*, Vol. 17, 2013, p.173.

[969] Protocole additionnel A/SP1/01/05 portant amendement du protocole AP1/7/91 relatif à la Cour de justice de la CEDEAO, disponible sur : http://www.courtecowas.org/site2012/pdf_files/supplementary_protocol.pdf (consulté le 15.6.2016).

[970] Sur la protection juridictionnelle des droits fondamentaux au sein de la CEDEAO, voir Karen J. ALTER ; Laurence R. HELFER ; Jacqueline R. MCALLISTER, « A new International Human Rights Court for West Africa : the ECOWAS Community Court of Justice », *AJIL*, 2013, vol. 107, AFL. 4, p. 737.

delà de sa mission générale consistant à veiller au respect du droit quant à l'interprétation et à l'application des traités[971].

Afin de mesurer l'efficacité du système de protection des droits fondamentaux au sein de l'UEMOA, la présente section s'intéresse premièrement aux sources de protection desdits droits (paragraphe I) et deuxièmement, à leur champ d'application (paragraphe II).

Paragraphe I : Les sources de protection des droits fondamentaux

À la lecture de l'article 3 du traité de l'UEMOA, deux principales interrogations surgissent à l'esprit. La première est relative à la question des origines extérieures des sources de protection des droits fondamentaux (A) et la seconde, à leur statut juridique au sein du système juridique de l'Union (B).

A) Le caractère externe des sources de protection des droits fondamentaux

Ne disposant pas de son propre catalogue de protection des droits fondamentaux, l'UEMOA assure la protection des droits de l'homme, dans son ordre juridique, à travers les instruments juridiques empruntés à l'ordre juridique international et à l'ordre juridique de l'Union africaine (UA). Il s'agit en l'occurrence de la déclaration universelle des droits de l'homme (DUDH) de 1948 (1) et de la Charte africaine des droits de l'homme et des peuples (CADHP) de 1981 (2).

1) La déclaration universelle des droits de l'homme

C'est la première source de protection des droits de l'homme à laquelle se réfère l'article 3 du traité de l'UEMOA. Proclamée à Paris par l'assemblée générale de l'ONU le 10 décembre 1948, la déclaration universelle des droits de l'homme[972] forme avec le Pacte international

---

[971] Voir CJUEMOA, arrêt Groupement de Développement Economique d'Intervention et de Réalisation des Investissements (GDEIRI-SA) c. la Commission de l'UEMOA, du 12 janvier 2005, aff. n° 02/05, Rec. 2008, p. 535.

[972] Déclaration universelle des droits de l'homme du 10 décembre 1948, Nations Unies, Recueil d'instruments internationaux, 2002, Vol. 1, p. 1.

relatif aux droits économiques sociaux et culturels[973], ainsi que le Pacte relatif aux droits civils et politiques[974] et ses deux protocoles facultatifs[975], la Charte internationale des droits de l'Homme. Le recours à la DUDH, comme source de protection des droits fondamentaux au sein de l'UEMOA, n'est certainement pas étranger à son caractère universel.

Comme l'indique son appellation, la DUDH se caractérise par sa vocation à l'universalité. En effet, selon René CASSIN, « elle présente cette nouveauté de formuler, sur le plan universel, des droits de l'homme qu'aucune déclaration ou loi nationale n'a pu formuler, si ce n'est par référence à un pays donné »[976]. Adoptée dans le contexte de la guerre froide, la DUDH a été présentée également comme un « essai de compromis idéologique entre les États occidentaux et États marxistes occidentaux »[977]. Le compromis idéologique recherché par la DUDH se justifie, sans doute, par sa prétention à l'universalité. Elle s'est traduite par la désignation d'un comité de rédaction plus ou moins représentatif des principaux courants idéologiques de l'époque[978].

La déclaration rédigée par des personnalités de toutes origines s'enrichit de leurs divers apports culturels, philosophiques et

---

973 Le Pacte relatif aux droits économiques, sociaux et culturels du 16 décembre 1966, Nations Unies, Recueil des Traités, vol. 993, p. 3. Il est entré en vigueur le 3 janvier 1976.

974 Le Pacte relatif aux droits civils et politiques du 16 décembre 1966, Nations Unies, Recueil des Traités, vol. 999, p. 171. Il est entré en vigueur le 23 mars 1976.

975 Il s'agit d'abord du Protocole facultatif se rapportant au Pacte international des droits civils et politiques, du 16 décembre 1966, Nations Unies, Recueil des Traités,vol. 999, p. 171. Il est entré en vigueur le 23 mars 1976. Ensuite, il y a le deuxième protocole facultatif se rapportant aux droits civils et politiques, visant à abolir la peine de mort, du 15 décembre 1989, Nations Unies, Recueil des traités, Vol. 1642, p. 414. Il est entré en vigueur le 11 juillet 1991.

976 René CASSIN, « La déclaration universelle et la mise en œuvre des droits de l'Homme », Recueil des cours de droit international de la Haye, 1951, p. 282.

977 Marc VERDUSSEN, « La déclaration universelle des droits de l'Homme » *in Hertig Randall MAYA et Michel HOTELLIER (éd.), Introduction aux droits de l'homme,* Genève, Schulthess, 2014, p. 229.

978 Ainsi, avait-on d'un côté le français René CASSIN et l'américaine Eleanor ROOSEVELT, pour ce qui est des pays du bloc de l'Ouest et de l'autre, le russe Vladimir KORETSKY et le chinois Peng Chun CHANG, pour ce qui concerne les pays du bloc de l'Est. En dehors de ces représentants, on peut également citer le canadien John Peter HUMPHREY, le libanais Charles MALIK ou encore le chilien Hernan SANTA CRUZ.

idéologiques et se présente comme étant « l'idéal commun à atteindre par tous les peuples, par toutes les nations, afin que tous les citoyens de la société […] s'efforcent par l'enseignement et l'éducation, de développer le respect de ces droits et libertés […] »[979]. René CASSIN la compare notamment, au « vaste portique d'un temple dont le parvis est formé par le préambule affirmant l'unité de la famille humaine, et dont le soubassement, les assises, sont constitués par les principes généraux de liberté, d'égalité, de non-discrimination et de fraternités proclamés dans articles 1 et 2 »[980].

Ce portique est soutenu par quatre colonnes d'importance égale, dont la première constitue « des droits et libertés d'ordre personnel »[981] (articles 3 à 11 : vie, liberté, sûreté et dignité de la personne, égal protection de la loi, interdiction d'esclavage, habeas corpus, recours effectif, etc.) ; la seconde, « des droits de l'individu dans ses rapports avec les groupements dont il fait partie et les choses du monde extérieur »[982] (articles 12 à 17 : mariage, famille, domicile, asile, etc.), la troisième, « des facultés spirituelles, des libertés publiques et des droits politiques fondamentaux »[983] (articles 18 à 22 : liberté de conscience, de pensée, de croyance, liberté de parole et d'expression, de réunion, d'association, droit de vote, etc.), et le quatrième, « des droits économiques, sociaux et culturels »[984] (articles 22 à 27 : travail, sécurité sociale, libertés syndicales, éducation, vie culturelle, etc.). Enfin, ces quatre colonnes de droits sont surmontées d'un « fronton marquant les liens entre l'individu et la société »[985]. Il s'agit notamment des articles 28 à 30 qui affirment la nécessité d'un ordre social international permettant aux droits et libertés suscités d'y trouver leur plein effet.

Malgré leur prétention à l'universalité, les trente articles formant la DUDH restent marqués par une forte influence culturelle

---

[979] Préambule de la déclaration universelle des droits de l'homme de 1948.

[980] René CASSIN, « La déclaration universelle et la mise en œuvre des droits de l'Homme », *op. cit.* p. 278, cité par Marc VERDUSSEN, « La déclaration universelle des droits de l'Homme », *op. cit.* p. 230.

[981] *Ibidem.*

[982] *Ibid.*

[983] *Ibid.*

[984] *Ibid.*

[985] *Ibid.*

occidentale[986]. Cette situation est certainement l'une des raisons qui conduiront les pays africains, absents de tout le processus d'élaboration de la déclaration, à se doter de leur propre instrument de référence en matière de protection des droits de l'homme, à savoir, la Charte africaine des droits de l'homme et des peuples de 1981.

2) La Charte africaine des droits de l'homme et des peuples

Adoptée le 27 juin 1981 à Nairobi par la Conférence des chefs d'État et de gouvernement de l'Organisation de l'Unité Africaine (OUA)[987], la Charte africaine des droits de l'homme et des peuples (ci-après CADHP ou Charte de Nairobi) constitue le pilier du système régional africain de protection des droits de l'homme[988]. Créée à l'initiative et à l'intention des pays africains, la Charte de Nairobi se définit comme « un instrument authentiquement africain »[989], qui tient compte « des vertus [des] traditions historiques et des valeurs de civilisation africaine [...] »[990]. Ces vertus traditionnelles et valeurs africaines se traduisent notamment, par l'importance accordée à la famille considérée comme « l'élément de base et naturel de la société »[991], aux « valeurs morales » devant être protégées au sein de la communauté[992], à la redevabilité envers ladite communauté[993], ainsi qu'à « l'unité et à la solidarité africaines »[994].

Au-delà de l'ancrage culturel voulu par les rédacteurs de la Charte, le caractère proprement africain de cette source de protection des droits de

---

986 Joseph YACOUB, « Les droits de l'homme, une œuvre collective de l'humanité », *RTDH*, 2009, p. 398.

987 L'OUA a été créée le 25 mai 1963 et officiellement remplacée le 9 juillet 2002 par l'Union Africaine (UA) créée par l'Acte constitutif du 11 juillet 2000 adopté à Lomé au Togo.

988 Maurice KAMTO, « Introduction générale » *in Maurice KAMTO (Dir.), La Charte africaine des droits de l'homme et des peuples et le protocole y relatif portant création de la Cour africaine des droits de l'homme. Commentaire article par article, Bruxelles*, Bruylant, 2011, p. 18.

989 Abdoulaye SOMA, « La Charte africaine des droits de l'homme et des peuples » *in Hertig Randall MAYA et Michel HOTELLIER (Dir.), Introduction aux droits de l'homme, op. cit.* p. 558.

990 5e paragraphe du préambule de la CADHP.

991 *Idem*, art. 18, par. 1.

992 *Id.*, art. 17, par. 3.

993 *Id.*, art. 29, par. 2.

994 *Id.*, art. 21, par. 4.

l'homme se manifeste par le souci de coller aux réalités socio-économiques du continent et de répondre aux aspirations profondes des peuples africains. Il s'agit non seulement « d'enraciner la Charte dans la culture africaine la plus profonde »[995] mais également de « la mettre au service des causes africaines qu'étaient hier la décolonisation et l'apartheid, et aujourd'hui, la lutte pour le développement »[996]. De cette dernière finalité de la Charte, découle une autre de ses originalités, qui est le fait de consacrer la protection d'une catégorie spéciale des droits de l'homme, constitués des droits dits de solidarité ou encore de troisième génération. Il s'agit, en l'occurrence, du droit des peuples à l'existence et à l'auto-détermination (article 20), du droit des peuples à disposer de leurs richesses et de leurs ressources naturelles (article 21), du droit au développement (article 22), du droit à la paix (article 23) et du droit à un environnement sain (article 24). Ces droits collectifs qui ont fait qualifier la CADHP d'« instrument révolutionnaire et progressiste »[997], ne doivent pas occulter la présence des droits individuels qui se trouvent également protégés.

Au titre des droits individuels, la CADHP se réfère aussi bien aux droits civils et politiques dits de première génération, qu'aux droits économiques, sociaux et culturels dits de deuxième génération, tout en les considérant comme étant égaux d'un point de vue juridique, ensemble avec les droits collectifs de troisième génération[998]. En ce qui concerne d'abord les droits civils et politiques, on peut citer, entre autres, les droits de non-discrimination (article 2), d'égalité devant la loi (article 3), le droit à la vie et à l'habeas corpus (article 4), le droit à un procès équitable (article 7), à la liberté religieuse (article 8), le droit d'association (article 10), le droit de propriété (article 14) ainsi que les droits traditionnellement rattachés à la citoyenneté d'un État (article 13). Quant aux droits économiques, sociaux et culturels, la Charte de Nairobi énumère divers droits tels que le droit au travail (article 15), le droit à la santé (article 16) ou encore le droit à l'éducation (article 17).

---

[995] Maurice KAMTO, « Préambule » *in* Maurice KAMTO (Dir.), *La Charte africaine des droits de l'Homme et des peuples et le protocole y relatif portant création de la Cour africaine des droits de l'Homme. Commentaire article par article*, *op. cit.* p. 65.
[996] *Ibidem.*
[997] Abdoulaye SOMA, *Les grands textes des droits de l'Homme en Afrique, Saarbrücken*, PAF, 2014, p. 15,
[998] Abdoulaye SOMA, « La Charte africaine des droits de l'Homme et des peuples », *op. cit.* p. 563.

Enfin, la Charte africaine des droits de l'Homme et des peuples se caractérise par la référence aux devoirs de l'Homme dans la mesure où « la jouissance des droits et libertés implique l'accomplissement des devoirs de chacun »[999]. Cette référence inattendue aux devoirs, dans un instrument juridique censé garantir des droits, ne reflète pas moins une certaine conception des droits de l'Homme profondément ancrée dans la culture africaine. En plus, il convient de souligner qu'ils ne conditionnent pas le bénéfice des droits énumérés dans la Charte et ne peuvent dès lors être perçus comme une dilution de la protection des droits de l'Homme qu'elle garantit[1000].

Logés aux articles 27 à 29 de la CADHP, les devoirs de l'individu se définissent vis- à-vis d'autrui, de la famille, de la société, de l'État et des autres collectivités légalement reconnues ainsi qu'à l'égard de la communauté internationale (article 27). Ainsi, l'individu a-t-il le devoir de « respecter et de considérer ses semblables » (article 28), de « préserver le développement harmonieux de la famille […], de respecter à tout moment ses parents, de les nourrir et de les assister en cas de nécessité » (article 29, paragraphe 1), de « servir sa communauté nationale […] » (article 29, paragraphe 2), et de « préserver et de renforcer l'indépendance nationale et l'intégrité territoriale […] de son pays » (article 29, paragraphe 5).

En résumé, il est permis d'affirmer qu'en se référant d'une part, à la DUDH comme source universelle de protection des droits de l'Homme et d'autre part, à la CADHP en tant que source régionale de protection desdits droits, le traité de l'UEMOA inscrit la protection des droits fondamentaux au sein de l'Union, dans la continuité du système de protection à l'échelle internationale, tout en privilégiant la spécificité de la protection régionale africaine des droits de l'Homme. Toutefois se pose la question lancinante du statut juridique de ces sources externes de protection des droits fondamentaux dans l'ordre juridique de l'UEMOA.

---

[999] 7e paragraphe du préambule de la CADHP.

[1000] Abdoulaye SOMA, « La Charte africaine des droits de l'Homme et des peuples », *op. cit.*

B) Le statut juridique des sources de protection des droits fondamentaux

L'examen qui suit s'intéresse d'une part au caractère « *soft law* » de la DUDH (1) et d'autre part, au caractère « *hard law* » de la CADHP (2) dans l'ordre juridique de l'UEMOA.

1) Le caractère « *soft law* » de la DUDH

La question du statut juridique de la DUDH dans l'ordre juridique de l'UEMOA ne peut être déconnectée de son caractère « soft law ». Selon le dictionnaire du droit international publié sous la direction de Jean SALMON, l'expression désignerait

> « des règles dont la valeur normative serait limitée soit parce que les instruments qui les contiennent ne seraient pas juridiquement obligatoires, soit parce que les dispositions en cause, bien que figurant dans un instrument contraignant, ne créeraient pas d'obligation de droit positif, ou ne créeraient que des obligations peu contraignantes »[1001].

Adoptée sous la forme juridique d'une résolution[1002], la DUDH ne possède pas en tant que telle de force juridique obligatoire, à l'instar des autres résolutions déclaratives de l'Assemblée générale de l'ONU[1003]. Pour certains auteurs, elle ne comporterait qu'un simple engagement moral de ses signataires[1004]. Toutefois, l'examen de plusieurs instruments juridiques contraignants de protection des droits de l'Homme, adoptés aussi bien à l'échelle internationale que régionale, démontre la forte influence qu'y a exercé la déclaration universelle des droits de l'Homme. Tel est le cas non seulement des pactes internationaux relatifs aux droits de l'Homme mais également de la Charte africaine des droits de l'Homme et des peuples dont le préambule se réfère expressément à la DUDH. Se trouvent ainsi repris

---

[1001] Jean SALMON (Dir.), *Dictionnaire du droit international public, op. cit.* p. 1039.

[1002] Résolution n° A/RES/217 (III) de l'Assemblée générale de l'ONU du 10 décembre 1948.

[1003] Patrick DALLIER, Mathias FORTEAU et Alain PELLET (éd.), *Droit international public, op. cit.* p. 729.

[1004] Marc VERDUSSEN, « La déclaration universelle des droits de l'Homme » *in* Hertig Randall MAYA et Michel HOTELLIER (éd*.), Introduction aux droits de l'Homme, op. cit.* p. 231.

dans ces instruments, entièrement ou partiellement, des droits proclamés dans la déclaration de 1948[1005].

De ce point de vue, elle peut être considérée comme une « source matérielle »[1006], qui inspire la protection des droits de l'Homme dans l'ordre juridique de l'Union tout comme le sont, dans l'ordre juridique de l'UE, les « instruments internationaux des droits de l'Homme auxquels les États membres ont coopéré ou adhéré », depuis l'arrêt Nold[1007]. Au-delà de leur caractère de source matérielle, les droits proclamés par la DUDH ou du moins, certains d'entre eux, ont pu être considérés comme revêtant le caractère de règles de droit coutumier, voire de normes impératives[1008]. Dans l'arrêt SODABI[1009], la Cour de justice de l'UEMOA s'est référée quant à elle à la notion plus large d'« ordre public international »[1010], pour appliquer l'article 10 de la DUDH. Relevant de l'ordre public international, le droit à un tribunal, tel que défini dans cette disposition, ne pouvait faire l'objet de

---

1005 En ce qui concerne la CADHP, voir précisément Maurice KAMTO, « Introduction générale » *in* Maurice KAMTO (Dir.*), La Charte africaine des droits de l'Homme et des peuples et le protocole y relatif portant création de la Cour africaine des droits de l'Homme. Commentaire article par article, op. cit.* p. 4 et s.

1006 Frédéric VANENESTE, « Le soft law du droit international des droits de l'Homme dans la jurisprudence internationale et la jurisprudence interne » *in* Isabelle HACHEZ, Yves CARTUYVELS, Hugues DUMONT et al. (Dir.), *Les sources du droit revisitées, Vol. I, Normes internationales et constitutionnelles*, Bruxelles, Anthémis, 2012, p. 105.

1007 CJCE, arrêt Nold du 14 mai 1974, aff. 4/73, Rec. 1974, p. 491.

1008 Patrick DALLIER, Mathias FORTEAU et Alain PELLET (éd.), *Droit international public, op. cit.* p. 730.

1009 CJUEMOA, arrêt Mondoukpè Sidonie SODABI et Léon KOUGBLENOU c. BCEAO du 19 décembre 2012, aff. n°02/12, non publié.

1010 L'ordre public international est défini par le dictionnaire du droit international comme désignant les « les règles d'importance fondamentale pour la Communauté internationale dans son ensemble auxquelles les États ne pourraient, à peine de nullité, déroger par des conventions contraires », Jean SALMON (Dir.*), Dictionnaire du droit international public, op. cit.* p. 789. Il comprendrait notamment les obligations découlant des dispositions de la Charte des Nations Unies en vertu de l'article 103 de ladite Charte, les obligations découlant des règles de jus cogens, ainsi que les obligations erga omnes établies dans l'intérêt de la Communauté internationale dans son ensemble. Voir Constantin P. ECONOMIDÈS « Les règles d'ordre public en droit international » *in* Aristotle CONSTANTINIDES et Nikos ZAIKOS (éd.), *The diversity of International Law. Essays in Honour of Professor Kalliopi K. Koufa, Leiden; Boston, Martinus Nijhoff Publishers*, 2009, p. 12.

dérogation par quelque convention particulière que ce soit entre les États membres.

En l'espèce, dame SODABI et M. KOUGBENOU, deux ex-employés de l'agence principale de la BCEAO au Bénin, avaient saisi la Cour de justice d'un recours en annulation d'une décision de ladite agence, mettant fin aux contrats qui les liaient à cette dernière. Les requérants réclamaient en plus, une indemnisation de la part de leur ex-employeur. Devant la Cour, la BCEAO avait soulevé une exception d'irrecevabilité sur la base du moyen tiré de l'immunité de juridiction et d'exécution dont elle bénéficiait sur le territoire des États membres en vertu du protocole relatif aux privilèges et immunités de la BCEAO[1011]. La Cour a rejeté ce moyen en affirmant que le « principe d'immunité reconnue à la Banque Centrale doit se combiner avec le droit de toute personne à ce que sa cause soit entendue par un tribunal, droit affirmé par les articles [10 de la DUDH et 7 de la CADHP] auxquels se réfère le Traité de l'Union »[1012].

Ainsi, le *soft law* de la DUDH sert de source d'inspiration pour l'élaboration d'instruments juridiques de *hard law*, en tant que source matérielle de droit. Pour Julien CAZALA, il se produit alors un mécanisme d'« inspiration » du *hard law* par le *soft law*. Toutefois, ce mécanisme peut être inversé dans la mesure le *soft law* peut être à son tour « aspiré »[1013] par le *hard law* en se dépouillant de sa forme juridique *soft* pour revêtir un caractère de norme coutumière, de norme impérative ou encore de règle d'ordre public international. L'aspiration du *soft law* international par le *hard law* se produirait également, selon l'auteur, lorsqu'un État prend un engagement unilatéral de conformer sa pratique à l'énoncé *soft law*[1014]. L'État en question n'est pas lié par l'énoncé *soft law* en tant que tel mais par « l'engagement qu'il a pris d'agir d'une manière conforme à d'une norme qu'il se donne et qui,

---

[1011] Le protocole relatif aux privilèges et immunités de la BCEAO, disponible sur : www.bceao.int.

[1012] CJUEMOA, arrêt Mondoukpè Sidonie SODABI et Léon KOUGBLENOU c. BCEAO, *op. cit.* p. 11.

[1013] En référence au processus d'inspiration et d'aspiration du soft law international, tel que décrit par Julien CAZALA, « Le soft law international : entre inspiration et aspiration » *in* Isabelle HACHEZ, Yves CARTUYVELS, Hugues DUMONT et al. (Dir.), *Les sources du droit revisitées,* Vol. I, Normes internationales et constitutionnelles, *op. cit.* p. 17.

[1014] *Idem*, p. 39.

matériellement, correspond à l'énoncé soft law »[1015], pour autant que l'acte unilatéral par lequel il s'engage émane d'une autorité habilitée à l'engager sur le plan international et manifeste clairement l'intention de le lier juridiquement[1016].

En élargissant ce dernier raisonnement à tout sujet de droit international, il est possible de l'appliquer *mutatis mutandis* à l'UEMOA, en considérant notamment le caractère ferme de l'énoncé de l'article 3 du traité constitutif, en vertu duquel l'Union entend « [respecter] dans son action les droits énoncés dans la déclaration universelle des droits de l'Homme de 1948[...] ». Il est intéressant de relever, à cet égard, le fait que ladite disposition ne se réfère pas directement à la DUDH en tant qu'instrument de protection des droits de l'Homme mais plutôt aux droits que celle-ci énonce et auxquels l'Union entend se soumettre dans la conduite de son action.

En clair, l'on peut retenir que quand bien même la DUDH constituerait, *per se*, un instrument de *soft law* en matière de protection des droits de l'Homme, ses dispositions matérielles revêtent une certaine importance juridique dont ne peuvent faire fi, ni les organes de l'Union d'une manière générale, ni le juge chargé de veiller au respect du droit dans l'interprétation et l'application des traités.

2) Le caractère « hard law » de la CADHP

Le caractère obligatoire de la CADHP ne souffre pas de débat en ce qui concerne les États parties, dès lors que ces derniers l'ont signée et ratifiée conformément à leurs règles constitutionnelles nationales[1017]. Ces derniers sont en principe tenus de l'appliquer, sous peine d'engager leur responsabilité internationale devant la Commission africaine des

---

[1015] *Ibidem*.

[1016] CIJ, Burkina-Faso c. Mali (affaire du différend frontalier) du 22 décembre 1986, Rec. p. 573, par. 39.

[1017] Voir Habib GHERARI, « Article 63 » *in* Maurice KAMTO (Dir), *La Charte africaine des droits de l'Homme et des peuples et le protocole y relatif portant création de la Cour africaine des droits de l'Homme. Commentaire article par article*, *op. cit.* p. 1154.

droits de l'Homme et peuples (Comm. ADHP)[1018] ou la Cour africaine des droits de l'Homme et des peuples (Cour ADHP)[1019].

Contrairement aux États parties à la Charte, l'Union n'a pas signé ni ratifié la CADHP. En réalité, l'UEMOA ne peut dans tous les cas devenir membre de la CADHP, sauf en cas de révision ultérieure de cette dernière. En effet, il ressort de l'examen combiné des articles 1er, 63, paragraphe 1, et 65 de la CADHP, que celle-ci exclut la possibilité d'adhésion d'une organisation internationale. L'article 1er évoque « les États membres de l'OUA, parties à la présente Charte [...] » et l'article 63, paragraphe 1, précise qu'elle est « ouverte à la signature, à la ratification ou à l'adhésion des États membres de l'OUA ». Quant à l'article 65, elle confirme l'exclusion d'une éventuelle adhésion de sujets de droit autres que les États, en énonçant que « Pour chacun des États qui ratifieront la présente Charte ou y adhéreront après son entrée en vigueur, ladite Charte prendra effet trois mois après la date du dépôt par cet État de son instrument de ratification ou d'adhésion ». Pourtant, l'article 3 du traité de l'UEMOA stipule que « L'Union respecte dans son action les droits fondamentaux énoncés dans [...] la Charte africaine des droits de l'Homme et des peuples de 1981 ». Cette référence à la CADHP, en tant que source de protection des droits fondamentaux dans l'ordre juridique de l'Union, soulève le problème de son statut juridique ou de son caractère obligatoire au sein de cet ordre juridique.

À titre comparatif, cette référence de la CADHP dans le corps du traité constitutif diffère de l'approche suivie en droit de l'Union européenne où la Convention EDH, qui n'apparaissait pas expressément dans les textes des traités originaires, avait tout de même été employée par le juge européen en tant que source d'inspiration pour la protection des droits fondamentaux, notamment par le canal des principes généraux du droit. Certes, l'application indirecte de la Convention EDH a également suscité le débat et a conduit les États européens à tenter de 'régulariser' la situation en révisant de part et d'autre, les traités constitutifs de

---

[1018] Art. 49 et art. 55 de la CADHP.

[1019] Art. 5 et art. 34, par. 6, du protocole relatif à la Charte africaine des droits de l'Homme et des peuples, portant création d'une Cour ADHP, signé le 10 juin 1998 à Ouagadougou et entré en vigueur le 25 janvier 2004.

l'Union européenne[1020] et la Convention EDH[1021]. Néanmoins, appliquée indirectement par le biais des PDG, la Convention EDH ne nous semble pas poser véritablement le problème de sa force juridique obligatoire au sein de l'UE ou du moins, pas autant que la référence à la CADHP dans l'ordre juridique de l'UEMOA.

Afin de résoudre le problème de l'effet juridique obligatoire de la Charte dans les communautés économiques régionales africaines (CER) d'une manière générale[1022], certains auteurs ont suggéré de se référer à la filiation institutionnelle existant entre la Charte de Nairobi et la Charte d'Addis-Abeba[1023] d'une part, et celle existant entre l'UA et lesdites communautés économique régionales africaines, d'autre part. L'idée[1024] consisterait à affirmer que les communautés économiques africaines sont liées par la CADHP en tant qu'« organes

[1020] Voir notamment l'article 6, paragraphe 2, aux termes duquel : « L'Union adhère à la Convention européenne de sauvegarde des droits de l'Homme et des libertés fondamentales […] ».

[1021] Art. 59, paragraphe 2, de la Convention européenne de sauvegarde des droits de l'Homme et des libertés fondamentales du 4 novembre 1950.

[1022] Il faut relever que la référence à la CADHP dans le traité constitutif de l'UEMOA n'est pas un cas isolé. En plus de l'UEMOA, on peut citer la CAE (art. 6, d), la CEDEAO (4, g) et le Marché commun de l'Afrique orientale et australe ou COMESA (art. 6, e), dont les traités constitutifs se réfèrent expressément à la CADHP comme source de protection des droits fondamentaux.

[1023] Pour rappel, la CADHP ou la Charte de Nairobi a été négociée et signée sous l'égide de l'OUA à laquelle s'est substituée l'UA.

[1024] Voir Frans VILJOEN, *International human rights law in Africa*, 2012, pp. 494-495, cité par Solomon T. EBOBRAH, « Application of the African Charter by African sub-regional organizations: gains, pains and the future », *Law Democracy and Development*, Vol. 16, 2012, p. 53.

constitutifs »[1025] de la Communauté économique africaine (CEA)[1026], également créée sous les auspices de l'UA et considérée comme étant le « bras économique » (volet intégration économique) de cette dernière.

Pourtant, la nature des rapports entre l'UA et la CEA, ainsi que celle des rapports entre cette dernière et les communautés économiques régionales africaines, ne sont pas si évidentes à établir[1027]. D'une part, la place de la CEA dans l'architecture institutionnelle de l'UA demeure floue au regard du mutisme de l'Acte constitutif de l'UA sur la question et d'autre part, le protocole sur les relations entre la CEA et les CER ne définit pas clairement le statut desdites communautés au sein de la CEA[1028]. Même à supposer l'existence d'un lien juridique clair entre l'UA et les Communautés économiques africaines, et à en déduire l'effet juridique obligatoire de la CADHP dans les ordres juridiques de ces dernières, cette solution ne pourrait bénéficier à l'UEMOA qui n'est

---

[1025] Voir notamment le préambule du traité instituant la Communauté économique africaine signé à Abuja le 3 juin 1991 et entré en vigueur le 12 mai 1994, disponible sur : http://www.au.int/en/treaties (consulté le 28.6.2016). Voir aussi, le protocole sur les relations entre la Communauté économique africaine et les Communautés économiques régionales africaines signé à Addis-Abeba le 28 février 1998. Disponible sur : http://www.ssatp.org/sites/ssatp/files/publications/HTML/legal_review/Annexes_fr/Annexes%20III_fr/Annexe%20III-04_fr.pdf (consulté la dernière fois le 28.6.2016). Ce protocole a été signé par six communautés régionales, à savoir, le COMESA, la CEDEAO, la Communauté de développement de l'Afrique Australe (SADC), l'Autorité intergouvernementale pour le développement (IGAD), la Communauté économique des États de l'Afrique centrale (CEEAC), et la Communauté des États sahélo-sahéliens (CEN-SAD). Le 24 juin 2004, le Comité de coordination de l'Union africaine a adopté un nouveau protocole sur les relations entre la CEA et les Communautés africaines. Ce protocole semble être entré en vigueur depuis 2008 et aurait été signé par sept des huit communautés économiques africaines officiellement reconnues par l'UA. Voir: African Union Commission et New Zealand Ministry of Foreign Affairs and Trade (éd.), *African Union Handbook 2016*, Addis-Abeba, 2016, p. 122. Disponible sur : http://www.au.int/en/sites/default/files/auhb-2016-english-pdf-final-january-2016.pdf (consulté le 28.6.2016). La nouvelle Communauté ayant signé le protocole de 2008 est la CAE, tandis que l'Union du Maghreb arabe (UMA), également reconnue par l'UA, ne l'aurait pas encore signé.
Pour un bref aperçu sur cette dernière organisation d'intégration africaine, Consulter : http://www.maghrebarabe.org/fr/ (consulté le 23.9.2016).

[1027] Ousséni ILLY, *L'OMC et le régionalisme. Le régionalisme africain, op. cit.* p. 211 et s.

[1028] *Idem*, p. 212.

pas partie au protocole portant sur les relations entre l'UA et les communautés africaines.

Pour Solomon T. EBOBRAH, si l'inopérabilité du lien CEA/UA et CEA/CER requiert l'adhésion des CER à la CADHP pour l'application de celle-ci aux organes de celles-là, il n'en est pas de même pour ce qui est de son application par les États membres[1029]. Pour cet auteur, la Charte pourrait bien s'appliquer aux États membres des communautés économiques africaines, par le canal de l'article 30, paragraphe 3, de la Convention de Vienne sur le droit des traités de 1969[1030]. Ainsi affirme-t-il,

> « [...] by the operation of articles 30 et 59 of Vienna Convention on the law of treaties (VCLT), insofar as the founding treaties of the RECs were adopted subsequent to the African charter and there is no incompatibility between any of those treaties and the Charter, the Charter obligations apply as between all states that are parties to both treaties »[1031].

Pour logique qu'il puisse paraître, le raisonnement fondé sur le recours à l'article 30 de la Convention de Vienne de 1969 nous semble inapproprié, non seulement aux CER dans l'ensemble mais également à l'UEMOA en particulier. En effet, il convient de ne pas perdre de vue le fait que l'article 30 de ladite Convention vise spécifiquement « les traités successifs portant sur la même matière » et qu'il est de caractère résiduel. La notion de « traités portant sur la même matière » a été définie comme désignant la circonstance dans laquelle « les traités en question régissent la même matière avec le même degré de généralité ou avec un degré de généralité comparable »[1032]. Or, il est difficile

---

[1029] Solomon T. EBOBRAH, « Application of the African Charter by African sub-regional organizations: gains, pains and the future », *op. cit.*

[1030] Art. 30, par. 3, de la Convention de Vienne de 1969 : « [...] Lorsque toutes les parties au traité antérieur sont également parties au traité postérieur, sans que le traité antérieur ait pris fin ou que son application ait été suspendue en vertu de l'art. 59, le traité antérieur ne s'applique que dans la mesure où ses dispositions sont compatibles avec celles du traité postérieur ».

[1031] Solomon T. EBOBRAH, "Application of the African Charter by African sub-regional organizations: gains, pains and the future", *op. cit.*

[1032] Felipe PAOLILLO, « Commentaire de l'article 30 de la Convention de Vienne de 1969 » *in* Olivier CORTEN et Pierre KLEIN (éd.), *Les Conventions de Vienne sur le droit des traités. Commentaire article par article*, Vol. II, Bruxelles, Bruylant, p. 1263.

d'affirmer que les traités instituant les CER et la Charte de Nairobi régissent la même matière avec le même degré de généralité ou avec un degré de généralité comparable. Il s'agit en fait de deux catégories distinctes de traités portant sur des matières spécifiques différentes.

En outre, l'examen des dispositions qui se réfèrent à la CADHP dans les traités constitutifs des CER[1033], permet de dire que ces derniers posent moins le problème de l'incompatibilité entre traités successifs que celui de l'application d'un traité donné dans l'ordre juridique autonome issu d'un autre traité. En tout état de cause, l'article 30 de la Convention de Vienne étant de caractère résiduel, il ne peut s'appliquer qu'en l'absence de dispositions particulières prévues par les parties aux traités. Il est pourtant de pratique assez répandue, que les textes des traités internationaux consacrent des dispositions spécifiques réglant la question de leur rapport avec les traités antérieurs ou d'éventuels traités postérieurs. En droit de l'UEMOA, c'est l'article 14 du Traité qui fait office de clause d'incompatibilité[1034]. Au regard des termes de cette disposition, l'article 30 de la Convention de Vienne peut, à la limite, trouver à s'appliquer en tant que règle complétant la volonté des parties, mais uniquement en vue de trancher une question d'incompatibilité entre traités successifs portant sur la même matière. Elle pourrait ainsi s'appliquer aux traités de l'UEMOA et de la CEDEAO, portant tous les deux sur la matière générale de l'intégration économique.

En ce qui concerne spécifiquement la question de l'effet juridique obligatoire de la CADHP, il n'est pas impossible d'appliquer la solution

---

[1033] À titre d'exemple, l'article 6, let. d, du traité instituant la CAE, dispose que « The fundamental principles that shall govern the achievement of the objectives of the Community by the partners states shall include: [...] promotion and protection of human and people's rights in accordance with the provisions of the African Charter on Human and Peoples' rights ». Aux termes de l'article 4, let. g, du traité révisé de la CEDEAO, « Les hautes parties contractantes, dans la poursuite des objectifs énoncés à l'article 3, affirment et déclarent solennellement leur adhésion aux principes fondamentaux suivants : [...] respect, promotion et protection des droits fondamentaux conformément à la Charte africaine des droits de l'Homme et des peuples ». Voir aussi art. 3 du traité de l'UEMOA.

[1034] Pour rappel, l'article 14 du Traité dispose que « Dès l'entrée en vigueur du présent traité, les États membres se concertent au sein du Conseil afin de prendre toutes mesures destinées à éliminer les incompatibilités ou les doubles emplois entre le droit et les compétences de l'Union d'une part, et les conventions conclues par un ou plusieurs de États membres d'autre part, en particulier celles instituant des organisations économiques internationales spécialisées ».

de l'engagement unilatéral retenue pour la DUDH[1035]. Comme l'affirme Julien CAZALA, « Le processus n'est pas propre au soft law : lorsqu'un tiers à un traité s'engage à respecter les termes de celui-ci, il n'est pas lié par le traité, n'intègre pas la Communauté des États parties, mais sera lié par l'engagement unilatéral pris »[1036]. Solomon T. EBOBRAH semble épouser, d'ailleurs, en fin de compte, cette solution, lorsqu'il affirme

> « Arguably, specific mention of the African Charter in the RECs treaty documents amounts to an intention to apply charter-based human rights as the guiding standards in relation to human rights aspects of integration. At the very least, that amounts to some evidence to internalization of the Charter since states could have opted not to tie statements of fundamental principles to any document »[1037].

Du reste, l'analyse de la pratique des juridictions communautaires confirme la reconnaissance d'un effet juridique obligatoire aux dispositions matérielles de la CADHP. Dans l'affaire dame KOURAOU c. État du Niger[1038], la Cour de justice de la CEDEAO a jugé qu'en affirmant à l'article 4, lettre g, du traité révisé que « Les États membres de la CEDEAO adhèrent aux principes fondamentaux de la Charte africaine des droits de l'Homme et des peuples », le « législateur » communautaire a voulu tout simplement intégrer cet instrument dans le droit applicable devant la Cour de justice de la CEDEAO[1039]. Il en découle que

> « L'adhésion de la Communauté aux principes de la Charte signifie que même en l'absence d'instruments juridiques de la CEDEAO relatifs aux droits de l'Homme, la Cour assure la protection des droits énoncés dans la Charte sans pour autant procéder de la même manière que la Commission ADHP »[1040].

[1035] Cf. *supra*, 1°).

[1036] Julien CAZALA, « Le soft law international : entre inspiration et aspiration », *op. cit.* p. 39.

[1037] Solomon T. EBOBRAH, *op. cit.* p. 55.

[1038] CJCEDEAO, arrêt Dame Hadijatou Mani Koraou c. La République du Niger du 27 octobre 2008, aff. n°ECW/CCJ/JUD/06/08.

[1039] *Idem*, pt 41.

[1040] *Id.*, pt 42.

Dans l'arrêt SODABI précité[1041], la Cour de justice de l'UEMOA, quant à elle, ne semble même pas juger utile d'évoquer la question de l'effet juridique obligatoire de la Charte dans l'ordre juridique de l'Union. Se référant à l'article 3 du traité de l'UEMOA, elle cite directement l'article 7 de la CADHP, en combinaison avec l'article 10 de la DUDH, et en fait directement application au cas d'espèce. Il se dégage de cette attitude, une certaine conviction du juge à appliquer des dispositions revêtues d'effet contraignant dans l'ordre juridique de l'Union sur la seule considération des termes de l'article 3 du traité constitutif.

Après avoir évoqué les sources de protection des droits fondamentaux dans l'ordre juridique de l'UEMOA, il convient de se pencher sur la question de leur application dans cet ordre juridique.

Paragraphe II : L'application des droits fondamentaux

L'examen de l'application des droits fondamentaux dans l'ordre juridique de l'UEMOA nous conduira à examiner d'abord le champ d'application ratione personae (A) et ensuite, le champ d'application ratione materiae (B).

A) Le champ d'application ratione personae

Aux termes de l'article 3 du traité de l'UEMOA, « L'Union respecte dans son action les droits fondamentaux [...] »[1042]. Faut-il en déduire que les droits fondamentaux énoncés dans la DUDH et la CADHP ne s'appliquent, dans l'ordre juridique de l'UEMOA, qu'aux seuls organes de l'Union ? (1). Est-il possible d'étendre le champ d'application ratione personae desdits droits aux États membres et à leurs organes nationaux ? (2).

[1041] CJUEMOA, arrêt Mondoukpè Sidonie SODABI et Léon KOUGBLENOU c. BCEAO, *op. cit.*

[1042] Nous soulignons.

1) L'application des droits fondamentaux aux organes

Puisque l'UEMOA agit par le truchement de ses organes, l'application des droits fondamentaux à l'Union signifie l'obligation pour ses organes, de respecter lesdits droits dans l'exercice de leurs fonctions respectives. Le champ d'application personnel des droits énoncés dans la DUDH et dans la CADHP couvre ainsi l'ensemble des organes principaux définis à l'article 16, alinéa 1, du traité de l'UEMOA. Il s'agit notamment de la Conférence des chefs d'État et de gouvernement, du Conseil des ministres, de la Commission, du Parlement, de la Cour de justice et de la Cour des comptes. À ces organes principaux, il convient d'ajouter les organes consultatifs et les institutions spécialisées mentionnés à l'alinéa 3, de l'article 16, du traité de l'UEMOA, dans la mesure où ils « concourent également à la réalisation des objectifs de l'Union ».

Au titre des organes consultatifs, il faut citer la Chambre consulaire régionale (CCR) prévue à l'article 40 du traité de l'UEMOA[1043], le Conseil du travail et du dialogue social (CTDS)[1044], ainsi que le Conseil des collectivités territoriales (CCT) crée par l'Acte additionnel n° 2/CCEG/UEMOA/2011 du 30 mai 2011[1045]. Quant aux institutions spécialisées autonomes de l'UEMOA, il s'agit notamment de la banque centrale des États de l'Afrique de l'Ouest (BCEAO) et de la Banque ouest-africaine de développement (BOAD).

À titre illustratif, la Cour de justice a été amenée, dans l'arrêt GDEIRI-SA[1046], à se prononcer entre autres sur la violation, par la Commission

[1043] Cf. *supra*, sect. 1, par. 2.

[1044] *Idem.*

[1045] Acte additionnel n°2/CCEG/UEMOA/2011 du 30 mai 2011 portant création et organisation du Conseil des collectivités territoriales, BO non disponible. La création du CCT vise l'implication des collectivités territoriales dans le processus d'intégration de l'Union, la promotion du système de gouvernance multiniveaux et la meilleure prise en compte des préoccupations des populations dans les politiques et les programmes communautaires de développement. Composé de représentants des collectivités territoriales désignées par les associations de pouvoirs locaux titulaires d'un mandat au sein d'une collectivité territoriale résultant d'une élection au suffrage universel (art. 7), le CCT émet des avis à son initiative ou par saisine des associations de pouvoirs locaux des États membres, du Conseil, de la Commission ainsi que du Parlement (art. 5).

[1046] CJUEMOA, arrêt GDEIRI-SA c. Commission du 12 janvier 2005, *op. cit.*

de l'UEMOA, des dispositions du traité constitutif relatives aux droits fondamentaux. En l'espèce, la société GDEIRI-SA n'invoquait aucun droit fondamental particulier à l'appui de sa requête, ce qui a conduit la Cour à ne pas s'attarder sur le moyen y relatif. Dans l'arrêt SODABI[1047], c'est contre une institution spécialisée de l'UEMOA, en l'occurrence la BCEAO, qu'a été invoqué le droit à un tribunal indépendant et impartial, tel que défini à l'article 10 de la DUDH et à l'article 7 de la CADHP.

L'application des droits fondamentaux aux organes principaux et consultatifs, ainsi qu'aux institutions spécialisées de l'UEMOA, vise à prémunir les individus contre d'éventuels abus et dérapages de ces derniers, dans l'exercice de leurs fonctions. Ainsi les actes adoptés par les organes de l'Union doivent non seulement se conformer au cadre de la légalité formelle définie par les traités constitutifs mais respecter également, quant au fond, les droits de la personne humaine tels qu'énumérées dans la DUDH et dans la CADHP. Au-delà de la fonction de protection individuelle, la subordination de l'action des organes de l'Union au respect des droits fondamentaux apparaît comme une anticipation aux éventuelles velléités des juridictions des États membres à vouloir contrôler la légalité des actes pris par ces derniers, sous prétexte de violation des droits fondamentaux inscrits dans les constitutions nationales.

Pour rappel, l'absence de toute référence à un catalogue des droits fondamentaux dans les traités originaires de l'Union européenne avait conduit les Cours constitutionnelles allemande et italienne à affirmer dans leurs arrêts respectifs Solange I[1048] et Frontini[1049], qu'aussi longtemps que le processus d'intégration de la Communauté européenne n'aurait pas atteint un stade suffisamment avancé pour que le droit communautaire comporte également un catalogue des droits fondamentaux arrêté par un Parlement et correspondant au catalogue des droits fondamentaux consacrés par leurs lois fondamentales, elles pourraient connaitre de la validité des actes de droit dérivé déférés devant leurs juridictions. L'existence de la jurisprudence *Internationale Handelsgesellschaft* depuis 1970 n'y pu donc rien à cela et il a fallu

[1047] CJUEMOA, arrêt SODABI c. BCEAO du 19 décembre 2012, *op. cit.*
[1048] Cour const. All., arrêt dit Solange I du 29 mars 1974, BVerfGE 37, p. 271.
[1049] Cour const. It., arrêt Frontini et Pozzani, CDE 1975, p. 114.

attendre que la CJCE mette notamment en évidence le recours à la Convention EDH comme source d'inspiration des droits fondamentaux, pour que lesdites juridictions reviennent à de meilleurs sentiments[1050]. Cette situation avait conduit à une fragilisation du principe de primauté et conséquemment, à une remise en cause de l'autonomie de validité de l'ordre juridique de l'Union européenne. De ce point de vue, les rédacteurs du traité de l'UEMOA semblent avoir tiré les leçons des péripéties vécues au sein de l'UE en prévoyant, à titre préventif, l'obligation pour les organes de l'Union de respecter les droits fondamentaux, tels que définis dans la DUDH et dans la CADHP[1051].

L'application des droits fondamentaux au sein de l'UEMOA doit s'étendre également aux États membres.

2) L'application des droits fondamentaux aux États membres

Une interprétation restrictive et isolée de l'article 3 du traité de l'UEMOA conduirait à limiter le champ d'application ratione personae des droits fondamentaux aux seuls organes de l'Union. Or, s'il est vrai que l'Union agit principalement par le canal desdits organes, elle n'en a pas moins recours aux organes étatiques qui, aux termes de l'article 7 du traité de l'UEMOA, « apportent leur concours à la réalisation des objectifs de l'Union, en adoptant toutes mesures générales ou particulières, propres à assurer l'exécution des obligations découlant du [...] traité ». Ainsi en est-il notamment lorsque ces derniers mettent en œuvre le droit de l'UEMOA par l'adoption de normes nationales d'exécution ou de transposition d'actes pris par les organes de l'Union. Dans ce sens, une application des droits fondamentaux limitée aux organes de l'Union, conduirait à affranchir une bonne partie de l'action

---

1050 Guy ISAAC et Marc BLANQUET, *Droit général de l'Union européenne, op. cit.* p. 431. Voir sur ce point, Cour const. All., arrêt dit Solange II du 22 octobre 1986, BVerfGE, p. 339. Ce revirement de jurisprudence de la Cour constitutionnelle allemande est tout de même assorti de conditions, dans la mesure où celle-ci ne contrôlerait plus la validité des actes de l'UE aussi longtemps que le niveau de protection des droits fondamentaux, atteint par cette dernière, resterait satisfaisant.

1051 Il n'en demeure pas moins qu'il appartient à la Cour de Justice de tirer pleinement parti de cette disposition pour developper une véritable jurisprudence en matière des droits fondamentaux visant à rassurer les Etats membres et à repousser le spectre de la rebellion déjà en germe au sein de certaines juridictions constitutionnelles comme celle du Bénin. Cf. *supra*, titre 1, chap. 1.

de l'Union de l'obligation de respecter les droits fondamentaux définis à l'article 3 du traité, tout en permettant aux organes étatiques de violer impunément les droits de la personne humaine. Il en résulte la nécessité d'étendre à ces derniers le champ d'application personnel des droits fondamentaux, comme c'est aujourd'hui le cas au sein de l'UE[1052].

L'extension du champ d'application personnel des droits fondamentaux aux États membres, n'est ni un phénomène nouveau, ni un phénomène propre aux organisations d'intégration économique. En droit constitutionnel états-unien, la Cour suprême a également étendu aux entités fédérées, le champ d'application personnel du Bill of Rights de 1789 à travers la doctrine dite de l'« incorporation ». La doctrine de l'incorporation du Bill of Rights a été définie comme étant « l'application par la Cour suprême, de la plupart des droits fondamentaux originellement dirigés contre les seules autorités fédérales à celles des États de l'Union, à travers l'interprétation extensive de la clause du ''due process of law'' du 14e Amendement »[1053]. Toutefois, l'intérêt de cette doctrine pour l'extension du champ d'application personnel des droits fondamentaux, au sein de l'UEMOA, doit être relativisé dans la mesure où elle opère ladite extension de manière sélective et conformément à des critères dont les contours et la logique ne sont pas aisément saisissables[1054].

En effet, l'application des droits fondamentaux aux États membres de l'UEMOA ne devrait pas conduire à opérer un schisme entre l'ensemble desdits droits, applicable aux organes de l'Union et ceux « incorporés », applicables aux États membres. Une telle solution irait à l'encontre non seulement de l'indivisibilité des droits de l'homme mais également de l'unité de l'action de l'Union. En effet, il apparaît difficile de justifier une telle différenciation du régime de protection des droits

---

1052 Voir art. 51, par. 1, de la Charte des droits fondamentaux de l'UE. Cette disposition de la CDF constitue une consécration de la jurisprudence antérieure de la CJCE, qui avait jugé à plusieurs reprises, que l'obligation de respecter les droits fondamentaux définis dans le cadre de l'UE s'imposait également aux États membres, lorsqu'ils agissaient dans le champ d'application du droit de l'Union européenne. Voir CJCE, arrêt Wachauf du 13 juillet 1989, aff. 5/88, Rec. 1989, p. 2609 ; CJCE, arrêt Sopropé du 18 décembre 2008, aff. C-349/07, Rec. p.I-10369.

1053 Michel HOTTELIER, *Le Bill of Rights et son application aux États américains. Étude de droit constitutionnel des États-Unis, avec des éléments comparatifs de droit suisse*, Helbing & Lichtenhahn, Bâle, 1995, p. 38.

1054 *Idem*, p. 57.

fondamentaux selon que l'action de l'Union est menée par ses organes ou subsidiairement, par ceux des États membres. Quelle que soit l'entité par laquelle elle est enclenchée, l'action de l'Union reste soumise au principe de la conformité à la Charte constitutionnelle de base qu'est le traité, laquelle impose en tout état de cause, le respect des droits fondamentaux tels que définis dans la DUDH et la CADHP.

À l'instar de la notion d'organe de l'Union, celle d'État membre devrait être considérée au sens large, ce qui conduirait à englober toutes les personnes de droit public[1055]. Il s'agit notamment « aussi bien des autorités centrales que des instances régionales ou locales ainsi que des organismes publics […] »[1056]. Toutefois, il faut souligner que l'application des droits fondamentaux aux États membres de l'UEMOA, doit rester intimement liée au champ d'application ratione materiae des traités constitutifs, dans la mesure où l'exigence du respect desdits droits se trouve expressément limitée au « champ d'action de l'Union ».

B) Le champ d'application ratione materiae

Aux termes de l'article 3 du traité de l'UEMOA, « L'Union respecte <u>dans son action</u> les droits fondamentaux […] »[1057]. Conformément à cette disposition, le champ d'application des droits fondamentaux, au sein de l'Union, doit être limité au champ d'application matériel des traités constitutifs. La délimitation du champ d'application des droits fondamentaux se justifie non seulement au regard du caractère spécialisé de l'UEMOA (1) mais également, au regard des risques liés à l'absence d'une telle délimitation (2).

1055 Voir Fabrice PICOD, « Article II-111 » *in* Laurence BURGORGUE-LARSEN, Anne LEVADE et Fabrice PICOD (Dir.), *Traité établissant une Constitution pour l'Europe. Commentaire article par article.* La Charte des droits fondamentaux de l'Union, Tome 2, Bruxelles, Bruylant, 2005, p. 643.
1056 Voir « Explication ad article 51 de la Charte des droits fondamentaux de l'UE » *in Explications relatives à la Charte des droits fondamentaux*, JOUE C 303 du 14 décembre 2007, p. 17.
1057 Nous soulignons.

1) Le caractère spécialisé de l'UEMOA

Conformément au principe de spécialité des organisations internationales, l'UEMOA ne poursuit que les objectifs pour lesquels elle a été créée et n'agit, de ce fait, que dans la limite des compétences qui lui ont été attribuées par les traités constitutifs. Or, bien que l'article 3 du traité de l'UEMOA soumette l'organisation au respect des droits fondamentaux, la protection desdits droits ne figure pas en tant que telle parmi les objectifs poursuivis par l'Union. Cette dernière ne poursuit que des objectifs d'intégration économique définis à l'article 4 du traité de l'UEMOA.

Ainsi la protection des droits fondamentaux apparaît comme une modalité ou une condition à respecter dans la réalisation des objectifs de l'UEMOA et non comme un objectif de l'Union à part entière. Il en découle que l'obligation pour l'Union de respecter les droits fondamentaux, tels que définis à l'article 3 du traité de l'UEMOA, est entièrement dépendante de la poursuite des objectifs définis à l'article 4. En dehors de la poursuite de ces objectifs, l'Union n'a pas vocation à s'occuper des questions liées à la protection des droits fondamentaux, cette tâche revenant à d'autres organisations spécialisées en la matière[1058]. Même si elle est tenue, la ligne de départ entre objectif de l'Union et modalité de réalisation d'un objectif de l'Union, n'en existe pas moins et doit être respectée.

Afin de lever toute équivoque à ce sujet et éviter une interprétation extensive des compétences de l'Union européenne au domaine des droits de l'Homme, l'article 6, paragraphe 1, alinéa 2, du traité UE, précise que « Les dispositions de la Charte n'étendent en aucune manière les compétences de l'Union telles que définies dans les traités ». Quant à l'article 51, paragraphe 1, de la CDF de l'UE, il stipule que « Les dispositions de la présente Charte s'adressent aux institutions, organes et organismes de l'Union dans le respect du principe de subsidiarité, ainsi qu'aux États membres lorsqu'ils mettent en œuvre le droit de l'Union [...] ». En fait, la question du champ d'application matériel des droits fondamentaux, dans l'UE comme dans

[1058] Par exemple, la Commission africaine des droits l'Homme chargée d'appliquer la CADHP.

l'UEMOA, se pose davantage par rapport aux États membres qu'aux organes.

Les organes n'existent que pour réaliser les objectifs fixés dans les traités constitutifs et ne se conçoivent que par rapport à ce but. Dans ce sens, il aurait été inutilement redondant, d'étendre à ces derniers la formule « lorsqu'ils mettent en œuvre le droit de l'Union », puisqu'ils le font nécessairement. Cela n'est cependant pas le cas des États membres et de leurs organes qui, à la base, mènent une existence autonome et mettent en œuvre des compétences propres et illimitées. Ainsi, l'obligation pour l'UEMOA de respecter les droits fondamentaux définis à l'article 3 ne peut concerner également les États membres que lorsqu'ils participent à l'action de l'Union ou encore « lorsqu'ils mettent en œuvre » les compétences de l'Union, déduites des objectifs définis à l'article 4 du traité de l'UEMOA.

En droit de l'UE, la CJCE a précisé l'obligation pesant sur les États membres en affirmant que ceux-ci sont tenus de respecter les droits fondamentaux définis dans le cadre des traités « lorsqu'ils mettent en œuvre des règlementations communautaires »[1059] ou encore « lorsqu'ils entendent déroger aux libertés fondamentales posées par les traités »[1060]. En somme, les droits fondamentaux garantis dans l'ordre juridique de l'UE ont vocation à être appliqués dans toutes les situations régies par le droit de l'UE mais pas en dehors de telles situations[1061]. Cette jurisprudence a été confirmée, par la CJUE, dans l'arrêt Akerberg Fransson du 26 février 2013[1062].

De même, au regard du caractère spécialisé de l'UEMOA, il convient d'affirmer que les droits fondamentaux définis à l'article 3 du traité de Ouagadougou, ont vocation à s'appliquer dans toutes les situations régies par les traités constitutifs ou dans toutes les situations entrant dans leur champ d'application matériel. Cela signifie que les droits fondamentaux, prévus à l'article 3 du traité de l'UEMOA, ne devraient pas pouvoir être invoqués dans une situation ne présentant aucun lien de rattachement avec le droit de l'UEMOA, puisque cela conduirait à

[1059] Voir arrêt Wachauf précité, pt 19.
[1060] CJCE, arrêt ERT du 18 juin 1991, aff. C-260/89, Rec. I-2925, pt 42.
[1061] CJCE, arrêt Kremzow du 19 mai 1997, aff. C-299/95, Rec. 1997 I-2629, pt 15.
[1062] CJUE, arrêt Akerberg Fransson du 26 février 2013, aff. C-617/10, ECLI:EU:C:2013:105, pt 19.

étendre, contra legem, le champ des compétences de l'Union. La délimitation du champ d'application matériel des droits fondamentaux, au sein de l'UEMOA, se justifie aussi par les risques liés à une application illimitée desdits droits dans l'ordre juridique de l'Union.

2) Les risques liés à l'application illimitée des droits fondamentaux

À supposer que le champ d'application des droits fondamentaux au sein de l'UEMOA soit illimité, et que celle-ci soit amenée à assurer la protection desdits droits en tout état de cause, cela conduirait à ajouter à ses compétences, une compétence en matière des droits d'homme, qui ne correspond ni à la lettre, ni à l'esprit des traités constitutifs. Il existerait ainsi aux côtés du système africain de protection des droits de l'Homme basé sur la CADHP et ses organes de contrôles (Comm. ADHP et Cour ADHP), un sous-système aux compétences concurrentes, avec tous les risques de conflits que cela comporterait.

Il faut souligner d'abord l'existence d'un risque de conflit de juridiction entre les organes de contrôle institués par la Charte africaine des droits de l'Homme et des peuples et la Cour de justice de l'UEMOA chargée de veiller à l'application des traités, l'article 3 du traité de l'UEMOA y compris. En effet, dans l'hypothèse d'une compétence générale de l'UEMOA en matière de droits fondamentaux, il s'avèrerait difficile de distinguer les litiges devant être portés devant sa juridiction et ceux devant relever de la compétence des organes de contrôle de la Charte africaine. De cette situation pourrait résulter le développement de la pratique de forum shopping, au détriment notamment de la Cour africaine des droits de l'Homme et des peuples dont les conditions d'accès apparaissent plus restrictives[1063].

[1063] Contrairement à l'article 8 du protocole additionnel n°1 de l'UEMOA, qui ouvre le recours en annulation devant la Cour de justice à toute personne physique ou morale, « contre tout acte d'un organe de l'Union lui faisant grief », la Cour ADHP n'est compétente pour examiner les communications individuelles que lorsque l'État du requérant a effectué une déclaration à cet effet conformément à l'article 34 (6) du protocole relatif à la CADHP portant création d'une Cour ADHP du 10 juin 1998. Sur les 24 États qui ont ratifié le protocole relatif à la création de ladite Cour, seuls cinq (Ghana, Tanzanie, Mali, Malawi et Burkina-Faso) ont, à ce jour, effectué une telle déclaration, dont uniquement deux États membres de l'UEMOA.

L'expérience vécue par la Cour de justice de la CEDEAO, depuis 2005, démontre que le risque lié au développement du forum shopping n'est pas qu'une simple vue de l'esprit. À la faveur de la réforme institutionnelle apportée en 2005 par le protocole additionnel A/SP 1/01/05 portant amendement du protocole A/P1/7/91 relatif à la Cour de justice de la CEDEAO[1064], celle-ci a été dotée de nouvelles compétences dans le domaine des droits de l'Homme, conformément à l'article 4 (g) du traité révisé de la CEDEAO. Aux termes de l'article 10 (d), du protocole A/SP/1/01/05, « Peuvent saisir la Cour [...] toute personne victime de violation des droits de l'Homme », les seules limites posées à l'action individuelle étant que la requête ne doit pas être anonyme, ni avoir déjà été portée devant une autre juridiction internationale compétente.

La règle de l'épuisement préalable des voies de recours internes, bien connue des systèmes de protection de droits de l'Homme, a été notamment exclue dans le système institué devant la Cour de justice de la CEDEAO[1065]. L'ensemble de ces conditions souples et favorables à l'action individuelle ont conduit à un accroissement sans précèdent du contentieux porté devant la Cour justice de la CEDEAO, au point d'amener certains auteurs à la qualifier de nouvelle juridiction de protection des droits de l'Homme en Afrique de l'Ouest[1066]. En plus du risque de conflit de juridiction et de forum shopping, l'attribution à l'Union d'une compétence illimitée en matière de droits de l'Homme, expose la Cour de justice à des conflits de jurisprudence avec les organes de contrôles de la Charte africaine d'autant plus que le traité constitutif ne dispose d'aucune disposition similaire à l'article 52,

---

1064 Voir protocole A/SP/1/01/05, op. cit.

1065 Voir arrêt Dame Koraou précité, pt 45, et également : CJCEDEAO, arrêt Prof. Étim Moses Essien c. République de Gambie et Université de Gambie du 29 octobre 2007, aff. n°ECW/CCJ/APP/05/07, disponible sur : http://www.courtecowas.org/ .

1066 Karen J. ALTER; Laurence R. HELFER; Jacqueline R. MCALLISTER, « A new International Human Rights Court for West Africa: the ECOWAS Community Court of Justice », *AJIL*, 2013, vol. 107, *AFL*. 4, pp. 737-779. Voir aussi Alioune SALL, qui met en garde contre le risque de se retrouver, à terme, avec une "juridiction préposée à la surveillance du respect des droits de l'Homme, au lieu d'être simplement l'organe judiciaire d'une organisation d'intégration sous-régionale, chargé de veiller au respect des normes dégagées par celle-ci". Voir, Alioune SALL, *La justice de l'intégration. Réflexions sur les institutions judiciaires de la CEDEAO et de l'UEMOA, op. cit.* p. 25 et s.

paragraphe 3[1067], de la CDF de l'UE, de nature à obliger ladite Cour à se conformer à la jurisprudence desdits organes[1068].
Certes, comme ont pu le relever certains auteurs[1069], aucune disposition de la CADHP ni du protocole relatif à la création de la Cour ADHP, ne confère compétence exclusive aux organes de contrôle pour connaître des droits énoncés dans ladite Charte. Toutefois, cette situation ne saurait, non plus, autoriser une duplication préjudiciable de mécanismes de protection, qui interféreraient avec le système autonome institué par la Charte.

[1067] Aux termes de l'article 52, par. 3, de la CDF de l'UE, « Dans la mesure où la présente Charte contient des droits garantis par la Convention européenne de sauvegarde des droits de l'Homme et des libertés fondamentales, leur sens et leur portée sont les mêmes que ceux que leur confère ladite convention. Cette disposition ne fait pas obstacle à ce que le droit de l'Union accorde une protection plus étendue ».
[1068] Il convient de souligner que même dans l'hypothèse de la délimitation du champ d'application matériel des droits fondamentaux au sein de l'UEMOA, il serait avantageux que la Cour développe, à travers sa jurisprudence, une pratique allant dans ce sens.
[1069] Solomon T. EBOBRAH, « Application of the African Charter by African sub-regional organizations: gains, pains and the future », *op. cit.* p. 52

Chapitre IIème : Le principe démocratique et la protection des droits fondamentaux comme principes de gouvernement des États membres

Le respect du principe démocratique et la protection des droits fondamentaux, comme fondements normatifs de l'Union de droit, ne doivent pas s'imposer uniquement en tant que principes directeurs de l'Union, applicables aux organes et aux États membres uniquement lorsque ces derniers mettent en œuvre le droit de l'UEMOA. Il doit s'imposer également en tant que principe de gouvernement visant spécifiquement les États membres dans leurs champs d'action respectives. Comme principe de gouvernement, le respect de la démocratie et des droits de l'Homme doit s'imposer aux États membres, non pas comme une simple valeur politique à laquelle ils adhèrent mais comme une véritable obligation juridique (section I), s'accompagnant de mécanismes de garanties efficaces pour en assurer l'effectivité (section II).

Section I : L'obligation du respect, par les États membres, du principe démocratique et des droits de l'Homme comme principes de gouvernement

Le respect de la démocratie et des droits de l'Homme, par les États membres, comme principes de gouvernement, soulève plusieurs interrogations. Il s'agit d'abord de savoir s'il existe une telle obligation à l'endroit desdits États, notamment en raison de leur adhésion à l'UEMOA[1070] puis d'en identifier, s'il y a lieu, les principaux fondements (paragraphe I). L'examen du cadre juridique de l'UEMOA permettra de mettre en lumière l'absence de fondements juridiques solides à une telle obligation. Or, au regard de son importance pour la réussite du projet d'intégration économique, la formalisation de cette

[1070] Sur l'existence d'une obligation des États africains, en général, de respecter les principes démocratiques, voir Abdoulaye SOMA, « Sur le principe d'une obligation des États africains de se 'démocratiser' : éléments de droit constitutionnel et de droit international public », *AYIL*, 2008, Vol. 16 (1), p. 373 et s. Sur l'existence, plus largement, d'une obligation internationale des États à être démocratique, voir Jean D'ASPREMONT, *L'État non démocratique en droit international. Étude critique du droit positif et de pratique contemporaine,* Paris, A. Pedone, 2008, p. 265 et s.

obligation, comme principe de gouvernement des États membres, s'impose au sein de l'UEMOA (paragraphe II).

Paragraphe I : Les fondements de l'obligation

L'obligation qui devrait incomber aux États membres, en vertu de l'Union de droit, de respecter la démocratie et les droits de l'Homme, comme principes de gouvernement, doit être principalement recherchée dans le droit de l'UEMOA (A) et subsidiairement, dans les droits constitutionnels internes en tant que source d'inspiration (B).

A) Le respect de la démocratie et des droits de l'Homme comme principes imposés par le droit de l'UEMOA

Face au silence des traités (1) et au caractère évasif (2) du droit dérivé en la matière, l'obligation de respecter la démocratie et les droits de l'Homme, comme principe de gouvernement, n'apparaît pas suffisamment établie en droit de l'UEMOA.

1) Le silence des traités constitutifs

Le traité de l'UMOA de 1962 se présentait comme un traité entièrement monétaire et complètement aphone sur les considérations politiques de l'intégration, a fortiori, sur les aspects de démocratie et de droits de l'Homme. Le traité révisé de 2007 n'y changea rien. À l'inverse, le traité de l'UEMOA de 1994 apporta une innovation en se référant à la protection des droits fondamentaux à l'article 3. En plus de cette disposition, ce traité créa un Comité interparlementaire en prélude au futur parlement de l'UEMOA[1071].

L'idée de démocratie et de protection des droits de l'Homme fait ainsi son entrée, mais reste limitée dans son champ d'application qui est circonscrit à « l'action de l'Union ». Le traité révisé de 2003 n'y apporta aucune amélioration, dans la mesure où le renforcement démocratique qu'il opère, demeure limité au cadre institutionnel de l'Union. C'est le statut quo avec l'article 3 resté inchangé, lequel continue de ne viser que l'Union et subsidiairement, les États membres, lorsqu'ils interviennent dans le champ d'action de cette dernière, ou lorsqu'ils se substituent à elle pour mener une action déterminée. À la

[1071] Cf. *supra*, chap. 1, sect. 1.

limite, pourrait-on déduire de l'article 15 du Traité, un certain intérêt de l'Union pour la situation politique interne des États membres, lorsqu'il dispose que

> « Les États membres se consultent en vue de prendre en commun les dispositions nécessaires afin d'éviter que le fonctionnement de l'Union ne soit affecté par les mesures que l'un d'entre eux pourrait être amené à prendre en cas de troubles intérieurs graves affectant l'ordre public, de guerre ou de tension internationale grave constituant une menace de guerre ».

Cette disposition évoque clairement les situations de trouble politique interne portant atteinte au fonctionnement régulier des institutions étatiques. Elle implique ainsi diverses mesures spéciales qu'un État membre pourrait être amené à adopter en cas de régimes d'exception et de gestion de crise, dont notamment les dérogations aux droits de l'Homme et à certains mécanismes institutionnels internes. Toutefois, l'article 15 interprété dans ce sens, ne met pas à la charge des États membres une obligation de respecter la démocratie et les droits de l'Homme. Il n'impose auxdits États que des limites dans la mise en œuvre des dérogations aux mécanismes constitutionnels internes et aux droits de l'Homme, dans la mesure où cela est nécessaire au « bon fonctionnement de l'Union ». La question qui surgit alors à l'esprit, est de se demander quelles peuvent être les raisons du silence des traités constitutifs sur l'obligation des États membres à respecter la démocratie et les droits de l'Homme, alors même que le contexte national et international des années 1990 y était complètement favorable ?[1072]

Deux principaux facteurs nous semblent pertinents pour répondre à la question. Il s'agit d'abord du caractère économique de l'UEMOA. En effet, comme l'indique son appellation et ses attributions, l'UEMOA se définit avant tout comme une organisation à but économique, dont l'action est principalement axée sur l'intégration des économies de ses membres. Dans ce sens, il est compréhensible que les rédacteurs des traités constitutifs n'aient pas pensé à y insérer, à l'époque, des

[1072] En effet, le début des années 1990 marque l'inauguration d'une ère de démocratisation dans la plupart des pays africains, avec notamment la chute du mur de Berlin, l'effondrement du bloc communiste, l'avènement des conférences nationales menées sous l'impulsion des mouvements d'opposition politique et de la société civile, ainsi que le fameux discours de la Baule prononcé le 20 juin 1990 à la 16e conférence des chefs d'États d'Afrique et de France.

dispositions d'ordre politique visant spécifiquement les systèmes de gouvernement des États. Ensuite, le silence des traités constitutifs pourrait s'expliquer par la volonté de ménager la souveraineté des États membres, déjà éprouvée par les sacrifices consentis en termes de perte de la libre disposition des instruments de politique économique et monétaire.

Toutefois, le mutisme des traités constitutifs sur l'obligation des États membres à respecter la démocratie et les droits de l'Homme peut être relativisé. En effet, dans le préambule du traité portant création du parlement de l'Union de 2003, lesdits États soulignent leur « attachement aux principes de démocratie et de bonne gouvernance ainsi qu'à l'État de droit » et se disent « respectueux des droits fondamentaux énoncés dans la déclaration universelle des droits de l'Homme de 1948 et la charte africaine des droits de l'Homme et des peuples de 1981 ». Néanmoins, s'il est vrai que le préambule d'un traité international en exprime généralement la philosophie et l'esprit, il n'en demeure pas moins, per se, dépourvu de force obligatoire[1073]. De ce fait, la portée de la référence à la démocratie et aux droits de l'Homme dans le préambule du traité portant création du parlement de l'UEMOA, doit être également relativisé, d'autant plus que dans ledit préambule, ce sont les États eux-mêmes qui se disent attachés et respectueux de la démocratie et des droits de l'Homme. La référence à la démocratie et aux droits de l'Homme y apparaît moins comme une obligation imposée par l'Union[1074] et revêt plutôt l'allure d'un engagement unilatéral solennel à caractère politique. À une exception près, le droit dérivé de l'UEMOA n'apparaît guère plus précis quant à l'existence d'une telle obligation.

2) Le caractère évasif du droit dérivé

L'examen du droit dérivé de l'UEMOA n'est pas plus instructif quant à l'obligation des États membres de respecter la démocratie et les droits de l'Homme et quant aux fondements juridiques de cette obligation. Les premières décisions se référant, explicitement ou tacitement, à la

[1073] CIJ, affaire du Sud-ouest africain du 18 juillet 1966, Recueil 1966, p. 6.
[1074] Voir dans ce sens Abdoulaye SOMA, « Sur le principe d'une obligation des États africains de se 'démocratiser' : éléments de droit constitutionnel et de droit international public », *op. cit.*

situation démocratique et des droits de l'Homme au sein des États membres de l'Union, ont été prises dans la foulée de la crise sociopolitique ivoirienne des années 2000. Elles sont essentiellement le fait du Comité interparlementaire qui avait développé, dans la pratique, des compétences en matière de paix et sécurité ainsi qu'en matière électorale.

Dans le domaine de la paix et de la sécurité, le Comité interparlementaire a, dans un premier temps, à travers une résolution datée du 20 juillet 2003[1075], décidé de créer un mécanisme interne d'alerte et de suivi des conflits, « considérant que la recherche de la paix est un exercice collectif régi par les règles et principes universellement admis de bonne gouvernance ». Dans les visas de cette résolution, le Comité se référait notamment à l'article 3 du traité de l'UEMOA, ce qui signifie qu'il y liait la création du mécanisme d'alerte interne avec la nécessité de protéger les droits de l'Homme. Le mécanisme d'alerte deviendra opérationnel une année plus tard, à travers la résolution n° 1/2004/CIP, portant création du Conseil parlementaire pour la paix[1076]. Aux termes de l'article 2 de ladite résolution, le CPP est chargé « d'examiner les cas de conflits ou les risques de conflits en vue de contribuer à leur prévention ou à leur règlement ». Dans le cadre des nouvelles missions qu'il s'est assignées, le Comité a adopté plusieurs résolutions sur la crise sociopolitique guinéenne de 2008-2009[1077], ainsi que sur la crise postélectorale ivoirienne de 2011[1078].

Compte tenu de leur importance pour la stabilité des relations commerciales entre les États membres, ainsi que pour le succès du projet d'intégration dans son ensemble, la paix et la sécurité finiront par faire l'objet d'une politique commune instituée par l'acte additionnel

---

[1075] Résolution n°3/2003/CIP sur la création d'un mécanisme interne d'alerte et de suivi des conflits, du 20 juillet 2003, BO, n° 34, 3e trimestre 2003, p.31.

[1076] Résolution n°1/2004/CIP-UEMOA du 5 avril 2004 portant création du Conseil parlementaire pour la paix, BO, n° 39, 2e trimestre 2004, pp.45-46.

[1077] Résolution n°2/CIP/2008 du 11 août 2008 sur la situation sociopolitique en Guinée-Bissau, BO, n° 63, 3e trimestre, 2008, p. 51 et Résolution n° 1/CIP/2009 du 31 mars 2009 sur la situation sociopolitique en Guinée-Bissau, BO, n° 66, 1er trimestre, 2009, p. 105.

[1078] Résolution n° 1/CIP/2011 du 5 avril 2011 sur la crise postélectorale en Côte d'Ivoire, BO, n°76, 2e trimestre, 2011, p. 57.

n°4/2013/CCEG/UEMOA du 24 octobre 2013[1079]. L'acte additionnel souligne « le lien indissociable entre la paix, la sécurité, la stabilité et le développement socio-économique » et a entre autres objectifs, le renforcement de « la gouvernance politique » au sein des États membres[1080]. L'article 4 précise, quant à lui, que la politique commune en matière de paix et de sécurité couvre « [...] les conditions pour une meilleure gouvernance politico-institutionnelle ».

En ce qui concerne le domaine électoral, il a également fait l'objet de plusieurs résolutions prises par le Comité. On peut citer d'abord, la résolution du 30 juillet 2003[1081] par laquelle le CIP a décidé de l'envoi systématique de missions d'observateurs dans le cadre des élections organisées dans les États membres de l'Union, en considérant que les « élections [constituaient] le cadre privilégié d'expression et de débat démocratique ». Dans une autre résolution du 5 avril 2011, consacrée à l'organisation des élections dans l'espace UEMOA[1082], le Comité évoquait « la nécessité d'asseoir un climat de paix, de sécurité et de démocratie pour réussir l'intégration ». Il y « lance un appel solennel aux gouvernements et à la classe politiques des États concernés par les processus électoraux pour l'organisation d'élections libres, transparentes et justes »[1083], « invite tous les intervenants [...] à œuvrer dans un esprit de respect des règles démocratiques [...] »[1084] et « engage tous les acteurs du jeu politique à respecter le choix souverain et crédible du peuple »[1085].

Le 3 avril 2014, le Parlement qui a remplacé le Comité interparlementaire, a adopté une nouvelle résolution relative à l'observation des élections dans l'espace UEMOA[1086]. Tirant les leçons des missions d'observation des élections au sein des États membres et

[1079] Acte additionnel n° 4/2013/CCEG/UEMOA instituant la politique commune de l'UEMOA dans le domaine de la paix et de la sécurité, *op. cit.*
[1080] *Idem*, art. 3.
[1081] Résolution n°5/2003/CIP relative à l'envoi de missions d'observateurs du CIP aux élections organisées dans les États membres de l'Union, du 28 juillet 2003, BO non disponible.
[1082] Résolution n° 2/CIP/2011 du 5 avril 2011 sur l'organisation des élections dans l'espace UEMOA, BO, n° 76, 2e trimestre, 2001, p. 57.
[1083] Nous soulignons.
[1084] *Ibidem.*
[1085] *Ibid.*
[1086] Résolution n° 3/CIP/2014 relative à l'observation des élections dans l'espace UEMOA, BO, n° 88, 1er trimestre 2014, pp.47.

soulignant le fait que « l'organisation à bonne date de façon régulière et transparente des élections constitue un indicateur de la vitalité de la démocratie », le Parlement a décidé de procéder à une évaluation des systèmes électoraux des États membres de l'Union, en vue de proposer une harmonisation des textes législatifs dans l'espace UEMOA. Cependant, en l'absence d'une compétence de l'Union, expressément établie ou déductible des traités constitutifs, on peut s'interroger sur la légalité d'un tel projet. À l'opposé de l'ensemble des actes de droit dérivé précités, dont les effets juridiques demeurent incertains, il convient de mentionner la directive n° 01/2009 portant code de transparence dans la gestion des finances publiques au sein de l'UEMOA[1087]. Considérant l'argent public comme étant au cœur de l'État de droit et de la démocratie, le préambule de ladite directive énonce de manière claire et directe que « la collecte et l'utilisation des fonds publics respectent les principes de l'État de droit : la légalité, la transparence, le contrôle démocratique et la responsabilité »[1088].

En somme, il n'y a pas de doute que le droit dérivé de l'UEMOA comporte l'idée du respect de la démocratie et des droits l'Homme au sein des États membres. Pour autant, les références relevées dans les actes dérivés susmentionnés ne permettent pas d'établir, à suffisance de droit, l'existence d'une obligation des États membres à respecter la démocratie et les droits de l'Homme comme principes de gouvernement. Bien que les résolutions adoptées par le Comité dans le domaine de la paix et la sécurité visent pour l'essentiel l'article 3 du traité UEMOA, l'on ne peut conclure, sur cette seule base, à une obligation pour les États membres de respecter les droits de l'Homme comme principe de gouvernement. Il en est de même des résolutions adoptées dans le domaine de l'organisation des élections au sein desdits États.

L'examen de l'esprit et de l'économie de ces résolutions révèle qu'elles ne comportent que de simples exhortations adressées aux États membres en vue de respecter les principes de la démocratie et les droits de l'Homme. Quant à l'acte additionnel n° 4/2013, son caractère programmatique ne permet pas d'en déduire, à ce stade, l'existence

---

[1087] Directive n° 01/2009/CM/UEMOA portant code de transparence dans la gestion des finances publiques au sein de l'UEMOA, BO

[1088] *Idem*, V° préambule.

d'une obligation à la charge des États membres[1089]. Toutefois, la directive n° 1/2009 permet de relativiser le caractère évasif et non contraignant du droit dérivé relatif à l'obligation des États membres de respecter la démocratie et les droits de l'Homme en leur sein, même si la formulation de cette obligation y est doublement limitée. D'une part, elle ne vise expressément que le principe démocratique et d'autre part, elle n'impose le respect du principe démocratique que dans le domaine de la gestion des finances publiques. Face à ces lacunes du droit de l'UEMOA dans la consécration d'une obligation des États membres à respecter, comme principe de gouvernement, la démocratie et les droits de l'Homme, il y a lieu de se demander si l'affirmation d'une telle obligation ne pourrait pas être dégagée du droit interne desdites États, en tant qu'elle serait l'émanation de « traditions constitutionnelles communes » à ces derniers.

B) Le respect de la démocratie et des droits de l'Homme comme principes découlant des « traditions constitutionnelles communes » aux États membres

Dans la mesure où elle fait l'objet de consécrations constitutionnelles dans l'ensemble des États membres de l'Union (1), l'obligation du respect de la démocratie et des droits de l'Homme pourrait être envisagée comme principe découlant des « traditions constitutionnelles communes » aux États membres (2).

1) La démocratie et les droits de l'Homme comme « traditions constitutionnelles communes » aux États membres

Les États membres de l'UEMOA se définissent, à travers leurs constitutions, comme des républiques démocratiques et libérales garantissant la protection des libertés et droits fondamentaux de la personne humaine[1090]. Par exemple, le préambule de la Constitution nigérienne « proclame l'attachement aux principes de démocratie pluraliste, et aux droits humains tels que définis par la déclaration

---

[1089] Aux termes de l'article 7 de l'acte additionnel n° 4/2013, « En vue d'atteindre les objectifs définis à l'article 3 ci-dessus, la politique commune de l'UEMOA dans le domaine de la paix et de la sécurité, est réalisé à travers un programme dont les composantes et les modalités de mise en œuvre sont définies par le Conseil des ministres ». Nous soulignons.

[1090] BCEAO, « Les grands principes constitutionnels en vigueur dans l'Union économique et monétaire ouest-africaine (UEMOA) », *op. cit.* p. 15.

universelle des droits de l'Homme de 1948, [...] et la Charte africaine des droits de l'Homme de 1981 »[1091], tandis que celui de la Constitution togolaise se réfère au « pluralisme politique, [aux] principes de la Démocratie et de la protection des Droits de l'Homme [...] »[1092], comme fondement de l'État de droit au sein de la République du Togo. Il s'agit de républiques démocratiques dans lesquelles la souveraineté nationale appartient au peuple, d'où l'appropriation, par plusieurs constitutions d'États membres, de la célèbre formule d'Abraham Lincoln « le gouvernement du peuple par le peuple et pour le peuple »[1093]. La souveraineté du peuple s'y exerce aussi bien directement que par le biais de représentants[1094]. La démocratie représentative se traduit par l'élection des membres des parlements nationaux et des présidents de la république, au suffrage universel direct, égal et secret[1095].

En ce qui concerne particulièrement l'élection des présidents de la république, les constitutions des États membres ont consacré le principe de la limitation des mandats présidentiels à deux, de cinq années chacun, à l'exception de la Constitution togolaise dont l'article 59 ne dispose d'aucun verrou de limitation[1096]. À l'inverse, la Constitution béninoise met un accent particulier sur la limitation des mandats présidentiels en précisant de manière catégorique, qu'« en aucun cas,

---

[1091] Constitution du Niger du 18 juillet 1999, *op. cit.*

[1092] Constitution de la République du Togo du 27 septembre 1992, *op. cit.*

[1093] Voir notamment, art. 25 de la Constitution malienne du 25 février 1992, op. cit. ; art. 3 de la Constitution nigérienne ; art. 30, al. 3 de la Constitution ivoirienne du 1er août 2000, *op. cit.* ; et art. 2 de la Constitution du Bénin du 11 décembre 1990, *op. cit.*

[1094] Art. 2 de la Constitution de Guinée-Bissau du 16 mai 1984, *op. cit.* ; Art. 26, al. 1 de la Constitution malienne ; art. 32 de la Constitution du Burkina-Faso ; art. 4 de la Constitution nigérienne ; art. 31 et art. 32 de la Constitution ivoirienne ; art. 4 de la Constitution togolaise ; art. 3 de la Constitution du Sénégal ; art. 3 et art. 4 de la Constitution du Bénin.

[1095] Art. 63 et art. 77 de la Constitution bissau-guinéenne, art. 30 et 61 de la Constitution malienne, art. 37 et art. 80, al. 4 de la Constitution burkinabè, art. 35 et art. 58, al. 2 de la Constitution ivoirienne, art. 47 et art. 84 de la Constitution nigérienne, art. 52 et art. 59 de la Constitution togolaise, art. 27 et art. 60 de la Constitution sénégalaise, art. 42 et art. 80 de la Constitution béninoise.

[1096] Aux termes de l'article 59 de la Constitution togolaise : « Le président de la République est élu au suffrage universel direct et secret pour un mandat de cinq (05) ans. Il est rééligible ». Voir dans ce sens, Augustin LOADA, « La limitation du nombre de mandats présidentiels en Afrique francophone », *Afrilex*, n° 3, 2003, pp. 1-32.

nul ne peut exercer plus de deux mandats présidentiels »[1097]. Quant à la démocratie directe, elle s'exerce par la voie du référendum, lequel peut être constituant ou législatif[1098]. Enfin, les républiques démocratiques consacrées par les constitutions des États membres respectent le principe de légalité ainsi que le principe de la séparation des pouvoirs[1099].

En tant que démocraties libérales, les républiques des États membres consacrent, dans leurs constitutions, des catalogues entiers dédiés à la protection des libertés publiques et des droits de l'Homme[1100]. Dans certaines constitutions comme celles du Burkina Faso[1101] et du Mali, ces catalogues apparaissent de manière liminaire juste après les énonciations des préambules, ce qui en traduit toute l'importance accordée par les États. Fortement inspirées des instruments juridiques internationaux et régionaux de protection des droits de l'Homme, ces catalogues dont celui de la Constitution burkinabè apparaît comme une belle illustration, prévoient une protection quasi exhaustive des droits et libertés fondamentales de la personne humaine.

Constitué de trente (30) dispositions, le catalogue des droits fondamentaux de la Constitution burkinabè du 2 juin 1991 se subdivise en quatre (4) chapitres, dont le premier consacré aux droits et devoirs civils, le second aux droits et devoirs politiques, le troisième aux droits et devoirs économiques et le quatrième aux droits et devoirs sociaux et culturels. En guise d'exemple, l'on peut citer le droit à la vie et à l'habeas corpus[1102], les libertés de croyance et religion ainsi que celles d'opinion et de presse[1103], pour ce qui est des droits civils. Pour ce qui concerne les droits politiques, l'on a, entre autres, les droits de

---

[1097] Art. 42 *in fine* de la Constitution béninoise.

[1098] *BECEAO, op. cit.* p. *19*.

[1099] Ibid. Voir également, en ce qui concerne le principe de la séparation des pouvoirs, art. 59 (1) et les préambules des constitutions ivoirienne et sénégalaise.

[1100] Voir art. 24 à 58 de la Constitution bissau-guinéenne, art. 1er à 24 de la Constitution malienne, art. 1er à 30 de la Constitution burkinabè, art. 10 à 45 de la Constitution nigérienne, art. 1er à 22 de la Constitution ivoirienne, art. 10 à 41 de la Constitution togolaise, art. 7 à 25 de la Constitution sénégalaise, art. 7 à 40 de la Constitution béninoise.

[1101] Sur la Constitution burkinabè, voir Abdoulaye SOMA, *La Constitution du Burkina-Faso : l'espérance d'une démocratie intègre, Ouagadougou, Temple du savoir international*, 2e éd., 2013, 277 p.

[1102] Art. 2 et art. 3 de la Constitution burkinabè.

[1103] *Idem*, art. 7 et art. 8.

participer à la gestion des affaires publiques et les droits d'être électeur et éligibles aux postes électifs[1104]. Il faut également relever l'importance accordée au rôle des partis politiques dans la formation et l'expression du suffrage. Elle se traduit par la consécration du multipartisme et du droit à la liberté de formation des partis politiques[1105]. Au titre des droits économiques, l'article 14 de la Constitution burkinabè énonce, en s'inspirant clairement de la Charte africaine des droits de l'Homme et des peuples de 1981[1106], le droit des peuples à disposer de leurs richesses et ressources naturelles. Se trouvent également garantis le droit de propriété[1107] et la liberté d'entreprise[1108]. Enfin, la constitution burkinabè garantit plusieurs droits sociaux et culturels tels que les droits à l'éducation, à la formation et à sécurité sociale[1109], la liberté syndicale[1110], le droit de grève[1111] et le droit à la santé[1112].

Il faut noter que la protection des droits fondamentaux, garantie par les démocraties libérales des États membres, n'est pas seulement textuelle. Elle s'accompagne des garanties juridictionnelles confiées aux juridictions constitutionnelles, qui assurent non seulement le contrôle de la constitutionnalité des lois, mais aussi le respect des droits garantis dans les constitutions nationales[1113]. Relevons néanmoins la spécificité de la Constitution togolaise dont l'article 152 prévoit, en plus, la création d'une Commission nationale des droits de l'Homme, complètement indépendante de tous les organes de l'État[1114].

1104 *Id.*, art. 12.

1105 *Id.*, art. 13. Sur ce point, voir également art. 4 (1) de la Constitution bissau-guinéenne, art. 28 de la Constitution malienne, art. 6 de la Constitution togolaise, art. 4 de la Constitution sénégalaise et art. 5 de la Constitution béninoise.

1106 Voir art. 21 précité de la CADHP.

1107 Art. 15 de la Constitution burkinabè.

1108 *Idem*, art. 16.

1109 *Idem*, art. 18.

1110 *Id.*, art. 21, al. 2.

1111 *Id.*, art. 22.

1112 *Id.*, art. 26.

1113 Voir, entre autres, art. 152 de la Constitution burkinabè, art. 88 de la Constitution bissau-guinéenne, art. 99 de la Constitution togolaise et art. 114 de la Constitution béninoise.

1114 Art. 153 de la Constitution togolaise.

3) Les « traditions constitutionnelles communes » aux États membres, comme source d'inspiration du juge de l'UEMOA

Bien que l'obligation de respecter la démocratie et les droits de l'Homme n'apparaisse pas suffisamment établie dans le droit de l'UEMOA, l'examen des droits nationaux a permis de relever qu'elle fait l'objet de consécration constitutionnelle dans tous les États membres. Cette constatation pourrait ouvrir la voie au juge de l'Union, pour une interprétation déductive de ladite obligation comme principe découlant des « traditions constitutionnelles communes » aux États membres ou encore, comme « principe de convergence constitutionnelle », pour emprunter l'expression aux rédacteurs du protocole A/SP1/12/01 de la CEDEAO sur la démocratie et la bonne gouvernance[1115].

Cette méthode n'est pas nouvelle et constitue une pratique bien ancrée dans la jurisprudence de la CJCE. En effet, craignant de s'exposer à un déni de justice, celle-ci a très tôt admis la possibilité de s'inspirer des « règles reconnues par les législations, la doctrine et la jurisprudence des pays membres »[1116] pour dégager des règles qui n'étaient pas prévues par les traités constitutifs[1117]. Ce faisant, la CJCE s'est référée plusieurs fois aux « principes généralement admis dans le droit des États membres »[1118]avant d'inférer des « traditions constitutionnelles communes aux États membres »[1119], plusieurs droits fondamentaux qu'elle a appliqués à l'UE, en tant que principes généraux du droit. Combinant méthode comparative et technique déductive[1120], le recours aux traditions constitutionnelles communes a pour but de

[1115] Protocole de la CEDEAO A/SP1/12/01 sur la démocratie et la bonne gouvernance, additionnel au protocole relatif au mécanisme de prévention, de gestion, de règlement des conflits, de maintien de la paix et de la sécurité, JO n°

[1116] CJCE, arrêt Algera e. a. du 12 juillet 1957, aff. Jtes 7/56 et 3 à 7/57, Rec. 1957-p.81.

[1117] En l'espèce, il s'agissait notamment pour la Cour de se prononcer sur la possibilité, en droit communautaire européen, du retrait d'actes administratifs générateurs de droits subjectifs ainsi que les règles y applicables.

[1118] Par exemple : CJCE, arrêt Danvin du 11 juillet 1968, aff. 26/67, Rec. 463, relatif au principe de l'enrichissement sans cause et CJCE, arrêt Klomp du 25 février 1969, aff. 23/68, Rec. 43, relatif au principe de la continuité des structures juridiques.

[1119] CJCE, arrêt Internationale Handelsgesellschaft du 17 décembre 1979, *op. cit.*

[1120] Voir Pierre PESCATORE, « Le recours, dans la jurisprudence de la Cour de justice des Communautés européennes, à des normes déduites de la comparaison des

> « Dégager, au contact d'autres ordres juridiques, une solution qui soit à la fois conforme à l'objectif de la Communauté, à savoir l'intégration européenne dans le cadre d'une ''Communauté de droit'' et à sa structure, et acceptable par les différents ordres juridiques nationaux [...] »[1121].

Confronté à l'inexistence, dans son ordre juridique, d'une construction juridique, d'une règle ou d'un principe de droit donné, le juge de l'UE a ainsi la possibilité de se tourner vers les droits nationaux, à la recherche d'une solution transposable dans son ordre juridique. Dans ce sens,

> « Lorsque la règle ou la conception juridique débattue s'avère partagées par l'ensemble des États membres, le juge communautaire pourra, si celle-ci apparaît utile aux objectifs de la Communauté, l'élever, sans craindre des résistances nationales, au rang de solution communautaire »[1122].

Même si pour l'instant, cela n'apparaît pas de manière aussi claire dans la pratique de la Cour de justice de l'UEMOA, l'idée du recours aux droits nationaux pour la déduction de règles applicables à l'Union, n'est pas complètement méconnue. Dès 1998, la Cour de justice y a recours, par le truchement du droit administratif français, afin de définir les conditions de la délégation de signature au sein de l'UEMOA[1123].

droits des États membres », *RIDC*, Vol. 32, n° 2, 1980, p. 338. Toutefois, il faut relever que le recours aux traditions constitutionnelles communes des États, pour dégager des droits fondamentaux applicables comme PGD, peut se traduire par une démarche inductive consistant à induire d'un seul principe constitutionnel étatique, un PGD applicable à l'ensemble des États membres. En effet, le recours aux traditions constitutionnelles communes ne constitue pas une opération mécanique consistant pour le juge à rechercher, puis à retenir systématiquement le « plus petit principe constitutionnel commun » aux États. Ce dernier privilégie au contraire « la promotion du principe le plus opératoire et le plus efficace », ce qui explique notamment que la CJUE ait consacré dans l'ordre juridique de l'UE, les principes de proportionnalité et de confiance légitime, alors qu'ils n'étaient appliqués de manière significative que dans l'ordre juridique allemand. Voir Denys SIMON, « Y a—t-il des principes généraux du droit communautaire ? », *op. cit.* p. 81.

[1121] Koen LENEARTS, « Le droit comparé dans le travail du juge communautaire » in François R. VAN DER MENSBRUGGHE (éd.), *L'utilisation de la méthode comparative en droit européen*, Namur, Presses universitaire de Namur, 2003, p. 122.

[1122] *Idem*, p. 130.

[1123] CJUEMOA, avis n°1/98 du 10 septembre 1998, *op. cit.* À titre très subsidiaire, on peut également citer l'arrêt Ababacar DIENG (1) dans lequelle la Cour a déduit de la « doctrine » tout court, puis transposé dans l'ordre juridique de l'Union, le principe

Confronté à l'absence, dans le traité constitutif, de règles spécifiques relatives à ladite question, le juge de l'UEMOA s'est référé au droit administratif français pour définir la notion et en déduire trois conditions à respecter à cet effet.

S'il est vrai que la référence au droit administratif, dans le cas d'espèce, se justifiait au regard de la nature du problème posé, le recours spécifique au droit français traduit, dans une certaine mesure, l'admission par le juge de l'Union de la possibilité de se référer au droit interne de manière général, pour en extraire des solutions applicables à son ordre juridique. L'invocation du droit français, en lieu et place des droits nationaux des États membres, pourrait s'expliquer, quant à elle, par le souci de faire l'économie de l'étude comparée des droits administratifs des huit États membres, laquelle se serait avérée fastidieuse et surtout inutile, étant donné que lesdits droits s'inspirent, dans leur quasi-totalité, du droit français.

Au regard des précédentes considérations, il n'apparaît pas impossible pour la Cour de justice de l'UEMOA, de dégager, à l'occasion d'un litige s'y prêtant, l'obligation pour les États membres de respecter la démocratie et les droits de l'Homme comme principe de gouvernement, découlant de leurs traditions constitutionnelles communes. Toutefois, compte tenu du caractère virtuel et des « sources » étatiques de cette solution, il s'avère utile de procéder à la formalisation de l'obligation de respecter la démocratie et les droits de l'Homme comme principes issus du cadre juridique de l'UEMOA.

Paragraphe II : Proposition d'une formalisation de l'obligation au sein de l'UEMOA

La formalisation, au sein de l'Union, de l'obligation de respecter la démocratie et les droits de l'Homme comme principes de gouvernement des États membres, requiert de définir dans un premier temps les sources juridiques de l'obligation desdits États (A) et d'en préciser, dans un second temps, les différentes modalités (B).

« *Nemo auditur propriam turpitudinem allegans* ». CJUEMOA, arrêt Ababacar DIENG c. Commission de l'UEMOA du 26 janvier 2000, aff. n°1/2000, Rec.01-2002, p.99. Voir enfin l'ensemble des arrêts rendus par la Cour dans le domaine de la fonction publique de l'Union et dans lesquels celle-ci se réfère à des PGD appliqués en droit administratif interne.

A) Les sources juridiques de l'obligation des États membres

Dans le cadre de cette thèse, nous défendons l'idée que la formalisation, au sein de l'UEMOA, de l'obligation de respecter la démocratie et les droits de l'Homme comme principes de gouvernement des États membres, ne nécessite pas l'adoption de nouveaux instruments juridiques qui lui seraient propres. En effet, il existe déjà sur le plan régional et sur le plan continental, d'importants instruments portant sur la démocratie et la bonne gouvernance (1), que l'UEMOA gagnerait à intégrer à son ordre juridique (2).

1) Les chartes africaines sur la démocratie et la gouvernance

Pour la formalisation du respect de la démocratie et des droits de l'Homme, comme principes de gouvernement des États membres, deux principaux instruments juridiques africains peuvent être mis à profit. Il s'agit d'abord du protocole A/SP1/12/01 de la CEDEAO sur la démocratie et la bonne gouvernance, additionnel au protocole relatif au mécanisme de prévention, de gestion, de règlement des conflits, de maintien de la paix et de la sécurité, signé à Dakar le 21 décembre 2001[1124] (ci-après le protocole de la CEDEAO ou le protocole). Ensuite, le second instrument concerne la Charte africaine de la démocratie, des élections et de la gouvernance, signée à Addis-Abeba, le 30 janvier 2007[1125] (ci-après la Charte de l'UA, la CADEG ou la Charte).

De portée régionale pour le premier[1126] et continentale pour le second[1127], ces deux instruments juridiques, auxquels est partie la quasi-

[1124] Entré en vigueur le 20 février 2008. Disponible sur : http://proadiph.org/IMG/pdf/cedeao_protocole-bonne-gouvernance-et-la-democ.pdf (consulté la dernière fois le 2.8.2016).

[1125] Entrée en vigueur le 15 février 2012. Disponible sur : http://www.au.int/en/treaties (consulté la dernière fois le 2.8.2016)

[1126] Le protocole sur la démocratie et la bonne gouvernance est un instrument juridique de la CEDEAO, négocié et signé sous son égide et à l'intention de ses membres. Pour un commentaire sur le protocole de la CEDEAO, voir : Ismaila Madior FALL et Alioune SALL, « Une constitution régionale pour l'espace CEDEAO : le protocole sur la démocratie et la bonne gouvernance de la CEDEAO », disponible sur : http://jaga.afrique-gouvernance.net/_docs/pr_sentation_et_analyse_du_protocole_sur_la_d_mocration_de_la_cedeao.pdf (consulté le 3.8.2016).

[1127] La Charte africaine de la démocratie, des élections et de la gouvernance a été signée sous l'égide de l'UA, par ses membres et pour ses membres. Pour analyse

totalité des États membres de l'UEMOA[1128], ont été adoptés dans un contexte de crises sociopolitiques issues de violations récurrentes des principes démocratiques et de la persistance des régimes militaires sur le continent africain. Ainsi, le protocole de la CEDEAO a ouvertement pour ambition d'articuler la prévention des conflits avec la gouvernance et la démocratie, d'où son caractère additionnel au protocole de Lomé relatif au mécanisme de prévention, de gestion, de règlement des conflits, de maintien de la paix et de la sécurité, du 10 décembre 1999[1129].

Les deux instruments diffèrent du point de vue de leur structure, sans pour autant se contredire dans le fond. En effet, le protocole de la CEDEAO est constitué de cinquante (50) articles repartis en trois chapitres et bâtis sur le socle de « principes constitutionnels communs » aux États membres[1130], tandis que la Charte de l'UA est formée de cinquante-et-trois (53) dispositions, reparties en onze (11) chapitres, et fondées sur les « valeurs et principes universels de la démocratie et le respect des droits de l'Homme »[1131]. Du point de vue matériel, les principes constitutionnels communs du protocole et les principes universels de la Charte, renvoient aux principes de la séparation des pouvoirs, de l'accès au pouvoir par la voie des urnes, d'interdiction de tout changement anticonstitutionnel, de participation des citoyens à la

doctrinale portant sur la Charte africaine de la démocratie, voir : Blaise TCHIKAYA, « La charte africaine de la démocratie, des élections et de la gouvernance », *AFDI*, Vol. 54, 2008, pp. 515-528.

1128 Les États membres de l'UEMOA ont signé et ratifié la Charte africaine de la démocratie, des élections et de la gouvernance, à l'exception du Sénégal qui l'a seulement signé le 15 décembre 2008. Quant au Protocole de la CEDEAO relatif à la démocratie et à la bonne gouvernance, il a été signé et ratifié par les États membres de l'UEMOA à l'exception de la Côte d'Ivoire.

1129 Entré en vigueur à la date de sa signature. Voir aussi le préambule de la Charte africaine de la démocratie, des élections et de la gouvernance, qui évoque « les changements anticonstitutionnels de gouvernement qui constituent l'une des causes essentielles d'insécurité, d'instabilité, de crise et même de violents affrontements en Afrique » (8e « considérant »).

1130 Il s'agit des « principes de convergence constitutionnelle » auxquels se réfère la section I du protocole.

1131 Art. 2, par. 1, de la Charte africaine de la démocratie, des élections et de la gouvernance.

gouvernance, de liberté et de pluralisme politique ainsi que de protection des droits de la personne humaine[1132].

Sur ces fondements, le protocole de la CEDEAO et la CADEG posent l'obligation, pour leurs États membres respectifs, de promouvoir la démocratie, l'État de droit et les droits de l'Homme[1133]. La participation démocratique des peuples à l'exercice du pouvoir politique, par l'expression du suffrage universel, s'impose ainsi auxdits États[1134] et est notamment considéré comme un « droit inaliénable des peuples »[1135]. En outre, la Charte de l'UA pose de manière spécifique, le principe du respect de l'ordre constitutionnel[1136]. Le processus d'amendement ou de révision de la constitution doit reposer sur un consensus national et comporter, le cas échéant, le recours au référendum[1137]. S'agissant de l'accès au pouvoir par la voie des urnes, le Protocole et la Charte posent le principe du respect des échéances fixées par la constitution ou les lois électorales[1138], ainsi que les principes de fiabilité et de transparence du fichier électoral[1139]. L'article 2, paragraphe 1, du protocole de la CEDEAO, proscrit toute « réforme substantielle de la loi électorale [...] dans les six (6) mois précédant les élections, sans le consentement d'une large majorité des acteurs politiques ».

Compte tenu de la part de responsabilité qu'elle a eu, par le passé, dans la rupture démocratique au sein des États, et du rôle important qu'elle est amenée à jouer dans la stabilité des institutions démocratiques, l'armée et son statut font également l'objet de plusieurs dispositions au

---

[1132] Voir respectivement les articles 1er et 3e du protocole de la CEDEAO et de la Charte de l'UA. Qui plus est, le protocole de la CEDEAO sur la démocratie et la bonne gouvernance se réfère spécifiquement à l'indépendance de la justice, à la liberté d'exercice de la profession d'avocat, au principe de laïcité, au principe du caractère apolitique de l'armée, ainsi qu'aux libertés publiques (association, réunion, manifestation et presse).

[1133] Art. 4, par. 1, de la Charte de l'UA et art. 34, par. 1, du protocole de la CEDEAO. Voir dans ce sens : Cour Const. du Togo, Décision n°C-003/09 du 9 juillet 2009, décision relative à un contrôle de constitutionnalité a priori portant sur la loi électorale. La Cour constitutionnelle du Togo y évoque notamment le protocole de la CEDEAO sur la démocratie et la bonne gouvernance.

[1134] Art. 4, par. 2 de la Charte de l'UA et art. 2, par. 3 du protocole de la CEDEAO.

[1135] Art. 4, par. 2 de la Charte de l'UA.

[1136] *Idem*, art. 5 et art. 10, par. 1.

[1137] *Id.*, art. 10, par. 2.

[1138] Art. 2, par. 2 du protocole de la CEDEAO et art. 17, al. 1 de la Charte de l'UA.

[1139] Art. 5 du protocole de la CEDEAO et art. 17, al. 1 de la Charte de l'UA.

sein du protocole et de la CADEG. Lesdits instruments prescrivent le principe de la subordination de l'armée au pouvoir civil régulièrement constitué[1140]. De manière plus détaillée, le protocole de la CEDEAO prescrit la neutralité et l'apolitisme de l'armée[1141]. Celle-ci doit être républicaine et avoir pour mission la défense des institutions démocratiques[1142]. Quant aux forces de sécurité publiques, elles ont pour mission de veiller au respect de la loi ainsi qu'à la protection des personnes et des biens[1143]. En vue de préserver les libertés publiques et limiter l'exercice de la force par ces entités, l'article 22 interdit, expressis verbis, l'usage des armes pour la dispersion des réunions ou des manifestations non violentes. En cas de manifestation violente, seul « le recours à l'usage de la force minimale et/ou proportionnée » est autorisé.

Le protocole de la CEDEAO et la CADEG énoncent, par ailleurs, plusieurs droits fondamentaux, en mettant un accent particulier sur les droits des femmes et des enfants, ainsi que sur les droits de certaines catégories vulnérables d'individus[1144]. Enfin, ils ne se limitent pas à énoncer des principes et obligations à la charge de leurs membres respectifs, mais prévoient, au-delà, plusieurs sanctions en cas de non-respect par ces derniers. Les mécanismes de sanctions adoptés par l'un et l'autre instrument, diffèrent principalement à trois égards. Primo, les sanctions imposées par le protocole de la CEDEAO s'appliquent « en cas de rupture de la démocratie par quelque procédé que ce soit et en cas de violation massive des droits de la personne dans un État membre »[1145], alors que celles imposées par la Charte de l'UA visent spécifiquement « le changement anticonstitutionnel de gouvernement »[1146]. Secundo, contrairement au protocole de la CEDEAO qui ne définit pas la notion de « rupture de la démocratie », la CADEG fournit une liste exemplative de moyens d'accès ou de maintien au pouvoir dont l'utilisation pourrait constituer un « changement anticonstitutionnel » susceptible de faire l'objet de sanctions[1147]. Tertio, alors que le protocole de la CEDEAO ne prévoit

[1140] Art. 14, par. 1 de la Charte et art. 20, par. 1 du protocole.
[1141] Art. 20, par. 2 du protocole.
[1142] *Idem*, art. 19, par. 1.
[1143] *Id.*, art. 19, par. 2.
[1144] Voir art. 40 et art. 41, par. 1 du protocole, et art. 8, par. 1 et 2 de la Charte.
[1145] Art. 45 du protocole de la CEDEAO.
[1146] Art, 23 de la Charte de l'UA.
[1147] *Ibidem*.

que des sanctions à l'égard des États, la Charte de l'UA prescrit aussi bien des sanctions étatiques que des sanctions individuelles à l'égard des auteurs des changements anticonstitutionnels. Les sanctions individuelles peuvent être de nature politique[1148] ou juridictionnelle[1149], tandis que les sanctions étatiques consistent exclusivement en des mesures de nature politique[1150].

En tout, le protocole de la CEDEAO sur la démocratie et la bonne gouvernance ainsi que la Charte africaine de la démocratie, des élections et de la gouvernance, constituent des instruments juridiques dont les contenus se complètent et répondent significativement au défi du respect de la démocratie et des droits de l'Homme au sein des États membres. Il s'agit d'instruments endogènes et adaptés au contexte africain, que l'UEMOA peut s'approprier, en vue d'imposer à ses membres, la conduite politique à tenir dans le respect de l'Union de droit. Cependant, cette solution exige que soit résolue au préalable la question de leur applicabilité aux États membres, en tant qu'obligation imposée dans le cadre de l'UEMOA.

2) L'applicabilité des chartes africaines comme obligation découlant du cadre juridique de l'UEMOA

L'invocation des chartes africaines de la démocratie et la gouvernance, dans l'ordre juridique de l'UEMOA, ne vise que les États membres. Il en résulte que leur applicabilité, dans cet ordre juridique, ne pose pas tant le problème de leur caractère obligatoire vis-à-vis de l'Union, que celui de leur effet contraignant, à l'intérieur du cadre juridique de l'Union, à l'égard des États membres. À quelques exceptions près[1151], l'ensemble des États membres de l'UEMOA a signé et ratifié les chartes africaines de la démocratie et la gouvernance, ce qui leur impose l'obligation de respecter les principes de démocratie et de droits de l'Homme qui y sont énoncés. Quant aux États membres qui en sont pour l'instant uniquement signataires, ils ont l'obligation, en vertu du droit international[1152], de s'abstenir d'actes qui viderait lesdits instruments

[1148] *Idem*, art. 25, par. 4. Cf. infra, p. 216 et s.
[1149] Id., art. 14, par. 2 et art. 25, par. 5.
[1150] Voir respectivement les articles 25 et 45 de la CADEG et du protocole de la CEDEAO sur la démocratie et la bonne gouvernance. Cf. infra, p. 242 et s.
[1151] Cas du Sénégal et de la Côte d'Ivoire, voir supra, p. 205.
[1152] Art. 18, let. a, de la Convention de Vienne de 1969 sur le droit des traités, *op. cit.*

de leur objet et de leur but. Toutefois, il s'agit là d'obligations découlant de leurs rapports juridiques directs avec les chartes africaines, indépendamment du cadre juridique de l'UEMOA.

En ce qui concerne les rapports entre l'UEMOA et lesdites chartes, il faut noter d'emblée que celle-ci n'y est pas partie. Cela n'exclut pas néanmoins l'existence de tout lien entre l'UEMOA et les chartes africaines. D'abord, il convient de relever que le préambule du traité de l'UEMOA formule à l'égard des objectifs de la CEDEAO, un vœu de fidélité qui exprime au moins un engagement moral de l'Union à ne rien faire qui puisse aller à l'encontre des objectifs poursuivis par la Communauté. Cela devrait logiquement inclure l'ensemble des actes juridiques adoptés dans le cadre de ladite Communauté. De manière plus précise et plus significative, l'article 44, paragraphe 2, B, de la CADEG, charge la Commission de l'UA d'inciter les communautés économiques régionales pour qu'elles « encouragent les États membres à ratifier ou à adhérer à la présente Charte » et pour qu'elles « désignent les points focaux de coordination, d'évaluation et de suivi de la mise en œuvre des engagements et principes énoncés dans la présente Charte [...] ». En considérant ici la notion de « communautés économiques régionales » au sens large[1153] et en interprétant les actions sollicitées à ces dernières comme étant minimales, rien ne saurait, a priori, empêcher l'UEMOA de se sentir interpellée à imposer à ses membres, la ratification et le respect de la Charte de l'UA sur la démocratie, les élections et la bonne gouvernance.

Malgré tout, l'application du protocole de la CEDEAO et de la CADEG par les États membres de l'UEMOA, en tant qu'obligation imposée dans le cadre juridique de l'UEMOA, requiert une base juridique non équivoque dans le droit primaire de l'organisation. Cette disposition devrait clairement stipuler l'obligation pour les États membres à adhérer et à respecter les instruments juridiques sus cités. De manière pratique, l'UEMOA pourrait envisager la révision de l'actuel article 3 du traité constitutif pour y ajouter l'obligation, pour les États membres, de respecter le principe de démocratie et les droits de l'Homme, tels que définis dans les chartes africaines. L'application de ces traités

[1153] C'est-à-dire au-delà des seules communautés ayant signé le protocole d'Addis-Abeba de 2008.

successifs[1154], dans l'ordre juridique de l'UEMOA, nécessiterait le cas échéant le recours à l'article 30 de la Convention de Vienne de 1969.

Ainsi, en vertu de la règle « lex posteriori derogat priori », la CADEG devrait l'emporter sur le protocole de la CEDEAO, lequel pourrait néanmoins s'appliquer praeter legem, à condition que ses dispositions n'aillent pas à l'encontre de celles prévues dans la Charte de l'UA[1155]. Enfin, il importe que l'application de ces instruments juridiques au sein de l'UEMOA soit effectuée en respectant « le cadre de la structure et des objectifs »[1156] de l'UEMOA. Elle ne devrait pas affecter, non plus, « ni les compétences de l'Union, ni les attributions de ses [organes] »[1157]. Cela implique la prise en compte des spécificités et de l'architecture institutionnelle de l'UEMOA[1158]. Afin de faciliter l'application des chartes africaines dans l'ordre juridique de l'UEMOA, il convient de préciser les modalités de l'obligation qui devrait en découler pour les États membres.

B) Les modalités de l'obligation

L'obligation des États membres, découlant de la formalisation du respect de la démocratie et des droits de l'Homme au sein de l'UEMOA, pourrait se manifester en amont ou a priori lorsqu'ils souhaitent adhérer à ladite Union (1) mais également en aval ou a posteriori, lorsqu'ils y participent en tant que membre à part entière (2).

[1154] Le protocole de la CEDEAO sur la démocratie et la bonne gouvernance de 2001 et la Charte africaine de la démocratie, des élections et de la gouvernance de 2007.

[1155] Voir art. 30, par. 3 de la Convention de Vienne de 1969 sur le droit des traités, *op. cit.*

[1156] Voir CJCE, arrêt Internationale Handelsgesellschaft du 17 décembre 1970, *op. cit.* pt 4. Arrêt cité par analogie.

[1157] Voir art. 2 du Protocole additionnel n° 8 relatif à l'article 6, paragraphe 2, du traité sur l'Union européenne sur l'adhésion de l'Union à la Convention européenne de sauvegarde des droits de l'Homme et des libertés fondamentales. Disposition citée par analogie.

[1158] En l'occurrence, la mise en œuvre du mécanisme de sanctions étatiques prévu aux articles 24 et 25 de la Charte africaine de la démocratie, des élections et de la gouvernance, devrait être adaptée à la répartition des compétences telle que prévue en droit de l'UEMOA. Sur les sanctions de la violation de l'obligation de respect de la démocratie et des droits de l'Homme par les États membres, voir infra, section II portant sur la garantie du respect de la démocratie et des droits de l'Homme au sein des États membres.

1) Le respect de la démocratie et des droits de l'Homme comme condition d'adhésion à l'UEMOA

L'obligation de respecter la démocratie et les droits de l'Homme comme principes de gouvernement pourrait s'imposer, en amont, aux États qui désirent adhérer à l'UEMOA. En effet, en l'état actuel du droit de l'UEMOA, il n'existe aucune disposition formelle relative aux exigences économiques et politiques à satisfaire pour devenir membre de l'Union. L'article 103 modifié du traité de l'UEMOA, se contente de prévoir que : « Tout État ouest-africain peut demander à devenir membre de l'Union. Il adresse sa demande à la Conférence des Chefs d'État et de gouvernement qui se prononce sur rapport de la Commission [...] ». Ainsi, suffit-il d'appartenir à l'ouest africain[1159] pour prétendre à une candidature d'État membre au sein de l'UEMOA.

L'acceptation définitive de l'État candidat à l'adhésion, reste néanmoins soumise à des conditions négociées avec l'ensemble des États membres. Celles-ci figurent, avec les éventuelles adaptations des traités constitutifs, dans un accord conclu entre ces derniers[1160]. Il s'agit de conditions non prédéfinies, qui pourraient porter sur n'importe quel objet jugé nécessaire en vue de faciliter l'intégration du futur membre. Ainsi, bien que le traité de l'UEMOA ne le mentionne pas expressément, il est possible d'affirmer que ces conditions peuvent porter aussi bien sur les structures économiques internes qui devront faire face à la pression du marché commun, que sur la stabilité des systèmes institutionnels chargés de la mise en œuvre du projet d'intégration sur le plan interne[1161].

[1159] Il faut néanmoins relever, comme le font Etienne CEREXHE et Louis le Hardÿ De BEAULIEU, que la notion d'« État ouest-africain » reste ambiguë dans la mesure où ni le Traité, ni aucun autre acte de l'UEMOA, ne la définit. Elle pose ainsi l'importante question des limites géographiques virtuelles qu'est autorisé à atteindre le projet d'intégration au sein de l'UEMOA. Voir, Introduction à l'Union économique ouest africaine, *op. cit.* p. 40.

[1160] Art. 103 précité du traité de l'UEMOA.

[1161] Il convient de mentionner, en outre, la condition de l'acceptation de l'acquis de l'Union. Dans l'accord de la République de Guinée-Bissau à l'UEMOA du 5 mars 1997, cette condition est traduite par la souscription de la Guinée-Bissau « aux engagements et actes pris par l'UEMOA, en application du traité [constitutif] », voir art. 2 de l'accord d'adhésion.

Dans cette logique, l'on ne saurait percevoir qu'une pure coïncidence entre d'une part, l'aboutissement des négociations d'adhésion de la Guinée-Bissau en 1997 et d'autre part, le début de la libéralisation de son économie et son ouverture au multipartisme dans les années 1991 et 1995, alors même que lesdites négociations achoppaient depuis 1987. De ce fait, imposer le respect des principes de démocratie et de droits de l'Homme, comme condition d'adhésion à l'Union, s'apparente moins à la création d'une nouvelle condition d'adhésion qu'à la formalisation d'une condition préexistante. Loin d'être anodine, cette formalisation aurait l'avantage d'objectiver l'obligation du respect de la démocratie et des droits de l'Homme, comme condition d'entrée dans l'Union, tout en accentuant son effet contraignant, compte tenu à la fois de son ancrage dans la charte constitutionnelle de base et de son caractère préalable à l'adhésion.

À titre comparatif, l'article 49 du traité UE pose, entre autres conditions d'adhésion à l'UE, le respect des valeurs visées à l'article 2 du même traité, lequel énumère les valeurs fondatrices de l'UE, au nombre desquelles figurent les principes de démocratie et de respect des droits de l'Homme[1162]. En réalité, l'article 49 du traité UE consacre partiellement les critères de Copenhague définis en 1993 lors du Conseil européen de Copenhague et renforcés en 1995 lors du Conseil européen de Madrid. Il s'agit notamment de l'obligation pour l'État européen souhaitant adhérer à l'Union, de disposer d'institutions stables garantissant la démocratie, l'État de droit, les droits de l'Homme, ainsi que le respect et la protection des minorités[1163].

[1162] Aux termes de l'art. 2 du traité UE « l'Union est fondée sur les valeurs de respect de la dignité humaine, de liberté, de démocratie, d'égalité, de l'État de droit, ainsi que de respect des droits de l'Homme, y compris des droits des personnes appartenant à des minorités […] ». L'exigence de la satisfaction de ces conditions a été à l'origine du retard de l'entrée de certains pays dans l'UE, tels que la Grèce, l'Espagne et le Portugal.

[1163] En plus de ce critère de nature politique, l'État intéressé à devenir membre devra jouir d'une économie de marché viable et capable de faire face aux forces du marché et à la pression concurrentielle à l'intérieur de l'Union européenne. Enfin, il devra être apte à assumer l'acquis de l'UE i.e. l'ensemble du droit de l'UE, y compris la jurisprudence de la CJUE. Sur les conditions d'adhésion à l'Union européenne, voir : Jean Paul JACQUÉ, *Droit institutionnel de l'Union européenne, op. cit.* p. 133 et s. Voir aussi : Marie-France Christophe TCHAKALOFF, « Les conditions de l'adhésion à l'Union européenne » *in* Joël RIDEAU (Dir.), *De la Communauté de droit à l'Union de droit…, op. cit*. p. 287 et s.

Il faut tout de même admettre que le renforcement des conditions d'adhésion à l'UEMOA, à travers la formalisation du respect de la démocratie et des droits de l'Homme, présente un intérêt plutôt limité dans la pratique. Comme ont pu le relever à juste titre certains auteurs, la volonté proclamée de l'UEMOA à tendre vers une union plus large, ne constitue qu'une simple vue de l'esprit devant être abandonnée pour être en harmonie avec les traités de la CEDEAO et de la CEA. Pour Luc Marius IBRIGA[1164], l'appel du pied lancé par le préambule du traité de l'UEMOA aux « autres États de l'Afrique de l'ouest qui partagent leurs objectifs, à se joindre à leurs efforts » et le caractère semi-ouvert de l'organisation, s'apparentent à un véritable débauchage des membres de la CEDEAO, contraire au vœu de fidélité pourtant formulé à l'égard de cette dernière. Cette ouverture à l'élargissement va également à l'encontre du projet d'intégration économique continentale devant être réalisé, à terme, au sein de la Communauté économique africaine.

Cela étant dit, ces différentes considérations ne constituent pas, dans l'absolu, des facteurs dirimants par rapport à une éventuelle adhésion d'un autre État ouest africain (ou pas forcément)[1165] à l'UEMOA, qu'il s'agisse ou non d'un État déjà membre de la CEDEAO. Ainsi par exemple, d'un point de vue strictement juridique, rien ne semble empêcher a priori la Mauritanie qui a quitté le navire de la CEDEAO en 2000, de formuler à l'avenir une demande d'adhésion à l'Union.

2) Le respect de la démocratie et des droits de l'Homme comme condition de participation à l'UEMOA

Le respect de la démocratie et des droits de l'Homme devrait s'imposer aux États membres, non seulement au moment de leur entrée dans l'Union, mais également, aussi longtemps qu'ils y demeureront, dans la

[1164] Luc Marius IBRIGA, « La problématique de la juridictionnalisation des processus d'intégration en Afrique de l'Ouest », p. 26 et s. Disponible sur : http://www.institut-idef.org/IMG/pdf/Microsoft_Word_-_LA_PROBLEMATIQUE_DE_LA_JURICTIONALISATION.pdf (consulté la dernière fois le 6.8.2016).

[1165] Voir par exemple, le cas du Maroc qui s'apprête à faire son entrée au sein de la CEDEAO alors même que cet État ne saurait prétendre strictement parlant à l'appartenance à l'espace géographique ouest-africain. Ceci témoigne du dépassement, dans la pratique, du critère de la contiguïté géographique dans la définition des espaces régionaux. Voir dans ce sens, Ousséni ILLY, *L'OMC et le régionalisme. Le régionalisme africain, op. cit.*, p. 33.

mesure où il y va de l'effectivité et de la pérennisation du projet d'intégration économique. Le lien existant entre le respect de la démocratie et des droits de l'Homme par les États membres d'une part, et le sort du projet d'intégration d'autre part, est à la fois structurel (institutionnel) et matériel. D'un point de vue structurel, la mise en œuvre du projet intégration économique, au sein de l'Union, s'avère intimement liée à la stabilité des institutions démocratiques des États membres, lesquels en sont les principaux porteurs. Comme l'affirme Omoniyi ADEWOYE, « [...] un système de gouvernement dépourvu de mécanismes et de structures de représentation ou de participation sape la stabilité de l'engagement politique et la légitimité à longue durée que nécessite la construction d'une communauté régionale »[1166].

En outre, le principe démocratique au sein de l'Union exige, au-delà de la représentation démocratique des gouvernements étatiques[1167], une représentation d'États ayant eux-mêmes en amont, le principe démocratique pour principe de gouvernement. L'Union de droit équivaut, dans ce sens, à une Union d'États démocratiques. Cette condition s'avère importante pour l'UEMOA, d'autant plus que la représentation démocratique des exécutifs en particulier, y est déficitaire tant par rapport au mode de désignation qu'aux modalités de prise de décisions[1168]. Elle contribuerait ainsi à résorber le déficit démocratique en fournissant aux organes représentatifs de l'Union, un soupçon de légitimité *ab initio*[1169].

D'un point de vue matériel, le respect de la démocratie et des droits de l'Homme, se présente comme une condition nécessaire pour maintenir la paix et la stabilité, qui sont vitales à l'activité économique et au développement du marché commun. En effet, la rupture du processus démocratique dans un pays (rébellions, putschs militaires, etc.) s'accompagne généralement de violations massives des droits de l'Homme, en décourageant l'usage par les ressortissants de l'Union, des libertés fondamentales garanties dans les traités.

1166 Omoniyi ADEWOYE, « Constitutionnalisme et intégration économique » *in* Réal LAVERGNE (Dir.), I*ntégration et coopération régionales en Afrique de l'Ouest,* Paris, Karthala-CRDI, 1996, p. 379.
1167 Cf. *supra*, chap. 1, sect. 1, B).
1168 *Ibidem.* Il s'agit notamment de la représentation des États membres par leurs exécutifs nationaux au sein du Conseil et de la Conférence des chefs d'État et de gouvernement.
1169 *Ibidem.*

Hormis la libre circulation des personnes qui peut être remise en cause par les fermetures intempestives des frontières, à l'occasion des crises politiques internes, la libre circulation des marchandises peut être également mise à rude épreuve, comme l'a démontré la crise sociopolitique ivoirienne des années 2000. Coupée en deux suite au déclenchement de la rébellion de 2002, la Côte d'Ivoire a vu la gestion de son administration fiscale et douanière, partagée de facto entre les mains du gouvernement légal de l'époque et les commandants des zones sous contrôle de forces nouvelles (comzones)[1170]. Il en a résulté la pratique de taxes illégales et le développement d'un marché parallèle d'importation et d'exportation de marchandises, en parfaite violation de l'union douanière de l'UEMOA.

De l'ensemble de ces considérations, l'imposition du respect de la démocratie et des droits de l'Homme, comme condition de participation à l'Union, s'avère indispensable pour l'aboutissement du projet commun d'intégration. Pour être efficace, l'imposition d'une telle obligation aux États membres doit s'accompagner de mécanismes de garantie adéquats visant à sanctionner les États qui ne s'y conformeraient pas.

Section II : Les garanties du respect de la démocratie et des droits de l'Homme comme principes de gouvernement

Le recours au mécanisme de la sanction, en vue de garantir le respect d'une obligation juridique[1171], est un procédé ordinaire en droit d'une manière générale. Divers mécanismes de sanctions ont été développés dans le droit et la pratique des organisations internationales, lesquels revêtent, dans la plupart des cas, une nature juridictionnelle ou une

[1170] Nom donné aux forces rebelles qui ont occupé la moitié nord du pays, à la suite des événements de 2002.

[1171] Dans le *Dictionnaire encyclopédique de théorie et de sociologie de droit* (André-Jean ARNAUD e. a (Dir.), Paris, LGDJ, 1993, p. 536), J.-C. BAYON définit la sanction comme étant la « réaction d'un groupe social ou d'une institution face à une certaine conduite, par laquelle s'exprime l'approbation ou la désapprobation de la conduite que l'on sanctionne, et sont renforcées les règles d'action du groupe dans sa tentative d'encourager ses membres pour qu'ils accomplissent certains conduites ou s'abstiennent d'accomplir certaines autres, avec la perspective d'obtenir l'avantage ou de souffrir de la privation, qui, du point de vue du sanctionné, forment le contenu de la sanction ».

nature politique[1172]. Ainsi, tant la CADEG que le protocole de la CEDEAO ont mis en place différents mécanismes juridictionnels et politiques visant à garantir le respect, au sein des États membres, des principes démocratiques et des droits de l'Homme qu'ils stipulent. Comme indiqué précédemment[1173], la transposition de ces mécanismes dans l'ordre juridique de l'UEMOA nécessite de prendre en compte le cadre juridique et la structure de cette dernière. Plus précisément, cela signifierait de les mettre en œuvre, sous réserve d'éventuelles adaptations nécessaires, à travers les voies de recours juridictionnelles prévues en droit de l'UEMOA et l'architecture organisationnelle y existant.

Dans la mesure où le thème des garanties juridictionnelles se trouve amplement développée dans la seconde partie de la thèse et par souci de cohérence avec le plan de ladite thèse, nous n'aborderons, dans cette première partie, que les garanties politiques auxquelles est consacré l'unique paragraphe suivant.

Paragraphe unique : Les garanties politiques

Portant l'un, de manière spécifique, sur l'interdiction des changements anticonstitutionnels et l'autre, de manière générale, sur le respect de la démocratie et des droits de l'Homme, les mécanismes de garanties politiques prévus dans les chartes africaines sur la démocratie et la bonne gouvernance, se présentent comme des mécanismes complémentaires, virtuellement transposables dans l'ordre juridique de l'UEMOA (A). Ils n'en contiennent pas moins des limites de nature à affecter leur mise en œuvre dans ledit ordre juridique (B).

[1172] Voir Isabelle PINGEL-LENUZZA, « La garantie politique » *in* Frédéric SUDRE et Henri LABAYLE (Dir.), *Réalités et perspectives du droit communautaire des droits fondamentaux, op. cit.* p. 452 et s. Dans le contexte qui nous intéresse, la distinction entre ces deux catégories de sanctions (ou garanties d'application) de l'obligation du respect de la démocratie et des droits de l'Homme au sein des États membres, se fonde davantage sur la procédure d'édiction des sanctions et la qualité de l'organe censeur que sur la nature des sanctions elles-mêmes. Voir Vlad CONSTANTINESCO « Les sanctions politiques contre les États membres » *in* Isabelle PINGEL (Dir.), *Les sanctions contre les États en droit communautaire,* Paris, A. Pedone, 2006, p. 39 et s.

[1173] Cf. *supra*, sect. 1.

A) La complémentarité des mécanismes de garanties politiques

Nous aborderons d'abord le mécanisme de sanction spécifique aux changements anticonstitutionnels, tel que prévu dans la CADEG (1), avant de nous intéresser au mécanisme du protocole de la CEDEAO, applicable de manière plus large aux cas de rupture de la démocratie et de violation massive des droits de l'Homme (2).

1) Le mécanisme spécifique aux changements anticonstitutionnels

Alors que la Charte de l'UA porte nommément sur la démocratie, les élections et la gouvernance, tout en abordant plusieurs aspects liés à la protection des droits de l'Homme, le mécanisme de sanction prévu aux articles 23 à 26, se limite au cas spécifique des « changements anticonstitutionnels de gouvernement ». Aux termes de l'article 23,

> « Les États parties conviennent que l'utilisation, entre autres, des moyens ci-après pour accéder ou se maintenir au pouvoir constitue un changement anticonstitutionnel de gouvernement et est passible de sanctions appropriées de la part de l'Union : 1. Tout putsch ou coup d'État contre un gouvernement démocratiquement élu. 2. Toute intervention de mercenaires pour renverser un gouvernement démocratiquement élu. 3. Toute intervention de groupes dissidents armés ou de mouvements rebelles pour renverser un gouvernement démocratiquement élu. 4. Tout refus par un gouvernement en place de remettre le pouvoir au parti ou au candidat vainqueur à l'issue d'élections libres, justes et régulières. 5. Tout amendement ou toute révision des Constitutions ou des instruments juridiques qui porte atteinte aux principes de l'alternance démocratique ».

La mise en œuvre du mécanisme de sanction politique prévu par la CADEG, se traduit par une procédure en deux étapes, conduites principalement par le Conseil de paix et de sécurité de l'Union africaine

(CPS)[1174] qui en est la clé de voûte[1175]. De nature diplomatique, la première étape de la procédure de sanction est mise en branle lorsqu'il se présente, dans un État partie, « une situation susceptible de compromettre l'évolution de son processus politique et institutionnel démocratique ou l'exercice légitime du pouvoir »[1176]. Dans ce cas, le Conseil de paix et de sécurité exerce ses responsabilités pour maintenir l'ordre constitutionnel conformément aux dispositions pertinentes du protocole relatif à sa création[1177]. Si l'article 24 ne donne pas plus de précision sur la nature des responsabilités assumées par le CPS dans ce contexte, la lecture combinée de l'article 25 permet d'affirmer que lesdites responsabilités consistent essentiellement en des actions diplomatiques visant à éviter le changement anticonstitutionnel de gouvernement[1178].

Ce n'est qu'en cas d'échec des initiatives diplomatiques du CPS et de constatation par ce dernier du caractère accompli du changement anticonstitutionnel de gouvernement, qu'intervient la seconde étape de la procédure consistant pour le CPS à prendre « la décision de suspendre les droits de participation de l'État partie concerné aux activités de l'Union […] »[1179]. Toutefois, la suspension de l'État fautif qui prend immédiatement effet, n'est que partielle dans la mesure où celui-ci reste tenu par ses obligations vis-à-vis de l'UA, non seulement par ses obligations financières mais surtout par ses obligations en

[1174] Le CPS a été créé le 9 juillet 2002 par le protocole relatif à la création du Conseil de paix et de sécurité de l'UA, Doc. Off. OUA, 1ere sess. Il est entré en vigueur le 26 décembre 2003. Selon l'article 2 du protocole, le CPS est « l'organe de décision permanent pour la prévention, la gestion et le règlement des conflits […] ». Il est composé de quinze (15) membres élus par la Conférence des chefs d'État et de gouvernement (Conférence) dans le respect du principe de la représentation régionale équitable et de la rotation (art. 5). Dans la pratique, le CPS exerce ses compétences conformément à l'Acte constitutif de l'UA, du protocole relatif à sa création mais également dans le respect du Règlement intérieur de la Conférence

[1175] Joseph Kazadi MPIANA, « L'Union africaine face à la gestion des changements anticonstitutionnels de gouvernement », *RQDI*, Vol. 25.2, 2012, p. 117.

[1176] Art. 24 de la CADEG.

[1177] *Ibidem*

[1178] Aux termes de l'article 25, par. 1, de la CADEG : « Si le Conseil de paix et de sécurité constate qu'il y a eu changement anticonstitutionnel de gouvernement dans un État partie, et que les initiatives diplomatiques ont échoué, […] ». Nous soulignons.

[1179] *Ibidem* « […] il prend la décision de suspendre les droits de participation de l'État partie concerné aux activités de l'Union en vertu des dispositions des articles 30 de l'Acte Constitutif et 7 (g) du Protocole. La suspension prend immédiatement effet ».

matière de respect des droits de l'Homme[1180]. Les relations diplomatiques sont, quant à elles, maintenues avec l'État en question, en vue de poursuivre les initiatives visant à y rétablir la démocratie[1181].

En plus de la suspension prononcée par le CPS à l'encontre de l'État partie dans lequel survient le changement anticonstitutionnel, la Conférence des chefs d'États et de gouvernement de l'Union africaine peut imposer des sanctions de nature économique entre autres, aussi bien à l'encontre des auteurs dudit changement qu'à l'encontre des États membres qui l'ont soutenu ou qui en ont été à la base[1182]. À l'encontre des individus, les sanctions prises par la Conférence des chefs d'État et de gouvernement de l'UA peuvent se traduire par le refus de délivrance de visas d'entrée sur le territoire des autres États parties, et à l'encontre des gouvernements, par la restriction des relations avec les autres gouvernements ou encore des restrictions commerciales[1183]. Enfin, l'article 26 de la CADEG prévoit que « le Conseil de paix et de sécurité lève les sanctions dès que la situation qui a motivé la suspension est résolue ».

2) Le mécanisme général de garantie de la démocratie et des droits de l'Homme

À la différence du mécanisme de sanction prévu par la CADEG, le mécanisme institué par le protocole de la CEDEAO vise plus largement les cas de « rupture de la démocratie [...] et de violation massive des droits de l'Homme »[1184]. Les sanctions susceptibles d'être prononcées à l'encontre de l'État membre fautif relève de la compétence de la Conférence des chefs d'État et de gouvernement de la CEDEAO, laquelle peut se prononcer sur proposition du Conseil de médiation et de sécurité (CMS)[1185]. Le CMS de la CEDEAO est l'un des principaux organes de mise en œuvre du mécanisme de prévention, de gestion, de règlement des conflits, de maintien de la paix et de la sécurité, dont le

---

1180 *Idem*, par. 2.
1181 *Id.*, par. 3.
1182 *Idem*, par. 6 et par. 7.
1183 Art. 37, par. 5, let. a, b et c, du Règlement intérieur de la Conférence de l'Union, Doc. Off. UA, Assembly/UA/2 (I) a (2002).
1184 Art. 45, par. 1 du protocole a/sp1/12/01 sur la démocratie et la bonne gouvernance..., *op. cit.*
1185 *Idem*, art. 45, par. 2 et par. 4.

protocole « fait corps »[1186] avec celui portant sur la démocratie et la bonne gouvernance. Il est composé de neuf (9) États membres dont sept (7) sont élus par la Conférence. Les deux (2) autres membres sont respectivement l'État membre qui exerce la présidence tournante de la Conférence et l'État membre qui a exercé la présidence qui a immédiatement précédé[1187].

Quant aux sanctions proprement dit, elles consistent en plusieurs mesures visant l'isolement progressif de l'État fautif. Elles peuvent porter crescendo sur le refus de soutenir les candidatures présentées par l'État concerné aux postes électifs dans les organisations internationales, sur le refus de tenir toute réunion de la CEDEAO dans cet État et enfin, sur sa suspension des instances de la CEDEAO[1188]. Comme dans le mécanisme de sanction de la CADEG, l'État membre suspendu reste tout de même tenu par ses obligations, notamment financières[1189], à l'égard de la Communauté. Enfin, pendant la période de suspension, la CEDEAO continue de suivre, d'encourager et de soutenir, auprès de l'État membre suspendu, tout effort visant le retour à la vie institutionnelle normale

B) Les difficultés de mise en œuvre des mécanismes de garantie politique

Ces difficultés de mise en œuvre sont de deux ordres et mettent à rude épreuve les fondements même de l'Union de droit au sein de l'UEMOA. Il s'agit non seulement de difficultés d'ordre formel (1) mais également de difficultés d'ordre matériel (2).

1) Les difficultés formelles

Les difficultés formelles de la mise en œuvre des mécanismes de garantie politique prévus dans les chartes africaines, dans l'ordre juridique de l'UEMOA, visent les organes compétents pour déclencher

---

[1186] *Id.*, art. 46.

[1187] Art. 8, par. 1 du protocole relatif au mécanisme de prévention, de gestion, de règlement des conflits, de maintien de paix et de la sécurité, *op. cit.*

[1188] Art. 45, par. 2 du protocole de la CEDEAO relatif à la démocratie et la bonne gouvernance.

[1189] *Ibidem.*

et intervenir dans les procédures qu'elles mettent en place, ainsi que les modalités procédurales elles-mêmes.

Dans le mécanisme prévu par le protocole de la CEDEAO, en cas de rupture de la démocratie et de violation massive des droits de l'Homme, c'est la Conférence des chefs d'État et de gouvernement qui est compétente pour prononcer les sanctions, lesquelles peuvent être prises, le cas échéant, sur proposition du Conseil de médiation et de sécurité, organe spécialisé en matière de prévention, de gestion et de règlement des conflits[1190]. Dans le mécanisme de sanction des changements anticonstitutionnels institué dans la Charte africaine de la démocratie, des élections et de la gouvernance, c'est le Conseil de paix et de sécurité qui constitue l'organe compétent, tant pour la phase diplomatique que pour la phase de sanction proprement dit. Toutefois, dans la pratique, les décisions de sanction sont prises par la Conférence des chefs d'État et de gouvernement, le CPS se contentant d'entériner simplement les décisions prises par le président de ladite Conférence au nom de l'organe qu'il représente[1191].

La solution consistant à conférer, au sein des deux organisations, le pouvoir de sanction à la Conférence des chefs d'État et de gouvernement, avec l'appui d'un organe spécialisé, est compréhensible au regard de la nature éminemment politique et intergouvernementale du domaine en question. Les décisions de l'organe politique procèdent également d'un certain nombre d'appréciations objectives et nécessaires de la situation, fournies par un organe technique. En droit de l'UEMOA, le problème est qu'il n'existe pas pour le moment d'organe technique à proprement parler dans le domaine de la paix et la sécurité. Certes, il est prévu la création d'une délégation générale à la

---

[1190] Il convient de rappeler que la question du respect de la démocratie et des droits de l'Homme au sein de la CEDEAO est intimement liée au domaine de la paix et de la sécurité, d'où le caractère additionnel du protocole de la CEDEAO sur la démocratie et la bonne gouvernance, à celui relatif au mécanisme de prévention, de gestion, de règlement des conflits, de maintien de la paix et de la sécurité.

[1191] Voir art. 37, par. 4, let. e et par. 5 du Règlement intérieur de la Conférence de l'Union, Doc. Off. UA, Assembly/AU/2 (I) a (2002). Voir aussi Joseph Kazadi MPIANA, *op. cit.* p. 120. Bien qu'elle nous paraisse logique au regard du caractère intergouvernemental du domaine en jeu, il faut tout de même relever que cette pratique développée au sein de l'UA méconnait le principe de la hiérarchie des normes dans la mesure où elle fait prévaloir les dispositions d'un acte de droit dérivé, à but d'organisation interne de surcroît, sur celles d'un acte de droit primaire, en l'occurrence, la Charte africaine sur la démocratie, les élections et la gouvernance.

paix et à la sécurité (DGPS), dont les pouvoirs et les moyens d'action seraient définis par le Conseil[1192] mais cet organe n'existe pas encore. L'on pourrait évoquer par ailleurs l'existence du Conseil parlementaire pour la paix (CPP/UEMOA) crée le 5 avril 2004 par le CIP, afin d'examiner les cas de conflits ou les risques de conflits en vue de contribuer à leur prévention ou à leur règlement[1193]. Toutefois, cette structure demeure un organe subsidiaire dépourvu de toute compétence expresse en matière de respect de la démocratie et des droits de l'Homme et dont le champ d'intervention est limité au cadre interne du Parlement en tant qu'organe de l'UEMOA.

Ensuite, l'on relève dans le mécanisme de la CEDEAO comme dans celui de l'UA, l'absence de participation des parlements dans le déclenchement et la conduite des procédures. Pourtant, en considération du caractère fondamentalement démocratique desdits mécanismes[1194] et dans l'intérêt de l'Union de droit, il serait souhaitable que leur mise en œuvre dans l'ordre juridique de l'UEMOA, tienne compte du principe démocratique qui caractérise le fonctionnement de l'Union et qui veut que les peuples y participent, par le truchement du parlement, notamment sur des questions qui touchent directement à certains de leurs droits fondamentaux tels celui de choisir librement leurs gouvernants. Dans ce sens, il serait souhaitable que le Parlement de l'UEMOA, voire les parlements nationaux, soient associés au déclenchement des mécanismes de sanctions en se voyant conférer un droit de saisir l'organe proprement compétent pour sanctionner. Aussi, l'avis conforme du Parlement de l'UEMOA, pour la prise des sanctions, renforcerait tout spécialement le caractère démocratique des procédures.

Quant à l'organe proprement compétent pour sanctionner, il convient de tenir compte du système de répartition des compétences au sein de l'UEMOA. En considérant le rattachement de cette fonction au

---

[1192] Voir : Plan d'action pour la paix et la sécurité dans l'espace UEMOA, session extraordinaire de la Conférence des chefs d'État et de gouvernement de l'UEMOA du 5 juin 2016, disponible sur : www.uemoa.int (consulté le 19.8.2016).

[1193] Art. 2 de la résolution n° 1/2004/CIP, *op. cit.*

[1194] Voir l'analogie avec le mécanisme de sanction prévu à l'article 7 du traité UE, pour lequel Catherine CASTOR démontre qu'il s'agit d'un mécanisme visant à préserver le fonctionnement démocratique de l'UE dans la mesure où la légitimité de celle-ci repose en réalité sur la légitimité démocratique des institutions de l'État membre représenté. Voir, *Le principe de démocratie dans le droit de l'Union européenne, op. cit.* p. 341 et s.

domaine général de la paix et de la sécurité, il apparaît logique de reconnaître plutôt au Conseil, compétence pour prendre des sanctions à l'égard des États membres. En effet, l'article 8 de l'acte additionnel n° 4/2013 instituant la politique commune de l'UEMOA dans le domaine de la paix et de la sécurité, prévoit que c'est le Conseil qui « prend, sur proposition de la Commission, les mesures nécessaires à [sa] mise en œuvre […] ». Conformément au parallélisme des formes, le Conseil devrait être également l'organe compétent pour procéder à la révision des mesures prises en fonction de l'évolution de la situation de l'État membre concerné. Par ailleurs, l'application de l'article 8 précité pour le déclenchement des sanctions au sein de l'UEMOA, aurait l'avantage d'associer la Commission, gardienne des traités, au processus décisionnel. Cela ne devrait pas exclure pour autant la participation à la procédure, d'un organe spécialisé (organe technique) dont l'apport reste irremplaçable.

S'agissant des modalités procédurales, l'application des mécanismes de sanction dans l'ordre juridique de l'UEMOA requiert également que des solutions préalables soient apportées à certains problèmes. Relevons d'abord que la procédure prévue par la CADEG se divise en deux parties composées d'une première étape diplomatique et d'une seconde étape de sanction. Bien que n'étant pas expressément mentionnée dans le protocole de la CEDEAO, la phase diplomatique préalable a pu être développée dans la pratique au sein de la Communauté. Conforme à l'esprit des rapports pacifiques et diplomatiques prônés entre les États[1195], ces procédures à « étages » permettent d'éviter à l'État fautif, les conséquences préjudiciables des sanctions imposées. Il s'agit donc d'un principe de base que l'Union gagnerait à respecter dans l'application des mécanismes issus de la CADEG et du protocole de la CEDEAO.

Au sein de l'UA, la phase diplomatique s'identifie à une procédure d'anticipation de la survenance du changement anticonstitutionnel. Elle peut être rapprochée de la phase constatatoire du risque de manquement aux principes de l'Union européenne, telle qu'introduite à l'article 7 du traité UE par le traité de Nice de 2001[1196]. Cette phase de la procédure

---

[1195] Voir art. 33 de la Charte des Nations Unies.

[1196] Pour une détaillée de ladite phase, voir : Helmut SCHMITT VON SYDOW, « Liberté, démocratie et État de droit : analyse de l'article 7 du traité UE », *RDUE*, n°2-2001, p. 285. Pour un examen critique de cette phase, voir : Pierre-Yves MONJAL, « La fonction constatatoire de risque de manquement aux principes de

permet aux organes compétents de réagir dès la manifestation d'actes préparatoires laissant présager la survenance imminente d'un changement anticonstitutionnel. Or, ni la lettre, ni l'esprit de l'article 45 du protocole de la CEDEAO, ne permet d'affirmer avec certitude l'existence d'une telle procédure d'anticipation des cas de ruptures de la démocratie et de violation massive des droits de l'Homme au sein des États membres de la Communauté. Pour autant que sa mise en œuvre s'accompagne de modalités claires et précises, l'adoption de cette procédure d'anticipation s'avère nécessaire au sein de l'UEMOA, afin d'alerter l'Union sur les signes avant-coureurs d'une violation et lui permettre d'intervenir en temps utile pour éviter sa survenance.

En ce qui concerne les modalités de la prise de décision, aucun des textes de la CEDEAO et de l'UA ne comporte de règles précises. Compte tenu des enjeux politiques qu'une décision de sanction pourrait comporter pour les États, il est à craindre que l'utilisation de l'unanimité ou du consensus ne conduise à des blocages institutionnels, un peu à l'image de l'impasse dans laquelle conduit souvent l'usage du droit de veto au sein du Conseil de sécurité de l'ONU. Étant donné sa sensibilité et l'importance des retombées néfastes qu'elles pourraient engendrer pour l'État incriminé, il ne saurait être admis non plus, que les sanctions soient prises à la majorité simple, comme s'il s'agissait de questions ordinaires. La solution de la majorité qualifiée, modalité de vote de droit commun au sein du Conseil de l'UEMOA, nous semble constituer de ce point de vue un compromis acceptable[1197].

Il apparaît également logique de prévoir l'exclusion de l'État membre incriminé de la procédure de décision afin de respecter la règle selon laquelle nul ne peut être juge et partie à la fois[1198]. Enfin, il convient de souligner le fait que ni le protocole de la CEDEAO, ni la CADEG, n'offre à l'État incriminé, des garanties procédurales visant notamment à le protéger d'un éventuel abus de pouvoir de la part de l'organe qui sanctionne. Cette situation pose le problème de la portée ou des limites des mécanismes de garantie politique. S'agit-il de procédures entièrement laissées à la discrétion des organes politiques les mettant

---

l'Union européenne dévolue au Conseil (A propos du dilatoire et de l'aléatoire dans l'article 7 § 1 du Traité de Nice », *Petites affiches*, n°114, 2004, p. 3.

[1197] En souhaitant notamment que la définition de cette modalité de décision soit revue, afin d'y inclure un filtre démographique, vecteur de la représentativité démocratique des États membres représentés.

[1198] Voir dans ce sens, l'article 354 du traité FUE, en droit de l'Union européenne.

en œuvre et affranchies de tout contrôle judiciaire ou demeurent-elles, malgré tout, des procédures qui doivent être encadrées par des règles qui s'imposent auxdits organes et susceptibles de faire l'objet d'un contrôle judiciaire ?

Au regard des exigences de l'Union de droit, les mécanismes de sanctions politiques devraient être encadrées par des règles minimales telles que le respect des droits de la défense de l'État mise en examen, le respect du principe de proportionnalité ainsi que la reconnaissance d'un droit au juge afin de faire sanctionner le non-respect de ces garanties procédurales. Dans l'absolu, rien ne semble, ainsi, s'opposer à ce que de telles décisions fassent l'objet d'un contrôle de légalité exercé par la CJUEMOA[1199].

2) Les difficultés matérielles

Les difficultés matérielles de la mise en œuvre des mécanismes prévus dans le protocole de la CEDEAO et la CADEG portent essentiellement sur le contenu des notions ou expressions-clés des procédures instituées. Il s'agit de notions ou d'expressions dont l'ambiguïté ou le manque de clarté pourrait influencer, de manière négative, la mise en œuvre des procédures de sanction.

La première difficulté porte sur les notions de « rupture de la démocratie par quelque procédé que ce soit [...] » et de « [...] violation massive des droits de la personne humaine ». Ces notions ne se trouvent nulle part définies dans le protocole de la CEDEAO. Face à leur caractère évasif, il se pose un certain nombre d'interrogations. À quel moment, peut-on considérer qu'il y a eu rupture de la démocratie au sein d'un État membre ? Que faut-il entendre d'ailleurs par démocratie ? Il en est de même des violations massives des droits de la personne humaine. À partir de quel seuil peut-on considérer les violations de la personne humaine comme étant massive ? Aucune de ces notions n'est définie par la jurisprudence des Cours africaines de justice. La seule définition à laquelle il est possible de se référer, est celle donnée à

[1199] La question qui pourrait néanmoins se poser à ce niveau, est celle de connaître les requérants qui seraient admis à agir en annulation devant la Cour de justice. Par exemple, des individus qui se verraient lésés collatéralement par les mesures de sanctions adoptées, pourraient-ils agir en annulation devant la Cour de justice de l'UEMOA ? À titre de droit comparé, seuls les États membres sanctionnés peuvent agir devant la CJUE en vertu de l'article 269 TFUE.

l'article 2 du règlement intérieur de la Commission africaine des droits de l'Homme[1200]. Cette disposition définit les violations graves ou massives comme étant « des violations des droits de l'Homme graves de par leur étendue et de par leur importance ». Elle constitue certes un premier effort d'élucidation de la notion, mais reste encore à préciser dans la mesure où l'article 2 du règlement intérieur de la Commission ADHP ne renseigne pas sur la limite de l'étendue et le degré d'importance des violations, à partir desquels celles-ci pourraient être considérées comme étant massives.

L'on peut alors s'interroger sur l'apport d'une éventuelle communication de la Commission de l'UEMOA sur le sujet, à l'instar de ce que fît sa consœur européenne au sujet des notions pareillement peu explicites de « risque clair de violation grave », de « violation grave », ainsi que de « violation persistante »[1201]. Mais quand bien même une telle communication constituerait une directive d'interprétation utile aux organes, l'interprétation de la Commission de l'UEMOA ne pourrait avoir qu'une portée relative, dans la mesure où la seule interprétation valable qui pourrait prévaloir reste celle que fournirait la Cour de justice, qui est l'organe attitré à cet effet par les traités. L'interprétation de la Cour de justice devrait, néanmoins, prendre en considération les futures éventuelles interprétations de la Cour de justice de la CEDEAO, la Cour ADHP ou encore la Commission ADHP. En attendant, l'imprécision des termes de l'article 45 du protocole de la CEDEAO expose à une véritable insécurité juridique dans la perspective de son application dans l'ordre juridique de l'UEMOA.

Dans le mécanisme de sanctions prévu par la CADEG, c'est principalement la notion de « changement anticonstitutionnel » de gouvernement qui pourrait, à l'épreuve des faits, s'avérer problématique, malgré la liste exemplative des éléments constitutifs

---

[1200] Le Règlement intérieur de la Commission africaine des droits de l'Homme et des peuples a été adopté lors de sa 2e session ordinaire tenue à Dakar (Sénégal) du 8 au 13 février 1988 et a été révisé lors de la 18e session ordinaire tenue à Praia (Cap-Vert) du 2 au 11 octobre 1995. Disponible sur : http://www.achpr.org/files/instruments/rules-of-procedure-2010/rules_of_procedure_2010_fr.pdf (consulté le 19.8.2016).

[1201] Communication de la Commission au Conseil et au parlement sur l'article 7 du traité sur l'Union européenne. Respect et promotion des valeurs sur lesquelles l'Union est fondée, du 15.10.2003. COM (2003) 606 final.

fournie à l'article 23 de la Charte. L'on ne peut s'empêcher de s'interroger notamment sur les éléments décisifs à prendre en considération pour la qualification d'un changement anticonstitutionnel en dehors des cas prévus à l'article 23, d'autant plus que la notion ne fait l'objet d'aucune définition jurisprudentielle disponible. La Cour justice de la CEDEAO qui avait l'occasion d'en fournir, dans l'affaire CDP et autres c. État du Burkina-Faso du 13 juillet 2015[1202], a éludé le sujet en faisant prévaloir la protection des droits électoraux des requérants sur celle de l'ordre démocratique interne[1203], peut-être par « appréhension » pour la question préalable de l'applicabilité de la CADEG dans l'ordre juridique de la CEDEAO, que cette option l'aurait contrainte à examiner[1204].

[1202] CJCEDEAO, arrêt Congrès pour la démocratie et le Progrès (CDP) & autres c. État du Burkina, du 13 juillet 2015, aff. n° ECW/CCJ/APP/19/15, disponible sur : http://www.courtecowas.org/ (Consulté le 22.8.2016). Les passages de l'arrêt relatifs aux changements anticonstitutionnels se contentent d'affirmer, de manière fort discutable (Pour ce qui concerne la première phrase), que « la sanction du changement anticonstitutionnel de gouvernement vise des régimes, des États, éventuellement leurs dirigeants, mais ne saurait concerner les droits des citoyens ordinaires. Ni l'esprit des sanctions des changements anticonstitutionnels de gouvernement, ni l'évolution générale du droit international tendant à faire des ''des droits de l'Homme'' un sanctuaire soustrait aux logiques des États et des régimes, n'autorise une application brutale et indiscriminée des mesures coercitives que l'on pourrait à cet égard concevoir » (paragraphe 30 de l'arrêt).

[1203] Pour une analyse détaillée de l'arrêt de la Cour de justice de la CEDEAO sur ces aspects, voir : Jean-François AKANDJI-KOMBÉ, « Le juge de la CEDEAO et la révolution démocratique burkinabè. Brèves remarques préoccupées sur une décision inquiétante » *in Les notes de l'IAM,* 2015, disponible sur : http://www.institutafriquemonde.org/ (consulté le 22.8.2016).

[1204] Pour rappel, la Cour de justice de la CEDEAO avait été saisie par certains proches et le parti politique de l'ancien président Blaise COMPAORÉ, chassé du pouvoir à la suite de l'insurrection populaire de fin octobre 2014, pour avoir tenté de modifier l'article 37 de la Constitution burkinabè, en vue de sauter le verrou de la limitation des mandats et se représenter aux élections présidentielles de 2015. Ces derniers y contestaient notamment la violation de leur droit à participer librement aux élections par le nouvel article 135 du code électoral, introduit par une loi modificative votée par le Conseil national de transition (CNT), l'organe législatif de la transition politique mise sur pied au lendemain du départ du président COMPAORÉ. L'article 135 stipulait notamment, dans des termes évoquant clairement l'article 25, paragraphe 4, de la CADEG, que : « toutes les personnes ayant soutenu un changement anticonstitutionnel qui porte atteinte au principe de l'alternance démocratique, notamment au principe de la limitation du nombre de mandats présidentiels ayant conduit à une insurrection ou à toute autre forme de soulèvement » sont frappées d'inéligibilité et ne peuvent être candidats à des élections. Afin de justifier la

Suivant une acception littérale de l'expression, il ne serait pas erroné de considérer l'existence d'un changement anticonstitutionnel dès lors que les règles de dévolution du pouvoir, telles que prévues dans la constitution d'un État, n'ont pas été respectées. Ainsi devrait-il en être des conditions d'accession au pouvoir du président togolais Faure GNASSINGBÉ à la suite du décès de son père, l'ex président Eyadema GNASSINGBÉ, le 5 février 2005. En effet, ce dernier avait été déclaré président par intérim, par l'Etat-major des forces armées togolaises, le soir même du communiqué officiel du décès de son père, en violation flagrante de l'article 65 de la Constitution togolaise[1205]. Toutefois, il nous paraît nécessaire d'associer à cette définition littérale de l'expression, le respect des principes démocratiques par ailleurs consacrés dans la Charte.

Comme l'a bien souligné Sayeman BULA-BULA, il pourrait exister des constitutions qui régissent l'organisation et le fonctionnement de régimes tyranniques[1206]. La dévolution ou l'accession licite au pouvoir, conformément au mécanisme de la CADEG, exigerait donc non

---

limitation des droits électoraux des demandeurs, l'État burkinabè excipait notamment du caractère « anticonstitutionnel » du projet de révision de l'article 37 auquel ces derniers avaient apporté leur soutien. Escamotant la « démarche juridique normale » qui aurait voulu que la Cour s'interroge non seulement sur l'existence d'une violation des droits électoraux mais également sur l'existence d'un éventuel motif légitime de limitation ainsi que son caractère proportionnelle (test de proportionnalité), la Cour de justice affirme sans véritable explication : « qu'il ne fait aucun doute que l'exclusion qui se prépare relève d'une discrimination difficilement justiciable en droit » (paragraphe 28 de l'arrêt).

[1205] Aux termes de l'article 65 de la Constitution togolaise : « En cas de vacance de la Présidence de la République par décès, démission ou empêchement définitif, la fonction présidentielle est exercée provisoirement par le président de l'Assemblée Nationale. La vacance est constatée par la Cour Constitutionnelle saisie par le Gouvernement. Le Gouvernement convoque le corps électoral dans les soixante jours de l'ouverture de la vacance pour l'élection d'un nouveau Président de la République ». Pour plus de détails sur les conditions d'accession au pouvoir du président Faure GNASSINGBÉ en 2005, voir : Roland ADJOVI, « Le Togo, un changement anticonstitutionnel savant et un nouveau test pour l'UA », *Actualité et droit international*, 2005, 7 p.
Disponible sur : http://www.ridi.org/adi/articles/2005/200502adj.pdf (consulté le 22.8.2016).

[1206] Sayeman BULA-BULA, « Mise hors-la-loi ou en quarantaine des gouvernements anticonstitutionnels par l'UA », *AYIL*, vol. 11, n° 1, 2003, p. 74.

seulement le respect des modalités constitutionnelles mais également, le caractère démocratique desdites modalités. Ainsi, pour Abdoulaye SOMA, le changement anticonstitutionnel de gouvernement « doit être compris comme désignant rigoureusement un changement anti-démocratique de gouvernement »[1207]. Cette lecture de la notion de changement anticonstitutionnel se trouve corroborée par la référence itérative à la notion de « gouvernement démocratiquement élu » dans la liste des éléments constitutifs énoncée à l'article 23 de la CADEG. Dans ce sens, les révolutions de palais ou révolutions populaires, à l'instar du printemps arabe de 2010/2012 et de l'insurrection du vaillant peuple burkinabè de 2014, ne sauraient être considérées comme étant des changements anticonstitutionnels, dans la mesure où elles visaient justement le rétablissement de l'ordre démocratique et constitutionnel dont les fondements avaient été bafoués[1208].

De manière plus fondamentale, il est aussi reproché à la CADEG d'accorder trop de place aux modalités d'accès au pouvoir, en l'occurrence les élections, au détriment des conditions de son exercice[1209]. Certes, la tenue d'élections libres, périodiques, au suffrage universel et au scrutin secret, s'impose comme « le critère principal dont témoigne la pratique contemporaine dominante et qui permet de juger du caractère démocratique d'un État »[1210]. Elle n'en représente pas pour autant le critère exclusif, le caractère démocratique d'un État s'appréciant également à l'aune du respect des droits de l'Homme et des principes de la bonne gouvernance. La focalisation de la CADEG sur les élections, comme modalité d'accession au pouvoir, peut

---

1207 Abdoulaye SOMA, « Sur le principe d'une obligation des États africains de se « démocratiser » : éléments de droit constitutionnel et de droit international public », *op. cit.* p. 402.

1208 Sur cette position, voir également Joseph Kazadi MPIANA, « L'Union africaine face à la gestion des changements anticonstitutionnels de gouvernement », *op. cit.* p. 113. Voir également dans ce sens, les travaux de la Commission de l'Union africaine pour le droit international (CUADI) sur la notion de crime constitutionnel. Selon la CUADI, « Tout fait ou tout acte caractérisé, perpétré par une personne, seule ou en groupe, contraires aux dispositions constitutionnelles pertinentes, à la démocratie et à l'état de droit et dont le résultat recherché ou atteint est le renversement d'un gouvernement en exercice » constitue un crime constitutionnel. Voir Blaise TCHIKAYA, « La Commission de l'Union africaine pour le droit international : bilan des trois premières années », *AFDI*, Vol. 58, 2012. pp. 307-317, préc. p. 314.

1209 Joseph Kazadi MPIANA, *op. cit.*

1210 Jean D'ASPREMONT, *L'État non démocratique en droit international…. op. cit* p. 15.

néanmoins se comprendre dans le contexte africain, où elles constituent l'un des aspects de la démocratie dont l'opérationnalisation s'avère la plus problématique[1211].

Il convient de relativiser cependant la critique à l'endroit de la CADEG, compte tenu des termes larges dans lesquels se trouve exprimé le champ d'action du Conseil de paix et de sécurité, au cas où il survient dans un État partie, « une situation susceptible de compromettre l'évolution de son processus politique et institutionnel démocratique ». Comme l'indique Abdoulaye SOMA, cette disposition devrait être comprise comme

> « Habilitant le Conseil à prendre des sanctions non seulement en cas de changement anti-démocratique de gouvernement, mais aussi dans toutes les hypothèses manifestes de gestion anticonstitutionnelle du pouvoir ou de compromission du processus de consolidation de la démocratie dans un État »[1212].

Ainsi, sous réserve d'apporter les solutions convenables aux difficultés ci-dessus relevées, l'application dans l'ordre juridique de l'UEMOA, des mécanismes de garantie politique prévus dans les chartes africaines de la démocratie et la gouvernance, s'avère une opération bien envisageable.

[1211] Vincent DARRACQ et Victor MAGNANI, « Les élections en Afrique : un mirage démocratique ? », *Politiques étrangères*, 2011, n° 4, p. 5 et s.

[1212] Abdoulaye SOMA, « Sur le principe d'une obligation des États africains à se 'démocratiser' : éléments de droit constitutionnel et de droit international public », *op. cit.* p. 403.

Conclusion du titre II

Le respect du principe démocratique et la protection des droits fondamentaux, ne sont pas méconnus en droit de l'UEMOA. D'abord, en tant que principes directeurs de l'Union, ils trouvent bel et bien leur ancrage dans les traités constitutifs. En particulier, le principe démocratique s'est vu renforcé avec l'adoption du traité portant création du Parlement de l'UEMOA, lequel a pourvu le nouvel organe parlementaire de nouveaux pouvoirs normatifs et de contrôle. Ledit traité aménage également à ce dernier une certaine participation à la « procédure législative » aux côtés du Conseil. Malgré cette évolution positive, le Parlement de l'UEMOA demeure un organe parlementaire élu au suffrage universel indirect. Il est ainsi possible d'avancer que le problème du déficit démocratique au niveau de l'UEMOA est moins une question de pouvoirs qu'une question de représentativité et par ricochet, de légitimité démocratique de l'organe parlementaire même si la première n'est pas complètement à exclure. Il en est de même du caractère démocratique du système décisionnel au sein du Conseil, qui gagnerait à associer à la majorité qualifiée des États membres, une majorité démographique en vue de tenir compte de la représentativité démocratique des décideurs.

Quant à la protection des droits fondamentaux, elle bénéficie d'une disposition aussi concise qu'imprécise, logée sous le titre consacré aux principes et aux objectifs de l'UEMOA. Certes, le fait que la protection des droits fondamentaux soit mentionnée à cet endroit du traité de l'UEMOA traduit toute l'importance qu'ont voulu lui accorder les rédacteurs du traité constitutif. Toutefois, la formulation de l'article 3 qui y est consacré, n'est pas sans soulever un certain nombre de questions majeures liées aux champs d'application personnel et matériel des droits fondamentaux au sein de l'Union. Si le principe démocratique et la protection des droits fondamentaux, en tant que principes directeurs de l'Union, trouvent leur fondement dans les traités constitutifs, il n'en est pas de même en qui concerne leur application aux systèmes de gouvernement des États membres. En effet, le respect de la démocratie et des droits de l'Homme, comme principes de gouvernement des États membres, ne fait l'objet que de laconiques références dans le droit dérivé, dépourvues de véritable effet contraignant. S'impose alors pour l'UEMOA, la nécessité d'une formalisation de ce principe au regard des impératifs sociopolitiques liés à l'entreprise d'intégration économique.

En la matière, l'UEMOA a été devancée par d'autres organisations régionales africaines, en l'occurrence par la CEDEAO et l'UA, dont les instruments juridiques de protection de la démocratie et des droits fondamentaux sont en adéquation avec le contexte et les réalités ouest-africains. Ainsi, dans un souci d'économie de textes et de procédures, l'internalisation de ces instruments dans l'ordre juridique de l'UEMOA s'avère souhaitable. À cet effet, l'Union pourrait envisager la révision de l'article 3 du traité de 2003 ou l'ajout d'un article 3 bis, prévoyant l'obligation, spécifique aux États membres, de respecter la démocratie et les droits de l'Homme, tels que prévus dans le protocole de la CEDEAO et la CADEG. Bien qu'il soit possible de croire au caractère superflu d'une telle protection dans l'ordre juridique de l'UEMOA, au regard notamment de l'appartenance de tous ses États membres à la CEDEAO et à l'UA, l'internalisation du protocole et de la Charte revêtirait la particularité de s'opérer dans un cadre plus restreint et de bénéficier ainsi des avantages liés à ce cadre. Sur ce point, il faut relever que les liens tissés au sein de l'UEMOA, entre les États membres, s'avèrent plus étroits non seulement du point de vue monétaire mais également du point de vue économique. Dans ce sens, la perspective d'un isolement pour l'État fautif pourrait constituer un facteur non négligeable de dissuasion quant à la persistance dans la violation de son obligation de respecter le principe de démocratie et les droits de l'Homme. La prise des décisions en temps utile pourrait s'en trouver, également, facilitée dans la mesure où il apparaît d'emblée plus aisé d'accorder les violons entre huit États que de le faire entre quinze ou entre cinquante-cinq États.

Au-delà de leur caractère intuitif, ces affirmations sont corroborées par la pratique issue de plusieurs cas observés en Afrique de l'Ouest, dans lesquels l'action de la CEDEAO s'est avérée plus diligente et plus efficace que celle de l'UA, cette dernière se contentant plus souvent d'appuyer et d'entériner les positions de la Communauté[1213]. Il n'en reste pas moins que dans cette action, l'UEMOA devra coopérer avec la CEDEAO afin d'harmoniser leurs positions et mener des actions

[1213] Voir les cas de Guinée-Bissau, du Niger et du Mali, tels qu'examinés par Joseph Kazadi MPIANA : « L'Union africaine face à la gestion des changements anticonstitutionnels de gouvernement », op. cit. p. 123.

cohérentes dans leur ensemble, conformément d'ailleurs aux articles 5 et 6, alinéa 2, de l'acte additionnel n° 4/2013 instituant la politique commune de l'UEMOA dans le domaine de la paix et de la sécurité[1214]. Quant à l'UA, elle prévoit déjà la mise en place, par la Commission africaine, d'un cadre de coopération avec les communautés économiques régionales pour la mise en œuvre des principes contenus dans la CADEG[1215].

Enfin, la mise en œuvre du protocole de la CEDEAO et de la CADEG, dans l'ordre juridique de l'UEMOA, soulève un certain nombre de difficultés à la fois d'ordre formel et d'ordre matériel. Il appartiendra dès lors à l'UEMOA de trouver l'ajustement nécessaire pour se conformer à son cadre juridique, tout en recherchant l'harmonie avec les ordres juridiques de la CEDEAO et de l'UA.

[1214] En effet, l'article 5 de l'acte additionnel n° 4/2013 prévoit la complémentarité avec les structures de la CEDEAO comme l'un des principes directeurs de la politique commune en matière de paix et de sécurité. Quant à l'article 6, al. 2, il stipule que : « L'implication de l'UEMOA dans les questions visées à l'article 4, alinéa 1er, se fait en étroite collaboration avec la CEDEAO ».

[1215] Voir art. 44, par. 2, B de la CADEG.

Conclusion de la Ière partie

Consacrée à l'examen des fondements normatifs de l'Union de droit au sein de l'UEMOA, la recherche menée dans le cadre de la première partie de cette thèse a permis d'évaluer l'ancrage du respect du principe de légalité, du principe démocratique, ainsi de la protection des droits fondamentaux, dans le droit et la pratique de cette organisation. Il en ressort que le droit de l'EMOA, bien que consacrant expressément les principes de primauté (article 6 du traité de l'UEMOA), d'effet direct (article 43), d'attribution des compétences (article 16), ou encore du respect des droits fondamentaux (article 3), ne comporte pas moins des insuffisances et des lacunes préjudiciables à l'affirmation de l'Union de droit. Ces insuffisances et lacunes concernent principalement la détermination de la hiérarchie des normes, la répartition des compétences, ou encore le respect du principe démocratique et des droits fondamentaux comme principes de gouvernement des États membres de l'UEMOA.

En présence de ces différentes lacunes, l'apport de la Cour de Justice a été significatif, à travers notamment des efforts de clarification du système des compétences et de structuration hiérarchique des normes de droit dérivé dans l'ordre juridique de l'UEMOA. Dans ce sens, il se positionne comme un véritable soutien à l'affirmation des fondements de l'Union de droit au sein de l'organisation. Cependant, l'apport du juge de l'UEMOA s'avère quelque fois sujet à caution et dans tous les cas, limité par les exigences découlant de l'Union de droit. En effet, l'examen détaillée de la jurisprudence de la Cour de justice, notamment dans le domaine de la systématisation des compétences, a permis de relever quelques incohérences et impertinences vis-à-vis des dispositions matérielles des traités. En tout état de cause, le juge de l'UEMOA ne peut, dans l'exercice de sa fonction, se substituer au « législateur » de l'Union ou aux États membres, qui demeurent maîtres des traités, sous peine de contrevenir à l'exigence cardinale du respect de la séparation des pouvoirs.

Partant du constat des insuffisances des traités et des limites objectives de la Cour de Justice, l'analyse a, par ailleurs, revêtu une allure prospective, en esquissant dans la perspective d'éventuelles futures révisions des traités, une typologie des compétences de l'UEMOA, ainsi qu'une proposition de formalisation de l'obligation de respecter la démocratie et les droits de l'Homme comme principes de gouvernement des États membres. Sur l'application de cette dernière proposition dans l'ordre juridique de l'UEMOA, il conviendra de tenir compte, une fois de plus, des exigences découlant de l'Union de droit, en respectant notamment les compétences de l'Union et les attributions de ses organes.

Deuxième partie : Les garanties juridictionnelles de l'Union de droit

Si l'Union de droit se caractérise par des fondements normatifs qui doivent encadrer l'action de l'Union et des États membres, elle doit être également assortie de garanties juridictionnelles visant à protéger les individus. Les garanties juridictionnelles de l'Union de droit consistent notamment en l'existence d'un « système complet et cohérent de voies de recours et de procédures »[1216] destiné à confier à la juridiction supranationale et aux juridictions nationales, le contrôle de la conformité des actes des organes et des actes étatiques avec la Charte constitutionnelle de base. Autrement dit, les garanties juridictionnelles ne sont autres que les voies de droit destinées à assurer le contrôle juridictionnel au sein de l'organisation. Dans une Union de droit, les voies de contrôle juridictionnel doivent être aménagées de sorte à garantir aux individus, l'accès à une juridiction indépendante pour faire entendre leur cause lorsqu'ils s'estiment lésées dans leurs droits, par une violation imputable aux organes ou aux États membres. Cet accès au juge, gage de protection des droits conférés aux individus, est garanti par le droit au juge[1217], encore appelé droit à une protection juridictionnelle effective[1218] ou droit à un recours (juridictionnel) effectif'[1219].

En droit de l'UE, c'est l'arrêt Johnston qui a consacré le droit au recours effectif dans le cadre des recours portés devant le juge national. Dans cet arrêt, la CJCE a notamment considéré le contrôle juridictionnel

[1216] CJCE, arrêt Les Verts c. Parlement du 23 avril 1986, *op. cit.*, pt 23. Également, CJUE, arrêt Telefónica c. Commission du 19 déc. 2013, aff. C-274/12 P, pt 5.

[1217] Voir Conclusions de l'avocat général Marco DARMON, du 28 janvier 1986, rendues dans l'affaire Marguerite Johnston c. Chief Constable of the Royal Ulster Constabulary, aff. 222/84, Rec. 1986, p. 1651, préc. p. 1656. Ce dernier y affirme notamment que : « [...] le contrôle juridictionnel constitue une garantie fondamentale : le droit au juge est inhérent à l'État de droit ». Voir aussi, Joël RIDEAU (Dir.), *Le droit au juge dans l'Union européenne,* Paris, LGDJ, 1998, 230 p.

[1218] Stéphanie PAYET, *Le droit à une protection juridictionnelle effective en droit de l'Union européenne*, Thèse de doctorat, Université de la Réunion, 2012, 1033 p.

[1219] Voir l'art. 47 de la Charte des droits fondamentaux de l'UE (CDF), qui se réfère notamment au « droit à un recours effectif et à accéder à un tribunal impartial ». Voir aussi arrêt Marguerite Johnston précité, spéc. p. 1681 ; Trib. (UE), arrêt Vivendi c. Commission, 23 septembre 2011, T 567/10, Rec. 2011, p. II-00317, pt 19.

imposé par l'article 6 de la directive relative à l'égalité de traitement entre hommes et femmes, comme étant

> « L'expression d'un principe général de droit qui se trouve à la base de traditions constitutionnelles communes des États membres. Ce principe a également été consacré par les articles 6 et 13 de la Convention européenne de sauvegarde des droits de l'Homme et des libertés fondamentales »[1220].

Ensuite, le principe a été étendu aux recours portés devant la CJCE, à partir de l'arrêt Baustahlgewebe[1221]. Aujourd'hui, le droit au recours juridictionnel effectif est formellement consacré à l'article 47 de la Charte des droits fondamentaux de l'UE.

En droit de l'UEMOA, il existe également une référence au droit au juge dès 1998 dans les observations rendues par le juge rapporteur MBACKÉ dans l'affaire Serge Laubhouet[1222]. S'exprimant sur l'impossibilité pour le requérant de se prévaloir, dans l'exercice de son recours devant la Cour de Justice, d'un certain nombre de textes statutaires que la Commission avait omis de publier au journal officiel, ce dernier affirmait que :

> « Le justiciable communautaire bénéficie d'un droit au juge qui lui permet d'user des prérogatives que lui reconnaissent les textes communautaires et au besoin, faire contrôler par le recours juridictionnel la conformité des mesures prises à son encontre »[1223].

Il en concluait que la compromission de ce droit, du fait du dilettantisme de la Commission, constituait un comportement illicite à l'origine d'un dommage qui méritait réparation. Plus tard dans l'arrêt SODABI du 19

[1220] CJCE, arrêt Marguerite Johnston c. Chief Constable of the Royal Ulster Constabulary du 15 mai 1986, *op. cit.*, pt 18. Le principe a été confirmé et généralisé à tous les domaines couverts par le droit communautaire dans l'arrêt UNECTEF du 15 octobre 1987. CJCE, arrêt UNECTEF c. Heylens du 15 octobre 1987, aff. 222/86, Rec. 1987, p. 4097, pt 14. Voir aussi, CJCE, arrêt Lili Georgieva Panayotova e. a. du 16 novembre 2004, aff. C-327/02, Rec. 2004, p. I-11055, pt 27.

[1221] CJCE, arrêt Baustahlgewebe GmbH c. Commission, du 17 décembre 1998, aff. C-185/95 P, Rec. I-8417, pt 18-22. Voir également, CJCE, arrêt Kadi et Al Barakat International Foundation c/ Cons. et Comm., du 3 sept. 2008, aff. jtes C-402/05 P et C-415/05 P, *op. cit.*, pt 335.

[1222] Arrêt Serge Laubhouet précité, p. 12.

[1223] *Ibidem*. Nous soulignons.

décembre 2002[1224], la CJUEMOA a accueilli le recours de deux ex agents de la BCEAO contre cette dernière, en se fondant sur le droit d'être entendu des personnes, tel que découlant de l'article 10 de la DUDH et de l'article 7 de la CADHP, dispositions auxquelles renvoie l'article 3 du traité de l'UEMOA[1225]. Rejetant l'argument tiré de l'immunité de juridiction conférée par le protocole portant sur ses privilèges et immunités de la BCEAO, la Cour a considéré que

> « ce privilège [pouvait] paraître exorbitant et susceptible d'ouvrir la voie à des dénis de justice, puisque la Banque centrale se [trouvait] dans 'une forteresse imprenable', 'une zone de non droit' contre laquelle aucune action en justice ne [pouvait] être entreprise, alors qu'elle-même [avait] le droit d'attraire en justice toute personne physique ou morale devant les juridictions des États membres »[1226].

Partant du constat que le rejet du recours des requérants conduirait à priver ces derniers de tout recours juridictionnel et refusant de commettre un déni de justice, la Cour de Justice de l'UEMOA s'est ainsi déclarée compétente pour connaitre du recours en responsabilité extracontractuelle introduit contre l'organe spécialisé de l'UEMOA. L'affirmation du droit au juge dans l'ordre juridique de l'UEMOA repose donc sur des fondements formels que sont l'article 10 de la DUDH et l'article 7 de la CADHP, et sur un fondement matériel qui est le refus de commettre un déni de justice. Cette dernière notion s'entend notamment de « la situation du justiciable privé de protection juridictionnelle soit par absence de juge, soit par impossibilité d'accéder à un juge »[1227]. Elle apparait en toile de fond dans l'ensemble de la jurisprudence de la Cour de Justice relative à la justiciabilité des organes autres que ceux cités à l'article 16 modifié du traité de

---

1224 CJUEMOA, arrêt Sidonie SODABI e. a. c. BCEAO du 19 décembre 2012, *op. cit.*

1225 Sur l'article 7 de la CADHP et le droit au recours effectif dans ladite Charte, l'on lira avec intérêt, Godfrey M. MUSILA, « The right to an effective remedy under the African Charter on Human and Peoples' Rights », *AHRLJ*, Vol. 6, n° 2, 2006, pp. 441-464.

1226 *Idem*, p. 12.

1227 Louis FAVOREU, « Résurgence de la notion de déni de justice et droit au juge » *in Gouverner, Administrer, Juger. Liber amicorum Jean Waline*, Paris, Dalloz, 2002, p. 516.

l'UEMOA. Dans l'arrêt Fanny KADER[1228], la Cour de Justice a clairement rappelé sa « tradition jurisprudentielle » de rejet des « zones dites de non droit »[1229], avant de reconnaitre la justiciabilité du Conseil Régional de l'Épargne Publique et des Marchés Publics (CREPMF).

De ce qui précède, plusieurs interrogations peuvent être formulées. Si le droit d'accès au juge est ainsi garanti en droit de l'UEMOA, les voies et procédures aménagées devant la Cour de Justice prennent-elles en considération ce droit d'accès au profit des individus ? Ces derniers ont-ils un réel accès aux voies et procédures prévues devant la Cour de Justice ? Aussi, le droit au juge, tel que consacré dans la jurisprudence précitée, ne concerne que l'accès au juge de l'UEMOA. Faut-il en déduire que le droit au recours effectif n'est possible, en droit de l'UEMOA, que devant ce dernier, à l'exclusion de toute possibilité d'accéder au juge national ? Existe-t-il en droit de l'UEMOA, des fondements formels ou matériels à la consécration d'un droit d'accès au juge national ? Quelle est la portée de ce droit dans les ordres juridiques internes ? Pour répondre utilement à ces interrogations, il conviendra d'examiner l'accès aux garanties juridictionnelles tant pour la contestation des actes pris par les organes que pour celle portant sur les actes étatiques (titre I).

Par ailleurs, l'accès aux garanties juridictionnelles doit s'accompagner de mécanismes visant à en préserver l'effet utile. En effet, il ne sert à rien pour l'individu d'avoir accès à un juge si cet accès n'est pas assorti de la possibilité d'obtenir, de manière urgente, l'adoption de mesures conservatoires en vue de préserver l'utilité de la décision à intervenir au fond. Il en est de même lorsque la décision finale à laquelle aboutit la saisine du juge n'est pas suivi d'effet ou lorsqu'il n'existe pas de mécanismes adéquats visant à l'exécuter. Se pose ici, au-delà de la question de l'accès au juge, celle de son efficacité (Titre II).

[1228] CJUEMOA, arrêt Fanny Ismaël KADER c. CREPMF, 30 avril 2014, aff. n° 1/2014, non encore publié.
[1229] *Idem*, p. 8.

Titre I : L'accès aux garanties juridictionnelles

Les individus ont accès aux garanties juridictionnelles s'ils ont la possibilité de saisir un juge en cas de contestation d'un acte émanant d'un organe de l'UEMOA ou d'un acte pris par l'autorité nationale d'un État membre. Perçu sous l'angle du droit au recours effectif, l'accès aux garanties juridictionnelles implique non seulement l'existence de voies d'accès au contrôle juridictionnel mais également l'existence de conditions favorables à cet accès. C'est là toute la signification du droit au recours effectif qui est résumée de fort belle manière sous la plume de l'avocat général Pedro CRUZ VILLALÓN. Dans l'affaire Samba DIOUF, ce dernier affirmait notamment que

> « Si nous nous limitons au droit à un recours effectif pris sous l'angle de l'accès à une juridiction, l'Union garantit à tous le droit de requérir la protection d'un tribunal contre tout acte portant atteinte aux droits et libertés reconnus par l'Union, l'essentiel étant avant tout, que le recours à la juridiction soit effectif, […] au sens où son exercice doit être possible, c'est-à-dire soumis à des conditions qui ne le rendent pas impossible ou très difficile »[1230].

Comme l'écrit aussi Fabrice PICOD, « il importe, en effet, que l'exercice de [la] voie de droit ne soit pas entravé par des contraintes procédurales excessives de nature à en priver l'effet utile »[1231]. Ces propos valent aussi bien pour l'accès au juge supranational que pour l'accès au juge national. Dans ce dernier cas de figure, il est constant dans la jurisprudence de la CJCE, que

> « Les modalités procédurales des recours destinés à assurer la sauvegarde des droits que les justiciables tirent du droit communautaire ne doivent pas rendre pratiquement impossible

[1230] Conclusions de l'avocat général Pedro CRUZ VIILLALON sur CJUE, arrêt Brahim Samba Diouf contre Ministre du Travail, de l'Emploi et de l'Immigration, 28 juillet 2011, aff. C-69/10, Rec. 2011 p. I-7151, pt 43.

[1231] Fabrice PICOD, « Le droit au juge en droit communautaire » *in* Joël RIDEAU (Dir.), *Le droit au juge dans l'Union européenne*, *op. cit.*, p. 154.

ou excessivement difficile, l'exercice des droits conférés par l'ordre juridique communautaire »[1232].

En raison des spécificités qu'ils présentent tant au niveau de leur consécration et qu'au niveau de leur mise en œuvre, en droit de l'UEMOA, il convient d'examiner séparément l'accès aux garanties juridictionnelles en cas de contestation des actes des organes (Chapitre I) et l'accès aux garanties juridictionnelle en cas de contestation des actes étatiques (Chapitre II).

[1232] CJCE, arrêt Rewe du 16 décembre 1976, aff. 33/76, *op. cit.*, pt 44 ; CJCE, arrêt Ministero delle Finanze contre Eribrand SpA, 19 juin 2003, aff. C-467/01, Rec. 2003, p. I-6471, pt 62 ; CJCE, arrêt Unibet (London) Ltd et Unibet (International) Ltd contre Justitiekanslern, 13 mars 2007, aff. C-432/05, Rec. 2007, p. I-2271, pt 43.

Chapitre Ier : L'accès aux garanties juridictionnelles en cas de contestation des actes des organes

L'existence de garanties juridictionnelles, en cas de contestation des actes des organes, est une garantie fondamentale de l'Union de droit. Ayant transféré d'importants pouvoirs aux organes de l'UEMOA, en vue de la réalisation des objectifs communs, les États membres ne pouvaient en effet courir de risque de laisser l'exercice de ces pouvoirs à l'entière discrétion desdits organes. L'action de ces derniers devait être encadrer afin de prévenir et de sanctionner, le cas échéant, tout abus. Les garanties juridictionnelles instituées à cet effet devaient être ouvertes non seulement à tout organe et à tout État membre intéressé mais également aux individus dont les droits viendraient à être violés.

En vue de garantir l'autonomie du système institutionnel de l'UEMOA, seule la Cour de Justice de l'UEMOA est compétente en cas de contestation des actes pris par les organes de l'organisation. Même s'il arrive que le déclenchement de cette contestation intervienne devant le juge national, à l'occasion d'une mise en cause de l'acte national d'application, c'est devant le juge de l'UEMOA qu'elle est amenée à se poursuivre, ce dernier ayant le fin mot pour déclarer l'invalidité de l'acte supranational contesté. Le contrôle exercé par la Cour de Justice est d'autant plus important qu'il complète le contrôle « politique » confié au Parlement dont les pouvoirs s'avèrent limités, notamment à l'égard de la CCEG[1233].

Dans le présent chapitre, nous nous intéressons d'abord à l'étendue de l'accès aux garanties juridictionnelles (section I). Il s'agira non seulement de rechercher les voies de droit existant et pouvant être actionnées par les individus en cas de contestation des actes émanant des organes mais également d'évaluer leur accessibilité à travers l'analyse de leurs conditions d'accès. Ensuite, l'examen portera sur les limites qui s'opposent à l'accès à ces garanties juridictionnelles (section II). Ces limites concernent aussi bien les obstacles qui s'opposent à

1233 Sur la complémentarité du contrôle juridictionnel avec le contrôle « politique » exercé par l'organe parlementaire, voir Henri G. SCHERMERS & Denis F. WAELBROCK, *Judicial Protection of The European Law, The Hague, London, New York, Kluwer Law International,* 6th ed., 2001, 889 p., préc. p. 310.

l'utilisation des voies d'accès que ceux qui affectent la qualité même de l'accès au juge.

Section I : L'étendue de l'accès aux garanties juridictionnelles

L'examen de l'étendue de l'accès aux garanties juridictionnelles exige de s'intéresser non seulement à l'ensemble des voies de droit existantes en vue d'assurer le contrôle juridictionnel des actes pris par les organes mais également les conditions fixées aux individus pour y accéder. L'accès sera ainsi large ou restreint en fonction de la souplesse ou de la rigidité des conditions d'accès par les individus. En droit de l'UEMOA, l'accès de ces derniers aux garanties juridictionnelles a lieu de deux manières principales. Il a lieu d'abord par le biais de voies de droit ordinaires (paragraphe I) et ensuite par le canal de voies de droit spéciales (paragraphe II).

Paragraphe I : L'accès aux voies de droit ordinaires

Couvrant les voies de recours direct et les voies de droit incidentes, l'accès aux voies de droit ordinaires se caractérise, en droit de l'UEMOA, par la souplesse des conditions fixées aux individus. Comparé notamment au droit de l'UE, le droit de l'UEMOA consacre un accès relativement large des individus aux garanties juridictionnelles prévues en cas de contestation des actes pris par les organes. Cet accès relativement large est d'abord le résultat des options opérées par les rédacteurs des textes régissant l'accès à la Cour de Justice. C'est également et surtout l'œuvre de cette dernière qui, à travers une interprétation « bienveillante » des voies de droit ordinaires, a contribué à l'élargissement de l'accès des individus à son prétoire. Pour mieux appréhender cet état des choses, nous analyserons séparément les voies de recours directs (A) et les voies de droit incidentes (B).

A) Les voies de recours directs

Le protocole additionnel n°1 relatif aux organes de contrôle de l'UEMOA a consacré deux recours directs pour le contrôle des actes des organes. Il s'agit notamment du recours en appréciation de la légalité (ou recours en annulation) prévu à l'article 8[1234] et du recours en responsabilité extracontractuelle (ou recours en indemnisation) pour les dommages causés par les organes de l'Union ou par ses agents, dans l'exercice de leurs fonctions, tel que mentionné à l'article 15[1235]. Ces deux voies de contestation directe offrent aux individus un accès relativement large à la Cour de Justice en cas de contestation des actes pris par les organes. Ce large accès au juge de l'UEMOA se manifeste non seulement à travers les conditions respectives d'accès à ces voies de droit (1) mais également à travers la consécration de l'autonomie de ces voies de droit (2).

1) Les conditions d'accès aux voies de recours directs

En cas de contestation des actes émanant des organes de l'UEMOA, l'individu qui souhaite exercer les voies de recours directs devant la Cour de Justice doit s'assurer de remplir plusieurs conditions. Les conditions d'accès aux voies de recours direct concernent aussi bien les conditions de recevabilité que les conditions de fond. Excepté le fait qu'ils obligent, tous les deux, l'individu qui souhaite saisir le juge de l'UEMOA, à remplir les formalités prévues à l'article 26 du règlement de procédures[1236], le recours en annulation et le recours en

[1234] Aux termes de l'article 8 du protocole additionnel n° 1 « Sur recours formé par un État membre, par le Conseil ou par la Commission, la Cour de Justice apprécie la légalité des règlements, directives et décisions. Le recours en appréciation de la légalité est ouvert, en outre, à toute personne physique ou morale, contre tout acte d'un organe de l'Union lui faisant grief […] ». Sur le recours en appréciation de légalité, voir aussi l'article 15, paragraphe 2, du règlement n° 01/96/CM portant règlement de procédures de la Cour de Justice de l'Union économique et monétaire ouest-africaine, BO non disponible (ci-après règlement de procédures)

[1235] L'article 15 du protocole additionnel n°1 stipule que « Sans préjudice des dispositions de l'article 9 du Traité de l'Union, la Cour de Justice connaît des litiges relatifs à la réparation des dommages causés par les organes de l'Union ou par les agents de celle-ci dans l'exercice de leurs fonctions ». Voir l'article 15, paragraphe 5, du règlement de procédures.

[1236] Aux termes de l'article 26 du règlement de procédure de la Cour de Justice de l'UEMOA, « La Cour est saisie selon les cas soit par requête, soit par la notification du compromis adressée au Président.

La requête doit contenir l'indication des noms et prénoms et du domicile élu du requérant, le cas échéant, le nom et l'adresse de l'agent et de l'Avocat constitué, la qualité du signataire, l'indication de la partie défenderesse, l'objet du litige, les conclusions et un exposé sommaire des faits et moyens.

indemnisation se caractérisent par des conditions d'accès spécifiques, qui justifient de les aborder séparément. Nous examinerons d'abord les conditions d'accès au recours en appréciation de légalité (a), avant de nous intéresser aux conditions d'accès au recours en responsabilité extracontractuelle (b).

a) Les conditions d'accès au recours en appréciation de légalité

Les conditions d'accès au recours en appréciation de légalité portent précisément sur le locus standi du requérant (i), la nature de l'acte attaquable (ii), le délai pour agir et les moyens invocables (iii). Elles seront abordées les unes après les autres.

i) Le locus standi du requérant

Contrairement aux organes et aux États membres censés agir dans un but d'intérêt général[1237], les individus n'ont pas un accès libre au recours en annulation. Ces derniers doivent justifier non seulement d'un intérêt mais également de la qualité pour agir. En droit de l'UEMOA, l'intérêt pour agir n'apparaît pas expressément de l'article 8 du protocole additionnel n° 1. Jusqu'à très récemment, la notion demeurait également absente de la jurisprudence de la Cour de Justice où elle semblait se confondre à l'examen de la qualité pour agir des requérants. Ce n'est qu'en 2017, dans l'arrêt Héritiers Abdoul Karim c. CREPMF,

---

La requête est établie, outre l'original, en autant d'exemplaires certifiées conformes qu'il y a de parties en cause. Elle doit être accompagnée s'il y a lieu de l'acte dont l'annulation est demandée [...].
La partie requérante, à l'exception des États membres et des organes de l'UEMOA, est tenue de déposer au greffe de la Cour, contre récépissé un cautionnement dont le montant est fixé par délibération de la Cour. En cas de rejet de la requête, le cautionnement reste acquis à l'UEMOA ».
Les conditions énumérées dans cette disposition feront l'objet de plus amples développements dans la seconde section de ce chapitre.

[1237] Dans l'arrêt État de Côte d'Ivoire/Laurent GBAGBO c. Conseil des ministres de l'UEMOA/Commission de l'UEMOA, 18 décembre 2013, aff. n° 1/2013 bis, p. 11 (non encore publiée), la Cour de Justice de l'UEMOA a affirmé que « conformément aux dispositions de l'article 8 susvisé du Protocole Additionnel n°1 relatif aux Organes de contrôle de l'UEMOA, la présence d'un Etat membre, l'Etat de Côte d'Ivoire en l'espèce, induit la compétence de la Cour de Justice de l'UEMOA sans même la justification d'un quelconque grief ».

que la Cour l'a évoquée pour la première fois. L'intérêt pour agir a alors été défini comme étant

> « L'intérêt à obtenir l'annulation de l'acte entrepris, c'est-à-dire que l'annulation doit être susceptible, par elle-même, d'avoir des conséquences juridiques ou en d'autres termes, que le recours doit être susceptible, par son résultat, de procurer un bénéfice à la partie qui l'a intenté »[1238].

Cette définition correspond presque terme pour terme à la définition retenue en droit de l'UE où l'intérêt pour agir s'entend également de « l'intérêt à obtenir l'annulation de l'acte entrepris »[1239] ou encore du « bénéfice que procure le recours à la partie qui l'intente »[1240]. Cela signifie qu'en matière de concurrence, par exemple, l'exigence de l'intérêt à agir exclut qu'un requérant puisse agir en annulation contre une décision qui lui est favorable, telle qu'une attestation négative, une décision d'exemption, ou une lettre de classement[1241]. Selon la jurisprudence constante de la CJCE, l'intérêt pour agir doit être né et actuel[1242], ce qui n'exclut pas la recevabilité du recours lorsque la partie requérante se prévaut d'une « situation juridique future dont l'atteinte se révèle, d'ores et déjà, certaine »[1243]. Enfin, l'intérêt dont se prévaut l'individu doit être personnel[1244].

L'intérêt pour agir ne doit pas être confondu à la qualité pour agir. Cette dernière notion peut être définie comme étant « l'habilitation légale, le

---

1238 CJUEMOA, arrêt Héritiers de feu Abdoul Karim FALL, actionnaires de TOTAL Sénégal SA c. CREPMF du 30 mai 2017, aff. n° 5/2017, non encore publié, p. 11. Voir dans le même sens, Denys SIMON (Dir.), Contentieux de l'Union européenne/1. Annulation. Exception d'illégalité, Paris, Lamy, 2011, p. 108. Également, TPICE, arrêt Österreichische Postsparkasse c. Commission, 7 juin 2006, aff. Jtes T-213/01 et T-214/01, Rec. 2006, p. II-1601, pts 53-55.

1239 Denys SIMON (Dir.), Contentieux *de l'Union européenne/1. Annulation. Exception d'illégalité,* Paris, Lamy, 2011, p. 108. Voir aussi, TPI, arrêt Österreichische Postsparkasse c. Commission, 7 juin 2006, aff. jtes T-213/01 et T-214/01, Rec. 2006, p. II-1601, pts 53-55.

1240 Denys SIMON (Dir.), *op. cit.*

1241 TPICE, arrêt NBV et NVB, 17 septembre 1992, aff. T-138/89, Rec. 1992, p. II-2181, pt 33.

1242 TPICE, arrêt Cityflyer Express c. Commission, 30 avril 1998, aff. T-16/96, Rec. 1998, p. II-757, pt 30.

1243 Voir arrêt NBV et NVB précité, pt 33.

1244 TPICE, arrêt Kuwait Petroleum (Nederland) c. Commission, 31 mai 2006, aff. T-354/99, Rec. 2006, p. II-1475, pt 33.

titre juridique conférant spécialement à telle personne ou à telle catégorie de personnes, le droit de saisir le juge d'un certain type de prétention ou d'être entendu de lui dans la défense à un type de prétention déterminé »[1245]. De manière constante, le droit de l'UE distingue la qualité pour agir des États membres et des institutions, de celle des individus. Si les premiers, appelés « requérants privilégiés »et « requérants semi-privilégiés »[1246] ont plus ou moins librement accès au juge de la légalité pour la contestation des actes institutionnels, il n'en est pas de même des individus, « requérants ordinaires », pour qui « la clé de l'accès au prétoire [de l'Union] n'est pas un passe-partout »[1247]. En effet, aux termes de l'article 263, alinéa 4, du traité FUE,

> « Toute personne physique ou morale peut former [...] un recours contre les actes dont elle est le destinataire ou qui la concerne directement et individuellement, ainsi que contre les actes règlementaires qui la concernent directement et qui ne comportent pas de mesures d'exécution ».

Même si cette disposition assouplit les conditions tenant à la qualité pour agir des individus, par rapport à l'ex article 230, al. 4, TCE[1248],

---

[1245] Loïc CADIET, Jacques NORMAND & Soraya AMRANI-MEKKI, *Théorie générale du procès*, 2e éd., Paris, PUF, 2010, p. 353.

[1246] Les requérants privilégiés sont, en droit de l'UE, les États membres, le Conseil, la Commission européenne et le Parlement européen. Ces requérants sont dits « privilégiés » en ce sens qu'ils n'ont pas à établir un intérêt et une qualité à agir pour être recevables dans leur recours Voir par exemple Trib. (UE), arrêt Grèce c. Commission, du 11 sept. 2014, aff. T-425/11, ECLI:EU:T:2014:768, pt 33). Quant aux requérants semi-privilégiés, il s'agit notamment de la Cour des comptes, de la Banque centrale européenne (BCE) et du Comité des régions. Ces organes doivent établir que leur recours tend à la sauvegarde de leurs prérogatives pour être recevables.

[1247] Denys SIMON, « 'Droit au juge' et contentieux de la légalité en droit communautaire : la clé du prétoire n'est pas un passe-partout » *in Libertés, Justice, tolérance. Mélanges en hommage au Doyen Gérard COHEN-JONATHAN*, Vol. II, Bruxelles, Bruylant, 2004, p. 1399. Sur l'accès des individus au juge de la légalité en droit de l'UE, voir Paul CASSIA*, L'accès des personnes physiques ou morales au juge de la légalité des actes communautaires*, Paris, Dalloz, 2002, 1045 p.

[1248] En effet, l'article 263, al. 4, TFUE, procède à une réécriture des dispositions de l'ex article 230, al. 4, CE (ex. 173, al. 2, CEE), en supprimant l'exigence de l'affection individuelle à l'égard des actes règlementaires. Cet assouplissement vise à remédier à la difficulté de satisfaire à la condition de l'affectation individuelle en présence d'actes de portée générale ne comportant pas de mesures d'exécution. Avant la réforme introduite par le traité de Lisbonne, l'individu qui ne pouvait attaquer de tels actes devant la CJUE en raison de l'absence d'une affectation individuelle, ne pouvait obtenir que difficilement une protection compensatrice devant les juridictions

elle ne demeure pas moins restrictive puisqu'elle continue de subordonner le recours de ces derniers, à l'encontre les actes législatifs, à la condition d'affectation « directe et individuelle », une condition interprétée de manière restrictive conformément à la jurisprudence issue de l'arrêt Plaumann[1249].

Certes, la distinction entre requérants privilégiées et requérants ordinaires peut être appliquée au recours en annulation au sein de l'UEMOA dans la mesure où, contrairement aux organes et aux États membres, les individus doivent justifier d'un intérêt et d'une qualité à agir. Il n'en reste pas moins que ces derniers bénéficient, par rapport aux requérants européens, de conditions plus souples pour la démonstration de leur qualité à agir. En effet, les requérants individuels peuvent agir, en droit de l'UEMOA, contre « tout acte leur faisant grief »[1250]. La notion d'« acte faisant grief » est en effet la seule qui conditionne véritablement le locus standi des personnes privées en droit

---

nationales. Désormais, il lui suffit de démontrer devant la CJUE que l'acte règlementaire de portée générale le concerne directement pour être recevable. Le Tribunal a jugé que, la notion d'« actes règlementaires » englobe tous les actes à portée générale, à l'exception des actes législatifs au sens de l'article 289, paragraphe 3, du traité FUE. Voir Trib. (UE), Ord. Inuit Tapiriit Kanatami et a. c/ Parlement et Cons., du 6 septembre 2011, Rec. 2011, p. II-599, pts 41-56. Cette solution a été confirmée par la CJUE. Voir CJUE, arrêt Inuit Tapiriit Kanatami et a. c/ Parlement et Conseil, du 3 octobre 2013, aff. C-583/11 P, pts 52 à 61. Pour un commentaire de cet arrêt, voir Anthony ARNULL « Arrêt "Inuit": la recevabilité des recours en annulation introduits par des particuliers contre des actes réglementaires », *JDE*, n° 205, 2014, pp.14-16. Pour apprécier si un acte réglementaire comporte ou non des mesures d'exécution, il y a lieu de s'attacher à la situation de la personne qui invoque le droit au recours au titre de l'article 263 TFUE(CJUE, arrêt Telefónica c/ Commission du 19 décembre 2013, aff. C-274/12 P, op. cit., pt 30). Il est dès lors sans pertinence de faire valoir que l'acte contesté comporte des mesures d'exécution à l'égard d'autres justiciables (CJUE, arrêt T & L Sugars et Sidul Açucares c/ Commission du 28 avril 2015, aff. C-456/13 P, ECLI:EU:C:2015:284, pt 32).

[1249] CJCE, arrêt Entreprise Plaumann & Co c. Commission de la Communauté économique européenne, 15 juillet 1963, aff. 25/62, Rec. 1963, p. 197, spéc. p. 223. Pour la CJCE, « les sujets autres que les destinataires d'une décision ne sauraient prétendre être concernés individuellement, que si cette décision les atteint en raison de certaines qualités qui leur sont particulières ou d'une situation de fait qui les caractérise par rapport à toute autre personne, et de ce fait les individualise d'une manière analogue à celle du destinataire ». Pour une étude détaillée du locus standi des individus pour le recours en annulation en droit de l'UE, voir René BARENTS, Helen E. BRESSE (ed.), *Remedies and Procedures before the EU Courts, Alphen aan den Rijn, Kluwer Law International* B.V., 2016, 909 p., préc. 213 et s.

[1250] Art. 8, al. 2, du protocole additionnel n° 1.

de l'UEMOA. Cette notion a été précisée dans le premier arrêt Eugène YAÏ rendu en 2005. La Cour y affirme notamment que :

> « le recours en annulation peut être dirigé de manière générale, contre tous les actes ayant des effets juridiques obligatoires de nature à affecter les intérêts du requérant, en modifiant de façon caractérisée, la situation juridique de celui-ci, quelle que soit leur dénomination. Il faut dans tous les cas une atteinte particulière à la situation juridique personnelle du requérant »[1251].

La Cour a récemment confirmé cette définition dans l'arrêt Toïdi MOUTAIROU[1252] où, citant l'arrêt Alvarez MORENO de la CJCE[1253], elle affirmait que « la notion d'acte faisant grief a été définie par la jurisprudence comme une mesure produisant des effets juridiques obligatoires de nature à affecter les intérêts du requérant en modifiant de façon caractérisée sa situation juridique »[1254].

Ainsi, il est constant dans la jurisprudence de la Cour de justice de l'UEMOA que « l'acte faisant grief » et susceptible de fonder la qualité pour agir des personnes privées, est celui qui « affecte les intérêts du requérant, en modifiant de façon caractérisé sa situation juridique personnelle ». Tel est le cas d'un acte additionnel de la CCEG portant nomination d'un Commissaire en remplacement d'un autre et ayant pour conséquence la révocation de ce dernier[1255] ou encore, d'une décision du Conseil des ministres de l'UMOA interdisant à un ancien commissaire aux comptes, l'exercice de sa profession dans les institutions bancaires et les établissements financiers de l'espace UEMOA pendant trois ans[1256].

[1251] CJUEMOA, arrêt Eugène YAÏ c. Conférence des chefs d'État et de gouvernement de l'UEMOA du 27 avril 2005, *op. cit.* p. 19.

[1252] CJUEMOA, arrêt Toïdi MOUTAIROU et autres c. Conseil des ministres de l'UMOA/Commission bancaire de la BCEAO, 18 décembre 2013, p. 6, non encore publié.

[1253] CJCE, arrêt Alvarez Moreno/Commission, 10 janvier 2006, C-373/04 P, Rec. 2006, p. I-1, pt 42.

[1254] Nous soulignons.

[1255] Voir arrêt Eugène YAÏ précité.

[1256] Voir arrêt Toïdi MOUTAIROU précité.

Bien qu'étant loin de la reconnaissance de l'actio popularis qui semble être admise dans le droit de la CAE[1257], l'on se situe tout de même, en droit de l'UEMOA, hors de l'étau resserré de la condition du requérant « individuellement concerné », requise par l'article 263, alinéa 4, du traité FUE ainsi que de la jurisprudence Plaumann[1258]. En effet, même si la jurisprudence citée ne porte que sur des affaires liées à des actes de portée individuelle, ni la formulation de l'article 8 du protocole additionnel n°1, laquelle ne distingue nullement les actes individuels des actes de portée générale, ni les termes de la définition donnée par la Cour de Justice, ne portent à croire que celle-ci n'est limitée qu'aux seuls actes de portée individuelle[1259].

Hormis l'assouplissement des conditions tenant au locus standi des personnes privées devant la CJUEMOA, les conditions favorables à l'exercice du recours en annulation par les individus portent également sur la nature de l'acte attaquable, marquée par une interprétation jurisprudentielle large.

[1257] Henry ONORIA, « Locus standi of individuals and non-state entities before regional economic integration judicial bodies in Africa », *AJICL*, n° 18.2, 2010, p. 157.

[1258] Mariolina ELIANTONIO & Haakon ROER-EIDE, « Regional Courts and locus standi for privates parties: Can the CJEU learn something from the others? », *The law and practice of international Courts and Tribunals*, n° 13, 2014, p.31 et s.

[1259] Ainsi, tandis que l'individu agissant devant la CJUE devra démontrer que l'acte législatif de portée générale « l'atteint en raison de certains qualités qui lui sont particulières ou d'une situation de fait qui le caractérise par rapport à toute autre personne et de ce fait l'individualise d'une manière analogue à celle du destinataire », l'individu agissant devant la CJUEMOA pourra se contenter de justifier que « l'acte affecte ses intérêts, en modifiant de façon caractérisée sa situation juridique personnelle ». À noter que cette acception du locus standi des individus devant la Cour de Justice de l'UEMOA se rapproche beaucoup des solutions d'assouplissement proposées en droit de l'UE, d'abord par l'avocat général JACOBS dans ses conclusions rendues dans l'arrêt UPA du 21 mars 2002 (arrêt UPA c. Conseil, aff. C-50/00 P, Rec. 2002, p. I-6677, pt 102.), puis par le TPICE dans l'arrêt Jégo-Quéré du 3 mai 2002 (aff. T-177/01, Rec. 2002, p.II-02365, pt 51.). Craignant d'excéder les compétences qui lui étaient reconnues par les traités, la CJCE n'a pas admis cette évolution dans l'arrêt UPA du 25 juillet 2002 (pt 44). Elle préféra renvoyer la question aux États membres, seuls maîtres des traités. Sur ce point, voir Denis WAELBROECK, « Le droit au recours juridictionnel effectif du particulier. Trois pas en avant, deux pas en arrière », *CDE*, 2002, pp. 2-8 ou encore, Rostane MEHDI, « La recevabilité des recours formés par les personnes physiques et morales à l'encontre d'un acte de portée générale : l'aggiornamento n'aura pas lieu », *RTDE*, 2003, pp. 23-50.

ii) La nature de l'acte attaquable

Si les États membres et les organes de l'UEMOA peuvent être considérés comme étant « privilégiés » par rapport aux individus, en ce qui concerne le locus standi devant la Cour de Justice, c'est tout l'inverse qui se produit pour ce qui est de la condition tenant à la nature de l'acte attaquable. En effet, contrairement aux premiers qui ne peuvent former de recours en annulation qu'à l'encontre des « règlements, directives et décisions »[1260], les personnes physiques et morales peuvent agir en annulation contre « tout acte d'un organe »[1261]. De ce fait, un acte est attaquable par des individus, dans le cadre du recours en annulation, dès lors qu'il émane d'un organe de l'UEMOA et vise à produire des effets juridiques obligatoires, indépendamment de sa dénomination. À l'instar de la CJUE, la Cour de Justice de l'UEMOA s'attache ainsi, au-delà de la seule qualification des actes, à l'importance de leurs contenus et à leurs effets à l'égard des tiers ou dans l'ordonnancement juridique de l'Union[1262].

Dans ce sens, elle a admis la recevabilité d'un recours en annulation dirigé contre une correspondance de la Commission, adressée à une entreprise nationale, par laquelle celle-ci se déclarait incompétente pour enjoindre aux États membres de prendre les mesures nécessaires pour le respect des règles de commerce et de concurrence régissant l'UEMOA. La CJUEMOA a en effet considéré que « par cette lettre la Commission [avait] arrêté de manière non équivoque, une mesure comportant des effets juridiques affectant les intérêts de la société des

---

[1260] Art. 8, al. 1, du Protocole additionnel n° 1. La Cour a confirmé le caractère exhaustif de cette disposition dans l'arrêt Eugène YAÏ du 5 avril 2006. Elle affirme notamment « Il y a lieu de préciser en outre que l'article 8 du Protocole additionnel n° 1 relatif aux organes de contrôle distingue deux catégories d'initiateurs de recours en appréciation de légalité. Ainsi, lorsque le recours est initié par un État membre, par le Conseil des ministres ou par la Commission, il ne peut être formé que contre les règlements, les directives et les décisions. Tandis que dans le cas d'un recours ouvert à toute personne physique ou morale, ce recours peut être formé contre « tout acte d'un organe » de l'Union lui faisant grief ». Voir CJUEMOA, arrêt Eugène YAÏ c. CCEG du 5 avril 2006, aff. n° 01/2006, Rec. 2008, p. 590.

[1261] Art. 8, al. 2, du Protocole additionnel n° 1.

[1262] CJUE, arrêt Internationaler Hilfsfonds c. Comm., du 26 janvier 2010, aff. C-362/08 P, Rec. 2010, p. I-669, pt 51. Voir également CJUE, arrêt Commission c. Conseil du 25 octobre 2017, aff. C-687/15, ECLI:EU:C:2017:803, pt 45.

ciments du Togo et s'imposant obligatoirement à elle »[1263]. À l'inverse, le recours en annulation ne peut être valablement formé contre les actes à caractère programmatique, les actes purement confirmatifs ou encore les mesures d'ordre intérieur[1264].

Au-delà de la question des effets juridiques, la nature de l'acte attaquable est également liée à son auteur. L'article 8 du protocole additionnel n° 1 vise tout acte d'un organe au sens de l'article 16 modifié du traité de l'UEMOA. Cela implique non seulement les actes pris par le Conseil, la Commission, le Parlement et la Cour des comptes, mais également ceux émanant de la CCEG[1265]. Ainsi, par la lecture croisée de l'article 8 du protocole additionnel n°1 et de l'article 16 modifié du traité de l'UEMOA, le Parlement de l'UEMOA se voit conférer la légitimation passive, dans une logique inverse à ce qui avait prévalu en droit de l'Union européenne[1266]. Quant à la justiciabilité des actes pris par la Conférence des chefs d'État et de gouvernement, elle a finalement été affirmée par la Cour de Justice de l'UEMOA, dans la

---

1263 CJUEMOA, arrêt Société des Ciments du Togo (CIMTOGO) SA c. Commission de l'UEMOA, 20 juin 2000, aff. n° 01/01, Rec. 1-2002, p. 158. Dans le même ordre, voir CJUEMOA, arrêt Groupement de développement économique d'intervention et de réalisation des investissements (GDEIRI-SA) c. Commission de l'UEMOA, du 12 janvier 2005, p. 10, non publié.

1264 Mouhamadou Moctar MBACKE, *La Cour de Justice de l'Union économique et monétaire ouest-africaine. Son organisation, ses compétences et ses règles de procédures,* Dakar, EDJA, 1999, p. 39.

1265 À noter qu'en vertu du principe selon lequel nul ne peut être juge et partie à la fois, la Cour de justice ne peut connaitre de recours en annulation formés contre ses propres décisions. Toutefois, cela ne l'empêche pas de connaître des pourvois en révision et des demandes en interprétation portant sur ces arrêts, conformément aux articles 82 et suivants et à l'article 85 du règlement de procédures de la Cour.

1266 Pour rappel, c'est à la faveur de l'affirmation de la Communauté de droit, que la Cour de Justice de la Communauté économique européenne avait admis, contra legem, la légitimation passive du Parlement européen, dans l'arrêt les Verts du 23 avril 1986. Cependant, il convient de souligner, que la légitimation passive du Parlement de l'UEMOA, telle que découlant de l'interprétation de l'article 8 du protocole additionnel et de l'article 16 du traité modifié, ne devrait pas entraîner ipso facto sa légitimation active, dans la mesure où ni l'alinéa 1 de l'article 8 dudit protocole, ni le paragraphe 2 de l'article 15 du règlement de procédures, ne l'énumère au titre des requérants « privilégiés ». Pour autant, il n'est pas exclu de s'attendre à une évolution similaire à celle qu'a connue le Parlement européen, dans le sens d'une légitimation active partielle, pour en faire au moins un requérant semi-privilégié, qui serait admis à exercer le recours en annulation pour la sauvegarde de ses intérêts. Cette évolution se justifierait pleinement au regard de l'accroissement des pouvoirs du Parlement dans le cadre du Traité de 2003 relatif à sa création.

longue série des arrêts Eugène YAÏ, après avoir divisé pendant longtemps la doctrine[1267]. Constatant que les actes querellés étaient des actes additionnels à portée individuelle, pris par un organe de l'UEMOA et faisant grief au sieur Eugène YAÏ, la Cour de justice a admis la recevabilité du recours en appréciation de légalité dirigé contre lesdits actes[1268].

Dans l'arrêt Toïdi MOUTAIROU précité, la Cour de Justice a par ailleurs précisé que, dans la mesure où le traité de l'UEMOA et celui de l'UMOA constituaient un même corpus de règles régissant l'UEMOA, les organes de ces deux entités ne pouvaient être que les mêmes. Elle en a déduit la justiciabilité des actes issus des organes de l'UMOA devant sa juridiction, en l'absence de toute attribution expresse de compétence dans le traité de l'UMOA de 2007[1269]. Enfin, la référence aux organes de l'UEMOA vise les organes consultatifs ainsi que les institutions spécialisées autonomes prévues à l'article 41 du traité de l'UEMOA[1270].

[1267] Pour les auteurs ayant soutenu la non justiciabilité des actes additionnels, l'on peut citer l'ancien juge de la Cour de Justice de l'UEMOA, Mouhamadou Moctar MBACKE : Voir Mouhamadou M. MBACKE, *op. cit.* ; Également, semble-t-il, Luc Marius IBRIGA, *in Étude sur le régime juridique des normes communautaires et problèmes connexes (Étude non publiée, commandée par les organes de l'UEMOA),* Ouagadougou, 2006, cité par Robert YOUGBARE, « La nature juridique de l'Acte additionnel dans le système juridique d l'UEMOA, à la lumière de l'affaire 'YAÏ' », *Penant*, Vol. 118, n° 864, p. 355. Pour les auteurs ayant défendu la justiciabilité des actes additionnels, voir Yawovi BATCHASSI et Robert YOUGBARE, « Les actes additionnels de l'UEMOA : analyse juridique », *Cahiers du CEEI*, n° 1, 1999, Ouagadougou, p. 29.

[1268] Voir arrêt Eugène YAÏ du 27 avril 2005, *op. cit.* p. 18 et s.

[1269] En effet, seul l'article 3, alinéa 2 et 3, du traité de l'UMOA, confère compétence à la CJUEMOA pour connaitre des manquements des États membres aux obligations qui leur incombent en vertu dudit traité. Cette jurisprudence a été confirmée en 2019. Voir CJUEMOA, arrêt Monsieur Yao Barnabé YEBOUET c. Conseil des ministres et Commission bancaire de l'UMOA, n° 05/2019, du 15 mai 2019 et arrêt Monsieur Ebrotié KOUADIO c. Commission bancaire de l'Union Monétaire Ouest-Africaine (UMOA), n° 06/2019, du 15 mai 2019, publiés sur www.courdejusticeuemoa.org (consulté en dernier lieu le 17 février 2020).

[1270] Il s'agit notamment de la Chambre consulaire régionale (CCR) et du Conseil du travail et du dialogue social pour ce qui des organes consultatifs, et de la BCEAO ainsi que de la BOAD pour ce qui est des institutions spécialisées. Concernant la justiciabilité de la Chambre consulaire régionale, voir le récent avis du 7 décembre 2016 rendu par la CJUEMOA (CJUEMOA, Avis n°01/2016, demande d'avis de la Chambre consulaire régionale relative à l'interprétation des article 6, 8 et 16 de l'Acte

Dans l'arrêt Mamadou G. LALLOU, la Cour de Justice a même admis sa compétence pour connaitre d'un recours en annulation dirigé contre une décision émanant du jury d'examen d'un diplôme, proposé par un établissement d'enseignement sous-régional, qui avait été créé par une institution spécialisée de l'UEMOA[1271]. Toutefois, en 2018, la Cour s'est déclaré incompétence pour connaitre d'un recours en annulation d'une décision prise par la Caisse de retraite par répartition avec épargne de l'Union monétaire ouest-africaine (CRRAE-UMOA), laquelle s'avère être également un organe subsidiaire crée par la BECEAO et la BOAD, deux institutions spécialisées de l'UEMOA[1272]. Cette décision peut se justifier au regard des Statuts de la CRRAE-UMOA dont l'article 52 prévoit une clause attributive de compétence exclusive aux juridictions du lieu du siège de la Caisse, en l'espèce, les juridictions abidjannaises en Côte d'Ivoire. Elle n'entraine donc pas pour le requérant une situation de déni de justice et de privation de toute protection juridictionnelle. Toutefois, la décision rendue par la Cour n'en demeure pas moins inquiétante au regard de l'interprétation stricte que semble y retenir le juge de l'Union au sujet de la notion d'« organe » telle que prévue à l'article 16 du Traité[1273].

Enfin, il convient de souligner que le recours en annulation n'est pas admis contre les actes pris par les États membres ou des autorités nationales[1274].

---

additionnel n°2/97 fixant les attributions, la composition et les principes d'organisation et de fonctionnement de la Chambre consulaire régionale de l'UEMOA, non encore publié).

1271 CJUEMOA, arrêt Mamadou G. LALLOU c. Jury du DESCOGEF du 23 novembre 2005, Rec. 2008, p. 564.

1272 CJUEMOA, arrêt Monsieur KABORE W. Charles c. CRRAE-UMOA, n° 001/2018, du 14 mars 2018, publié sur www.courdejusticeuemoa.org (consulté en dernier lieu le 17 février 2020).

1273 *Idem*, p. 7.

1274 Dans l'arrêt SONITEL SA & SAHEL-COM SA c. État du Niger, du 16 juin 2010 (aff. n°01/2010, non encore publié), la Cour de justice de l'UEMOA a rejeté le recours en annulation de deux entreprises nationales dirigées contre des arrêtés ministériels, pris par le ministre nigérien de la Communication et comportant des sanctions à leur encontre, au motif que le recours en annulation ne pouvait porter que sur des actes obligatoires de l'Union.

iii) Le délai pour agir et les moyens invocables

Pour être recevable, le recours en appréciation de légalité doit être, enfin, formé dans le délai légal prévu à cet effet. En effet, le recours en annulation doit être exercé dans un délai de deux (2) mois à compter de la publication, pour les actes de portée générale, ou de la notification au requérant, pour ce qui est des actes de portée individuelle. À défaut de notification, pour ce qui est de ces derniers, c'est la théorie de la connaissance acquise qui est applicable, le délai du recours en annulation commençant à courir à compter du jour où le requérant en a eu connaissance[1275]. Aux termes de l'article 69 du règlement de procédures de la Cour de Justice,

> « Si un délai exprimé en jours, en semaines, en mois ou en années est à compter à partir du moment où survient un événement ou s'effectue un acte, le jour au cours duquel survient cet événement où se situe cet acte n'est pas compté dans ce délai [...]. Si le délai prend fin un samedi, un dimanche ou un jour férié légal, l'expiration en est reportée à la fin du jour ouvrable suivant [...]»[1276].

En tout état de cause, le délai du recours en annulation peut être augmenté du délai de distance de quinze (15) jours ouvrables, lorsque les parties n'ont pas leur résidence habituelle au Burkina-Faso[1277]. Comme devant la plupart des juridictions internationales, les règles applicables aux délais des recours devant la CJUEMOA sont d'ordre public, celle-ci pouvant déclarer l'irrecevabilité ex officio d'une requête introduite hors délais[1278].

[1275] Art. 8, al. 3, du protocole additionnel n° 1 et art. 15, par. 2, al. 3 du règlement de procédures.

[1276] Pour une application jurisprudentielle de cette disposition relative à la computation du délai du recours en annulation, voir l'arrêt GDEIRI SA précité, pp.10-11.

[1277] Art. 1er de la décision n° 01/2003 sur les délais de distance du 2 décembre 2003, BO non disponible.

[1278] Tel a été notamment le cas dans l'affaire Société des ciments du Togo SA précitée, la Cour affirmant que « [...] les délais de l'article 32 des Statuts de la Cour de justice et de l'article 15 du Règlement de Procédures sont d'ordre public ; qu'il n'appartient pas au juge ni aux parties d'en disposer à leur gré parce qu'ayant été institués en vue d'assurer la clarté et la sécurité des situations juridiques ». En droit de l'UE, voir

Au fond, l'individu qui agit en annulation devant la Cour de Justice de l'UEMOA peut invoquer plusieurs moyens. L'article 9 du protocole additionnel n°1 cite notamment les vices de forme, d'incompétence, de détournement de pouvoir ou encore, la violation du Traité ou des actes pris en application de celui-ci. En ce qui concerne les vices de forme, la Cour ne retient que l'omission de la formalité substantielle qui est celle « susceptible d'influer sur la décision à intervenir, en raison des garanties qu'elle est censée offrir. Il en est ainsi lorsque la formalité est prévue dans l'intérêt des administrés ou des agents ; son inobservation entraine en principe la nullité de l'acte »[1279]. Peuvent constituer des violations de formalités substantielles, le défaut de motivation des actes par les organes de l'UEMOA, le non-respect des délais impartis, l'ignorance des droits de la défense ou encore l'omission de la saisine d'un organe consultatif prévu par les textes en vigueur au sein de l'UEMOA[1280]. À souligner que l'incompétence de l'auteur d'un acte et la violation d'une formalité substantielle constituent des moyens d'ordre public pouvant être relevés d'office par le juge de l'UEMOA[1281]. En dehors du recours en annulation qu'elles peuvent exercer pour contester l'acte leur faisant grief, les personnes privées ont la possibilité d'en demander réparation par le canal du recours en responsabilité extracontractuelle de l'UEMOA.

b) Les conditions d'accès au recours en responsabilité extracontractuelle

L'individu qui entend agir en responsabilité extracontractuelle de l'UEMOA doit également satisfaire à plusieurs conditions que nous examinerons en distinguant les conditions de fond (ii) des conditions de recevabilité (i).

CJUE, arrêt Gbagbo e. a. c. Conseil du 24 mars 2013, aff. jtes C-478/11 P à 482/11 P, ECLI:EU:C:2013:258, pt 53.

[1279] CJUEMOA, arrêt Abdourahmane SACKO c. Commission de l'UEMOA du 29 mai 1998, aff. n° 02/98, Rec. 1-2002, p. 67.

[1280] Mouhamadou M. MBACKE, *La Cour de Justice de l'Union économique et monétaire ouest-africaine (UEMOA). Son organisation, ses compétences et ses règles de procédure, op. cit.* p. 40.

[1281] *Idem*, p. 42.

i) Les conditions de recevabilité

Les conditions de recevabilité visent ici les organes pouvant faire l'objet d'un recours en indemnisation de la part des individus et le délai légal à respecter pour agir devant la Cour de Justice de l'UEMOA. Comme pour le recours en annulation, la CJUEMOA a consacré une acception large de la notion d'« organe » susceptible d'engager la responsabilité extracontractuelle de l'Union au sens de l'article 15 du protocole additionnel n°1. Ainsi elle a affirmé, de manière constante, sa compétence pour connaitre des recours en responsabilité extracontractuelle dirigés contre des organes autres que ceux visés à l'article 16 modifié du traité de l'UEMOA. Tel est notamment le cas des recours en indemnisation dirigés contre les institutions spécialisées de l'article 41 du Traité[1282] ou contre d'autres organes tels que la Bourse régionale des valeurs mobilières (BRVM)[1283] et le Conseil régional de l'épargne public et des marchés publics (CREMPF)[1284]. Ces organes perdent ainsi devant la Cour de Justice de l'UEMOA les immunités de juridiction conférées par les États membres dans les accords de siège conclus avec eux[1285].

Dans l'arrêt Kader FANNY précité, la Cour de Justice a réaffirmé sa fidélité au principe dit de « rejet des zones dites de non droit ». Constatant qu'il « ressort de la lecture croisée de ces articles que le CREPMF, organe de l'UMOA, ne fait pas partie des organes de l'UEMOA au sens strict […] », la Cour a tout de même retenu sa compétence à l'égard de cet organe en la justifiant par le fait que ledit organe concourait également à la réalisation des objectifs de l'Union et devait être considéré comme étant susceptible de faire l'objet d'un recours en indemnisation. Pour la Cour de Justice, il allait de soi que l'UEMOA soit considérée comme étant redevable des manquements commis par le CREPMF[1286]. Il est important de relever que c'est la

---

[1282] Arrêt Sidonie SODABI précité.

[1283] CJUEMOA, arrêt T. Ludovic TASSEMBEDO c. Bourse régionale des valeurs mobilières (BVRM), du 2 juillet 2003, Rec. 2008, p. 420.

[1284] Voir arrêt Kader FANNY précité.

[1285] Mouhamadou M. MBACKE, *La Cour de Justice de l'Union économique et monétaire ouest-africaine…, op. cit.,* p. 31.

[1286] *Idem*, p. 7 et s.

même logique qui prévaut dans la jurisprudence de la CJCE relative à l'extension de la liste des institutions susceptibles d'être mises en cause dans le cadre de l'actuel article 340, alinéa 2, du Traité FUE, à des organismes tels que la Banque européenne d'investissement (BEI)[1287].

Aux termes de l'article 15, paragraphe 5, alinéa 3 *in limine*, du règlement de procédures,

> « L'action en responsabilité contre l'Union [...] se prescrivent par trois (3) ans à compter de la réalisation des dommages. En cas de pluralité de fautes ou de mise en jeu de la responsabilité d'un tiers, les juridictions nationales peuvent être saisies. Dans ce cas, la Cour de Justice ne peut être saisie qu'après épuisement des voies de recours devant les juridictions nationales ».

Le délai de prescription du recours en indemnisation doit être calculé conformément à l'article 69 du règlement de procédures et peut être augmenté du délai de distance prévu à l'article 1er de la décision n° 1/2003 relative aux délais de distance applicable devant la Cour de Justice de l'UEMOA[1288]. Contrairement à l'article 46 du Statut de la CJUE[1289], l'article 15 du règlement de procédures de la CJUEMOA ne précise pas si cette prescription peut être interrompue et dans quelles circonstances. Toutefois, l'article 50, alinéa 2, des Statuts de la Cour de Justice stipule dans des termes presqu'identiques à l'article 46 du Statut de la CJUE, que « La prescription est interrompue soit par la requête formée devant la Cour, soit par la demande préalable que la victime

[1287] Voir Fabrice PICOD, « Synthèse-Recours directs », *Jurisclasseur Europe Traité,* 2018, pt 97 ; CJCE, arrêt SGEEM et Etroy c. BEI du 2 déc. 1992, aff. C-370/89, Rec. 1992, p. I-6211, pts 13 et 14. Pour ce qui est de l'exercice du recours en indemnisation contre le Médiateur européen, voir également CJCE, arrêt Médiateur européen c. Frank Lamberts, du 23 mars 2004, aff. C-234/02 P, Rec. 2004, p. I-2803.

[1288] CJUEMOA, arrêt Fonds de solidarité africain (FSA) c. l'UEMOA, la BECEAO et la Commission, n° 3/2019, 10 avril 2019, publié sur www.courdejusticeuemoa.org (consulté en dernier lieu le 17 février 2020).

[1289] L'article 46 du Statut de la CJUE stipule que « Les actions contre l'Union en matière de responsabilité non contractuelle se prescrivent par cinq ans à compter de la survenance du fait qui y donne lieu. La prescription est interrompue soit par la requête formée devant la Cour de justice, soit par la demande préalable que la victime peut adresser à l'institution compétente de l'Union. Dans ce dernier cas, la requête doit être formée dans le délai de deux mois prévus à l'article 263 du traité sur le fonctionnement de l'Union européenne ; les dispositions de l'article 265, deuxième alinéa, du traité sur le fonctionnement de l'Union européenne sont, le cas échéant, applicables [...] ».

peut adresser à l'organe compétent de l'UEMOA ». Par ailleurs, l'on peut s'interroger de savoir si la saisine des juridictions nationales, en cas de pluralité de fautes ou de mise en jeu de la responsabilité d'un tiers[1290], n'a pas logiquement pour effet d'interrompre ou de suspendre le délai du recours[1291].

Quant au point de départ du délai de prescription de l'action en indemnisation, l'on peut encore se référer à l'article 50, alinéa 1, des Statuts de la Cour de Justice qui précise que « Les actions contre l'UEMOA, en matière de responsabilité non contractuelle, se prescrivent par trois ans, à compter de la survenance du fait qui y donne lieu »[1292]. Dans ce sens, la Cour de Justice de l'UEMOA a jugé que le point de départ du délai de prescription devrait coïncider avec la date de survenance (concrétisation) du dommage à réparer[1293]. Dans la même veine d'idées, la CJUE considère de manière constante que le délai de prescription commence à courir lorsque sont réunies toutes les conditions auxquelles se trouve subordonnée l'obligation de réparation et, notamment, lorsque le dommage à réparer s'est concrétisé. Dès lors, s'agissant des cas où la responsabilité de l'Union trouve sa source dans un acte normatif, ce délai de prescription ne saurait commencer à courir avant que les effets dommageables de cet acte ne se soient produits et, partant, avant le moment où les intéressés ont dû subir un préjudice certain[1294].

ii) Les conditions de fond

Les conditions de fond du recours en indemnisation ont été posées dans l'arrêt Serge Laubhouet du 29 mai 1998. Dans cet arrêt, la Cour de Justice de l'UEMOA a considéré que « la mise en évidence du comportement irrégulier de l'autorité administrative dans ses actes juridiques [devait] pouvoir suffire pour la condamner à réparer le

[1290] Cette possibilité est prévue notamment à l'article 15, par. 5, al.3, *in fine*, du règlement de procédures de la CJUEMOA.

[1291] Cette solution n'a pas été retenue par la Cour de Justice dans l'affaire Fonds de solidarité africain précitée.

[1292] Nous soulignons.

[1293] CJUEMOA, arrêt Fanny KADER c. CREPMF du 30 avril 2014, *op. cit.*, p. 9.

[1294] CJCE, arrêt Commission c. Cantina sociale di Dolianova e.a., du 17 juillet 2008, aff. C-51/05 P, Rec. p. I-5341, pt 54 ; Également, Trib. (UE), arrêt Aguy Clement Georgias e.a. c. Conseil de l'Union européenne et Commission européenne, du 18 septembre 2014, aff. T-168/12, ECLI:EU:T:2014:781, pt 30.

préjudice souffert dès lors qu'il y a lien de causalité entre ce comportement et le dommage causé »[1295]. Il découle de cet arrêt que trois conditions de fond sont nécessaires dans l'exercice d'un recours en indemnisation. Il s'agit du comportement irrégulier de l'organe en cause, du préjudice (ou du dommage) et du lien de causalité.

À la lumière du règlement de procédures de la CJUEMOA et de la jurisprudence de cette dernière, le comportement irrégulier de l'organe renvoie à la notion de faute dans le chef de l'organe incriminé. En effet, l'article 15, paragraphe 5, alinéa 2, du règlement de procédures, envisage l'hypothèse d'une action récursoire à l'égard des agents qui engageraient la responsabilité de l'Union en raison d'une « faute » qui leur serait personnellement imputable[1296]. Ainsi, dans l'arrêt Kader FANNY[1297], la Cour de Justice de l'UEMOA s'est attachée à rechercher si le fait pour le CREPMF de ne pas avoir concrétisé sa décision d'embauche en faveur de Monsieur FANNY, à la suite de l'assurance prétendument obtenu par ce dernier de la part d'une des responsables de cet organisme, constituait une « faute » de nature à porter préjudice à l'intéressé. Sans définir la notion de faute, la Cour concluait dans cet arrêt que l'attitude fautive du CREPMF ne pouvait être reconnue en l'absence de preuve rapportée par le demandeur.

Que faut-il entendre alors par la notion de faute ? Pour établir l'existence de cette condition, la Cour de Justice se réfère, dans ses arrêts, tant à la notion de « fonctionnement défectueux de l'organe »[1298] qu'à la notion d'« illégalité »[1299]. Le fonctionnement défectueux de l'organe est une application de la « faute de service » bien connue en droit administratif[1300]. Dans l'arrêt Serge Laubhouet, la Cour de Justice a ainsi jugé qu'en omettant de procéder à la publication des règlements d'exécution dont l'entrée en vigueur devait permettre au requérant

---

[1295] Arrêt Serge Laubhouet précité, Rec. p. 170.

[1296] Art. 15, par. 5, al. 2, du règlement des procédures. Il en découle implicitement que la recours en responsabilité extracontractuelle dirigé contre l'Union ne peut valablement prospérer que si elle est fondée sur une faute imputable à cette dernière, soit de son propre fait, soit du fait de ses agents, dans l'exercice ou à l'occasion de leurs fonctions.

[1297] Arrêt Fanny KADER précité, p. 10.

[1298] Voir arrêt Serge Laubhouet précité, p. 172.

[1299] Voir CJUEMOA, arrêt Haoua TOURE c. Commission de l'UEMOA du 25 juin 2003, aff. n° 01/03, Rec. 2008, p. 418.

[1300] Voir aussi Demba SY, « L'activité de la Cour de Justice de l'UEMOA », *Nouvelles anales africaines*, n° 1, 2007, Dakar, Université CAD, p. 237.

d'exercer valablement son recours, la Commission avait commis « des irrégularités assimilables à un fonctionnement défectueux de l'organe »[1301].

En revanche, dans l'arrêt Haoua TOURÉ, la CJUEMOA s'est référée à « l'illégalité du comportement de la Commission »[1302] qu'elle a jugé établie à travers le non-respect, par cette dernière, du droit d'être entendu de l'agent demandeur. Elle en a jugé de même pour ce qui est de l'obligation de consulter, préalablement à toute sanction disciplinaire de second degré, l'autorité chargée des ressources humaines[1303]. Pour la Cour, l'observation de ces règles relevait de « formalités substantielles » au regard des dispositions du règlement portant statuts des fonctionnaires de l'UEMOA[1304]. De l'ensemble de ces constatations, la Cour a conclu que « la condition relative à l'existence d'un comportement fautif de la part de la Commission [était] suffisamment établie […] »[1305]. Ainsi présentée, l'approche suivie par la Cour de Justice de l'UEMOA semble se distinguer de l'approche suivie par sa consœur européenne, laquelle se réfère notamment à la notion de violation suffisamment caractérisée de la règle de droit ayant pour objet de conférer des droits aux particuliers[1306].

À l'opposé du droit de l'UEMOA, l'élément décisif pour engager la responsabilité de l'UE n'est pas tant la gravité de l'illégalité commise que les circonstances dans lesquelles elle l'a été. En effet, le critère utilisé par la CJCE pour apprécier la violation suffisamment caractérisée est celle de la marge d'appréciation laissée à l'institution mise en cause[1307]. Si l'institution mise en cause ne dispose que d'une marge d'appréciation considérablement réduite, voire inexistante, la simple infraction au droit de l'Union européenne peut suffire à établir une violation suffisamment caractérisée[1308]. S'il apparaît, au contraire,

---

[1301] *Idem*, p. 22.

[1302] Arrêt Haoua TOURE précité.

[1303] *Ibidem*.

[1304] Voir dans ce sens, l'arrêt Sidonie SODABI précité, p. 16 et s. Également, CJCUEMOA, arrêt Ababacar DIENG c. Commission de l'UEMOA du 29 mai 1998, aff. n°03/98, Rec. 2008, p. 202, préc. p. 215. (ci-après arrêt Ababacar DIENG I)

[1305] Voir arrêt Haoua TOURÉ précité, p. 419.

[1306]CJUE, , arrêt Artegodan c. Commission, du 19 avril 2012, aff. C-221/10 P,ECLI:EU:C:2012:216, pt 80.

[1307]CJCE, arrêt Bergaderm et Goupil c. Commission du 4 juillet 2000, aff. C-352/98 P, Rec. 2000, p. I-5291, pt 43.

[1308]*Ibidem*.

que l'institution dispose d'une marge d'appréciation importante, il faudra alors établir une violation manifeste et grave des limites qui s'imposent à son pouvoir d'appréciation[1309].

Pour ce qui est des actes de nature à engager la responsabilité pour faute d'un organe de l'UEMOA ou d'un de ses agents, l'article 15, paragraphe 5, alinéa 1, in fine, du règlement de procédures, stipule que la responsabilité de l'Union et de ses organes peut être engagée « soit par des agissements matériels, soit par des actes normatifs ». Les actes normatifs visent tout acte juridique de l'Union produisant des effets de droit à l'égard des tiers. Quant aux agissements, ils ont été définis comme pouvant se rattacher, par exemple, à des accidents de circulation impliquant des véhicules appartenant à l'Union ou à tout autre fait dommageable causé par des biens placés sous la garde de ces derniers[1310]. En réalité, la notion d'« agissements matériels » doit être comprise dans un sens plus large, en la définissant de manière négative par rapport à tout ce qui ne relèverait pas des « actes normatifs ». La responsabilité du fait des agissements matériels engloberait ainsi toutes les situations dans lesquelles la responsabilité de l'organe de l'Union ne peut pas être engagé du fait d'un acte juridique qui lui est imputable. Tel fut précisément le cas dans l'affaire Serge Laubhouet et dans l'affaire Kader FANNY, où la responsabilité des organes visés n'était pas mise en jeu en raison d'un acte juridique mais plutôt d'un comportement ou d'une attitude qui leur était reproché.

Contrairement à la responsabilité pour faute, on ne retrouve, à ce jour, aucune trace explicite ou implicite de la responsabilité sans faute, ni dans les textes régissant la Cour de Justice de l'UEMOA, ni dans la jurisprudence de cette dernière. Dans l'arrêt El Hadj Abdou SACKO rendu récemment[1311], les conseils de la CCEG avaient soutenu l'irrecevabilité du recours en responsabilité pour faute du Sieur El Hadj SACKO, tout en affirmant que « c'est plutôt sur le terrain de la responsabilité pour faute, tiré de la rupture du principe d'égalité des citoyens devant les charges publiques, que la Cour pourrait accueillir ce recours en responsabilité aux fins d'indemnisation introduit par le

[1309] Ibid. Voir également Trib. (UE), arrêt ATC et a. c. Commission, du 16 sept. 2013, aff. T-333/10,ECLI:EU:T:2013:451, pts 64 à 133.

[1310] Mouhamadou M. MBACKE, La Cour de Justice de l'Union économique et monétaire ouest-africaine..., *op. cit.* p. 31.

[1311] CJUEMOA, arrêt El Hadj SACKO c. CCEG et Commission du 18 avril 2017, aff. n° 4/2017, non publié, p. 5.

requérant ». La Cour de Justice ne se prononcera pas sur ce point, laissant ainsi la question ouverte[1312].

En ce qui concerne enfin les conditions de l'existence d'un préjudicie ainsi que du lien de causalité, la Cour de Justice de l'UEMOA ne s'y attarde pas véritablement dans ses décisions. Dans les affaires où elle a admis l'existence d'un préjudice subi par les requérants, la Cour a en effet tendance à opérer une déduction du préjudicie de la constatation de la faute dans le chef de l'organe incriminé. Par exemple, dans l'arrêt Haoua TOURÉ, la Cour s'est contenté d'affirmer que « la décision attaquée [était] génératrice du dommage invoqué par la requérante »[1313]. Toutefois, la Cour ne saurait faire droit à la demande d'un requérant qui a concouru à la réalisation de son préjudice[1314]. En droit de l'UE, il est constant que le préjudice allégué par le requérant doit être réel, certain et évaluable. C'est à ce dernier qu'il appartient d'apporter la preuve tant de son existence que de l'étendue du préjudice qu'il invoque[1315]. Il en est de même en ce qui concerne le lien de causalité entre la faute et le préjudice invoqué[1316]. Ce lien doit être direct et ne peut être retenu lorsque la contribution des institutions au préjudice est trop éloignée[1317].

En vue d'élargir l'accès des individus aux voies de recours direct, la Cour de Justice a consacré l'autonomie du recours en indemnisation vis-à-vis du recours en annulation. Cela signifie notamment que les requérants qui n'arriveraient pas à saisir le juge de l'UEMOA dans le délai du recours en annulation ou parce qu'ils ne rempliraient pas les conditions de recevabilité pour le faire, pourraient tout de même saisir

---

[1312] À titre de droit comparé, la CJCE a refusé de consacrer la responsabilité sans faute que le Tribunal avait pourtant admis. Voir CJCE, arrêt FIAMM Technologies du 9 septembre 2008, aff. C-120/06 P et C-121/06 P, Rec. 2008, p. I-6513.

[1313] CJUEMOA, arrêt Haoua TOURÉ c. Commission de l'UEMOA, du 25 juin 2003, *op. cit.*, p. 419.

[1314] CJUEMOA, arrêt Ababacar DIENG II, *op. cit.*

[1315]CJCE, arrêt SELEX sistemi Integrati c. Commission, du 16 juill. 2009, aff. C-481/07 P, Rec. 2009, p. I-127, pt 36.

[1316]Trib. (UE), arrêt Safa Nicu Sepahan c. Conseil du 25 nov. 2014, aff. T-384/11, ECLI:EU:T:2014:986, pt 71.

[1317]Trib. (UE), arrêt Flying Holding et a. c. Commission du 26 sept. 2014, aff. jtes T-91/12 et T-280/12, ECLI:EU:T:2014:832, pt 118.

ce dernier afin d'obtenir réparation pour les préjudices subis du fait de l'acte contesté.

2) L'autonomie des voies de recours directs

Le recours en indemnisation est un recours autonome du recours en annulation. Cette autonomie a été posée par la Cour de Justice de l'UEMOA dans l'arrêt Serges Laubhouet du 29 mai 1998[1318]. En des termes très instructifs, l'arrêt dispose qu'

> « [...] il y a lieu de souligner que le recours en annulation de l'article 8 du [protocole additionnel] et le recours en responsabilité des articles 15 et 16 [...] constituent des actions indépendantes l'une de l'autre, l'action en responsabilité extracontractuelle ne pouvant être considérée en tout état de cause comme un recours subsidiaire à l'action en annulation. Ces recours n'ont ni le même fondement, ni le même objet, ni les mêmes moyens de droit invocables, [...] le recours en annulation permet au juge saisi de se prononcer sur la validité de l'acte attaqué qu'il peut annuler sans pour autant en tirer les conséquences de droit quant aux conséquences dommageables résultant de l'irrégularité de l'acte ; tandis que le recours en responsabilité ou en indemnité comme son nom l'indique permet au Juge de l'indemnisation de tirer conséquence de l'imperfection de tout acte matériel ou juridique pour en apprécier les dommages qui en résultent en vue de la réparation des préjudices qu'il a causés »[1319].

En réalité, c'est le juge rapporteur dans ladite affaire, Mouhamadou M. MBACKÉ, qui est l'artisan de cette consécration jurisprudentielle. S'inspirant expressément d'un célèbre arrêt de la CJCE, l'arrêt Aktien-Zuckerfabrik[1320], ce dernier avait en effet défendu qu'« il n'y [avait] pas lieu de recourir à la procédure de l'annulation comme préalable à l'action en indemnisation basée sur l'illégalité d'un acte d'un organe

---

[1318] CJUEMOA, arrêt Serges Laubhouet c. Commission du 29 mai 1998, aff. n° 01/98, Rec. 2008, p. 150.

[1319] *Idem*, p. 37 à 38.

[1320] CJCE, arrêt Aktien-Zuckerfabrik Schöppenstedt c. Conseil des Communautés européennes du 2 décembre 1971, aff. 5/71, Rec. 1971, p. 975.

communautaire qui a causé un dommage à la victime requérante »[1321]. Pour lui, l'autonomie du recours en indemnisation se justifiait non seulement d'un point de vue fonctionnel, mais également par le souci du « législateur » de l'UEMOA d'éviter la compensation des délais entre les deux recours. En effet, étant légalement de trois ans[1322], le délai de prescription en matière de recours en responsabilité extracontractuelle se trouverait réduit au délai de forclusion de deux mois, prévu pour le recours en annulation, si ce dernier recours devait être considéré comme un préalable à l'action en indemnisation.

Ainsi, le justiciable frappé de forclusion pour n'avoir pas agi en annulation dans le délai de deux mois à compter de la publication ou de la notification, selon la nature de l'acte, ne pourrait en aucun cas agir postérieurement en indemnisation du fait de l'illégalité de l'acte. Ce dernier se trouverait privé de l'exercice d'une voie de droit dont le délai de prescription continuerait pourtant à courir. En vertu de l'autonomie du recours en responsabilité extracontractuelle, le requérant forclos pour agir en annulation, pourra néanmoins agir en indemnisation s'il remplit les conditions requises à cet effet. Dans l'arrêt Haoua TOURÉ précité, la Cour a jugé qu'en raison de l'autonomie des voies de recours directs, il était loisible au requérant de choisir entre le recours en annulation et le recours en indemnisation, ou de les engager simultanément devant sa juridiction. Cette solution a été confirmée dans l'arrêt Dame Sidonie SODABI et autres du 19 décembre 2012[1323].

En dehors des voies de recours directes dont les conditions d'accès relativement favorables viennent d'être exposées, les individus qui souhaitent contester la validité d'un acte pris par l'un des organes de l'UEMOA, peuvent également user ou provoquer le déclenchement de voies de droit incidentes prévues à cet effet.

B) Les voies de droit incidentes

Les voies de droit incidentes offrent aux individus la possibilité de contester, de manière incidente, la validité des actes adoptés par les organes de l'UEMOA, pour en obtenir l'annulation ou la mise à l'écart

[1321] Voir Observations et conclusions du juge rapporteur Mouhamadou Moctar MBACKE dans l'affaire Serge Laubhouet précité, p. 158.
[1322] Art. 15, par. 5, al. 3, du règlement de procédures.
[1323] Arrêt Dame Sidonie SODABI précité.

malgré l'expiration des délais de recours directs[1324]. Il s'agit d'une part, du renvoi préjudiciel en appréciation de la légalité devant leur juge naturel et d'autre part, de l'invocation de l'exception d'illégalité. L'examen des conditions d'accès à ces voies de droit (1) permettra de mettre en évidence leur complémentarité cumulative par rapport au recours en annulation (2).

1) Les conditions d'accès aux voies de droit incidentes

Bien qu'ils soient tous les deux des voies de contestation incidente de la légalité des actes pris par les organes, l'exception d'illégalité et le renvoi préjudiciel en appréciation de la légalité se distinguent quant aux conditions respectives qu'ils fixent à l'accès des individus. Nous aborderons les conditions d'accès à l'exception d'illégalité (1) avant de nous intéresser aux conditions d'accès au renvoi préjudiciel en appréciation de légalité (2).

a) Les conditions d'accès à l'exception d'illégalité

L'exception d'illégalité ne correspond pas véritablement à une voie d'action autonome dans la mesure où il s'agit d'une procédure incidente devant le juge supranational, qui vient se greffer sur un recours préexistant visant le plus souvent un acte dérivé de celui dont l'illégalité est soulevée par voie d'exception[1325]. Elle permet aux personnes privées d'obtenir le contrôle incident de la légalité des actes pris par les organes, lorsqu'ils n'ont pas été à même de le faire à titre principal, par le biais du recours en annulation, dans le délai légal des deux (2) mois prévu à cet effet.

En droit de l'UEMOA, l'exception d'illégalité trouve son fondement à l'article 11 du protocole additionnel n° 1 qui stipule que « Toute partie peut, à l'occasion d'un litige, soulever l'exception d'illégalité à l'encontre d'un acte du Conseil ou de la Commission, nonobstant l'expiration du délai mentionné à l'article 8 alinéa 3 ». Deux principales conditions découlent de cette disposition pour l'accès à l'exception d'illégalité. S'agissant d'abord des personnes admises à soulever

[1324] Voir dans ce sens, Laurent COUTRON, *La contestation des actes de l'Union européenne,* Bruxelles, Bruylant, 2007, 872 p., préc. p. 6.
[1325] Joël MOLINIER, « Exception d'illégalité », *Jurisclasseur Europe Traité*, Fasc. 350, 2011, pt 3.

l'exception d'illégalité, l'article 11 du protocole additionnel n° 1 n'émet aucune restriction, celle-ci pouvant être soulevée de la même manière par les États membres, les organes, les individus, qu'ils soient demandeurs ou défendeurs dans la procédure principale. En droit de l'Union européenne, la notion de « partie » susceptible d'invoquer l'exception d'illégalité est également ouverte aux intervenants en considération du caractère d'incident de procédure de cette voie de droit[1326].

S'agissant ensuite des actes susceptibles de faire l'objet d'une exception d'illégalité, l'article 11 du protocole additionnel n°1 dispose, sans autres, que celle-ci peut porter sur « un acte du Conseil ou de la Commission ». La question qui se pose est dès lors de savoir si les actes auxquels se réfère cette disposition sont exhaustifs ou simplement exemplatifs. Il est intéressant de relever à cet égard que l'article 11 du protocole additionnel n° 1 est rédigé en des termes quasi-identiques à l'ex article 184 CEE (art. 277 TFUE) qui prévoyait l'exception d'illégalité contre « un règlement du Conseil ou de la Commission ». Se fondant sur le caractère compensatoire de l'exception d'illégalité vis-à-vis du recours en annulation, la CJCE a étendu le champ des actes susceptibles d'être ainsi contestés à « tous les actes à caractère général »[1327]. Cette extension jurisprudentielle a été consacrée par l'article 277 du traité FUE mais continue d'exclure les actes individuels des actes susceptibles de former l'objet d'une exception d'illégalité[1328].

Pour notre part, l'article 11 du protocole additionnel n° 1 doit être interprétée de manière cohérente avec les conditions d'accès du recours en annulation. Pour rappel, la Cour de Justice de l'UEMOA a retenu une conception large des actes pouvant former l'objet d'un recours en annulation. Ces actes sont non seulement ceux des organes visés à l'article 16 modifié du traité de l'UEMOA mais également ceux des institutions spécialisées autonomes prévues à l'article 41 ainsi que ceux de tous autres organismes subsidiaires, crées par des organes de l'UEMOA et concourant à la réalisation des objectifs du traité

[1326] René BARENTS, Helen E. BREESE (eds), *Remedies and procedures before the EU Courts, Alphen aan den Rijn, The Netherlands. Wolters Kluwer: Kluwer Law International B.V.*, 2016, 909 p., préc. p. 296.

[1327] CJCE, arrêt Simmenthal c. Commission, 6 mars 1979, *op. cit.*, pts 41 et s. Également, TPICE, arrêt Reinarz du 26 octobre 1993, aff. T-6/92, Rec. 1993, p. II-1047.

[1328] Cf. *infra*, 2°).

constitutif. Suivant la même logique, l'exception d'illégalité soulevée devant le juge de l'UEMOA devrait pouvoir se fonder sur l'ensemble des moyens d'illégalité prévue à l'article 9 du protocole additionnel n° 1, à savoir les vices de forme, d'incompétence, de détournement de pouvoir, et la violation du traité de l'UEMOA ainsi que des actes pris en application de celui-ci. Enfin, il faut rappeler que devant le juge de l'UEMOA, l'exception d'illégalité revêt le caractère d'une voie de droit subsidiaire dans la mesure où elle doit nécessairement se greffer à une voie de droit principale. À cet effet, l'article 11 du protocole additionnel n° 1 se borne à évoquer la possibilité de soulever une exception d'illégalité « à l'occasion d'un litige ». Il en découle que cette possibilité n'est pas limitée à une voie de droit particulière.

En revanche, pour que les individus puissent y avoir accès, il faut que l'exception d'illégalité se greffe à une voie de droit qui leur est ouverte puisqu'ils doivent être parties au litige à l'occasion duquel ladite exception est soulevée. Ainsi, les individus ne pourront logiquement évoquer une exception d'illégalité à l'occasion d'un recours en manquement. Ils pourront cependant le faire, par exemple, à l'occasion de l'exercice du recours en annulation ou du recours en indemnisation, à condition d'y être demandeur, défendeur ou partie intervenante. Enfin, compte tenu de son caractère accessoire, l'exception d'illégalité soulevée à l'occasion d'un litige ne devrait être recevable que si le recours principal exercé devant la Cour de Justice est lui-même recevable. En droit de l'UE, cette condition de recevabilité a été énoncée dans l'arrêt Renato Albini, la CJCE considérant que l'exception d'illégalité ne pouvait être exercée en l'absence d'un droit de recours principal[1329]. Toujours en considération du caractère accessoire de l'exception d'illégalité, la CJCE ne la considère comme recevable que lorsqu'il existe un lien d'applicabilité et de connexité entre l'acte litigieux et l'acte de base prétendument illégal[1330].

[1329] CJCE, arrêt Renato Albini c. Conseil et Commission des Communautés européennes du 16 juillet 1981, Rec. 1981, p. 2141, pt 17. Voir aussi : TFPUE, arrêt Lebedef et Jones c. Commissiondu 30 septembre 2010, aff. F-29/09, ECLI:EU:F:2010:120, pts 29-30.

[1330] Voir CJCE, arrêt Italie c. Conseil et Commission du 13 juillet 1966, aff. 32/65, Rec. p. 1966, p. 563, spéc. p. 594 et Tribunal, arrêt Deutsche Bahn e.a. c. Commission du 6 septembre 2013, aff. jtes T-289/11, T-290/11 et T-521/11, ECLI:EU:T:2013:404, pts 56-58.

Contrairement à l'exception l'illégalité qui se déroule exclusivement devant le juge de l'UEMOA, le renvoi préjudiciel en appréciation de légalité est une procédure à califourchon entre la juridiction supranationale et la juridiction nationale.

b) Les conditions d'accès au renvoi préjudiciel en appréciation de légalité

Le mécanisme du renvoi préjudiciel, tel qu'il existe en droit de l'UEMOA, s'inspire du renvoi préjudiciel prévu à l'article 267 du traité FUE (ex art. 234 CE). Perçu comme un « instrument de coopération judiciaire »[1331] ou encore comme « la forme la plus aboutie du dialogue des juges »[1332], le renvoi préjudiciel vise principalement à garantir, au sein des États membres, l'uniformité dans l'interprétation et l'application du droit de l'intégration, tout en assurant le respect des compétences respectivement dévolues à la Cour de Justice et aux juridictions nationales[1333]. Prévu à l'article 12 du protocole additionnel n° 1[1334], le renvoi préjudiciel en droit de l'UEMOA peut porter soit sur l'interprétation du droit primaire et du droit dérivé[1335], soit sur la légalité du droit dérivé.

À l'instar de l'exception d'illégalité qui est invoquée devant le juge de l'UEMOA, le renvoi préjudiciel en appréciation de légalité permet aux

---

[1331] Ami BARAV, « Le renvoi préjudiciel communautaire » *in Justices, Revue générale de droit processuel,* 1997, n° 6 : Justice et Europe : Facteurs d'unités, Paris, Dalloz, p. 1.

[1332] Laurence BURGOGUE-LARSEN, « De l'internationalisation du dialogue des juges. Missive doctrinale à l'attention de Bruno Genevois » *in Dialogue des juges. Mélanges en l'honneur du président Bruno Genevois*, Paris, Dalloz, 2009, p. 101.

[1333] En effet, il convient de rappeler le fait que le droit issu de l'intégration a vocation à être invoqué devant les juridictions nationales des États membres, tant en vertu des caractéristiques intrinsèques qui fondent son autonomie, que par le biais des normes nationales amenées à procéder à sa mise en œuvre au plan interne. Dans ce contexte, il apparaissait nécessaire de s'assurer que l'invocation du droit de l'intégration devant lesdites juridictions ne conduise à son interprétation et à son application de manière diffuse, au risque de mettre en péril son efficacité, voire son eccéité. D'où l'attribution du fin mot en matière d'interprétation et d'application de ce droit à la juridiction supranationale et la possibilité /obligation pour les juges nationaux de s'y référer en cas de doute ou de difficulté dans l'exercice de leur office.

[1334] Voir aussi art. 27 des statuts de la Cour et art. 15, para. 6, du règlement de procédures.

[1335] Cf. *infra*, chap. 2.

individus de soulever devant le juge national, l'exception d'illégalité des actes pris par les organes. Par ce mécanisme, le juge national qui émet, d'office ou après y avoir été convaincu par les plaideurs, des doutes sur la légalité du droit dérivé, peut ou doit surseoir à statuer et poser une question dite préjudicielle à la Cour de Justice de l'UEMOA, à l'effet d'asseoir sa religion sur la légalité dudit acte. Les individus, personnes physiques et morales, ont ainsi un accès au juge de l'UEMOA, par l'intermédiaire du juge national, pour la contestation incidente de la légalité des actes pris par les organes. Conformément à l'article 12 du protocole additionnel n° 1, la Cour de Justice n'est compétente que si la question préjudicielle porte sur la légalité des « actes pris par les organes de l'Union ou des statuts des organismes crées par un acte du Conseil » et si celle-ci émane « d'une juridiction nationale » ou « d'une autorité à fonction juridictionnelle ».

En interprétant cette disposition de manière cohérente avec le recours en annulation, voie de contestation directe de la légalité des actes pris par les organes, le renvoi préjudiciel en appréciation de légalité devrait porter sur l'ensemble des actes pris par les organes et susceptibles de faire l'objet d'un recours en annulation au titre de l'article 8 du protocole additionnel n° 1, y compris les actes issus des organes consultatifs et des institutions spécialisées tel que cela ressort de la jurisprudence de la CJUEMOA[1336]. Quant aux notions de « juridiction nationale » et d'« autorité à fonction juridictionnelle », elles s'avèrent plus problématiques si tant est que de l'aveu de la Cour de Justice « [...] le terme juridictionnel ne couvre pas une réalité identique dans tous les cas de figures »[1337]. Amenée à se prononcer sur le caractère juridictionnel et les compétences de la Cour des comptes de l'UEMOA, la Cour de Justice affirmait qu'

> « Étymologiquement, la juridiction s'entend du pouvoir de juger, du droit de juger et plus largement l'organe détenant ce pouvoir de juger. Mais il y a toute une variété de juridictions : judiciaires, administratives, ordinales, disciplinaires, etc… chacune ayant ses attributions, ses compétences, son mode de procéder, son cérémonial, etc… Dans l'organisation judiciaire,

---

[1336] Cf. *supra,* sect. 1, par. 1, A.

[1337] CJUEMOA, avis n° 3/99 du 25 novembre 1999. Demande d'avis du président de la Commission de l'UEMOA relative à l'interprétation des dispositions du traité de l'UEMOA et de son protocole additionnel n° 1, non encore publié.

> il existe même des juridictions sans droit de sanction telles que les juges d'instruction […] »[1338].

La question qui se pose alors est celle de savoir lesquelles parmi ces juridictions peuvent véritablement poser à la Cour de Justice des questions préjudicielles. Quels sont les critères déterminants à cet effet ? À ce jour, la Cour de Justice est restée aphone sur cette question pourtant fondamentale. Toutefois, le moins que l'on puisse dire, c'est que les rédacteurs des textes régissant le renvoi préjudiciel auprès de la CJUEMOA ont entendu ratisser large à travers notamment la référence supplémentaire à « l'autorité à fonction juridictionnelle ». Ce qui est également certain, c'est que la Cour de Justice de l'UEMOA s'est déjà déclarée compétente pour examiner des renvois préjudiciels émanant du Conseil d'État du Sénégal[1339], de la Cour de cassation du Burkina-Faso[1340] ainsi que de la Cour d'appel de Lomé[1341], qui sont toutes des juridictions appartenant aux organigrammes judicaires respectifs du Sénégal, du Burkina-Faso et du Togo.

En revanche, dans l'avis n° 1/2000 relatif au projet du Code communautaire des investissements[1342], la Cour de Justice a affirmé qu'elle ne serait pas compétente pour connaître d'un renvoi préjudiciel qui émanerait d'un tribunal arbitral ou encore de la Cour Commune de Justice de d'Arbitrage de l'OHADA (CCJA)[1343], laquelle constitue une juridiction internationale créée par un accord auquel est partie l'ensemble des États membres de l'UEMOA. Cette dernière décision évoque manifestement la jurisprudence de la CJCE issue de l'arrêt Nordsee[1344], de l'avis 1/09[1345] ou encore de l'arrêt Miles[1346]. Dans

---

1338 *Idem*, p. 4.
1339 CJUEMOA, arrêt Compagnie Air France contre Syndicat des Agents de Voyage et de Tourisme du Sénégal du 12 janvier 2005, aff. n°02/05, Rec. 2008, p. 518.
1340 CJUEMOA, arrêt TRAORE Thierry Michel c. SALIFOU Mohamed du 30 avril 2014, aff. n° 11 RP 001.12, non encore publié. Voir aussi : CJUEMOA, arrêt TRAORE Thierry Michel c. SYB Léwa Sansan Dieudonné du 30 avril 2014, aff. n° 11 RP 003.20, non encore publié.
1341 CJUEMOA, arrêt BOAD c. SOUMAHORO Youssouf du 30 avril 2014, aff. n° 13 RP 001.36, non encore publié. Voir aussi : CJUEMOA, arrêt TRAORE Lassina c. BOAD du 30 avril 2014, aff. n° 13 RP 002.53, non encore publié.
1342 CJUEMOA, avis n° 1/2000 précité, p. 229.
1343 *Idem*, p. 3.
1344 CJCE, arrêt Nordsee du 23 mars 1982, *op. cit.*, pt 13.
1345 CJUE, avis 1/09 du 8 mars 2011, *op. cit.*, p. pt 89.
1346 CJUE, arrêt Paul Miles e. a. c. Écoles européennes, 14 juin 2011, aff. C-196/09, Rec. 2011 p. I-5105, pts 41-46.

l'arrêt Nordsee, la Cour a notamment exclu sa compétence pour connaitre du renvoi préjudiciel en raison du caractère non obligatoire du tribunal arbitral qui l'avait saisi et de l'inexistence d'un lien étroit entre la procédure arbitrale mise en œuvre devant ce dernier et l'organisation des voies de recours légales dans l'État membre concerné. Dans l'avis 1/09 et dans l'arrêt Miles, elle s'est également considérée incompétente compte tenu du fait que les juridictions instituées se situaient hors du cadre institutionnel et juridictionnel de l'Union et des États membres et du fait qu'elles privaient les juridictions nationales de la faculté de lui poser des questions préjudicielles dans les domaines visés par les accords visés[1347].

Toutefois, dans l'arrêt Ascendi de 2014, la Cour a reconnu sa compétence pour connaître du renvoi préjudiciel émanant d'un tribunal arbitral appartenant au système national portugais de résolution juridictionnelle des litiges dans le domaine fiscal, dont les décisions étaient contraignantes pour les parties et dont la compétence ne dépendait pas de l'accord de celles-ci[1348]. Dans l'arrêt Achmea rendu en 2018, la CJUE a considéré en revanche qu'un tribunal arbitral crée par un traité bilatéral d'investissement (TBI) entre États membres, ne pouvait être considéré comme étant apte à lui poser une question préjudicielle dans la mesure où il dérogeait aux compétences des juridictions des États membres parties audit traité et ne faisaient pas partie, de ce fait, de leurs systèmes juridictionnels respectifs[1349].

Pour la définition des critères nécessaires à l'identification des juridictions nationales susceptibles de poser des questions préjudicielles à la Cour de Justice, le recours au droit comparé de l'Union européenne se révèle instructif une fois de plus. Considérant la notion de « juridiction d'un État membre » comme étant une notion autonome du droit de l'UE, la CJCE en a formulé plusieurs critères au

[1347] La Cour a cependant admis la possibilité qu'une juridiction commune à plusieurs États membres puisse lui soumettre, à l'instar de la Cour de Justice du Benelux, des questions préjudicielles. La Cour a en effet considéré que cette dernière présentait un lien étroit avec les systèmes juridictionnels des États membres dans la mesure où d'une part, elle était chargée d'assurer l'application uniformes de règles communes à ces États membres et d'autre part, la procédure devant elle formait un incident dans les procédures pendantes devant les juridictions nationales à l'issue duquel l'interprétation définitive des règles juridiques communes au Benelux est établie. Voir arrêt Miles précité, pt 41.

[1348] CJUE, arrêt Ascendi du 12 juin 2014, aff. C-377/13, ECLI:EU:C:2014:1754.

[1349] CJUE, arrêt Achmea du 6 mars 2018, aff. C-284/16, ECLI:EU:C:2018:158, pt 46.

fil de sa jurisprudence constituée fondamentalement des arrêts Vaassen Göbbels[1350], Corbiau[1351] et Borker[1352]. Opérant une belle synthèse de cette jurisprudence, Ami BARAV présentait la juridiction nationale susceptible de poser une question préjudicielle à la Cour de justice de l'Union européenne, comme « un organe institué par la loi à titre permanent, obligatoirement saisi afin de trancher des litiges, appliquant la règle de droit, suivant une procédure contradictoire et adoptant, en toute indépendance, une décision contraignante de caractère juridictionnel »[1353].

Quant à la notion d'« autorité à fonction juridictionnelle », elle n'est pas non plus méconnue en droit de l'Union européenne bien qu'elle n'apparaisse pas expressément à l'article 267 du traité FUE. En effet, la CJCE a considéré qu'une juridiction de droit national pouvait exercer une fonction non juridictionnelle[1354], tandis qu'une autorité administrative se verrait investie d'une fonction juridictionnelle[1355]. Dans l'arrêt Victoria Film, elle a ainsi rejeté le renvoi préjudiciel formé par la Commission suédoise de droit fiscal en motivant que

> « Même s'il existe, en l'espèce, des éléments qui pourraient permettre de considérer [ladite Commission] comme exerçant une fonction juridictionnelle, notamment le statut

---

[1350] CJCE, arrêt Veuve G. Vaassen-Göbbels du 30 juin 1966, aff. 61/65, Rec. 1966, pp. 394-395.

[1351] CJCE, arrêt Pierre Corbiau du 30 mars 1993, aff. C-24/92, 1993 Rec. p. I-01277, pt 16.

[1352] CJCE, Ord. Jules Borker du 18 juin 1980, aff. 138/80, Rec. p. 1975.

[1353] Ami BARAV, « Tâtonnement préjudiciel. La notion de juridiction en droit communautaire » *in Liber Amicorum en l'honneur de BO VESTERDORF,* Bruxelles, Bruylant, 2007, p. 97. Sur la notion de juridiction en droit de l'UE, voir aussi, José Carlos M. De ALMEIDA, « La notion de juridiction d'un État membre (article 177 du traité CE) » *in Mélanges en hommage à F. SCHOCKWEILER*, *op. cit.*, p. 463 ou encore Robert KOVAR, « La notion de juridiction en droit européen » *in Gouverner, administrer, juger. Liber Amicorum en l'honneur de Jean Waline*, Paris, Dalloz, 2002, p. 607. De manière plus récente, voir Fabrice PICOD, « Synthèse-Renvoi préjudiciel vers la Cour de Justice », *Jurisclasseur Europe Traité*, 2018, pt 26. Également, CJUE, arrêt Air Serbia et Kondic du 16 nov. 2017, aff. C-476/16, ECLI:EU:C:2017:874, pt 15.

[1354] CJCE, arrêt Job center du 19 octobre 1995, aff. C-111/94, Rec. 1995, p. I- 3361, pts 9 et 11. Voir dans le même sens, CJUE, arrêt Belov du 31 janv. 2013, aff. C-394/11, ECLI:EU:C:2013:48, pts 40 à 55.

[1355] CJCE, arrêt Abrahamsson et Anderson du 6 juillet 2000, aff. C-407/98, Rec. 2000, p. I- 5539, pt 35.

d'indépendance que lui confère son origine légale et le pouvoir de rendre des décisions de caractère obligatoire en appliquant les règles de droit, d'autres éléments conduisent à conclure que celui-ci exerce essentiellement une fonction administrative »[1356].

La Cour releva en particulier le fait que la Commission suédoise de droit fiscal n'avait pas « pour mission de contrôler la légalité des décisions desdites autorités »[1357] et « n'était pas appelé à trancher un litige »[1358]. Il en résulte qu'en droit de l'Union européenne, une autorité administrative peut exercer le renvoi préjudiciel dès lors qu'elle exerce une fonction juridictionnelle, laquelle se détermine à partir des critères généralement appliqués aux juridictions nationales et notamment, à partir de critère consistant à « trancher un litige par une décision de caractère juridictionnel »[1359]. Sur ce critère qui semble constituer le noyau de la fonction juridictionnelle, le fond du problème se trouve bien résumé sous la plume des auteurs de la Théorie générale du procès[1360] en ces termes « la question est de savoir si l'organe se contente de constater une situation ou s'il en tire une décision. Dans le premier cas, il s'agirait d'acte administratif et, dans le second, d'un acte juridictionnel »[1361]

Conformément à l'article 12, alinéa 2, du protocole additionnel n° 1, « Les juridictions nationales statuant en dernier ressort sont tenues de saisir la Cour de Justice. La saisine de la Cour de Justice par les autres juridictions nationales ou les autorités à fonction juridictionnelle est facultative ». Appliquée au renvoi préjudiciel en appréciation de la légalité, cette disposition comporte un défaut rédactionnel comme cela a pu être relevé par la doctrine s'agissant de l'actuel article 267, alinéas

---

[1356] CJCE, arrêt Victoria Film du 11 novembre 1998, aff. C-134/97, Rec. 1998, p. I-7023, pt 15.
[1357] *Idem*, pt 16.
[1358] *Id.*, pt 18.
[1359] Sur la notion de fonction juridictionnelle, voir aussi Dominique D'AMBRA, L'objet de la fonction juridictionnelle : dire le droit et trancher les litiges, Paris, LGDJ, 1994, 339 p.
[1360] Loïc CADIET, Jacques NORMAND & Soraya AMRANI-MEKKI, Théorie générale du procès, *op. cit.*
[1361] *Ibidem.*

2 et 3, du traité FUE en droit de l'Union européenne[1362]. En effet, alors qu'elle oblige les juridictions nationales statuant en dernier ressort à déférer auprès de la Cour de Justice la question de la légalité d'un acte de droit dérivé, cette disposition se limite à en conférer la faculté aux juridictions inférieures, lesquelles se voient ainsi indirectement 'autorisées' à apprécier elles-mêmes la légalité de ce droit et à le déclarer légal ou illégal. Cette menace à l'uniformité de l'application du droit a été corrigée par la CJCE dans le célèbre arrêt Foto-Frost qui pose que les juridictions inférieures peuvent dorénavant,

> « Examiner la validité d'un acte communautaire et, si elles n'estiment pas fondés les moyens d'invalidité que les parties invoquent devant elles, rejeter ces moyens en concluant que l'acte est pleinement valide. [...] En revanche, elles n'ont pas le pouvoir de déclarer invalides les actes des institutions communautaires »[1363].

Dans l'intérêt de l'uniformité d'application du droit de l'UEMOA, cette jurisprudence de la CJCE est communément admise par la doctrine comme étant applicable à l'article 12, alinéa 2, du protocole additionnel n°1[1364].

Pour être recevable, le renvoi préjudiciel en appréciation de légalité doit respecter les conditions définies à l'article 26 du règlement administratif de la Cour de Justice[1365]. Selon cette disposition,

> « Lorsque le recours a pour objet un renvoi préjudiciel devant la Cour par le juge national aux fins d'interprétation ou d'appréciation de la légalité, celui-ci doit éclairer la Cour pour lui permettre de statuer en toute connaissance de cause en lui renvoyant un exemplaire du dossier authentifié et en spécifiant les circonstances de l'affaire, son cadre juridique et la pertinence

[1362] Voir Laurent COUTRON, *Droit de l'Union européenne. Ordre juridique de l'Union européenne. Droit du contentieux de l'Union européenne*, Paris, Dalloz, 1ere éd., 2011, p. 149.

[1363] CJCE, arrêt Foto-Frost du 22 octobre 1987, *op. cit.* pt 14.

[1364] Voir Babacar SARR, « L'implication du juge national dans la mise en œuvre de la règle communautaire », *Annales africaines*, Université CAD, n°1, 2007, p. 219.

[1365] Règlement administratif n°01/2012/CJ abrogeant et remplaçant le Règlement n°01/2010/CJ relatif au Règlement administratif de la Cour de Justice de l'UEMOA, BO non disponible (ci-après règlement administratif de la Cour ou règlement administratif).

des questions posées et leur caractère déterminant dans la solution du litige ».

Ces conditions ne sont pas sans rappeler celles définies dans la jurisprudence de la CJCE issue des arrêts Bacardi[1366] et Telemarsicabruzzo[1367], et reprises à l'article 94 du règlement de procédures de la CJUE[1368].

En droit de l'UEMOA, elles ont été appliquées par la Cour de Justice dans les arrêts rendus sur renvoi préjudiciel de la Cour d'appel de Lomé[1369]. Dans ces arrêts, la Cour de Justice a procédé à un examen préalable de la pertinence de la question posé, par la juridiction de renvoi, pour la résolution du litige au principal[1370]. En ce qu'elles exigent du juge national (juge a quo) de fournir au juge de l'Union (juge ad quem), un exemplaire du dossier de l'affaire au principal ainsi que l'ensemble des éléments de fait et de droit qui la caractérise, ces conditions de recevabilités revêtent un intérêt certain et fondamental dans la mesure où elles visent à permettre au juge ad quem de rendre utilement sa décision.

En revanche, l'exigence de la démonstration par le juge de renvoi, de « la pertinence des questions posées et leur caractère déterminant dans la solution du litige » peut s'avérer problématique dans sa mise en œuvre. En effet, si cette exigence s'inscrit également dans la logique de permettre au juge supranational d'être imprégné, le mieux possible, de tous les aspects liés au litige principal et de lui permettre ainsi de rendre utilement sa décision, elle apparaît acceptable pour autant que ce dernier se contente de prendre acte des indications fournies par le juge national. Si au contraire, elle lui confère le droit de contrôler l'appréciation faite, par le juge de renvoi, du caractère pertinent de la

---

1366 CJCE, arrêt Bacardi-Martini du 21 janvier 2003, aff. C-318/00, Rec. 2003 p. I-905, pts 42 à 45.

1367 CJCE, arrêt Telemarsicabruzzo du 26 janvier 1993, aff. Jtes C-320/90, C-321/90 et C-322/90, Rec. 1993, p. I-393, pt 6.

1368 Règlement de procédure de la Cour de justice, JOUE L 265, 29.9.2012, p. 1-24. Voir aussi, Note informative sur l'introduction de procédures préjudicielles par les juridictions nationales, JOUE C 160 du 28.05.2011. Ce dernier document n'a toutefois pas de valeur juridique contraignante. Pour un examen critique des conditions de recevabilités, voir Ami BARAV, « Transmutations préjudicielles » *in Une Communauté de droit. Festschrift für Gil Carlos Rodriguez Iglesias, op. cit.* p. 621.

1369 Voir les arrêts BOAD précités.

1370 *Idem*, respectivement, p. 8 et p. 9.

question préjudicielle pour la résolution du litige, cette exigence entre clairement en collision avec l'article 15, paragraphe 6, du règlement de procédures de la Cour de Justice de l'UEMOA, qui fait du juge national le seul juge de l'objet et de l'opportunité du renvoi[1371]. Telle ne semble pas être, pourtant, l'interprétation retenue par ladite Cour à travers les arrêts BOAD précités[1372].

En tout état de cause, une comparaison avec le droit de l'Union européenne permet de constater que les voies de droit incidentes sont relativement plus accessibles aux individus en droit de l'UEMOA. Cela s'explique notamment par le fait que dans l'ordre juridique ouest-africain, l'accès aux voies de droit incidentes revêt un caractère cumulatif par rapport au recours direct en annulation.

2) Le caractère cumulatif de l'accès aux voies de droit incidentes par avec recours direct en annulation

En droit de l'Union européenne, l'exception d'illégalité prévue à l'article 277 du traité FUE (ex art. 241 CE) a constamment été considérée comme étant l'expression d'un

> « Principe général assurant à toute partie le droit de contester, en vue d'obtenir l'annulation d'une décision qui la concerne directement et individuellement, la validité des actes institutionnels antérieurs, constituant la base juridique de la décision attaquée, si cette partie ne disposait pas du droit d'introduire, en vertu de l'article 173 du traité, un recours direct contre ces actes dont elle subit ainsi les conséquences sans avoir été en mesure d'en demander l'annulation »[1373].

Sur la base de cette jurisprudence, la CJCE a défini les conditions de recevabilité de l'exception d'illégalité dans une logique de compensation vis-à-vis des conditions restrictives du recours en annulation, non sans porter une certaine atteinte à l'autonomie des voies de droit, utile pour garantir la protection juridictionnelle effective des

[1371] En effet, selon cette disposition, la juridiction nationale ne pose la question préjudicielle à la Cour que « si elle l'estime nécessaire ».
[1372] Arrêts BOAD précités.
[1373] CJCE, arrêt Simmenthal c. Commission, 6 mars 1979, op. cit., pt 36. Également, Trib. (UE), arrêt Antrax It / EUIPO - Vasco Group (Thermosiphons pour radiateurs) du 16 février 2017, aff. T-828/14 et T-829/14,ECLI:EU:T:2017:87, pt 31.

personnes privées[1374]. Ainsi, l'exception d'illégalité, au même titre que le renvoi préjudiciel en appréciation de validité, est conçue dans l'arrêt les Verts comme appartenant au « système complet de voies de recours et de procédures destinées à confier à la Cour de justice le contrôle de la légalité des actes des institutions » et comme permettant de protéger les personnes physiques et morales « contre l'application à leur égard des actes de portée générale qu'elles ne peuvent attaquer directement devant la Cour en raison des conditions particulières de recevabilité spécifiées à l'article 173, alinéa 2, du traité [...] »[1375].

Telle est, en droit de l'Union européenne, la raison d'être de l'exception d'illégalité[1376], qui n'a pas vocation à offrir une « seconde chance » aux requérants négligents[1377]. Partant de ce principe, le TPICE a étendu à l'exception d'illégalité la jurisprudence issue de l'arrêt TWD du 9 mars 1994 rendu par la CJCE[1378]. Il a ainsi considéré que « l'exception d'illégalité prévue à l'article 184 du traité, ne peut pas être invoquée par une personne physique ou morale qui aurait pu former un recours au titre de l'article 173, deuxième alinéa, mais qui ne l'a pas fait dans les délais qu'il prévoit »[1379]. Il en découle une condition restrictive à l'invocation de l'exception d'illégalité en droit de l'UE, puisque

---

[1374] Dominique RITLENG, « Pour une systématique des contentieux au profit d'une protection juridictionnelle effective » in Mélanges en hommage à Guy ISAAC. 50 ans de droit communautaire, tome 2, Paris, PUSS, 2004, p. 747 et s. Sur la critique des conditions de recevabilités de l'exception d'illégalité en droit de l'UE, voir aussi Ami BARAV, « The exception of illegality in Community law : a critical analysis », *CMLRev.*, 1974, p. 366.

[1375] CJCE, arrêt Parti écologiste « les Verts » c. Parlement européen, du 23 avril 1986, *op. cit.*, pt 23.

[1376] Laurent COUTRON, La contestation incidente des actes de l'Union européenne, *op. cit.*, p. 133.

[1377] CJCE, arrêt Salerno c. Commission du 11 juillet 1985, aff. 87/77, Rec. 1985, p. 2523, pt 34.

[1378] CJCE, arrêt TWD Textilwerke Deggendorf GmbH du 9 mars 1994, aff. C-188/92, Rec. 1994, p. I-833, pt 17. Dans cet arrêt, la Cour avait jugé que les exigences de sécurité juridique « [conduisaient] à exclure la possibilité, pour le bénéficiaire d'une aide, objet d'une décision de la Commission adoptée sur le fondement de l'article 93 du traité, qui aurait pu attaquer cette décision et qui a laissé s'écouler le délai impératif prévu à cet égard par l'article 173, troisième alinéa, du traité, de remettre en cause la légalité de celle-ci devant les juridictions nationales à l'occasion d'un recours dirigé contre les mesures d'exécution de cette décision, prises par les autorités nationales ». Cf. infra, p. 289.

[1379] TPICE, arrêt TWD Textilwerke Deggendorf du 13 sept. 1995, aff. jtes T-244 et T-486/93, Rec. 1995, p. II- p. 2265, pt 103.

l'exception d'illégalité n'est recevable que si la partie qui l'invoque n'avait pas eu la possibilité d'exercer un recours direct en annulation. Les requérants individuels se retrouvent ainsi forclos pour contester à titre incident la validité d'un acte institutionnel qu'ils avaient la possibilité de contester à titre principal.

Par ailleurs, l'article 277 du traité FUE ne prévoit la possibilité d'évoquer l'exception d'illégalité qu'« à l'occasion d'un litige mettant en cause un acte de portée générale ». Sont donc exclus du champ d'application de l'exception d'illégalité, les actes individuels dans la mesure où en présence de tels actes, les requérants qui entendent se prévaloir de l'exception d'illégalité ont nécessairement disposé d'une voie de droit alternative, le recours en annulation contre les actes individuels étant ouvert, sans autres, aux personnes privées en droit de l'Union européenne[1380]. Admettre l'invocabilité de l'exception d'illégalité contre de tels actes permettrait dès lors le contournement du délai du recours en annulation et compromettrait la sécurité juridique qui s'attache au respect de ce délai[1381].

Certes, l'exception d'illégalité en droit de l'UEMOA n'a pas encore été invoquée devant la Cour de Justice, ce qui rend indisponible tout élément tiré de la pratique, de nature à étayer les conditions de recevabilité définis à l'article 11 du protocole additionnel n° 1. Pour autant, la transposition de la jurisprudence de la CJCE n'apparaît pas faisable dans la mesure où celle-ci n'est ni en adéquation avec le protocole additionnel n°1, ni conforme au droit au recours effectif garanti par l'Union de droit. En effet, l'article 11 du protocole additionnel n° 1 dispose que l'exception d'illégalité peut être soulevée à l'encontre « d'un acte du Conseil ou de la Commission » sans distinguer l'acte de portée générale de l'acte de portée individuelle. Il semble raisonnable de lire cette disposition du droit de l'UEMOA à la lumière de l'adage *« ubi lex non distinguit nec nos distinguere debemus »*[1382].

Qui plus est, la logique qui sous-tend l'approche compensatrice et restrictive de l'exception d'illégalité en droit de l'Union européenne ne

---

[1380] Art. 263, al. 4, du traité FUE.

[1381] Voir dans ce sens, René BARRENTS, Helen E. BREESE (eds), Remedies and procedures before the EU courts, *op. cit.*, p. 300.

[1382] Expression latine signant littéralement que « Où la loi ne distingue pas, nous ne devons pas distinguer ».

trouve aucune application en droit de l'UEMOA. En effet, c'est en considération des conditions d'accès restrictives au recours en annulation, telles que fixées à l'encontre des personnes privées, et de la difficulté pour ces derniers de déclencher le contrôle direct de la légalité des actes de portée générale, que la CJCE a conçu l'exercice du contrôle incident par le biais de l'exception d'illégalité. En droit de l'UEMOA cependant, les conditions du recours direct en annulation exercé par les personnes privées se trouvent relativement assouplies, sans qu'aucune distinction ne soit opérée entre actes de portée générale et actes de portée individuelle, sauf pour les actes émanant de la CCEG[1383]. Dans ce sens, il apparaît injustifié de vouloir conférer à l'article 11 du protocole additionnel n° 1, une quelconque fonction compensatrice ou « corrective » vis-à-vis de l'article 8 du protocole additionnel n° 1.

Aussi, dans la perspective de l'Union de droit, le droit au recours effectif des particuliers ne saurait se satisfaire de l'existence d'une seule voie de droit mais s'ouvrir à la nécessité de conférer à l'individu la possibilité de choisir entre la voie directe et la voie incidente du contrôle de la légalité des actes institutionnels. Comme l'a relevé Dominique RITLENG,

> « la liberté de choisir entre une voie de droit directe et une voie indirecte de mise en cause de la légalité d'un acte communautaire apparaît d'autant plus nécessaire à l'effectivité de la protection juridictionnelle qu'il peut être difficile de mesurer immédiatement les effets défavorables que pourrait produire un acte communautaire »[1384].

Or, en conditionnant l'invocation de l'exception d'illégalité par l'impossibilité d'exercer le recours direct en annulation, le droit de l'Union européenne supprime la liberté d'option des justiciables en faisant du droit au recours juridictionnel, le droit à un seul recours juridictionnel.

S'il convient de reconnaître également l'interdépendance et la cohérence des voies de droit au sein de l'UEMOA, cette reconnaissance devrait se départir de la conception restrictive suivie par la CJCE, et se combiner aux exigences de la protection juridictionnelle effective, qui

---

[1383] Cf. *supra,* sect. 1, par. 1, A.

[1384] Dominique RITLENG, « Pour une systématique des contentieux au profit d'une protection juridictionnelle effective », *op. cit.* p. 749.

commandent d'octroyer aux particuliers, autant que faire se peut, la protection la plus large qui soit. Dans ce sens, l'exception d'illégalité en droit de l'UEMOA ne saurait se limiter aux seuls actes du Conseil et de la Commission, tels que visés à l'article 11, d'autant plus que l'article 8 du protocole additionnel n° 1 ouvre le recours direct en annulation exercé par les personnes physiques et morales contre « tout acte d'un organe de l'Union [leur] faisant grief ».

Ces observations valent également pour ce qui est de l'accès, en droit de l'UEMOA, au renvoi préjudiciel en appréciation de légalité. En dehors des conditions exposées au point précédent, ni l'article 12 du protocole additionnel n° 1, ni l'article 26 du règlement administratif de la Cour de Justice, ne prévoit de condition supplémentaire pour la recevabilité du renvoi préjudiciel en appréciation de légalité, liée à l'impossibilité pour l'individu qui entend s'en prévaloir, d'exercer le recours direct en annulation prévu à l'article 8 du protocole additionnel n° 1. Tel est pourtant le cas en droit de l'Union européenne. En effet, la CJCE a affirmé dans l'arrêt TWD du 9 mars 1994, l'irrecevabilité d'un renvoi préjudiciel en appréciation de validité, portant sur une décision de la Commission européenne, au motif que la requérante qui entendait s'en prévaloir au principal, avait négligé d'exercer dans les délais, un recours direct en annulation contre ladite décision[1385].

Ainsi, suivant la même logique de compensation des voies de droit qui prévaut pour l'exception d'illégalité et tirant argument des exigences de sécurité juridique, la CJCE a introduit, contra legem, une cause de forclusion du renvoi préjudiciel en appréciation de validité, lorsque la requérante au principal a eu « sans aucun doute »[1386] la possibilité d'exercer le recours direct en annulation mais qu'elle s'est abstenue de le faire[1387]. Largement critiqué par la doctrine[1388], cette jurisprudence a fait l'objet d'un assouplissement à travers l'affaire dite des Caisses d'épargnes italiennes, dans laquelle la CJCE a jugé que l'exception

---

[1385] CJCE, arrêt TWD Textilwerke Deggendorf GmbH du 9 mars 1994, *op. cit.*,pt 17. Voir aussi, CJUE, arrêt Valimar du 18 septembre 2014, aff. C-374/12, ECLI:EU:C:2014:2231, pts 28 à 38.

[1386] Arrêt TWD du mars 1994 précité, pt 24.

[1387] Dominique RITLENG, « Pour une systématique des contentieux au profit d'une protection juridictionnelle effective », *op. cit.*, p. 742.

[1388] Voir Georges VANDERSANDEN, « La procédure préjudicielle à la recherche d'une identité perdue » *in Mélanges WAELBROECK,* Bruxelles, Bruylant, 1999, p. 632 ; Laurent COUTRON, *La contestation incidente des actes de l'Union européenne, op. cit.* p. 384 et s.

d'irrecevabilité pour forclusion était inopposable lorsque la question préjudicielle d'invalidité avait été relevée d'office par le juge national[1389]. Clairement restrictive vis-à-vis du droit au recours effectif des individus[1390], la reprise de la jurisprudence TWD en droit de l'UEMOA s'avère non seulement peu souhaitable, mais également non conforme à l'article 12 du protocole additionnel n° 1. De fait, le renvoi préjudiciel en appréciation de légalité en droit de l'UEMOA, tout comme l'exception d'illégalité prévue à l'article 11 dudit protocole, se présentent comme des voies de droit cumulatives et non subsidiaires par rapport au recours direct en appréciation de la légalité.

En plus des voies de droit ordinaires, directes comme incidentes, l'accès des individus au contrôle juridictionnel des organes de l'UEMOA s'opère par le canal de voies de droit spéciales dont le déclenchement est spécifique à des situations, à des requérants et à des domaines bien particuliers.

Paragraphe II- L'accès aux voies de droit spéciales

Contrairement aux voies de droit ordinaires dont l'accès est ouvert à toutes sortes de requérants individuels et dans tous les domaines du droit de l'UEMOA, l'accès aux voies de droit spéciales se caractérise par des conditions spécifiques qui seront abordées d'abord en ce qui concerne le recours du personnel (A) et ensuite, en ce qui concerne le recours de plein contentieux en matière de concurrence (B).

A) Les spécificités des conditions d'accès au recours du personnel de l'UEMOA

Le recours du personnel de l'UEMOA est fondé sur l'article 16 du protocole additionnel n° 1 et l'article 15, paragraphe 4, du règlement de procédures de la CJUEMOA. Aux termes de l'article 15, paragraphe 4, du règlement de procédures, « la Cour statue sur tout litige, entre les organes de l'Union et leurs agents, dans les conditions déterminées au

---

[1389] CJCE, arrêt Ministero dell'Economia e delle Finanze du 10 janvier 2006, aff. C-222/04, Rec. 2006, p. I- 289, pts 72-74. Voir Andrea BIONDI, "Review of Judgment in Case C-222/04 - Ministero dell'Economia e delle Finanze v. Cassa di Risparmio di Firenze SpA et al.", European State Aid Law Quarterly, 2006 pp.371-375.

[1390] Dominique RITLENG, « Pour une systématique des contentieux au profit d'une protection juridictionnelle effective », *op. cit.* p. 749. Voir aussi Ami BARAV, « Déviation préjudicielle » *in Études en l'honneur de Jean-Claude GAUTRON. Les dynamiques du droit européen en début de siècle,* Paris, A. Pedone, 2004, p. 215.

statut du personnel ». Les spécificités des conditions d'accès au recours du personnel de l'UEMOA tiennent non seulement à la qualité des requérants (1) mais également à l'application d'une procédure particulière (2). Régie auparavant par deux textes distincts portant respectivement sur le statut des fonctionnaires de l'UEMOA[1391] et sur le régime applicable au personnel non permanent de l'UEMOA[1392], ces conditions ont été unifiées dans le règlement n°07/2010 portant statut du personnel de l'UEMOA[1393] (ci-après le Statut).

1) La qualité des requérants

Aux termes de l'article 140 du règlement n° 07/2010, « la Cour de Justice est compétente pour connaitre de tout litige opposant l'Union à un agent [...] ». En vertu de cette disposition, seuls les requérants individuels ayant la qualité d'« agent » de l'Union peuvent avoir accès au recours du personnel de l'UEMOA. La notion d'agent est définie à l'article 1er, paragraphe 6, du Statut, comme étant « le fonctionnaire ou le contractuel » tel que défini par le texte. Est fonctionnaire de l'UEMOA, « la personne recrutée et titularisée dans l'un des emplois permanents ouverts dans les services des organes de l'Union »[1394]. Quant au contractuel de l'UEMOA, il désigne « la personne recrutée par contrat à durée déterminé dans les services des organes de l'Union »[1395].

Il ressort de ces définitions que l'agent susceptible d'exercer le recours du personnel de l'UEMOA doit, au moins, être au bénéfice d'un contrat de travail avec un organe de l'Union au sens de l'article 16 modifié du traité de l'UEMOA, une institution spécialisée au sens de l'article 41 ou un organe subsidiaire crée par l'un des organes visés à l'article 16 modifié du Traité. Dans l'arrêt Dame Sidonie SODABI, la CJUEMOA a ainsi recherché à savoir, en examinant les conditions de recevabilité, si les requérants pouvaient être considérés comme ayant été au bénéfice

---

1391 Règlement n° 01/95/CM/UEMOA portant statut des fonctionnaires de l'UEMOA, BO, mai 1996, p. 3.

1392 Règlement n° 02/95/CM/UEMOA portant régime applicable au personnel non permanent de l'UEMOA, BO, mai 1996, p. 11.

1393 Règlement n° 07/2010/CM/UEMOA portant statut du personnel de l'UEMOA, 1er octobre 2010, BO non disponible.

1394 *Idem*, art. 1er, par. 7.

1395 *Id.*, art. 1er, par. 8.

d'un contrat de travail avec l'agence principale de la BCEAO à Cotonou (Bénin). Après un examen circonstancié des rapports entre ces derniers et ladite agence, la Cour a conclu que « les trois éléments indispensables à l'existence d'un contrat de travail, c'est-à-dire une prestation, une rémunération, un lien de subordination juridique [étaient] réunis dans le cas d'espèce »[1396].

La CJUEMOA admet en général la recevabilité aussi bien des recours engagés par des agents étant toujours en service[1397] que des recours exercés par d'anciens agents contestant la perte de cette qualité[1398], comme c'est le cas dans l'arrêt précité, ou des personnes qui n'ont pu y accéder faute d'avoir été titularisées à l'issue de leurs périodes probatoires[1399]. À titre de droit comparé, la CJCE a admis que même les candidats aux postes de fonctionnaires de l'Union européenne pouvaient avoir accès au recours ouvert à ces dernies[1400]. En revanche, comme en droit de l'Union européenne[1401], les membres des organes de l'UEMOA tels que les juges ou les commissaires, ne sont pas considérés comme des membres du personnel de l'Union ayant la qualité pour accéder au recours dédié à cette catégorie[1402].

[1396] CJUEMOA, arrêt Mondoukpè Sidonie SODABI et Léon KOUGBLENOU c. BCEAO du 19 décembre 2012, *op. cit.*, p. 9.

[1397] CJUEMOA, arrêt Jean-Baptiste TAVARES c. Commission de l'UEMOA, du 8 mai 2002, Rec. 2008, p. 317.

[1398] CJUMEOA, arrêt Kossi Mawuli AGOKLA c. Commission de l'UEMOA, du 18 décembre 2002, *op. cit.*, p. 344.

[1399] CJUEMOA, arrêt Abdourahmane SACKO c. Commission de l'UEMOA du 29 mai 1998, *op. cit.*, p. 174. Cette jurisprudence a été confirmé dans un très récent arrêt rendu le 12 février 2020 dans l'affaire Elie SANDWIDI c. Commission de l'UEMOA (arrêt non encore disponible).

[1400] CJCE, arrêt Emmanuel Du Besset c. Conseil des Communautés européennes, du 23 septembre 1986, aff. 130/86, Rec. 1986, p. 2619, pt 7.

[1401] Henri G. SCHERMERS & Denis F. WAELBROECK, Judicial Protection *in the European Union, The Haye, London, New York, Kluwer Law International,* 6th ed., 2001, 889 p., préc. p. 573.

[1402] CJUEMOA, arrêt Eugène YAÏ c. Conférence des Chefs d'Etat et de Gouvernement de l'UEMOA, du 27 avril 2005, *op. cit.*, p. 550 ; Également, CJUEMOA, arrêt El Hadj Abdou SACKO du 18 avril 2017, aff. n° 4/2017, *op. cit.*

2) La procédure applicable

L'article 140 du Règlement n° 7/2010 subordonne l'accès au recours du personnel de l'UEMOA par le respect d'une procédure qui caractérise de manière particulière cette voie de droit. Selon cette disposition,

> « [...] le recours n'est valablement formé devant la Cour que :
> -si le Comité consultatif paritaire a été préalablement saisi d'une réclamation de l'intéressé ;
> -si cette réclamation a abouti à une décision explicite ou implicite de rejet, partiel ou total, de l'autorité investie du pouvoir de nomination.
> Le recours doit être introduit, devant la Cour, dans un délai de deux mois courant à compter soit :
> -de la date de publication de la décision
> -de la date de sa notification au fonctionnaire intéressé
> -du jour où l'intéressé en a eu connaissance
> -de la date d'expiration du délai de réponse, lorsque le recours porte sur une décision implicite de rejet »[1403].

Largement inspiré du contentieux administratif de la fonction publique en droit interne[1404], le recours du personnel de l'UEMOA se caractérise par la place importante faite à la procédure précontentieuse, l'intervention du juge n'étant envisagé que comme l'étape ultime pour résoudre les litiges. Organisée tantôt en une étape, tantôt en deux, la procédure précontentieuse est dominée par deux figures à savoir l'autorité investie du pouvoir de nomination (AIPN), qui est généralement la Commission, et le Comité consultatif paritaire (CCP) qui est compétent pour émettre des avis dans les différends entre l'Union et ses agents[1405]. Inexistant sous le règne du règlement n° 01/95

1403 Ex article 112 du règlement n° 01/95/CM/UEMOA, *op. cit.*

1404 Dans l'arrêt Abdourahmane SACKO (aff. n° 02/98 précitée), la Cour de Justice n'a pas manqué d'indiquer que « le régime juridique des fonctionnaires de l'UEMOA apparaît beaucoup devoir à ceux de nos fonctions publiques nationales, eux-mêmes largement inspirés de celui la fonction publique française dont les États membres de l'Union, à l'exception de la Guinée-Bissau, se sont appropriés les principes comme héritage de la raison écrite », Rec. p. 199.

1405 Art. 134, al. 1, du règlement n° 07/2010, *op. cit.*

malgré son institution dans ledit règlement[1406], le CCP a finalement vu le jour sous le règlement n° 07/2010, avec l'adoption du règlement d'exécution n° 15/2011[1407]. Il est composé d'un président en la personne du directeur de cabinet du président de la Commission ou son représentant, d'un rapporteur qui est le directeur des ressources humaines, ainsi que de membres constitués du directeur des affaires juridiques ou son représentant et de deux représentants du Comité du personnel[1408].

Dans la procédure précontentieuse en une étape, « l'agent saisit, en respectant la voie hiérarchique, le Comité consultatif paritaire, d'une réclamation visant un acte de l'autorité investie du pouvoir de nomination lui faisant grief [...] »[1409]. L'acte de l'AIPN, objet de la réclamation auprès du CCP, peut-être de portée individuelle comme de portée générale, pourvu qu'il fasse « grief » à l'agent. Pour rappel, la notion d'acte faisant grief, également invoquée à l'article 8 du protocole additionnel n° 1, a été définie par la Cour de Justice de l'UEMOA comme étant « une mesure produisant des effets juridiques obligatoires de nature à affecter les intérêts du requérant en modifiant de façon caractérisée sa situation juridique »[1410]. En l'absence d'une décision faisant grief à l'agent, celle-ci doit être suscitée, d'où l'éventualité d'une procédure précontentieuse en deux étapes.

Dans cette procédure, la réclamation devant le CCP est précédée d'une demande adressée par l'agent à l'AIPN, à l'effet de l'inviter à prendre à son égard une décision généralement imposée par le Statut[1411]. L'AIPN prend sa décision après avoir recueilli, le cas échéant, l'avis du CCP, puis notifie sa décision motivée à l'agent intéressé dans un délai maximum de deux (2) mois à compter du jour de l'introduction de la

[1406] En effet, l'article 106 du règlement n° 01/95 précité instituait un Comité consultatif paritaire d'arbitrage (CCPA) dont la composition et le fonctionnement devaient être définies par des règlements d'exécution de la Commission, lesquels n'ont jamais vu le jour.

[1407] Règlement d'exécution n° 15/2011/COM/UEMOA fixant la composition et le fonctionnement du Comité consultatif paritaire, BO non disponible.

[1408] *Idem*, art. 1er.

[1409] Art. 136, al. 1, du règlement n° 07/2010/CM/UEMOA, *op. cit.* (Ex. art. 108 du règlement n° 01/95/CM/UEMOA, op. cit.)

[1410] CJUEMOA, arrêt Toïdi MOUTAIROU du 18 décembre 2013, *op. cit.*

[1411] Art. 135, al. 1 du règlement n°07/2010/CM/UEMOA, *op. cit.* (ex. Art. 107 du règlement n° 01/95/CM/UEMOA, op. cit.)

demande[1412]. À l'expiration de ce délai, le silence gardé de l'AIPN équivaut à une décision implicite de rejet susceptible de donner lieu à une réclamation au sens de l'article 136 du Statut du personnel, c'est-à-dire devant le CCP. Dans la mesure où la réclamation devant le CCP peut porter aussi bien sur une décision de l'AIPN que sur une abstention de cette dernière à prendre, à la demande de l'agent, une mesure à son égard[1413], il est permis d'affirmer qu'à l'instar de la procédure précontentieuse en droit de la fonction publique de l'Union européenne[1414], la procédure précontentieuse dans le contentieux du personnel de l'UEMOA réunit à la fois les prémisses du recours en annulation et celles du recours en carence[1415].

En tout état de cause, la réclamation devant le CCP doit être introduite dans un délai de deux (2) mois à compter de la publication de l'acte, de sa notification au destinataire, ou encore du jour où ce dernier en a eu connaissance, selon la nature de l'acte. Lorsque la réclamation porte sur une décision implicite de rejet, ce délai commence à courir à partir de la date d'expiration du délai de réponse laissé à l'AIPN[1416]. Lorsqu'il est saisi, le CCP émet à son tour un avis, à la majorité de ses membres présents, dans un délai d'un (1) mois[1417] et dans les conditions prévues à l'article 2 du règlement d'exécution n°15/2011[1418]. À compter de la date d'avis du CCP, l'AIPN a quant à elle, à nouveau, un délai maximum de deux (2) mois pour notifier à l'agent, par écrit, sa nouvelle

---

[1412] *Idem*, art. 135, al. 2 et al. 3. À noter que le règlement n°07/2010 réduit considérablement ce délai qui était de quatre (04) mois dans l'ancien règlement de 1995.

[1413] Art. 136, al. 1, in fine, du règlement n° 07/2010/CM/UEMOA, *op. cit.*

[1414] Voir Georges VANDERSANDEN, « La procédure et les voies de recours » *in* Inge GOVAERE et Georges VANDERSANDEN (éd.), *La fonction publique communautaire. Nouvelles règles et développements contentieux*, Bruxelles, Bruylant, 2008, p. 114.

[1415] Le recours en carence est prévu à l'article 265 du traité FUE en ces termes « Dans le cas où, en violation des traités, le Parlement européen, le Conseil européen, le Conseil, la Commission ou la Banque centrale européenne s'abstiennent de statuer, les États membres et les autres institutions de l'Union peuvent saisir la Cour de justice de l'Union européenne en vue de faire constater cette violation. Le présent article s'applique, dans les mêmes conditions, aux organes et organismes de l'Union qui s'abstiennent de statuer [...] ». Nous soulignons. Malheureusement, ce type de recours n'existe pas formellement en droit de l'UEMOA. Dans les développements consacrés à la deuxième section de ce chapitre, nous y reviendrons plus en détail.

[1416] Art. 136, al. 2 du règlement n° 07/2010/CM/UEMOA, *op. cit.*

[1417] *Idem*, art. 138.

[1418] Art. 2 du règlement n° 15/2011/COM/UEMOA, *op. cit.*

décision[1419]. C'est cette dernière décision de l'AIPN qui lie définitivement le contentieux et permet à l'agent insatisfait de saisir la Cour de Justice conformément à l'article 140 précité du Statut du personnel de l'Union. Ce recours porte soit sur la décision explicite de rejet total ou partiel de l'AIPN, soit sur sa décision implicite de rejet, lorsque plus de trois (03) mois se sont écoulés depuis le dépôt de la réclamation auprès du CCP. Selon l'article 141 du Statut, c'est ce texte qui constitue le droit applicable devant la Cour de Justice pour examiner les litiges entre l'Union et les membres de son personnel.

En dehors de la procédure spéciale qui le caractérise, le recours du personnel de l'UEMOA est un recours mixte qui emprunte aux voies de recours ordinaires directes. En effet, la Cour de Justice a affirmé dans l'arrêt Serge Laubhouet qu'

> « En matière de litige opposant la Communauté et ses agents, le contentieux est réputé de nature mixte parce que pouvant porter soit sur le recours en annulation d'un acte communautaire faisant grief, soit sur le recours en indemnité pour acte dommageable de l'autorité communautaire »[1420].

En vertu de l'autonomie proclamée des deux recours cités, l'agent qui le souhaite pourra s'en prévaloir simultanément devant la Cour de Justice de l'UEMOA[1421].

Enfin, il y a lieu de souligner que la tradition jurisprudentielle de rejet des zones dites de non droit, régulièrement affirmée par la CJUEMOA, irrigue tout le contentieux du personnel de l'Union. En rappel, la Cour de Justice a constamment admis la justiciabilité d'organes autres que ceux listés à l'article 16 modifié du traité de l'UEMOA. Tel est notamment le cas de la BCEAO et de la BVRM dont la justiciabilité a été reconnue respectivement dans les arrêts Sidonie SODABI[1422] et Ludovic TASSEMBEDO[1423]. En réalité, ces arrêts rendus en indemnisation portaient sur des litiges opposant les requérants et les organes, en raison de la qualité d'agents de l'Union des premiers. Hormis la BCEAO et la BVRM, la Cour de Justice a affirmé, dans l'avis

---

[1419] Art. 139 du règlement n° 07/2010/CM/UEMOA, *op.cit.* À noter que dans l'ancien règlement n° 01/95, ce délai était de trois (3) mois.

[1420] Voir arrêt Serge Laubhouet précité, p. 170.

[1421] Voir arrêt Kossi Mawuli AGOKLA précité, p. 373.

[1422] Voir arrêt Dame Sidonie SODABI précité, p. 9

[1423] Voir arrêt Ludovic TASSEMBEDO précité, p. 420.

n°01/2011 du 30 octobre 2011, sa compétence pour connaitre des litiges opposant la Banque ouest-africaine de développement (BOAD) aux membres de son personnel[1424].

Comme le recours du personnel de l'UEMOA, le recours de plein contentieux en matière de concurrence se caractérise par des conditions d'accès particulières.

B) Les spécificités des conditions d'accès au recours de plein contentieux en matière de concurrence

Les spécificités de l'accès au recours de plein contentieux en matière de concurrence tiennent davantage à l'objet du recours (1) et à l'étendue des pouvoirs du juge (2).

1) L'objet du recours

Comme son nom l'indique, le recours de plein contentieux en matière de concurrence vise le domaine matériel du droit de la concurrence de l'UEMOA. L'ouverture de cette voie de droit spéciale s'inscrit dans le cadre du contrôle exercé par la Cour de Justice sur les pouvoirs de la Commission chargée d'appliquer les règles de concurrence prescrites par les articles 88 et 89 du traité de l'UEMOA[1425]. Le recours se fonde notamment sur l'article 15, paragraphe 3, du règlement de procédures qui stipule que

> « La Cour peut être amenée à se prononcer sur les décisions et sanctions que la Commission a pu prendre contre les entreprises qui n'ont pas respecté le principe de la libre concurrence ou qui ont abusé de leur position dominante sur le marché de l'Union. Elle peut modifier ou annuler de telles décisions, réduire ou augmenter le montant des amendes et des astreintes, opérer des constations, imposer aux entreprises des obligations ».

En effet, l'article 88 du Traité prohibe, sur l'ensemble du territoire de l'UEMOA, les ententes et pratiques anticoncurrentielles, les abus de

---

[1424] CJUEMOA, Avis n° 01/2011 du 30 octobre 2011. Demande d'avis de la Banque ouest-africaine de développement relative à son éligibilité judiciaire de la Cour de Justice de l'UEMOA, non encore publié. Cette solution a été réaffirmée dans l'arrêt Lassina TRAORE c. BOAD du 30 avril 2014, aff. n° 13 RP 002.53, non encore publié.

[1425] Art. 90 du traité de l'UEMOA.

position dominante ainsi que les aides d'État susceptibles de fausser le jeu de la concurrence entre les États membres. Dans le cadre de l'application de ces prohibitions, la Commission peut être amenée à délivrer des attestations négatives, à prendre des décisions d'exemption individuelle ou encore à constater des infractions à l'article 88 du Traité[1426]. Dans les cas dûment justifiés, la Commission dispose du pouvoir d'infliger aux entreprises des amendes et astreintes conformément aux articles 22 et 23 du règlement n° 03/2002 relatif aux procédures applicables aux ententes et abus de position dominante à l'intérieur de l'UEMOA[1427].

Le recours de plein de contentieux ouvert devant la Cour de Justice porte précisément sur les décisions de sanction pécuniaire prises par la Commission. Cela signifie que pour être recevable, le recours fondé sur l'article 15, paragraphe 3, du règlement de procédures doit avoir pour objet la contestation d'une sanction infligée par la Commission à une entreprise au sens du règlement n° 3/2002 relatif aux procédures applicables aux ententes et abus de positions dominante à l'intérieure de l'UEMOA[1428]. Ce recours peut être introduit par des personnes physiques ou morales tels que des consommateurs ou associations de consommateurs, ou encore des entreprises concurrentes.

La notion d'entreprise en droit de la concurrence de l'UEMOA est définie comme « une organisation unitaire d'éléments personnels, matériels, et immatériels, exerçant une activité économique, à titre onéreux, de manière durable, indépendamment de son statut juridique, public ou privé, et de son mode de financement, et jouissant d'une autonomie de décision »[1429]. Si la doctrine a pu opérer, de cette définition, un rapprochement de la notion d'entreprise en droit de la

[1426] Voir notamment les articles 3, 4 et 7 du règlement n° 03/2002/CM/UEMOA relatif aux procédures applicables aux ententes et abus de position dominante à l'intérieur de l'UEMOA, BO indisponible.

[1427] *Ibidem.*

[1428] Dans une récente décision de 2018, la Cour opère ainsi une distinction entre le recours de plein contentieux fondé sur l'article 15, par. 3 du Règlement de procédures et le recours en annulation pouvant être dirigé contre toute décision prise par la Commission de l'UEMOA, en tant qu'organe de l'Union, y compris en matière de concurrence, au titre de l'article 8 du Protocole additionnel n° 1. Cf. CJUEMOA, arrêt Sociétés SUNEOR-SA e. a. c. Sociétés UNILEVER CI e. a., n° 002/2018, du 9 mai 2018, publié sur www.courdejusticeuemoa.org (consulté en dernier lieu le 17 février 2020).

[1429] Voir note 1, de l'annexe 1 au règlement n° 3/2002/CM/UEMOA, *op. cit.*

concurrence de l'UEMOA avec celle du droit de la concurrence de l'UE[1430], un tel rapprochement ne semble plus aussi certain depuis l'arrêt SYB Léwa Sansan Dieudonné rendu en 2014. En effet, la CJUEMOA a considéré dans cet arrêt que l'entreprise au sens du droit de la concurrence recouvrait « les notions d'activité commerciale, d'activité économique et enfin d'activité sociale »[1431], semblant conférer ainsi à la notion un caractère plus large.

Au-delà de la spécificité de son objet, le recours de plein contentieux en matière de concurrence se caractérise par l'étendue des pouvoirs exercés par le juge.

2) L'étendue des pouvoirs du juge

S'agissant de l'étendue des pouvoirs du juge de l'UEMOA dans le cadre du recours de plein contentieux en matière de concurrence, l'article 31 du règlement n° 03/2002 précise que

> « Conformément aux dispositions de l'article 15, alinéa 3, du règlement n° 01/96/CM/UEMOA du 5 juillet 1996, la Cour de Justice statue avec compétence de pleine juridiction, sur les recours intentés contre les décisions par lesquelles la Commission fixe une amende ou une astreinte. Elle peut modifier ou annuler les décisions prises, réduire ou augmenter le montant des amendes et des astreintes ou imposer des obligations particulières ».

Dans le recours de plein contentieux en matière de concurrence, la CJUEMOA dispose ainsi d'un pouvoir étendu de réformation de la

---

1430 Voir également, Luc Marius IBRIGA, Saïb Abou COULIBALY et Dramane SANOU, *Droit communautaire ouest-africain, op. cit.*, p. 228. En droit de l'Union européenne, la notion d'entreprise est définie de manière constante comme désignant « toute entité exerçant une activité économique, indépendamment du statut juridique de cette entité et de son mode de financement ». Voir CJCE, arrêt Klaus Höfner du 23 avril 1991, aff. C-41/90, Rec. 1991, p. 1979, pt 21. Également, CJUE, arrêt Akzo Nobel et Akzo Nobel Chemicals c. Commission, du 27 avril 2017, aff. C-516/15 P, EU:C:2017:314, pt 47.

1431 CJUEMOA, arrêt TRAORE Thierry Michel c. SYB Léwa Sansan Dieudonné du 30 avril 2014, aff. n° 11 RP 003.20, non encore publié, p. 8.

décision prise par la Commission[1432]. Le juge de l'UEMOA paraît exercer ici des pouvoirs similaires à ceux de son confrère européen dans le cadre du recours de pleine juridiction prévu à l'article 241 du traité FUE. Dans le cadre de ce recours, la CJCE a jugé que le TPICE était habilité à substituer, pour des motifs d'équité, son appréciation à celle de la Commission sur le montant des amendes infligées[1433]. Cela implique notamment que ce dernier soit habilité « à supprimer, à réduire ou à majorer l'amende ou l'astreinte infligée »[1434]. La caractéristique, liée à l'étendue des pouvoirs du juge, du recours de plein contentieux en matière de concurrence permet de le distinguer des autres recours qui peuvent être exercés devant la Cour de Justice de l'UEMOA en matière de concurrence.

En effet, il est important de savoir qu'aux termes de l'article 31, alinéa 1, du règlement n° 03/2002, la Cour de Justice a également compétence pour « [apprécier] la légalité des décisions prises par la Commission en vertu du présent règlement dans les conditions prévues au protocole additionnel n° 01 relatif aux organes de contrôle de l'Union [...] ». À l'égard des États membres qui se rendent coupables de pratiques anticoncurrentielles ou d'aides d'État prohibés par l'Union, la CJUEMOA est enfin compétente pour connaitre des recours en manquement exercés conformément à l'article 6, paragraphe 4, du règlement n° 02/2002 relatif aux pratiques anticoncurrentielles à l'intérieur de l'UEMOA[1435].

En dépit de l'existence, en droit de l'UEMOA, de voies de droit aussi bien ordinaires que spéciales et des conditions d'accès relativement favorables dont elles sont assorties, l'accès des individus aux garanties juridictionnelles, en cas de contestation des actes pris par les organes, demeure limité par plusieurs restrictions.

[1432] Ramata Fofana OUEDRAOGO, « Les règles de procédures applicables à la mise en œuvre effective du droit de la concurrence UEMOA », *Revue de droit uniforme africain*, n° 5, 2011, p. 22 et s.

[1433]CJCE, arrêt Groupe Danone c. Commission du 8 févr. 2007, aff. C-3/06 P, Rec. 2007, p. I-1331, pt 61.

[1434]Trib. (UE), arrêt InnoLux c. Commission du 27 février 2014, aff. T-91/11, ECLI:EU:T:2014:92, pt 156.

[1435] Règlement n° 02/2002/CM/UEMOA relatif aux pratiques anticoncurrentielles à l'intérieur de l'Union, BO indisponible.

Section II : Les limites de l'accès aux garanties juridictionnelles

Il ne sert à rien d'avoir à disposition des voies de droit pour la contestation des actes émanant des organes de l'UEMOA, si l'activation effective de ces voies de droit est rendue difficile ou quasi-impossible par l'existence de divers facteurs. L'examen qui suit permettra de mettre en évidence l'existence de plusieurs restrictions à l'utilisation des voies d'accès (paragraphe I). À côté de ces facteurs qui ont pour effet de restreindre la teneur de l'accès aux garanties juridictionnelles, il en existe d'autres qui touchent à la qualité même de l'accès au juge (paragraphe II). Ces derniers facteurs concernent spécifiquement l'indépendance du juge de l'UEMOA et la manière dont le contrôle juridictionnel est exercé par ce dernier.

Paragraphe I : Les restrictions à l'utilisation des voies d'accès au juge

Parmi les facteurs qui restreignent l'utilisation des voies d'accès au juge en cas de contestation des actes pris par les organes de l'UEMOA, on peut distinguer les facteurs de droit (A) des facteurs qui relèvent de considérations purement factuelles (B). Si les premiers sont dans l'ensemble imposés aux justiciables individuels, les seconds sont rattachés, dans la plupart des cas, à la condition (sociale) de ces derniers.

A) Les restrictions de droit

Les restrictions de droit imposées aux justiciables, dans l'utilisation des voies d'accès au juge, intéressent intrinsèquement l'ordonnancement juridique[1436]. Elles peuvent être le fait de la règlementation en vigueur (1) ou du juge de l'UEMOA (2) amené à interpréter et à appliquer le droit applicable aux voies d'accès.

1) Les restrictions imputables à la règlementation en vigueur

Les restrictions imputables à la règlementation en vigueur visent les lacunes et l'opacité des règles applicables aux voies de droit disponibles

---

1436 Loïc CADIET, Jacques NORMAND & Soraya Amrani MEKKI, *Théorie générale du procès, op. cit., p. 580.*

et à leurs conditions d'accès, lorsque celles-ci ont précisément pour effet d'entraver de manière injustifiée ou démesurée l'accès des personnes privées au juge[1437]. En droit de l'UEMOA, ces restrictions illicites consistent en l'indisponibilité de certaines voies de droit (a), à l'inexistence de certaines conditions préalables (b) ainsi qu'à l'imposition de certaines conditions excessives (c) pour l'exercice des voies de droit. Il convient de souligner néanmoins que le droit au recours effectif n'est pas un droit absolu dans la mesure où il peut faire l'objet d'un certain nombre de restrictions licites dûment justifiés et prévus par la règlementation en vigueur (d).

a) L'indisponibilité de certaines voies d'accès

L'indisponibilité des voies d'accès visent les voies de droit dont l'individu ne peut dûment se prévaloir, soit en raison de la manière dont elles sont conçues (ii), soit à cause de leur absence pure et simple du système des voies de droit ouverts devant le juge de l'UEMOA (i).

i) L'absence du recours en carence

Dans sa thèse portant sur la juridictionnalisation des organisations régionales d'intégration économique en Afrique[1438], Dramane SANOU relevait « l'absence dommageable du recours en carence » dans les systèmes judiciaires desdites organisations. Cette observation générale vaut notamment pour ce qui est du système des voies de droit au sein de l'UEMOA. Prévu en droit de l'Union européenne à l'article 265 du traité FUE, le recours en carence se présente comme un instrument complémentaire pour le contrôle de la légalité[1439], visant à sanctionner spécifiquement l'abstention ou l'inaction illégale d'une institution. En effet, alors que le recours en annulation vise à contrôler la légalité de l'action « positive » des institutions, le recours en carence porte, quant à lui, sur l'action « négative » de ces dernières. Le recours en annulation et le recours en carence, se présentent ainsi comme l'envers et le revers d'un même médaillon, le contrôle de la légalité se définissant dès lors

---

[1437] Gérard COHEN-JONATHAN, « Le droit au juge » *in Gouverner, administrer, juger. Liber Amicorum Jean Waline*, Paris, Dalloz, 2002, p. 484.

[1438] Dramane SANOU, *La juridictionnalisation des organisations régionales d'intégration économique en Afrique*, *op. cit.* p. 181.

[1439] Safia CAZET, *Le recours en carence en droit de l'Union européenne*, Bruxelles, Bruylant, 2012, p. 341.

comme un contrôle « biface » du comportement institutionnel[1440]. Cette réalité a conduit la CJCE à considérer lesdits recours comme étant « l'expression d'une seule et même voie de droit »[1441]. Aux termes de l'article 265 du traité FUE (ex art. 232 CE),

> « Dans le cas où, en violation des traités, le Parlement européen, le Conseil européen, le Conseil, la Commission ou la Banque centrale européenne s'abstiennent de statuer, les États membres et les autres institutions de l'Union peuvent saisir la Cour de Justice de l'Union européenne en vue de faire constater cette violation. [...] Toute personne physique ou morale peut saisir la Cour dans les conditions fixées aux alinéas précédents pour faire grief à l'une des institutions, ou à l'un des organes ou organismes de l'Union d'avoir manqué de lui adresser un acte autre qu'une recommandation ou un avis ».

Toutefois, le recours en carence n'est recevable que « si l'institution, l'organe ou l'organisme en cause a été préalablement invité à agir. Si, à l'expiration d'un délai de deux mois à compter de cette invitation, l'institution, l'organe ou l'organisme n'a pas pris position, le recours peut être formé dans un nouveau délai de deux mois »[1442]. Le recours en carence est ainsi précédé d'une phase précontentieuse obligatoire visant à permettre à l'institution fautive de se conformer à ses obligations et à éviter d'en arriver au procès. Le contentieux ne sera définitivement lié et la carence réputée constituée, que si l'institution invitée à agir ne prend pas position au bout des deux mois qui lui sont laissés à cet effet. La CJUE considère de manière constante que l'article 265, alinéa 1, du traité FUE vise notamment « la carence par l'abstention de statuer ou de prendre position et non l'adoption d'un acte différent de ce que les intéressés auraient souhaité ou estimé nécessaire »[1443], auquel cas seul le recours en annulation serait envisageable.

[1440] Voir Ami BARAV, « Considérations sur la spécificité du recours en carence en droit communautaire », *RTDE*, 1975, p. 53, cité par Safia CAZET, *op. cit.* Également, Marianne DONY et Thierry RONSE, « Réflexions sur la spécificité du recours en carence », *CDE*, 2000. pp. 595-636.
[1441] CJCE, arrêt Amedeo CHEVALLEY c. Commission des Communautés européennes, aff. 15/70, Rec. 1970, p. 975, pt 6.
[1442] Art. 265, al. 2, TFUE.
[1443]CJUE, arrêt Commission c. Conseil du 19 novembre 2013, aff. C-196/12, ECLI:EU:C:2013:753, pt 22. Pour plus de détails sur les « prises de position »

La complémentarité du recours en carence vis-à-vis du recours en annulation a par ailleurs conduit à l'alignement jurisprudentiel de la qualité pour agir des requérants individuels dans l'exercice des deux recours[1444]. La CJCE a ainsi jugé dans l'arrêt T. Port du 26 novembre 1996, que

> « De même que l'article 173, quatrième alinéa (263, al. 4 TFUE) permet aux particuliers de former un recours en annulation contre un acte d'une institution dont ils ne sont pas les destinataires dès lors que cet acte les concerne directement et individuellement, de même l'article 175, troisième alinéa (265, al. 3 TFUE) doit être interprété comme leur ouvrant également la faculté de former un recours en carence contre une institution qui aurait manqué d'adopter un acte qui les aurait concernés de la même manière »[1445].

Ainsi, pour la CJUE, une personne physique ou morale ne peut agir en carence au titre de l'article 265, alinéa 3, du traité FUE, qu'en vue de faire constater que l'une des institutions s'est abstenue, en violation du traité, d'adopter un acte, autre qu'une recommandation ou un avis, dont elle est le destinataire potentiel ou qu'elle pourrait attaquer par la voie d'un recours en annulation[1446].

Contrairement au droit de l'Union européenne, la complémentarité du recours en annulation et du recours en carence aurait conféré au second, en droit l'UEMOA, une portée relativement plus large dans la mesure où les individus, personnes physiques et morales, auraient eu la possibilité de l'exercer à l'encontre de tout acte (individuel comme général) qu'aurait manqué d'adopter tout organe de l'Union, en

---

susceptibles de donner lieu à un recours en carence devant la CJUE, voir Sean VAN RAEPENBUSCH, Le recours des particuliers devant le juge de l'Union européenne, *op. cit.* p. 67 et s.

[1444] Safia CAZET, *Le recours en carence en droit de l'Union européenne*, *op. cit.* p. 349.

[1445] CJCE, arrêt T. Port GmbH c. Bundesanstalt für Landwirtschaft und Ernährung, du 26 novembre 1996, aff. C-68/95, Rec. 1996, p. I- 6065, pt. 59. Voir dans le même sens, CJUE, Ord. Pérez Escobar c. Commission du 1er octobre 2004, C-379/03 P, ECLI:EU:C:2004:580, pt 15; CJUE, Ord. H-Holding AG c. Parlement européen, du 5 septembre 2013, aff. C-64/13 P, ECLI:EU:C:2013:557, pt 15.

[1446] TPICE, Ord. Century Oils Hellas c. Commission, du 4 juillet 1994, aff. T-13/94, Rec. 1994, pp. 11-431, pts 13 et 14. Voir aussi, Trib. (UE) Ord. Victoria Sanchez c. Parlement et Commission, 17 novembre 2010, aff. T-61/10, Rec. 2010, p. II-252, pt 28.

violation des traités, dès lors que cette omission leur aurait 'fait grief'. En ne reconnaissant que le recours en annulation à l'égard des actes pris par les organes, le droit de l'UEMOA a consacré un système incomplet de voies de droit pour le contrôle de la légalité, réduisant la portée du droit au recours effectif des individus tout en privant l'organisation d'un précieux instrument qui l'aurait permis de combattre l'inertie des organes et d'inciter à l'utilisation pleine et entière des compétences qui leur sont conférées en vue d'atteindre les objectifs fixés par les traités.

En effet, comme l'affirme Dramane SANOU, « le recours en carence permet à la conscience communautaire de rester éveillée »[1447], une posture qui revêt une importante toute particulière dans le contexte du processus d'intégration au sein de l'UEMOA, marqué par une démission de certains organes vis-à-vis des compétences qu'il leur incombe d'exercer dans le cadre des traités et des actes de droit dérivés. À titre d'exemple, l'article 91 modifié du traité de l'UEMOA prévoit l'adoption, par le Conseil, sur proposition de la Commission et après avis conforme du Parlement, de règlements ou de directives mettant en œuvre le droit à la libre circulation des travailleurs et des membres de leurs familles. À ce jour, aucun acte du Conseil n'est intervenu dans ce sens, une situation de vide juridique susceptible de décourager l'exercice, par les intéressés, d'un des droits les plus fondamentaux du marché commun.

Aussi, dans le domaine du contentieux du personnel de l'UEMOA, le Comité consultatif paritaire (CCP) dont la saisine préalable constitue une condition de recevabilité du recours exercé par les agents de l'Union[1448], a longtemps été inexistant du fait de la Commission qui n'avait pas adopté le règlement d'exécution censé en préciser la composition et le fonctionnement[1449]. De manière tout à fait reprochable, ce sont les plaignants devant la CJUEMOA qui, pendant des années, ont payé le lourd tribut de cette carence. En effet, alors qu'elle avait suivie au début une jurisprudence flexible (mais problématique)[1450] quant aux conditions de recevabilité des recours exercés par les membres du personnel de l'UEMOA[1451], la Cour de

[1447] Dramane SANOU, *op. cit.* p. 182.
[1448] Voir art. 140 du règlement n° 07/2010/CM/UEMOA, *op. cit.*
[1449] Cf. *supra*, sect. 1, par. 2.
[1450] Cf. *infra*, sect. 2, par. 1, B.
[1451] Voir arrêt Abdourahamane SACKO précité, p. 22. Dans le même, voir l'arrêt Ababacar DIENG I précité (aff. n° 3/98) et CJUEMOA, arrêt Ababacar DIENG c.

Justice va exiger, à partir de l'arrêt Kossi Mawuli AGOKLA du 18 décembre 2002[1452], que les plaignants, pour être recevables, exercent au préalable un recours précontentieux fictif et qu'ils attendent l'écoulement d'un délai de quatre mois avant de la saisir[1453].

Dans les deux exemples précités, l'existence du recours en carence dans le système des voies de droit aurait pu contribuer à remédier, dans une certaine mesure, à l'inertie des organes ainsi qu'au préjudice souffert par les justiciables privés. S'exprimant sur l'absence du recours en carence en droit de l'UEMOA, un juge de la Cour de Justice faisait pertinemment observer que

> « si cette absence [avait été] un choix délibéré de la part des rédacteurs des textes fondamentaux régissant ladite Cour, elle [constituait] un véritable problème pour l'effectivité du contrôle de la légalité. Si au contraire ces derniers [avaient été mus] par le choix d'une démarche progressive, il [était] temps de l'inclure dans le système des voies de droit »[1454].

Toutefois, il y a lieu de se demander si l'absence formelle du recours en carence en droit de l'UEMOA ne pourrait pas être compensée par l'admission du recours en annulation contre les décisions implicites de rejet ou de refus. En effet il n'est pas théoriquement impossible d'assimiler l'abstention d'adopter un acte légalement prévu à une décision implicite de rejet ou de refus. En recourant ainsi à la fiction de la décision implicite, l'idée serait de permettre aux personnes intéressées d'exercer un recours en annulation devant la Cour de Justice après une mise en demeure de l'organe incriminé. Cette solution n'est ni nouvelle ni méconnue du droit de l'UEMOA.

En effet, telle semble avoir été l'approche privilégiée par le traité de la CECA (art. 35) qui permettait de considérer le recours en carence comme une modalité particulière du recours en annulation,

---

Commission de l'UEMOA, du 26 janvier 2000, aff. n° 01/2000, Rec. 2008, p. 259 (ci-après arrêt Ababacar DIENG II).

[1452] Voir arrêt Kossi Mawuli AGOKLA précité.

[1453] *Idem*, p. 374. Voir aussi, arrêt Haoua TOURE précité. Pour une critique détaillée de ce revirement jurisprudentiel de la Cour de Justice de l'UEMOA, Cf. infra p. 342 et s.

[1454] Propos recueillis auprès d'un juge de l'UEMOA dans le cadre du séjour doctoral que nous y avons effectué. Voir question 1, sous point III (droit au juge), dans Annexe 1, p. 509 et s.

contrairement au traité FUE actuel (art. 265) qui en fait une voie de droit plutôt autonome[1455]. En droit de l'UEMOA, le recours en annulation contre les décisions implicites de rejet existe dans le contentieux du personnel de l'Union[1456]. Conformément à l'article 140 du règlement n° 07/2010, l'agent a la possibilité d'attaquer devant la Cour de Justice une décision implicite de rejet émanant de l'AIPN. Ce recours est précédé, comme dans le recours en carence, d'une mise en demeure de l'AIPN à l'effet de prendre une décision imposée par le Statut du personnel[1457]. Le recours devant la Cour de Justice est alors introduit dans un délai de deux (2) mois à compter de l'expiration du délai de réponse laissé à l'AIPN[1458]. Dans la pratique, rien ne semble empêcher le CJUEMOA de généraliser le recours en annulation contre les décisions implicites de refus.

ii) L'accès « hypothéqué » au renvoi préjudiciel en appréciation de légalité

Malgré les mérites qu'ont pu lui vanter de nombreux auteurs[1459], le mécanisme du renvoi préjudiciel dans son ensemble, et celui en appréciation de légalité en particulier, demeure pour les personnes physiques et morales une voie de droit dont l'accès est comme grevé de plusieurs hypothèques. Il s'agit notamment d'un accès médiatisé, aléatoire et en fin de compte, conditionné. S'exprimant sur le renvoi préjudiciel comme voie d'accès au juge, l'ancien avocat général auprès de la CJCE, Francis G. JACOBS, relevait que « Such [...] route is circuitous, it is dependent upon the accidents of nationals remedies and

---

[1455] Denys SIMON (Dir.), Contentieux de l'Union européenne/2. Carence. Responsabilité, Paris, Lamy, 2011, p. 22 et s.

[1456] Cf. *supra*, sect. 1, par. 2.

[1457] Art. 135, al. 1, du règlement n° 07/2010, op. cit.

[1458] Le délai de réponse laissé à l'AIPN est également de deux (2) mois.

[1459] Dans son ouvrage sur la Cour de Justice de l'UEMOA, l'ancien juge MBACKÉ faisait l'éloge de ce mécanisme, vis-à-vis des particuliers, en ces termes : « l'intérêt immédiat d'une telle procédure réside dans le respect strict du principe qui veut que la justice soit rapprochée du justiciable, et dans l'économie en frais de justice. En effet, par ce mécanisme procédural, les administrés peuvent invoquer le droit communautaire protecteur devant leurs juges naturels, avec l'assistance de la Cour de Justice sans encourir les aléas et le coût d'un procès plus ou moins délocalisé, au siège de la Cour ». Mouhamadou M. MBACKE, *La Cour de Justice de l'Union économique et monétaire ouest-africaine*, *op. cit.* p. 34.

procedures and it requires the national Court to take a decision to refer. It is not open to the individuals of right »[1460].

Conçu comme un mécanisme de coopération entre la juridiction supranationale et les juridictions nationales, le renvoi préjudiciel s'inscrit avant tout dans la logique d'un « dialogue de juge à juge »[1461], marginalisant autant que faire se peut l'intervention des parties au litige principal. Le renvoi préjudiciel se présente ainsi comme une voie de droit non contentieuse, dont la maîtrise du déclenchement est exclusivement confiée au juge national, les requérants au principal ne pouvant que l'y inciter et, lorsqu'il s'y résout, qu'être invité à présenter des observations écrites ou orales devant la juridiction supranationale[1462]. En effet, c'est à la juridiction nationale que revient le droit de saisir la Cour de Justice de l'UEMOA « si elle l'estime nécessaire »[1463]. Comme en droit de l'Union européenne, c'est elle qui est seul juge de l'objet et de l'opportunité de la question préjudicielle adressée à la juridiction supranationale[1464]. Ainsi, à la différence de l'exception d'illégalité qui est à la disposition des parties, ces dernières ne disposent pas d'un droit au renvoi préjudiciel en appréciation de légalité. Ils ne peuvent pas poser directement de question préjudicielle à la Cour[1465]. Aussi, bien qu'ils puissent alerter le juge national sur une prétendue illégalité d'un acte de base de l'Union, ils ne peuvent forcer la main à ce dernier. En droit de l'Union européenne, la CJUE n'est pas non plus compétente « ni pour apprécier le comportement d'une juridiction nationale, ni pour constater, le cas échéant, une violation de l'article 234, troisième alinéa, CE (267, al. 3, Traité FUE) par celle-ci »[1466].

[1460] Francis G. JACOBS, « Access to justice as a fundamental right in European law» *in Mélanges en homage a F. SCHOCKWEILER, op. cit.* p. 205.

[1461]CJUE, arrêt Krizan et a. du 15 janvier 2013, aff. C-416/10, ECLI:EU:C:2013:8, pt 66.

[1462] Art. 27, par. 2, du règlement administratif.

[1463] Art. 15, par. 6, al. 1, du règlement de procédures.

[1464] CJCE, arrêt Salgoil du 19 décembre 1968, aff. 13/68, Rec. 1968, p. 661, spéc. p. 672. Également, CJUE, arrêt Município de Barcelos du 12 février 2010, aff. C-408/09, Rec. 2010, p. I-21, pt 4.

[1465] CJCE, arrêt Wöhrmann et Lütticke c. Commission, 14 décembre 1962, aff. 31/62 et 33/62, Rec. 1962 p. 965, spéc. p. 980.

[1466]CJUE, arrêt Gauweiler et a. du 16 juin 2015, aff. C-62/14, ECLI:EU:C:2015:400 pt 24.

De ce qui précède, l'emploi de l'expression « recours préjudiciel », tant à l'article 27 des statuts de la CJUEMOA[1467] que dans la jurisprudence de cette dernière[1468] apparait impropre, sauf à considérer le renvoi préjudiciel comme étant directement ouvert aux parties, ce qui ne ressort ni de la lettre, ni de l'esprit des articles 12 et 15, paragraphe 6, respectivement du protocole additionnel n° 1 et du règlement de procédures. Ici comme ailleurs, le renvoi préjudiciel n'apparaît pas comme un recours véritablement accessible aux requérants individuels.

Par ailleurs, l'accès au juge de la légalité par le canal du renvoi préjudiciel en appréciation de légalité s'avère conditionné par l'accès préalable au juge national. En effet, le renvoi préjudiciel en appréciation de légalité se greffe nécessairement à une voie de droit nationale dont l'inexistence rend indisponible l'accès au prétoire de la CJUEMOA. Or si les individus ne peuvent accéder au juge national pour contester les actes nationaux d'application, ils ne peuvent espérer au bénéfice d'un éventuel renvoi préjudiciel au juge supranational. Pourtant, en droit de l'UEMOA, l'accès au juge national pour la contestation des actes nationaux d'application ne va pas de soi[1469]. Il en découle que l'accès au juge de l'UEMOA, par le biais du renvoi préjudiciel en appréciation de légalité, apparaît aléatoire dans la mesure où il reste soumis aux aléas des systèmes judiciaires internes et à la volonté du juge de renvoi.

Afin d'étendre la protection juridictionnelle des particuliers, il aurait été proposé à plusieurs reprises d'ouvrir aux parties à un litige devant le juge national, la possibilité de saisir la Cour de Justice de l'UEMOA[1470]. Cependant, une telle ouverture n'aurait-elle pas pour effet de dénaturer le renvoi préjudiciel et de le départir de sa caractéristique la plus

---

[1467] Voir aussi, art. 15, par. 6, du règlement de procédures.

[1468] Il convient de noter que la Cour de Justice de l'UEMOA a rendu, à ce jour, en tout cinq (05) arrêts sur renvoi préjudiciel des juridictions des États membres. L'ensemble de ces arrêts comportent en intitulé, la mention du « recours préjudiciel ».

[1469] Ce point sera plus amplement développé dans le cadre du chapitre II de cette deuxième partie.

[1470] Propos recueillis à l'issue du questionnaire administré aux membres de la Cour de Justice de l'UEMOA dans le cadre du séjour que nous y avons effectué. Cette proposition aurait été faite notamment dans le cadre des rencontres interjuridictionnelles que la Cour tient périodiquement avec ses consœurs d'Afrique de l'Ouest et d'Afrique centrale, à savoir notamment la Cour de Justice de la CEDEAO, la Cour de Justice de la CEMAC et la Cour Commune de Justice et d'Arbitrage de l'OHADA. Voir question 2, sous point III (droit au juge), dans Annexe 1, *op. cit.* p. 509 et s.

intrinsèque, à savoir la coopération interjuridictionnelle entre la juridiction supranationale et les juridictions internes ? Une approche plus conciliatrice nous semble préférable, bien qu'il ne soit pas aisé de concilier, a priori, la spécificité « interjuridictionnelle » du mécanisme de renvoi préjudiciel avec les exigences tirées de l'accès des particuliers au prétoire supranational.

Difficile ne signifiant pas impossible, plusieurs mesures peuvent être envisagées dans le sens d'une plus grande subjectivisation du renvoi préjudiciel. D'abord, il pourrait être envisagé d'encadrer le pouvoir discrétionnaire du juge de renvoi en soumettant son refus d'opérer le renvoi préjudiciel, lorsque celui-ci est sollicité par les parties, à l'obligation d'une décision dûment motivé et pouvant faire l'objet d'un contrôle par une juridiction supérieure. Lorsque la juridiction de renvoi statue en dernier ressort, le préjudice souffert du refus d'exercer le renvoi préjudiciel auprès de la CJUEMOA devrait ouvrir droit à réparation, devant les juridictions nationales, dans les conditions définies par la jurisprudence Köbler[1471] de la CJCE. En attendant d'y revenir plus en détail dans nos développements ultérieurs[1472], il importe de préciser que dans l'arrêt Köbler, la CJCE a expressément affirmé le principe de la responsabilité extracontractuelle d'un État membre du fait de la violation du droit de l'Union européenne imputable à la décision d'une juridiction nationale statuant en dernier ressort[1473]. Cette responsabilité extracontractuelle ne peut être engagée que si trois conditions sont remplies, à savoir que « la règle de droit violée ait pour objet de conférer des droits aux particuliers, que la violation soit suffisamment caractérisée et qu'il existe un lien de causalité direct entre la violation de l'obligation qui incombe à l'État et le dommage subi par les personnes lésées »[1474]. En ce qui concerne la violation suffisamment caractérisée du droit de l'Union européenne, la violation de l'obligation de renvoi, par la juridiction statuant en dernier ressort, figure parmi les principaux éléments d'appréciation devant guider l'examen de la cause

---

[1471] CJCE, arrêt Gerhard Köbler c. Republik Österreich, du 30 septembre 2003, aff. C-224/01, Rec. 2003, p. I- 10239.

[1472] Cf. infra, chapitre II, titre I, de la 2e partie.

[1473] Arrêt Köbler précité, pt 33. Voir aussi Denys SIMON, « La responsabilité des Etats membres en cas de violation du droit communautaire par une juridiction suprême. (A propos de l'arrêt Köbler, CJCE, 30 sept. 2003, aff. C-224/01) », Europe, 2003, Chron. n° 12 p.3-6.

[1474] Arrêt Köbler précité, pt 51.

par le juge national de la réparation[1475]. En tout état de cause, la violation est suffisamment caractérisée « lorsque la décision concernée est intervenue en méconnaissance manifeste de la jurisprudence de la Cour en la matière »[1476].

Par ailleurs, il existe en droit allemand la possibilité d'exercer un recours constitutionnel individuel (Verfassungsbeschwerde) tiré de la violation du principe du juge légal prévu à l'article 101, paragraphe 1, de la Loi fondamentale. Le juge de l'Union européenne étant considéré comme un juge légal au sens de la Constitution allemande,

> « Une juridiction nationale qui méconnaît l'obligation de renvoi préjudiciel lui incombant en vertu de l'article 267 du T. F.U. E. enfreint donc le principe constitutionnel du juge légal, prévu à l'article à l'article 101 de la Loi fondamentale allemand et s'expose de ce fait à la sanction de la cassation par la Cour constitutionnelle fédérale à la suite d'un recours constitutionnel individuel »[1477].

Cependant, l'application d'une telle solution pourrait s'avérer problématique dans les ordres constitutionnels des États membres de l'UEMOA, qui ne reconnaissent pas tous le droit au recours constitutionnel individuel[1478].

Hormis la solution dégagée dans l'arrêt Köbler, la CJCE a considérablement réduit la marge d'appréciation des juridictions nationales lorsque celles-ci sont en présence d'une question relative à la validité du droit de l'Union européenne, en refusant d'appliquer au renvoi préjudiciel en appréciation de validité, la théorie de l'acte clair posée à l'arrêt Cilfit[1479]. En effet, la CJCE a affirmé dans l'arrêt Schul de 2005, que

---

[1475] *Idem*, pt 55.
[1476] *Id.*, pt 56.
[1477] Daniel DITTERT, « Rapport allemand » *in* Laurent COUTRON (Dir), *L'Obligation de renvoi préjudiciel à la Cour de Justice : une obligation sanctionnée* ? Bruxelles, Bruylant, 2014, 520 p., p. 62
[1478] Voir cas du Burkina-Faso par exemple, art. 157 de la Constitution.
[1479] CJCE, arrêt Srl CILFIT et Lanificio di Gavardo SpA du 6 octobre 1982, *op. cit.* Sur la théorie de l'acte clair, voir Hjalte RASMUSSEN, « Classics of the First 40 Years. The European Court's Acte Clair Strategy in C.I.L.F.I.T. », *ELR*, 2015, pp.475-489.

> « L'article 234, troisième alinéa, CE (267, alinéa 3, TFUE) impose à une juridiction nationale dont les décisions ne sont pas susceptibles d'un recours juridictionnel de droit interne de saisir la Cour d'une question relative à la validité de dispositions d'un règlement même lorsque la Cour a déjà déclaré invalides des dispositions correspondantes d'un règlement comparable »[1480].

La transposition de cette jurisprudence en droit de l'UEMOA aurait l'avantage de favoriser, dans une certaine mesure, les renvois préjudiciels à la CJUEMOA de manière plus récurrente. En attendant, les individus demeurent confrontés à l'indisponibilité du renvoi préjudiciel en appréciation de légalité dont l'opérationnalisation leur échappe, ainsi du recours en carence qui est complètement absent du système de voies de droit au sein de l'UEMOA. À ces restrictions s'ajoutent l'inexistence de certaines conditions préalables indispensables pour l'accès aux voies de droit.

b) L'inexistence de conditions préalables

Cette catégorie de restrictions vise notamment la règlementation relative à la publicité des actes juridiques de l'UEMOA. En effet, dès 1996, la Cour de Justice attirait l'attention de la Commission sur le mode contestable de datation des bulletins officiels (BO) de l'Union ainsi que sur la lenteur de leur publication[1481]. En effet, comme le relevait le juge rapporteur dans l'affaire Serge Laubhouet,

> « Les Bulletins Officiels ne sont pas datés au jour mais au mois et la date de dépôt des Bulletins à la Commission utile pour la computation des délais reste une inconnue parce que non réglementée. Le résultat, même quand le texte est publié, est qu'en l'absence d'une date d'application fixée dans le texte, ni le point de départ des délais, ni leur point d'arrivée ne sont déterminables en l'état des textes communautaires ».

1480 CJCE, arrêt Schul du 6 décembre 2005, *op. cit.*, pt 25. Pour un commentaire de cet arrêt, voir Elsa BERNARD, « Obligation de renvoi », Europe, 2006, Comm. n° 39 p.15-16.

1481 Voir CJUEMOA, Lettre n° 87-97/YDY/eo du 22 octobre 1996, cité par Mouhamadou M. MBACKE, juge rapporteur sur l'arrêt Serge Laubhouet précitée, p. 161.

Hormis le fait qu'elle assure l'information au public, la publication au BO sert à déterminer à partir de quand, et pendant combien de temps, les personnes éventuellement intéressés pourront exercer leur droit au recours à l'égard d'un acte qu'elles estiment contestable. La publication au BO permet aussi de connaître le contenu de l'acte et de former valablement, devant la Cour de Justice, la requête introductive d'instance, laquelle « doit être accompagné s'il y a lieu de l'acte dont l'annulation est demandée »[1482]. Au regard de cette dernière formalité, l'accès à l'acte querellé grâce à la publication au BO revêt une grande importance, d'autant plus que le juge de l'UEMOA semble y attacher une certaine rigueur somme toute contestable[1483]. Or, en plus de son caractère lacunaire et irrégulier, la publication des actes des organes a une portée limitée dans la mesure où elle s'effectue uniquement au BO de l'UEMOA, la publication dans les journaux officiels (JO) des États membres n'étant pas prévue.

Dans la mesure où elles rendent difficile, voire impossible, l'exercice effectif du droit au recours juridictionnel, les lacunes de la règlementation relative à la publication des actes de l'UEMOA, telles que présentées ci-dessus, constituent des restrictions injustifiées à l'accès aux garanties juridictionnelles. Relèvent également de restrictions injustifiées, certaines conditions excessives posées à l'accès auxdites garanties.

c) L'imposition de conditions excessives

Au titre des conditions excessives posées à l'accès aux garanties juridictionnelles, il y a lieu de mentionner précisément la procédure précontentieuse obligatoire pour l'exercice du recours du personnel de l'UEMOA. Pour rappel, l'article 140 du règlement n° 07/2010 subordonne la saisine du « juge administratif » de l'Union à la saisine préalable du Comité consultatif paritaire (CCP)[1484]. Dans la mesure où

[1482] Art. 26, al. 4, du règlement de procédures.

[1483] Voir CJUEMOA, arrêt Etat de Côte d'Ivoire/M. Laurent Gbagbo c. Conseil des ministres de l'UEMOA/Commission de l'UEMOA, aff. n° 1/2013 bis, *op. cit.*, p. 11.

[1484] Art. 140 du règlement n° 07/2010/CM/UEMOA portant Statut du personnel de l'UEMOA, *op. cit.*

elle introduit « une étape supplémentaire pour l'accès au juge »[1485], la procédure précontentieuse imposée à l'article 140 dudit règlement s'avère restrictive. Il convient cependant de préciser que ce n'est pas tant le principe de la procédure précontentieuse que ces modalités de mise en œuvre qui s'avèrent en l'occurrence problématiques. En effet, il est communément admis devant les juridictions internationales que les droits fondamentaux d'une manière générale et le droit au recours juridictionnel en particulier, ne constituent pas des droits absolus mais

> « Peuvent comporter des restrictions, à condition que celles-ci répondent effectivement à des objectifs d'intérêt général poursuivis par la mesure en cause et n'impliquent pas, au regard du but poursuivi, une intervention démesurée et intolérable qui porterait atteinte à la substance même des droits ainsi garantis »[1486].

Certes, la procédure précontentieuse telle que prévue à l'article 140 du règlement n° 07/2010 se justifie par le souci d'assurer une bonne administration de la justice dans un domaine aussi spécifique que celui du contentieux du personnel de l'UEMOA, enserré dans un contexte relationnel prégnant[1487]. L'idée est d'éviter, autant que faire se peut, la confrontation judiciaire des parties et de préserver le climat de paix indispensable à la poursuite de la collaboration administrative. Qui plus est, la prolongation de la procédure, du fait de la phase précontentieuse préalable, peut être compensée par la prise de mesures provisoires visant, entre autres, à surseoir à l'exécution de la décision attaquée[1488].

Pour autant, certains aspects restrictifs de ladite procédure méritent d'être relevés, lesquels n'apparaissent pas véritablement justifiés, ni proportionnés par rapport à l'intérêt légitime susmentionné. En effet, bien que les délais impartis respectivement au CCP et l'AIPN, pour se prononcer sur la demande et/ou la réclamation de l'agent, aient été

[1485] CJUE, arrêt Rosalba Alassani du 18 mars 2010, aff. jtes C-317/08, C-318/08, C-319/08 et C-320/08, Rec. 2010, p. I-2213, pt 62.

[1486] Voir CJUE, arrêt G. J. Dokter e. a. du 15 juin 2006, aff. C-28/05, Rec. 2006, p. I-5431, pt 75. Cour EDH, arrêt Fogarty c. Royaume-Uni du 21 novembre 2001, Rec. 2001-XI, par. 33.

[1487] Georges VANDERSANDEN, « La procédure et les voies de recours », *op. cit.* p. 112.

[1488] Art. 137 du règlement n° 07/2010/CM/UEMOA, *op. cit.* Voir aussi, Mouhamadou M. MBACKE, *op. cit.* p. 50.

revues à la baisse dans le règlement n° 07/2010[1489], la procédure précontentieuse apparaît toujours longue dans son ensemble, et potentiellement dissuasive pour l'agent requérant, spécialement dans l'hypothèse d'une demande préalable à l'AINP. En effet, en l'absence d'un « acte faisant grief », ce dernier doit adresser une demande à l'AIPN, laquelle dispose de deux mois pour se prononcer. Une fois la réclamation dudit acte portée à la connaissance du CCP, celui-ci a à son tour un délai d'un mois pour rendre sa décision et l'AINP, à nouveau un délai de deux mois pour prendre définitivement position. Ce qui fait en tout une période de cinq (5) mois consacrés à la phase précontentieuse qui, dans la plupart des cas, conduit à saisir le juge de l'UEMOA, l'AIPN se dédisant rarement de sa décision initiale. Se pose ainsi non seulement la question de l'opportunité du délai supplémentaire de deux mois, laissé à l'AIPN, pour prendre définitivement position vis-à-vis d'un dossier connu d'avance[1490], mais également celle de l'opportunité du principe même du retour à l'AIPN après que le CCP s'est prononcé.

Ailleurs, la combinaison de la demande préalable à l'AIPN et de la réclamation devant le CCP a été critiquée par certains auteurs ayant jugé que « le contentieux administratif ne devrait comporter que la réclamation visant à l'annulation et/ou à la réparation d'un éventuel préjudice »[1491], en ne laissant subsister de manière autonome que la demande préalable à l'AINP. Concernant cette procédure ouverte à l'agent plaignant, il convient de noter que l'article 135, al. 4, du Statut du personnel de l'UEMOA, confère à l'AINP la faculté de garder le silence jusqu'à l'expiration des deux mois qui lui sont laissés pour se prononcer, le dispensant ainsi d'avoir à répondre expressément à la demande de l'agent, encore moins d'avoir à lui communiquer les motifs de son refus.

Problématique au regard de l'obligation de motivation imposée, par l'article 44 du traité de l'UEMOA, à l'ensemble des organes, ce « passe-droit » reconnu à l'AIPN l'est davantage vis-à-vis du droit au recours effectif, dans la mesure où elle prive les justiciables de leur droit de connaître les motifs de la décision qui leur fait grief, afin de mieux

---

[1489] Cf. *supra*, sect. 1, par. 2.

[1490] À noter que le CCP ne dispose que d'un (1) mois pour se prononcer une fois pour toute sur la réclamation de l'agent.

[1491] Georges VANDERSANDEN, « Les procédures et les voies de recours », *op. cit.* p. 115.

organiser leur défense devant le juge. Cette situation prive également ce dernier de l'opportunité de connaître tous les tenants et les aboutissants de l'affaire portée à sa connaissance et de procéder à une administration optimale de la justice. Comme l'exprime si bien Georges VANDERSANDEN, en l'absence de toute réponse de la part de l'AIPN, « le requérant poursuit son action en quelque sorte 'à l'aveugle' dans la mesure où il ne peut que construire une éventuelle motivation sur des hypothèses, et son droit de recours s'en trouve affaibli »[1492].

En dehors de l'indisponibilité de certaines voies d'accès, de l'inexistence de certaines conditions préalables ainsi que de certaines conditions excessives imposées aux individus pour l'accès aux garanties juridictionnelles contre les organes, il existe d'autres restrictions prévues par la règlementation en vigueur mais qui, à l'opposé des premières, constituent des restrictions licites et dûment justifiées.

d) Les restrictions justifiées

Ne doivent pas être considérées comme des restrictions de droit injustifiées à l'accès au contrôle juridictionnel, la fermeture de l'accès au juge de l'UEMOA tenant à la volonté librement exprimée du requérant (le désistement d'instance et le règlement amiable) ou à la sanction de son comportement fautif (l'amende de folle action). En effet, le droit au recours effectif n'est pas un droit absolu et peut faire l'objet de limitations dès lors que celles-ci ne portent pas une atteinte injustifiée et démesurée à la substance de ce droit.

Le désistement d'instance est prévu à l'article 67 du règlement de procédures de la CJUEMOA, qui stipule que « si le requérant fait connaitre par écrit à la Cour qu'il entend renoncer à l'instance, le Président ordonne la radiation de l'affaire du registre et statue sur les dépens ». Ainsi énoncé, le désistement d'instance s'appréhende comme un acte unilatéral émanant de la seule volonté du titulaire du droit au recours. Il a « seulement pour effet d'éteindre l'instance en cours, [et] n'emporte pas renonciation [définitive] à l'action »[1493]. Le requérant

---

[1492] *Idem*, p. 128.

[1493] Conclusions de l'Avocat général Kalédji AFANGBEDJI dans l'affaire Bayon BAKO c. Commission de l'UEMOA du 18 février 2004, Rec. 2008, p. 500, préc. p. 509.

qui a désisté peut donc à nouveau exercer son action si celle-ci intervient dans les limites du délai initiale de prescription[1494]. Le désistement d'instance peut en outre intervenir tant que la Cour de Justice n'a pas encore statué[1495]. Il ne doit pas être confondu avec le règlement amiable par lequel « les parties s'accordent sur la solution à donner au litige et [...] renoncent à toute prétention »[1496]. Dans le désistement d'instance comme dans le règlement amiable, les parties qui renoncent au recours, en informent le juge qui se contente d'en prendre acte[1497]. Cependant, dans l'intérêt d'une bonne administration de la justice et afin de préserver les droits des parties, il est souhaitable qu'à l'avenir, la Cour de Justice de l'UEMOA puisse opérer un contrôle minimal du désistement comme du règlement amiable, afin de s'assurer par exemple qu'une des parties n'a pas agi sous l'effet de la contrainte[1498].

En ce qui concerne l'amende de folle action, elle est prévue à l'article 8, alinéa 3, in fine, du protocole additionnel n° 1. Aux termes de cette disposition, « une amende de folle action peut être prononcée par la Cour à l'encontre de toute personne de droit privé, physique et morale, en cas de recours manifestement abusif ou dilatoire ». Si le droit au recours effectif est une garantie fondamentale à laquelle il ne saurait être porté atteinte, c'est à la condition que l'individu qui en est titulaire n'en fasse pas un usage manifestement détourné. De manière classique, l'exercice du recours juridictionnel est dit abusif « lorsque celui qui l'exerce la sait manifestement mal fondée »[1499]. Il est dit dilatoire lorsque qu'il « tend à retarder le cours de la justice ou l'aboutissement d'une opération en soulevant des incidents en général mal fondés et en exploitant tous les moyens de gagner du temps »[1500].

[1494] *Ibidem.*

[1495] Voir par analogie l'article 66 du règlement de procédures, relatif au règlement amiable du litige.

[1496] *Ibidem.*

[1497] Voir arrêt Bayon BAKO précité et CJUEMOA, arrêt État du Sénégal c. Commission de l'UEMOA, du 21 février 2017, aff. n° 1/2017, p. 3 (non encore publié).

[1498] Sur ce point, voir Gérard COHEN-JONATHAN, « Le droit au juge », *op. cit.* p. 486.

[1499] Gérard CORNU (Dir.), *Vocabulaire juridique,* 10e éd., Paris, PUF, 2014, p. 8.

[1500] *Idem*, p. 346.

Qu'elle vise à sanction un recours abusif ou un recours dilatoire, l'amende de folle action s'analyse comme la sanction d'un abus du droit, en l'occurrence processuel, imputable au titulaire du droit au recours. En droit de l'Union européenne, la consécration de l'abus de droit comme principe général de droit remonterait à l'arrêt Emsland Stärke du 14 décembre 2000[1501]. Pour Denys SIMON et Anne RIGAUX,

> « L'identification d'une pratique abusive suppose la réunion d'un constat objectif, correspondant à l'idée que la finalité poursuivie par la norme n'est pas atteinte et d'une dimension subjective, révélant la volonté de l'auteur du comportement de tourner artificiellement l'application de la norme juridique »[1502].

Il n'en demeure pas moins que la qualification d'un recours juridictionnel d'abusif ou de dilatoire reste une démarche casuistique qui n'apparaît pas évidente de prime abord. Il en est ainsi notamment, lorsqu'il y a lieu de faire le départ entre ce qui relève d'un « acharnement juridictionnel » et d'une « persévérance à toute épreuve » de la part du requérant. En tout état de cause, il s'agit d'une démarche que le juge de l'UEMOA devra mener avec prudence, et toujours dans le respect du principe du droit au recours effectif[1503].

Au-delà des restrictions découlant de la règlementation en vigueur, il existe des restrictions imputables au juge. Contrairement aux premières qui peuvent être licites et justifiées dans certains cas, les restrictions imputables au juge sont toutes illicites et injustifiées.

2) Les restrictions imputables au juge de l'UEMOA

Les restrictions imputables au juge de l'UEMOA sont de deux ordres. Elles tiennent d'une part à l'interprétation restrictive des voies de droit

---

1501 CJCE, arrêt Emsland Stärke GmbH c. Hauptzollamt Hamburg-Jonas, du 14 décembre 2000, aff. C-110/99, Rec. 2000 p. I-11569, pts 52 et 53. Denys SIMON & Anne RIGAUX, « La technique de consécration d'un nouveau principe général du droit communautaire : l'exemple de l'abus de droit » in Mélanges en hommage à Guy ISAAC, *op. cit.* p. 577.

1502 *Idem*, p. 579.

1503 Voir dans ce sens Patrick FRAISSEIX, « Droit au juge et amende pour recours abusif », *AJDA*, 2000, n° 1, 20 janvier, p. 20-30.

ouvertes aux individus devant sa juridiction (a) et d'autre part, à l'interprétation restrictive des conditions d'accès auxdites voies de droit (b).

a) L'interprétation restrictive des voies d'accès

L'interprétation restrictive des voies d'accès par le juge de l'UEMOA concerne précisément le recours en appréciation de légalité (ou recours en annulation). En effet, alors que l'article 8 du protocole additionnel n° 1 ouvre l'accès à ce recours « à toute personne physique ou morale, contre tout acte d'un organe lui faisant grief », la Cour de Justice en a fait, à l'occasion de l'affaire Eugène YAÏ, une voie de droit indisponible en cas de contestation des actes additionnels de portée générale.

En effet, si la Cour de Justice consacre, dans cette affaire, la justiciabilité des actes issus de la CCEG, il s'agit bien d'une justiciabilité sélective limitée aux actes additionnels à caractère individuel[1504]. Partant d'une distinction entre cette catégorie et les actes additionnels à caractère général (ou règlementaire)[1505], la CJUEMOA concluait que « les actes additionnels à portée individuelle de la Conférence qui font grief sont attaquables devant la Cour de Justice de l'UEMOA »[1506]. Comme l'a relevé la doctrine, « une telle affirmation, lancée après une leçon sur les différentes catégories des actes additionnels, ne peut être comprise autrement qu'excluant l'autre catégorie de la compétence de la Cour »[1507]. Une telle restriction de la portée du recours en annulation s'explique difficilement d'autant plus que l'ensemble des arguments retenus par la Cour de Justice, pour reconnaitre sa compétence à l'égard des actes additionnels individuels, s'applique valablement aux actes additionnels de portée générale.

Sitôt la distinction faite entre les deux catégories d'actes additionnels, la Cour de Justice s'attèle à démontrer dans son arrêt, que ni le protocole additionnel n° 1, ni le règlement de procédures, encore moins le traité de l'UEMOA, ne lui interdit d'exercer son contrôle sur lesdits actes. Elle cite à cet effet, l'article 8 du protocole additionnel n°1 qui ouvre à

[1504] Robert YOUGBARÉ, « La nature de l'acte additionnel dans le système juridique de l'UEMOA, à la lumière de l'affaire 'YAI' », *op. cit.* p. 359.
[1505] CJUEMOA, arrêt Eugène YAÏ c. CCEG du 27 avril 2005, *op. cit.*, p. 560.
[1506] *Idem*, p. 561.
[1507] Robert YOUGBARÉ, *op. cit.*

l'individu un recours juridictionnel à l'égard de « tout acte d'un organe de l'Union lui faisant grief ». Il convient de relever ici que l'article 8 du protocole additionnel n°1 se réfère indistinctement à « tout acte d'un organe », sans égard à sa portée individuelle ou générale. Qui plus est, la Cour de Justice affirme que

> « le recours en annulation tend à assurer le respect du droit dans l'interprétation et l'application du Traité. Il serait contraire à cet objectif d'interpréter restrictivement les conditions de recevabilité du recours en limitant sa portée aux seules catégories d'actes visées par l'article 15-2e du règlement de procédures de la Cour de Justice ».

Elle ne manque pas de rappeler, à cet effet, sa mission au regard de l'article 1er du protocole additionnel n° 1, qui est de « veiller au respect du droit quant à l'interprétation et à l'application du Traité ». De ce qui précède, l'on peine à comprendre en vertu de quel principe supérieur, la Cour de Justice accepte de soumettre les actes additionnels individuels au champ du recours en annulation, tout l'excluant pour ce qui est des actes additionnels règlementaires, si ce n'est à l'effet de ménager, pour des considérations politiques inavouées, une certaine zone de non intervention juridictionnelle à l'autorité suprême de l'Union. Cette immunité juridictionnelle conférée aux actes additionnels généraux va à l'encontre non seulement de leur caractère d'actes de droit dérivé[1508], mais également à l'encontre de l'article 19, alinéa 2, du traité de l'UEMOA, qui les soumet à l'obligation de conformité avec le traité constitutif. Pour terminer, il convient de rapporter ces propos dignes d'intérêt de Robert YOUGBARÉ, qui affirme que

> « les actes additionnels à portée règlementaire [...] constituent une source considérable du droit communautaire et sont susceptibles d'affecter quotidiennement la vie, les droits ou les activités des particuliers. Et ce ne serait que faire droit au besoin de construction d'une communauté de droit, que de permettre aux particuliers, lésés par de tels actes, de trouver une oreille

1508 Cf. *supra*, partie 1, titre 1, chap. 1.

attentive à leurs griefs, auprès de la gardienne de la juridicité du système communautaire »[1509].

De manière plus spécifique, les restrictions imputables au juge de l'UEMOA portent également sur l'interprétation restrictive des conditions de recevabilité qui s'imposent aux individus pour l'accès aux garanties juridictionnelles.

b) L'interprétation restrictive des conditions d'accès

L'interprétation restrictive des conditions d'accès visent notamment la condition du recours administratif préalable dans le contentieux du personnel de l'UEMOA (1) et celle de la production de l'acte attaqué dans le contentieux de la légalité des actes des organes (2).

i) La condition du recours administratif préalable dans l'affaire Kossi M. AGOKLA

La condition tenant au recours administratif préalable, dans le recours du personnel de l'UEMOA, a été interprétée de manière restrictive par la Cour de Justice, dès l'arrêt Kossi Mawuli AGOKLA[1510]. Cet arrêt a marqué le début d'une jurisprudence consacrant une interprétation fort rigoureuse de l'exigence tenant au recours administratif préalable devant le Comité consultatif paritaire d'arbitrage (CCPA), restreignant de manière contestable l'accès des individus au recours du personnel de l'UEMOA. Même si elle est aujourd'hui dépassée avec l'opérationnalité du Comité consultatif paritaire (CCP) depuis le 31 août 2011, cette jurisprudence ne demeure pas moins un précédent alarmant pour l'accès aux garanties juridictionnelles en cas de contestation des organes.

Dans l'arrêt précité, Monsieur AGOKLA avait été licencié pour faute grave constituée par la divulgation de renseignements confidentiels dont il avait eu connaissance en sa qualité de fonctionnaire de l'UEMOA. Après avoir saisi, sans succès, le président de la Commission d'un recours gracieux afin de voir rapporter la décision

---

[1509] Robert YOUGBARÉ, « La nature de l'acte additionnel dans le système juridique de l'UEMOA, à la lumière de l'affaire 'YAI' », *op. cit.* p. Nous soulignons.
[1510] Arrêt Kossi Mawuli AGOKLA précité.

relative à son licenciement, ce dernier avait saisi la Cour de Justice d'un recours en annulation et d'un autre en indemnisation, en se fondant sur les dispositions relatives au statut des fonctionnaires de l'organisation. Face au juge, la Commission invoqua, quant à elle, l'exception d'irrecevabilité fondée sur l'absence de la saisine préalable du CCPA qui était prévue à l'article 112 du règlement n° 1/95.

Reprenant à son compte cet article, la Cour fit droit à l'exception d'irrecevabilité invoquée par la Commission en affirmant qu'

> « Au regard de [s]es dispositions, il y a lieu de dire que le recours contentieux de M. Agokla n'est pas régulièrement formé ; qu'il doit dès lors être rejeté comme irrecevable, l'introduction d'un recours contentieux étant conditionnée par l'exercice d'une procédure précontentieuse conforme aux dispositions statutaires, cette formalité étant substantielle ».

Allant plus loin dans son raisonnement, la Cour de Justice considère : « Qu'au surplus et à titre surabondant, il importe de faire remarquer que même si le Comité consultatif paritaire d'arbitrage n'est pas encore matériellement mis en place par la Commission de l'UEMOA, il n'en demeure pas moins qu'il a déjà été institué par l'article 106 du Règlement n° 01/95/CM ». De ces affirmations, le juge de l'UEMOA conclut que : « M. Agokla, qui n'ignorait pas l'existence de cette instance et sa non mise en place, aurait dû cependant la saisir par l'organe du Président de la Commission de l'UEMOA comme l'avaient fait les fonctionnaires dont il cite les affaires à titre de jurisprudence, puis attendre l'expiration du délai de quatre (4) mois avant de saisir la Cour de céans ».

Même si elle apparaît conforme à la lettre de l'article 112 du statut des fonctionnaires de 1995, la solution retenue par la Cour de Justice n'en témoigne pas moins d'une rigueur critiquable à plusieurs égards. D'abord, s'agissant de l'absence matérielle du CCPA, imputable à la Commission qui n'avait pas fait preuve de diligence en la matière, l'on peut se demander pourquoi, au lieu de faire supporter les conséquences de cette carence à cette dernière, par l'invocation éventuelle du principe « Nemo auditur propriam turpitudinem allegans », la Cour préfère en faire porter le fardeau aux plaignants ? Dans ce sens, l'on peut effectivement regretter avec Alioune SALL, que la Commission « s'en sorte à si bon compte »[1511]. Qui plus est, l'on se demande quelle raison impérieuse d'intérêt général pourrait bien justifier la subordination du recours des agents du personnel à un recours administratif fictif, devant un organe inexistant et à l'attente obligatoire d'un délai de quatre (4) mois, au bout duquel l'on sait par avance qu'il ne se passerait rien. La solution retenue par la Cour est d'autant plus contestable qu'elle constitue un revirement inattendu par rapport à la jurisprudence antérieure, malgré sa tentative maladroite à prouver le contraire[1512].

En effet, dès le premier recours du personnel introduit en 1998 devant la CJUEMOA[1513], cette dernière avait fait preuve de souplesse dans l'examen de la condition de recevabilité tenant à l'exigence du recours préalable devant le CCPA, en admettant le simple recours gracieux de l'AIPN en lieu et place dudit Comité qui n'avait pas encore été créé. In casu, Monsieur Serge Laubhouet qui avait été nommé auditeur interne au sein de la Commission, s'était vu démettre de ses fonctions avant l'expiration de la période probatoire statutaire prévu à l'article 2 du règlement d'exécution n° 05/96 y relatif[1514]. En outre, cette décision de la Commission n'avait pas été précédée de la consultation préalable de la Commission Consultative de Recrutement et d'Avancement (CCRA) prévue à l'article 1er du règlement d'exécution n° 08/96[1515]. Jugeant sa révocation contraire à la réglementation en vigueur, le sieur Serge

---

[1511] Voir le commentaire d'Alioune SALL sur ledit arrêt dans, *La justice de l'intégration. Réflexions sur les institutions judiciaires de la CEDEAO et de l'UEMOA, op. cit.* p. 171.

[1512] En effet, répondant à l'argument de M. AGOKLA tiré de l'existence d'une jurisprudence constante admettant le simple recours gracieux préalable en lieu et place du recours devant le CCPA, la Cour affirme « Considérant qu'il y a lieu de préciser en outre que dans lesdites affaires citées à titre de jurisprudence constante par le requérant et précédemment jugées par la Cour de céans, il n'avait jamais été question de recevabilité des recours formés par les fonctionnaires mais de non-respect d'une formalité substantielle par le Président de la Commission ». Voir Rec. 2008, p. 374. Cette affirmation de la Cour de Justice dénote d'un certain amalgame entre d'une part les moyens au fond, invoqués au soutien d'un recours et d'autre part, les exceptions d'irrecevabilité tenant aux conditions communes de recevabilité des recours portés devant sa juridiction.

[1513] CJUEMOA, arrêt Serge Laubhouet c. Commission de l'UEMOA, du 29 mai 1998, *op. cit.*

[1514] Règlement d'exécution n° 05/96/COM fixant la période probatoire pour la titularisation des fonctionnaires de l'UEMOA, du 1er février 1996, BO non disponible.

[1515] Règlement d'exécution n° 08/96/COM/UEMOA fixant la composition et les règles de fonctionnement de la Commission Consultative de Recrutement et d'Avancement de l'UEMOA (CCRA), du 8 juillet 1996, BO non disponible.

Laubhouet avait saisi la Cour de Justice d'une demande de réintégration et à titre subsidiaire, d'une demande d'indemnisation.

Prenant acte du fait que le requérant avait exercé, sans succès, un recours gracieux préalable auprès du président de la Commission[1516], la Cour de Justice se contenta de répondre à l'exception d'irrecevabilité soulevée par la Commission. Pour cette dernière, l'exercice du recours en indemnisation devait être précédé de l'annulation préalable de l'acte litigieux qui en était à la base. Affirmant l'autonomie des voies de recours directs, la Cour de Justice, après avoir reconnu que la requête du sieur Laubhouet avait respecté les formes et les délais prévus par la règlementation, la déclara recevable mais uniquement pour ce qui était du recours en indemnisation[1517].

Même si l'arrêt Serge Laubhouet n'est pas non plus exempte de reproches, tant du point de vue pédagogique[1518] que du point de vue de l'orthodoxie de la rédaction des arrêts[1519] , il avait l'avantage d'inaugurer une jurisprudence facilitant l'accès des individus au contrôle du juge administratif de l'UEMOA. La solution de l'arrêt Serge Laubhouet a été suivie par la Cour de Justice dans les arrêts Abdourahamane SACKO[1520] et Ababacar DIENG I[1521] rendus le même jour, malgré la sonnette d'alarme lancée par le juge rapporteur Youssouf Any MAHAMANN dans la deuxième affaire. Ce dernier s'exprimait en ces termes :

> « il se pose le problème de la recevabilité de la requête dans la mesure où les textes en vigueur prévoient la saisine préalable du Comité consultatif paritaire d'arbitrage […]. Le fait pour le requérant d'avoir saisi directement le président de la

---

1516 Arrêt Serge Laubhouet précité, p. 167 : « Considérant que la requête gracieuse introduite le 10 mars 1997 a fait l'objet de la lettre n° 97-101/SP du 7 avril 1997, qui n'a pas donné une suite favorable à sa demande ».

1517 *Idem*, p. 171.

1518 En termes de clarté et à titre didactique, la Cour de Justice aurait mieux fait en précisant, dans un premier temps, les dispositions applicables au recours du personnel de l'Union, en détailler, dans un second temps, les conditions de recevabilité, avant d'en opérer toute interprétation, éventuellement substitutive, et de les appliquer au cas d'espèce.

1519 Pierre PESCATORE, *Vade-mecum : recueil de formules et de conseils pratiques à l'usage des rédacteurs d'arrêts,* Bruxelles, Bruylant, 2007, p. 79.

1520 Voir arrêt Abdourahamane SACKO précité.

1521 CJUEMOA, Ababacar DIENG c. Commission de l'UEMOA du 29 mai 1998, *op. cit.*

> Commission pour lui demander le retrait ou la modification de la décision prise à son égard peut-il remplacer la saisine du Comité consultatif paritaire d'arbitrage ? »[1522].

Dans l'affaire Ababacar DIENG II[1523], la position du juge rapporteur MAHAMANN, soutenue par l'avocat général Malet DIAKITÉ[1524], avait été à nouveau éludée par la Cour de Justice qui avait affirmé que

> « Sans qu'il soit besoin de statuer sur les moyens d'irrecevabilité soulevés, il importe de souligner que la condition fondamentale d'un recours en contentieux administratif est l'existence d'une décision implicite ou explicite, que dans le cas d'espèce, la Commission de l'UEMOA, sans attendre un recours préalable du requérant, a pris la décision [...] qui a, en son article 2, accordé une allocation spéciale à M. DIENG, à titre de régularisation suite à l'arrêt n° 3 du 29 mai 1998 [...] »[1525].

Compte tenu de ce qui précède, la solution dégagée par la Cour de Justice dans l'arrêt Kossi Mawuli AGOKLA constituait un revirement jurisprudentiel restrictif du point de vue de l'accès des individus au recours du personnel de l'Union. Contrairement à cette jurisprudence qui n'est plus d'application, le précédent crée par l'arrêt État de Côte d'Ivoire/M. Laurent GBAGBO c. Conseil et Commission de l'UEMOA[1526], en ce qui concerne la condition tenant à la production de l'acte attaqué en annulation, semble être encore d'actualité en droit de l'UEMOA.

[1522] Voir Observations et conclusions du juge rapporteur Youssouf Any MAHAMANN sur CJUEMOA, arrêt Ababacar DIENG c. Commission de l'UEMOA, 29 mai 1998, Rec. 2008, p. 202, préc. p. 204.

[1523] Arrêt Ababacar DIENG II précité.

[1524] *Id.*, p. 267.

[1525] *Id.*, p. 270.

[1526] CJUEMOA, arrêt Etat de Côte d'Ivoire/M. Laurent Gbagbo c. Conseil des ministres de l'UEMOA/Commission de l'UEMOA, 18 décembre 2013, aff. n° 1/2013 bis, non encore publié.

ii) La condition de la production de l'acte attaqué en annulation dans l'affaire État de Côte d'Ivoire et M. Laurent GBAGBO

Suite aux élections présidentielles de 2010 organisées en Côte d'Ivoire, et aux proclamations des résultats par la Commission électorale indépendante (CEI) et le Conseil constitutionnel ivoirien, donnant respectivement victorieux M. Alassane Dramane OUATTARA et M. Laurent GBAGBO, le Conseil des ministres de l'UEMOA s'était réuni le 23 décembre 2010, en session extraordinaire, pour décider, entre autres, que seuls les représentants régulièrement désignés par le gouvernement légitime de Côte d'Ivoire (celui de M. OUATTARA) étaient habilités à prendre des mesures relatives au fonctionnement de l'UEMOA au nom de ce pays. Le Conseil instruisit également la BCEAO, à cette occasion, de ne permettre qu'aux seuls représentants désignés par le gouvernement de M. OUATTARA, d'effectuer les mouvements sur les comptes ouverts au nom de la Côte d'Ivoire. Contestant la décision du Conseil, M. GBAGBO avait introduit un recours en annulation en son nom propre mais également es nom et es qualité de représentant de l'État de Côte d'Ivoire.

Se déclarant compétente pour connaitre du recours de M. GBAGBO, la Cour de Justice a néanmoins déclaré son recours irrecevable motif pris de la non production de l'acte, objet du recours en annulation, en considérant que la copie du communiqué de presse qui lui avait été transmise par le requérant, et qui contenait la mention de la décision incriminée telle que ce dernier en avait eue connaissance, ne pouvait « constituer formellement un acte du Conseil des ministres de l'UEMOA, dans la mesure où la copie versée au dossier ne [comportait] aucune certification officielle [...] ». Cette décision de la Cour de Justice constitue une interprétation à la fois sévère et erronée de l'article 31, alinéa 4, de ses Statuts[1527]. Aux termes de cette disposition, « [la requête introductive d'instance] doit être accompagné, <u>s'il y a lieu,</u> de l'acte dont l'annulation est demandée »[1528].

Ainsi, comme on peut le constater, l'interprétation retenue par la Cour de Justice va au-delà de ce que semble exiger le texte de la disposition. Certes, l'article 31, alinéa 4, du Statut de la Cour de Justice, exige de la

---

[1527] Voir aussi art. 26, al. 4, du règlement de procédures.

[1528] Nous soulignons.

part du requérant d'apporter la preuve de l'existence matérielle de l'acte dont il demande l'annulation[1529]. Toutefois, comme cela a pu être souligné s'agissant de la même condition en droit de l'Union européenne, « La matérialité requise est d'ordre juridique et non physique. Il s'agit d'établir qu'une décision a été juridiquement adoptée, présentant les caractéristiques d'un acte attaquable, ce qui peut être le cas d'une décision verbale, et non de produire son support physique »[1530].

En effet, l'interprétation inverse conduirait à refuser systématiquement aux requérants, l'accès au contrôle juridictionnel, alors même que l'existence juridique de l'acte incriminé ne ferait pas l'objet de doute. Telle est la situation en l'espèce dans la mesure où il apparaît constant dans les faits rapportés devant la Cour de Justice, que le Conseil des ministres de l'UEMOA avait bel et bien adopté la décision contestée lors de sa réunion du 23 décembre 2010 tenue à Bissau[1531]. En outre, la Cour de Justice reconnait elle-même, de manière implicite, l'existence de ladite décision lorsqu'elle affirme que : « Dans son contenu supposé, le document critiqué, en prenant acte des décisions prises par l'ONU, l'Union Africaine et la CEDEAO, ne fait là qu'un constat loin d'être préjudiciable à Monsieur Laurent GBAGBO »[1532].

Par ailleurs, l'exigence de la production du document physique par les requérants, imposerait à ces derniers une condition dont la réalisation ne va pas toujours de soi dans le contexte de l'UEMOA, où la publicité des actes juridiques continue d'être entravée à la fois par des obstacles juridiques[1533] et matérielles[1534], et où le droit d'accès aux documents officiels est encore loin d'être un droit fondamental acquis[1535]. C'est sans doute pour tenir compte de cette réalité que les rédacteurs de l'article 31, alinéa 4, des Statuts de la CJUEMOA ont pris le parti de ne

---

[1529] Voir dans ce sens, CJCE, Ord. ISAE et INTERDATA c. Commission, du 14 janvier 1992, aff. C- 130/91, Rec. p. I-69, pt 11, cité par Denys SIMON (Dir.), *Contentieux de l'Union européenne/1. Annulation. Exception d'illégalité*, *op. cit.* p. 55.

[1530] *Ibidem.*

[1531] Voir arrêt État de Côte d'Ivoire et Laurent GBAGBO précité, p. 4.

[1532] *Idem*, p. 12.

[1533] Cf. *supra*, sect. 2, par. 1.

[1534] Cf. *infra*, B.

[1535] Sur la question en droit de l'UE, voir Aurore GARIN, *Le droit d'accès aux documents : en quête d'un nouveau droit fondamental dans l'Union européenne,* Thèse de doctorat, Université de Genève, 2014, 732 p.

pas en faire une exigence absolue mais plutôt une condition à remplir « s'il y a lieu » et donc, « dans la mesure du possible » et « seulement si cela s'avère véritablement indispensable » pour trancher éventuellement sur le principe même de l'existence juridique de l'acte attaqué. En prenant en considération tous ces éléments, l'interprétation retenue par la Cour de Justice dans l'affaire État de Côte d'Ivoire/M. Laurent GBAGBO, offre de sérieuses raisons de s'inquiéter quant à l'avenir de l'accès au prétoire de l'UEMOA par les individus. Cela est d'autant plus regrettable qu'il existe par ailleurs des restrictions de fait qui viennent s'ajouter à l'ensemble des restrictions de droit sus examinés.

B) Les restrictions de fait

Les restrictions de fait à l'accès aux garanties juridictionnelles sont celles qui touchent davantage à la situation personnelle ou matérielle de l'individu (condition sociale)[1536]. En effet, la condition sociale de ce dernier peut s'avérer un obstacle pour son accès aux garanties juridictionnelles, lorsque celle-ci se heurte à des exigences auxquelles il ne peut répondre. Trois types d'obstacles peuvent être identifiés dans ce contexte. Il s'agit de l'obstacle de la connaissance préalable du droit de l'UEMOA (1), de l'obstacle de la langue (2) et de l'obstacle du coût de l'accès au juge (3).

1) L'obstacle de la connaissance préalable du droit de l'UEMOA

La connaissance préalable du droit de l'UEMOA apparaît comme « une donne élémentaire de l'accès au juge »[1537]. En effet, l'usage utile du droit au recours effectif devant la Cour de Justice est conditionné par une connaissance minimale des règles de compétences et de procédures applicables à cette dernière, ce qui n'est pourtant pas évident dans le contexte africain où l'accessibilité au droit d'une manière générale continue d'être problématique[1538].

Cette situation peut s'expliquer, entre autres, par la vulgarisation limitée du droit en Afrique du fait des lacunes de ses moyens de

[1536] Gérard COHEN-JONATHAN, "Le droit au juge", *op. cit.* p. 479.
[1537] Stéphanie PAYET, *Le droit à une protection juridictionnelle effective en droit de l'Union européenne, op. cit.* p. 255.
[1538] Dramane SANOU, *La juridictionnalisation des organisations régionales d'intégration économique en Afrique, op. cit.* p. 513.

diffusion[1539]. À l'inexistence ou à l'irrégularité des publications officielles censées donner force à l'adage « Nemo censutur ignorare legem », s'ajoute l'insuffisance de la production doctrinale, l'opacité de l'accès aux décisions de justice[1540], ainsi que la faiblesse de la sensibilisation auprès des milieux intéressés[1541]. Afin de pallier ces insuffisances, les nouvelles technologies de l'information et de la communication ont été mises à contribution[1542] mais elles demeurent également limitées dans leur apport, non seulement en raison de la fracture numérique qui mine l'Afrique[1543], mais en raison également de la diffusion restreinte de l'information juridique sur internet dans ce continent. À l'ensemble de ses carences se couple l'analphabétisme « traditionnel » et numérique des populations.

Dans ce contexte peu propice à la vulgarisation du droit, l'accès au droit de l'UEMOA n'a de réalité, a priori, que pour une frange privilégiée de personnes constituée principalement des techniciens du droit[1544]. Pour le reste, l'accès à l'information juridique s'opère essentiellement de manière indirecte (médiatisée), l'accès directe étant soit impossible de la part de l'individu[1545], soit indisponible de la part de la structure de

---

[1539] *Ibidem.*

[1540] *Ibid.*

[1541] Nous pensons notamment aux différents opérateurs économiques, particuliers ou entreprises, ainsi qu'aux structures au sein desquelles ils sont organisés, à savoir les chambres de commerce au plan national.

[1542] Jean-Pierre BOURGOIS, « Les nouvelles technologies de l'information et de la communication et l'accès au droit : entre marché et service public » *in Centre de Recherches en Droit Privé de l'Université de Tours, L'accès au droit, Tours,* 2002, p. 53. Voir aussi Amavi TAGODOE & El Hadji Malick NDIAYE, « Les expériences africaines de la diffusion libre du droit sur le web : bilan et perspectives » *in Lex Electronica,* vol. 13, n°1, 2008, disponible sur : http://www.lex-electronica.org/files/sites/103/13-1_tagodoe-ndiaye.pdf (consulté, la dernière fois, le 25.04.2017).

[1543] Bernard CONTE, *La fracture numérique en Afrique*, Groupe d'Economie du Développement de l'Université Montesquieu Bordeaux IV, 2001, disponible sur : http://ged.u-bordeaux4.fr/ceddt65.pdf (consulté, la dernière fois, le 25.4.2017)

[1544] Il convient de noter que même pour cette catégorie de personnes, l'appropriation des normes issues d'organisations d'intégration économique ne va pas de soi. Voir Djedjro Francisco MELEDJE, « L'appropriation des normes communautaires par les milieux universitaires et judiciaires » *in Troisième rencontre inter juridictionnelle des Cours communautaires de l'UEMOA, la CEMAC, la CEDEAO et l'OHADA,* Dakar, 2010, 17 p.

[1545] Nous faisons notamment allusion à l'individu qui ne sait ni lire, ni écrire, ou à l'individu simplement profane du droit et sous-informé quant à ses droits procéduraux en droit de l'UEMOA.

droit[1546]. Cette situation pourrait peut-être expliquer, dans une certaine mesure, le fait que l'adage « un mauvais arrangement vaut mieux qu'un bon procès » continue de trouver sur le continent une certaine application. Conforme à la « culture de l'arbre à palabre » qui caractérise la société africaine[1547], le recours à ce mode de règlement des litiges apparaît, dans ce contexte, un peu comme une solution par défaut.

2) L'obstacle de la langue

L'érection du français comme unique langue de travail et de procédure devant la Cour de Justice[1548] constitue également une restriction de l'accès aux garanties juridictionnelles pour les justiciables non francophones et notamment, pour l'ensemble des justiciables lusophones bissau-guinéens. En effet, comme le précise Giorgio MALINVERNI, « en aucun cas [...] la langue ne doit constituer un obstacle au dépôt d'une requête. Il en va du droit d'accès à la justice »[1549]. En droit de l'UEMOA, cet obstacle découlant de la langue est d'autant plus inacceptable que l'article 105 du traité de l'UEMOA prévoit la possibilité pour la CCEG de créer d'autres langues de travail. En ne retenant que le français, langue officielle des sept autres États membres de l'UEMOA, et en omettant de tenir compte du portugais, langue officielle de la Guinée-Bissau, la règlementation de l'UEMOA contrevient, de manière flagrante, au principe de non-discrimination entre les ressortissants des États membres, lequel sous-tend tout l'édifice du processus d'intégration. Elle rend ainsi, sans aucune justification valable, plus difficile l'accès au contrôle juridictionnel pour les ressortissants bissau-guinéens par rapport aux ressortissants des autres États membres.

En sus, l'exigence du français comme langue unique de procédure fait fi d'une réalité irréfutable dans les États membres de l'UEMOA : le fait que la majorité des populations, même lettrés, préfèrent encore

---

[1546] Il convient de relever notamment que la Cour de Justice de l'UEMOA ne dispose, à ce jour, d'aucun site internet.

[1547] Jacques VANDERLINDEN, *Les systèmes juridiques africains. Que sais-je ?* Paris, PUF, 1ere éd., 1983, p. 22.

[1548] Voir art. 28 du Statut de la Cour de Justice et art. 21 du règlement de procédures.

[1549] Giorgio MALINVERNI, « Le régime linguistique de la nouvelle Cour européenne des droits de l'Homme », *in Mélanges P. LAMBERT*, p. 544, cité par Stéphanie PAYET, *op. cit.* p. 270.

s'exprimer dans leurs langues nationales. De ce point de vue, rien n'empêche, a priori, d'adopter également le dioula qui est parlé dans presque tous les États membres de l'Union, comme langue de procédure. À titre de droit comparé, l'article 29, paragraphe 1, du règlement de procédures de la CJUE, prévoit 23 langues de procédures laissées, en principe, au choix des justiciables. En n'exigeant au contraire que le français, le droit de l'UEMOA ne fait qu'exposer les justiciables à des défenses maladroites ou à d'éventuels frais de traducteur pour les moins téméraires. Pourtant, l'accès au contrôle juridictionnel au sein de l'UEMOA revêt déjà un coût de nature à dissuader les moins nantis.

3) L'obstacle du coût de l'accès au juge

Le coût de l'accès à la Cour de Justice de l'UEMOA tient d'abord à celui du déplacement auprès de ladite juridiction. Confrontée au sous-développement des infrastructures de transports, les justiciables se voient obligés de supporter les coûts relativement élevés de leurs déplacements à Ouagadougou, siège de ladite Cour, tout au long de la procédure. Certes, l'article 16 du règlement de procédures prévoit que « la Cour peut [...] en cas de nécessité, siéger et exercer ses fonctions en tout autre lieu du territoire abritant le siège ou de celui d'un des États membres [...] ». Toutefois, l'efficacité de ces audiences foraines censées rapprocher la justice du justiciable reste sujette à caution, tant l'on peut se demander si une telle solution ne comporte pas un coût encore plus élevé, notamment pour l'UEMOA.

De l'éloignement de la Cour de Justice résulte la lenteur des procédures judiciaires qui est susceptible de conduire à l'abandon des procès. Afin d'éviter une telle situation, les justiciables ont recours, plus par pragmatisme que par volonté, à des avocats constitués auprès des barreaux du Burkina-Faso, qui les représentent dans les étapes intermédiaires de la procédure. En tout état de cause, la représentation par un avocat devant la Cour de Justice de l'UEMOA n'est pas une option. Elle s'impose aux justiciables en vertu de l'article 22 du règlement de procédures qui stipule que les parties autres que les organes et les États membres « doivent être représentées par un avocat inscrit à un barreau de l'un des États membres ». De ce point de vue, les montants généralement élevés des honoraires d'avocats plaideurs devant une juridiction sous-régionale comme la Cour de Justice de l'UEMOA, constituent un obstacle de plus à l'accès matériel au contrôle juridictionnel[1550]. Afin d'en minimiser les coûts pour les justiciables, l'on pourrait être tenté de proposer de rendre optionnel la représentation par l'avocat. Toutefois, il convient de relativiser la portée que pourrait avoir une telle solution compte tenu du caractère technique que revêt le droit de l'UEMOA, ce qui en fait encore un droit relativement élitiste. En effet, comme le souligne si bien Gérard COHEN-JONATHAN, « la dispense du ministère d'avocat, si étendue soit-elle dans les textes (et importante dans le principe), n'en demeure pas moins largement illusoire dans la pratique sans le secours d'un spécialiste »[1551].

Enfin, hormis les frais collatéraux engendrés par l'initiative du recours au contrôle juridictionnel, la saisine du juge de l'UEMOA a un prix. L'article 26, alinéa 6, du règlement de procédures, dispose que

> « La partie requérante, à l'exception des États membres et des organes de l'UEMOA, est tenue de déposer au greffe de la Cour, contre récépissé un cautionnement dont le montant est fixé par délibération de la Cour. En cas de rejet de la requête, le cautionnement reste acquis à l'UEMOA ».

Ainsi qu'il résulte de cette disposition, la fixation du montant du cautionnement relève du pouvoir discrétionnaire de la Cour de Justice et de la pratique, l'UEMOA ne disposant d'aucun texte règlementaire à cet effet. Il faut relever néanmoins l'existence de la possibilité pour le justiciable « indigent » de formuler devant la Cour de Justice une demande d'assistance judiciaire conformément à l'article 65 du règlement de procédures. Aux termes de l'article 37, paragraphe 1, du règlement administratif de la Cour, la demande d'assistance judiciaire doit être adressée au président de ladite Cour. Conformément au paragraphe 2 du même article, « Le requérant doit joindre à sa demande tous renseignements établissant que le demandeur est dans un impérieux besoin, notamment un certificat de l'autorité compétente, justifiant son indigence ». Au regard de cette disposition, il semble que le critère décisif pour l'octroi de l'assistance soit uniquement la prise en compte de la situation personnelle de l'individu.

[1550] Gilda NICOLAU, « Que faut-il entendre par accès au droit ? » *in Centre de Recherches en Droit Privé de l'Université de Tours, op. cit.*, p. 10 et s.

[1551] Gérard COHEN-JONATHAN, « Le droit au juge », *op. cit.*, p. 483.

Or, s'il est généralement vrai que « l'importance des coûts d'accès à la justice comparée à la faiblesse de leurs ressources, peut conduire certains justiciables à renoncer à faire valoir leurs droits »[1552], telle n'en est pas l'unique raison. En effet, en d'autres circonstances, c'est le rapport disproportionnel entre l'ampleur de l'investissement dans le procès et la hauteur des retombées économiques en cas de succès, qui peut dissuader le justiciable de saisir le juge[1553]. Dans ce sens, un système d'attribution de l'aide judicaire sur la base de critères diversifiés favoriserait davantage l'accès au contrôle juridictionnel[1554]. En dehors des restrictions à l'utilisation des voies d'accès au juge de l'UEMOA par les individus, il existe des restrictions qui touchent à la qualité même de l'accès à ce juge.

Paragraphe II : Les restrictions à la qualité de l'accès

Au-delà de l'existence d'une voie de droit et de son accessibilité, l'accès aux garanties juridictionnelles par les individus signifie également l'accès à un bon juge[1555]. En droit de l'UEMOA, l'accès à une justice de qualité est pourtant compromis d'une part, par l'existence de restrictions imputables à la manière de dire le droit (A) et d'autre part, par l'existence de restrictions imposées à l'exercice de la fonction du juge de l'UEMOA (B).

A) Les restrictions imputables à la manière de juger

En examinant la manière dont le contrôle juridictionnel est exercé par la Cour de Justice, il est possible de déceler non seulement des indices de self restraint de la part de ce dernier (2), mais également une tendance à l'exercice « arbitraire » du contrôle juridictionnel (1). Ces deux catégories de restrictions portent une atteinte considérable à la qualité de l'accès qu'ont les individus aux garanties juridictionnelles en cas de contestation des actes émanant des organes de l'Union.

[1552] Myriam DORIAT-DUBAN, « Analyse économique de l'accès à la justice : les effets de l'aide juridictionnelle », *RIDE*, 2001, n°1, p. 81, cité par Stéphanie PAYET, *Le droit à une protection juridictionnelle effective en droit de l'Union européenne, op. cit.*, p. 263.

[1553] Gérard COHEN-JONATHAN, "Le droit au juge", *op. cit.*

[1554] *Ibidem.*

[1555] Serge GUINCHARD (et al.*), Droit processuel. Droit commun et droit comparé du procès équitable,* Paris, Dalloz, 4e éd., 2007, 1195 p., préc. p. 654.

1) L'exercice « arbitraire » du contrôle juridictionnel

L'exercice « arbitraire » du contrôle juridictionnel se manifeste précisément dans le domaine de la fixation du quantum des dommages et intérêts en matière de responsabilité extracontractuelle. Comme le relève Alioune SALL dans son commentaire relatif à l'arrêt Serge Laubhouet[1556], la détermination du quantum des dommages et intérêts, dans le contentieux de l'indemnisation des dommages causés par l'UEMOA, relève d'un certain « impressionnisme »[1557]. Se prononçant, en effet, sur la prétention du requérant qui s'élevait, dans cette affaire, à 219.928.918 F CFA, la Cour de Justice affirma sommairement que « si la demande en indemnisation [était] fondée, elle [était] cependant exagérée en son quantum ; que la Cour [évaluait] le préjudicie subi, toutes causes confondues, à sept millions de nos francs (7.000.000) »[1558]. La décision rendue par la Cour de Justice ne procède d'aucune règle d'évaluation connue, ni d'aucun examen circonstancié du préjudice subi.

Loin d'être un cas isolé, cette manière de faire de la CJUEMOA se répète tout au long de sa jurisprudence relative à la réparation des dommages causés par l'Union. Dans l'arrêt Haoua TOURÉ, la Cour de Justice, tout en estimant à nouveau la somme de cent millions (100.000.000) demandée par la requérante comme étant excessive, se limite à affirmer qu'elle « dispose d'éléments suffisants pour ramener le montant à vingt millions de francs (20.000.000) à titre de dommages et intérêts, toutes causes de préjudices confondues »[1559]. Ainsi, la CJUEMOA détermine, elle-même, le quantum des dommages et intérêts à allouer aux plaignants, mais sur la base « d'éléments » dont elle a seule le secret. Tout au plus, sait-on à partir de l'arrêt Dame Sidonie SODABI, que la Cour de Justice n'est point liée par les règles de calcul issues des ordres juridiques nationaux. Alors que les avocats des parties réclamaient l'un, l'application des règles découlant de la

---

[1556] Arrêt Serge Laubhouet précité.

[1557] Alioune SALL, *La justice de l'intégration. Réflexions sur les institutions judiciaires de la CEDEAO et de l'UEMOA*, *op. cit.*, p. 99.

[1558] Arrêt Serge Laubhouet précité, p. 172.

[1559] Arrêt Haoua TOURE précité, p. 419. Voir dans le même l'arrêt Sidonie SODABI précité, p. 17.

jurisprudence des Cours et des tribunaux burkinabè en matière de licenciement abusif et l'autre, la condamnation de la BCEAO au paiement du montant minimum auquel pouvaient prétendre les requérants devant les juridictions béninoises, la Cour affirma, une fois de plus, « [disposer] de suffisamment d'éléments d'appréciation pour ramener les dommages et intérêts en de justes proportions »[1560].

Pourtant, dès l'arrêt Serge Laubhouet, l'avocat général Malet DIAKITÉ avait fourni à la Cour des éléments utiles pour l'ébauche d'un régime juridique et de calcul applicable, de manière prévisible, à la détermination du montant des dommages et intérêts. Il affirmait notamment que « La réparation [devait] couvrir le dammum emergens et le lucrum cessans. Le dommage moral tout comme le dommage matériel [pouvait] donner lieu à réparation [...] »[1561]. Suivant cette formule proposée par l'avocat général DIAKITÉ, le quantum des dommages et intérêts alloués aux requérants devrait refléter non seulement des pertes subies, mais tenir compte également du manque à gagner. À titre de droit comparé, il est également admis en droit de l'Union européenne que

> « la réparation du préjudice a pour objet de reconstituer autant que possible le patrimoine de la victime de l'illégalité du comportement des institutions communautaires [...]. Afin de remettre les victimes dans la situation où elles se seraient trouvées si l'acte dommageable ne s'était pas produit, c'est au premier chef le dommage réellement subi qui doit être réparé. Ainsi faut-il que le manque à gagner soit évalué, dans toute la mesure du possible, sur le fondement des données et des chiffres individuels reflétant la situation réelle de chaque requérant et de son exploitation »[1562].

Qui plus est, « le montant de l'indemnité due peut-être assorti d'intérêts moratoires à compter de la date du prononcé de l'arrêt constatant l'obligation de réparer le préjudice »[1563]. En tout état de cause, dans

---

[1560] *Idem*, p. 18.

[1561] Conclusions de l'avocat général M. DIAKITÉ dans l'arrêt Serge Laubhouet, *op. cit.*, p. 166.

[1562] CJCE, arrêt J. M. Mulder et autres et Otto Heinemann c. Conseil des Communautés européennes et Commission des Communautés européennes, du 19 mai 1992, aff. jtes C-104/89 et C-37/90, Rec. 1992 p. I-3061, pt 63.

[1563] Trib. (UE), arrêt Safa Nicu Sepahan Co. c. Conseil de l'Union européenne, du 25 novembre 2014, aff. T-384/11, ECLI:EU:T:2014:986, pt 151.

l'intérêt de la sécurité juridique exigée par l'Union de droit, il est souhaitable que la Cour de Justice lève à l'avenir le « secret juridictionnel » sur le régime applicable à la détermination du montant des dommages et intérêts alloués aux personnes victimes d'un préjudice causé par l'UEMOA, afin de le rendre moins arbitraire et prévisible pour ces dernières. Il y va notamment de la qualité de l'accès des individus aux garanties juridictionnelles, qui est par ailleurs compromise par une certaine tendance du juge de l'UEMOA à s'auto-restreindre.

2) Le self-restraint du juge de l'UEMOA

Par analogie au *judicial self-restraint* en droit anglo-américain[1564], le self-restraint du juge de l'UEMOA fait référence à la tendance de ce dernier à se fixer lui-même des limites dans l'exercice de son contrôle juridictionnel. L'autolimitation de la Cour de Justice est étroitement liée à la reconnaissance, par cette dernière, d'un certain pouvoir discrétionnaire à l'autorité administrative[1565] ou à certains organes spécifiques comme la CCEG. Les raisons justifiant cette autolimitation sont variées à l'image du caractère multiforme de la notion de self-restraint[1566].

La première autolimitation qui se manifeste dans l'attitude du juge de l'UEMOA (celle manifestée vis-à-vis de l'autorité administrative) apparaît délibérée et motivée par le souci de garantir le respect de la séparation des fonctions et des pouvoirs au sein de l'organisation. Dans ce sens, elle peut être assimilée au 'Separation of powers self-restraint' de Richard A. POSNER[1567]. À l'inverse, les raisons qui sous-tendent l'autolimitation à l'égard de la CCEG apparaissent difficilement identifiables dans la jurisprudence de la Cour, ce qui pourrait amener à

[1564] Constance BORDÉ & Sheila MALOVANY-CHEVALLIER, *Focus on American democracy*, Paris, Presses de Sciences Po, 1996, p. 154. Voir aussi, Richard A. POSNER, "The meaning of judicial self-restraint", ILJ, n° 1, Vol. 59, 1983, 25 p.
[1565] Voir dans ce sens, Joël MOLINIER, « Le contrôle juridictionnel et ses limites : À propos du pouvoir discrétionnaire des institutions communautaires » *in* Joël RIDEAU (Dir.), *De la Communauté de droit à l'Union de droit. Continuités et avatars européens, op. cit.* p. 78.
[1566] Richard A. POSNER, « The meaning of Judicial self-restraint », *op. cit.*, p. 11.
[1567] *Idem*, p. 11 et s.

l'identifier davantage au « Prudential and political self-restraint »[1568]. Comme le souligne Alioune SALL, le self-restraint du juge ouest-africain procéderait ici d'un mouvement de balancier, conscient qu'il est, d'être « soumis à une 'liberté surveillée' par les États membres, qui veillent à conjurer le 'spectre d'un gouvernement de juges' »[1569].

S'il est admis que la reconnaissance des pouvoirs discrétionnaires, intimement liée au self-restraint du juge, n'est pas incompatible en soi avec l'existence de l'État de droit[1570], elle ne saurait tolérer la commission d'illégalités et doit se combiner avec la garantie d'un contrôle juridictionnel minimal dont la nature et les modalités doivent clairement établies[1571]. Comme le relève Georges VANDERSANDEN au sujet du pouvoir discrétionnaire de l'AIPN en droit de la fonction publique de l'Union européenne, c'est « précisément [...] dans une telle hypothèse que l'AIPN peut avoir tendance à 'abuser' de son pouvoir et donc à commettre des actes qui pourraient être qualifiés d'arbitraires, sans contrôle juridictionnel approfondi »[1572]. Autrement dit, l'attitude de self-restraint du juge n'est pas synonyme de reconnaissance de zones de non droit où tout serait permis. Qu'en est-il en droit de l'UEMOA, s'agissant du pouvoir discrétionnaire reconnu à l'autorité administrative et du pouvoir normatif des organes ?

Dès l'arrêt Serge Laubhouet, la Cour de Justice a établi qu'elle ne pouvait adresser des injonctions à la Commission, encore moins lui imposer la réintégration d'un agent dont elle avait mis fin aux fonctions, sans violer le principe de la séparation des fonctions juridictionnelles et administratives[1573]. En outre, elle a estimé « qu'à défaut d'erreur

---

1568 *Ibidem*. Le self-restraint du juge de l'UEMOA vis-à-vis de la CCEG concerne ici précisément son refus constant d'étendre son contrôle juridictionnel aux actes additionnels règlementaires.

1569 Alioune SALL, *La Justice de l'intégration : réflexions sur les institutions judiciaires de la CEDEAO et de l'UEMOA, op. cit.* p. 64.

1570 Joël MOLINIER, « Le contrôle juridictionnel et ses limites : À propos du pouvoir discrétionnaire des institutions communautaires », *op. cit.*

1571 *Ibidem*.

1572 Georges VANDERSANDEN, "Les procédures et les voies de recours", *op. cit.* p. 127.

1573 Voir arrêt Serge Laubhouet précité, p. 171 : « Qu'en effet, la réintégration suppose ou implique l'annulation de l'acte de licenciement et viole le principe de droit qui veut que par le respect de la séparation des compétences juridictionnelles et des compétences administratives, la Cour ne peut pas imposer à un organe de l'Union une obligation de faire ». Voir dans le même sens : arrêt Abdourahamane Sacko précité, p. 198.

manifeste sur l'exactitude des faits, elle ne saurait exercer un contrôle sur l'appréciation faite par une autorité administrative d'un organe de l'Union sur l'état de service d'un agent »[1574]. Cette position de la Cour est restée la même malgré l'infléchissement auquel semblait l'inviter le juge Martin Dobo ZONOU, rapporteur dans l'affaire Abdourahamane SACKO. Reprenant implicitement la jurisprudence Alexopoulou du TPICE[1575], ce dernier se voulait favorable à un contrôle juridictionnel plus étendu. Il considéra notamment que le juge devait « [...] vérifier si l'appréciation qui a déterminé la décision en cause n'a pas été fondée sur des faits matériels inexacts ou incomplets ou sur une erreur de droit [...] »[1576] et invita la Cour de Justice à « demander à la Commission, lors de la procédure orale, les termes de référence du travail que devait accomplir le requérant durant la période concernée afin d'asseoir sa religion sur l'exactitude matérielle des faits qui avait motivé sa décision »[1577].

Contrairement à l'arrêt Serge Laubhouet dans lequel la Cour de Justice avait limité son contrôle juridictionnel sur le pouvoir discrétionnaire de l'autorité administrative à la seule erreur manifeste sur l'exactitude des faits, le juge rapporteur ZONOU l'étendait, dans l'affaire Abdourahamane SACKO, à l'incomplétude des éléments factuels d'appréciation ainsi qu'à l'erreur de droit[1578]. En refusant de suivre cette voie, la CJUEMOA a consacré un contrôle juridictionnel extrêmement tenu du pouvoir d'appréciation de l'autorité administrative. L'agent administratif se trouve ainsi livré à une administration toute hégémonique et réduit à la portion congrue des moyens pouvant être invoqués dans le cadre d'un contentieux. Cette posture de l'agent est d'autant plus inacceptable, que le juge de l'UEMOA semble aller

---

[1574] Arrêt Serge Laubhouet précité, p. 172.

[1575] TPICE, Ord., Alexopoulou c. Commission, du 13 février 1998, T-195/96, RecFP p. I-A-51 et II-117, pt 39. CJCE, Ord. E. Rhigini c. Commission, du 26 janvier 2007, aff. C-57/06P, Rec. p. 1, pt 14.

[1576] Voir Observations et conclusions du juge rapporteur Martin Dobo ZONOU dans l'arrêt Abdourahamane SACKO, *op. cit.*, p. 186.

[1577] *Idem*, p. 187.

[1578] Il convient de noter cependant que la Cour ne se prononça pas, à cette occasion, sur l'appréciation des prestations du requérant faite par l'autorité administrative, préférant se limiter à déclarer illégale la décision de licenciement, motif pris du non-respect, par cette dernière, d'une formalité substantielle constituée, en l'espèce, par la consultation préalable du Comité consultatif de recrutement et d'avancement.

jusqu'à lui refuser tout droit de contestation à l'égard de l'appréciation portée par l'autorité administrative.

En effet, alors qu'elle se prononçait pour la première fois sur le moyen de fond d'un requérant, tiré de l'appréciation discrétionnaire de ses prestations par l'autorité administrative, la Cour de Justice de l'UEMOA affirma « qu'étant par ses fonctions de directeur administratif et financier placé sous l'autorité directe du président de la Commission, Monsieur DIENG [était] mal fondé à soutenir que cette appréciation [était] erronée »[1579]. Cette décision constitue un précédent fort inquiétant du point de vue du contrôle juridictionnel au sein de l'UEMOA. À cet égard, la doctrine n'a pas manqué de relever qu'

> « Une relation de subordination ne donne pas à un supérieur un droit arbitraire à congédier un employé, et il est souhaitable que le juge saisi, sans bien entendu se substituer à l'auteur de l'acte, s'attache à trouver des 'traces' de raisons objectives à la mesure contestée. Il ne peut se contenter de répondre à un justiciable que, de par sa position, il a nécessairement tort, que son contradicteur a nécessairement raison […] »[1580].

Certes, « le contrôle judiciaire exercé sur un pouvoir hiérarchique peut connaitre des baisses de pression, être sujet à des éclipses plus ou moins nettes, mais il ne peut se saborder »[1581]. Le contrôle de l'action administrative est un élément fondamental de tout système juridique procédant de l'idée d'État de droit[1582] et doit le rester.

Enfin, comme le suggère Georges VANDERSANDEN pour le contentieux administratif de l'Union européenne, il serait souhaitable qu'à l'avenir, au sein de l'UEMOA,

> « La jurisprudence évolue dans un sens davantage ouvert aux prérogatives des fonctionnaires et des agents en mettant davantage l'accent sur le respect des principes généraux de droit et des droits fondamentaux et sur l'étendue du contrôle de la

---

[1579] Voir arrêt Ababacar DIENG I précité, p. 215.

[1580] Alioune SALL, *La justice de l'intégration : réflexions sur les institutions judiciaires de la CEDEAO et de l'UEMOA, op. cit.*, p. 113.

[1581] *Idem*, p. 108.

[1582] Jacques CHEVALLIER, *L'État de droit, op. cit.* p. 77.

motivation en mettant cette dernière en relation directe avec les faits de l'espèce et leur incidence sur la décision en cause »[1583].

En ce qui concerne le contrôle juridictionnel portant sur le pouvoir normatif des institutions, il est constamment établi en droit de l'Union européenne que « s'agissant d'un acte normatif qui implique des choix de politique économique, [la] responsabilité de la Communauté pour le préjudice que les particuliers auraient subi par l'effet de cet acte ne saurait être engagée [...] qu'en présence d'une violation suffisamment caractérisée d'une règle supérieure de droit protégeant les particuliers »[1584]. En effet, ainsi que l'a affirmé la CJCE,

> « Dans la détermination de leur politique [en la matière], les institutions communautaires compétentes jouissent d'un large pouvoir d'appréciation en ce qui concerne non seulement l'établissement des bases actuelles de leur action mais encore la définition des objectifs poursuivis, dans le cadre des prévisions du traité, et le choix des instruments d'action appropriés »[1585].

À l'inverse, le droit de l'UEMOA apparaît à ce jour incertain sur la question, la Cour de Justice ne s'y étant pas prononcé à la seule occasion où elle en avait la possibilité[1586]. À la suite d'une divergence d'appréciation entre la Commission et le Comité des experts en finances publiques, relative à l'*instrumentum* juridique approprié pour l'harmonisation des lois de finances et de comptabilités publiques, la Commission avait saisi la Cour de Justice d'une demande d'avis, en lui demandant de se prononcer sur l'un des trois actes mis à disposition par le Traité constitutif, à savoir l'acte additionnel, le règlement et la directive. Bien qu'ayant admis qu'il appartenait au Conseil, conformément au traité de l'UEMOA, de formaliser les orientations prises par la CCEG et de les mettre en œuvre à travers des règlements ou des directives à son libre choix, la Cour se livra à un véritable examen de l'opportunité de ce choix avant de conclure qu'« il [était] judicieux que les deux projets de textes soumis à l'appréciation de la

---

[1583] Georges VANDERSANDEN, "Les procédures et les voies de recours", *op. cit.*, p. 127.

[1584] CJCE, arrêt Aktien-Zuckerfabrik Schöppenstedt c/ Conseil des Communautés européennes, *op. cit.*, pt 11.

[1585] CJCE, arrêt Ludwigshafener Walzmühle, aff. jtes 197/80 à 200/80, du 17 décembre 1981, Rec. p. 3211, pt 37.

[1586] CJUEMOA, avis n° 1/97 du 20 mai 1997, non encore publié.

Cour, soient adoptés sous forme de règlement et que leur rédaction soit adaptée à cette forme »[1587]. Même si le Conseil n'a pas suivi l'avis de la Cour de Justice, puisqu'il a tout de même adopté les projets de textes sous la forme de directives[1588], cette décision ne laisse pas moins ouverte la question de l'étendue du contrôle juridictionnel sur l'activité normative des organes au sein de l'UEMOA.

S'il convient de transposer en droit l'UEMOA, la solution retenue en droit de l'Union européenne, il convient de fixer les limites que l'autorité administrative ne pourrait pas outrepasser.

À l'opposé des restrictions liées à la manière de juger, lesquelles sont imputables au juge lui-même, il existe d'autres restrictions pour lesquelles il n'a aucune responsabilité. Il s'agit notamment de restrictions qui lui sont imposées dans l'exercice de sa fonction.

B) Les restrictions imposées à la fonction du juge de l'UEMOA

Les restrictions imposées à la fonction du juge de l'UEMOA concernent spécialement les atteintes portées à son indépendance. Rendues possibles à cause des brèches ouvertes dans les textes régissant son statut (1), ces atteintes trouvent leur parfaite illustration dans la crise vécue au sein de la Cour de Justice entre 2011 et 2015 (2).

1) Les menaces statutaires à l'indépendance du juge

L'objectif, dans les paragraphes qui suivent, n'est pas de soutenir l'absence de toute garantie statutaire à l'indépendance du juge de l'UEMOA. Interrogé à l'effet de savoir si le cadre juridique actuel, régissant leur statut, leur permettait d'exercer en toute indépendance et impartialité leur fonction, l'ensemble des membres de la Cour de Justice répondait eux-mêmes d'ailleurs par l'affirmative même si, pour certains, ce cadre demeure perfectible[1589]. En effet, les textes régissant la fonction des juges de la Cour de Justice comprennent plusieurs garanties visant à assurer l'indépendance de ces derniers. « Choisis

[1587] *Idem*, p. 4.

[1588] Voir la directive n° 05/97/CM/UEMOA du 16 décembre 1997, relative aux lois de finances, BO, n° 7, décembre 1997, pp. 10-19 et la directive n° 06/97/CM/UEMOA du 16 décembre 1997, portant règlement général de la comptabilité publique, BO, n° 7, décembre 1997, pp. 20-29.

[1589] Voir question 1, sous point III (droit au juge) dans Annexe 1, p. 509 et s.

parmi les personnalités offrant toutes les garanties d'indépendance et de compétence juridique nécessaire à l'exercice des plus hautes fonctions juridictionnelles »[1590], les juges de l'UEMOA prêtent, avant leur entrée en fonction, le serment d'exercer leur fonction « en toute indépendance et impartialité, de façon digne et loyale et de garder le secret des délibérations »[1591].

Tout au long de leurs mandats, ils sont également protégés par plusieurs règles. Il s'agit d'abord de la règle portant interdiction d'exercer, en cours d'activité, les fonctions dites incompatibles avec leur office. Par exemple, ces derniers ne peuvent exercer des fonctions politiques à quelque niveau que ce soit[1592]. En plus de la règle sur les fonctions incompatibles, les juges de la Cour jouissent de l'immunité de juridiction, en cours et après leurs mandats, pour les actes accomplis et les paroles prononcées par eux dans l'exercice de leurs fonctions[1593], même si cette règle n'est pas absolue[1594]. À cela s'ajoute la règle relative aux conflits d'intérêts, prévue à l'article 18 des statuts de la Cour de Justice, et visant à éviter l'enlisement d'un juge dans une affaire susceptible de mettre en jeu son impartialité pour diverses raisons. Il existerait également, dans la pratique de la CJUEMOA, une règle qui interdirait qu'un juge soit désigné comme rapporteur dans une affaire mettant en cause son État d'origine[1595]. Enfin, les articles 11 et 12 des statuts de la Cour de Justice consacrent l'inamovibilité de ses membres.

En vertu de leur inamovibilité, les membres de la Cour de Justice exercent leurs fonctions jusqu'au terme normal de leurs mandats. Leur départ de la Cour ne peut avoir lieu que dans le cadre d'un renouvellement régulier, en cas de décès, de démission ou de révocation par les pairs, conformément à l'article 12 des statuts de la Cour. Aux termes de cette disposition,

---

[1590] Art. 5 des Statuts de la Cour de Justice.
[1591] *Idem*, art. 6.
[1592] *Id.*, art. 9.
[1593] *Id.*, art. 8, al. 1.
[1594] Cette immunité peut être levée dans les conditions prévues à l'alinéa 2, de l'article 8, des Statuts de la Cour de Justice.
[1595] Voir Annexe 1, p. 444 et s.

> « Un membre de la Cour ne peut être relevé de ses fonctions, […] que si en Assemblée Générale, la Cour constate qu'il ne répond plus aux conditions requises ou ne satisfait plus aux obligations découlant de sa charge. L'intéressé est entendu en ses explications orales ou écrites mais ne participe pas aux délibérations […] ».

Une fois la décision prise en assemblée générale, elle est « notifiée par le Président de la Cour. La notification emporte vacance de siège. Le Président de la Cour informe par écrit le Président du Conseil des Ministres de l'UEMOA de la décision de relève »[1596]. Toutefois, malgré les garanties ci-dessus relevées, les statuts des membres de la Cour de Justice comportent plusieurs insuffisances qui se présentent comme des menaces à leur indépendance.

À ce sujet, il faut relever en tout premier lieu le mode de recrutement et de nomination des juges. Ces derniers sont en effet désignés directement par les États membres, sans l'intervention des organes, comme le prévoit l'article 4, alinéa 1, des statuts de la Cour. Dans la pratique, les membres de la Cour de Justice de l'UEMOA sont nommés d'un commun accord, par acte additionnel de la CCEG, après proposition d'un candidat par chaque État membre. Ainsi, toute la procédure antérieure à la désignation du candidat proposé relève, à ce jour, de la compétence discrétionnaire des gouvernements, libres de fixer les modalités de sélection à l'intérieur de leurs États. Ce mode de désignation des juges de la Cour de Justice a très tôt soulevé des craintes au sein de la doctrine, de voir ces juges être transformés en véritables agents nationaux soumis aux instructions de leurs gouvernements respectifs[1597].

Interrogé sur la question, un juge de la Cour de Justice émettait le souhait d'une évolution dans le sens de la nomination des membres de la Cour à partir de candidatures issues d'une sélection opérée au sein des conseils supérieurs de la magistrature[1598]. Présents dans l'ensemble des États membres de l'UEMOA, ces organes censés garantir l'indépendance du pouvoir judiciaire national, pourraient servir de

---

[1596] *Idem*, art. 12, al. 3.

[1597] Maurice KAMTO, « Les cours de justice des communautés et les organisations d'intégration économique africaine », *op. cit.*, p. 111.

[1598] Voir question 1, sous point III (droit au juge) dans Annexe 1, p. 509 et s.

cadre à une sélection moins « politisée » des futurs juges de la Cour de Justice. Cette proposition intéressante pourrait néanmoins s'avérer infertile notamment au sein des États membres où c'est le chef de l'État qui nomme le président du conseil supérieur de la magistrature[1599], lorsqu'il ne l'est pas lui-même tout simplement[1600].

En tout état de cause, il apparaît souhaitable que la procédure de désignation des futurs juges à la Cour de Justice soit formalisée et uniformisée pour tous les candidats des États membres. Cette formalisation devrait mettre davantage l'accent sur les qualités morales et les compétences techniques de ces derniers, spécialement en ce qui concerne leur maîtrise du droit de l'intégration[1601]. À cet effet, l'UEMOA gagnerait à s'inspirer de la CEDEAO où il existe depuis 2006, un Conseil judiciaire de la Communauté[1602]. Ce Conseil est chargé de « gérer le processus de recrutement des juges de la Cour de Justice de la Communauté et les questions disciplinaires »[1603]. Il est composé des présidents des juridictions suprêmes de l'ordre judiciaire ou de leurs représentants, ressortissants d'États membres auxquels les postes de juges n'ont pas été attribués. Un mécanisme quelque peu similaire existe également au sein de l'Union européenne depuis l'entrée en vigueur du traité de Lisbonne. Il s'agit du Comité des sages institué à l'article 255 du traité FUE[1604].

[1599] Cas de la Côte d'Ivoire. Voir art. 145 de la Constitution ivoirienne.

[1600] Cette situation traduit, malgré les apparences, une certaine mainmise de l'exécutif sur le judiciaire. Cela était le cas du Burkina-Faso jusqu'à récemment. Les choses ont évolué avec l'article 132 de la loi constitutionnelle n°072-2015/CNT du 5 novembre 2015 portant révision de la Constitution.

[1601] Dans ce sens, nous partageons l'avis d'Alioune SALL pour qui la composition des membres de la Cour de Justice devrait prendre en compte le facteur de leur spécialisation en droit international, et en « droit de l'Union ». Il relève également la nécessité d'une composition plus diversifiée comprenant aussi bien des juges que des avocats et des universitaires, d'autant plus que ni le protocole additionnel n°1 (art. 2), ni les statuts de la Cour de Justice (art. 5) ne s'y opposent. Voir Alioune SALL, La justice de l'intégration. Réflexions sur les institutions judiciaires de la CEDEAO et de l'UEMOA, *op. cit.*, p. 49 et s.

[1602] Ce Conseil a été créé par la Décision A/DEC.2/6/06., Conférence des chefs d'État et de gouvernement, du 14 juin 2006, JO, VOL. 49, juin 2006, p. 40.

[1603] *Idem*, art. 1er.

[1604] Le Comité des sages de l'UE donne notamment son avis sur l'adéquation des candidats à l'exercice des fonctions de juge et d'avocat général de la Cour de Justice et du Tribunal avant que les gouvernements des États membres ne procèdent aux nominations. Il est composé de sept personnalités choisies parmi d'anciens membres

Toujours en ce qui concerne les menaces à l'indépendance des membres de la CJUEMOA, il convient de relever, en second lieu, la question du renouvellement de leurs mandats. Selon l'article 4 des statuts de la Cour de Justice de l'UEMOA, ses membres sont nommés pour un mandat de six (6) ans renouvelables. L'on peut en effet se demander si cette possibilité de renouvellement, manifestement indéfinie, des mandats des juges, n'expose pas ces derniers à une forme sibylline de pression dans la mesure où ils pourraient être tentés d'être indulgents à l'égard de leur État membre d'origine en contrepartie d'un ou plusieurs autres mandats. S'exprimant sur la question, un juge de la Cour de Justice proposait en lieu et place du mandat renouvelable, un mandat unique de neuf (9) ou douze (12) ans[1605]. Une telle proposition gagnerait cependant à prévoir un mécanisme de renouvellement partiel afin de préserver une certaine mémoire au sein de l'organe judiciaire.

Hormis les éléments ci-dessus relevés, l'indépendance des membres de la Cour de Justice pourrait enfin être renforcée en prévoyant, dans une disposition similaire à l'article 28, alinéa 1, du Traité, que ces derniers « ne sollicitent ni n'acceptent d'instructions de la part d'aucun gouvernement, ni d'aucun organe, dans l'exercice de leurs fonctions ». Il serait également avantageux d'aménager pour la Cour de Justice une certaine autonomie financière vis-à-vis de la Commission. Concernant spécifiquement la liberté d'opinion du juge de la Cour à l'égard de ses pairs, un autre juge interrogé émettait le souhait de voir instituer le mécanisme de l'opinion dissidente tel que cela existe au sein de plusieurs juridictions internationales[1606].

Certes, une telle solution aurait l'avantage de permettre à un juge qui ne partage pas la décision approuvée par la majorité de ses confrères, de défendre son opinion et éventuellement, son intégrité morale et intellectuelle, quitte à s'exposer à la critique ou à d'éventuelles « mesures de représailles » de la part de l'autorité politique. En tout état de cause, les opinions dissidentes présentent toujours un intérêt dans la pratique, tant pour les juristes que pour les justiciables et leurs avocats. Toutefois, en vue de préserver l'indépendance des juges et permettre à

---

de la Cour de Justice et du Tribunal, des membres des juridictions suprêmes et des juristes possédant des compétences notoires.

[1605] Voir question 1, sous point III (droit au juge), dans Annexe 1, *op. cit.*

[1606] *Ibidem.*

ces derniers de remplir sereinement leur fonction, l'on peut se demander s'il ne serait pas au contraire plus bénéfique de maintenir le statu quo au sein de l'UEMOA. Qui plus est, l'on se demande si l'instauration de l'opinion dissidente ne contribuerait pas à affaiblir l'autorité des décisions de la Cour de Justice au sein des États membres, desservant ainsi l'objectif visant à garantir, par une autorité supranationale, l'uniformité du droit de l'intégration dans les ordres juridiques internes. En effet, il n'est pas exclu que les juridictions d'un État membre, dont le juge national a exprimé une opinion dissidente à l'encontre d'une décision, manifestent quelques velléités de réticences à l'appliquer. La probabilité d'une telle éventualité serait encore plus prononcée dans l'hypothèse d'une décision adoptée à une courte majorité de cinq (5) juges contre trois (3) ou dans l'hypothèse où seule la voie prépondérante du président ferait la différence.

Les menaces à l'indépendance de la Cour de Justice, telles que découlant des insuffisances qui viennent d'être exposées, ne relèvent pas d'une vue de l'esprit. La crise vécue par cette dernière, de 2011 à 2015, en est la preuve tangible.

2) L'illustration par la crise judiciaire de 2011 à 2015

Cette crise serait partie[1607] de la nomination de Monsieur Cheick Hadjibou SOUMARÉ, ex président de la Commission, en

[1607] Sans préjuger de notre adhésion aux faits relatés, ce point de notre démonstration s'appuie sur un récit des événements exposé dans un article du Reporter, journal d'investigation burkinabè, « Crise à l'UEMOA », du 15 aout 2015, disponible sur : http://reporterbf.net/index.php/onde-de-choc/item/607-crise-a-l-uemoa (consulté la dernière fois, le 10.6.2017). Voir également dans le même sens, les faits tels que relatés dans le recours intenté devant la Cour constitutionnelle béninoise par Honorat C. A. ADJOVI, ex juge de la Cour au titre de l'État du Bénin, contre l'acte additionnel n° 04/2015/CCEG/UEMOA portant rappel des juges auprès de leur pays, pour une consultation de six (06) mois, BO indisponible : Cour Const. BE, Décision DDC 16-006 du 7 janvier 2016, *op. cit.* Dans les affaires portées devant la CJUEMOA nouvellement reconstituée (arrêt n° 01/2019, Madame Léontine Marie Florence ZOMBRE ZIDA c. CCEG et UEMOA, 13 février 2019, non encore publié et arrêt n° 02/2019, Monsieur Comlan Honorat ADJOVI c. CCEG et UEMOA, 13 février 2019, non encore publié), celle-ci a toutefois refusé, au titre des circonstances de la cause, de faire remonter la genèse de la tension qui a sécoué la Cour de Justice à l'élection du Président de la Commission de l'UEMOA et à la saisine de l'Organe de contrôle

remplacement de Monsieur El Hadji Abdou SACKO, alors Commissaire au titre de l'État du Sénégal, moins de deux mois après le renouvellement du second mandat de ce dernier[1608]. En réaction à son remplacement qu'il estimait illicite, le sieur El Hadji SACKO avait introduit devant la Cour de Justice un recours en annulation et un recours en indemnisation, respectivement le 17 novembre 2011 et le 5 avril 2012. La raison sous-jacente du déclenchement de la crise aurait été la jurisprudence issue de l'arrêt Eugène YAÏ rendu des années plutôt, par la Cour de Justice, dans un cas similaire[1609]. Craignant de voir cette jurisprudence lui être appliquée, M. SOUMARÉ aurait mis tout en œuvre pour obtenir l'allégeance du président de la Cour de Justice d'alors, le bissau-guinéen Daniel Lopès FERREIRA[1610]. L'objectif de la manœuvre aurait été d'empêcher le jugement de l'affaire El Hadji Abdou SACKO ou au moins de le différer autant que cela était possible, sans doute dans l'attente de pouvoir rallier le maximum de juges à la cause de M. SOUMARÉ. Cette situation plongera la Cour de Justice dans une profonde léthargie émaillée de faits pour le moins rocambolesques et clairement en contradiction avec l'indépendance des juges. Il s'agirait entre autres de la gestion administrative de la Cour subordonnée aux instructions de l'ex président de la Commission, du refus par ce dernier d'accorder le financement nécessaire à l'organisation d'une rentrée judiciaire de la Cour et bien d'autres anecdotes de ce genre[1611].

Cet état de fait aurait conduit les membres de la Cour de Justice, par une large majorité de six (6) voix sur huit (8), à retirer au président FERREIRA leur confiance et à pourvoir à sa suppléance par la désignation du juge le plus ancien en la personne de M. Ousmane DIAKHITÉ, sur la base de l'article 8 du règlement de procédures[1612].

---

juridictionnel par le Commissaire évincé Monsieur El Hadj Abdou SAKHO faute d'éléments de preuves apportés par les parties à ces allégations.

[1608] Acte additionnel n° 6/2011/CCEG/UEMOA portant nomination de Monsieur Cheick Hadjibou SOUMARE en qualité de membre de la Commission de l'UEMOA en remplacement de Monsieur El Hadji Abdou SACKO, 21 octobre 2011, BO indisponible.

[1609] CJUEMOA, arrêt Eugène YAÏ c. Conférence des Chefs d'Etat et de Gouvernement de l'UEMOA, du 27 avril 2005, *op. cit.*

[1610] Le Reporter, « Crise à l'UEMOA », *op. cit.*, p. 2. Voir aussi, Cour Cons. BE, Décision DDC 16-006, *op. cit.*, p. 2.

[1611] *Ibidem.*

[1612] On peut néanmoins s'interroger sur la légalité de cette suppléance au regard des termes de cette disposition qui ne prévoit la suppléance du président qu'en cas

Cette suppléance aurait permis de vider une demi-douzaine de dossiers et de mettre en état de jugement la quasi-totalité des autres dossiers en attente, dont celui relatif à l'affaire El Hadj Abdou SACKO, avant de connaitre un terme à la suite d'un courrier qu'aurait adressé l'ex président de la Commission aux membres de la Cour, à l'effet d'obtenir le rétablissement, dans toutes ses prérogatives, du juge FERREIRA. Si tous ces faits étaient avérés, ils constitueraient une violation manifeste du principe de la séparation des pouvoirs au sein de l'UEMOA et une atteinte grave à l'indépendance de la Cour de Justice. Qu'on lui accorde du crédit ou pas, ou qu'on y émette certaines réserves, il est constant que cette histoire, pour le moins abracadabrante, n'a connu son épilogue qu'avec l'adoption d'une succession d'actes additionnels manifestement illégaux. En effet, le 13 juin 2015, M. Yayi BONI, alors président en exercice de la CCEG, adoptait l'acte additionnel n° 04/2015 portant rappel des juges auprès de leur pays, pour une consultation de six (06) mois[1613].

Au terme de cette durée, la CCEG procéda le 8 janvier 2016 au renvoi de sept (7) juges sur huit (8), par l'acte additionnel n° 2/2016 portant révocation des membres de la Cour de Justice de l'UEMOA[1614]. Cinq (5) mois plus tard, ces derniers étaient remplacés par de nouveaux membres à travers l'acte additionnel n° 5/2016[1615]. L'ensemble de ces actes additionnels apparait contraire au principe d'inamovibilité des juges de l'UEMOA, lesquels ne peuvent être ni rappelés pour consultation, ni suspendus, encore moins être remplacés en cours de mandat par l'autorité de nomination. Cela ne ressort d'aucun des textes régissant la CJUEMOA[1616]. En tout état de cause, la crise vécue par la

---

d'absence ou d'empêchement. La question qui pose problème est celle de savoir si les défaillances qui étaient reprochées au président FERREIRA et qui ont été à l'origine de sa suppléance, pouvaient être considérées comme étant constitutives d'un empêchement. Aussi, la Cour dans ses décisions rendues le 13 février 2019 n'a pas manqué de relever le vice qui entachait la convocation de l'assemblée intérieure ayant conduit à la suppléance du Président. En effet aux termes de l'article 16 de l'Acte additionnel n° 10/96, la Cour se réunit en assemblée intérieure sur convocation de son président.

[1613] Acte additionnel n° 04/2015/CCEG/UEMOA, *op. cit.*

[1614] Acte additionnel n° 02/2016/CCEG/UEMOA du 8 janvier 2016, BO non disponible.

[1615] Acte additionnel n° 05/2016/CCEG/UEMOA du 20 mai 2016, BO non disponible.

[1616] L'Acte additionnel n° 02/2016/CCEG/UEMOA a fait l'objet d'un recours en annulation par deux anciens membres de la Cour. Voir les arrêts n° 01/2019 et n° 02/2019 précités. Dans ces affaires, la Cour reconstituée s'est déclarée compétente

Cour de Justice de l'UEMOA, avec toutes les conséquences que cela a pu charrier en termes de violation de l'indépendance et de l'inamovibilité des juges, ne doit pas conduire à incriminer uniquement la Commission et la CCEG. Dans l'hypothèse où les faits ci-dessus relatés seraient avérés, il faut relever que la forfaiture reprochée aux organes précités n'a été en partie possible qu'en raison de leur propre attitude (collaboration d'un des leurs si cela était avéré et incapacité collective à dépasser leurs dissensions dans l'intérêt supérieur d'une bonne administration de la justice). Sur ce point, il convient de souligner avec Guy CARCASONNE que si l'indépendance du juge est un droit à protéger, il est également un devoir qu'il appartient à ce dernier de démontrer par le respect des règles de déontologie et d'éthique encadrant sa fonction[1617]. À cet effet, l'ancien juge de la CIJ, Kéba MBAYE ne pensait pas si bien dire lorsqu'il affirmait qu'« on ne peut forcer un homme à être libre, on ne peut que lui donner les moyens de sa liberté, l'indépendance n'existe que par exercice et par volonté ».

Pour résumer ce chapitre consacré à l'accès aux garanties juridictionnelles en cas de contestation des actes émanant des organes, il ressort que l'ordre juridique de l'UEMOA a consacré au profit des individus un certain nombre de voies d'accès à la Cour de Justice. L'étendue de l'accès au juge de l'UEMOA couvre aussi bien l'existence des voies de droit ordinaires que celle des voies de droit spéciales. Qui plus est, il s'agit d'un accès largement conçu en vue d'éviter, autant que faire se peut, l'existence d'immunité juridictionnelle au profit d'un organe quelconque, fût-il l'organe suprême de l'Union. Ainsi, la Cour de Justice a affirmé avec éclat la justiciabilité des actes additionnels pris par la CCEG et faisant grief aux requérants individuels. Il est toutefois regrettable que la CJUEMOA ne soit pas allée jusqu'au bout de sa logique de rejet de zones de non droit, puisqu'elle a circonscrit cette justiciabilité aux seuls actes additionnels de caractère individuel. Cette auto-restriction du juge de l'UEMOA constitue l'une de nombreuses

---

mais a débouté les requérants de leurs demandes. Pour la Cour, l'Acte additionnel n° 02/2016/CCEG/UEMOA du 8 février 2016 portant révocation des membres de la Cour de Justice de l'UEMOA est conforme à la légalité, en vertu des circonstances exceptionnelles.

[1617] Guy CARCASSONE, « Rapport introductif » *in AHJUCAF, L'indépendance de la Justice. Actes du deuxième congrès de l'association des Hautes juridictions de cassation des pays ayant en partage le français (AHJUCAF), Dakar, 7 et 8 novembre* 2007, pp. 31-46, spéc. p. 38.

manifestations des limites à l'accès aux garanties juridictionnelles que l'analyse a permis de mettre en évidence.

Chapitre IIème : L'accès aux garanties juridictionnelles en cas de contestation des actes étatiques

À l'instar des garanties juridictionnelles prévues pour la contestation des actes pris par les organes, l'institution de garanties juridictionnelles, pour la contestation des actes étatiques, s'imposait aux États membres comme préalable à leur engagement au processus d'intégration économique. En effet, ces derniers devaient pouvoir disposer de moyens d'action les uns à l'égard des autres, au cas où l'un d'entre eux viendrait à manquer aux obligations communes. Par ailleurs, l'action étatique était amenée à compléter celle des organes dans la réalisation des objectifs communs. La mise en œuvre du droit de l'UEMOA ne pouvait incomber exclusivement aux organes de l'Union. Ces derniers devaient être assistés, dans cette tâche, par les autorités nationales qui étaient ainsi habilités, dans certains cas, à prendre des mesures nationales d'exécution du doit de l'UEMOA. Afin d'éviter que ces dernières ne s'écartent, dans l'accomplissement de cette tâche, des objectifs communs fixés par les traités constitutifs, des garanties s'imposaient également pour assurer l'application uniforme du droit de l'UEMOA[1618].

Les garanties juridictionnelles prévues pour la contestation des actes étatiques ont été principalement aménagées devant la Cour de Justice de l'UEMOA, avec un accès essentiellement réservé aux États membres, à leurs juridictions nationales, ainsi qu'à la Commission agissant dans l'intérêt général de l'Union. Les individus n'y ont qu'un accès indirect par le truchement de ces requérants attitrés. Face à cet accès restreint aux garanties juridictionnelles devant le juge de l'UEMOA, la question d'un accès direct au juge national, à titre compensatoire, se pose avec grande acuité. S'agissant de connaitre, en effet, d'actes étatiques, une telle compétence des juridictions nationales, dans les limites des compétences exclusivement dévolues à la Cour de Justice, ne pose, a priori, aucun problème. Pourtant, à l'inverse du droit de l'Union européenne, le droit d'accès au juge national ne bénéficie pas à ce jour d'une consécration formelle en droit

[1618] Voir dans ce sens, Henry G. SCHERMERS & Denis F. WAELBROECK, *Judicial Protection in The European Union*, *op. cit.*, p. 589.

de l'UEMOA. D'où l'importance de rechercher l'existence d'éventuels fondements matériels à cette consécration.

L'analyse qui suit a pour objet d'examiner dans un premier temps la consécration de l'accès aux garanties juridictionnelles pour la contestation des actes étatiques, aussi bien en ce qui concerne l'accès aux garanties juridictionnelles devant la Cour de Justice que pour ce qui concerne l'accès devant le juge national (Section I). Au-delà de la consécration, il sera ensuite question de s'intéresser à la réalité de cet accès aux garanties juridictionnelles (Section II).

Section I : La consécration de l'accès aux garanties juridictionnelles

En cas de contestation des actes étatiques, le droit de l'UEMOA consacre l'accès aux garanties juridictionnelles à deux niveaux. Il s'agit d'une part d'un accès indirect, au niveau supranational, devant le juge de l'UEMOA (paragraphe I) et d'autre part, d'un accès direct, au niveau national, devant le juge interne (paragraphe II). Ces voies d'accès sont liées dans une certaine mesure puisque, à certaines conditions, l'accès au juge national peut conduire à saisir également le juge supranational.

Paragraphe I : Le caractère indirect de l'accès devant le juge de l'UEMOA

En cas de contestation des actes étatiques, l'accès aux garanties juridictionnelles devant le juge de l'UEMOA s'opère d'une part, par le canal du renvoi préjudiciel en interprétation (A) et d'autre part, par le canal du recours en manquement (B).

A) L'accès indirect dans le renvoi préjudiciel en interprétation

Le mécanisme du renvoi préjudiciel en interprétation a un caractère doublement indirect. Il s'agit tout d'abord d'une voie de contrôle indirect des actes adoptés par les autorités nationales d'un État membre (1) et ensuite, d'une voie de contrôle ne permettant qu'un accès indirect aux individus, par le canal du juge national (2).

1) L'accès à une voie de contrôle indirect

Conçu pour assurer l'uniformité de l'interprétation et de l'application du droit de l'UEMOA, le renvoi préjudiciel en interprétation ne constitue pas, a priori, une voie de contrôle des actes nationaux (a). Pourtant, dans son opérationnalisation devant la Cour de Justice, il se révèle comme une véritable voie de contrôle permettant de contrôler indirectement lesdits actes au bénéfice des personnes privées (b).

a) L'objet du mécanisme

Comme son nom l'indique, le renvoi préjudiciel en interprétation du droit de l'UEMOA consiste à confier à la Cour de Justice, l'interprétation du droit de l'Union, en vue d'assurer l'uniformité de son application au sein des États membres. Le renvoi préjudiciel en interprétation, tel que conçu en droit de l'Union européenne, et transposé en droit de l'UEMOA, se fonde sur une séparation des fonctions juridictionnelles entre la Cour de Justice et les juridictions nationales, la première n'étant en principe compétente que pour connaitre du droit de l'Union et les secondes, étant seules habilitées à connaitre des faits et du droit national, en leur appliquant l'interprétation fournie par le juge supranational[1619]. L'interprétation requise dans le cadre du renvoi préjudiciel renvoie à une diversité d'opérations juridictionnelles[1620]. Il peut s'agir de « préciser le sens et la portée des dispositions du droit de l'Union, mais encore des notions que ces dispositions visent implicitement ou expressément »[1621], de « déterminer quels sont les actes ou faits juridiques qui sont régis par le droit de l'Union »[1622], de « préciser les effets dans le temps d'une norme

---

[1619] Voir Guy ISAAC & Marc BLANQUET, *Droit général de l'Union européenne*, *op. cit.*, p. 642. Voir également, Mouhamadou M. MBACKE, *La Cour de Justice de l'Union économique et monétaire ouest-africaine…*, *op. cit.*, p. 51.

[1620]Guy ISAAC et Marc BLANQUET, *op. cit.*, p. 641.

[1621] *Ibidem.*

[1622] *Ibid.* Voir dans ce sens, en droit de l'UEMOA, CJUEMOA, arrêt TRAORE Thierry Michel c. SALIFOU Mohamed du 30 avril 2014, *op. cit.*, et CJUEMOA, arrêt TRAORE Thierry Michel c. SYB Léwa Sansan Dieudonné du 30 avril 2014, *op. cit.* Dans ces arrêts, la Cour de Justice s'est prononcée sur le fait de savoir si les relations entre un justiciable et son avocat entraient dans la conception de l'entreprise au sens du droit de la concurrence de l'UEMOA.

de l'Union »[1623] ou encore de « déterminer [son] champ d'application territorial et personnel », etc.[1624].

Aux termes de l'article 12 du protocole additionnel n° 1, « la Cour de Justice statue à titre préjudiciel sur l'interprétation du Traité de l'Union, [...] des actes pris par les organes de l'Union, [...] et l'interprétation des statuts des organismes crées par un acte du Conseil ». Au-delà de la seule référence au traité de l'UEMOA, l'objet de l'interprétation doit être compris comme visant l'ensemble du droit primaire constitué également du traité d'adhésion de la Guinée-Bissau de 1997, du traité portant création du parlement de l'UEMOA de 2003, du traité de l'UMOA de 2007 et ses annexes, ainsi que des protocoles additionnels qui font partie intégrante du traité de l'UEMOA[1625]. Quant aux « actes pris par les organes de l'Union » et aux « statuts des organismes crées par le Conseil », ils englobent l'ensemble du droit dérivé émanant non seulement des organes énumérés à l'article 16 modifié du traité constitutif, mais également des institutions spécialisées de l'article 41 et des organes subsidiaires crées au sein de l'Union. Il peut s'agir notamment des actes typiques énumérés à l'article 42 modifié du traité de l'UEMOA, mais aussi d'actes atypiques portant diverses dénominations. Par ailleurs, le renvoi préjudiciel en interprétation doit pouvoir porter sur un arrêt de la Cour de Justice, compte tenu de sa qualité d'organe de l'Union. Cette possibilité qui est admise en droit de l'UE[1626], ne doit pas être confondue avec la demande en interprétation d'un arrêt antérieur la Cour de Justice, prévu à l'article 85 du règlement de procédures de la Cour de Justice de l'UEMOA.

Enfin, il convient d'ajouter à la liste des actes susceptibles de former l'objet d'une interprétation dans le cadre du renvoi préjudiciel, les actes

---

1623 Guy ISAAC et Marc BLANQUET, *op. cit.*, Voir dans ce sens, en droit de l'UEMOA, CJUEMOA, arrêt Compagnie Air France contre Syndicat des Agents de Voyage et de Tourisme du Sénégal.), du 12 janvier 2005, *op. cit.* Dans cette affaire, la question posée par la juridiction nationale renvoyait, en substance, à l'interprétation des dispositions transitoires de la directive n° 2/2002 relative à la coopération entre la Commission et les structures nationales de concurrence des États membres, s'agissant spécialement de leur applicabilité *ratione temporis* à un recours porté devant une juridiction nationale, postérieurement à l'entrée en vigueur de ladite directive.

1624 Guy ISAAC et Marc BLANQUET, *op. cit.*

1625 Voir Mouhamadou M. MBACKE, *La Cour de Justice de l'Union économique et monétaire ouest-africaine. Son organisation, ses compétences et ses règles de procédure, op. cit.*, p. 52.

1626 Voir CJCE, arrêt Bosch du 16 mars 1978, aff. 135/77, Rec. 1978, p. 855.

de droit dérivé à caractère conventionnel. Qualifiées dans l'avis n° 2/2000 d'« actes communautaires dérivés à caractère conventionnel »[1627], ces actes interviennent à la suite de la conclusion d'accords internationaux, par l'UEMOA, avec des entités tierces. En droit de l'Union européenne, la jurisprudence Haegeman de la CJCE les a assimilés à des actes pris par les institutions[1628]. Dans l'arrêt Western Sahara Campaign, la CJUE a confirmé que ces accords pouvaient faire l'objet d'un renvoi préjudiciel[1629].

Ainsi que nous venons de le voir, le renvoi préjudiciel en interprétation ne constitue pas, dans son objet, une voie de contrôle des actes nationaux. Toutefois, dans la manière dont il opère, ce mécanisme se révèle comme étant une véritable voie de contrôle indirect des actes étatiques.

b) L'opérationnalisation du mécanisme

S'il n'est pas permis à la Cour de Justice d'« apprécier la légalité ou la validité du droit national »[1630] dans le cadre du renvoi préjudiciel en interprétation, il arrive que le résultat de l'interprétation livrée par cette dernière, à cette occasion, remette indirectement en cause la validité des règles nationales, préjugeant leur inapplicabilité au cas d'espèce et laissant très peu de marge d'appréciation au juge national. Comme le relevait Guy ISAAC et Marc BLANQUET, « il [...] est bien difficile d'interpréter sinon sans appliquer, du moins sans préjuger quelque peu de l'application »[1631]. Tel est précisément le cas lorsque l'interprétation requise dans le cadre du renvoi, a pour origine une divergence de vues des parties portant sur la compatibilité d'une règle de droit national avec le droit supranational.

Dans les arrêts TRAORÉ Thierry Michel du 30 avril 2014, la Cour de cassation du Burkina-Faso a saisi la CJUEMOA afin de solliciter « son

---

[1627] CJUEMOA, avis n°2/2000 du 2 février 2000, *op. cit.*, p. 111.
[1628] CJCE, arrêt R. & V. Haegeman c. État belge, *op. cit.*, p.449.
[1629]CJUE, arrêt Western Sahara Campaign, du 27 février 2018, aff. C-266/16, ECLI:EU:C:2018:118, pts 56 et s.
[1630] Voir les arrêts TRAORE Thierry Michel précités, pp. 7.
[1631] Guy ISAAC & Marc BLANQUET, *Droit général de l'Union européenne, op. cit.*, p. 642.

avis sur le sens et la portée qu'elle [entendait] donner aux barèmes indicatifs de frais et d'honoraires d'avocat au regard de l'article 88 du traité de l'UEMOA [...] et du règlement n° 2/2002/CM/UEMOA [...] relatif aux pratiques anticoncurrentielles à l'intérieur de l'UEMOA ». À l'origine de ce renvoi, se trouvait une divergence de vues entre le sieur TRAORÉ Michel et la Cour d'appel de Bobo-Dioulasso, laquelle avait jugé contraires aux règles de concurrence du droit l'UEMOA, les barèmes indicatifs des frais et honoraires des avocats, tels que prévus à l'article 70 de la loi nationale burkinabè portant règlementation de la profession d'avocat. Dans un tel contexte, il serait irréaliste de vouloir déconnecter l'interprétation sollicitée du droit de la concurrence de l'UEMOA, de la validité des règles nationales burkinabè en matière de fixation des barèmes des frais et honoraires d'avocats. En l'espèce la Cour de Justice s'était limitée à affirmer que lesdits barèmes n'étaient pas couverts par le champ d'application du droit de la concurrence de l'UEMOA. Toutefois, si elle avait affirmé l'inverse, il lui aurait été inévitable de se prononcer indirectement sur la compatibilité de la règlementation burkinabè avec ledit droit.

En effet, pour rendre un arrêt utile, la Cour de Justice n'aurait pu se contenter d'affirmer que l'article 88 du traité de l'UEMOA et le règlement n° 2/2002 relatif aux pratiques anticoncurrentielles, s'appliquent aux barèmes des frais et honoraires d'avocats. L'on imagine, du reste, la perplexité dans laquelle une telle réponse aurait plongé la juridiction de renvoi. Dans ce cas de figure, il aurait été nécessaire pour la Cour de Justice de préciser si les dispositions précitées interdisaient la fixation des barèmes et frais d'avocats suivant les modalités prescrites par la règlementation nationale burkinabè. Or, une telle réponse aurait nécessairement impliqué la validation ou l'invalidation tacite de la règlementation nationale, et contraint le juge national de cassation à l'écarter, le cas échéant, dans l'appréciation de la décision rendue par la Cour d'appel de Bobo-Dioulasso.

Afin de sauver les apparences et éviter le reproche d'une violation des limites qui s'imposent à l'exercice de sa compétence dans le cadre du mécanisme, la CJUE a recours à un maniement subtil du langage, qui ne conduit pas moins au même résultat. Effet, celle-ci a pour habitude d'affirmer que « telle ou telle disposition du droit de l'UE doit s'interpréter comme s'opposant ou ne s'opposant à une législation nationale comme celle au principal ». Par exemple, dans l'arrêt Pontin du 29 octobre 2009, la CJCE a affirmé que

> « L'article 2 de la directive 76/207/CEE du Conseil, du 9 février 1976, relative à la mise en œuvre du principe de l'égalité de traitement entre hommes et femmes en ce qui concerne l'accès à l'emploi, à la formation et à la promotion professionnelles, et les conditions de travail [...] doit être interprété en ce sens qu'il s'oppose à la législation d'un État membre, telle que celle instaurée par l'article L. 337-1 du code du travail luxembourgeois [...] qui prive la salariée enceinte ayant fait l'objet d'une mesure de licenciement pendant son état de grossesse d'une action juridictionnelle en dommages et intérêts, alors que celle-ci est ouverte à tout autre salarié licencié, lorsqu'une telle limitation des voies de recours constitue un traitement moins favorable d'une femme lié à la grossesse »[1632].

Par cet artifice, la CJCE arrive à opérer ainsi un contrôle indirect de la validité des règlementations nationales, laissant très peu de marge d'appréciation au juge national. Ainsi, comme l'affirme Stéphanie PAYET, « sous couvert d'interprétation du droit de l'Union, la Cour exerce un véritable contrôle de la légalité des actes des États membres »[1633]. En tant que parties au litige principal, les personnes privées bénéficient, de ce fait, d'une protection juridictionnelle indirecte découlant non seulement des interprétations fournies à l'occasion du renvoi préjudiciel, mais également des invalidations implicites des règles nationales jugées incompatibles. Il en est de même pour les individus, parties au litige principal donnant lieu à un renvoi préjudiciel devant la CJUEMOA.

Toutefois, comme en droit de l'Union européenne, ces derniers n'ont pas un droit d'accès direct au juge supranational. L'accès au juge de l'UEMOA, dans le renvoi préjudiciel en interprétation, a lieu par l'intermédiaire du juge national.

[1632] CJCE, arrêt Virginie Pontin c. T-Comalux SA, 29 octobre 2009, aff. C-63/08, Rec. 2009 p. I-10467, pt 77. Voir aussi, CJCE, arrêt Michaniki du 16 décembre 2008, aff. C-213/07, Rec. 2008 p. I-9999, pt 71.

[1633] Stéphanie PAYET, *Le droit à une protection juridictionnelle effective en droit de l'Union européenne, op. cit.*, p. 420.

2) L'accès indirect par le canal du juge national

Lorsqu'ils contestent, devant le juge interne, un acte national pris en application d'un acte de l'UEMOA, les requérants individuels ont la possibilité de demander ou d'inciter ce dernier à requérir l'interprétation appropriée de l'acte supranational de base, en escomptant une invalidation indirecte (ou implicite) de l'acte national querellé. Aux termes des dispositions de l'article 12 du protocole additionnel n° 1 et de l'article 15, paragraphe 6, du règlement de procédures, c'est le juge national qui est seul compétent pour saisir la Cour de Justice à cet effet, en se faisant le porte-voix des requérants individuels. Il appartient donc à ces derniers de convaincre, par l'intermédiaire des leurs conseils (avocats), le juge national de poser à la CJUEMOA la question préjudicielle souhaitée.

Il revient notamment à ces derniers, d'identifier d'abord la question liée au droit de l'UEMOA pour laquelle ils souhaitent requérir l'interprétation du juge supranational. Ils devront ensuite la soulever et la préciser devant le juge national, tout en démontrant l'intérêt et la nécessité de la question pour la résolution du litige au principal. Toutefois, comme nous l'avons démontré pour le renvoi préjudiciel en appréciation de légalité, l'accès au renvoi préjudiciel en interprétation par le canal du juge national est un accès « hypothéqué » car laissé à la discrétion des juridictions nationales, notamment à celles dont les décisions sont susceptibles de recours[1634].

Ces juridictions ne posent à la CJUEMOA une question préjudicielle en interprétation que « lorsqu'elle[s] l'estiment nécessaire »[1635]. Il n'en va autrement que lorsque la juridiction nationale saisie statue en dernier ressort. C'est uniquement dans ce cas que « celle-ci est obligée de saisir la Cour »[1636]. Toutefois, il existe en droit de l'Union européenne notamment des cas où les juridictions nationales statuant en dernier ressort peuvent néanmoins se voir dispenser de l'obligation de poser la question préjudicielle. C'est le cas lorsqu'elles sont en présence d'un « acte éclairé » ou d'un « acte clair ».

[1634] Cf. *supra*, chap. 1, sect. 2, par. 1, A, 2°).
[1635] Art. 15, par. 6, al. 1, *in fine*, du règlement de procédures.
[1636] *Idem*, art. 16, par. 6, al. 2.

Rattachée à l'arrêt Da Costa[1637], la notion de l'acte éclairé renvoie à la situation où la question préjudicielle posée à la Cour se trouve « privée de sa cause et vidée de son contenu »[1638], parce qu'étant « matériellement identique à une question ayant déjà fait l'objet d'une décision à titre préjudicielle dans une espèce analogue »[1639]. Dans l'arrêt Cilfit du 6 octobre 1982, la CJCE a élargi la portée de cette circonstance exonératoire dans la mesure où les juridictions suprêmes sont dorénavant dispensées de leur obligation de renvoi, dès lors qu'il existe « une jurisprudence établie de la Cour résolvant le point de droit en cause, quelle que soit la nature des procédures qui ont donné lieu à cette jurisprudence, même à défaut d'une stricte identité des questions en litige »[1640]. Le droit de l'UEMOA a également prévu cette éventualité sans en faire, expressément, une cause exonératoire de l'obligation de renvoi des juridictions statuant en dernier ressort. En effet, l'article 86 du règlement de procédures stipule que

> « Lorsqu'une question posée à titre préjudiciel est manifestement identique à une question sur laquelle la Cour a déjà statué, elle peut, après avoir informé la juridiction de renvoi et après avoir entendu les intéressés en leurs observations éventuelles ainsi que l'Avocat Général, statuer par voie d'ordonnance motivée comportant référence à l'arrêt précédent ».

En revanche, le droit de l'UEMOA ne comporte à ce jour, aucune référence manifeste à la théorie de l'acte clair. Consacrée par l'arrêt Cilfit, la théorie de l'acte clair ne doit pas être confondue à celle de l'acte éclairé. Pour la CJCE, ladite théorie est invocable lorsque « l'application correcte du droit communautaire peut s'imposer avec une évidence telle qu'elle ne laisse place à aucun doute raisonnable sur la manière de résoudre la question posée »[1641]. Toutefois, afin de prévenir les abus et entourer l'invocation de cette théorie d'un minimum de garanties, la CJCE a précisé qu'« avant de conclure à

1637 CJCE, arrêt Da Costa e. a. c. Administration fiscale néerlandaise, 27 mars 1963, aff. 28/62, Rec. 1963, p. 75 et s.

1638 *Ibidem.*

1639 *Ibid.* Également, CJCE, arrêt Parfums Christian Dior, du 4 novembre 1997, aff. C-337/95, Rec. 1997, p. 6013, pt 29.

1640 CJCE, arrêt Srl CILFIT et Lanificio di Gavardo SpA contre Ministère de la santé, 6 octobre 1982, *op. cit.*, pt 14.

1641 *Idem*, pt 16.

l'existence d'une telle situation, la juridiction nationale doit être convaincue que la même évidence s'imposerait également aux juridictions des autres États membres et à la Cour de Justice »[1642]. Dans l'arrêt X c Van Dijk, la CJUE a toutefois précisé qu'il « appartient aux seules juridictions nationales dont les décisions ne sont pas susceptibles d'un recours juridictionnel de droit interne d'apprécier, sous leur propre responsabilité et de manière indépendante, si elles sont en présence d'un acte clair »[1643].

Hormis l'ensemble de ces cas de figures qui restreignent l'accès déjà aléatoire au renvoi préjudiciel en interprétation, les individus se voient complètement exclus du dispositif crée à l'article 14 du protocole additionnel n° 1 afin d'assurer la surveillance du mécanisme. En effet, le droit de l'UEMOA a institué, de manière inédite, un dispositif de surveillance afin de garantir le bon fonctionnement du mécanisme du renvoi préjudiciel. Ce dispositif permet notamment à la Cour de Justice de rétablir le droit par arrêt rectificatif en cas de besoin. Aux termes de l'article 14 du protocole additionnel n° 1,

> « Si, à la requête de la Commission, la Cour de Justice constate que dans un État membre, le fonctionnement insuffisant de la procédure de recours préjudiciel permet la mise en œuvre d'interprétations erronées du Traité de l'Union, des actes pris par les organes de l'Union ou des statuts des organismes crées par un acte du Conseil, elle notifie à la juridiction supérieure de l'État membre un arrêt établissant les interprétations exactes. Ces interprétations s'imposent à toutes les autorités administratives et juridictionnelles de l'État concerné ».

Comme l'indique cette disposition, le déclenchement du dispositif de surveillance est une prérogative de la Commission, seule compétente pour saisir la Cour de Justice en sa qualité de gardienne des traités. En effet, en tant qu'organe exécutif de l'UEMOA, la Commission se voit confier la responsabilité de surveiller la mise en œuvre des règlementations et des politiques de l'Union au sein des États[1644]. De ce

---

[1642] *Ibidem.* Sur la théorie de l'acte clair, voir Hjalte RASMUSSEN, « Classics of the First 40 Years. The European Court's Acte Clair Strategy in C.I.L.F.I.T. », *op. cit.*

[1643] CJUE, arrêt X c. Van Dijk du 9 septembre 2015, aff. C-72/14 et C-197/14, ECLI:EU:C:2015:564, pt 59.

[1644] Depuis 2013, la Commission assume cette mission dans le cadre de la revue annuelle des réformes, politiques, programmes et projets de l'Union, instituée par

point de vue, elle apparaît comme étant la mieux à même de détecter, au sein des États membres, des interprétations tendancieuses ou sujettes à caution du droit de l'UEMOA, et de les signaler à la Cour de Justice.

Cependant, l'on peut regretter le fait que ce dispositif, qui renforce le contrôle juridictionnel opéré par le renvoi préjudiciel en interprétation, ne soit pas ouvert aux personnes privées, comme cela semble être le cas dans le droit de CEMAC[1645]. Cette possibilité qui ne remet pas en cause le caractère de « coopération interjuridictionnelle » du renvoi préjudiciel, aurait permis à la Cour de Justice d'opérer un contrôle juridictionnel de l'utilisation du mécanisme par les juridictions nationales et d'en sanctionner les éventuels abus[1646], ainsi que le non-respect des interprétations fournies par le juge supranational[1647]. En tout état de cause, l'inobservation, par les juridictions nationales, des interprétations formulées par la Cour de Justice, dans le cadre du renvoi préjudiciel, peut donner lieu à un recours en manquement, au même titre que toute autre violation du droit de l'UEMOA par les autorités d'un État membre[1648].

B) L'accès indirect au recours en manquement

Contrairement au renvoi préjudiciel qui procède à un contrôle indirect des actes étatiques, le recours en manquement opère un contrôle direct desdits actes devant la Cour de Justice de l'UEMOA. Toutefois, il s'agit

l'Acte additionnel n° 05/2013/CCEG/UEMOA portant institution d'une revue annuelle des réformes, politiques, programmes et projets communautaires au sein de l'Union économique et monétaire ouest-africaine, BO non disponible.

[1645] Dramane SANOU, *La juridictionnalisation des organisations régionales d'intégration économique en Afrique*, *op. cit.*, p. 212.

[1646] Cette possibilité offrirait, en particulier, aux individus un moyen de contrôle juridictionnel du pouvoir discrétionnaire du juge de renvoi, ainsi que des éventuels refus de poser à la Cour une question préjudiciel à l'aide une application abusive de la théorie de l'acte clair, comme cela a pu être le cas du Conseil d'État français, par le passé.

[1647] En effet, « les interprétations formulées par la Cour de Justice dans le cadre de la procédure de recours préjudiciel s'imposent à toutes les autorités administratives et juridictionnelles dans l'ensemble des États membres [...] ». Voir, art. 13 du protocole additionnel n° 1. Qui plus est, ces dernières ont en vertu de l'article 7 du traité de l'UEMOA, l'obligation d'« apporter leur concours à la réalisation des objectifs de l'Union en adoptant toutes mesures générales ou particulières, propres à assurer l'exécution des obligations découlant du présent Traité ».

[1648] *Idem*, art. 13 *in fine*.

d'un recours dont l'exercice est réservé à la Commission et aux États membres (1), les individus ne pouvant que provoquer, de manière indirecte, le déclenchement de la procédure conduisant à la constatation du manquement par la Cour de Justice (2).

1) Le caractère réservé de l'exercice du recours

Considéré comme « l'ultima ratio permettant de faire prévaloir les intérêts communautaires consacrés par le traité contre l'inertie et contre la résistance des États membres »[1649], le recours en manquement constitue, par rapport au droit international « classique », une voie de droit inédite qui se substitue aux contre-mesures licites et à la mise en jeu de la responsabilité internationale[1650]. En droit de l'UEMOA, ce recours se fonde sur les articles 5, 6, et 7, du protocole additionnel n° 1 ainsi que sur l'article 15, paragraphe 1, du règlement de procédures de la CJUEMOA. Aux termes de l'article 5 du protocole additionnel n° 1, « La Cour de Justice connaît, sur recours de la Commission ou de tout état membre, des manquements des États membres aux obligations qui leur incombe en vertu du Traité de l'Union ». Ainsi qu'il ressort de cette disposition, tout le monde ne peut pas exercer le recours en manquement devant la Cour de Justice.

En effet, il s'agit d'une prérogative que le droit de l'UEMOA ne reconnaît qu'à la Commission et aux États membres. Comme pour le déclenchement du dispositif de surveillance du renvoi préjudiciel prévu à l'article 14 du protocole additionnel n° 1, la Commission se voit attribuer la compétence de saisir la Cour de Justice en sa qualité de gardienne des traités et de garante de l'intérêt général de l'Union. Amenée à assurer le suivi de la mise en œuvre des règlementions et des politiques de l'UEMOA, la Commission dispose, de ce fait, d'une mine d'informations constituée à partir de ses propres investigations, des informations qui lui sont transmises par les États membres, mais aussi des plaintes issues des personnes physiques et morales. Par exemple, dans le cadre de sa deuxième revue annuelle ayant porté sur la transposition et l'application des textes de l'UEMOA relatifs à la

[1649] CJCE, arrêt Italie c. Haute Autorité du 15 juillet 1960, aff. 20/59, Rec. 1960, p. 663, préc. p. 692.
[1650] Denys SIMON (Dir.), *Contentieux de l'Union européenne/3. Renvoi préjudiciel. Recours en manquement, op. cit.*, p. 129.

gouvernance économique, au marché commun et aux politiques sectorielles, la Commission a pu relever que 34% des directives adoptées par l'UEMOA n'avaient pas été transposées dans l'ensemble des États membres[1651]. Il s'agit là d'une situation à même de justifier le déclenchement du recours en manquement contre les États incriminés et que la Commission, par sa position, est seule idéalement en mesure de savoir. Il en est de même des informations collectées dans le cadre des rapports annuels de l'Observatoire des Pratiques Anormales[1652].

En plus de la Commission, les États membres peuvent également déclencher les uns à l'égard des autres, le recours en manquement, lorsqu'ils estiment qu'un d'entre eux a manqué aux obligations qui lui incombent en vertu des traités. Toutefois, dans cette hypothèse, l'article 15, paragraphe 1, alinéa 3, du règlement de procédures, prévoit la saisine préalable de la Commission afin d'établir la réalité des faits reprochés à l'État membre incriminé et tenter de convaincre ce dernier de faire cesser le manquement. Ce n'est qu'en cas de silence de la Commission ou d'inaction de la part dudit État, que l'État membre requérant pourra valablement saisir la Cour de Justice. À cet effet, l'article 7 du protocole additionnel n° 1, stipule que « la Cour avant de statuer, invite la Commission à lui communiquer ses observations ».

La notion de manquement s'entend, quant à elle, au sens large, dans la mesure où elle vise « une violation, par un État membre de l'Union, de ses obligations communautaires, qu'elles soient générales ou spécifiques »[1653]. La violation de ces obligations peut découler des

---

[1651] UEMOA, Rapport annuel 2015 de la Commission sur le fonctionnement et l'évolution de l'Union, Lomé, Espace Technologie, 2016, 94 p., spéc. p. 60.
[1652] L'OPA est un organisme subsidiaire crée par la Commission en 2005 afin d'assurer le suivi de la levée effective des entraves à la libre circulation des personnes et des marchandises le long des corridors de passages sur le territoire de l'Union. Cet organisme intervient dans le cadre de l'exécution de la directive n° 8/2005/CM/UEMOA relative à la réduction des points de contrôle routiers inter-états de l'Union, (BO indisponible) ainsi que de la décision n° 15/2005/CM/UEMOA, portant modalités pratiques d'application du plan regional de contrôle sur les axes routiers inter-États de l'UEMOA (BO non disponible). L'OPA publie chaque année le rapport de ses enquêtes. Le dernier rapport en date de l'OPA, qui est actuellement disponible, est celui de 2015 disponible sur :
http://patronat.bf/wp-content/uploads/2016/07/Rapport-annuel-OPA_2015.pdf (consulté pour la dernière fois, le 2.6.2017)
[1653] Mouhamadou M. MBACKÉ, *op. cit.*, p. 43.

traités, du droit dérivé, de la jurisprudence ou des principes généraux du droit[1654]. Il peut s'agir notamment d'une violation par action ou par omission[1655], dans la mesure où « une abstention, tout autant qu'un comportement positif, est susceptible de constituer de la part d'un État membre un manquement à une obligation lui incombant »[1656]. Constituent, par exemple, des manquements au titre de l'article 5 du protocole additionnel n° 1, l'adoption d'un texte incompatible avec une obligation imposée par le droit de l'UEMOA ou l'existence de pratiques non conformes à l'esprit ou à la lettre des traités[1657]. Le manquement peut consister également, par exemple, dans le fait de ne pas adopter une mesure exigée par le droit de l'UEMOA. L'exemple classique à cet effet est la mauvaise transposition ou l'absence de transposition, dans les délais, d'une directive de l'Union[1658]. Il pourrait s'agir également de l'inexécution, par un État membre, d'une décision antérieure de la Cour de Justice de l'UEMOA[1659].

Comme pour la responsabilité en droit international, le droit de l'intégration a consacré une conception unitaire de l'État pour la mise en œuvre du recours en manquement. Le recours peut donc être déclenché à la suite d'un manquement reproché à l'organe exécutif, législatif ou judiciaire de l'État membre concerné[1660]. S'agissant

---

[1654] Denys SIMON (Dir.), *Contentieux de l'Union européenne/3. Renvoi préjudiciel. Recours en manquement, op. cit.*, p. 145.
[1655] Mouhamadou M. MBACKÉ, *op. cit.*
[1656] CJCE, arrêt Commission c. Italie du 17 février 1970, aff. 31/69, Rec. 1970, p. 25, pt 9.
[1657] En droit de l'Union européenne, la CJCE a jugé que les actes susceptibles de constituer des manquements pouvaient consister en des pratiques présentant un certain degré de constance et de généralité. CJCE, arrêt Commission c. Grèce du 10 septembre 2009, aff. C-416/07, Rec. 2009, p. I-7883, pt 24.
[1658] Voir en droit de l'UE, CJUE, arrêt Commission c. France du 7 nov. 2013, aff. C-23/13,ECLI:EU:C:2013:723, pt 23.
[1659] Art. 13 du Protocole additionnel n° 1.
[1660] Voir Mouhamadou M. MBACKÉ, *La Cour de Justice de l'Union économique et monétaire ouest-africaine..., op. cit.*, p. 43. Cette conception emprunte également au droit de l'UE. Dans l'arrêt Commission c. Belgique (aff. 77/69 du 5 mai 1970, Rec. 1970, p. 237, spéc. p. 237), la CJUE a affirmé que « la responsabilité d'un État membre au regard de l'article 169 [258 TFUE] est engagée, quel que soit l'organe de l'État dont l'action ou l'inaction est à l'origine du manquement, même s'il s'agit d'une institution constitutionnellement indépendante ». Dans l'arrêt dit de la guerre des fraises (CJCE, arrêt Commission c. France du 9 décembre 1997, aff. C-265/95, Rec. 1997, p. I-6959, pt 65.), la CJUE a même condamné un État membre (la France), pour s'être « abstenue, de manière manifeste et persistante, de prendre des mesures

spécifiquement du manquement judiciaire, l'article 13 in fine du protocole additionnel n° 1, fait de l'inobservation, par les juridictions nationales, des interprétations fournies dans le cadre du renvoi préjudiciel, un manquement de nature à déclencher le recours visé à l'article 5 du Protocole additionnel n° 1[1661]. Aux termes de l'article 6 du protocole additionnel n° 1, la Cour de Justice se contente de « [constater] qu'un État membre a manqué à une des obligations qui lui incombent en vertu du traité de l'Union », ce qui suggère l'idée d'une constatation objective du manquement en droit de l'UEMOA. Celle-ci devrait se baser uniquement sur l'appréciation objective des faits soumis à la Cour, indépendamment de tout élément intentionnel dans la constitution de l'infraction reprochée à l'État. Dans ce sens, la CJCE a jugé dans l'arrêt Commission c. Espagne, du 1er octobre 1998[1662], que :

> « la procédure visée à l'article 169 du traité (art. 258 TFUE) repose sur la constatation objective du non-respect par un État membre des obligations que lui imposent le traité ou un acte de droit dérivé. Dès lors qu'un tel constat a été établi, il est sans pertinence que le manquement résulte de la volonté de l'État membre auquel il est imputable, de sa négligence ou bien encore de difficultés techniques auxquelles celui-ci aurait été confronté »[1663].

En dehors des manquements précités, il convient de préciser l'existence d'une procédure spécifique de recours en manquement, en matière d'union monétaire, conformément à l'article 3 du traité de l'UMOA. Aux termes de l'article 3, alinéa 2, dudit traité, « conformément à la

---

suffisantes et appropriées pour faire cesser les actes de vandalisme qui mettent en cause sur son territoire la libre circulation de certains produits agricoles originaires d'autres États membres et empêcher le renouvellement de tels actes ». Voir, Louis DUBOUIS, « La "guerre de la fraise": l'impuissance publique sous la toise du droit communautaire. A propos de l'arrêt de la Cour de justice des Communautés européennes du 9 décembre 1997, Commission c/ République française, C-265/95 », *in RFDA*, 1998 pp.120-131.

[1661] Sur le manquement judiciaire, l'on lira avec intérêt, Abdelkhaleq BERRAMDANE, « Le manquement judiciaire dans l'ordre juridique de l'Union européenne », *in* Chahira BOUTAYEB (Dir.*), La Constitution, l'Europe et le Droit. Mélanges en l'honneur de Jean-Claude MASCLET,* Paris, Publications de la Sorbonne, 2013, pp. 417 et s.

[1662] CJCE, arrêt Commission c. Espagne du 1er octobre 1998, aff. C-71/97, Rec. 1998, p. 5991.

[1663] *Idem*, pts 14 et 15.

procédure prévue à l'article 6 du protocole additionnel n° 1, la Cour de Justice de l'UEMOA est compétente pour connaitre des manquements des États membres aux obligations qui leur incombent en vertu du traité de l'UMOA ». En l'occurrence, cette procédure pourrait être déclenchée à l'encontre d'un État membre qui violerait les règles de l'UMOA en matière d'émission de la monnaie, de la centralisation des réserves des changes, ou encore de la libre circulation des signes monétaires et la liberté des transferts entre États membres de l'UMOA[1664]. À supposer enfin que l'article 3 du traité de l'UEMOA soit un jour modifié en vue d'obliger expressément les États membres à respecter le principe de démocratie et la protection des droits de l'Homme, tels que prévus dans les chartes africaines de la démocratie et de la gouvernance[1665], la violation des obligations découlant desdites chartes devrait pouvoir donner lieu, également, au déclenchement du recours en manquement, parallèlement aux mécanismes de garanties politiques[1666].

Toutefois, même dans l'hypothèse de ces deux dernières procédures spéciales, les individus se verraient encore exclus de la catégorie des requérants habilités à exercer le recours en manquement devant la Cour de Justice, conformément aux termes de l'article 5 précité du protocole additionnel n° 1. Il convient de souligner, cependant, que même si les individus ne peuvent exercer le recours en manquement devant la CJUEMOA, ils ont la possibilité, comme pour le renvoi préjudiciel en interprétation, de provoquer le déclenchement de la procédure conduisant à la constatation du manquement par la Cour de Justice.

2) Le déclenchement indirect de la procédure par les individus

La procédure conduisant à la constatation d'un manquement, par la Cour de Justice, est subdivisée en deux phases à savoir la phase précontentieuse (ou administrative) et la phase contentieuse (ou judiciaire). Dominée par l'intervention de la Commission[1667], la phase

1664 Art. 3, al. 1, du traité de l'UMOA.
1665 Cf. *supra*, partie 1, titre 2.
1666 *Idem.*
1667 Sur le rôle de la Commission dans la procédure du recours en manquement, voir Jean-Victor LOUIS, « Le rôle de la Commission dans la procédure en manquement selon la jurisprudence récente de la Cour de Justice », *in Du droit international au*

précontentieuse s'ouvre par une lettre de mise en demeure adressée, par cette dernière, à l'État membre soupçonné d'avoir manqué à ses obligations[1668]. La lettre de mise en demeure est une demande d'explication qui contient l'objet du manquement reproché à l'État membre et qui l'invite à présenter ses observations pour sa défense. Lorsqu'elle estime mal fondées ou insuffisantes les observations présentées par l'État poursuivi, la Commission délivre un avis motivé comportant un délai imparti à ce dernier pour mettre fin au manquement. L'avis motivé constitue ainsi une ultime occasion laissée à l'État pour se racheter. Le délai qu'il comporte doit être raisonnable, et s'apprécier au cas par cas en raison des circonstances particulières qui entourent les affaires portées à la connaissance de la Cour. Au regard de son importance pour régler à l'amiable, autant que faire se peut, le manquement reproché, le respect de la phase administrative s'impose également lorsque l'action est exercée par un autre État membre.

Conformément à l'article 15, paragraphe 1, alinéa 3, du règlement de procédures, l'État membre qui souhaite exercer un recours en manquement contre un autre État membre doit saisir au préalable la Commission, qui émet un avis motivé après avoir mis l'État concerné en mesure de présenter ses observations. Ce n'est qu'à l'expiration du délai imparti dans l'avis motivé, ou au cas où la Commission n'a pas émis d'avis dans un délai de trois (3) mois à compter de la saisine de l'État requérant, que l'affaire pourra être portée directement devant la Cour de Justice. Cependant, il convient de souligner que même si la phase précontentieuse est dominée par la Commission et la saisine du juge, uniquement réservée à cette dernière et aux États membres, les particuliers (personnes physiques ou morales) peuvent intervenir en amont pour provoquer son déclenchement, à partir de leurs plaintes et dénonciations portées à la connaissance de ladite Commission ou de l'État membre requérant[1669]. Formées grâce à la « vigilance des particuliers intéressés à la sauvegarde de leurs droits »[1670], les plaintes portées auprès de la Commission et éventuellement auprès de l'État

droit de l'intégration, Liber Amicorum Pierre PESCATORE, Baden-Baden, Nomos Verlag, 1987, p. 387.

[1668] Art. 15, par. 1, al. 1, du règlement de procédures.

[1669] Mouhamadou M. MBACKE, *La Cour de Justice de l'Union économique et monétaire ouest-africaine…, op. cit.*

[1670] CJCE, arrêt Van Gend & Loos du 5 février 1963, *op. cit.*, p. 25.

requérant, constituent « un moyen décentralisé et primordial d'assurer l'efficacité de l'information de la Commission sur l'application par les [...] États membres de leurs engagements »[1671].

Au sein de l'Union européenne, les plaintes émanant des personnes privées constitueraient plus de la moitié des cas de manquements décelés par la Commission européenne[1672]. Ces plaintes sont adressées au secrétariat général de la Commission, à l'aide d'un formulaire accessible sur internet mais non obligatoire[1673]. Sous l'instigation du Médiateur européen, la Commission de l'Union européenne a pris un certain nombre de mesures visant à assurer le suivi efficace des plaintes déposées par les individus, ainsi que la protection de leur identité[1674]. Il faut néanmoins préciser que la possibilité pour les individus d'adresser des plaintes à la Commission de l'UE tout comme à la Commission de l'UEMOA, n'oblige pas ces dernières à y donner une suite favorable dans le sens du déclenchement de la procédure précontentieuse, cette prérogative leur étant reconnue à titre discrétionnaire[1675]. En effet, autant la Commission de l'UEMOA est libre de ne pas émettre un avis motivé en cas de saisine par un État membre, autant elle n'est pas obligée de le faire lorsqu'elle est saisie d'une plainte émanant d'un particulier[1676]. Il en découle que l'abstention ou le refus d'agir de cette dernière ne peut donner lieu, devant la Cour de Justice de l'UEMOA, à un recours en annulation[1677] ou en responsabilité extracontractuelle[1678]. Le pouvoir discrétionnaire de la Commission limite également, de

---

1671 Denys SIMON (Dir.), *Contentieux de l'Union européenne/3. Renvoi préjudiciel. Recours en manquement*, *op. cit.*, p. 221.

1672 *Ibidem.*

1673 *Ibid.*

1674 Communication de la Commission au Parlement européen et au Médiateur européen concernant les relations avec le plaignant en matière d'infractions au droit communautaire, COM/2002/0141 final, JOCE n° C 244, 10.10.2002, p. 5.

1675 CJUE, arrêt Commission c. Allemagne du 21 janvier 2010, aff. C-17/09, Rec. 2010, p. I-4, pt 20.

1676 Il convient de souligner à ce sujet que l'article 15, paragraphe 1, al. 1, du règlement de procédures stipule que la Commission adresse un avis motivé « si elle estime qu'un État membre ne s'est pas conformé aux obligations communautaires ». Nous soulignons. Voir aussi dans ce sens, Mouhamadou M. MBACKE, *op. cit.*

1677 Voir CJCE, arrêt Star Fruit SA c. Commission, 14 février 1989, aff. 247/87, Rec. 1989, p. 291, pts 11-14.

1678 CJCE, Ord. Asia Motor France c. Commission, 23 mai 1990, aff. C-72/90, Rec. 1990, p. I-2181, pt 13.

manière significative, l'accès déjà marginal des individus à la procédure précontentieuse.

Il n'en demeure pas moins que ces derniers bénéficient des fruits de l'action en manquement. En effet, le contrôle exercé dans le cadre du recours en manquement intervient non seulement dans l'intérêt du rétablissement de la légalité mais aussi dans l'intérêt des personnes privées lésées par le comportement illicite des États membres[1679]. Ainsi, les juridictions nationales de l'État condamné seront tenues d'en tirer toutes les conséquences en cas de recours ultérieures formés par les justiciables sur le fondement du manquement constaté. De tels recours pourraient tendre à voir annuler ou invalider des actes de droit interne affectés par ledit manquement[1680]. La constatation judiciaire d'un manquement pourrait enfin ouvrir droit, devant les juridictions internes, à des recours en indemnisation la part des personnes privées qui aurait subi des dommages du fait du manquement constaté[1681]. Comme le résume si bien Stéphanie PAYET, « même si le requérant individuel n'est pas l'auteur du recours, il bénéficie néanmoins des conséquences d'un arrêt en manquement »[1682].

Les avantages indirects que les individus peuvent tirer aussi bien de l'arrêt en manquement que de l'arrêt en interprétation, ne se conçoivent cependant que dans la mesure où ces derniers bénéficient d'un réel accès direct au juge national. Dans ce sens, l'accès direct devant le juge national apparaît complémentaire et dans une certaine mesure, compensatoire, par rapport à l'accès indirect et très restreint devant le juge de l'UEMOA.

1679 Jean-Pierre PUISSOCHET, « L'action en manquement peut-elle encore se parer de ses justes vertus ? *», in Une Communauté de droit. Festschrift für Gil Carlos Rodríguez Iglesias, op. cit.*, p. 571.

1680 Mouhamadou M. MBACKÉ, *La Cour de Justice de l'Union économique et monétaire ouest-africaine…, op. cit.,* p. 58. Dans le dernier chapitre de cette thèse, consacrée aux décisions finales de justice et à leur exécution, nous reviendrons plus en détail sur l'ensemble des actions auxquelles la constatation judiciaire du manquement est susceptible de donner lieu au profit des individus.

1681 Mouhamadou M. MBACKÉ, *op. cit.*, p. 42.

1682 Stéphanie PAYET, *Le droit à une protection juridictionnelle en droit de l'Union européenne, op. cit.,* p. 419.

Paragraphe II : L'accès direct devant le juge national

La possibilité pour les individus de saisir les juridictions nationales, en cas de contestation des actes étatiques, requiert au préalable la reconnaissance, à leur profit, d'un droit d'accès au juge national pour les réclamations fondées sur le droit de l'UEMOA (A). N'impliquant pas nécessairement la création de nouvelles voies de droit dans les ordres juridiques des États membres, l'exercice de ce droit devrait pouvoir intervenir à travers les voies d'accès déjà existantes (B).

A) Le droit d'accès au juge national

Même si le droit de l'UEMOA n'a expressément consacré à ce jour, que le droit d'accès au juge supranational, cette consécration peut être étendue au juge national sur le fondement des spécificités de ce droit et de certaines dispositions spécifiques du traité constitutif (1). Demeure, en revanche, incertaine, la portée de cet accès dans les ordres juridiques internes (2).

1) Les fondements du droit d'accès

Comme nous l'indiquions précédemment, les individus bénéficient, en droit de l'UEMOA, d'un droit d'accès au juge supranational, fondé sur l'article 10 de la DUDH, l'article 7 de la CADHP, ainsi que sur le refus constant du déni justice par la Cour de Justice de l'UEMOA[1683]. Ce droit a d'abord été énoncé par le juge MBACKÉ dans l'affaire Serge Laubhouet puis solennellement consacré, par la Cour de Justice, dans l'arrêt Sidonie SODABIE[1684]. Bien qu'étant, dans l'ensemble de cette jurisprudence, uniquement en présence d'une reconnaissance du droit d'accès au juge de l'UEMOA, rien ne saurait empêcher, a priori, l'extension de cette reconnaissance aux recours portés devant les juridictions nationales.

En effet, le droit d'accès au juge ou le droit d'être entendu par un juge constitue un droit fondamental prévu par la DUDH et par la CADHP, auxquelles renvoie l'article 3 du traité de l'UEMOA. Or, ainsi que nous l'avons démontré, le respect des droits fondamentaux prescrit à l'article 3 du traité constitutif s'impose non seulement à l'Union mais également

---

[1683] Cf. *supra*, propos préliminaires.
[1684] *Ibidem*.

aux États membres lorsqu'ils agissent dans le champ d'application du droit de l'UEMOA[1685]. Il en découle que les États membres ont également l'obligation de garantir aux individus, le droit d'accès au juge devant leurs juridictions nationales respectives, dans le cadre de la mise en œuvre du droit de l'UEMOA. Dans ce sens, le droit d'accès au juge national pourrait également trouver un certain fondement à l'article 7 du traité de l'UEMOA, relatif à l'obligation de coopération loyale. En vertu de cette disposition, les États membres auraient l'obligation de prendre toutes les mesures nécessaires pour garantir l'exécution des obligations découlant du Traité, dont celle prévue à l'article 3 qui impose de respecter, entre autres, le droit au recours effectif.

Enfin, le droit d'accès au juge national découle de la nature même du droit de l'UEMOA auquel le Traité confère la primauté et l'effet direct dans les ordres juridiques internes. Le principe de l'effet direct consacré à l'article 43 du Traité, n'a jamais fait l'objet à ce jour d'interprétation jurisprudentielle. L'on peut néanmoins évoquer l'arrêt Van Gend & Loos rendu par la CJCE. Se référant notamment au rôle assumé par les juridictions nationales dans le cadre du renvoi préjudiciel, la CJCE affirmait dans cet arrêt que « les rédacteurs du traité instituant la Communauté [avaient] reconnu au droit communautaire une autorité susceptible d'être invoquée par leurs ressortissants devant lesdites juridictions »[1686]. L'effet direct a pu être ainsi défini comme étant « le droit pour toute personne de demander à son juge de lui appliquer traités, règlements, directives ou décisions communautaires » et comme étant « l'obligation pour le juge de faire usage de ces textes, quelle que soit la législation du pays dont il relève »[1687], ce qui implique nécessairement l'existence d'un droit d'accès au juge national.

Suivant la même logique, le principe de primauté pourrait s'entendre du droit d'obtenir de son juge naturel que ce dernier fasse prévaloir l'application du droit supranational sur le droit national. Telle est l'idée qui ressort en substance de l'arrêt Simmenthal rendu par la CJCE. La Cour a notamment jugé dans cet arrêt qu'au regard du principe de primauté, combiné au principe de l'effet direct,

---

[1685] Cf. *supra,* partie 1, titre 2, chap. 1.
[1686] CJCE, arrêt Van Gend en Loos du 5 février 1963, *op. cit.*, p. 23.
[1687] Robert LECOURT, *L'Europe des juges*, Bruxelles, Bruylant, 1976, p. 248.

> « tout juge national, saisi dans le cadre de sa compétence, [avait] l'obligation d'appliquer intégralement le droit communautaire et de protéger les droits que celui-ci confère aux particuliers, en laissant inappliquée toute disposition éventuellement contraire de la loi nationale, qu'elle soit antérieure ou postérieure à la règle communautaire »[1688].

Cet attendu de l'arrêt Simmenthal a implicitement été repris par le juge de l'UEMOA dans l'avis n° 1/2003 relatif au principe de primauté consacré à l'article 6 du Traité. Consacrant à cette occasion le caractère absolu du principe de primauté en droit de l'UEMOA, la Cour de Justice en a également déduit l'obligation pour le juge national, en présence d'une contrariété entre une règle du droit de l'UEMOA et une règle interne, de « faire prévaloir la seconde, en appliquant l'une et en écartant l'autre »[1689]. Au même titre que le principe de l'effet direct, cette conséquence du principe de primauté ne saurait être effective en l'absence de toute possibilité, pour les individus, de saisir le juge national, en cas de contestation des actes étatiques sur le fondement du droit de l'UEMOA.

Les spécificités du droit de l'UEMOA ont, ainsi, également pour effet de conférer au juge national une nouvelle fonction qui pourrait être qualifiée de « fonction unionale »[1690], par substitution à la fonction dite « communautaire » du juge national[1691]. En effet, dans le cadre de l'application du droit de l'UEMOA, ce dernier en devient le juge naturel et assure, de manière subsidiaire, la protection des droits qui en découle pour les individus dans l'ordre juridique interne[1692]. Par une sorte de dédoublement fonctionnel, ces juridictions assument non seulement leur fonction juridictionnelle au titre du droit national mais également et dorénavant, la fonction de juger et de trancher des litiges relatifs au droit supranational[1693]. Si de cette manière, le droit d'accès au juge

---

[1688] CJCE, arrêt Administration des finances de l'État c. Société anonyme Simmenthal, du 9 mars 1978, *op. cit.*, pt 21.

[1689] Voir CJUEMOA, avis n° 1/2003 précité, p. 477.

[1690] Fatima NIANG, *La fonction fédérative du juge national,* thèse, Genève, 347 p.

[1691] Ami BARAV, *La fonction communautaire du juge national,* thèse, Strasbourg, 1983, 612 p.

[1692] Voir dans ce sens, Denys SIMON, « La subsidiarité juridictionnelle : notion gadget ou concept opératoire ? », *RAE*, n° 1-2, 1998, pp. 84-94, préc. p. 85.

[1693] Hormis les éléments sur lesquels elle se fonde, cette « nouveauté » n'est pas propre aux organisations régionales d'intégration économique. Au sein du Conseil de l'Europe, le juge national a également été considéré comme juge de droit commun de

national doit être reconnu aux individus, il convient d'examiner la portée réelle de ce droit dans les ordres juridiques internes.

2) La portée du droit d'accès

Pour être complet, le droit d'accès au juge national devrait couvrir aussi bien l'accès au juge de la légalité (a) que l'accès au juge de la réparation (b). Si l'accès au juge de la légalité ne soulève pas de problème particulier, il n'en est pas de même de l'accès au juge de la réparation. En effet, mis à part l'accès au juge national en cas de demande en répétition de l'indu, le droit de l'UEMOA ne semble pas reconnaitre à ce jour l'accès au juge de la réparation pour des dommages causés par les États membres, du fait de la violation du droit de l'UEMOA. Il existe pourtant plusieurs fondements matériels à l'affirmation de cette voie de contestation indispensable à l'Union de droit.

a) L'accès au juge national de la légalité

L'accès au juge national devrait impliquer d'abord la possibilité pour les individus de contester la légalité des actes étatiques, sur le fondement du droit de l'UEMOA, aussi bien de manière directe, à travers un recours en annulation (ou éventuellement un recours pour excès de pouvoir), que de manière incidente, en soulevant une exception d'illégalité. Le recours en annulation viserait notamment le retrait pur et simple de l'acte national suspecté d'être illégal au regard du droit de l'UEMOA. Dans ce cas, le juge national devrait disposer du pouvoir de prononcer l'annulation de l'acte national, motif pris de son incompatibilité avec le droit de l'UEMOA. Cette compétence du juge national pourrait simplement s'expliquer par le fait qu'en raison des spécificités du droit de l'UEMOA (primauté et effet direct), ce dernier intègre le bloc de la légalité de l'ordre juridique national, avec rang de priorité sur l'ensemble des sources de droit interne. L'annulation

---

la Convention EDH dans l'arrêt Handyside rendu par la Cour EDH. Voir à cet effet, Cour EDH, arrêt Handyside c. Royaume-Uni du 7 décembre 1976, série A n° 24, p. 22, par. 48.
pt 48

interviendrait de manière rétroactive, l'acte national jugé illégal devant être considéré comme n'ayant jamais existé.

À l'inverse du contentieux de l'annulation, les pouvoirs du juge national apparaîtraient plus restreints dans l'hypothèse d'une contestation à titre incident. Dans cette hypothèse, le juge national serait seulement amené à émettre une déclaration sur la légalité ou la compatibilité de l'acte national incriminé avec le droit de l'UEMOA. Ce dernier pourrait ainsi, en fonction de ses conclusions sur la compatibilité ou l'incompatibilité de l'acte national, l'appliquer ou l'écarter pour la résolution du litige au principal.

b) L'accès au juge national de la réparation

L'accès au juge national de la réparation est envisageable dans deux cas de figures. Elle est d'abord envisageable dans l'hypothèse d'une demande en répétition de l'indu (i) et ensuite, dans l'hypothèse d'une demande en réparation sur le fondement de la responsabilité extracontractuelle des États membres pour violation du droit de l'UEMOA (ii). Contrairement au premier cas de figure qui trouve une certaine consécration formelle en droit de l'UEMOA, l'accès au juge national de la réparation, sur le fondement de la responsabilité extracontractuelle des États membres pour violation du droit de l'UEMOA, ne bénéficie d'aucune consécration formelle ou jurisprudentielle.

i) L'accès au juge de la réparation dans le contentieux de la répétition de l'indu

Le contentieux de la répétition de l'indu porte sur les demandes en restitution de sommes indûment perçues en violation du droit de l'UEMOA. Fondée à l'origine sur des considérations d'équité, la répétition de l'indu apparaît avant tout comme un principe général commun au droit public et au droit privé[1694]. En vertu de ce principe, des sommes perçues ou versées sans titre juridique valable doivent

[1694] Jules LECLERCQ, « Réflexions sur un principe général de droit : la répétition de l'indu », *Journaux des tribunaux*, n° 4943, 1976, pp. 105-116.

normalement être restituées[1695]. Le principe a été affirmé en droit de l'Union européenne, dans les arrêts Rewe[1696] et Ariete[1697] rendus respectivement en 1976 et 1980[1698]. Dans l'arrêt Ariete en l'occurrence, la CJCE a affirmé « qu'il appartient à l'ordre juridique de chaque État membre de déterminer les conditions permettant aux contribuables de contester les impositions perçues indûment en raison de leur incompatibilité avec le droit communautaire ou d'en réclamer le remboursement »[1699].

En droit de l'UEMOA, le principe trouve son terrain de prédilection dans les domaines des droits de porte et de l'imposition intérieure, lorsque ceux-ci sont effectués en violation des règles de l'Union en matière fiscale et douanière. À travers l'action en répétition de l'indu, les justiciables, opérateurs économiques de l'Union, pouvaient par exemple se prévaloir de l'effet direct de l'article 77 du traité de l'UEMOA (clause de standstill) pour obtenir, devant les juridictions nationales, le remboursement de sommes illégalement perçues aux portes d'entrée des États membres. Depuis l'adoption de l'acte additionnel n° 4/96[1700], tel que modifié par l'acte additionnel n° 4/98[1701], ces derniers pourraient notamment recourir au juge national pour les réclamations de sommes indûment prélevées. Il en est de même des sommes qu'une administration fiscale nationale imposerait à des justiciables de l'Union en violation du règlement n° 8/2008 relatif à l'interdiction de la double imposition au sein de l'UEMOA[1702].

[1695] Ami BARAV, « La répétition de l'indu dans la jurisprudence de la Cour de Justice des Communautés européennes » *in* Ami BARAV (Dir.), *L'application judiciaire du droit de l'Union européenne,* Bruxelles, Bruylant, 2015, 537 p, pp. 383-415, préc. p.

[1696] Arrêt Rewe précité, p. 1998.

[1697] CJCE, arrêt Amministrazione delle finanze dello Stato c. Ariete SpA, du 10 juillet 1980, aff. 811/79, Rec. 1980, p. 2545.

[1698] Pour en savoir davantage sur la répétition de l'indu en droit de l'UE, voir Denys SIMON, « La répétition de l'indu », *Europe*, n° 10, 2014, pp. 19-20.

[1699] *Idem*, pt 17.

[1700] Acte additionnel n° 4/96/UEMOA/CCEG instituant un régime tarifaire préférentiel transitoire des échanges au sein de l'UEMOA et son mode de financement, *op. cit.*

[1701] Acte additionnel n° 4/98/UEMOA/CCEG portant modification de l'article 1er de l'acte additionnel n° 01/97 du 23 juin 1997 modifiant l'article 12 de l'acte additionnel n° 4/96, *op. cit.*

[1702]Règlement n° 8/2008/CM/UEMOA portant adoption des règles visant à éviter la double imposition au sein de l'UEMOA et des règles d'assistance en matière fiscale, BO non disponible.

S'agissant spécifiquement de cette règlementation, elle stipule à l'article 42 que « Les différends nés de l'interprétation ou de l'application du présent Règlement relèvent, selon le cas, de la compétence de la Cour de Justice de l'Union ou des juridictions nationales ». Cette disposition devrait être interprétée à la lumière de la compétence de droit commun des juridictions nationales, comme offrant la possibilité aux usagers des administrations fiscales nationales d'agir, s'il y a lieu, en répétition de l'indu devant le juge national.

L'action en répétition de l'indu devant le juge national ne devrait pas cependant se limiter aux seuls cas de violation des règlementations douanières et fiscales. Elle devrait viser également toute hypothèse de somme indûment prélevée en violation du droit de l'UEMOA par les autorités nationales. Dans ce sens, ladite action devrait pouvoir s'ouvrir également, par exemple, à un étudiant ressortissant d'un État membre qui se verrait réclamer dans un autre État membre, le paiement de droits d'inscriptions supérieures à ceux exigés aux ressortissants nationaux, pour l'accès aux institutions publiques d'enseignement supérieur. En effet, un tel paiement irait clairement à l'encontre de l'article 1er de la directive n° 1/2005 sur l'égalité de traitement des étudiants ressortissants de l'UEMOA[1703], une disposition manifestement revêtue de l'effet direct.

En tout état de cause, le principe du droit à la répétition de l'indu, devant le juge national, pour violation du droit de l'UEMOA, n'a pas encore fait l'objet de clarification dans la jurisprudence de la CJUEMOA, ce qui en fait un principe aux contours encore imprécis. À l'inverse de cet accès au juge national qui a tout de même l'avantage de pouvoir être rattaché à quelques dispositions expresses dans le droit de l'UEMOA, l'accès au juge national pour connaître de la responsabilité de l'État, pour violation du droit de l'UEMOA, apparaît beaucoup plus incertain.

[1703] Directive n° 1/2005 sur l'égalité de traitement des étudiants ressortissants de l'UEMOA, dans la détermination des conditions et des droits d'accès aux institutions publiques d'enseignement supérieur des États membres de l'Union, *op. cit.*

ii) L'accès au juge réparation dans le contentieux de la responsabilité étatique pour violation du droit de l'UEMOA

C'est le contentieux de la réparation, devant le juge national, pour les violations du droit de l'UEMOA, imputables aux autorités d'un État membre. Le principe a été énoncé par la CJCE dans l'arrêt Francovich[1704] qui dispose que les États membres « sont obligés de réparer les dommages causés aux particuliers par les violations du droit communautaire qui leur sont imputables »[1705]. Conforté dans l'arrêt Brasserie du Pêcheur et Factortame III[1706], le principe couvre « toute hypothèse de violation du droit communautaire par un État membre, et ce quel que soit l'organe de l'État membre dont l'action ou l'omission est à l'origine du manquement »[1707]. Alignées sur celles de la responsabilité extracontractuelle de l'Union européenne[1708], les conditions de mise en œuvre de la responsabilité de l'État, pour les dommages causés aux particuliers en raison d'une violation du droit de l'Union européenne, sont au nombre de trois. Il faut notamment que

> « la règle de droit ait pour objet de conférer des droits aux particuliers, que la violation soit suffisamment caractérisée, enfin, qu'il existe un lien de causalité direct entre la violation de l'obligation qui incombe à l'État et le dommage subi par les personnes lésées »[1709].

Lorsque la violation est imputable à l'organe législatif de l'État membre, le critère décisif pour considérer qu'elle est suffisamment caractérisée est celui de « la méconnaissance manifeste et grave des

---

[1704] CJCE, arrêt Andrea Francovich et Danila Bonifaci e. a. c. République italienne, 19 novembre 1991, aff. Jtes C-6/90 et C-9/90, Rec. 1991, p. I-5357. Voir James E. HANFT, « Francovich and Bonifaci v. Italy: EEC Member State Liability for Failure to Implement Community Directives », *FILJ*, 1991, n° 92, pp. 1237-1274.
[1705] Arrêt Francovich précité, pt 37.
[1706] CJCE, arrêt Brasserie du Pêcheur et Factortame III, du 5 mars 1996, aff. Jtes C-46/93 et C-48/93, Rec. 1996, p. I-1029. Pour un commentaire récent de cet arrêt, voir Sean VAN RAEPENBUSCH, « Les 20 ans de l'arrêt Brasserie du Pêcheur et Factortame », *JDE*, 2016, n° 227, p.89.
[1707] Arrêt Brasserie du Pêcherie et Factortame III précité, pt 32.
[1708] Arrêt Brasserie du Pêcheur et Factortame III précité, pt 42.
[1709] *Idem*, pt 51.

limites qui s'imposent à son pouvoir d'appréciation »[1710]. Quant à la violation imputable à l'organe judiciaire, elle n'engage la responsabilité de l'État membre que si elle émane d'une juridiction statuant en dernier ressort et seulement dans le cas où cette dernière « a méconnu de manière manifeste le droit applicable »[1711]. Si le principe tel que présenté n'a jamais fait l'objet de consécration par la CJUEMOA, celle-ci en a pourtant eu l'occasion dans l'affaire El Hadji Aboubacar c. État du Niger du 16 janvier 2013[1712]. En l'espèce, M. El Hadji Aboubacar avait saisi la Cour de Justice d'un recours en indemnisation, pour voir condamner l'État du Niger à lui payer la somme d'un milliard deux cents millions (1 200 000 000) de francs CFA contre la remise de billets démonétisés restés en sa possession. En effet, à la suite d'une décision du Conseil des ministres, la BCEAO avait procédé, en 2004, à la démonétisation des billets de la gamme 1992 de l'UEMOA.

N'ayant pu procéder à l'échange de ses billets démonétisés, en raison de son absence du pays tout au long de la période légale de recouvrement, le sieur El Hadji Aboubacar estimait que l'État du Niger avait l'obligation de procéder à l'échange des billets démonétisés dont la contre-valeur avait été portée au crédit du Trésor public ouvert dans les livres de la BCEAO, conformément à l'article 8 du Statut de l'institution. Pour l'exercice de son recours, ce dernier invoquait notamment l'article 15, paragraphe 5, du règlement de procédures de la Cour de Justice. Considérant que cette disposition ne prévoyait que l'engagement de la responsabilité non contractuelle de l'Union devant sa juridiction, la Cour a constaté que le recours de M. El Hadji Aboubacar était dirigé contre l'État du Niger, lequel « bien qu'étant un État membre de l'UEMOA, n'en [constituait] pas pour autant un organe »[1713]. Elle a ainsi décliné sa compétence pour connaître du recours introduit par le requérant. Cette décision de la Cour de Justice est critiquable dans la mesure où deux possibilités s'offraient à elle pour la préservation du droit au recours effectif du requérant.

D'abord, la Cour aurait pu retenir sa compétence pour connaitre du recours en responsabilité dirigé contre un État membre, en établissant un parallèle avec sa compétence à l'égard de l'Union. Ou alors, tout en

---

[1710] *Id.*, pt 55.
[1711] *Idem*, pt 53.
[1712] CJUEMOA, arrêt El Hadji Aboubacar c. État du Niger du 16 janvier 2013, non publié.
[1713] *Idem*, p. 6.

se déclarant incompétente, elle aurait pu inviter le sieur El Hadji Aboubacar à mieux se pourvoir devant les juridictions internes, en affirmation expressément le principe de la responsabilité extracontractuelle des États membres, devant ces dernières, pour violation du droit de l'UEMOA, même s'il n'est pas certain qu'au fond, la demande y aurait été accueillie[1714].

En tout état de cause, comme l'affirme Émilie DEAL, « le principe d'irresponsabilité n'est pas compatible avec une Union ou une Communauté de droit »[1715], et le silence de la Cour de Justice ne saurait être interprété comme l'absence de toute possibilité à reconnaitre le principe en droit de l'UEMOA, dans la mesure où on y retrouve l'ensemble des fondements qui ont prévalu à sa consécration dans l'ordre juridique de l'Union européenne[1716]. En effet, si l'on admet le droit à réparation pour les individus lésés par une violation du droit de l'UEMOA imputable aux organes de l'Union, il n'y a pas de raison à ce qu'il n'en soit de même, lorsque les dommages engendrés proviennent d'une violation imputable aux autorités nationales des États membres. Il y va notamment de l'effectivité même de la protection des droits conférés par le droit de l'Union aux particuliers[1717]. Dans

[1714] En l'espèce, El Hadji Aboubacar n'avait pas procédé à l'échange de ses billets démonétisés dans la période légale ouverte à cet effet. Pour justifier de cette omission, il arguait de son absence hors du pays tout au long de ladite période. Dans une telle situation, la Cour lui aurait opposé, très probablement, le principe Nemo auditur, quitte à examiner d'éventuels faits justificatifs de la part de ce dernier. Dans sa situation, on pourrait imaginer que ce dernier aurait eu recours à la force majeure pour justifier son incapacité à procéder, dans le délai légal, à l'échange de ses billets démonétisés. Or dans son arrêt Akakpo Tobi Edoué du 20 juin 2001 (CJUEMOA, aff. n° 2/2001, non publié, p. 15), la Cour de Justice avait jugé que « la notion de force majeure vise essentiellement des circonstances étrangères rendant impossible la réalisation du fait en cause ; même si elle ne présuppose pas une impossibilité absolue, elle exige toutefois qu'il s'agisse de difficultés anormales, indépendantes de la volonté de la personne et apparaissant inévitables même si toutes les diligences utiles sont mises en œuvre ». Nous pensons, que la démonstration des exigences, prévues dans la définition de la Cour, n'aurait pas été évidente pour le requérant.

[1715] Emilie DEAL, *La garantie juridictionnelle des droits fondamentaux communautaires. La Cour de justice face à la Communauté de droit*, *op. cit.* p. 121.

[1716] Ils le sont encore à ce jour.

[1717] Ami BARAV, « Responsabilité et irresponsabilité de l'État en cas de méconnaissance du droit communautaire », in *Gouverner, administrer et juger. Liber Amicorum Jean Waline, op. cit.*, p. 434.

l'arrêt Brasserie du Pêcheur et Factortame III qui a consacré le principe en droit de l'Union européenne, la CJCE s'est référée aux

> « Principes propres à l'ordre juridique communautaire, servant de fondement à la responsabilité de l'État, à savoir la pleine efficacité des normes communautaires et la protection effective des droits qu'elles reconnaissent, d'une part, et l'obligation de coopération qui incombe aux États membres en vertu de l'article 5 du traité, d'autre part »[1718].

S'agissant d'abord de « la pleine efficacité des normes communautaires et de la protection effective des droits qu'elles reconnaissent », la CJCE relevait déjà dans l'arrêt Francovich[1719], qu'il incombe aux juridictions nationales d'assurer le plein effet des normes communautaires et de protéger les droits qu'elles confèrent aux particuliers. Or, poursuit-elle,

> « La pleine efficacité des normes communautaires serait remise en cause et la protection des droits qu'elles reconnaissent serait affaiblie si les particuliers n'avaient pas la possibilité d'obtenir réparation lorsque leurs droits sont lésés par une violation du droit communautaire imputable à un État membre »[1720].

Pour rappel, c'est dans l'arrêt Simmenthal du 9 mars 1978[1721] qu'a été consacrée l'obligation pour les juridictions nationales, lorsqu'elles sont saisies dans le cadre de leurs compétences, d'« appliquer intégralement le droit communautaire et de protéger les droits que celui-ci confère aux particuliers, en laissant inappliquée toute disposition éventuellement contraire de la loi nationale, que celle-ci soit antérieure ou postérieure à la règle communautaire ». Fondée sur l'effet direct et la primauté, l'écho de cette affirmation se retrouve, en droit de l'UEMOA, dans l'avis n° 1/2003, dans lequel la Cour de Justice a consacré la primauté absolue du droit de l'Union et affirmé l'obligation pour les juridictions nationales de donner plein effet aux normes issues de l'ordre juridique de l'UEMOA[1722].

[1718] Arrêt Brasserie du Pêcheur et Factortame III précité, pt 39.
[1719] Arrêt Francovich, pt 32.
[1720] *Idem*, pt 33.
[1721] Arrêt CJCE, arrêt Administration des finances de l'État c. Société anonyme Simmenthal, 9 mars 1978, *op. cit.*, pt 21.
[1722] Voir avis n° 1/2003 précité, p. 470.

Si donc à l'instar des juridictions nationales des États membres de l'Union européenne, celles des États membres de l'UEMOA sont garantes de la pleine efficacité du droit de l'Union, il apparaît logique et nécessaire que cette mission implique la possibilité de connaitre des actions en réparation émanant des particuliers, lorsque les droits de ces derniers sont lésés par une violation du droit de l'UEMOA imputable aux autorités nationales. Une toute autre solution conduirait à remettre en cause l'efficacité des droits individuels découlant du droit de l'UEMOA et à affaiblir la protection juridictionnelle de ces derniers. En ce qui concerne ensuite « l'obligation de coopération qui incombe aux États membres en vertu de l'article 5 du traité (art. 4, par. 3, TUE) », elle impose à ces derniers de « prendre toutes les mesures générales et particulières propres à assurer l'exécution des obligations qui leur incombent en vertu du droit communautaire »[1723], y compris celle consistant à « effacer les conséquences illicites d'une violation du droit communautaire »[1724]. En droit de l'UEMOA, le principe de coopération loyale est prévu à l'article 7 du Traité qui affirme que « les États membres apportent leur concours à la réalisation des objectifs de l'Union en adoptant toutes mesures générales ou particulières, propres à assurer l'exécution des obligations découlant du présent traité [...] ». Visant l'ensemble des autorités à la fois législatives, exécutives (et administratives) et judiciaires des États membres de l'UEMOA, cette obligation devrait spécialement autoriser les juridictions nationales à sanctionner la déloyauté, en assurant le cas échant la réparation des préjudices subis par les particuliers, en raison de la violation du droit de l'Union. En dernier lieu, le principe de la responsabilité de l'État pour violation du droit de l'UEMOA peut être justifié par son ancrage, dans les ordres juridiques des États membres, comme principal général de droit, à travers l'obligation pour les pouvoirs publics de réparer les dommages causés dans l'exercice de leurs fonctions[1725].

Au regard des éléments ci-dessus exposés, il apparait que le principe de la responsabilité d'un État membre, devant les juridictions nationales, pour violation du droit de l'Union, est un principe inhérent et immanent à l'ordre juridique de l'UEMOA. Sa mise en œuvre devant les tribunaux nationaux des huit États membres ne contribuerait qu'à y renforcer la protection juridictionnelle effective des individus. Toutefois, au regard

[1723] Arrêt Francovich précité, pt 35.
[1724] *Idem*, pt 36.
[1725] Arrêt Brasserie du Pêcheur et Factortame III précité, pt 29.

de son absence dans les traités constitutifs et actes subséquents, il appartiendra à la Cour de Justice, dans l'exercice de la mission que lui confère l'article 1er du protocole additionnel n° 1, de procéder à la consécration expresse dudit principe, en s'inspirant s'il y a lieu de sa consœur européenne.

Après avoir exposé les fondements et la portée du droit d'accès au juge national, en cas de contestation des actes étatiques, il convient de s'intéresser à présent aux voies de droit par lesquelles a lieu cet accès.

B) Les voies d'accès

La mise en œuvre de la fonction unionale du juge national devrait s'opérer en droit de l'UEMOA conformément au principe d'autonomie institutionnelle et procédurale, comme c'est le cas en droit de l'Union européenne. En vertu de ce principe, c'est dans le cadre du droit national que les juridictions internes assument leur fonction de juges de droit commun du droit supranational. À cet effet, la CJCE affirmait dans l'arrêt Rewe, que

> « si le traité [...] a institué un certain nombre d'actions directes qui peuvent être exercées, le cas échéant, par des personnes privées devant le juge communautaire, il n'a pas entendu créer devant les juridictions nationales, en vue du maintien du droit communautaire, des voies de droit autres que celles établies par le droit national »[1726].

Il appartient donc aux États membres de veiller à ce qu'il y ait dans leurs ordres juridiques respectifs, un système de voies de recours et de procédures permettant d'assurer le respect du droit de l'Union européenne[1727]. Aujourd'hui, cette exigence est formellement prévue à l'article 19, paragraphe 1, alinéa 2, du traité UE, qui stipule que « les États membres établissent les voies de recours nécessaires pour assurer une protection juridictionnelle effective dans les domaines couverts par le droit de l'Union »[1728]. Conformément à la jurisprudence Unibet,

---

1726 Voir arrêt Rewe précité, pt 44.

1727 Voir dans ce sens arrêt UPA précité, pt 41.

1728 Pour une analyse doctrinale sur cette disposition, voir Eleftheria NEFRAMI, « Quelques réflexions sur l'article, paragraphe 1, alinéa 2, du traité UE, et l'obligation de l'État membre d'assurer la protection juridictionnelle effective dans les domaines couverts par le droit de l'Union », *in* Chahira BOUTAYEB (Dir.), *La Constitution,*

l'existence d'une voie de droit incidente suffirait à garantir le droit au recours effectif devant les juridictions nationales, la création d'une voie de droit autonome n'étant requise qu'en l'absence d'une telle possibilité. La protection juridictionnelle n'est toutefois pas effective si le requérant est obligé de « s'exposer à des procédures administratives ou pénales à son encontre et aux sanctions qui peuvent en découler, comme seule voie de droit pour contester la conformité des dispositions en cause avec le droit communautaire »[1729].

En droit de l'UEMOA, le principe d'autonomie institutionnelle et procédurale découle de l'article 46 du Traité. Conformément à cette disposition, l'exécution forcée des décisions du Conseil et de la Commission formant titre exécutoire « est régie par les règles de procédure civile en vigueur dans l'État sur le territoire duquel elle a lieu » et contrôlée par « les juridictions nationales ». Ainsi que nous l'avons précédemment soutenu, cette autonomie institutionnelle et procédurale qui procède d'un certain pragmatisme, peut être étendue à la mise en œuvre juridictionnelle de l'ensemble du droit de l'UEMOA[1730]. Afin d'encadrer l'office « unional » des juridictions internes, le principe d'autonomie institutionnelle et procédurale est contrebalancé par les principes d'équivalence et d'effectivité d'une part et le principe du droit à la protection juridictionnelle effective d'autre part. Ainsi, s'il appartient au droit national de déterminer par exemple la qualité et l'intérêt d'un justiciable pour agir en justice, il est également exigé que la législation nationale ne porte pas atteinte au droit à une protection juridictionnelle effective[1731]. Dans ce cas,

> « il incombe aux juridictions nationales d'interpréter les modalités procédurales applicables aux recours dont elles sont saisies […] dans toute la mesure du possible d'une manière telle que ces modalités puissent recevoir une application qui contribue à la mise en œuvre de l'objectif […] de garantir une protection juridictionnelle effective des droits que tirent les justiciables du droit communautaire »[1732].

---

l'Europe et le Droit. Mélanges en l'honneur de Jean-Claude MASCLET, op. cit., p. 805 et s.

1729 Arrêt Unibet précité, pt 64.

1730 Cf. *supra*, partie 1, titre 1, chap. 2.

1731 CJCE, arrêt Safalero du 11 septembre 2003, aff. C-13/01, Rec. p. I-8679, pt 50.

1732 Arrêt Unibet précité, pt 44.

L'obligation du juge national de respecter la protection juridictionnelle effective des individus peut être fondée, en droit de l'UEMOA, sur l'obligation de coopération loyale inscrite à l'article 7 du traité constitutif. Aux termes de cette disposition, « les États membres apportent leur concours à la réalisation des objectifs de l'Union en adoptant toutes mesures générales ou particulières, propres à assurer l'exécution des obligations découlant du présent traité [...] ». Pour les organes judiciaires des États membres, ce devoir de loyauté devrait impliquer notamment l'obligation de tout mettre en œuvre en vue d'empêcher la violation du droit de l'UEMOA par un acte de droit national et d'effacer, le cas échéant, les conséquences illicites de cette violation.

De toutes les manières, il appartient aux juridictions nationales de se référer à la Cour de Justice en cas de doute sur l'interprétation ou la validité du droit de l'UEMOA, sachant qu'il ne leur est permis, en aucun cas, d'invalider le droit supranational[1733]. Le mécanisme de renvoi préjudiciel apparait ainsi, à certains égards, comme un garde-fou à l'exercice abusif des compétences exercées par les juridictions nationales en vertu du droit de l'UEMOA. Il n'existe donc pas de cloisons étanches entre l'accès indirect devant le juge de l'UEMOA et l'accès direct devant le juge national, ces deux modalités de l'accès aux garanties juridictionnelles, en cas de contestation des actes étatiques, se complétant au contraire de manière réciproque. Il ne reste plus qu'à s'intéresser, à présent, à l'effectivité de cet accès dans sa mise en œuvre.

Section II : La réalité de l'accès aux garanties juridictionnelles

Dans la réalité, l'accès aux garanties juridictionnelles, en cas de contestation des actes étatiques, s'avère quasi-inexistant devant le juge de l'UEMOA (paragraphe I) et incertain devant le juge national (paragraphe II). Cette situation pourrait s'expliquer en partie par les restrictions de fait évoquées au sujet de l'accès aux garanties juridictionnelles en cas de contestation des actes pris par les organes[1734]. Toutefois, il existe des facteurs explicatifs plus spécifiques à l'accès

[1733] Voir dans ce sens, Olivier DUBOS, *Les juridictions nationales, juge communautaire, op. cit.,* p. 73.
[1734] Cf. *supra*, chap. 1, sect. 2.

aux garanties juridictionnelles en cas de contestation des actes étatiques.

Paragraphe I : Le caractère quasi-inexistant de l'accès devant le juge de l'UEMOA

Le caractère quasi-inexistant de l'accès devant le juge de l'UEMOA tient au bilan quasi-nul des affaires portées devant la Cour de Justice. En effet, la Cour de Justice n'a jamais connu depuis sa création en 1994, de recours en manquement. Quant aux renvois préjudiciels en interprétation du droit de l'UEMOA, elle n'a connu à ce jour que de cinq renvois. Ce bilan très insatisfaisant met en évidence l'inactivation du recours en manquement par les requérants attitrés (A) et à l'activation limité du renvoi préjudiciel en interprétation par le juge national (B). L'inaction de ces « intermédiaires » rend ainsi indisponibles les canaux censés concrétiser l'accès indirect des individus au juge de l'UEMOA.

A) L'inactivation du recours en manquement par les requérants attitrés

Les raisons de l'inactivation du recours en manquement ne sont pas les mêmes en fonction des requérants attitrés à cet effet. Contrairement à l'inactivation du recours en manquement par les États membres qui pourrait s'expliquer par l'évitement réciproque dont ces derniers font preuve dans leurs relations (1), l'inaction judiciaire de la Commission apparaît beaucoup plus difficile à justifier (2).

1) L'évitement réciproque des États membres

Si la voie du recours en manquement n'a jamais pu être activée devant la Cour de Justice, ce n'est pas parce que les États membres de l'Union sont blancs comme neige en matière de respect de leurs obligations, mais parce qu'ils se refusent à toute confrontation judiciaire les uns envers les autres. En effet, l'on aurait pu rattacher l'inaction judiciaire des États membres, en matière de recours en manquement, par le détour obligé de la saisine préalable de la Commission[1735], qui suffirait à apurer les contentieux interétatiques. Pourtant l'examen de la pratique

[1735] Art. 15, paragraphe 1, alinéa 3, du règlement de procédures.

permet de découvrir qu'il n'en est pas toujours ainsi, la plupart des affaires portées devant la Commission ayant soit abouti à un refus d'obtempérer de la part de l'État membre incriminé, soit au gel de la procédure précontentieuse. Tel est le cas des affaires dites de la farine du Mali et de l'huile de palme ivoirien[1736].

Dans l'affaire dite de la farine du Mali, le Ministre malien de l'industrie, des investissements et du commerce, avait pris une mesure restreignant l'importation de la farine, en vue de contenir l'afflux massif de la farine en provenance du Sénégal. Cette mesure conditionnait l'importation de la farine au Mali, par la commercialisation préalable d'une quantité équivalente provenant de la production locale. Cette restriction quantitative à l'importation sera dénoncée, sans suite à ce jour, par le Sénégal auprès de la Commission de l'UEMOA. Dans l'affaire dite de l'huile de palme ivoirien, l'État du Sénégal avait engagé la révision de sa règlementation nationale mettant en œuvre, conformément au droit de l'UEMOA, la norme NS 03-072 sur l'huile de palme enrichie en vitamine A. La nouvelle règlementation exigeait notamment un taux maximum de 30% en teneur d'acides gras saturés dans l'huile de palme raffinée, alors que l'huile en provenance de la Côte d'Ivoire, principale exportatrice d'huile de palme au Sénégal, en contenait 50 %. Considérant la nouvelle loi sénégalaise comme étant contraire au règlement n° 1/2005 du 4 juillet 2005 portant schéma d'harmonisation des activités d'accréditation, de certification, de normalisation et de métrologie dans l'UEMOA[1737], l'État de Côte d'Ivoire avait saisi la Commission le 14 novembre 2009. Après avoir notifié la plainte à l'État sénégalais et diligenté une enquête à cet effet, la Commission a délivré une lettre de mise en demeure daté du 3 février 2010, et invitant l'État incriminé à présenter ses observations au plus tard le 28 février 2010.

Non seulement le Sénégal poursuivit le processus de révision de sa règlementation mais encore, il ne présenta ses observations que le 6 avril 2010, en se prévalant de l'ordre public sanitaire. L'avis motivé de la Commission interviendra quant à elle, le 4 juin 2010, à travers la décision n° 7/2010 invitant l'État du Sénégal à retirer la norme NS 03-

---

[1736] Voir Ousmane BOUGOUMA, *La libre circulation des marchandises en droit communautaire européen et UEMOA, op. cit.*, p. 173.

[1737] Règlement n° 1/2005/CM/UEMOA du 4 juillet 2005 portant schéma d'harmonisation des activités d'accréditation, de certification, de normalisation et de métrologie dans l'UEMOA, BO non disponible.

072 modifiée et les mesures prises pour son application[1738]. Aux termes de l'article 2 de ladite décision, l'État du Sénégal disposait de quinze (15) jours pour communiquer à la Commission les mesures entreprises pour mettre fin à la règlementation nationale illégale. En lieu et place, cette dernière recevra notification d'un recours en annulation introduite contre la décision du 4 juin 2010 devant la Cour de Justice[1739].

Si l'on peut comprendre l'inaction judiciaire de l'État ivoirien, jusqu'au bout de la phase précontentieuse, comme étant motivée par le souci de ne point interférer avec une procédure en cours, l'on s'interroge en revanche sur les raisons de l'abstention de cet État à engager le recours en manquement, juste après le délai fixé dans la décision du 4 juin 2010, tout comme l'on s'interroge sur les motifs de l'inaction du Sénégal dans l'affaire dite de la farine du Mali. En effet, conformément à l'article 15, paragraphe 1, alinéa 3, du règlement de procédures, l'État membre poursuivant peut librement saisir la Cour de Justice « si la Commission n'a pas émis d'avis dans un délai de trois mois à compter de la demande » ou si l'État membre incriminé refuse d'obtempérer après l'avis motivé de la Commission.

En fait, la réticence des États membres à se traduire réciproquement en justice, pour non-respect du droit de l'UEMOA, dénote une certaine prudence politique. Cela peut s'expliquer notamment par le souci de ne pas entamer les relations de bon voisinage avec l'État membre incriminé. Dans un contexte marqué par une certaine interdépendance des marchés économiques, il est compréhensible que les États membres, craignant d'éventuelles « représailles économiques », choisissent de privilégier la voie diplomatique, en recourant à la négociation ou aux bons offices de la Commission. En plus des représailles économiques, l'attitude des États membres de l'UEMOA dénoterait le souci d'éviter, dans l'organisation commune, une escalade de « représailles judiciaires » dans la mesure où aucun d'eux n'apparaît véritablement irréprochable en termes de respect du droit de l'UEMOA. En effet, le rapport annuel de la Commission de 2015 révélait qu'aucun des États membres n'avait respecté tous ces engagements en termes de

[1738] Décision n° 7/2010/COM/UEMOA invitant l'État du Sénégal à retirer la norme NS 03-072 modifiée et les mesures prises pour son application, BO n° 71, 2e trimestre, 2010, p. 36.

[1739] Introduite le 6 août 2010, ce recours donnera lieu finalement à un arrêt de constatation de désistement le 21 février 2017. Voir CJUEMOA, arrêt État du Sénégal c. Commission, *op. cit.*

transposition des directives adoptées par l'UEMOA[1740]. Dans ce sens, l'abstention des États membres à déclencher le recours en manquement traduit, dans une certaine mesure, l'aveu d'une culpabilité réciproque et généralisée.

Enfin, cette attitude des États membres peut se comprendre dans une organisation censée constituée une union des États et des peuples. En effet, pour préserver l'unité et la cohésion du groupe, les États membres s'efforceraient d'éviter, dans la mesure du possible, toute attitude de nature à entamer le climat de coopération, comme en témoigne d'ailleurs l'utilisation « homéopathique » du recours en manquement, par les États membres, au sein de l'Union européenne[1741]. Dans ces conditions, la responsabilité de déclencher le recours en manquement à l'égard des États membres indisciplinés reviendrait, de facto, exclusivement à la Commission. Malheureusement, cette dernière semble répugner à l'idée d'engager toute poursuite judiciaire à l'encontre des États membres.

2) Le laxisme de la Commission à l'égard des États membres

Les affaires dites de la farine du Mali et de l'huile de palme de Côte d'Ivoire, portées par des États membres à la connaissance de la Commission, ne sont pas des cas isolés. Hormis ces cas de plaintes émanant des États membres, il faut compter les dénonciations de manquements adressées par les particuliers à la Commission, ainsi que les cas de violation du droit de l'UEMOA, détectés par la Commission elle-même, tant dans le cadre de la revue annuelle des réformes, politiques, programmes et projets de l'Union[1742] que dans le cadre des rapports annuels de l'Observatoire des Pratiques Anormales (OPA)[1743]. À l'égard de ces manquements au droit de l'UEMOA, la Commission semble pourtant avoir opté pour l'attentisme, en comptant sur la seule bonne volonté des États membres et leur incitation à partir de la

1740 UEMOA, *Rapport annuel 2015 de la Commission sur le fonctionnement et l'évolution de l'Union, op. cit.*

1741 Denys SIMON (Dir.), *Contentieux de l'Union européenne/3. Renvoi préjudiciel. Recours en manquement, op. cit.* p. 216.

1742 UEMOA, *Rapport annuel 2015 de la Commission sur le fonctionnement et l'évolution de l'Union, op. cit.*

1743 Commission de l'UEMOA, *25e rapport de l'Observatoire des Pratiques Anormales (OPA). Rapport annuel de l'année 2015, op. cit.*, p. 1.

publicité des mauvaises pratiques recensées. Ainsi peut-on lire dans le rapport annuel de l'OPA de 2015, que les enquêtes menées par cet organisme ont pour buts d'identifier et de publier les faits, pratiques, irrégularités et abus constatés sur les axes routiers inter-états dans le cadre du transport des personnes et des marchandises, de porter les abus constatés à la connaissance du grand public, et d'amener les autorités à prendre des décisions et mesures correctrices appropriées[1744].

Constatant que « le nombre de postes de contrôle et les perceptions illicites demeurent persistants sur l'ensemble des corridors de l'Union malgré les efforts déployés par les pays pour la mise en place du plan régional de contrôle routier »[1745], le rapport se termine en affirmant que les « États sont invités à mener des actions renforcées pour réduire les postes de contrôle et surtout les perceptions illicites et faire également face aux dispositions sécuritaires »[1746]. À ce rythme, il y a fort à parier que l'effectivité des libertés de circulation, et du droit de l'UEMOA en général, ne soient pas pour demain. Cette attitude laxiste de la Commission pourrait, à notre sens, dissimuler bien d'autres travers. En effet, plusieurs éléments conduisent à douter de l'indépendance véritable de l'exécutif de l'UEMOA à l'égard des États membres dont elle est appelée à poursuivre les infractions. Ces éléments pourraient également expliquer, dans une certaine mesure, l'absence de recours en manquement devant la Cour de Justice. Même si l'indépendance de la Commission est consacrée par l'article 28 du traité de l'UEMOA, ainsi que par l'article 27 modifié, alinéa 2, et l'article 30, du même traité, relatifs spécifiquement à l'inamovibilité des commissaires, la pratique de la CCEG et plus récemment, la jurisprudence de la Cour de Justice, en font une garantie encore précaire au sein de l'UEMOA.

Dès 2004, la CCEG avait développé une pratique consistant à remplacer des commissaires en cours de mandat en dehors du cadre légal prévu à cet effet[1747]. Sur ce point, il faut relever que le Traité confère aux États membres une maîtrise politique collective de l'accès aux fonctions de commissaire[1748] tout en les rendant entièrement incompétents pour ce

---

[1744] *Idem*, p. 2.
[1745] *Id.*, p. 10.
[1746] *Ibidem*. Nous soulignons.
[1747] Voir Samuel PRISO-ESSAWE, « L'inamovibilité de l'exécutif dans les communautés économiques d'Afrique francophone : de la maîtrise politique au respect du droit », *Penant*, Vol. 118, Issue 864, 2008, pp. 317-339.
[1748] Art. 27, al. 1er du traité de l'UEMOA.

qui est de la cessation de ces fonctions, laquelle ne peut intervenir qu'au terme normal du mandat[1749], en cas de démission individuelle ou collective des commissaires[1750] ou encore, en cas de révocation pour faute lourde ou incapacité[1751]. Dans cette dernière hypothèse, il revient à la Cour de Justice de prononcer la révocation à la demande du Conseil[1752]. La pratique de la CCEG consistant à violer ce cadre légal de la cessation des fonctions des commissaires remonte à 2004 avec la « révocation », en cours de mandat, du sénégalais Moussa TOURÉ. En l'espèce, Monsieur TOURÉ n'avait pas démissionné de ses fonctions et l'acte additionnel n°1/2004 relatif à sa révocation[1753] ne mentionnait nullement un quelconque grief de faute lourde ou d'incapacité à son encontre. En tout état de cause, ladite révocation ne pouvait intervenir qu'en respectant les termes de l'article 30 modifiée, alinéa 3, du traité de l'UEMOA. L'arrêt Eugène YAÏ de 2005 sonnera le glas de cette pratique illégale.

Contrairement à Monsieur TOURÉ, Monsieur YAÏ qui avait été également nommé en 2003 comme Commissaire au titre de l'État de Côte d'Ivoire, et illégalement révoqué en 2004 par l'acte additionnel n° 6/2004[1754], n'avait pas hésité à recourir à la Cour de Justice. Dans son arrêt rendu le 25 avril 2005, celle-ci avait jugé qu'il ne résultait « d'aucun texte de l'UEMOA que la Conférence des chefs d'État et de gouvernement [détenait] le pouvoir de révoquer un commissaire »[1755]. Après avoir constaté d'une part, qu'en l'espèce le mandat de Monsieur YAÏ n'était pas encore arrivé à terme et que ce dernier n'avait pas démissionné et d'autre part, qu'en l'état de la procédure, ni le Conseil, ni la Cour n'avaient été saisis pour se prononcer sur la révocation de l'intéressé, la Cour de Justice avait jugé que ce dernier ne pouvait être

---

[1749] *Idem*, art. 27, al. 2.
[1750] *Id.*, art. 30, al. 2.
[1751] *Id.*, art. 27, al. 2.
[1752] *Id.*, art. 30, al. 3.
[1753] Acte additionnel n° 01/2004/CCEG/UEMOA du 10 janvier 2004 abrogeant l'Acte additionnel n° 02/2003 du 29 janvier 2003 désignant le Président de la Commission, BO non disponible.
[1754] Acte additionnel n° 6/2004/CCEG/UEMOA portant nomination de Monsieur Jérôme BRO GREBE en qualité de membre de la Commission de l'UEMOA, BO non disponible.
[1755] CJUEMOA, arrêt Eugène YAÏ c. Conférence des chefs d'État et de gouvernement et Commission de l'UEMOA, aff. n° 3/2005, *op. cit.*, p. 562.

légalement révoqué par la Conférence, encore moins par les autorités de son pays d'origine.

Malheureusement, cette jurisprudence confortative de l'indépendance et de l'inamovibilité des membres de la Commission de l'UEMOA a été récemment remise en cause par l'arrêt El Hadji Abdou SACKO rendu le 18 avril 2017[1756]. Nommé comme membre de la Commission au titre du Sénégal, successivement en 2004[1757], 2007[1758] et 2011[1759], Monsieur Abdou SACKO s'était vu remplacé par l'acte additionnel n° 6/2011 en date du 21 octobre 2011[1760], soit moins de deux mois après le renouvellement de son dernier mandat. Considérant son remplacement comme étant illégal au regard du droit de l'UEMOA, Monsieur SACKO a introduit un recours en annulation et un recours en indemnisation contre l'acte additionnel procédant à son remplacement. Alors que l'on pouvait légitimement s'attendre à l'application de la jurisprudence Eugène YAÏ, la Cour de Justice a débouté le sieur El Hadji Abdou SACKO de toutes ses demandes, en usant d'un raisonnement pour le moins contestable.

Pour la Cour de Justice, en stipulant que « durant leur mandat, les membres de la Commission son irrévocables sauf en cas de faute lourde ou d'incapacité », l'article 27 modifié du Traité, qui consacre l'inamovibilité du mandat du commissaire, en conditionne le bénéfice par « l'existence d'un mandat régulier en cours de validité »[1761]. Elle affirme ensuite que ledit mandat devait courir à partir de la date de prestation de serment qui consacre l'entrée en fonction du commissaire et que ladite prestation de serment, prévue à l'article 28, alinéa 2, du Traité, constituait « un acte essentiel et substantiel de cette entrée en fonction ». La Cour en déduisit que Monsieur El Hadji Abdou SACKO

1756 CJUEMOA, arrêt El Hadji Abdou SACKO c. Conférence des chefs d'État et de gouvernement et Commission de l'UEMOA, aff. n° 4/2017, *op. cit.*

1757 Acte additionnel n° 4/2004/CCEG/UEMOA portant nomination des membres de la Commission de l'UEMOA, 22 mars 2004, BO non disponible.

1758 Acte additionnel n° 1/2007/CCEG/UEMOA portant nomination des membres de la Commission de l'UEMOA, BO non disponible.

1759 Acte additionnel n° 3/2011/CCEG/UEMOA portant nomination des membres de la Commission de l'UEMOA, 26 août 2011, BO non disponible.

1760 Acte additionnel n° 6/2011/CCEG/UEMOA portant nomination de Monsieur Cheick Hadjibou SOUMARE en qualité de membre de la Commission de l'UEMOA en remplacement de Monsieur El Hadji Abdou SACKO, 21 octobre 2011, BO non disponible.

1761 Arrêt El Hadji Abdou SACKO précité, p. 10.

n'ayant pas prêté le serment d'entrée en fonction, il n'avait pu prendre fonction, officiellement et régulièrement, en qualité de membre de la Commission, et ne pouvait dès lors se prévaloir légitimement des dispositions de l'article 27, alinéa 2, du traité de l'UEMOA, relatives à l'irrévocabilité du mandat[1762].

Ce raisonnement tout séduisant de la Cour de Justice ne résiste pas à l'analyse. En effet, la Cour de Justice semble y considérer l'acte additionnel relatif à la nomination de Monsieur El Hadji SACKO comme une décision conditionnelle dont le retrait était possible en dépit de sa légalité, dès lors que la condition de la prestation de serment n'avait pas été respectée[1763]. Or, même si l'on convient avec la Cour que la prestation de serment marque l'entrée en fonction du commissaire nommé ou renouvelé et de ce fait, le début effectif de son mandat, il s'agit d'une formalité accompagnant de droit l'acte de nomination et non d'une condition à remplir par l'intéressé pour pouvoir jouir en définitive des droits conférés par ledit acte.

Il convient de rappeler en effet que l'acte de nomination est un acte créateur de droits[1764] qui est régi, en tant que tel, par le principe général de l'intangibilité des effets des décisions créatrices de droits[1765]. Conformément à ce principe lui-même lié au principe des droits acquis, le retrait d'un tel acte ne pouvait intervenir que si celui-ci était entaché d'illégalité[1766], ce qui ne semblait pas être le cas en l'espèce. Dans ces conditions, l'absence de prestation de serment par Monsieur SACKO, du fait de la CCEG, ne pouvait lui être valablement opposée pour le retrait de l'acte additionnel n° 3/2011 relatif à sa nomination[1767]. En plus du principe des droits acquis qui est méconnu par l'arrêt de la Cour,

---

[1762] *Idem*, p. 11.

[1763] Sur le retrait des décisions conditionnelles créant des droits selon des modalités particulières, voir René CHAPUS, *Droit administratif général.* Tome 1, Paris, Montchrestien, 15e éd., 2001, p. 1167.

[1764] *Idem*, p. 1162.

[1765] *Id.*, p. 1155.

[1766] *Id.*, p. 1156. Voir aussi dans ce sens, CJCE, arrêt Algera e. a. c. Assemblée commune de la CECA, du 12 juillet 1957, aff. jtes 7/56, 3/57 à 7/57, Rec. 1957, p. 81.

[1767] Qui plus est, il serait d'usage que les commissaires, les juges de la Cour de Justice et de la Cour des comptes ne prêtent serment qu'une seule fois, lors de leur première entrée en fonction. Voir SIDGOMDÉ, « Cour de Justice de l'UEMOA : l'affaire du Commissaire El Hadji Abdou SACKO enfin jugée » *in Lefaso.net* du 14 avril 2017, disponible sur : http://lefaso.net/spip.php?article76667 (consulté la dernière fois, le 5.6. 2017).

l'on peut enfin évoquer la violation, par l'arrêt de la CJUEMOA, des principes de sécurité juridique[1768] et de protection de la confiance légitime[1769].

Le principe de sécurité juridique, connu universellement, vise à garantir la stabilité des situations juridiques et une certaine prévisibilité du droit. Dans ce sens, il a pu être rattaché à des principes comme celui de la clarté et de la prévisibilité de la législation, de la non-rétroactivité de la loi, des droits acquis ou encore de la protection de la confiance légitime[1770]. S'agissant de ce dernier principe, la CJCE a très tôt jugé dans l'arrêt Algera e. a., qu'

> « Un acte administratif conférant des droits subjectifs à l'intéressé, ne peut en principe pas être retiré, s'il s'agit d'un acte légal ; dans ce cas, le droit subjectif étant acquis, la nécessité de sauvegarder la confiance dans la stabilité de la situation créée l'emporte sur l'intérêt de l'administration qui voudrait revenir sur sa décision. Cela vaut notamment pour la nomination d'un fonctionnaire »[1771].

Cette solution est appliquée de manière constante, par la CJUE, au retrait de tout acte légal qui confère des droits subjectifs ou des avantages similaires à des individus[1772]. En l'appliquant à la situation de Monsieur El Hadji Abdou SACKO, il apparaît que ce dernier pouvait valablement se prévaloir de l'illégalité de sa révocation non seulement en vertu du principe de sécurité juridique, mais également en vertu du principe de la protection de la confiance légitime. Si donc au regard de

---

[1768] Voir Rostane MEHDI, « Variations sur le principe de la sécurité juridique », *in Le droit de l'Union européenne en principes. Liber Amicorum Jean Raux, Rennes,* Éd. Apogée, 2006, pp. 177-198.

[1769] Voir Jean BOULOUIS, « Quelques observations à propos de la sécurité juridique », *in Du droit international au droit de l'intégration. Liber Amicorum P. Pescatore, op. cit.*, pp. 53-58. Également, Jean-Claude GAUTRON, « Le principe de protection de la confiance légitime », *in Le droit de l'Union européenne en principes. Liber Amicorum Jean Raux, op. cit.*, pp. 199-218.

[1770] Joël RIDEAU, « Ordre juridique de l'Union européenne. Sources non écrites », *Jurisclasseur Europe* Traité, Fasc. 191, 2014, p. 72 et s.

[1771] CJCE, arrêt Algera e.a. c. Assemblée commune de la CECA, du 12 juillet 1957, aff. jtes 7/56 et 3/57 à 7/57, Rec. p. 81, préc. p. 115.

[1772] CJCE, arrêt Verli-Wallace c. Commission, du 22 septembre 1983, aff. 159/82, Rec. p. 2711, pt 8 ; CJCE, arrêt Gooch c. Commission, du 5 décembre 2000, aff. T-197/99, Rec. 2000, p. FP-I-A-271, pt 52 ; CJUE, arrêt Ruiz Molina c. EUIPO, du 27 juin 2017, aff. T-233/16 P,ECLI:EU:T:2017:435, pt 26.

la pratique illégale de la CCEG, telle qu'exposée ci-dessus, ainsi que de la jurisprudence régressive de la Cour de Justice, l'indépendance des membres de la Commission de l'UEMOA apparaît fortement remise en question, il n'est pas exclu de penser que ces derniers, dans l'exercice de leurs fonctions, agissent comme des défenseurs des intérêts de leurs pays d'origines respectifs, non seulement dans une logique de redevabilité à l'autorité politique pour leur nomination mais également dans l'espoir de pouvoir effectuer le maximum de mandats possibles[1773]. Le synopsis serait ainsi celui d'un commissaire usant de tous les moyens juridiques et politiques, légaux comme illégaux, officiels et officieux, pour bloquer le déclenchement d'un recours en manquement à l'encontre de son pays d'origine. Il s'agit d'un scénario certes abracadabrant mais nullement à exclure dans le contexte sus décrit.

Hormis l'inactivation du recours en manquement, l'accès quasi-inexistant aux garanties juridictionnelles devant le juge de l'UEMOA, en cas de contestation des actes étatiques, se caractérise par l'activation limitée du renvoi préjudiciel par le juge national.

B) L'activation limitée du renvoi préjudiciel en interprétation par le juge national

Dans la mesure où la saisine de la Cour de Justice, dans le cadre de ce mécanisme, ne peut être effectuée que par les juridictions des États membres, c'est à ce niveau qu'il convient de rechercher les explications à l'activation limité du renvoi préjudiciel en interprétation. En effet, en tant que juge de droit commun du droit de l'UEMOA, le juge national est amené à appliquer ce droit dans les litiges portés devant sa juridiction. C'est dans l'exercice de cette fonction unionale, que ce dernier peut (et éventuellement doit) être amené à recourir à la Cour de Justice à travers notamment le mécanisme du renvoi préjudiciel. Cela suppose de la part de ce dernier une certaine connaissance du droit de l'UEMOA en général et du mécanisme en particulier. Pourtant, l'examen des renvois préjudiciels déjà portés devant la Cour de Justice

[1773] En effet, le mandat des membres de la Commission est de quatre (4) ans, renouvelable, conformément à l'article 27, al. 2, du traité de l'UEMOA.

révèle une maîtrise encore approximative de la technique du renvoi préjudiciel par les juridictions nationales[1774].

Cela ressort notamment du tout premier arrêt rendu par la Cour de Justice sur renvoi préjudiciel. Saisi d'un recours en annulation contre une décision de la Commission Nationale de la Concurrence, introduite par la Compagnie Air France dans un litige l'opposant au syndicat des agents de voyage et de tourisme du Sénégal, le Conseil d'État sénégalais, émettant des doutes sur sa compétence au regard de la directive n°2/2002 relative à la coopération entre la Commission et les structures nationales de concurrence des États membres[1775], s'était référé à la Cour de Justice « aux fins de désignation de la juridiction compétente pour statuer sur le recours introduit le 17 février 2003 et tendant à faire casser et annuler la décision n° 02/D-02 de la Commission Nationale de la Concurrence du Sénégal en date du 27 décembre 2002 »[1776].

Cette formulation de la question préjudicielle, pour le moins atypique, ne manquera pas d'être relevée par le juge de l'Union, qui note que « la question telle qu'elle a été posée n'est pas une question préjudicielle de type classique prévue par l'article 12 du Protocole additionnel n° 1 »[1777]. En effet, le renvoi préjudiciel dans sa conception originelle, peut porter sur l'interprétation du droit de l'Union ou sur l'appréciation de la légalité dudit droit mais non, en principe, sur la détermination de la juridiction compétente pour statuer sur un litige au principal, la Cour de Justice n'étant pas compétente à cet effet. Pour rester dans « l'orthodoxie »[1778] de la question préjudicielle, la demande formulée par le juge sénégalais aurait dû consister à requérir de la Cour de Justice

---

1774 Alioune SALL, « Pour une plus grande pédagogie du contentieux communautaire : réflexions sur la mise en œuvre des procédures de collaboration avec les juridictions sous régionales (Renvoi préjudiciel et demande d'avis) » *in UEMOA, Communication à la rencontre interjuridictionnelle UEMOA-CEDEAO-CEMAC-OHADA*, Dakar 4-6 mai 2010, non publié.

1775 Directive n° 2/2002/CM/UEMOA du 23 mai 2002 relative à la coopération entre la Commission et les structures nationales de concurrence des Etats membres pour l'application des articles 88, 89, et 90 du Traité de l'UEMOA, BO, n°26, 2e trimestre 2002, pp.164- 165.

1776 CJUEMOA, arrêt Compagnie Air France c. Syndicat des Agents de Voyage et de Tourisme du Sénégal.), du 12 janvier 2005, *op. cit.*, p. 526.

1777 Idem, p. 529.

1778 Dramane SANOU, *La juridictionnalisation des organisations régionales d'intégration économique en Afrique, op. cit.*, p. 495.

de l'UEMOA, l'interprétation à retenir du règlement n° 2/2002 relatif à la coopération entre la Commission et les structures nationales de concurrence[1779], quant à la juridiction compétence dans une affaire comme celle au principal.

Cette tendance du juge national à solliciter, par le biais du renvoi préjudiciel, la détermination de la juridiction compétente dans les litiges au principal, est confirmée dans les arrêts BOAD[1780]. Dans ces arrêts, la Cour d'appel de Lomé avait saisi la Cour de Justice de l'UEMOA à l'effet de savoir si la BOAD était justiciable ou non devant les juridictions du Togo dans le litige qui l'opposait à ses ex employés[1781]. Bien qu'en général, la Cour de Justice parvienne à surmonter cette déformation de la question préjudicielle par la possibilité qui lui est reconnue « de compléter la question posée ou la modifier pour déterminer ce qui est de sa compétence afin de pouvoir donner la réponse attendue d'elle »[1782], ces « tâtonnements préjudiciels » n'en révèlent pas moins un véritable besoin d'initiation des juges nationaux au droit et aux procédures applicables devant la Cour[1783].

Au-delà des juges, ce besoin d'initiation et de formation au droit de l'UEMOA mérite d'être comblé également chez les avocats appelés à assurer la défense des particuliers dans des litiges relevant du droit de l'Union. En effet, même si elles ne peuvent saisir directement la Cour de Justice dans le cadre du renvoi préjudiciel, les parties aux litiges, représentées par leurs avocats, peuvent inciter le juge national à le faire, en démontrant la pertinence et l'importance que présente la question préjudicielle pour la résolution du litige[1784]. Afin de répondre à ce besoin, l'UEMOA a entrepris depuis quelques années, seule ou en partenariat avec d'autres organisations sous-régionales d'intégration,

---

[1779] Directive n° 2/2002/CM/UEMOA, *op. cit.*

[1780] CJUEMOA, arrêt BOAD c. SOUMAHORO Youssouf, 30 avril 2014, *op. cit* et CJUEMOA, arrêt TRAORE Lassina c. BOAD, 30 avril 2014, *op. cit.*

[1781] Idem, respectivement, p. 3 et p. 9.

[1782] Arrêt Compagnie Air France précité, p. 529.

[1783] Sur l'importance de la formation des juges en droit de l'intégration, voir Marco DARMON et Jean-Guy HUGLO, « La formation des juges en droit communautaire » *in Mélanges en hommage à Michel WAELBROECK*, Bruxelles, Bruylant, Vol. I, 1999, pp. 303-312.

[1784] Voir dans ce sens, Jacques PERTEK, « L'avocat et le renvoi préjudiciel : sa place et son rôle devant les juridictions nationales et la Cour de Justice » *in L'identité du droit de l'Union européenne. Mélanges en l'honneur de Claude BLUMANN*, Bruxelles, Bruylant, 2015, pp. 461-472.

l'organisation de rencontres interjuridictionnelles et des séminaires de formation, à l'attention du monde judiciaire. Réunissant des experts universitaires et des personnalités du monde judiciaire, ces rencontres constituent des espaces de sensibilisation et de formation continue en droit de l'UEMOA, mais également des fora de réflexions approfondies sur l'avenir de l'intégration en Afrique de l'Ouest[1785]. À ce jour, la Cour de Justice de l'UEMOA a coorganisé, en tout, quatre (4) rencontres interjuridictionnelles (RIJ) à savoir : la rencontre interjuridictionnelle des Cours de Justice de la CEDEAO, de l'OHADA, de l'UEMOA et de la CEMAC, tenue à Cotonou (Bénin) du 19 au 23 mai 2008 ; la rencontre interjuridictionnelle des Cours de Justice de la CEDEAO, de l'OHADA, de l'UEMOA et de la CEMAC, tenue à Bamako (Mali) du 9 au 13 février 2009 ; la rencontre interjuridictionnelle des Cours de Justice de la CEDEAO, de l'OHADA, de l'UEMOA et de la CEMAC, tenue à Dakar (Sénégal) les 4, 5, 6 mai 2010 ; et la rencontre interjuridictionnelle des Cours de Justice de la CEDEAO, de l'OHADA, de l'UEMOA et de la CEMAC, tenue à Ouagadougou (Burkina-Faso) du 10 au 11 octobre 2013.

S'agissant spécifiquement de la formation des acteurs du monde judiciaire au droit de l'UEMOA, la Cour de Justice a organisé, entre 2009 et 2012, plusieurs ateliers nationaux de formation ainsi que des séminaires régionaux, à l'intention des magistrats, avocats et greffiers des juridictions nationales des États membres. L'on peut citer à cet effet, les ateliers nationaux de formation des magistrats et des avocats, tenues en 2009 à Niamey (Niger)[1786], Bamako (Mali)[1787] et Ouahigouya (Burkina-Faso)[1788], ainsi que le séminaire national de formation tenu à Abidjan (Côte d'Ivoire) en 2010[1789]. En plus de ces initiatives au niveau national, la Cour de Justice a organisé en 2012, un atelier régional de

---

[1785] Djedjro Francisco MELEDJE, « L'appropriation des normes communautaires par les milieux universitaires et le monde judiciaire » *in CJUEMOA, Troisième rencontre interjuridictionnelle des Cours communautaires de l'UEMOA, la CEMAC, la CEDEAO et l'OHADA*, Dakar, 2010, p. 16.

[1786] Voir CJUEMOA, Rapport de synthèse de l'atelier national de formation des magistrats et avocats en droit communautaire UEMOA, Niamey, 22 au 23 avril 2009, 9 p.

[1787] Voir CJUEMOA, Rapport général de l'atelier de formation des magistrats et avocats en droit communautaires UEMOA, Bamako, 9 au 10 juin 2009, 10 p.

[1788] Voir CJUEMOA, Rapport général de l'atelier de formation des magistrats et avocats en droit communautaire UEMOA, Ouahigouya, 12 au 13 mai 2009, 13 p.

[1789] Voir CJUEMOA, Rapport de séminaire national de formation des magistrats et avocats en droit communautaire UEMOA, Abidjan, 9 juin 2010, 7 p.

formation à l'intention des greffes des pays membres de l'UEMOA[1790] et un séminaire régional de sensibilisation des magistrats et avocats, tenus à Abidjan (Côte d'Ivoire)[1791]. Ces ateliers et séminaires de formation portent, la plupart du temps, sur le droit général de l'UEMOA, la Cour de Justice de l'Union et ses voies de droit, ainsi que sur le renvoi préjudiciel de manière spécifique.

À l'ensemble de ces initiatives s'ajoute la formation continue des juges assurée au sein de l'École Régionale Supérieure de la Magistrature (ERSUMA)[1792]. L'ERSUMA est une institution de l'OHADA, rattachée au Secrétariat permanent de ladite organisation. Elle œuvre à l'amélioration de l'environnement juridique et judicaire dans l'espace OHADA, en assurant la formation et le perfectionnement des magistrats et auxiliaires de justice, non seulement en droit OHADA mais également dans les divers droits des organisations sous-régionales d'intégration en Afrique. C'est dans le cadre de ce dernier volet de la formation que sont dispensés des modules relatifs au droit institutionnel et matériel de l'UEMOA.

Tous ces efforts méritent d'être appréciés à leur juste valeur. Ils doivent être poursuivis et renforcés à travers notamment la formation initiale qui reste insuffisante, au sein des facultés de droit des universités des États membres[1793], ainsi que des écoles nationales de la magistrature. Il y a fort à parier que la mise en œuvre de l'ensemble de ces mesures contribuera à remédier, ne serait-ce qu'en partie, à la mise en œuvre hypothétique qui caractérise le contrôle juridictionnel devant le juge national.

Paragraphe II : Le caractère incertain de l'accès devant le juge national

Le caractère incertain de l'accès aux garanties juridictionnelles, devant le juge national, tient d'abord à l'exigence de la connaissance préalable

[1790] Voir CJUEMOA, Rapport général de l'atelier régional d'harmonisation des pratiques dans les greffes des pays membres de l'UEMOA, Abidjan, 30 mai au 1er juin 2012, 6 p.

[1791] Voir CJUEMOA, Rapport général du séminaire régional de sensibilisation des magistrats et avocats en droit communautaire UEMOA, Abidjan, 10 au 12 juillet 2012, 8 p.

[1792] Djedjro F. MELEDJE, *op. cit.*, p. 12.

[1793] *Ibidem.*

du droit de l'UEMOA tant par ce dernier que par les justiciables et leurs conseils (A). Au-delà, l'incertitude de l'accès devant le juge national pourrait s'expliquer par l'incertitude liée à la reconnaissance préalable, dans certains États membres, de la primauté générale du droit de l'UEMOA, qui constitue l'un des principaux fondements du droit d'accès au juge national et de la fonction « unionale » de ce dernier (B).

A) L'indispensable connaissance du droit de l'UEMOA

Sur ce point, nous nous permettons de renvoyer, *mutatis mutandis*, aux développements antérieurs relatifs aux restrictions de fait imposées à l'utilisation des voies d'accès au juge de l'UEMOA, en cas de contestation des organes[1794]. Sont également pertinents pour justifier l'incertitude de l'accès direct au juge national, les raisons évoquées pour expliquer la faible activation du renvoi préjudiciel par le juge national[1795].

B) L'importance de la reconnaissance préalable de la primauté générale du droit de l'UEMOA

L'idéal, en abordant ce point, aurait été de disposer, en plus des données relatives aux juridictions constitutionnelles[1796], d'informations relatives aux autres juridictions de rang inférieur, quant à la réception de la primauté générale du droit de l'UEMOA dans les ordres juridiques internes. Malheureusement, cela n'a pas été possible pour les raisons communes, déjà évoquées dans cette thèse, liées à l'accessibilité réduite du droit en Afrique d'une manière générale[1797]. Pour des raisons pratiques et indépendantes de notre volonté, il ne nous a pas été possible non plus d'aller aux sources géographiques de l'information. Ayant recouru à la Cour de Justice de l'UEMOA, laquelle avait réalisé une étude sur la question, nous nous sommes vus opposés le caractère de « document interne » du rapport de ladite étude. Le service de la documentation de la Cour nous a cependant affirmé que l'étude n'avait pu relever que des décisions au niveau des juridictions constitutionnelles et que la moisson en la matière avait été nettement en deçà des attentes.

[1794] Cf. *supra*, chap. 1.
[1795] Cf. *supra*, par. 1, B.
[1796] Cf. *supra*, partie 1, titre 1, chap. 1, sect. 2, par. 2.
[1797] Cf. *supra*, partie, titre 1, chap. 1, sect. 2.

Face à cette situation, nous nous contenterons, de peur de nous répéter, de renvoyer aux développements déjà effectués dans le premier chapitre de cette thèse, en ce qui concerne la reconnaissance de la primauté générale du droit de l'UEMOA sur les droits nationaux des États membres[1798]. En nous basant sur ces développements, nous pouvons affirmer que la reconnaissance de cette primauté, fondement du droit d'accès au juge national et de la fonction « unionale » de ce dernier, est relative dans l'ensemble des États membres de l'UEMOA. En effet, si dans la majorité desdits États (6/8) il existe une clause spécifique à l'intégration africaine, il reste encore deux États membres, à savoir le Togo et la Guinée-Bissau, qui n'en comportent pas. Toutefois, l'existence d'une clause spécifique dans la constitution d'un État membre ne signifie pas *ipso facto* la reconnaissance de la primauté générale du droit de l'UEMOA sur l'ensemble du droit national, pas plus que son absence n'exclut a priori toute reconnaissance dans ce sens. Encore faut-il, que les juridictions constitutionnelles consentent à accorder un plein effet à la clause spécifique existante ou acceptent reconnaitre à la clause générale relative à primauté des traités internationaux sur la loi, une portée plus significative dans le cadre du droit issu des traités constitutifs de l'UEMOA.

Pour ce qui est du principe de l'effet direct de manière spécifique, il est possible de se référer au baromètre du renvoi préjudiciel pour déduire que si les juridictions des États membres se réfèrent à la Cour de Justice par des questions préjudicielles, c'est qu'elles reconnaissent implicitement au droit de l'UEMOA une autorité susceptible d'être invoquée devant elles. Or il n'existe à l'actif de ces juridictions que cinq (5) questions préjudicielles posées à ce jour à la Cour de Justice. Même si ce chiffre est pour l'heure insignifiant, il suppose une certaine activité de contrôle de l'action étatique par le juge national, certes timide mais non moins réelle, qu'il faudra encourager en multipliant les initiatives de sensibilisation et de formation.

[1798] Cf. supra, partie 1, titre 1, chap. 1, sect. 2, par. 2.

Conclusion du titre I

L'analyse de l'accès aux garanties juridictionnelles a permis de relever l'existence d'un ensemble de voies de droit permettant aux individus d'accéder au juge tant pour la contestation des actes des organes que pour la contestation des actes émanant des autorités nationales. Selon qu'il vise à la contestation des actes des organes ou à celle des actes étatiques, l'accès à ces voies de droit présente des spécificités qui ont pu être relevées.

L'accès aux garanties juridictionnelles, pour la contestation des actes des organes, se caractérise par une ouverture relativement large au profit des personnes privées. Étant, par ailleurs, soutenu par une politique juridictionnelle dite de « rejet de zones de non droit », il s'agit d'un accès visant la contestation de tous les actes des organes de l'UEMOA sans exception. Cet accès intervient uniquement devant le juge de l'UEMOA et couvre l'existence de voies de droit ordinaires et de voies de droit spéciales, ces dernières étant limitées à des domaines spécifiques. Contrairement à l'accès aux garanties juridictionnelles, pour la contestation des actes pris par les organes, l'accès aux garanties juridictionnelles, pour la contestation des actes étatiques, apparaît non seulement de manière indirecte mais également de manière fort restreinte, voire quasi-inexistante. Afin de compenser cette restriction de l'accès au juge supranational, il est apparu nécessaire de rechercher l'existence d'un droit d'accès au juge national qui, malgré l'absence d'une consécration formelle en droit de l'UEMOA, peut être déduit des articles 3 et 7 du Traité, ainsi que de la primauté générale conférée au droit de l'UEMOA sur les droits nationaux. Ces éléments fondent non seulement le droit d'accès au juge national mais également la fonction « unionale » de ce dernier, amené à devenir « juge de droit commun » du droit de l'UEMOA.

En tout état de cause, il appartiendra à la CJUEMOA d'affirmer à l'avenir, avec force et clarté, l'existence de ce droit d'accès ainsi que la fonction spécifique qui en découle pour les juridictions internes, dans l'intérêt d'une meilleure protection juridictionnelle des individus. Toutefois, l'effectivité du droit d'accès au juge national ainsi que de la fonction « unionale » des juridictions internes, requiert une plus grande appropriation du droit de l'UEMOA, à travers une formation accrue de ces dernières et une meilleure adhésion à la primauté générale du droit de l'UEMOA sur l'ensemble des droits internes. En dehors des spécificités ci-dessus relevées, l'accès aux garanties juridictionnelles rencontre divers obstacles au grand dam des requérants privés. Compte tenu de ces obstacles, le système des voies de droit au sein de l'UEMOA se présente comme un système incomplet, en raison notamment de l'absence du recours en carence devant la Cour de Justice et du recours en responsabilité extracontractuelle des États membres devant les juridictions nationales. Il s'agit ensuite d'un système de voies de droit parfois indisponible pour les personnes privées qui ne peuvent y accéder que par le truchement de tiers comme c'est le cas dans le renvoi préjudiciel et dans le recours en manquement.

L'accès aux garanties juridictionnelles peut également se révéler, par la combinaison de divers facteurs juridiques et de factuels, hors de portée pour le justiciable sans instruction ou ayant de modestes revenus. Hormis l'utilisation des voies de droit qui se trouve restreint par l'effet de ces facteurs, la qualité de l'accès au juge est également, dans certains cas, remise en cause. Cette situation tient notamment au caractère très discrétionnaire, voire arbitraire, que revêt, par moment, les décisions rendues par la Cour de Justice. Elle tient enfin aux atteintes portées à l'indépendance de cette dernière, en l'absence d'une observation rigoureuse de la règle de la séparation des pouvoirs.

Titre II : L'efficacité de l'accès aux garanties juridictionnelles

Au-delà de l'existence de voies de droit accessibles permettant aux individus de saisir le juge en cas de besoin, l'accès aux garanties juridictionnelles doit s'avérer efficace. La notion d'efficacité est définie comme étant le « mode d'appréciation des conséquences des normes juridiques et de leur adéquation aux fins qu'elles visent »[1799]. En appliquant cette définition à l'accès aux garanties juridictionnelles, ce dernier ne serait efficace que s'il permet d'atteindre l'objectif pour lequel il a été institué, c'est-à-dire permettre aux individus d'obtenir la sanction des torts qui leur sont causés par la violation de leurs droits. En clair, il s'agit de veiller à préserver l'effet utile du droit au recours effectif des particuliers.

À ce niveau, il convient de relever deux hypothèses de nature à compromettre l'efficacité de l'accès aux garanties juridictionnelles. D'abord, il apparaît que l'individu qui bénéficie d'un recours effectif, pourrait néanmoins se retrouver dans l'impossibilité de jouir des fruits de son action si celle-ci n'était pas assortie de la possibilité d'obtenir une protection provisoire ou « immédiate »[1800] visant à sauvegarder ses intérêts pendant la durée du procès ou visant à les mettre à l'abri d'une action de la partie défenderesse qui viderait de son contenu la décision devant intervenir au fond. La CJCE a ainsi jugé que « la possibilité de demander le sursis à l'exécution d'un acte [servait] à garantir la pleine efficacité de la protection juridictionnelle, dès lors que […] les recours formés devant le juge communautaire [n'avaient] pas d'effet suspensif »[1801]. Ensuite, l'existence d'une voie de droit, aussi accessible soit-elle, n'a de sens que si elle permet à son titulaire d'obtenir une « protection adéquate » de ses droits[1802], et dans la mesure où cette protection est assortie de mécanismes lui permettant de jouir concrètement des bénéfices finaux de son action. Cela signifie que le justiciable qui a accès au juge doit pouvoir obtenir l'exécution de la

---

1799 *Idem*, p. 219.
1800 Fabrice PICOD, « Le droit au juge en droit communautaire », *op. cit.*, p. 161.
1801 CJCE, Ord. Sumitomo Chemical (UK) plc c. Commission européenne, du 13 décembre 2004, aff. C-381/04 P(R), ECLI:EU:C:2004:796, pt 15.
1802 Fabrice PICOD, *op. cit.*, p. 165.

décision visant à sanctionner le préjudice subi. L'exécution des décisions finales de justice est en effet considérée, aux côtés de la protection provisoire, comme « le gage de l'efficacité de l'accès du justiciable à la juridiction »[1803].

L'analyse qui suit, consistera à examiner d'abord la possibilité pour les individus d'obtenir une protection juridictionnelle provisoire en droit de l'UEMOA (chapitre I). Il sera ensuite question d'examiner la teneur des décisions finales de justice et leurs effets juridiques, ainsi que les mécanismes prévus pour leur exécution (chapitre II).

[1803] Stéphanie PAYET, *Le droit à une protection juridictionnelle effective en droit de l'Union européenne, op. cit.*, p. 621. Voir dans le même sens, Astéris PLIAKOS, *Le principe général de la protection juridictionnelle efficace en droit communautaire,* Bruxelles, Bruylant, 1997, 278 p, préc. p. 241 et s.

Chapitre Ier : La possibilité d'obtenir des mesures provisoires

La protection juridictionnelle provisoire revêt une grande importance dans une Union de droit[1804] et est intimement liée à l'affirmation du droit au recours effectif[1805]. Conforme à l'adage selon lequel « la nécessité de recourir au procès pour obtenir gain de cause ne doit pas jouer au détriment de celui qui a raison »[1806], la protection provisoire est une institution du droit judiciaire visant à maintenir ou à rétablir, *pendente lite*, la situation des parties à un litige, afin de préserver l'effet utile de l'arrêt à intervenir au principal et de sauvegarder les intérêts de ces dernières[1807].

En droit de l'UEMOA, elle relève des procédures spéciales prévues aux articles 72 et suivants du règlement de procédures de la Cour de Justice et ressort de la compétence du président de ladite Cour. Ce dernier agit en qualité de « juge des référés, c'est-à-dire des procédures urgentes [et] peut prendre des mesures à caractère essentiellement provisoire, sans préjuger au fond et éviter de vider l'instance principale de sa substance »[1808]. En effet, en sa qualité de garante des droits que les justiciables tirent du droit de l'UEMOA, il appartient à la Cour de Justice, et subsidiairement au juge national, de mettre tout en œuvre en vue de préserver ces droits, lorsqu'ils sont contestés, en attendant leur confirmation définitive, compte tenu de la durée des procès. Dans ce

---

1804 Stéphanie PAYET, *Le droit à une protection juridictionnelle effective en droit de l'Union européenne, op. cit.*, p. 623.

1805 Rostane MEHDI, « Le juge communautaire et l'urgence » *in* Hélène RUIZ-FABRI et Jean-Marc SOREL (Dir.), *Le contentieux de l'urgence et l'urgence dans le contentieux devant les juridictions internationales : regards croisés,* Paris, Éd. A. PEDONE, 2001, pp. 57-104, préc. p. 58.

1806 Voir Conclusions de l'avocat général M. Giuseppe TESAURO prononcées le 17 mai 1990 sur CJCE, arrêt Factortame e. a. du 19 juin 1990, aff. C.213/89, Rec. 1990, p. I-2433, pt 8.

1807 Marcel SLUSNY, « Les mesures provisoires dans la jurisprudence de la Cour de Justice des Communautés européennes », *RBDI*, n° 3, 1967, pp. 127-153, spéc. p. 129. Également, Blanca PASTOR et Eric Van GINDERACHTER, « La procédure en référé », *RTD* eur., n° 4, 1989, pp. 561-621, spéc. p. 564.

1808 CJUEMOA, Ord. n° 12 du 3 décembre 2004, Eugène YAÏ c. CCEG et Commission de l'UEMOA, Rec. 2008, p. 515, préc. p. 519.

sens, l'ex avocat général de la CJCE, M. Giuseppe TESAURO, relevait que

> « La protection provisoire a précisément pour but objectif de faire en sorte que le temps nécessaire à la vérification du droit ne finisse pas par vider irrémédiablement de son contenu le droit en question en supprimant les possibilités de l'exercer, bref de réaliser cet objectif fondamental de tout ordre juridique qu'est le caractère effectif de la protection juridictionnelle »[1809].

Ainsi présentée, la protection juridictionnelle provisoire s'impose avec une forte acuité au sein de l'UEMOA, où il est devenu presqu'ordinaire de voir les affaires portées à la connaissance de la Cour de Justice mettre plusieurs années avant d'être jugées[1810]. La protection provisoire y est d'autant plus nécessaire que les recours devant la Cour de Justice de l'UEMOA n'ont pas de caractère suspensif[1811]. Compte tenu de son importance et de son rattachement au droit au juge (droit au juge du provisoire), la protection juridictionnelle provisoire requiert d'avoir des conditions de mise en œuvre assez objectives et relativement accessibles, de sorte qu'elle ne soit pas, entre les mains du juge des référés, un « acte de magnanimité » librement consenti aux justiciables sur une base uniquement discrétionnaire. Avant d'évoquer ces conditions en droit de l'UEMOA (section II), il convient d'examiner les fondements et les caractéristiques qu'y revêt la protection juridictionnelle provisoire (section I).

Section I : Les fondements et les caractéristiques de la protection juridictionnelle provisoire

Autant le droit au recours effectif des individus doit être garanti à la fois devant la Cour de Justice de l'UEMOA et devant le juge national[1812], autant la protection provisoire devrait être conférée à ces derniers

[1809] Conclusions de l'avocat général M. Giuseppe TESAURO, du 17 mai 1990, rendues dans l'affaire The Queen c. Secretary of State for transport, ex parte : Factortame Ltd e. a., aff. C-213/89, Rec. 1990, p. I-2433, pt 18.

[1810] En effet, la durée moyenne pour le jugement des affaires devant la Cour de Justice de l'UEMOA est de quatre (4) ans sur les cinq (5) dernières années !

[1811] Voir art. 18 du protocole additionnel n° 1.

[1812] Cf. *supra*, chapitres 1 et 2 du titre 1 de la 2e partie.

devant les mêmes juridictions[1813]. Cependant, contrairement à la protection provisoire devant la Cour de Justice qui est formellement consacrée en droit de l'UEMOA, la protection accordée devant le juge national brille par son absence dans les textes régissant le contrôle juridictionnel au sein de l'Union, d'où la nécessité de rechercher ailleurs les fondements de cette protection.

Dans les paragraphes qui suivent nous procéderons à l'analyse de l'hétérogénéité des fondements de la protection juridictionnelle provisoire en droit de l'UEMOA (paragraphe I) avant de nous pencher sur ses caractéristiques qui jouissent, a contrario, d'une certaine homogénéité (paragraphe II).

Paragraphe I : L'hétérogénéité des fondements

Qu'elle soit d'origine nationale ou internationale, de nature civile ou administrative, il est communément admis que l'institution de la protection provisoire a pour point de départ un constat identique : celui du temps que dure une instance et de la nécessité de préserver, dans ce laps de temps, les intérêts des justiciables[1814]. En dehors de cette source commune qui les relie, la protection provisoire devant le juge de l'Union et celle accordée devant le juge national se distinguent en ce que la première bénéficie de fondements textuels, expressément prévus dans les textes régissant la Cour de Justice (A) tandis que la seconde ne peut être envisagée qu'au regard de certaines considérations matérielles formées d'un tissu de principes régissant le droit de l'intégration d'une manière générale (B).

[1813] Voir dans ce sens Peter OLIVER, « Interim measures : some recent developments », *CMLRev.*, n° 29, 1992, pp. 7-22, préc. p. 7.

[1814] Voir dans ce sens, Marcel SLUSNY, « Les mesures provisoires dans la jurisprudence de la Cour de Justice des Communautés européennes », *op. cit.*, p. 130 et s. Voir aussi la célèbre formule du Tribunal mixte germano-polonais régulièrement reprise par la doctrine « Par les mesures conservatoires, les tribunaux cherchent à remédier aux lenteurs de la justice, de manière qu'autant que possible, l'issue du procès soit le même que s'il pouvait se terminer en un jour ». Décision du 29 juillet 1924, Rec. des décisions des tribunaux arbitraux mixtes, n° 5, p. 455, cité par *Idem*, p. 131.

A) Les fondements formels de la protection accordée par le juge de l'UEMOA

À l'instar de la CIJ[1815] et de la CJUE[1816], la CJUEMOA est compétente pour accorder une protection provisoire à ces justiciables. Même si cette compétence n'est pas inscrite dans les traités constitutifs, elle est expressément prévue aux articles 18 et 19 du protocole additionnel n° 1 relatif aux organes de contrôle de l'UEMOA. Aux termes de l'article 18, « Les recours formés devant la Cour de Justice n'ont pas d'effet suspensif. Toutefois, la Cour de Justice peut ordonner le sursis à exécution des actes contestés devant elle ». Quant à l'article 19, il stipule que « Dans les affaires dont elle est saisie, la Cour de Justice peut prescrire les mesures conservatoires nécessaires ». Ainsi, la protection provisoire accordée par le juge de l'UEMOA peut consister aussi bien au sursis à l'exécution des actes contestés devant sa juridiction qu'en des mesures provisoires de manière générale.

Le contenu de la protection provisoire devant la Cour de Justice est aussi rappelé à l'article 44 des statuts de ladite Cour, qui évoque la notion de « procédure sommaire » par laquelle « Le président de la Cour, ou le cas échéant le juge qui le remplace, peut statuer [...] par ordonnance sur des conclusions tendant soit à l'obtention du sursis, soit à l'application des mesures conservatoires [...] ». La procédure sommaire visant à accorder la protection provisoire devant le juge de l'UEMOA est amplement détaillée aux articles 72 et suivants consacrés au sursis et autres mesures provisoires dans le règlement de procédures. De l'ensemble de ces dispositions, il ressort que les rédacteurs des traités, en s'inspirant sans doute des systèmes judiciaires des États membres et du droit de certaines organisations internationales, ont entendu conférer à la protection provisoire une place centrale dans l'étendue des compétences de la Cour de Justice de l'UEMOA. L'on peut néanmoins regretter le fait que celle-ci ne puisse, à la différence de la CIJ, octroyer proprio motu des mesures provisoires[1817].

[1815] Voir art. 41 du Statut de la Cour internationale de Justice.

[1816] Voir art. 278 et art. 279 TFUE.

[1817] Voir art. 75, par. 1, du règlement de procédures de la CIJ du 14 avril 1978. Voir aussi, Jean-Marc SOREL, « Le contentieux de l'urgence et l'urgence dans le contentieux devant les juridictions interétatiques » *in* Hélène RUIZ-FABRI et Jean-Marc SOREL (Dir.), *Le contentieux de l'urgence et l'urgence dans le contentieux devant les juridictions internationales : regards croisés, op. cit.*, pp. 7-56, préc. p. 10.

Par ailleurs, l'ensemble des dispositions fondant la protection provisoire devant le juge de l'UEMOA n'est pas sans susciter un certain nombre d'interrogations. En effet il est possible de se demander si le sursis à exécution que la Cour de Justice peut être amenée à ordonner dans le cadre « des recours formés devant [elle] »[1818] concerne également le renvoi préjudiciel qui, ainsi que nous l'avons déjà démontré, n'est pas *stricto sensu* un recours. Qui plus est, la Cour de Justice ne saurait rigoureusement être considérée comme étant « saisie par une affaire »[1819], dans le cadre d'un renvoi préjudiciel, dans la mesure où il est acquis que celle-ci n'y connait en principe que de la question de droit posée à titre préjudicielle, le juge national ayant seule compétence pour l'appliquer aux faits de l'espèce.

À titre de droit comparé, la CJCE a expressément jugé dans l'ordonnance Dory du 24 octobre 2001, qu'elle n'était pas compétente pour connaitre d'une demande en référé dans le cadre d'une procédure préjudicielle, et qu' « en raison de la différence substantielle existant entre la procédure contentieuse et la procédure incidente prévue à l'article 234 CE, on ne saurait […] à défaut d'une disposition expresse, étendre à cette dernière procédure les règles prévues uniquement pour la procédure contentieuse »[1820]. Si au regard de ce qui précède l'on admet que la CJUEMOA n'est pas compétente pour ordonner une protection provisoire dans le cadre d'un renvoi préjudiciel, il est logique de s'interroger sur l'identité de la juridiction habilitée à le faire dans la mesure où il n'est pas exclu que le besoin d'octroyer une telle protection surgisse à l'occasion d'une telle procédure. De manière plus large, il est également possible de s'interroger sur la possibilité pour les juridictions nationales des États membres d'octroyer une protection provisoire aux justiciables lorsqu'elles sont amenées, dans le cadre de leur fonction unionale, à connaître du droit de l'UEMOA.

Bien que sur l'ensemble de ces questions, les textes précités restent complètement aphones, il est possible de dégager le principe de la protection provisoire, conféré par le juge national, d'un certain nombre de fondements matériels tenant à la nature et aux caractéristiques du droit de l'UEMOA.

[1818] Art. 18 du protocole additionnel n° 1 précité.
[1819] Voir art. 19 du protocole additionnel n° 1 précité.
[1820] CJCE, ordonnance Dory du 24 octobre 2001, aff. C- 186/01 R, pt 6.

B) Les fondements matériels d'une protection octroyée par le juge national

En recourant aux méthodes d'interprétation, aux principes généraux du droit, ainsi qu'au droit comparé de l'Union européenne, il est possible de soutenir l'existence d'une compétence dans le chef du juge national pour octroyer des mesures provisoires dans les litiges mettant en cause, devant sa juridiction, le droit de l'UEMOA. Mis en corrélation, ces différents éléments permettent de distinguer d'une part, les fondements tenant aux caractéristiques du droit de l'intégration et aux obligations qui en découle pour le juge national (1) et d'autre part, ceux relatifs au principe de l'effet utile et à la théorie des pouvoirs implicites (2).

1) Les caractéristiques du droit de l'intégration et les obligations subséquentes du juge national

La question de savoir si le juge national a une compétence en matière de référé, dans les litiges portés devant sa juridiction et mettant en cause le droit de l'UEMOA, a très tôt été posée au sein de la doctrine sans y recevoir, pour autant, une réponse claire. En effet, l'ancien juge de la CJUEMOA M. MBACKÉ, s'interrogeait de savoir si le juge national « en tant que juge des référés, [pouvait] prendre des mesures fondées sur le droit communautaire »[1821], notamment en cas de « violation d'un texte national suspecté d'incompatibilité avec le droit communautaire »[1822]. Il se référait alors à la jurisprudence de la CJCE, tirée des arrêts Rewe[1823] et Comet[1824], pour indiquer que

> « D'une manière générale, à défaut de règles communautaires applicables de manière uniforme au niveau des États membres, la Cour de Justice des communautés européennes prescrit aux juridictions nationales d'appliquer leurs propres règles de procédures pour trancher les litiges où le droit communautaire est invoqué ».

[1821] Mouhamadou Moctar MBACKÉ, La Cour de Justice de l'Union économique et monétaire ouest-africaine (UEMOA). Son organisation, ses compétences et ses règles de procédure, *op. cit.* p. 38.
[1822] *Ibidem.*
[1823] CJCE, arrêt Rewe du 16 décembre 1976, *op. cit.*
[1824] CJCE, arrêt Comet du 16 décembre 1976, *op. cit.*

Cette référence au droit de l'Union européenne prête à équivoque dans la mesure où l'on se demande si elle vise uniquement les règles de procédures applicables en matière de référé fondé sur le droit de l'UEMOA, devant le juge national, auquel cas l'on pourrait en inférer l'affirmation implicite de la compétence de ce dernier en la matière, ou s'il faut y voir la solution applicable au principe même de la compétence du juge national pour ordonner des mesures provisoires fondées sur le droit de l'UEMOA. Cette dernière interprétation qui consiste à résoudre la question de la compétence du juge national par le simple renvoi aux droits nationaux, quoique plausible, apparaît préjudiciable à l'efficacité de la protection juridictionnelle du droit de l'UEMOA devant les juridictions nationales.

En effet, une telle solution conduirait à rendre variable l'octroi de la protection provisoire au sein des États membres, suivant le bon vouloir des législateurs nationaux. Elle introduirait ainsi une inégalité dans la protection juridictionnelle provisoire conférée aux justiciables, en l'absence notamment de toute possibilité pour certains d'entre eux de s'en prévaloir devant leurs tribunaux nationaux. C'est précisément ce problème qui a été à l'origine de l'arrêt Factortame[1825] rendu par la CJCE le 19 juin 1990. Cet arrêt est notamment considéré comme étant le *locus classicus* en matière de compétence du juge national pour ordonner des mesures provisoires sur le fondement du droit de l'Union européenne[1826]. En l'espèce, des sociétés espagnoles avaient attaqué devant la High Court le Merchant Shipping Act de 1988, une loi britannique sur la navigation des marchands, qui énonçait de nouvelles conditions de nationalité et de résidence pour les bateaux de pêche battant pavillon britannique. Cette loi avait pour effet d'exclure des droits de pêche de nombreux ressortissants espagnols qui en étaient pourtant bénéficiaires sous l'ancien régime. Les requérantes considéraient la nouvelle loi comme étant contraire aux dispositions du traité CEE. Elles sollicitèrent un arrêt déclaratoire confirmant les droits qu'elles détenaient du droit communautaire et, dans l'attente de la décision au fond, l'octroi de mesures provisoires.

Face à ces prétentions, la High Court décida d'effectuer un renvoi préjudiciel devant la CJCE tout en accédant à la demande des

---

[1825] CJCE, arrêt The Queen c. Secretary of State for Transport, ex parte: Factortame Ltd e.a. du 19 juin 1990, aff. C-213/89, Rec. 1990, p. I-2433.

[1826] Peter OLIVER, « Interim measures: some recent developments », *op. cit.*, p. 10.

requérantes visant le sursis à l'exécution de la loi britannique à leur égard. Cette dernière décision sera annulée par la Court of Appeal au motif que le droit constitutionnel britannique interdisait aux tribunaux de suspendre provisoirement l'application des lois. L'affaire sera finalement portée devant la House of Lords, qui décida, à son tour, de se référer à la CJCE. Tranchant sur la question, la Cour affirma notamment que « la juridiction nationale qui, saisie d'un litige concernant le droit communautaire, estime que le seul obstacle qui s'oppose à ce qu'elle ordonne des mesures provisoires est une règle de droit national doit écarter l'application de cette loi »[1827]. Pour parvenir à cette conclusion, la CJCE a fondé son raisonnement sur plusieurs éléments liés aux caractéristiques du droit communautaire et aux obligations subséquentes du juge national. Il s'agit notamment des principes d'effet direct et de primauté[1828] ainsi que des obligations qui en découlent pour le juge national en sa qualité de juge de droit commun du droit supranational.

En effet, la CJCE entama son raisonnement en rappelant sa jurisprudence issue de l'arrêt Simmenthal[1829]. Dans cet arrêt, celle-ci avait indiqué qu'il appartenait au juge national d'assurer la protection juridique découlant, pour les justiciables, des principes d'effet direct et de primauté du droit communautaire. Ce dernier avait ainsi l'obligation d'assurer une protection directe et immédiate des droits que les particuliers tiraient du droit communautaire, étant entendu que toute disposition ou toute pratique d'un ordre juridique national, législative, administrative ou judiciaire, qui l'en empêcherait, serait incompatible avec les exigences inhérentes au droit communautaire[1830]. En établissant un parallèle avec la protection provisoire, la CJCE affirma alors que

> « La pleine efficacité du droit communautaire se trouverait tout aussi diminuée si une règle du droit national pouvait empêcher le juge saisi d'un litige régi par le droit communautaire d'accorder les mesures provisoires en vue de garantir la pleine

---

[1827] *Idem*, pt 23.

[1828] Voir aussi dans ce sens Stéphanie PAYET, *Le droit à une protection juridictionnelle effective en droit de l'Union européenne*, *op. cit.*, p. 644 et s. Sur le principe d'effet direct et le principe de primauté en tant que caractéristiques spécifiques du droit de l'intégration, Cf. *supra*, partie 1, titre 1, chap. 1.

[1829] CJCE, arrêt Simmenthal du 9 mars 1978, *op. cit.*

[1830] *Idem*, pts 22 et 23.

> efficacité de la décision juridictionnelle à intervenir sur l'existence des droits invoqués sur la base du droit communautaire. Il en résulte que le juge qui, dans ces circonstances, accorderait des mesures provisoires s'il ne se heurtait pas à une règle de droit national est obligé d'écarter l'application de cette règle »[1831].

De ce qui précède, l'on peut relever trois obligations spécifiques à la charge du juge national en sa qualité de juge de droit commun du droit de l'intégration, et qui fondent sa compétence accessoire en matière de référé. Il s'agit en l'occurrence de l'obligation d'assurer la pleine efficacité du droit supranational, celle de garantir la protection juridictionnelle effective des justiciables ainsi que l'obligation d'assurer la pleine efficacité de la décision à intervenir au fond. Nous remarquerons toutefois que la première et la troisième obligation découlent en réalité de la seconde qui apparait fondamentale et fort prégnante dans le raisonnement de la juridiction communautaire. Même si l'on ne s'en aperçoit expressément que dans l'arrêt Unibet[1832], la protection juridictionnelle effective, en tant que fondement de la protection provisoire devant le juge national, est présente de manière implicite dès les tous premiers arrêts de la CJCE sur la matière qui nous occupe.

Hormis l'arrêt Factortame, l'arrêt Zuckerfabric du 21 février 1991 comporte également des prémices du rattachement de la compétence du juge national, en matière de référé, à la protection juridictionnelle effective des justiciables. Dans cet arrêt qui consacre, comme un assouplissement à l'arrêt Foto-Frost[1833], la compétence du juge national pour ordonner le sursis à l'exécution d'un acte administratif national pris sur la base d'un règlement communautaire prétendument

---

[1831] Arrêt Factortame précité, pt 21.

[1832] Arrêt CJCE, arrêt Unibet (London) Ltd et Unibet (International) Ltd c. Justitiekanslern, op. cit., pt 77 : « [...] le principe de protection juridictionnelle des droits conférés aux justiciables par le droit communautaire doit être interprété en ce sens qu'il requiert, dans l'ordre juridique d'un État membre, que des mesures provisoires puissent être octroyées jusqu'à ce que la juridiction compétente se soit prononcée sur la conformité des dispositions nationales avec le droit communautaire, lorsque l'octroi de telles mesures est nécessaire pour garantir la pleine efficacité de la décision juridictionnelle à intervenir quant à l'existence de tels droits ».

[1833] Voir Fabrice PICOD, « Le droit au juge en droit communautaire » *in* Joël RIDEAU (Dir.), *Le droit au juge dans l'Union européenne, op. cit.*, p. 163.

illégal[1834], la CJCE débute également son raisonnement en posant, de manière axiomatique, que l'article 189 du traité CE (portée générale et effet obligatoire du règlement) ne saurait faire obstacle à la protection juridictionnelle des droits que les justiciables tirent du droit communautaire[1835]. Autrement dit, la protection juridictionnelle des droits que les justiciables tirent du droit de l'intégration serait compromise si ces derniers ne pouvaient obtenir, devant le juge national, une protection provisoire de leur situation en attendant la décision au fond. En effet, comme l'expriment bien Denys SIMON et Ami BARAV,

> « la logique du droit communautaire, dans ses rapports avec les droits des États membres, implique nécessairement que toute juridiction nationale doive disposer des pouvoirs nécessaires pour empêcher qu'un justiciable, susceptible de se prévaloir du droit communautaire, soit de façon définitive et irréversible privé de la possibilité juridique d'exercer ses droits »[1836].

Il y va notamment de l'effet utile de la protection juridictionnelle conférée aux justiciables, par le droit de l'intégration. Avec la cohérence du système de protection provisoire et la théorie des pouvoirs implicites, le principe de l'effet utile constitue l'autre catégorie des fondements matériels de la compétence du juge national en matière de référé.

[1834] CJCE, arrêt Zuckerfabric Süderdithmarschen, aff. jtes C-143/88 et c-92/89, Rec. p. I-4115, pt 21. Pour un commentaire de cet arrêt, voir : Henry G. Schermers, « Joined cases C-143/88 and C-92/89, Zuckerfabrik Süderdithmarschen AG v. Hauptzollamt Itzehoe and Zuckerfabrik Soest GmbH v. Hauptzollamt Paderborn, Preliminary ruling of 21 February 1991 requested by the Finanzgerichte of Hamburg and Düsseldorf », CMLRev., Issue 1, Vol. 29, 1992, pp. 133–139.

[1835] *Idem*, pt 16. Voir dans le même sens: CJCE, arrêt Atlanta Fruchthandelsgesellschaft mbH et autres c. Bundesamt für Ernährung und Forstwirtschaft, du 9 novembre 1995, Rec. 1995, p. I-03761, pt 20.

[1836] Denys SIMON et Ami BARAV, « Le droit communautaire et la suspension provisoire des mesures nationales- les enjeux de l'affaire Factortame », *RMC*, n° 340, 1990, pp. 591-597, préc. p. 595.

2) Le principe de l'effet utile, la cohérence du système de protection provisoire et la théorie des pouvoirs implicites

Le recours au principe de l'effet utile, à l'argument de la cohérence du système de protection provisoire ainsi qu'à la théorie des pouvoirs implicites, n'est pas isolé du principe de la protection juridictionnelle des justiciables. En effet, le principe de l'effet utile qui fonde la compétence du juge national, en matière de référé, vise précisément à faire en sorte que la protection juridictionnelle des droits que ces derniers tirent du droit de l'intégration ne soit pas compromise par l'absence d'une protection provisoire. Quant à la cohérence du système de protection provisoire et à la théorie des pouvoirs implicites, elle permet de justifier les pouvoirs du juge national, en matière de référé, en établissant un parallèle avec les pouvoirs qui lui sont reconnus à titre principal et ceux que le juge supranational détient dans le cadre du recours en annulation.

S'agissant du principe de l'effet utile, il constitue l'un des motifs essentiels de l'arrêt Factortame qui se référa notamment à l'effet utile du mécanisme de renvoi préjudiciel. Pour la CJCE, l'effet utile de ce mécanisme « serait amoindri si la juridiction nationale qui sursoit à statuer jusqu'à ce que la Cour réponde à la question préjudicielle ne pouvait pas accorder des mesures provisoires jusqu'au prononcé de sa décision prise à la suite de la réponse de la Cour »[1837]. Pour rappel, les justiciables jouissent d'une protection juridictionnelle à l'encontre des actes nationaux non conformes au droit supranational, en ayant la possibilité d'obtenir un contrôle juridictionnel indirect de ces actes par la juridiction supranationale, à travers précisément le mécanisme du renvoi préjudiciel en interprétation. Il en est de même pour ce qui est des actes supranationaux eux-mêmes, lorsqu'ils sont suspectés d'être illégaux. Dans cette dernière hypothèse, le contrôle indirect consiste à remettre en cause, devant le juge national, la validité des actes nationaux d'application, et à obtenir de ce dernier la saisine du juge supranational par un renvoi préjudiciel en appréciation de la légalité de l'acte supranational de base. Il appert que le droit d'accès indirect au juge supranational de la légalité « serait compromis si, dans l'attente d'un arrêt de la Cour, le justiciable n'était pas, lorsque certaines conditions sont remplies, en mesure d'obtenir une décision de sursis qui

---

[1837] Arrêt Factortame précité, pt 22.

permette de paralyser, pour ce qui le concerne, les effets du règlement critiqué »[1838].

S'agissant ensuite de la cohérence du système de protection provisoire, elle est évoquée comme nouvel argument dans l'arrêt Zuckerfabric précité. L'idée consistait à soutenir notamment que dans la mesure où le sursis à exécution pouvait être ordonné dans le cadre d'un recours en annulation, laquelle est une modalité de contrôle de la légalité des actes institutionnels au même titre que le renvoi préjudiciel en appréciation de validité, cette dernière voie de droit ne devait pas être privée de la même possibilité. La CJCE affirmait ainsi dans ledit arrêt que

> « [...] le renvoi en appréciation de validité constitue, au même titre que le recours en annulation, une modalité du contrôle de la légalité des actes des institutions communautaires. Or, dans le cadre du recours en annulation, l'article 185 du traité CEE donne à la partie requérante la faculté de demander le sursis à l'exécution de l'acte attaqué et à la Cour la compétence pour l'octroyer. La cohérence du système de protection provisoire exige donc que le juge national puisse également ordonner le sursis à l'exécution d'un acte administratif national fondé sur un règlement communautaire dont la légalité est contestée. »[1839].

À noter que le même raisonnement a été utilisé dans l'arrêt Atlanta pour reconnaitre la compétence du juge national pour ordonner une mesure positive rendant provisoirement inapplicable un règlement communautaire, compte tenu du fait que, dans le cadre du recours en annulation, le traité n'autorisait pas seulement la Cour à ordonner le sursis à l'exécution de l'acte attaqué, mais l'investissait également du pouvoir de prescrire les mesures provisoires nécessaires[1840]. Comme on peut le constater, cet argumentaire conduit à établir un parallèle entre la compétence au provisoire du juge supranational et celle du juge national, en alignant les pouvoirs du second sur ceux du premier. Cela conduit à reconnaitre, sans difficulté, une compétence provisoire au juge national pour toutes les voies de droit, principales comme incidentes, par lesquelles il pourrait être amené à connaitre du droit de

---

[1838] Arrêt Zuckerfabric, pt 17.
[1839] *Idem*, pt 18.
[1840] Arrêt Atlanta précité, pt 27.

l'UEMOA, dans la mesure où la protection qui est assurée aux justiciables « ne saurait varier » selon qu'ils font valoir leurs droits devant le juge interne ou devant la Cour de Justice de l'UEMOA.

In fine, la compétence du juge national, en matière de référé fondé sur le droit de l'intégration, peut être déduite, suivant la théorie des pouvoirs implicites, de sa compétence au principal en tant que juge de droit commun du droit de l'UEMOA. Suivant cette théorie, il est possible d'affirmer qu'une compétence reconnue à une juridiction quelconque implique les pouvoirs sans lesquels celle-ci ne saurait exercer valablement et efficacement sa fonction. Or, en plaçant les mesures provisoires dans la perspective du déroulement de la procédure judiciaire vers la décision finale, il apparaît clairement qu'« [...] Au même titre que le règlement de tout autre incident de procédure, l'institution de mesures provisoires ou conservatoires est inhérente aux pouvoirs exercés par le juge dans la direction du procès »[1841]. Dans ce sens, l'on ne saurait nier au juge national la compétence pour ordonner des mesures provisoires dans des litiges mettant en cause le droit de l'UEMOA, alors même qu'il aurait une compétence pour connaitre de ces litiges au principal en raison de sa fonction « unionale ». Cette considération nous amène également à évoquer le principe selon lequel « l'accessoire suit le principal », pour dire que dès lors qu'il existe une action principale au profit des justiciables pour la protection des droits qu'ils tirent du droit de l'intégration (peu importe que cette action vise les actes de droit dérivé eux-mêmes ou les mesures nationales prises pour leur application), elle doit s'accompagner de la possibilité d'engager, accessoirement, une action en demande de protection provisoire. L'absence d'une telle possibilité serait susceptible de compromettre l'efficacité de la décision à intervenir au principal.

Il s'impose en effet que la compétence pour connaitre de l'action accessoire ne soit pas déconnectée de celle régissant l'action principale, le juge national devant être alors le juge naturel du provisoire, lorsqu'il l'est au principal. Cette conséquence toute logique de l'office « unional » du juge national ne saurait être remise en cause par l'éventualité d'un renvoi préjudiciel à son homologue supranational, dans la mesure où il demeure, malgré tout, le mieux imprégné des faits de l'espèce et partant, le mieux à même d'ordonner d'éventuelles

[1841] Pierre PESCATORE, « Les mesures conservatoires et les référés », *op. cit.*, p. 323.

mesures provisoires. Cette conclusion sur les fondements matériels d'une protection provisoire octroyée par les juges nationaux des États membres de l'UEMOA nous permet d'introduire le second paragraphe dédié aux caractéristiques de la protection juridictionnelle provisoire.

Paragraphe II : L'homogénéité des caractéristiques

Qu'elles soient octroyées par le juge de l'UEMOA ou par le juge national, les mesures provisoires en droit de l'intégration, comme en droit national et en droit international, ont en commun leur caractère accessoire (A), provisoire (B) et conservatoire (C).

A) Le caractère accessoire

Dans l'ordonnance État de Côte et M. Laurent GBAGBO c. Conseil et Commission de l'UEMOA, le juge des référés (juge de l'UEMOA) s'est référé à la requête de sursis à l'exécution en tant que « procédure accessoire »[1842]. Il s'agit du premier point de convergence des mesures provisoires ordonnées par le juge de l'UEMOA et par le juge national. Le caractère accessoire de la protection provisoire renvoie au caractère subsidiaire des mesures provisoires[1843]. En effet l'action en référé est nécessairement adventice à une action principale qui la précède et dont elle vise à préserver l'efficacité. Il doit donc exister dans ce sens un lien étroit entre le référé et l'action au principal[1844]. En vertu du caractère accessoire de la protection provisoire, une demande de mesures provisoires ne peut être introduite de manière anticipée devant le juge des référés, encore moins de manière autonome.

Le caractère accessoire des mesures provisoires en droit de l'UEMOA ressort des articles 18 et 19 du protocole additionnel n° 1. Aux termes de l'article 18, la Cour de Justice peut ordonner le sursis à exécution « des actes contestés devant elle ». Quant à l'article 19, il stipule que cette dernière peut prescrire les mesures conservatoires nécessaires « dans les affaires dont elle est saisie ». Ces deux dispositions

---

[1842] CJUEMOA, Ord. État de Côte d'Ivoire et M. Laurent GBAGBO c. Conseil et Commission de l'UEMOA, du 4 avril 2011, aff. n° 6/2011, non encore publié, p. 6.
[1843] Pierre PESCATORE, « Les mesures conservatoires et les référés » *in SFDI, La juridiction internationale permanente*, Colloque de Lyon, Paris, Pedone, 1987, pp. 315-362, préc. p. 325.
[1844] Blanca PASTOR et Eric Van GINDERACHTER, « La procédure en référé », *op. cit.*, p. 565.

présupposent donc la contestation préalable des actes dont le sursis à exécution est demandé à la Cour de Justice[1845] ainsi que la saisine préalable de cette dernière, au principal, pour les affaires nécessitant la prise d'autres mesures provisoires. Concrètement, ces dispositions signifient pour le juge des référés de l'UEMOA, la saisine préalable d'un recours en annulation ou de tout autre recours direct prévu par les statuts et le règlement de procédures de la Cour de Justice[1846]. Quant au juge national des référés, il est en principe compétent, ainsi que nous l'avons démontré[1847], pour prononcer des mesures provisoires dans toutes les actions (principales comme incidentes) dont il est saisi et dans lesquelles il est amené à connaitre du droit de l'UEMOA, que ces dernières donnent lieu ou non à un renvoi préjudiciel devant la Cour de Justice.

Pour l'ancien juge de la CJCE, Pierre PESCATORE, l'exigence tenant au caractère accessoire de la protection juridictionnelle provisoire est une exigence de bon sens dans la mesure où il n'est pas possible au juge de reconnaitre la justification d'une mesure urgente s'il n'a pas en même temps une connaissance précise de la nature et de l'objet du recours principal[1848]. Il s'agit, dans le fond, d'un caractère découlant de l'objet même de la protection provisoire qui, ainsi que nous l'avons dit, vise à préserver l'effet utile d'un arrêt devant intervenir dans l'action au principal[1849]. Il ne peut donc exister de protection juridictionnelle provisoire *ex nihilo*. Cette connexion entre l'objet des mesures provisoires et leur caractère accessoire peut être également établie avec leur caractère provisoire.

B) Le caractère provisoire

Dans la mesure où elles visent à préserver les intérêts des parties à un litige dans l'attente de la décision au principal, les mesures provisoires ont également un caractère provisoire ainsi que l'indique leur

---

1845 Voir aussi, art. 72 du règlement de procédures de la Cour de Justice de l'UEMOA.
1846 Voir dans ce sens, Olivier De SCHUTTER, « Les mesures provisoires devant la Cour de Justice des Communautés européennes dans le domaine des droits fondamentaux » *in* Gérard COHEN-JONATHAN et Jean-François FLAUSS (Dir.), *Mesures conservatoires et droits fondamentaux* (*Droits et Justice, n° 65*), Bruxelles, Bruylant, 2003, pp. 93-130, spéc. p. 3.
1847 Cf. supra, p. 422 et s.
1848 Pierre PESCATORE, « Les mesures conservatoires et les référés », *op. cit.*
1849 Cf. supra, p. 418 et s.

appellation. Le caractère provisoire des mesures ordonnées par les juges des référés en droit de l'UEMOA ressort de l'article 73 du règlement de procédures de la Cour de Justice. Selon cette disposition, le président de la Cour de Justice statue en référé par voie d'ordonnance, qui « ne prescrit que des mesures à caractère provisoire » et « ne préjudicie pas au fond de l'affaire »[1850]. Le caractère provisoire des mesures ordonnées en référé découle principalement de trois considérations clairement détaillées par Blanca PASTOR et Eric Van GINDERACHTER[1851]. D'abord, il découle du fait que ces mesures produisent leurs effets jusqu'à l'intervention de la décision au principal, laquelle les rend sans objet. En effet, il convient de souligner que les mesures provisoires sont par essence temporaires. Lorsque leur durée de validité n'est pas expressément fixée par les juges des référés dans l'ordonnance les octroyant, les mesures provisoires deviennent ainsi caduques dès le prononcé de l'arrêt au principal.

Dépendant des circonstances qui les justifient, ces mesures sont également, à tout moment, modifiables et révocables, lorsque les circonstances qui les ont motivés ont pris fin. L'article 74 du règlement de procédures dispose à cet effet que : « À la demande d'une des partie, l'ordonnance peut à tout moment être modifiée ou rapportée par suite d'un changement de circonstances ». Ainsi, par exemple, les juges des référés pourraient décider de prolonger, dans le temps, les effets d'une mesure provisoire dont la durée de validité initiale est arrivée à terme, lorsque les circonstances le justifient et que l'affaire au principal n'a toujours pas donné lieu à une décision au fond.

Enfin le caractère provisoire des mesures ordonnées en référé découle du fait que celles-ci ne peuvent préjuger de la décision au fond. En effet, la décision rendue à l'issue d'une procédure sommaire ne constitue pas un premier jugement quant au fond de l'affaire, le juge ne s'y contentant que d'un examen prima facies des éléments de l'espèce, dans la mesure strictement nécessaire à l'octroi ou au refus d'éventuelles mesures provisoires. Cela signifie que les juges des référés peuvent débouter un requérant au fond d'une affaire dans laquelle ils auraient admis, auparavant, des mesures conservatoires et vice-versa. Cette séparation des procédures au fond et en référé doit cependant être nuancée dans la

---

[1850] Voir aussi art. 44, al. 2, des Statuts de la Cour de Justice.

[1851] Blanca PASTOR et Eric Van GINDERACHTER, "La procédure en référé", *op. cit.*, p. 568.

mesure où la seconde joue, à certains égards, une fonction « signalétique »[1852]. En effet, même si la procédure sommaire n'a pas pour objet l'examen du fond de l'affaire, elle donne aux juges des référés l'occasion de se former une première opinion du sujet. Comme le constate Pierre PESCATORE, ces derniers en profiteraient pour envoyer aux parties « un signal » quant aux forces et aux faiblesses de leurs argumentations respectives. Ainsi considère-t-il la décision en matière de référé non seulement comme « une réaction première à une situation d'urgence, mais encore comme un acte, tout provisoire il est vrai, d'administration de la justice »[1853].

Pour terminer, la protection juridictionnelle provisoire et accessoire à un litige au principal se caractérise par son caractère conservatoire.

C) Le caractère conservatoire

Les mesures provisoires octroyées par les juges des référés sont également appelées mesures conservatoires[1854], comme pour mettre en exergue ce caractère qui permet de les identifier. Les mesures ordonnées par les juges des référés ont un caractère conservatoire car elles ont pour objet la protection des droits de l'une ou l'autre des parties en vue d'éviter qu'une situation irréversible ne se crée[1855]. On dit généralement qu'elles visent au maintien du *statu quo* entre les parties et lorsque ce dernier a déjà été rompu, à la création d'un modus vivendi, jusqu'à l'intervention de la décision au principal[1856]. Le caractère conservatoire des mesures provisoires tient ainsi à l'urgence à intervenir, notamment, lorsqu'il est à craindre que l'exécution de la décision attaquée ou l'abandon des parties à leur sort, n'entraîne des conséquences difficilement réparables, auxquelles ne saurait remédier ultérieurement même un arrêt favorable au bénéficiaire.

Ayant exposé les fondements et les caractéristiques de la protection juridictionnelle provisoire émanant de la Cour de Justice et du juge

---

[1852] Voir dans ce sens, Pierre PESCATORE, « Les mesures conservatoires et les référés », *op. cit.*, p. 326.
[1853] *Ibidem.*
[1854] Voir art. 19 du protocole additionnel n° 1.
[1855] Rostane MEHDI, « Le juge communautaire et l'urgence », *op. cit.*, p. 58.
[1856] Voir dans ce sens, Marcel SLUSNY, « Les mesures provisoires dans la jurisprudence de la Cour de Justice des Communautés européennes », *op. cit.*, 131.

national, la section qui suit s'intéresse amplement aux conditions d'obtention de cette protection en droit de l'UEMOA.

Section II : Les conditions d'obtention des mesures provisoires

Si la possibilité pour les justiciables d'obtenir des mesures provisoires est admise en droit de l'UEMOA, elle reste soumise à un certain nombre de conditions visant à la fois la formulation de la demande de protection et l'octroi de ladite protection. Nous examinerons ainsi, tour à tour, les conditions de recevabilité et la procédure applicable à la demande de protection provisoire (paragraphe I), et les conditions d'octroi proprement dit (paragraphe II).

Paragraphe I : Les conditions de recevabilité et la procédure applicable à la demande de mesures provisoires

Elles visent à établir un filtrage des demandes de protection provisoire adressées aux juges des référés pour n'examiner que celles répondant véritablement aux caractéristiques d'une demande de mesure provisoire. À ce niveau, il convient d'examiner séparément les conditions de recevabilité applicables devant le juge des référés de l'UEMOA (A) et celles qui devraient être appliquées, lorsqu'il revient au juge national d'ordonner des mesures provisoires sur fondement du droit de l'Union (B).

A) Les conditions de recevabilité et la procédure applicable devant le juge des référés de l'UEMOA

Pour prétendre obtenir une protection provisoire de ses droits devant le juge des référés de l'UEMOA, le requérant individuel doit présenter une demande qui respecte un certain de conditions de recevabilité (1) et se soumettre au déroulement d'une procédure spéciale (2) devant la Cour de Justice.

1) Les conditions de recevabilité

Hormis les conditions communes relatives à la qualité et à l'intérêt pour agir ainsi que celles liées aux formes prescrites pour les requêtes introductives d'instance, le règlement de procédures de la Cour de

Justice comporte trois catégories de conditions spécifiques à la demande en référé. Il s'agit notamment des conditions tenant à l'identité du requérant (a), au contenu de la demande en référé (b) et à l'exigence d'une action préalable au principal (c).

a) L'identité du requérant

La détermination du requérant recevable à introduire une demande de mesure provisoire devant la Cour de Justice dépend, en droit de l'UEMOA, de l'objet de la demande effectuée. Lorsqu'il s'agit d'un sursis à l'exécution d'un acte juridique, le requérant recevable ne peut être que le demandeur de l'action au principal. En effet, une demande de mesure provisoire n'est recevable, dans ce cas de figure, que si le requérant a attaqué auparavant l'acte incriminé soit devant la Cour de Justice de l'UEMOA[1857]. Dans cette hypothèse, l'on considère le sursis à exécution de l'acte visé comme une mesure trop grave pour être demandée par le défendeur au principal (ce qui ne fait d'ailleurs pas sens a priori), encore moins par des parties intervenantes[1858].

En revanche, une tout autre demande de mesure provisoire (positive ou négative) peut être valablement introduite par toutes les parties au litige au principal, y compris par le défendeur et les parties intervenantes. En effet, il n'est pas exclu qu'en pareille situation, une mesure provisoire ordonnée par les juges des référés s'impose en vue de préserver les intérêts de ces derniers.

b) Le contenu de la demande en référé

Aux termes de l'article 72, alinéa 2, du règlement de procédures de la CJUEMOA, « La demande visée au paragraphe précédent (sursis à l'exécution) spécifie l'objet du litige, les circonstances établissant l'urgence, ainsi que les moyens de fait et de droit justifiant à première vue l'octroi de la mesure provisoire à laquelle elle conclut ». Cette exigence vise à fournir au juge des référés les éléments nécessaires à son appréciation sur la nécessité d'ordonner la mesure requise. Même si cela n'est pas spécifié à l'article précité, il en découle que la demande

---

[1857] Art. 72, al. 2, du règlement de procédures.

[1858] Voir Blanca PASTOR et Eric VAN GINDERACHTER, « La procédure en référé », *op. cit.*, cité par Stéphanie PAYET, *Le droit à la protection juridictionnelle effective en droit de l'Union européenne, op. cit.*, p. 658.

de sursis à l'exécution d'un acte juridique ou tout autre demande de mesure provisoire doit être présentée par acte séparé et distinct de l'acte introductif de l'instance au fond[1859]. Cette exigence vise à marquer l'autonomie des procédures malgré leur étroite connexité. L'indication des éléments suscités apparait logique pour fournir au juge des référés les moyens d'apprécier convenablement la requête. Dans la mesure où l'objet de la demande en référé se veut distinct de la demande au fond, elle ne saurait se limiter à renvoyer purement et simplement aux moyens de fait et aux moyens de droit présentés au soutien de la requête principale, sous peine d'irrecevabilité.

L'obligation de renseigner les éléments prévus à l'article 72, alinéa 2, du règlement de procédures s'impose également au requérant qui présente une nouvelle demande fondée sur des faits nouveaux, à la suite du rejet d'une première demande de mesure provisoire devant la Cour de Justice[1860]. Dans ce cas, les éléments à renseigner ne doivent pas être les mêmes que ceux de la première demande au risque que la seconde demande ne soit à nouveau rejetée.

c) L'exigence d'une action préalable au principal

Cette exigence découle du caractère accessoire de l'action provisoire[1861]. Elle est expressément prévue à l'article 72, alinéa 1, du règlement de procédures, s'agissant de la demande de sursis à exécution d'un acte juridique. Aux termes de cette disposition, « toute demande de sursis à l'exécution d'un acte d'une institution n'est recevable que si le demandeur a attaqué cet acte dans un recours devant la Cour ». Conformément à cette disposition, pour être recevable, la demande de sursis à l'exécution doit être précédée d'un recours en annulation dont l'objet coïncide avec celui de la demande provisoire[1862]. À noter toutefois que dans l'ordonnance Gutmann du 8 avril 1965, la CJCE a assoupli cette exigence en considérant comme recevable une demande

[1859] Contrairement au droit de l'UEMOA, cette exigence est formellement insérée à l'article 83, paragraphe 3, du règlement de procédures de la CJUE.
[1860] Art. 75 du règlement de procédures.
[1861] Cf. *supra*, sect. 1, par. 2, A.
[1862] Voir CJUEMOA, Ord. M. Laubhouet Serge c. Commission de l'UEMOA, *op. cit.*, p. 4. Également, CJUEMOA, Ord. M. Ababacar Dieng c. Commission de l'UEMOA, *op. cit.*, p. 139.

de sursis à l'exécution d'un acte qui, même s'il n'avait pas été attaqué dans le recours principal, était une conséquence juridique directe des actes attaqués dans ce recours[1863].

Quant aux autres mesures provisoires qui peuvent être sollicitées au juge des référés de l'UEMOA, elles ne pourront être recevables que si elles interviennent dans le cadre d'une affaire dont celui-ci est saisie au fond. Il faut néanmoins relever que le caractère accessoire, à une action principale pendante, de la demande en référé ne porte en rien atteinte au principe de l'autonomie de ces deux procédures. Ainsi, la recevabilité de l'action principale ne conditionne pas, en principe, celle de l'action provisoire. Dans ce sens, le TPICE a affirmé dans l'ordonnance Peña Abizanda que

> « La question de la recevabilité du recours au principal ne doit pas, en principe, être examinée dans le cadre d'une procédure en référé, mais doit être réservée à l'analyse dudit recours, sauf dans l'hypothèse où celui-ci apparaît, à première vue, manifestement irrecevable. Statuer sur la recevabilité au stade du référé, lorsque celle-ci n'est pas, *prima facies*, totalement exclue, reviendrait, en effet, à préjuger la décision du Tribunal statuant au principal »[1864].

En dehors des conditions de recevabilité ci-dessus examinées, la demande de mesures provisoires obéit, auprès du juge des référés de l'UEMOA, à un certain nombre de règles de procédure.

2) Le déroulement de la procédure

Dominé par la figure du juge ou de l'organe compétent pour connaitre de la demande (a), le déroulement de la procédure de référé, au niveau supranational, connait plusieurs étapes avec une portée parfois insoupçonnée (b).

[1863] CJCE, Ord. Max Gutmann c. Commission de la CEEA du 8 avril 1965, aff. 18/65 R, Rec. 1966, p. 195.

[1864] TPICE, Eduardo Peña Abizanda e.a. c. Commission des Communautés européennes, aff. T-196/98 R, Rec. 1999, FP-I-A-5 ; FP-II-15. Également, TFPUE, Ord. Philippe Colart c. Parlement européen, du 2 octobre 2013, aff. F-87/13 R, ECLI:EU:F:2013:147, pt 13.

a) L'organe ou l'entité compétente

Selon l'article 44 des statuts de la Cour de Justice de l'UEMOA, c'est le président de ladite Cour (ci-après le président), ou le cas échéant, le juge qui le remplace, qui est compétent pour statuer, selon une procédure sommaire, par ordonnance, sur des conclusions tendant soit à l'obtention d'un sursis à l'exécution, soit à l'application de mesures conservatoires. Aux termes de l'article 73 du règlement de procédures, les décisions rendues par le président de la Cour de Justice ne sont pas susceptibles de recours. Cette compétence juridictionnelle du président de la CJUEMOA n'est pas un cas isolé puisqu'il en est quasiment ainsi en droit de l'Union européenne où ce sont respectivement le président du Tribunal[1865] et le vice-président de la CJUE[1866] qui sont compétents en matière de référé[1867]. Toutefois, compte tenu des enjeux souvent importants que renferment les demandes en référé, l'on peut s'interroger sur la pertinence du choix de confier à une seule personne la responsabilité d'en décider définitivement. Sur ce point il apparait intéressant de relever que les ordonnances en référés sont examinées en premier et dernier ressort, devant la CIJ, par un collège de juges[1868].

Pour terminer sur le point relatif à l'organe ou à l'entité compétente pour ordonner les mesures provisoires au niveau de l'Union, relevons que l'urgence d'adopter des mesures provisoires en vue de préserver les intérêts des parties à un litige peut se poser dans des matières spécifiques pour lesquelles les traités et textes subséquents ont aménagé des procédures particulières. Il s'agit notamment du contentieux du personnel de l'UEMOA et du contentieux en matière de concurrence. Pour rappel, l'article 140 du règlement n° 7/2010 portant statut du personnel de l'UEMOA prévoit que la Cour de Justice ne peut être saisie d'un litige opposant l'Union à un de ses agents, que si ce dernier

---

[1865] Art. 158, par. 1, du règlement de procédures du Tribunal du 4 mars 2015, JOUE L 105, p. 1.

[1866] Art. 1er, al. 1, de la décision de la Cour de Justice du 23 octobre 2012 relative aux fonctions juridictionnelles du vice-président de la Cour, JOUE L 300, p. 47.

[1867] Voir notamment Vivien TERRIEN, « Le référé : problématiques actuelles et derniers développements » *in* Stéphanie MAHIEU (Dir.), *Contentieux de l'Union européenne. Questions choisies, op. cit.*, pp. 339-396, préc. p. 340.

[1868] Art. 74, par. 2, du règlement de procédures de la CIJ. Voir aussi dans le même sens, l'art. 76 du même règlement.

a préalablement saisi le Comité consultatif paritaire d'une réclamation visant l'acte de l'AIPN lui faisant grief. Dans ce cas de figure, il pourrait s'écouler, en tout, une durée de trois (3) mois entre la saisine du CCP et celle du juge de l'UEMOA, toute chose qui pourrait s'avérer périlleuse pour la situation de l'agent concerné. C'est pour pallier cette situation que l'article 137 stipule que : « le requérant peut assortir sa réclamation d'une demande aux fins de sursis à l'exécution de l'acte attaqué ». Ainsi, sous réserve d'une demande dûment motivée, l'agent requérant pourra obtenir un sursis à l'exécution de la décision attaquée[1869]. Conformément à l'article 137 précité, cette demande de sursis à l'exécution de l'acte de l'AIPN n'est recevable que si elle est portée devant le Comité consultatif paritaire qui se voit muer, pour la circonstance, en juge des référés. Cependant, cette compétence du CCP n'est pas sans susciter certaines inquiétudes.

D'abord au regard de sa composition de non juristes pour l'essentiel[1870], l'on peut légitimement émettre des doutes sur l'aptitude du CCP à se prononcer convenablement sur une question avant tout juridique qu'est celle de l'octroi d'un sursis à l'exécution. Ensuite, compte tenu des complexités qui entourent parfois les demandes de mesures provisoires, il aurait sans doute été au bénéfice de la protection juridictionnelle efficace des justiciables de pouvoir obtenir le contrôle des décisions du CCP par la juridiction du président de la Cour de Justice. Cette solution est fort heureusement prévue pour les référés en matière de droit de la concurrence. Contrairement au droit de l'Union européenne où, dans le silence des textes applicables, la question a dû être réglée par la CJCE[1871], le droit de l'UEMOA prévoit expressément la compétence de

---

[1869] Mouhamadou Moctar MBACKE, *La Cour de Justice de l'Union économique et monétaire ouest-africaine..., op. cit.*, p. 50.

[1870] Aux termes de l'article 1er du règlement n° 15/2011 fixant la composition et le fonctionnement du Comité consultatif paritaire, celui-ci n'est composé que d'un seul juriste en la personne du directeur des affaires juridiques ou de son représentant.

[1871] Voir CJCE, Ord. Camera Care Ltd c. Commission des Communautés européennes, du 17 janvier 1980, aff. 792/79 R, Rec.1980, p. 119. Dans cette ordonnance, la CJCE a notamment jugé que « La Commission doit pouvoir prendre aussi, dans le cadre du contrôle que lui confient, en matière de concurrence, le traité et le règlement n° 17, des dispositions conservatoires, dans la mesure où celles-ci pourraient paraître indispensables en vue d'éviter que l'exercice du droit de décision prévu par l'article 3 ne finisse par devenir inefficace, ou même illusoire, en raison de l'action de certaines entreprises », pt 18. Pour des commentaires de cet arrêt majeur de la CJCE, voir : Areán Lalín Manuel, « La competencia de la Comisión para adoptar medidas cautelares en el marco del derecho "antitrust" de la C.E.E", *Actas de derecho*

la Commission pour ordonner des mesures provisoires dans le cadre des procédures relatives aux ententes et abus de position dominante à l'intérieur de l'Union. En effet, l'article 5 du règlement n° 3/2002 relatif aux procédures applicables aux ententes et abus de position dominante à l'intérieur de l'UEMOA[1872] porte spécifiquement sur les mesures provisoires. Aux termes du paragraphe 1, de cette disposition, « la Commission peut, d'office ou sur demande, après audition dans les 15 jours des entreprises ou associations d'entreprises intéressées, adopter des mesures provisoires dans les 5 jours à compter de l'audition [...] ».

Dans le même ordre d'idées, l'article 14, paragraphe 1, du règlement n° 4/2002 relatif aux aides d'État à l'intérieur de l'UEMOA et aux modalités d'application de l'article 88 c du Traité, stipule que « La Commission peut, après avoir donné à l'État membre concerné la possibilité de présenter ses observations, arrêter une décision enjoignant à l'État membre de suspendre le versement de toute aide illégale, jusqu'à ce qu'elle statue sur la compatibilité de cette aide avec le marché commun »[1873]. Dans l'un comme dans l'autre cas, les droits de la défense des parties doivent être respectés[1874] et les mesures prononcées sont susceptibles de recours devant la Cour de Justice de l'UEMOA[1875].

À noter que les mesures provisoires ordonnées par la Commission dans le cadre des procédures applicables aux aides d'État ainsi qu'aux ententes et abus de position dominante, et les recours dont ces dernières peuvent faire l'objet devant la Cour de Justice de l'UEMOA, ne doivent pas être confondues avec la protection provisoire reconnue aux justiciables devant ladite Cour, lorsque celle-ci est saisie d'une contestation relative à une décision définitive rendue par la

industrial, 1981, Tomo VII, pp.269-292 ; Henderson, CHRISTOPHER « The Camera Care Case and the European Court's Role as Praetor », *The Law Society's Gazette*, 1980 pp.575-576.

1872 Règlement n° 3/2002 relatif aux procédures applicables aux ententes et abus de position dominante à l'intérieur de l'UEMOA, *op. cit.*

1873 Aux termes de l'article 14, paragraphe 2, du même règlement, la mesure provisoire ordonnée par la Commission peut consister, à titre exceptionnel, à enjoindre l'État membre concerné à récupérer provisoirement l'aide illégalement versée.

1874 Art. 5, paragraphe 2, du règlement n° 3/2002, *op. cit.*, et art. 14, paragraphe 1, du règlement n° 3/2002 précité.

1875 Voir notamment l'art. 5, paragraphe 9, du règlement n° 3/2002 précité.

Commission[1876]. Cette situation confère aux justiciables une protection provisoire renforcée puisque ces derniers auront, à deux (2) occasions, la possibilité de requérir l'application de mesures provisoires.

b) Les différentes étapes de la procédure

Lorsqu'une demande de mesure provisoire est adressée au président de la Cour de Justice de l'UEMOA, celle-ci est signifiée à l'autre partie, à laquelle le président fixe un délai pour la présentation de ses observations écrites ou orales[1877]. Vu les circonstances d'urgence qui entourent la demande en référé, ce délai est généralement de très courte durée[1878], le président pouvant faire droit à la demande avant même que l'autre partie ait présenté ses observations[1879]. En effet, il n'est pas exclu que la situation du requérant se dégrade davantage dans l'attente des observations de la partie défenderesse ou que cette dernière s'abstienne expressément de toute diligence de nature à accélérer le dénouement de la procédure. Dans cette hypothèse, l'intervention du juge des référés vise à redonner à la procédure d'urgence tout son sens. Il est en outre remarquable de constater, s'agissant de la demande de sursis à exécution, que la signification de la requête visée par le président suspend l'exécution, même entamée, de l'acte incriminé[1880]. Les intérêts du requérant sont ainsi protégés dans la procédure de sursis à exécution jusqu'à l'intervention de l'ordonnance présidentielle[1881]. Ce pré-sursis à l'exécution de l'acte attaqué constitue, en droit de l'UEMOA, une protection provisoire renforcée des litigants.

Aux termes de l'article 73 du règlement de procédures, le président statue sur la demande de mesure provisoire par voie d'ordonnance motivée et non susceptible de recours. Cette ordonnance est assortie d'une caution dont le montant est fixé par le président. L'ordonnance rendue est immédiatement signifiée aux parties. À la demande d'une

---

[1876] Voir art. 90 du traité de l'UEMOA. Également, l'art. 16, par. 3, du règlement n° 4/2002 précité.

[1877] Art. 72, al. 3, du règlement de procédures.

[1878] Il varie en fonction de la spécificité de chaque affaire. Par exemple, dans l'ordonnance El Hadji Abdou SACKO précité, les parties défenderesses (Commission et CCEG) disposait d'un délai de dix (10) jours pour présenter leurs observations.

[1879] Art. 72, al. 4, du règlement de procédures.

[1880] *Idem*, art. 72, al. 3, *in fine*.

[1881] Voir CJUEMOA, Ord. M. Eugène YAÏ c. CCEG et Commission, du 6 mars 2008, aff. n° 1, Rec. p. 616.

partie[1882] ou d'office[1883], l'ordonnance peut à tout moment être modifiée ou rapportée par suite d'un changement de circonstances. Lorsque la demande de mesure provisoire est rejetée, ce rejet n'empêche pas la partie qui l'avait introduite de présenter une autre demande fondée sur des faits nouveaux[1884].

S'agissant des demandes spéciales (demandes intervenant dans des matières spécifiques), il est regrettable que l'article 137 du règlement n° 7/2010 portant statut du personnel de l'UEMOA n'indique aucun élément de procédure visant l'octroi de mesures provisoires à un agent en situation de conflit avec l'Union. L'on peut néanmoins souscrire à une application des règles de procédures pertinentes applicables aux demandes ordinaires. Cette position est confortée par le fait que lesdites règles sont également, en partie, reprises par les règlements n° 3/2002[1885] et n° 4/2002[1886] portant respectivement sur les ententes et abus de position dominante ainsi que sur les aides d'État à l'intérieur de l'UEMOA.

Il s'agit essentiellement des règles relatives au caractère contradictoire de la procédure, à la fixation d'une caution, ainsi qu'aux modifications de la mesure pouvant survenir ultérieurement. En ce qui concerne spécifiquement les mesures provisoires en matière d'ententes et d'abus de position dominante, l'audition des parties concernées par la Commission a lieu dans les quinze (15) jours suivant sa saisine, et l'adoption des mesures requises, dans les cinq (5) jours à compter de l'audition[1887]. La validité des mesures provisoires ne peut excéder, quant à elle, un délai de six (6) mois et expire, en tout état de cause, lors de l'adoption par la Commission d'une décision définitive.

[1882] Art. 74 du règlement de procédures.
[1883] *Idem*, art. 72, al. 5.
[1884] *Id.*, art. 75.
[1885] Voir art. 5, par. 2, 6 et 8, du règlement n° 3/2002, *op. cit.*
[1886] Voir art. 14, par. 1, du règlement n° 4/2002, *op. cit.*
[1887] Art. 5, para. 1, du règlement n° 3/2002, *op. cit.*

B) Les conditions de recevabilité et la procédure applicable devant le juge national des référés

À l'instar de la protection juridictionnelle principale assurée par le juge national, il conviendrait d'appliquer, pour les conditions de recevabilité de la demande de référé devant ce dernier, le principe de l'autonomie institutionnelle et procédurales[1888]. Conformément à ce principe, en l'absence d'une règlementation uniforme prévue au niveau supranational, il appartient au juge interne d'appliquer les règles de formes et de procédures prévues par la législation nationale[1889]. Cependant, en vertu du principe d'équivalence et d'effectivité, ces conditions ne doivent pas être moins favorables que celles prévues pour les référés de même nature, fondés sur le droit national, pas plus qu'elles ne peuvent conduire à rendre excessivement difficile ou pratiquement impossible la recevabilité des demandes de mesures provisoires fondées sur le droit de l'UEMOA[1890]. Le juge interne aurait ainsi l'obligation d'appliquer, le cas échéant, au moins les mêmes conditions que celles prévues pour les référés fondés sur le droit national.

Hormis ce cas de figure dans lequel la législation nationale prévoirait des règles de procédures uniquement pour les demandes provisoires fondées sur le droit national, on pourrait bien concevoir l'hypothèse d'un droit procédural national complètement aphone tant sur les conditions de recevabilité des demandes provisoires fondées sur le droit de l'UEMOA que sur les demandes de même nature fondées sur le droit national. Dans une telle hypothèse, nous pensons que le juge interne pourrait, en vertu du droit à la protection juridictionnelle provisoire et de la primauté de l'ordre juridique de l'Union, procéder à une application *secondum legem* des conditions de recevabilité prévues devant la Cour de Justice. En tout état de cause, ces conditions devraient, indépendamment des différents cas de figure, guider l'interprétation du juge national en vertu de la nécessaire cohérence du système de protection provisoire au sein de l'UEMOA.

Enfin, il convient de relever le cas spécifique dans lequel la demande provisoire viserait le sursis à l'exécution d'une mesure nationale

---

[1888] Voir dans ce sens, arrêt Zuckerfabric précité, pt 26.
[1889] Cf. *supra*, partie 1, titre 1, chap. 2.
[1890] *Ibidem*.

d'exécution du droit de l'UEMOA. En effet, nous remarquerons que dans une telle hypothèse, c'est la validité de l'acte de droit dérivé sur lequel s'appuie l'acte national qui est, in fine, remise en question. Or, comme il découle de la jurisprudence Foto Frost applicable en droit de l'UEMOA, le juge national ne peut connaitre de la validité dudit droit, cette compétence étant réservée au seul juge de l'Union[1891]. Il apparaît dès lors nécessaire de veiller à ce que le souci d'assurer une protection immédiate et efficace des droits que les justiciables tirent du droit de l'intégration, ne conduisent pas à un usage abusif et détourné de la procédure du référé, par le juge national, susceptible de mettre en danger l'application uniforme dudit droit, de même que de l'œuvre du législateur supranational[1892].

C'est pourquoi, le juge national des référés devrait avoir l'obligation, « pour le cas où la Cour n'en serait pas déjà saisie, de renvoyer elle-même cette question en exposant les motifs de validité qui lui paraissent devoir être retenus »[1893]. Moins qu'une condition de recevabilité incombant au demandeur d'une mesure provisoire, cette exigence apparaît plus comme une condition visant l'autorisation du juge national des référés à exercer sa compétence au titre du droit de l'intégration. Ce dernier ne pourra valablement surseoir à l'exécution de l'acte national d'application que s'il a renvoyé, au préalable, la question préjudicielle de validité à la Cour de Justice de l'UEMOA, indépendamment du fait qu'il statue à charge d'appel ou en premier et dernier ressort.

Paragraphe II : Les conditions d'octroi de la protection provisoire

Les conditions d'octroi des mesures provisoires, devant le juge des référés de l'UEMOA, ont été précisées au fil du temps dans la jurisprudence de la Cour de Justice (A). Quant aux conditions d'octroi devant le juge national des référés (B), elles devraient être régies par le principe de l'autonomie institutionnelle et procédurale à l'instar des conditions de recevabilité des demandes de mesures provisoires introduites devant ce dernier.

1891 *Ibid.*

1892 Olivier De SCHUTTER, « La protection juridictionnelle provisoire dans le droit de l'Union européenne et les droits fondamentaux », *op. cit.*, p. 12 et 13.

1893 Arrêt Zuckerfabric précité, pt 24.

A) Les conditions d'octroi applicables devant le juge des référés de l'UEMOA

Les conditions d'octroi des mesures provisoires devant le juge des référés de l'UEMOA peuvent être déduites de l'article 72, alinéa 2, du règlement de procédures, relatif au contenu de la demande en référé. Conformément à cette disposition, la demande en référé doit spécifier « les circonstances établissant l'urgence », ainsi que « les moyens de fait et de droit justifiant à première vue l'octroi de la mesure provisoire ». Ces deux éléments évoquent respectivement la condition de l'urgence (1) et celle tenant au sérieux de la demande (2). Ces deux conditions cumulatives[1894] doivent être toujours démontrées par le requérant qui en supporte la preuve[1895]. Elles peuvent être combinées, le cas échéant, avec une troisième condition relative à la mise en balance des intérêts en cause (3). Enfin, l'ensemble de ces conditions de fond sont soumises à l'appréciation souveraine du juge des référés de l'UEMOA (4). La notion du « pouvoir d'appréciation souverain » a d'abord fait l'objet d'une interprétation plutôt préjudiciable à l'octroi des mesures provisoires, avant d'être, fort heureusement, abandonnée par la Cour de Justice.

1) L'urgence

La condition de l'urgence ou le *periculum in mora* a initialement été évoquée par la Cour de Justice de l'UEMOA comme la condition tenant au fait que « la décision attaquée risque d'entrainer des conséquences difficilement réparables »[1896]. Dans l'ordonnance Eugène YAÏ du 2 juin

[1894] Voir dans ce sens, Trib. (UE), Ord. Noko Ngele c. Commission, du 26 mai 2010, aff. T-15/10 R, Rec. p. II-102*, pt 14. Voir également, Trib. (UE), Ord. Holistic Innovation Institute c. REA, du 23 octobre 2014, aff. T-706/14 R, ECLI:EU:T:2014:913, pt 8.

[1895] CJUEMOA, Ord. État de Côte d'Ivoire et M. Laurent GBAGBO c. Conseil des ministres et Commission de l'UEMOA, du 4 avril 2011, aff. n° 6/2011, Rec. p. 6. Voir également, notamment en droit de l'UE, TFPUE, Ord. Marcuccio c. Commission,du 13 février 2012, aff. F-118/11 R, ECLI:EU:F:2012:16, pt 20. Voir également TFPUE, Ord. BH / Commission, du 28 février 2012, aff. F-129/11 R, ECLI:EU:F:2012:21, pt 59.

[1896] CJUEMOA, Ord. Serge Laubhouet du 14 juillet 1997, *op. cit.* p. 4. Voir dans le même sens, Ord. Abdourahamane Sacko précité.

2005[1897], le président va substituer à la notion de préjudice « difficilement réparable », celle de préjudice « grave et irréparable », en jugeant que « le caractère urgent doit s'apprécier par rapport à la nécessité de statuer provisoirement afin d'éviter qu'un préjudice grave et irréparable ne soit occasionné à la partie qui sollicite les mesures provisoires »[1898]. Autrement dit, il appartient au juge d'apprécier si « l'exécution immédiate de la décision dont le sursis est demandé est de nature à entraîner pour le requérant un risque de dommage qui ne pourrait être réparé même si les décisions devaient être annulées dans le cadre de la procédure au principal »[1899].

À ce titre, le risque de préjudice financier ne constitue pas, en l'état actuel de la jurisprudence de la CJUEMOA, un préjudice de nature à susciter l'octroi d'une mesure provisoire. En effet, alors que la partie requérante invoquait, dans l'ordonnance Serge Laubhouet, « les conséquences très préjudiciables [...] liées à la privation, sans préavis, des ressources lui permettant de faire face à ses charges de familles et d'honorer les échéances bancaires »[1900], l'ordonnance présidentielle retient que « l'exécution de la décision [de licenciement] n'est pas de nature à entraîner des conséquences difficilement réparables au regard des demandes du requérant, qui sont pour l'essentiel d'ordre pécuniaire »[1901].

À titre de droit comparé, le risque de préjudice financier ne constitue pas non plus, sauf circonstances exceptionnelles, un préjudice « grave et irréparable » susceptible de donner lieu à une mesure provisoire en droit de l'Union européenne[1902]. Il n'en serait autrement que si, par exemple, le sursis à l'exécution d'une obligation de paiement met en péril l'existence même d'une entreprise avant l'intervention de l'arrêt au principal[1903]. Toujours en droit de l'UE, il faut relever que le

---

1897 CJUEMOA, Ord. Eugène YAÏ c. CCEG et Commission, du 2 juin 2005, aff. n° 5, Rec. 2008, p. 576 et s.

1898 *Idem*, p. 577. Nous soulignons.

1899 *Ibidem*.

1900 Voir CJUEMOA, Ord. Serge Laubhouet précitée, p. 129.

1901 *Idem*, p. 130. Nous soulignons. Voir dans le même sens les ordonnances Abdourahamane Sacko et Ababacar Dieng précitées, resp. p. 135 et p. 140.

1902 Voir CJCE, Ord. *Abertal e.a./Commission, du 18 octobre 1991, C-213/91 R, Rec. p. I-5109, pt 24.*

1903 Voir, TPICE, Ord. Laakmann Karton GmbH c. Commission des Communautés européennes, du 21 décembre 1994, aff. T-301/94 R, Rec. 1994 II-01279, pt 22. Également, TPI, Ord. Buchmann GmbH c. Commission des Communautés

préjudice allégué doit être personnel, ce qui signifie par exemple que le requérant ne peut invoquer le préjudice que subiraient des membres de sa famille ou ses employés, un tel préjudice ne pouvant être pris en considération, le cas échéant, dans le cadre de la mise en balance des intérêts en présence[1904].

En droit de l'UEMOA, le caractère personnel du préjudice allégué n'est pas absolu. Ainsi, dans le domaine de la concurrence, le risque de préjudice grave peut concerner, hormis l'intérêt personnel du concurrent, l'économie générale, celle du secteur d'activité intéressé ou encore l'intérêt des consommateurs[1905]. Lorsque la mesure provisoire consiste spécifiquement en l'injonction de suspendre ou de récupérer l'aide indûment versée, la Commission ne pourra en outre l'ordonner que si le caractère d'aide de la mesure concernée ne fait pas de doute[1906]. Dans l'ordonnance Eugène YAÏ du 3 décembre 2004, le président de la Cour de Justice de l'UEMOA a par ailleurs jugé que la révocation d'un commissaire en cours de mandat, comportait des risques d'instabilité et d'insécurité juridique dont les conséquences pouvaient s'avérer « difficilement réparables eu égard à la crédibilité de l'institution communautaire toute entière »[1907]. L'ordonnance du 3 décembre 2004 se fonde ainsi davantage sur le risque de préjudice « institutionnel » encouru pour la fonction même du Commissaire au sein de l'UEMOA et sur la stabilité des organes que sur un préjudice personnel menaçant le requérant. En réalité, le président de la Cour de Justice a fait peser dans la balance l'intérêt supérieur de l'Union, lequel s'est avéré aller dans le sens de l'intérêt de la partie requérante.

En dehors de ces cas de figures présents dans le droit dérivé et la jurisprudence de la Cour de Justice de l'UEMOA, on peut se demander si le risque d'un préjudice purement moral ou celui d'une atteinte à un droit fondamental peuvent constituer des préjudices graves et

---

européennes, du 21 décembre 1994, aff. T-295/94 R, Rec. 1994 II-01265, pts 23 et 24. Pour une jurisprudence plus récente, voir : CJUE, Ord. EDF c. Commission, du 7 mars 2013, aff. C-551/12 P(R), ECLI:EU:C:2013:157, pts 20-35.

1904 Trib. (UE), Ord. Samir Hassan c. Conseil de l'Union européenne, du 23 avril 2012, Affaire T-572/11 RII, ECLI:EU:T:2012:83 , pt 50.

1905 Voir art. 14, par. 2, let. b, du règlement n° 4/2002 précité et art. 5, par. 3, du règlement n° 3/2002 précité.

1906 Art. 14, par. 2, let. a du règlement n° 4/2002 précité.

1907 CJUEMOA, Ord. Eugène YAÏ c. CCEG et Commission du 3 décembre 2004, *op. cit.*, p. 5.

irréparables susceptibles de donner lieu à des mesures provisoires. Contrairement au droit de l'UEMOA, ces questions ont déjà été largement abordées dans la jurisprudence de la CJUE. Il en découle que le juge des référés octroie difficilement une protection provisoire sur la base du préjudice moral même si cela n'est pas exclu[1908]. D'une manière générale, il ressort de la jurisprudence de la CJUE que le requérant qui invoque le risque du préjudice moral (atteinte à l'honneur, dignité, réputation, etc.) doit démontrer que le préjudice allégué résulte de la décision attaquée et ne peut être rattaché à un autre élément extérieur[1909].

Quant au risque d'atteinte à un droit fondamental, il est constant dans la jurisprudence de la CJUE qu'un préjudice touchant aux libertés fondamentales n'a pas nécessairement un caractère irréparable. En effet, la CJCE affirmait dans l'ordonnance Camar du 15 avril 1998, qu'« il ne suffit pas d'alléguer, de façon abstraite, une atteinte à des droits fondamentaux [...] pour établir que le dommage qui pourrait en découler aurait nécessairement un caractère irréparable »[1910]. Après plusieurs tentatives de revirement[1911], à travers notamment les ordonnances Akzo Nobel[1912], Evonik Degussa[1913], Alstrom[1914] et Pilkington Group[1915], la jurisprudence issue de l'ordonnance Camar a été confirmée dans l'ordonnance Pilkington Group du 10 septembre 2013[1916]. La CJUE y réaffirme notamment que « la thèse selon laquelle un préjudice est par définition irréparable puisqu'il touche à la sphère

---

1908 TPICE, Ord. Peixoto c. Commission, du 5 avril 1993, aff. T- 21/93 R, Rec. 1993 II-00463, pts 31 à 38.

1909 Trib. (UE), Ord. Trabelsi e. a. c. Conseil, du 14 juillet 2011, aff. T-187/11 R, Rec. 2011 II-235, pt 32.

1910 CJCE, Ord. Camar c. Commission et Conseil de l'UE, du 15 avril 1998, aff. C-43/98 P (R), Rec. p. I-1815, pts 46 et 47.

1911 Voir dans ce sens Vivien TERRIEN, « Le référé : problématiques actuelles et derniers développements » *in* Stéphanie MAHIEU (Dir.), *Contentieux de l'Union européenne. Questions choisies, op. cit.*, p. 360 et s.

1912 Trib. (UE), Ord. Akzo Nobel e. a. c. Commission, du 16 novembre 2012, aff. T-345/12 R, ECLI:EU:T:2012:605.

1913 Trib. (UE), Ord. Evonik Degussa c. Commission, du 16 novembre 2012, aff. T-341/12 R, ECLI:EU:T:2012:604.

1914 Trib. (UE), Ord. Alstrom c. Commission, 29 novembre 2012, aff. T-164/12 R, ECLI:EU:T:2012:637.

1915 Trib. (UE), Ord. Pilkington Group c. Commission, 11 mars 2013, aff. T-462/12 R, ECLI:EU:T:2013:119.

1916 CJUE, Ord. Commission c. Pilkington Group, 10 septembre 2013, aff. C-278/13 P (R), ECLI:EU:C:2013:558.

des droits fondamentaux ne saurait être admise [...] »[1917]. Pour ce dernier, il n'en demeure pas moins cependant que certains droits fondamentaux puissent conduire, per se, en raison de leur nature, à la qualification de préjudice grave et irréparable[1918]. Tel est notamment le cas de l'interdiction de la torture et des peines ou des traitements inhumains ou dégradants contrairement à la violation du droit au respect de la vie privée[1919].

Pour terminer, notons qu'il est constant dans la jurisprudence de la CJUEMOA, relative notamment au contentieux du personnel, que la condition d'urgence n'est pas remplie lors que la décision de licenciement, objet du recours en annulation, a déjà été exécutée ou lorsqu'elle a déjà produit son plein effet[1920]. Il en est davantage ainsi lorsque certaines circonstances factuelles concourent à priver le recours au provisoire de son caractère urgent. Ainsi, dans l'ordonnance Eugène YAÏ du 6 mars 2008, le juge des référés a jugé que s'il était évident que le recours en appréciation de la légalité de M. YAÏ était sérieux, il n'en était pas de même en ce qui concerne la condition d'urgence compte tenu des circonstances factuelles liées notamment à l'attestation de cessation de fonctions qui lui avait été déjà notifiée ainsi qu'à la libération de son bureau et à son occupation par le Sieur Bro GREBE[1921].

[1917] *Idem*, pt 40 *in limine*.

[1918] *Id.*, pt 41.

[1919] *Ibidem*. Pour une analyse critique de cette décision, voir Vivien TERRIEN « Le référé : problématiques actuelles et derniers développements », *op. cit.*, p. 368 et s.

[1920] Voir Ord. Serge Laubhouet précitée, p. 130 in fine; Ord. Abdourahamane SACKO précitée, p. 136 *in fine*; Ord. Ababacar Dieng précitée, p. 140. Dans le même sens, voir en droit de l'UE : CJCE, Ord. Pizzinato c. Commission du 24 octobre 1984, aff. C-241/84 R, Rec. p. 3619, pts 9 et 10.

[1921] CJUEMOA, Ord. Eugène YAÏ du 6 mars 2008, *op. cit.*, p. 616. Relevons néanmoins que cette décision du juge des référés de l'UEMOA est fortement critiquable d'autant plus que dans l'ordonnance précédent, datée du 2 juin 2005, celui-ci prend acte, sans dire mot, de la forfaiture répétée de la CCEG, en prenant en considération « la volonté manifeste » de cette dernière et de la Commission à vouloir remplacer Monsieur YAÏ (Ord. Eugène YAÏ précitée, p. 6). Ce déni de justice dont se rend coupable le juge de l'UEMOA est consommé tout juste le lendemain 6 juin 2005, lorsque la Cour de Justice admet le nouveau commissaire Bro GREBE à prêter serment devant sa juridiction. Voir Robert YOUGBARÉ, « La nature juridique de l'acte additionnel dans le système juridique de l'UEMOA à la lumière de l'affaire ''YAÏ'' », *op. cit.*, p. 344.

2) Le sérieux de la demande

Le sérieux de la demande ou l'apparence de bien-fondé (*fumus boni juris*), renvoie à la condition selon laquelle les moyens invoqués par les parties, au soutien de la demande principale, doivent justifier « à première vue » l'octroi de la mesure provisoire. Pour reprendre la formule de Blanca PASTOR et Eric Van GINDERACHTER, le juge des référés peut considérer ladite condition comme étant remplie « s'il est convaincu non pas que le requérant gagnera l'affaire, mais qu'il a une chance raisonnable de le faire »[1922]. Pour ce faire, ce dernier est amené à apprécier, *prima facies* et dans le cadre strict de la procédure en référé, le bien-fondé du recours principal, c'est-à-dire le sérieux des moyens de droit et de fait invoqués à l'appui de ce recours. En effet, dans l'ordonnance Serge Laubhouet, le juge des référés a affirmé que l'une des conditions d'octroi de la mesure provisoire consistait dans le fait que : « les moyens énoncés dans la requête paraissent, en l'état de l'instruction de l'affaire, sérieux et de nature à justifier l'annulation de la décision attaquée »[1923]. Autrement dit, l'examen de la condition du fumus boni juris conduit à une sorte de pronostic sur l'issue du procès au fond. Toutefois, il appartient à la partie requérante de rapporter la preuve du caractère sérieux des moyens invoqués. Ainsi, dans l'ordonnance État de Côte d'Ivoire et M. Laurent GBAGBO, le président de la Cour a estimé que dans le contexte de la crise de légitimité que connaissait la Côte d'Ivoire à l'époque des faits, cette preuve n'avait pas été rapportée[1924].

D'une manière générale, l'appréciation du juge des référés quant au *fumus boni juris* apparaît sommaire, peu explicite et rattachée, à première vue, plus aux enjeux de la décision à intervenir au fond qu'au caractère sérieux des moyens soutenant la demande au principal. Par exemple, le juge des référés de l'UEMOA s'est contenté d'affirmer, dans l'ordonnance Serge Laubhouet, qu'en l'état de la procédure principale, le sérieux des moyens pouvant justifier l'annulation de la décision querellée ne pouvait encore s'apprécier[1925]. Cette affirmation suscite l'interrogation dans la mesure où l'appréciation de ce dernier est

[1922] Blanca PASTOR et Eric Van GINDERACHTER, « La procédure en référé », *op. cit.*, p. 597.
[1923] Ord. Serge Laubhouet précitée, p. 4.
[1924] Ord. État de Côte d'Ivoire et M. Laurent GBAGBO précitée, p. 6.
[1925] Ord. Serge Laubhouet, *op. cit.*

censée porter sur les moyens avancés au soutien de la demande au principal, lesquels sont définis dès la requête introductive de l'instance principale et ne peuvent échapper, de ce fait, à la connaissance du juge provisoire qui est saisi en second lieu[1926].

En revanche, la Cour a conclu dans l'ordonnance Eugène YAÏ du 3 décembre 2004, que les moyens énoncés dans la requête étaient sérieux compte tenu de l'importance de la décision à venir sur le fond du litige, qui posait un problème d'appréciation de la légalité d'un acte pris par la haute autorité de l'Union à savoir la CCEG. Semblent prévaloir, dans l'appréciation du juge des référés de l'UEMOA, l'importance des enjeux institutionnels découlant de la demande au fond. L'on se demande alors pourquoi, dans l'ordonnance État de Côte d'Ivoire et M. Laurent GBAGBO où les enjeux paraissaient tout aussi importants, non seulement pour cet État mais aussi pour l'ensemble de l'Union, la Cour n'a pas appliqué cette approche fort contestable. Il apparaît dans la jurisprudence actuelle de la CJUEMOA un flou et une incohérence juridique auxquels il faudra remédier dans l'intérêt de la protection provisoire des justiciables.

En tout état de cause, il convient de souligner que l'urgence et le sérieux des moyens soutenant la demande principale ne sont pas toujours suffisants pour obtenir l'octroi d'une mesure provisoire. En effet, encore faut-il, que l'intérêt de la partie requérante à la protection provisoire pèse plus que tout autre intérêt dans la balance des intérêts en présence.

3) La mise en balance des intérêts en présence

Intimement rattachée au pouvoir d'appréciation du juge des référés, la mise en balance des intérêts en présence permet à ce dernier de tenir compte non seulement de l'intérêt du demandeur à obtenir le sursis à exécution ou la mesure provisoire demandée, mais également de l'intérêt du défendeur ou de l'UEMOA. Comme le fait remarquer Pierre PESCATORE,

> « il peut apparaître, en effet, qu'une mesure en soi justifiée entraînerait pour l'autre partie des conséquences d'une ampleur

[1926] Cette remarque est également valable pour l'Ord. Abdourahamane SACKO précité, p. 135 et l'Ord. Ababacar Dieng précité, p. 140.

> telle qu'il n'y aurait pas de commune mesure entre l'avantage assuré au demandeur et les conséquences de la même mesure pour les intérêts du défendeur ou pour l'intérêt public »[1927].

Dans ce sens, poursuit-il, cette condition s'inspirerait du principe de proportionnalité qui veut que l'adoption d'une mesure donnée n'aille pas au-delà de ce qui est strictement nécessaire pour atteindre les objectifs visés[1928]. Comme l'exprime également l'article 5, paragraphe 4, lettre c, 2e alinéa, du règlement n° 3/2002, relatif aux procédures applicables aux ententes et abus de position dominante à l'intérieur de l'UEMOA, « les mesures provisoires doivent rester strictement limitées à ce qui est nécessaire pour faire face à l'urgence ». Est donc inadmissible, une mesure qui atteint de manière disproportionnée les intérêts du défendeur à l'instance, d'un organe de l'Union ou les intérêts de l'ensemble de l'Union. En pareille circonstance, il est implicitement admis que le préjudice vécu par la partie demanderesse n'a pas atteint un seuil de gravité et d'irréparabilité (irréversibilité) tel qu'il justifierait une mise en parenthèse des autres intérêts en présence.

Dans la jurisprudence de la CJUEMOA, la connexité entre l'urgence et la mise en balance des intérêts en présence est très prégnante dès le départ, le juge des référés opérant presqu'une assimilation entre ces deux conditions. En effet, dans l'ordonnance Eugène YAÏ du 2 juin 2005, le président de la Cour de Justice, a d'abord rappelé sa jurisprudence antérieure selon laquelle,

> « il appartient au juge des référés d'apprécier les éléments permettant d'établir, dans les circonstances propres à chaque affaire, si l'exécution immédiate des décisions dont le sursis est demandé serait de nature à entraîner pour le requérant un risque de dommage qui ne pourrait être réparé, même si les décisions devaient être annulées dans le cas de la procédure au principal »[1929].

Il a ensuite ajouté que :

> « Même en supposant que le préjudice allégué ne puisse pas être entièrement réparé, il faudrait mettre les intérêts que le requérant vise à sauvegarder en balance avec les intérêts de l'Union en

[1927] Pierre PESCATORE, « Les mesures conservatoires et les référés », *op. cit.*, p. 341.
[1928] *Ibidem.*
[1929] Ord. Eugène YAÏ du 2 juin 2005 précité, p. 577.

évitant de bloquer le fonctionnement d'un département d'un organe de celle-ci »[1930].

Partant de ces considérations, le président de la Cour arriva à la conclusion qu'il n'y avait pas lieu de considérer la demande du sursis à exécution de M. YAÏ comme répondant à la condition relative à l'urgence[1931]. Ainsi présentée, la mise en balance apparaît comme faisant partie intégrante de l'urgence, celle-ci n'étant réalisée que si les intérêts mis en péril du demandeur s'avèrent prépondérants dans leur rapport avec ceux des autres parties en présence. Il convient cependant de ne pas assimiler la mise en balance des intérêts en présence et l'urgence qui sont en réalité deux conditions distinctes obéissant à des logiques différentes[1932]. En effet, l'urgence (i.e. le caractère grave et irréparable) d'un préjudice n'induit pas toujours sa prépondérance sur les autres intérêts en présence et vice-versa.

D'une manière générale, l'octroi des mesures provisoires dépend largement de l'appréciation du juge des référés sur la réunion des conditions sus présentées dans les cas qui lui sont déférés. En droit de l'UEMOA, le juge supranational des référés a eu, au départ, une conception relativement ambiguë et sensiblement arbitraire de son pouvoir d'appréciation, mettant en péril la protection provisoire à laquelle pouvait prétendre les justiciables. Fort heureusement, cette conception du juge des référés de l'UEMOA a par la suite été abandonnée au profit d'une conception plus orthodoxe de son pouvoir d'appréciation.

4) Le pouvoir d'appréciation du juge des référés de l'UEMOA

[1930] *Ibidem*. À l'inverse de cette affaire dans laquelle le juge des référés de l'UEMOA a fait prévaloir l'intérêt de l'Union sur celui du demandeur, il peut arriver que les intérêts prépondérants à protéger soient ceux du requérant, même en présence de prétendus intérêts supérieurs. Voir dans ce sens l'affaire Le Pen (TPI, Ord. Jean-Marie Le Pen c. Parlement européen, du 26 janvier 2001, aff. T-353/00 R, 2001 II-125, pt 96).

[1931] Ord. Eugène YAÏ précité, p. 578.

[1932] Olivier De SCHUTTER, « La protection juridictionnelle provisoire dans le droit de l'Union européenne et les droits fondamentaux », *op. cit.*, p. 5. Voir aussi dans le même sens, Joël RIDEAU et Fabrice PICOD, « Les mesures provisoires ordonnées par la juridiction communautaire », Journal des tribunaux-Droit européen, n° 20, 1995, p. 125, cité par Rostane MEHDI, « Le juge communautaire et l'urgence », *op. cit.*, p. 86.

En partant du principe que l'application de la règle de droit, par le juge, est une opération qui ne saurait que difficilement se soustraire à toute interprétation de ladite règle, l'on devrait admettre, sans difficulté, que le juge des référés se présente comme l'interprète des conditions d'octroi des mesures provisoires aux justiciables. C'est donc à lui que revient la tâche de dire si lesdites conditions se trouvent réunies dans le cas d'espèce à lui soumis. Il est dès lors indéniable que cela lui confère une certaine marge d'appréciation sur la nécessité, l'opportunité ou encore la possibilité d'accorder les mesures demandées.

En droit de l'Union européenne, il est de jurisprudence constante que dans le cadre de l'examen d'ensemble des conditions d'octroi des mesures provisoires,

> « Le juge des référés dispose d'un large pouvoir d'appréciation et reste libre de déterminer, au regard des particularités de l'espèce, la manière dont ces différentes conditions doivent être vérifiées ainsi que l'ordre de cet examen, dès lors qu'aucune règle de droit de l'Union européenne ne lui impose un schéma d'analyse préétabli pour apprécier la nécessité de statuer provisoirement »[1933].

Il ne peut toutefois s'agir là d'un pouvoir entièrement discrétionnaire, voire arbitraire, par lequel ce dernier choisirait, dans des circonstances identiques ou quasi-identiques, d'octroyer à un demandeur la mesure provisoire sollicitée et de la refuser à un autre. C'est pourtant vers une telle conception de son pouvoir d'appréciation que le juge des référés de l'UEMOA a semblé pencher dans les toutes premières ordonnances rendues en matière de sursis à exécution. En effet, après avoir définit les conditions d'octroi du sursis à exécution et les avoir appliqués au cas d'espèce, la Cour affirmait dans l'ordonnance Serge Laubhouet qu'« en tout état de cause, l'octroi du sursis relève de l'appréciation souveraine du juge qui apprécie selon le cas, même si les conditions en sont réunies »[1934]. Cette conclusion, pour le moins curieuse, apparaît comme un « cheveu » dans la décision de la Cour. L'on peut notamment s'interroger non seulement sur l'opportunité mais également sur l'utilité

[1933] Voir Trib. (UE). Ord. Castiglioni Srl c. Commission du 9 mars 2011, aff. T-591/10 R, Rec. 2011, p. II-47*, pt 12 et la jurisprudence antérieure citée.

[1934] Ord. Serge Laubhouet précitée, p. 130. Nous soulignons.

d'une telle affirmation alors même le raisonnement suivi par le juge était à son terme et la conclusion, on ne peut plus claire.

Dans le fond, l'affirmation du juge des référés intrigue. D'abord, ce dernier affirme la possibilité de ne pas octroyer des mesures provisoires même dans l'hypothèse où toutes les conditions seraient réunies dans un cas d'espèce donné. Si cette partie de l'affirmation n'est pas per se contraire au droit, il n'en est pas de même de sa justification. En effet, rien ne semble justifier, dans la suite de l'affirmation du président, un tel éventuel refus d'octroi, hormis son « pouvoir souverain » d'appréciation. Aucune valeur et aucun principe supérieur de droit ne semble entrer en ligne de compte. Dans ce sens, l'opposition du pouvoir d'appréciation souverain du juge aux justiciables, fondés à recevoir les mesures provisoires, s'apparente à un argument arbitraire et injustifié. Cette posture du juge des référés de l'UEMOA est répétée dans les ordonnances Ababacar DIENG[1935] et Abdourahamane SACKO[1936], avant de connaitre un revirement à partir de l'ordonnance Eugène YAÏ du 3 décembre 2004.

Dans l'ordonnance du 3 décembre 2004, la Cour se ravise en se référant à « l'appréciation souveraine du juge sur la réunion des conditions d'urgence et du caractère sérieux du recours principal »[1937]. Dans l'ordonnance rendue, dans la même affaire, le 6 mars 2008, elle réaffirme que « L'octroi de mesures provisoires, notamment du sursis à exécution relève de l'appréciation souveraine des faits de la cause par le juge sur la réunion des conditions d'urgence et du caractère sérieux du recours principal »[1938]. Comme on peut le remarquer, le ton suivi par le juge dans ces deux affaires se veut autre. Il ne s'agit plus d'imposer aux justiciables le « fin mot » du juge des référés en dépit de la réunion des conditions d'octroi mais plutôt d'affirmer son pouvoir légitime d'appréciation des faits de la cause.

Le revirement opéré par les ordonnances Eugène YAÏ est conforté par l'ordonnance État de Côte d'Ivoire et M. Laurent GBAGBO du 4 avril 2011, dans laquelle la Cour énonce que « les moyens développés devant la juridiction des référés quelle que soit leur pertinence sont et

[1935] Ord. Ababacar DIENG précitée, p. 140.
[1936] Ord. Abdourahamane SACKO, p. 136.
[1937] Ord. Eugène YAÏ du 3 décembre 2004 précitée, p. 5.
[1938] Ord. Eugène YAÏ du 6 mars 2008 précitée, p. 6.

demeurent toujours soumis à l'appréciation souveraine du juge »[1939]. Dans l'ordonnance El Hadji Abdou Sacko du 30 novembre 2011, la Cour confirme à nouveau que « les moyens exposés devant la juridiction des référés restent toujours soumis à l'appréciation souveraine du juge »[1940]. Par ces affirmations successives, la CJUEMOA confirme l'abandon définitif de la conception arbitraire de son pouvoir d'appréciation, au profit d'une conception plus orthodoxe qui se limite à l'appréciation des faits de la cause et des moyens invoqués par les parties.

B) Les conditions d'octroi applicables devant le juge national des référés

Tout comme pour les conditions de recevabilité, le droit de l'UEMOA ne prévoit pas de règles uniformes applicables aux conditions d'octroi des mesures provisoires par les juridictions nationales. En pareille circonstances, le recours aux droits nationaux des États membres semble s'imposer en vertu du principe d'autonomie institutionnelle et procédurale. Cette solution qui nous semble s'imposer avec évidence n'est appliquée que de manière partielle en droit de l'Union européenne. En effet, la jurisprudence européenne distingue entre l'octroi de mesures provisoires visant des mesures nationales dont la conformité avec le droit de l'UE est contestée et l'octroi de mesures provisoires visant des mesures nationales prise en application d'une règlementation de l'UE dont la légalité est contestée. S'agissant du premier cas de figure, la Cour est restée complètement aphone dans l'arrêt Factortame alors même que la nature du litige et la seconde question qui étaient portées à sa connaissance, l'invitait à s'y prononcer[1941]. Ce n'est qu'à l'occasion de l'arrêt Unibet, que la CJCE a affirmé que l'octroi de mesures provisoires, visant une mesure nationale dont la conformité avec le droit de l'UE est contestée, doit être « régi par les critères fixés par le droit national applicable devant cette juridiction »[1942]. La Cour consacre ainsi dans cet arrêt la solution qui avait été proposé par

[1939] Ord. État de Côte d'Ivoire et M. Laurent GBAGBO précitée, p. 6.
[1940] Ord. El Hadji Abdou SACKO précitée, p. 6.
[1941] Denys SIMON et Ami BARAV, « Le droit communautaire et la suspension provisoire des mesures nationales. Les enjeux de l'affaire Factortame », *op. cit.*, p. 594.
[1942] CJCE, arrêt Unibet (London) Ltd et Unibet (International) Ltd c. Justitiekanslern du 13 mars 2007, *op. cit.*, pts 80 et 81.

l'avocat général TESAURO dans l'affaire Factortame[1943] et qui est restée, pendant longtemps, la solution suggérée par la doctrine[1944].

Cette solution diffère de celle qui est applicable lorsque l'octroi des mesures provisoires porte sur une mesure nationale d'exécution dont la légalité de l'acte de base est contestée. Contrairement au premier cas de figure, ce second cas de figure a très vite trouvé, dans la jurisprudence de la CJCE, une réponse claire. Dans l'arrêt Zuckerfabrik Süderdithmarschen du 21 février 1991, la CJCE a jugé qu'en pareille situation, l'octroi des mesures provisoires ne pouvait intervenir qu'en appliquant les conditions de fond qui étaient applicables devant sa juridiction. La justification de cette solution tient notamment en ce que l'application des conditions prévues dans les droits nationaux conduirait à des divergences susceptibles de compromettre l'uniformité du droit communautaire. Pour la CJCE, la préservation de cette exigence fondamentale pour le droit communautaire nécessitait que

> « Le sursis à l'exécution des actes administratifs fondés sur un règlement communautaire, tout en relevant des règles de procédures nationales, en ce qui concerne notamment l'introduction et l'instruction de la demande, soit soumis dans tous les États membres, à tout le moins, à des conditions d'octroi qui soient uniformes »[1945].

En établissant une correspondance entre le sursis à exécution de actes étatiques d'exécution et le sursis à exécution relevant de sa compétence dans le cadre des recours directs, la Cour conclut que les juridictions nationales ne peuvent accorder le sursis que dans les conditions du référé applicables devant sa juridiction[1946]. Ce double régime applicable en droit de l'Union européenne nous paraît discutable. Comme l'a relevé à plusieurs reprises la doctrine, la solution de l'application des conditions d'octroi devant la CJUE, à l'égard des mesures nationales d'exécution, pourrait conduire à garantir une protection moins

[1943] L'avocat général Guiseppe TESAURO dans ses conclusions du 17 mai 1990 rendues dans l'affaire Factortame. Voir, Rec. p. I-2464.

[1944] Oliver PETER, « Interim measures: some recent developments », op. cit., p. 17. Voir également, Fabrice PICOD, « Le droit au juge en droit communautaire », *op. cit.*, p. 163.

[1945] Voir arrêt Zuckerfabrik Süderdithmarschen AG précité, pt 26. Voir également, CJCE, arrêt ABNA e. a. du 6 décembre 2005, aff. C-453/03, C-11/04, C-12/04 et C-194/04, Rec. p. I-10423, pt 104.

[1946] *Idem*, pt 27 *in fine*.

favorable aux justiciables dans les États membres dont les droits nationaux prévoient des conditions relativement plus souples[1947]. Ensuite, l'on se demande pourquoi l'exigence de l'application uniforme du droit de l'Union européenne, qui semble être le *ratio decidendi* de l'arrêt Zuckerfabrik Süderdithmarschen, justifierait uniquement l'alignement des conditions d'octroi des mesures provisoires et pas celui des conditions de recevabilité, d'autant plus que l'objectif est d'établir une correspondance entre le sursis octroyé par le juge national, dans ce cas de figure, et celui qui est octroyé par la CJCE dans le cadre des recours directs dont elle est saisie. Ne serait-ce que du point de vue de la cohérence d'ensemble du droit applicable, ce double régime pose un problème dans la mesure où il conduit à appliquer des règles issues de deux ordres juridiques selon que l'on examine les conditions de recevabilité ou les conditions d'octroi de la demande.

Au regard de ce qui précède, nous proposerons en lieu et place de la solution différenciée en droit de l'Union européenne, l'application uniforme de la règle de l'autonomie institutionnelle et procédurale, tout en prévoyant le recours *praeter legem* aux conditions de fond applicables devant la Cour de Justice de l'UEMOA, lorsque le juge national est amené à exercer sa compétence de juge des référés (en vertu du droit de l'UEMOA) alors même que cette compétence n'est pas prévue (donc non règlementée) par son droit national. Cette solution ne saurait, évidemment, être efficace sans le strict respect des principes d'effectivité et d'équivalence qui serviraient de remparts face aux lacunes des législations nationales.

[1947] Olivier De SCHUTTER, « La protection juridictionnelle provisoire dans le droit de l'Union européenne et les droits fondamentaux », *op. cit.*, p. 14.

Chapitre IIeme : Les décisions finales de justice et leurs mécanismes d'exécution

Dans une Union de droit digne de ce nom, l'exécution des décisions de justice ne peut être entièrement laissée à la discrétion et au bon vouloir des parties au procès. Elle doit être garantie par l'existence de voies d'exécution adéquates. Dans ce sens, la thèse de l'exécution présumée, elle-même fondée sur la présomption de la bonne volonté des parties, qui semble se dégager des tous premiers arrêts[1948] de la CIJ[1949], est un pari dont ne peut se contenter une Union de droit, malgré le bilan positif de cette théorie dans la pratique[1950]. On ne saurait y admettre non plus, le recours aux contre-mesures et mesures de représailles pour remédier aux défauts d'exécution des obligations réciproques[1951].

En effet, « Dans une communauté dans laquelle le droit devrait se faire respecter par la force, on ne pourrait plus parler ni de communauté ni

---

[1948] Voir CPJI, arrêt Wimbledon, du 17 août 1923, série A, n° 1, p. 32. Également, CPJI, arrêt Usine de Chorzów, du 13 septembre 1928, série A, n° 17, p. 68.

[1949] Voir Robert KOLB, *La Cour internationale de Justice,* Paris, A. Pedone, 2014, 1358 p, p. 854.

[1950] Relevons, en effet, qu'à l'exception de quelques arrêts (Compétences en matière de pêcheries et Activités militaires et paramilitaires au Nicaragua et contre celui-ci), tous les jugements au fond, rendus par la CIJ, ont jusqu'ici été respectés par les États. Voir Alain PILLEPICH, « Commentaire de l'article 94 » *in* Jean-Pierre Cot, Alain PELLET, Mathias FORTEAU (Dir.), *La Charte des Nations Unies. Commentaire article par article,* Paris, Economica, 2005, Vol. 2, p.

[1951] Cette éventualité n'est pourtant pas à exclure dans les rapports internationaux de type 'classique'. En effet, même si l'article 94, par. 2, de la Charte des Nations Unies, aménage un certain mécanisme institutionnel pour l'exécution des arrêts de la Cour internationale de Justice, il n'en demeure pas moins lacunaire compte tenu notamment de sa rédaction permissive et du droit de vote reconnu aux membres permanents du Conseil de Sécurité impliqués dans l'affaire. Dans ces conditions, il n'est pas exclu qu'un État, ayant obtenu gain de cause devant la CIJ, puisse recourir à des contre-mesures ou à des mesures de représailles face, soit à l'inaction du Conseil de sécurité, soit au blocage de la décision de ce dernier par le veto d'un membre impliqué dans l'affaire, comme cela a été le cas avec les États-Unis dans l'affaires des Activités militaires et paramilitaires au Nicaragua et contre celui-ci. Pour plus de détails sur les limites de l'article 94, par. 2, de la Charte des Nations Unies, voir Patrick DAILLIER, Mathias FORTEAU, Alain PELLET (Dir.), Droit international public, *op. cit.*, p. 1006.

de droit »[1952]. C'est pourquoi, le droit de l'intégration proscrit le recours aux voies de fait et aux mesures unilatérales dans les rapports entre États membres[1953]. Face aux aléas de l'exécution volontaire et à l'interdiction de se rendre justice soi-même, l'exécution des jugements finals, par des mécanismes légaux et institutionnels, revêt une importance fondamentale au sein de l'Union de droit. Elle garantit l'efficacité du droit des justiciables à accéder à un tribunal compétent et impartial pour faire entendre leur cause, lequel se trouverait, autrement, privé de tout effet utile[1954]. Loïc CADIET le dit si bien, lorsqu'il affirme que « Sans [l'exécution], le jugement et, en amont, le droit se réduiraient à des vœux »[1955].

Il y a en effet fort à parier que les justiciables hésiteraient à s'engager dans une procédure judiciaire, le plus souvent éprouvante aussi bien moralement que matériellement, s'ils n'avaient la garantie de l'exécution effective de la décision finale qui en résulterait. Ainsi, l'Union de droit doit garantir le droit à l'exécution des jugements finals, comme c'est le cas par exemple devant la Cour EDH[1956] ou prescrire, au moins, l'obligation d'exécuter lesdits jugements. Pour être efficace, l'obligation d'exécuter les décisions de justice doit être réalisée dans un délai raisonnable[1957] et s'accompagner de remèdes adaptés en cas de

---

[1952] Fernand A. SCHOCKWEILER, « L'exécution des arrêts de la Cour » *in Du droit international au droit de l'intégration. Liber Amicorum Pierre Pescatore, Nomos Verlagsgesellschaft, Baden-Baden*, 1987, pp. 613-635, préc. p. 635.

[1953] Voir CJCE, arrêt Commission c. Belgique et Luxembourg du 13 novembre 1964, aff. Jtes 90 et 91/63, Rec. 1964, p. 1217, préc. p. 1232.

[1954] Emmanuel PUTMAN, « Accès à la justice et droit à l'exécution » *in* Emmanuel PUTMAN et al. (Dir.), *L'accès à la justice*, Aix-en-Provence, Presses universitaires d'Aix-Marseille, 2007, p. 275.

[1955] Loïc CADIET, *Dictionnaire de la justice*, Paris, PUF, 2004, 1363 p., spéc. p. 489.

[1956] En effet, la Cour EDH a énoncé ce droit à travers une interprétation constructive du droit à un procès équitable, tel que prévu à l'article 6, par. 1, de la Convention EDH. Dans l'arrêt Hornsby c. Grèce (du 19 mars 1997, n° 18357/91, Rec. 1997-II), elle a notamment considéré que le droit d'accéder à un tribunal serait « illusoire si l'ordre juridique interne d'un État contractant permettait qu'une décision judiciaire définitive et obligatoire reste inopérante au détriment d'une partie ». Il en découle que « l'exécution d'un jugement ou d'un arrêt, de quelque juridiction que ce soit, doit donc être considérée comme faisant partie intégrante du procès au sens de l'article 6 [de la Convention] ».

[1957] Voir Stéphanie PAYET, *Le droit à une protection juridictionnelle effective en droit de l'Union européenne, op. cit.* p. 739 et s. Voir également CJCE, arrêt Turner c. Commission du 12 janvier 1984, aff. 266/82, Rec. 1984, p.1, pt 5, cité par Stéphanie

non-exécution volontaire. Toutefois, comme pour la plupart des garanties de droit, l'obligation d'exécuter les décisions finales de justice n'est pas une garantie absolue et peut connaître des exceptions visant à préserver l'intérêt général ou l'intérêt des justiciables[1958].

En droit de l'UEMOA, l'obligation d'exécuter découle principalement de la force exécutoire et de l'autorité de la chose jugée attachées aux décisions de la Cour de Justice[1959]. Aux termes de l'article 20 du protocole additionnel n° 1, « les arrêts de la Cour de Justice ont force exécutoire, conformément aux dispositions de son règlement de procédures […] ». La force exécutoire se définit comme étant la qualité en vertu de laquelle un jugement, plus précisément la grosse délivrée par le greffier, est susceptible d'exécution forcée[1960]. Quant à l'autorité de la chose jugée, elle est traditionnellement considérée comme une présomption de vérité s'attachant à la décision du juge (res judicata pro veritate habetur) et ayant pour effet d'interdire aux parties de recommencer le procès (non bis in idem)[1961] sauf circonstance exceptionnelle[1962]. Même si elle ne figure, *expressis verbis*, dans aucun texte de l'UEMOA, nous pensons, que l'autorité de la chose jugée est déductible de l'article 57 du règlement de procédures, relatif à la force obligatoire des arrêts de la Cour, lequel n'exprime autre chose que l'idée même de l'autorité de la chose jugée[1963]. En effet, la force

---

PAYET, *Le droit à une protection juridictionnelle effective en droit de l'Union européenne, op. cit.*, p. 740.

[1958]Voir Guillaume PAYAN, « La jurisprudence européenne (relative au droit à l'exécution des décisions de Justice) », *UIHJ Publishing*, 2014, 22 p., préc. p. 9 et s.

[1959] Aussi, nous limiterons nous, dans le cadre de ce chapitre, à examiner l'exécution des seules décisions de justice de la Cour de Justice de l'UEMOA ayant un caractère définitif et revêtues à la fois de l'autorité de la chose jugée (force obligatoire) et de la force exécutoire.

[1960] Liliane PLOUVIEN, *Les décisions de la Cour de Justice des Communautés européennes, op. cit.*, p. 43 et s.

[1961]*Ibidem*, p. 13.

[1962] Il existe en effet des dérogations à l'autorité de la chose jugée, visant notamment à corriger les erreurs judiciaires. Il s'agit des voies de recours exceptionnelles. En droit de l'UEMOA, il s'agit notamment de l'opposition (pour les arrêts rendus par défaut), la tierce opposition (pour les tiers réclamant une modification de l'arrêt dans le sens de leurs intérêts) et de la révision (en cas de découverte de faits nouveaux de nature à influer l'arrêt de manière décisive). Voir art. 80, art. 81 et art. 82 et s. du règlement de procédures de la Cour de Justice de l'UEMOA.

[1963] Voir dans ce sens, Liliane PLOUVIEN, *Les décisions de la Cour de Justice des Communautés européennes, op. cit.* p. 43. Pour une étude détaillée de la notion en

obligatoire des arrêts de la Cour traduit l'idée selon laquelle lesdits arrêts « s'imposent aux parties [...] qui ne peuvent, sinon dans les cas prévus par le règlement de procédure, mettre en cause ce qui a été décidé »[1964]. En tout état de cause, l'on peut se demander s'il est concevable qu'un arrêt final de la CJUEMOA soit exécutoire alors même qu'il serait privé de l'autorité de la chose jugée ?

Contrairement à la force exécutoire qui s'attache de la même manière à l'ensemble des décisions prises par la Cour de Justice, l'autorité de la chose jugée peut être relative ou absolue en fonction de l'arrêt rendu. Elle peut avoir, par ailleurs, une portée rétroactive (effet *ex tunc*) ou une portée non rétroactive (effet *ex nunc*), l'ensemble de ces variations ayant des incidences sur la portée de l'obligation d'exécuter l'arrêt rendu.

Afin d'examiner convenablement les modalités d'exécution des décisions finales de justice au sein de l'UEMOA (section II), il apparaît utile de s'intéresser, d'abord, aux différents types de décisions que la Cour de Justice peut être amenée à prendre dans le cadre de ses compétences ainsi qu'aux effets juridiques spécifiques s'attachant à ces décisions (section I). Seront examinées, à cet effet, uniquement les « arrêts » de la Cour de Justice, seuls susceptibles de revêtir à la fois l'autorité de la chose jugée et la force exécutoire[1965]. Dans la mesure où elle s'opère directement dans le cadre de l'ordonnancement juridique interne des États membres et ne soulève aucune difficulté particulière, l'exécution des décisions de justice rendues par les juridictions nationales, sur le fondement du droit de l'UEMOA, ne sera abordée que

droit de l'UE, voir Araceli TURMO, *L'autorité de la chose jugée en droit de l'Union européenne,* Bruxelles, Bruylant, 2017, 584 p.

[1964] Charles Van REEPINGHEN et Paul Orianne, « La procédure devant la Cour de Justice des Communautés européennes », *JT*, 1961, p. 127, cité par Liliane PLOUVIEN, *op. cit.*, p. 43.

[1965] Sont ainsi exclu du champ de la présente analyse, l'ensemble des arrêts avant-dire droit (art. 40 du RP), des ordonnances prescrivant des mesures conservatoires (art. 73 du RP), ainsi que des avis qui bien qu'étant revêtu de l'autorité de la chose jugée *erga omnes*, sont dépourvus de la force exécutoire. Sur les effets juridiques des avis en droit comparé (droit de l'UE), voir Liliane PLOUVIER, *Les décisions de la Cour de Justice des Communautés européennes et leurs effets juridiques, op. cit.*, p. 48 et s. Également Guy ISAAC et Marc BLANQUET, *Droit général de l'Union européenne, op. cit.*, p. 533 ; Christine KADDOUS, « Commentaire article 300 CE » *in* Isabelle PINGEL (Dir.), *Commentaire article par article des traités UE et CE*, 2e éd., Bâle, Paris, Bruxelles, Helbing Lichtenhahn, Dalloz, Bruylant, 2010, p. 1866.

de manière partielle, en ce qui concerne notamment le cas spécifique de l'exécution poursuivie dans un État autre que celui dans lequel l'affaire a été jugée au fond.

Section I : La teneur des décisions finales de justice et leurs effets juridiques

Les décisions rendues par la Cour de Justice de l'UEMOA n'ont pas la même teneur. Celle-ci est fonction notamment de l'étendue des pouvoirs qui sont reconnus au juge dans le cadre des contentieux qui en sont à l'origine. Il en est de même des effets juridiques attachés à ces décisions. L'autorité de ces décisions peut être de portée absolue ou de portée relative. Elle peut également se limiter à l'avenir ou affecter des situations antérieures. Pour mieux appréhender la teneur et la portée des effets juridiques des décisions de la Cour de Justice, il convient d'examiner séparément les décisions résultant d'une contestation visant les actes des organes (paragraphe I) et celles qui résultent d'une contestation relative à des actes étatiques (paragraphe II).

Paragraphe I : Les décisions de la Cour de Justice résultant de la contestation des actes des organes

La teneur et les effets juridiques des décisions que la Cour de Justice peut être amenée à prendre à la suite d'une contestation visant les actes des organes, seront examinés successivement dans le cadre du contentieux de la légalité (A) et dans le cadre du contentieux de pleine juridiction (B). Au regard du caractère mixte du recours du personnel de l'UEMOA, lequel peut consister aussi bien en un recours en annulation qu'en un recours en indemnisation, il apparaît superfétatoire de consacrer des développements particuliers aux décisions qui en découlent.

A) Les décisions résultant du contentieux de la légalité

Dans le cadre du contentieux de la légalité, les décisions prises par la Cour de Justice peuvent intervenir à l'issue du contrôle direct de la légalité des actes contestés ou après un contrôle seulement incident de ces actes. Dans le premier cas de figure, le contrôle exercé par la Cour de Justice peut conduire à un arrêt d'annulation (1) tandis que dans la seconde hypothèse, la Cour peut être amenée à faire une déclaration d'illégalité ou à rendre un arrêt d'invalidation (2).

1) L'arrêt rendu à l'issue du contrôle direct de la légalité

Le contrôle direct de légalité, à travers le recours en annulation, est susceptible de conduire à deux principales issues. Dans un premier temps, le juge de l'UEMOA peut accueillir tout ou partie des moyens d'illégalité invoqués par la partie requérante ou encore considérer l'acte attaqué comme étant illégal sur la base de moyens soulevés ex officio. Il rend, dans ces cas, un arrêt d'annulation. L'arrêt d'annulation rendu par le juge de l'UEMOA revêt à la fois un effet ex tunc et un effet erga omnes[1966]. L'effet ex tunc signifie que l'acte annulé est censé n'avoir jamais existé et doit disparaître rétroactivement. Quant à l'effet erga omnes, il signifie que cet arrêt s'impose à tous, au-delà du litige porté à la connaissance de la Cour et des parties concernées. Ni les juridictions des États membres, ni les autres autorités nationales, encore moins les organes de l'UEMOA, ne pourront, dès lors, considérer l'acte annulé comme étant valable, encore moins y fonder une décision à l'avenir. Quant aux tiers, ils pourront également se fonder sur l'arrêt d'annulation pour faire valoir leurs droits. Toutefois, il est reconnu à la Cour de Justice, dans certains cas, le pouvoir de limiter l'effet ex tunc de l'arrêt d'annulation.

Aux termes de l'article 10, *in fine*, du protocole additionnel n° 1, la Cour de Justice a « la faculté d'indiquer les effets des actes annulés qui doivent être considérés comme définitifs ». Pour la CJUEMOA, cette disposition vise à préserver les intérêts de l'Union dans toute procédure au principal[1967]. Au-delà de cet objectif, la limitation dans le temps des effets de l'arrêt d'annulation contribue aussi à préserver les intérêts des tiers et des cocontractants de l'UEMOA. En règle générale, cette limitation est motivée par des considérations impérieuses de sécurité juridique compte tenu de la nécessité de ne pas remettre en cause des situations de droit considérées comme étant acquises. De manière précise, la limitation, dans le temps, des effets de l'arrêt consiste à

[1966] Mouhamadou Moctar MBACKÉ, *La Cour de Justice de l'Union économique et monétaire ouest-africaine, op. cit.*, p. 58.
[1967] CJUEMOA, arrêt Eugène YAÏ du 5 avril 2006, *op. cit.*, p. 593.

renoncer à l'effet rétroactif de l'annulation en validant les effets passés produits par l'acte annulé.

Il faut souligner que l'article 10, *in fine*, du protocole additionnel n° 1, vise tous les « actes annulés » sans distinction, ce qui signifie que la limitation peut concerner aussi bien un acte individuel qu'un acte de portée générale. Pour l'heure, il n'existe aucune application de cette disposition dans la pratique de la CJUEMOA. Toutefois, en se référant au droit comparé de l'Union européenne, on peut citer l'arrêt Conseil c. Parlement[1968], par lequel la CJCE a décidé de valider les effets passés d'une décision du président du Parlement arrêtant définitivement le budget des Communautés européennes dans la mesure où celui-ci avait été largement exécuté au moment du prononcé de l'annulation. Dans l'arrêt Commission c. Conseil (arrêt CITES), la CJCE a également considéré comme étant définitifs, les effets d'une décision du Conseil visant à établir la position de la Communauté concernant certaines propositions examinées lors de la 14e session de la Conférence des parties à la Convention sur le commerce international des espèces de faune et de flore sauvages menacées d'extinction[1969]. Dans l'arrêt PNR du 30 mai 2006, la Cour a maintenu les effets de la décision d'adéquation jusqu'à la date d'extinction de l'accord avec les États-Unis, compte tenu du fait que l'UE ne pouvait invoquer son propre droit pour justifier la non-exécution d'un accord international[1970].

Enfin, le maintien des effets de l'acte annulé peut intervenir, de manière provisoire, par pur pragmatisme ou pour des raisons d'efficacité. Tel a été le cas dans l'arrêt Kadi du 3 septembre 2008, dans lequel la Cour a limité les effets de l'annulation d'un règlement de gel de fonds de personnes suspectées d'entretenir des liens avec des entités terroristes. Comme elle le justifie si bien dans cet arrêt, l'annulation d'un tel règlement, avec effet immédiat, serait de nature à porter atteinte à « l'efficacité des mesures restrictives qu'impose ce règlement [...] dès lors que, dans l'intervalle précédant son éventuel remplacement par un nouveau règlement, [les requérants] pourraient prendre des mesures visant à éviter que des mesures de gel de fonds puissent encore leur être

---

1968 CJCE, arrêt Conseil c. Parlement du 3 juillet 1986, aff. 34/86, Rec. 1986, p. 2155, pts 48 et s.

1969 CJCE, arrêt Commission c. Conseil du 1er octobre 2009, aff. C-370/07, Rec. 2009, p. I-8917, pts 65 et 66.

1970 CJCE, arrêt Parlement c. Conseil et Commission, du 30 mai 2006, aff. Jtes C-317 et 318/04, Rec. 2006, p. I-4721, pts 71 et s.

appliquées »[1971]. En tout état de cause, l'effet ex tunc de l'arrêt d'annulation ne saurait remettre en cause les droits légitimement acquis par des tiers. S'impose alors une nécessaire conciliation de cet effet juridique avec les principes de bonne foi, de confiance légitime ou encore d'équité, afin d'éviter que le rétablissement de la légalité ne rende l'ordre social encore plus perturbé qu'il ne l'était avec le tort initial causé par l'illégalité[1972].

Dans un second temps, le contrôle direct de la légalité exercé par le juge de l'UEMOA peut conduire à un arrêt de rejet. Contrairement à l'arrêt d'annulation, l'arrêt de rejet, par lequel la Cour de Justice considère l'acte attaqué comme étant légal, appelle très peu de commentaires. La doctrine considère en règle générale que cet arrêt n'a qu'un effet relatif dans la mesure où il se limite aux moyens d'illégalité soulevés et examinés. L'arrêt de rejet ne signifie donc pas que l'acte est définitivement légal mais qu'il n'est pas entaché par les moyens avancés. Rien n'empêche dès lors que ledit acte fasse à nouveau l'objet d'un recours en annulation fondé sur de nouveaux moyens.

2) Les arrêts rendus à l'issue du contrôle incident de la légalité

Selon qu'il intervient à la suite d'un renvoi préjudiciel en appréciation de légalité ou d'une exception d'illégalité, le contrôle incident de la légalité peut conduire la Cour de Justice à rendre un arrêt d'invalidation (a) ou une déclaration d'illégalité (b).

a) L'arrêt d'invalidation

L'arrêt d'invalidation (ou déclaration d'invalidité) est la décision rendue par la CJUEMOA, lorsque dans le cadre d'un renvoi préjudiciel en appréciation de la légalité, elle parvient à la conclusion que l'acte querellé est illégal. Conformément à l'article 57 du règlement de procédures, cette décision de la Cour de Justice est revêtue de l'autorité de la chose jugée. À titre de droit comparé, la CJCE a également affirmé, de manière expresse, l'autorité de la chose jugée de l'arrêt

---

[1971] CJCE, arrêt Kadi e. a. c. Conseil du 3 septembre 2008, *op. cit.* pt 373. Nous soulignons.

[1972] Denis WAELBROECK, « L'exécution des arrêts d'annulation de la Cour de Justice des Communautés européennes », *op. cit.*, p. 712 et s.

rendu à l'issu d'un renvoi préjudiciel, dans l'ordonnance Wünsche[1973]. Quant à la portée de cette autorité, la même juridiction a jugé dans l'arrêt International Chemical Corporation (ICC), qu'« un arrêt de la Cour constatant [...] l'invalidité d'un acte d'une institution [...], bien qu'il ne soit adressé directement qu'au juge qui a saisi la Cour, constitue une raison suffisante pour tout autre juge de considérer cet acte comme non valide pour les besoins d'une décision qu'il doit rendre »[1974]. En se basant sur cet arrêt, la doctrine semble s'accorder sur la reconnaissance d'un effet erga omnes à l'arrêt constatant l'invalidité d'un acte de l'UE[1975].

En effet, même si une telle constatation ne prive pas les juridictions nationales de leur droit d'interroger à nouveau la CJCE sur renvoi préjudiciel, un éventuel second renvoi préjudiciel ne pourrait porter que sur des questions accessoires liées notamment aux motifs, à l'entendue et éventuellement, aux conséquences attachées à la première décision[1976], l'invalidité préétablie demeurant ainsi, en réalité, intangible et irréversible[1977]. De l'avis de la CJCE, cette solution se justifie par des exigences particulièrement impérieuses de sécurité juridique ainsi que par l'objectif poursuivi par le mécanisme de renvoi préjudiciel qui vise à garantir l'uniformité dans l'application du droit de l'Union européenne[1978]. Contrairement au droit de l'Union européenne, l'effet *erga omnes* de la déclaration d'invalidité en droit de l'UEMOA ne semble pas faire l'unanimité. Pour l'ancien juge MBACKÉ « l'arrêt d'invalidation a une autorité relative de la chose jugée, l'inapplicabilité ne vaut qu'entre parties au litige et ne pourrait être invoquée par un tiers sur la base de l'arrêt d'invalidation »[1979]. C'est pourquoi, poursuit-il, « la solution pratique en cas d'intervention d'un arrêt d'invalidation d'un acte consisterait plutôt à procéder à son

---

[1973]CJCE, ord. Wünsche du 5 mars 1986, aff. 69/85, Rec. 1986, p. 947, pt 13.
[1974] CJCE, arrêt International Chemical Corporation du 13 mai 1981, aff. 66/80, Rec. 1981, p. 1191, pt 13.
[1975] Voir Laurent COUTRON, *La contestation incidente des actes de l'Union européenne, op. cit.*, p. 596.
[1976] Arrêt ICC précité, pt 14.
[1977] Laurent COUTRON, *op. cit.*
[1978] Arrêt ICC précité, pt 12.
[1979] Voir Mouhamadou Moctar MBACKÉ, La Cour de Justice de l'Union économique et monétaire ouest-africaine, *op. cit.*, p. 60.

abrogation ou à sa modification dans le sens de la reconnaissance de sa validité »[1980].

Même si la CJUEMOA ne s'est pas encore prononcée sur la question, nous pensons que l'on ne saurait dénier à la déclaration d'invalidité, l'effet erga omnes et partant, l'autorité absolue de la chose jugée. Hormis le recours au droit comparé de l'Union européenne, cette position se justifie par l'emploi de l'expression « Dit pour droit » dans les dispositifs des arrêts rendus sur renvoi préjudiciel par la Cour de Justice. Comme l'exprime Alberto TRABUCCHI, cette formule traduit en quelque sorte l'idée selon laquelle la décision ne donne pas une solution entre plusieurs thèses opposées mais pose solennellement un principe juridique[1981]. Aussi, en considérant le recours en annulation et le renvoi préjudiciel en appréciation de légalité étant comme l'expression d'une seule et même voie de droit, il apparaît logique de reconnaitre à cet autre versant du contrôle de la légalité les mêmes effets juridiques, c'est-à-dire non seulement l'effet erga omnes mais également l'effet ex tunc[1982].

Aussi, si la CJUEMOA a le pouvoir de limiter, dans le temps, les effets de l'arrêt d'annulation, elle devrait être également capable de le faire en ce qui concerne l'effet ex tunc de l'arrêt d'invalidation. C'est exactement cette solution que la CJCE a consacré en droit de l'Union européenne. Dans l'arrêt Société coopérative Providence agricole de la Champagne, elle a considéré que

> « L'application par analogie de l'article 177, al. 1, b, [264, al. 2 TFUE] du traité, selon lequel la Cour peut indiquer quels effets d'un règlement déclaré nul doivent être considérés comme définitifs, s'impose [en cas de déclaration d'invalidité] pour les mêmes motifs de sécurité juridique qui sont à la base de cette disposition »[1983].

[1980] *Ibidem.*

[1981] Voir Alberto TRABUCCHI, « L'effet 'erga omnes' des décisions préjudicielles rendues par la CJCE », *RTDE*, 1974, pp. 56-87, préc. p. 57 et s.

[1982] S'agissant de l'effet ex tunc de l'arrêt d'invalidation, la CJCE l'a expressément affirmé dans l'arrêt Roquettes Frères du 26 avril 1994 (aff. C-228/92, Rec. 1994, p. I-1445, pt 17 « Un arrêt de la Cour constatant à titre préjudiciel l'invalidité d'un acte communautaire a, en principe, un effet rétroactif à l'instar d'un arrêt d'annulation ».

[1983] CJCE, arrêt Société coopérative "Providence agricole de la Champagne" du 15 octobre 1980, aff. 4/79, Rec. 1980, p. 2823, pt 45.

Cette extension judiciaire de la limitation, *ratione temporis*, des effets des arrêts de la CJCE, n'a pas manqué de susciter l'ire des juridictions internes qui y voyaient l'exercice illégale d'une compétence *ultra petita* et une atteinte intolérable aux droits des requérants au principal[1984]. Dans l'arrêt Société des produits de Maïs, la CJCE a pourtant confirmé son interprétation systémique de l'actuel article 264, alinéa 2, du traité FUE, en se fondant sur la nécessaire cohérence entre le recours en annulation et le renvoi préjudiciel en appréciation de validité qui constituent deux modalités de contrôle de la légalité institués par le traité. Pour ladite Cour, il s'agit d'une compétence nécessaire pour préserver l'uniformité de l'application du droit de l'UE et garantir le principe de la sécurité juridique[1985].

Elle apporte toutefois un certain assouplissement à sa position. En effet, la CJCE considère qu'il lui appartient dorénavant,

> « de déterminer si une exception à cette limitation de l'effet dans le temps, conféré à son arrêt, peut être prévue en faveur soit de la partie qui a introduit le recours devant la juridiction nationale, soit de tout autre opérateur économique qui aurait agi de manière analogue avant la constatation d'invalidité, ou si, à l'inverse, même pour les opérateurs qui auraient pris en temps utile des initiatives en vue de sauvegarder leurs droits, une déclaration d'invalidité ayant effet seulement pour l'avenir constitue un remède adéquat »[1986].

Cette « exception à l'exception » de l'effet ex tunc de l'arrêt constatant l'invalidité d'un acte de l'UE, est de bon droit dans la mesure où elle permet de ne pas enlever tout effet pratique à l'arrêt et de ne pas priver le particulier des fruits de son action. Bien qu'opérant une sorte de discrimination entre les justiciables, elle se justifie pleinement au regard du principe selon lequel le droit favorise le plus diligent[1987]. L'on peut néanmoins regretter le fait que la CJCE n'ait pas conféré à cet

---

[1984] Sur la question, se référer à l'article de Denys SIMON, « L'effet dans le temps des arrêts préjudiciels de la Cour de Justice des Communautés européennes : enjeu ou prétexte d'une nouvelle guerre des juges ? » *in Du droit international au droit de l'intégration. Liber Amicorum Pierre Pescatore, op. cit.*, pp. 651-674.

[1985] CJCE, arrêt Société des produits de maïs du 27 février 1985, aff. 112/83, Rec. 1985, p. 719, pt 17.

[1986] *Idem*, pt 18.

[1987] Fernand A. SCHOCKWEILER, « L'exécution des arrêts de la Cour » *in Du droit international au droit de l'intégration..., op. cit.*, p. 631 et s.

assouplissement un caractère automatique. Pour notre part, si la CJUEMOA devait s'inspirer de la jurisprudence de la CJCE en ce qui concerne la limitation, dans le temps, des effets de l'arrêt d'invalidation, l'effet ex tunc devrait être systématiquement maintenu, dans l'intérêt des requérants au principal.

En tout état de cause, l'effet *ex tunc* de l'arrêt d'invalidation, tout comme celui de l'arrêt d'annulation, ne saurait remettre en question les droits légitiment acquis par des tiers. Aux côtés de l'arrêt d'invalidation, la déclaration d'illégalité apparaît beaucoup plus subtile quant à ses effets juridiques.

b) La déclaration d'illégalité

En droit de l'UEMOA, l'article 11 du protocole additionnel n° 1 ne donne aucun renseignement sur les effets de la déclaration d'illégalité pouvant intervenir à la suite d'une exception d'illégalité soulevée devant la Cour de Justice. En recourant au droit de l'Union européenne, l'on sait qu'il est admis, depuis l'arrêt Méroni, que « L'annulation d'une décision individuelle fondée sur l'irrégularité des décisions générales dont elle est tirée n'affecte les effets de la décision générale que dans la mesure où ceux-ci se concrétisent dans décision individuelle annulée »[1988]. Pour autant, il convient de se demander si cela est suffisant pour déduire l'effet relatif de la déclaration d'illégalité ? Comme Laurent COUTRON, nous pensons qu'il convient de distinguer la déclaration d'inapplicabilité, par laquelle le juge déclare l'acte illégal comme étant inapplicable au litige pendant, de la déclaration d'illégalité proprement dite[1989].

Si la déclaration d'inapplicabilité se limite effectivement au litige porté à la connaissance du juge (effet *inter partes*), il ne devrait pas en être ainsi de la déclaration d'illégalité non seulement en raison du caractère objectif de la légalité, mais également pour des considérations d'ordre pratique, tenant au risque d'encombrement du prétoire supranational, si l'acte ayant été déclaré illégal pouvait encore faire l'objet d'éventuels renvois préjudiciels en appréciation de légalité[1990]. Par ailleurs, l'effet

[1988] CJCE, arrêt Méroni du 13 juin 1958, *op. cit.*, p. 28.
[1989] Laurent COUTRON, *La contestation incidente des actes de l'Union européenne, op. cit.*, p. 599.
[1990] *Ibidem.*

erga omnes de la déclaration d'illégalité en droit de l'UEMOA peut être fondé sur les exigences tirées de la cohérence du système de contrôle de la légalité des actes des organes. L'arrêt d'annulation et l'arrêt d'invalidation étant tous les deux revêtus de l'effet erga omnes, il convient de reconnaître le même effet à la déclaration d'illégalité. Quant à l'effet ex tunc de ladite déclaration, il devrait se limiter, en revanche, aux parties au litige et ne doit pas être appliqué aux tiers. En effet, il faut rappeler que l'acte déclaré illégal est devenu « irrévocable » par l'écoulement des délais du recours direct, l'exception d'illégalité n'étant prévue que pour protéger de manière incidente le justiciable. Cela signifie que la déclaration d'illégalité produit, en principe, un effet ex nunc à l'égard des tiers. Toutefois, il s'agit d'un effet ex nunc qui ne peut intervenir que par abrogation de l'acte litigieux et non d'office.

Dans le cadre du contentieux de pleine juridiction, la CJUEMOA est amenée à prendre des décisions fondamentalement différentes de celles qu'elle a la possibilité de prendre dans le contentieux de la légalité. Cela s'explique principalement par la nature et l'étendue des pouvoirs qui lui sont reconnues dans le contentieux de pleine juridiction.

B) Les décisions résultant du contentieux de pleine juridiction

Dans le cadre du contentieux de pleine juridiction, la Cour de Justice peut être saisie d'un recours en responsabilité extracontractuelle de l'Union ou d'un recours de plein contentieux en matière de concurrence. Dans le premier cas de figure, la saisine du juge de l'UEMOA peut conduire à un arrêt d'indemnisation (1) tandis que la seconde hypothèse, l'examen de l'affaire est susceptible de conduire à plusieurs types de décisions (2).

1) L'arrêt d'indemnisation

Lorsque la Cour de Justice est saisie d'un recours en responsabilité extracontractuelle de l'Union ou d'un de ses organes, celle-ci se prononce sur l'engagement de la responsabilité et constate, le cas échéant, l'obligation de réparation incombant à l'organe fautif. À cet effet, la Cour de Justice peut se contenter, dans un premier temps, d'établir le principe de la responsabilité et inviter les parties à s'accorder sur le montant de la réparation ou les renvoyer devant un autre organisme compétent pour évaluer l'indemnité selon des normes préétablies[1991]. Lorsque les parties n'arrivent pas à se mettre d'accord ou en cas de contestation du montant fixé par l'organisme compétent, la Cour intervient, dans un second temps, pour déterminer le montant exact du préjudice. L'arrêt qui se prononce sur le montant du préjudice se présente comme une décision de condamnation au paiement d'une somme déterminée[1992].

Dans la plupart des cas, la CJUEMOA évalue elle-même, directement dans son arrêt, le montant du préjudice indemnisable et condamne l'Union ou l'organe fautif à son paiement[1993]. La Cour peut requérir, à cet effet, une expertise dans les conditions prévues à l'article 42 du règlement de procédures. Dans la mesure où il intervient dans le cadre d'un contentieux subjectif, mettant en cause une personne au lieu d'un acte, l'arrêt d'indemnisation n'emporte en principe qu'un effet ex tunc et un effet inter partes[1994].

2) Les arrêts rendus en matière de concurrence

Comme nous l'indiquions plus haut, la CJUEMOA dispose de pouvoirs très étendus dans le cadre du contentieux de pleine juridiction en matière de concurrence. L'étendue de ces pouvoirs constitue d'ailleurs l'une des spécificités de cette voie de droit[1995]. Pour rappel, l'article 31 du règlement n° 03/2002 dispose que :

> « Conformément aux dispositions de l'article 15, alinéa 3, du règlement n° 01/96/CM/UEMOA du 5 juillet 1996, la Cour de Justice statue avec compétence de pleine juridiction, sur les recours intentés contre les décisions par lesquelles la

---

[1991] Mouhamadou Moctar MBACKÉ, *La Cour de Justice de l'Union économique et monétaire ouest-africaine…*, *op. cit.* p. 60.

[1992] Fernand A. SCHOCKWEILER, « L'exécution des arrêts de la Cour », *op. cit.*, 622.

[1993] Voir par exemple, CJUEMOA, arrêt Serge LAUBHOUET du 14 juillet 1997, *op. cit.* ; CJUEMOA, arrêt Haoua TOURÉ du 25 juin 2003, *op. cit.* ; CJUEMOA, arrêt Dame Sidonie SODABI e. a. du 19 décembre 2012, *op. cit.*

[1994] Liliane PLOUVIER, *Les décisions de la Cour de Justice des Communautés européennes et leurs effets juridiques, op. cit.*, p. 147. Voir également CJCE, arrêt Compagnie d'approvisionnement, de transport et de crédit SA et Grands Moulins de Paris SA c. Commission, du 13 juin 1972, aff. Jtes 9 et 11/71, Rec. 1972, p. 391, pt 6.

[1995] Cf. *supra.*, partie 2, titre 1, chap. 1, sect. 1.

> Commission fixe une amende ou une astreinte. Elle peut modifier ou annuler les décisions prises, réduire ou augmenter le montant des amendes et des astreintes ou imposer des obligations particulières ».

Comme le prévoit cette disposition, l'arrêt de la CJUEMOA peut revêtir plusieurs formes. Il peut s'agir d'abord d'un arrêt d'annulation. Dans ce cas l'arrêt de la Cour revêt sans difficulté l'effet ex tunc et l'effet *erga omnes*, dans les mêmes conditions que l'arrêt d'annulation rendu dans le cadre du contentieux de la légalité. La solution est moins évidente lorsque l'arrêt rendu par la Cour de Justice consiste à « modifier […] les décisions prises », à « réduire ou augmenter le montant des amendes » ou encore à « imposer des obligations particulières ». Ce qui est en revanche certain, c'est que dans tous ces cas de figures, la décision de la Cour de Justice procède à une réformation de la décision attaqué. Or, si réformer consiste « non seulement à défaire ce qui a été fait, mais encore à le refaire »[1996], l'arrêt rendu par la Cour de Justice devrait conduire à réfectionner la décision de la Commission telle que celle-ci était censée avoir été adoptée dès l'origine. Dans ce sens, l'arrêt de la Cour de Justice qui a pour effet de réformer, d'une manière ou d'une autre, une décision de la Commission infligeant une amende ou une astreinte à une entreprise, devrait être revêtu de l'effet ex tunc avec toutefois la possibilité pour la Cour de limiter, ratione temporis, les effets de sa décision, lorsque cela est nécessaire pour préserver certains intérêts. Il convient de reconnaître enfin un effet erga omnes à l'arrêt de réformation (ou de modification) au même titre que l'arrêt d'annulation[1997].

À l'inverse du contentieux de pleine juridiction, la Cour de Justice exerce des pouvoirs moins étendus dans le contentieux des actes étatiques. Les décisions qu'elle est amenée à prendre, à cette occasion, se limitent en une simple déclaration sur la violation du droit de l'UEMOA ou sur le sens qu'il convient d'attribuer à une disposition particulière de ce droit.

[1996] Liliane PLOUVIER, *op. cit.*, p. 165.

[1997] *Ibidem* p. 168.

Paragraphe II : Les décisions de la Cour de Justice résultant de la contestation des actes étatiques

À la suite d'une contestation visant un acte étatique, la Cour de Justice peut rendre un arrêt en constatation de manquement (A) ou un arrêt en interprétation (B), suivant qu'elle est saisie par recours en manquement ou par renvoi préjudiciel en interprétation du droit de l'UEMOA.

A) L'arrêt en constatation de manquement

Lorsqu'elle est saisie d'un recours en manquement, l'article 15, paragraphe 1, alinéa 4, in limine, du règlement de procédures, dispose que « si la Cour estime le recours fondé, elle constate le manquement ». Contrairement à la CJUE qui peut, dans certains cas, assortir sa décision de sanctions pécuniaires, l'arrêt de la CJUEMOA se limite à une constatation judiciaire du manquement imputable à l'État membre poursuivi, sans possibilité d'infliger des sanctions pécuniaires[1998]. L'arrêt en manquement rendu par la CJUEMOA n'a qu'un effet déclaratoire.

La Cour de Justice se contentera donc d'examiner si les griefs articulés contre l'État sont fondés ou non. À l'issue de l'examen de ces griefs, la Cour constatera que l'État poursuivi a manqué totalement ou partiellement à ses obligations ou que le recours est rejeté. L'arrêt en constatation de manquement a l'autorité de la chose jugée vis-à-vis de l'État membre condamné et à l'égard de l'ensemble des autorités législatives, exécutives, judiciaires ou administratives de cet État[1999]. Enfin, la doctrine considère que l'arrêt en manquement revêt l'autorité de la chose interprétée à l'égard de tous tout comme l'arrêt

---

[1998] À noter qu'en droit de l'UE, la constatation du manquement peut être assortie d'une sanction pécuniaire consistant en une somme forfaitaire et/ou en une astreinte, notamment, lorsque l'État membre concerné n'a pas pris les mesures que comportent l'exécution d'un précèdent arrêt en manquement de la Cour (procédure de recours en manquement sur manquement) ou a manqué à son obligation de communiquer des mesures de transposition d'une directive (procédure spéciale pour défaut de transposition d'une directive). Voir respectivement, les paragraphes 2 et 3 de l'article 260 du traité FUE. L'absence de cette possibilité, en droit de l'UEMOA, est regrettable dans la mesure où elle aurait pu constituer un facteur dissuasif ou un moyen de pression pour l'exécution de leurs obligations par les États membres.

[1999] Mouhamadou M. MBACKÉ, *La Cour de Justice de l'Union économique et monétaire ouest-africaine...*, *op. cit.*, p. 58. Voir dans le même sens, Guy ISAAC et Marc BLANQUET, Droit général de l'Union européenne, *op. cit.*, p. 594.

d'interprétation dans la mesure où l'interprétation du droit qu'il consacre s'impose aux juridictions nationales de tous les pays membres[2000].

B) L'arrêt d'interprétation

À l'instar de l'arrêt en constatation de manquement, l'arrêt d'interprétation délivré par la Cour de Justice, à l'issue d'un renvoi préjudiciel en interprétation, a tout d'abord un effet déclaratoire. Cela signifie que, dans le cadre strict de la répartition des compétences entre cette dernière et les juridictions nationales, la première se contentera de fournir l'interprétation sollicitée de la règle de droit de l'UEMOA. Ainsi que nous l'avons souligné à plusieurs reprises, l'interprétation fournie par la Cour de Justice peut conduire, dans certains cas, à invalider indirectement le droit national de la juridiction de renvoi[2001].

L'arrêt d'interprétation est revêtu de l'« autorité de la chose interprétée »[2002], qui s'impose non seulement à la juridiction de renvoi mais aussi à « toutes les autorités administratives et juridictionnelles dans l'ensemble des États membres […] »[2003]. L'article 13 du protocole additionnel n° 1 tranche ainsi la question de l'effet erga omnes de l'arrêt d'interprétation[2004]. En plus de cette disposition expresse dont il bénéficie, l'effet erga omnes de l'arrêt d'interprétation de la CJUEMOA peut se justifier par le fait que dans sa décision, « la Cour est appelée à déterminer objectivement le sens et la portée d'une disposition du droit communautaire et […], comme le fait d'ailleurs apparaître la formule du dispositif des arrêts préjudiciels, elle arrête une interprétation qui doit être tenue pour droit »[2005].

En droit de l'Union européenne, l'effet *erga omnes* de l'arrêt d'interprétation a été consacré, par voie de jurisprudence, dans l'arrêt Da Costa. La CJCE a notamment considéré dans cet arrêt que

---

[2000] *Ibidem*.
[2001] Cf. *supra*, partie 2, titre 1, chap. 2.
[2002] Voir dans ce sens, Joël ANDRIANTSIMBAZOVINA, « L'autorité de la chose interprétée et le dialogue des juges. En théorie et en pratique, un couple juridiquement inséparable », *in Le dialogue des juges : mélanges en l'honneur du président Bruno Genevois,* Paris, Dalloz (2009), 1166 p., pp. 11 s.
[2003] Art. 13 du Protocole additionnel n° 1.
[2004] Fernand SCHOCKWEILER, « L'exécution des arrêts de la Cour », *op. cit.*, p. 629.
[2005] *Idem*, p. 360.

« l'autorité de l'interprétation donnée » dans le cadre du mécanisme de renvoi préjudiciel était de nature à priver de sa cause et à vider de son contenu, l'obligation imposée aux juridictions nationales, statuant en dernier ressort, de lui poser des questions préjudicielles[2006]. Pour autant, l'effet erga omnes s'attachant à l'autorité de la chose interprétée ne devait pas conduire à considérer son interprétation comme étant irréversible. En effet, « si la chose interprétée bénéficie d'une autorité factuelle non négligeable, elle reste toutefois juridiquement vulnérable »[2007].

Ainsi, la CJCE se réserve-t-elle le droit de préciser ou d'infléchir son interprétation à la suite d'éventuels renvois préjudiciels ultérieurs des juridictions nationales[2008]. Il n'en demeure pas moins qu'aussi longtemps qu'elle n'aura pas été infléchie ou modifiée, l'interprétation fournie par la CJCE formera un tout complet avec la règle interprétée, laquelle devra être appliquée comme telle par l'ensemble des juridictions et des autorités nationales. Dans l'intérêt d'une interprétation dynamique du droit de l'UEMOA, il y a lieu de se demander si la reprise de cette jurisprudence ne serait pas souhaitable dans l'ordre juridique ouest-africain. A priori, une telle transposition n'apparaît pas impossible, compte tenu notamment du caractère quasi-identique des mécanismes de renvois préjudiciels en droit de l'UE et en droit de l'UEMOA.

En ce qui concerne les effets, dans le temps, l'arrêt d'interprétation de la CJUEMOA devrait avoir un effet rétroactif, comme en droit de l'UE, dans la mesure où l'interprétation établit le sens et la portée que la disposition est réputée avoir eu depuis son adoption[2009]. Comme l'expliquent bien Guy ISAAC et Marc BLANQUET, « l'inapplicabilité de l'interprétation de la Cour à des rapports juridiques antérieurs équivaudrait, en effet, en quelque sorte, à donner une signification

---

[2006] CJCE, arrêt Da Costa e. a. c. Administration fiscale néerlandaise du 27 mars 1963, *op. cit.* p. 75.

[2007] Laurent COUTRON, *La contestation incidente des actes de l'Union européenne, op. cit.*, p. 562.

[2008] Voir dans ce sens CJCE, arrêt Portelange du 9 juillet 1969, aff. 10/69, Rec. 1969, p. 309.

[2009] Fernand SCHOCKWEILER, « L'exécution des arrêts de la Cour », *op. cit.* p. 631. Voir également CJCE, arrêt Schröder du 10 février 2000, aff. C-50/96, Rec. 2000, p. I-743, pt 43 ainsi que la jurisprudence antérieure citée.

différente à la règle au regard du passé, ce qui n'est pas possible »[2010]. Néanmoins, comme pour l'arrêt d'annulation et l'arrêt d'invalidation, il n'est pas exclu que l'application rétroactive de l'arrêt d'interprétation conduise à remettre en cause des droits légitimement acquis par des tiers. Dans ce cas, nous pensons qu'il conviendrait de reconnaitre compétence à la Cour d'appliquer, par extension, l'article 10, in fine, du protocole additionnel n° 1, afin de sauvegarder les droits des tiers de bonne foi, conformément au principe de sécurité juridique.

Cette solution est consacrée en droit de l'UE, dans la jurisprudence issue de l'arrêt Defrenne du 8 avril 1976[2011]. Tenant compte de la bonne foi des milieux intéressés qui avaient pu être induits en erreur par le comportement de certains États membres et de la Commission restée judiciairement inactive tout le long, ainsi que « des considérations impérieuses de sécurité juridique tenant à l'ensemble des intérêts en jeu, tant privés que publics », la CJCE a décidé de limiter, dans cet arrêt, les effets de son interprétation de l'article 119 du Traité CEE (article 157 du Traité FUE) aux seuls travailleurs diligents qui avaient introduit, antérieurement, un recours en justice ou soulevé une réclamation équivalente[2012].

En revanche, la CJCE retient de manière constante que de simples conséquences financières lourdes pour un État membre ne peuvent constituer, en soi, une cause de limitation de la rétroactivité d'un arrêt d'interprétation[2013]. Dans l'arrêt Roders[2014], la Cour a justifié cette solution par le fait que « s'il en était autrement, les violations les plus graves seraient traitées plus favorablement, dans la mesure où ce sont elles qui sont susceptibles d'avoir les implications financières les plus importantes pour les États membres »[2015]. Qui plus est, « limiter les effets d'un arrêt en s'appuyant uniquement sur ce type de

[2010] Guy ISAAC et Marc BLANQUET, Droit général de l'Union européenne, *op. cit.* p. 666. Voir également dans ce sens, CJCE, arrêt Salumi e. a. du 27 mars 1980, aff. Jtes 66, 127 et 128/79, Rec. 1980, p. 1237, pt 9.
[2011] CJCE, arrêt Defrenne du 8 avril 1976, aff. 43/73, Rec. 1976, p. 455, pt 74
[2012] *Idem*, pt 75.
[2013] Voir arrêt CJCE, arrêt Dansk Denkavit e. a. du 31 mars 1992, aff. C-200/90, Rec. 1992, p. I-2217. Également, CJCE, arrêt Bidar du 15 mars 2005, aff. C- 209/03, Rec. I-2119, pt 68.
[2014] CJCE, arrêt F. G. Roders BV e. a. du 11 août 1995, aff. Jtes C-367/93 à C-377/93, Rec. 1995, p. I-2229.
[2015] Arrêt Roders précité, pt 48.

considérations aboutirait à réduire de façon substantielle la protection juridictionnelle des droits que les contribuables tirent de la règlementation fiscale communautaire »[2016]. La CJCE a cependant admis, conformément à sa jurisprudence Defrenne, la limitation ratione temporis de l'arrêt d'interprétation, lorsqu'il existe notamment

> « un risque de répercussions économiques graves du en particulier au nombre élevé de rapports juridiques constitués de bonne foi sur la base de la règlementation considérée comme étant validement en vigueur et [...] qu'il apparait que les particuliers et les autorités nationales avaient été incités à un comportement non conforme à la règlementation communautaire en raison d'une incertitude objective et importante quant à la portée des dispositions communautaires, incertitude à laquelle avaient éventuellement contribué les comportements mêmes adoptés par d'autres États membres ou par la Commission »[2017].

L'ensemble de cette jurisprudence constitue une source importante d'inspiration dont pourrait se servir, à l'avenir, la CJUEMOA, pour préciser les contours du régime applicable aux effets ratione temporis de ses arrêts d'interprétation. L'analyse de la teneur et des effets juridiques des décisions de la CJUEMOA ayant été effectuée, il convient de se pencher, à présent, sur l'exécution proprement dite de chacune de ces décisions.

Section II : L'exécution des décisions finales de justice

En vertu de la force obligatoire et de la force exécutoire qui s'attachent aux arrêts de la Cour de Justice de l'UEMOA, la partie qui succombe au procès a l'obligation d'exécuter l'arrêt qui la condamne (paragraphe I). Le droit de l'UEMOA met ainsi à la charge de la partie perdante, l'obligation d'exécuter, de son propre chef, l'arrêt rendu par la Cour de Justice, en présumant de sa bonne foi. Toutefois, en cas de non-respect de cette obligation, il existe plusieurs mécanismes pouvant être

[2016] *Ibidem.*
[2017] *Idem*, pt 43. Également, CJCE, arrêt Rudy Grzelczyk du 20 septembre 2001, aff. C-184/99, Rec. 2001, p. I-6193, pt 53.

déclenchés à l'encontre des parties récalcitrantes afin de garantir l'effectivité de la force exécutoire des arrêts de la Cour de Justice (paragraphe II).

Paragraphe I : L'obligation d'exécuter les arrêts de la Cour de Justice

L'obligation d'exécuter s'impose aussi bien aux organes (A) qu'aux États membres, lorsque ces derniers succombent à un procès intenté, devant la CJUEMOA, par les individus (B). Conformément à cette obligation, il appartient à ces derniers de prendre toutes les mesures que comporte l'exécution de l'arrêt rendu par la Cour de Justice.

A) La portée de l'obligation d'exécuter à l'égard des organes

Lorsqu'un organe de l'UEMOA est condamné dans un procès devant la Cour de Justice, il doit prendre toutes les mesures positives comme négatives nécessaires à l'exécution de l'arrêt de la Cour. La teneur de ces mesures ne peut être convenablement examinée qu'en distinguant la portée de l'obligation d'exécuter dans le contentieux de la légalité (1) et celle qui concerne le contentieux de la responsabilité (2).

1) La portée de l'obligation dans le contentieux de la légalité

La portée de l'obligation d'exécuter les arrêts de la Cour rendus dans le cadre du contentieux de la légalité vise d'une part, l'obligation d'exécuter l'arrêt d'annulation (a) et d'autre part, l'obligation d'exécuter la déclaration d'invalidité et la déclaration d'illégalité (b).

a) L'obligation d'exécuter l'arrêt en annulation

Aux termes de l'article 10 in limine du protocole additionnel n° 1, c'est à l'organe dont émane l'acte annulé qu'il revient de « prendre les mesures que comporte l'exécution de l'arrêt de la Cour de Justice »[2018]. En effet, il est de jurisprudence constante que la CJUEMOA ne peut adresser des injonctions à l'encontre des organes de l'Union, conformément au principe de la séparation des compétences

---

[2018] Art. 10 *in limine* du protocole additionnel n° 1.

juridictionnelles et administratives[2019]. Il faut néanmoins déplorer le fait que cette dernière n'ait développé, à ce jour, aucun pouvoir d'indication (ou d'incitation), a contrario de la CJUE[2020]. En effet, même si elle ne peut adresser des injonctions aux autres organes de l'UEMOA, rien ne l'empêche d'indiquer (ou de proposer), dans ses arrêts, différentes options à suivre, par ces derniers, pour se conformer à la fois aux motifs et aux dispositifs des décisions qu'elle rend[2021]. Le développement d'une telle pratique contribuerait certainement à faciliter l'exécution des arrêts de la Cour dans l'intérêt de l'Union de droit.

En tout état de cause, il appartient à l'organe condamné de procéder, de sa propre initiative, au retrait formel de l'acte annulé, de remédier à l'illégalité constatée et si celle-ci a engendré des dommages pour la partie requérante, de les réparer. Les remèdes que l'organe condamné doit apporter à l'illégalité varient en fonction des compétences exercées par ce dernier, de la nature des irrégularités ainsi que de l'étendue de l'annulation. Il est généralement admis que la réfection de l'acte annulé doit obligatoirement intervenir lorsque l'organe dont il émane est en situation de compétence liée[2022]. Dans ce cas, l'arrêt a pour conséquence de consacrer le droit du requérant à obtenir la décision sollicitée et oblige l'organe à qui cette demande était adressée, à prendre une nouvelle décision visant à respecter ce droit[2023]. Hormis ce cas de figure, il n'existe aucune obligation à la charge de l'organe fautif concernant spécifiquement la réfection de l'acte illégal. Ce dernier pourra donc se contenter de « tirer leçon de l'annulation en s'abstenant de l'appliquer »[2024].

[2019]CJUEMOA, arrêt Abdourahamane SACKO du 14 juillet 1997, *op. cit.*, p. 24. Également CJUEMOA, arrêt Serge Laubhouet du 14 juillet 1997, *op. cit.* , p. 21.

[2020] Fernand A. SCHOCKWEILER, « L'exécution des arrêts de la Cour », *op. cit.*, p. 615.

[2021] Sur l'obligation de l'organe de se conformer à la fois au dispositif et aux motifs de l'arrêt d'annulation, voir en droit comparé CJCE, arrêt Astéris AE e. a. c. Commission des Communautés européennes, du 26 avril 1986, aff. Jtes 97/86, 99/86, 193/86, 215/86, Rec. 1988 02181, pt 27. Également, Trib. (UE), arrêt Safariland du 13 avril 2011, aff. T-262/09, Rec. 2011, p. II-1629, pt 41.

[2022] Denis WAELBROECK, « L'exécution des arrêts d'annulation de la CJCE » *in Mél. En l'Honneur de M. WAELBROECK, Études de droit européen et international*, Vol. I et II, Bruylant, Bruxelles, 1999, p. 698.

[2023] Fernand A. SCHOCKWEILER, « L'exécution des arrêts de la Cour », *op. cit.*, p. 616.

[2024] Mouhamadou Moctar MBACKÉ, *op. cit.*, p. 59.

Il n'empêche de reconnaître que l'annulation de l'acte illégal, surtout lorsqu'elle est totale[2025], crée un vide juridique qu'il appartient à l'organe compétent de combler[2026]. Rien ne l'oblige, cependant, à adopter dans ce cas une décision, différente au fond, de la première. L'organe dont émane l'acte annulé pourrait se limiter à reprendre la décision annulée en veillant à corriger les vices de forme dont celle-ci était entachée, lorsque le contrôle intervenu n'a porté que sur ces éléments (contrôle de légalité externe)[2027]. Il n'en va autrement que lorsque l'acte a été annulé pour violation du Traité ou des actes pris en son application (contrôle de légalité interne). Dans ce cas, l'organe n'aura d'autre choix que d'adopter une nouvelle décision, matériellement différente de la première, sauf en cas d'évolution du droit en vigueur ou de changement des circonstances de fait[2028].

Bien que le prononcé de la nullité partielle d'un acte de l'UEMOA ne remette pas en cause son existence tout entière, l'organe fautif ne pourra convenablement remédier aux irrégularités constatées que dans les mêmes conditions énumérées pour la réparation de l'annulation totale. Dans tous les cas, l'adoption de l'acte réfectionné (partiellement ou entièrement) pourra avoir un effet rétroactif au même titre que l'annulation de l'acte irrégulier, à condition que cela ne porte pas atteinte aux droits acquis des tiers[2029]. Enfin, l'obligation de remédier aux irrégularités constatées par l'arrêt d'annulation implique, pour l'organe dont émane l'acte annulé, de réparer les éventuels préjudices qui ont pu en découler pour la requérante, conformément aux prescriptions de l'article 15, paragraphe 5, du règlement de procédures de la CJUEMOA.

Ainsi présentée, l'exécution de l'arrêt en annulation présente plusieurs traits communs avec l'exécution qui incombe aux organes par rapport à l'arrêt d'invalidation et à la déclaration d'illégalité.

2025 Aux termes de l'article 9 du protocole n° 1, l'annulation prononcée par la Cour de Justice peut être totale ou partielle.

2026 Denis WAELBROECK, « L'exécution des arrêts d'annulation de la CJCE », *op. cit.*, p. 697.

2027 Mouhamadou Moctar MBACKÉ, *La Cour de Justice de l'Union économique et monétaire ouest-africaine, op. cit.*, p. 59.

2028 Denis WAELBROECK, *op. cit.*, p. 699.

2029 *Idem*, p. 700.

b) L'obligation d'exécuter l'arrêt d'invalidation et la déclaration d'illégalité

En considérant le recours en annulation et le renvoi préjudiciel en appréciation de légalité comme étant l'expression d'une seule et même voie de droit, l'exécution de l'arrêt d'invalidation devrait impliquer, mutatis mutandis, à la charge de l'auteur de l'acte invalidé, les mêmes types d'obligations que celle relevées juste avant, au sujet de l'exécution de l'arrêt en annulation. L'auteur de l'acte déclaré invalide aura notamment l'obligation de le rapporter et d'adopter, le cas échéant, de nouvelles dispositions[2030]. Quant aux juridictions nationales des États membres et notamment, celles statuant en dernier ressort, elles se voient en principe décharger de l'obligation de poser à la Cour une nouvelle question préjudicielle en appréciation de validité relatif au même acte. Elles pourront toutefois se référer à cette dernière pour requérir une clarification des motifs ou éventuellement, des effets de l'invalidation, conformément à la procédure de la demande en interprétation d'arrêt prévue à l'article 85 du règlement de procédures ou encore, suivant le mécanisme de renvoi préjudiciel en interprétation.

L'exécution de l'arrêt de la Cour de Justice, comportant une déclaration d'illégalité, se présente sous des traits quelques peu différents. En effet, il faut rappeler que l'acte déclaré illégal est en principe devenu « irrévocable » par l'écoulement des délais du recours direct, l'exception d'illégalité n'étant prévue que pour protéger de manière incidente le justiciable. Dans ce sens, l'exécution de la déclaration d'illégalité a lieu presque simultanément et consiste pour le juge de l'UEMOA à écarter l'application de la décision individuelle basée sur l'acte général ayant été déclaré nul. Les effets de l'acte général ne sont ainsi affectés que par rapport à la décision individuelle qui en découle.

Toutefois, dans la mesure où l'illégalité de cet acte est établie, il ne devrait plus être appliqué ni maintenu en vigueur. Son auteur devrait donc le modifier ou l'abroger pour l'avenir. En effet, l'abrogation erga omnes de l'acte général déclaré nul ne peut intervenir *de plano* au risque de méconnaitre le caractère irrévocable de l'acte illégal n'ayant pas été

[2030] Fernand A. SCHOCKWEILER, « L'exécution des arrêts de la Cour », *op. cit.*, p. 633.

attaqué dans les délais légaux et le principe de sécurité juridique. Il requiert nécessairement l'intervention du « législateur » de l'UEMOA.

2) La portée de l'obligation dans le contentieux de la responsabilité extracontractuelle

L'exécution de l'arrêt condamnant les organes de l'UEMOA à réparer les dommages causés aux tiers appelle très peu de commentaires. Pour satisfaire à l'obligation d'exécuter l'arrêt de la Cour, l'organe condamné au paiement d'une indemnité n'a d'autre choix que de verser à la partie gagnante l'intégralité du montant fixé par la Cour de Justice. Ce paiement pourra intervenir suivant, le cas échéant, des modalités et/ou un échéancier déterminé d'avance par les parties.

En droit de l'Union européenne, la CJUE a par ailleurs recours à un moyen efficace permettant d'inciter l'organe condamné à s'exécuter. Elle se réverse en effet la possibilité d'infliger, en plus du montant de l'indemnité, le paiement d'intérêts moratoires à compter de la date de l'arrêt constatant l'obligation de réparer le préjudice[2031].

L'obligation d'exécuter les arrêts de la Cour de Justice de l'UEMOA s'impose également aux États membres et à tous leurs organes respectifs, lorsque des actes étatiques sont mis en cause à l'issue d'un procès.

B) La portée de l'obligation à l'égard des États membres

L'obligation d'exécuter qui incombe aux États membres s'applique en cas de condamnation directe en manquement (1) ou de condamnation indirecte à l'occasion d'un renvoi préjudiciel en interprétation (2).

1) L'obligation d'exécuter l'arrêt en constatation de manquement

Les conséquences découlant, pour l'État membre condamné, de l'arrêt en manquement de la Cour de Justice, figurent à l'article 6 du protocole additionnel n°1. Aux termes de cette disposition,

---

[2031] CJCE, arrêt Mulder e.a. c. Conseil et Commission du 27 janvier 2000, aff. C-104/89 et C-37/90, EU:C:2000:38, pt 35 ; Trib. (UE), arrêt Safa Nicu Sepahan c. Conseil, du 25 novembre 2014, aff. T-384/11,ECLI:EU:T:2014:986, pt 151.

> « Si la Cour de Justice constate qu'un État membre a manqué à une des obligations qui lui incombent en vertu du Traité de l'Union, cet État est tenu de prendre les mesures que comporte l'exécution des arrêts de la Cour. En cas d'abstention de l'État membre dont le manquement a été constaté, la Commission a la faculté de saisir la Conférence des Chefs d'État et de gouvernement afin qu'elle invite l'État défaillant à s'exécuter ».

Cette disposition est partiellement reprise et complétée par l'article 15, paragraphe 1, alinéa 4, du règlement de procédures, qui dispose que :

> « Tous les organes de l'État membre concerné ont l'obligation d'assurer, dans les domaines de leurs pouvoirs respectifs, l'exécution de l'arrêt. En cas d'abstention de l'État membre dont le manquement a été constaté, la Commission a la faculté de saisir la Conférence des chefs d'État et de gouvernement [...] sans préjudice des sanctions prévues à l'article 74 du traité de l'Union relatif à l'exercice de la surveillance multilatérale ».

Il découle de ces deux dispositions qu'il appartient à l'État membre condamné de tirer toutes les conséquences de l'arrêt en manquement en retirant ou en abrogeant par exemple les dispositions illégales de sa règlementation nationale. En effet, l'arrêt en manquement n'ayant qu'un effet déclaratoire, la Cour de Justice ne peut annuler ou abroger de sa propre autorité des lois nationales d'un État membre[2032]. Sa compétence en la matière se limite donc à constater si oui ou non l'État membre a manqué à une de ses obligations. Pour l'exécution tout comme pour la condamnation de l'État membre fautif, celui est considéré dans son ensemble unitaire. L'obligation d'exécuter l'arrêt de la Cour ne pèsera pas uniquement sur l'organe étatique qui a été à l'origine du manquement mais sur l'ensemble des organes, dans les domaines de leurs pouvoirs respectifs.

Enfin, l'exécution de l'arrêt en constatation de manquement doit être entamée immédiatement et doit aboutir, au mieux, dans les plus brefs délais et au pire, dans un délai raisonnable[2033].

[2032] CJCE, arrêt Jean-E. Humblet c. État Belge du 16 décembre 1960, *op. cit.*, pp. 1145-1146.

[2033] Voir dans ce sens, Mouhamadou Moctar MBACKÉ, La Cour de Justice de l'Union économique et monétaire ouest-africaine..., *op. cit.*, p. 58. Également, CJUE, arrêt

2) L'obligation d'exécuter l'arrêt d'interprétation

L'obligation d'exécuter l'arrêt d'interprétation incombe d'abord au juge de renvoi. En effet, c'est à ce dernier qu'il incombe, en premier, de tirer toutes les conséquences de l'arrêt d'interprétation, quant au litige au principal[2034]. Lorsque l'interprétation fournie par la Cour de Justice conduit à invalider indirectement le droit national, le juge de renvoi est tenu de ne pas appliquer ce droit dans la résolution du litige. Conformément à l'effet erga omnes de l'arrêt d'interprétation, cette obligation s'impose aussi à « toutes autorités administratives et juridictionnelles dans l'ensemble des États membres »[2035].

Ces dernières ne pourront plus, par exemple, fonder des mesures d'exécution sur le droit national qui a été indirectement invalidé. Mieux, elles ont l'obligation de modifier ou d'abroger la règlementation jugée incompatible avec le droit de l'UEMOA. Notons à cet effet que l'État membre dont la règlementation aura été indirectement invalidée ne pourra se soustraire à l'exécution de l'arrêt de la CJUEMOA ou en justifier la mauvaise exécution en se prévalant d'une éventuelle incompréhension de l'arrêt rendu. En effet, l'effet erga omnes de l'arrêt rendu interprétation du droit de l'UEMOA, n'empêche pas les juridictions nationales, lorsqu'elles sont confrontées à doute persistant sur la clarté de l'arrêt rendu, de saisir à nouveau la Cour de Justice, au titre de l'article 85 du règlement de procédures, ou par renvoi préjudiciel en interprétation.

En cas de non-respect de l'obligation d'exécuter les arrêts rendus par la Cour de Justice, les organes tout comme les autorités nationales, s'exposent à des mécanismes d'exécution « forcée ».

Commission c. Rép. Tchèque, du 25 juin 2013, aff. C-241/11, ECLI:EU:C:2013:423, pt 44. ; CJUE, arrêt Commission c. Espagne, du 13 juill. 2017, aff. C-388/16, ECLI:EU:C:2017:548, pt 39.

[2034] Mouhamadou Moctar MBACKÉ, *op. cit.*, p. 60.

[2035] Art. 13 précité, du protocole additionnel n° 1.

Paragraphe II : Les remèdes en cas de non-respect de l'obligation d'exécuter

Même si le droit de l'exécution des arrêts de la CJUEMOA est fondé sur le principe de la bonne foi présumée de la partie condamnée, laquelle a l'obligation d'exécuter de son propre chef l'arrêt de condamnation, il a également anticipé sur le non-respect de cette obligation qui n'est nullement un obstacle insurmontable à l'exécution des arrêts de la Cour. En cas d'inexécution volontaire, il existe différents mécanismes pouvant être déclenchés respectivement à l'égard des organes (A) et des États membres (B), à l'effet d'obtenir l'exécution « forcée » des arrêts rendus.

A) Les remèdes en cas d'inexécution volontaire des organes

En cas d'inexécution volontaire d'un organe condamné devant la Cour de Justice, la partie gagnante pourrait recourir à l'exécution forcée, avec le concours de l'État membre du siège de l'organe condamné. Cette exécution forcée n'est, toutefois, rigoureusement envisageable que dans l'hypothèse du contentieux de pleine juridiction (2). Elle pourrait, néanmoins, intervenir dans le contentieux de la légalité, lorsque la mauvaise exécution des arrêts rendus dans ce cadre, conduit la partie gagnante à saisir à nouveau la Cour de Justice à l'effet d'obtenir une réparation pécuniaire. Hormis ce cas de figure, l'exécution « forcée » des arrêts rendus dans le cadre du contentieux de la légalité ne peut être envisagée qu'en recourant à des moyens de pressions d'ordre sociopolitique (1).

1) L'inexécution des arrêts résultant du contentieux de la légalité

Deux possibilités s'offrent à la partie gagnante d'un procès devant la Cour de Justice, lorsque celle-ci est confrontée à l'inexécution volontaire de l'organe condamné. Elle peut d'une part réclamer une réparation pécuniaire (a) et/ou d'autre part, avoir recours à des moyens de pressions d'ordre sociopolitique (b).

a) La réparation pécuniaire

Nonobstant l'autonomie du recours en annulation et du recours en responsabilité extracontractuelle[2036], l'arrêt d'annulation d'un acte pris par un organe de l'UEMOA peut conduire à mettre en jeu la responsabilité extracontractuelle de ce dernier, sur le fondement de l'article 15, du protocole additionnel n° 1. En effet, si l'organe condamné ne prend pas toutes les mesures que comporte l'exécution de l'arrêt d'annulation, la partie qui a gagné le procès peut saisir à nouveau la Cour de Justice d'une demande en réparation du préjudice résultant, pour elle, de cette inexécution. Il convient cependant de ne pas confondre cette action en indemnisation avec celle que pourrait intenter une partie ayant subi un dommage du fait d'une décision prétendument illégale[2037]. Contrairement à cette dernière action qui peut intervenir indépendamment de toute constatation préalable d'illégalité, le recours en indemnisation pour inexécution de l'arrêt d'annulation doit être nécessairement précédé d'un recours en annulation ayant abouti à l'annulation de l'acte attaqué.

L'option de la réparation pécuniaire reste également ouverte aux parties dans un litige au principal ayant donné lieu à un renvoi préjudiciel en appréciation de légalité. Contrairement au recours en indemnisation faisant suite à l'arrêt d'annulation, lequel ne peut être introduit qu'à l'encontre de l'organe dont émane l'acte annulé, le recours en indemnisation, introduit à la suite d'un arrêt d'invalidation, pourrait également intervenir à l'encontre de l'État membre dont la juridiction de renvoi s'abstient de tirer toutes les conséquences de la déclaration d'invalidité faite par la CJUEMOA. Conformément au caractère unitaire de l'État, cette responsabilité devrait pouvoir être invoquée aussi bien à l'encontre de l'organe judiciaire qu'à l'encontre de l'organe exécutif ou législatif qui ne respecterait pas l'arrêt d'invalidation.

Enfin, compte tenu de l'obligation qui incombe aux États membres en vertu de l'article 7 du traité de l'UEMOA, il n'est pas exclu que l'inexécution volontaire d'un arrêt d'invalidation de la Cour de Justice conduise au déclenchement, par la Commission, d'un recours en manquement, qui pourrait servir à son tour de base pour d'éventuels

---

[2036] Cf. *supra*, partie 2, chap. 1.

[2037] *Idem.*

recours en indemnisation de la part des individus (devant les juridictions nationales), sans préjudice des autres sanctions que pourrait encourir l'État membre fautif au titre de l'article 74 du Traité[2038]. En tout état de cause, la partie gagnante qui se heurte au refus d'obtempérer de l'organe condamné devant la Cour de Justice pourra également recourir à des moyens de pression d'ordre sociopolitique.

b) Le recours aux moyens de pression sociopolitiques

Ici, se vérifie pleinement l'affirmation de Robert KOLB selon laquelle « avec l'exécution des arrêts [...], la terre ferme du droit est quittée pour rejoindre la mer, tantôt calme, tantôt houleuse, de la politique juridique »[2039]. En effet, force est de constater qu'en dehors d'une éventuelle réparation pécuniaire, la partie qui a triomphé à un procès intenté contre un organe de l'UEMOA ne peut obtenir l'exécution de la décision de la Cour de Justice, en l'occurrence l'arrêt d'annulation, que par le recours à certains moyens de pression interne comme externe, dont l'efficacité n'est d'ailleurs pas absolue.

S'agissant des pressions d'ordre interne, l'on peut très bien imaginer le scénario de l'usage, par le Parlement, de son pouvoir de contrôle démocratique sur les autres organes, comme un moyen de pression pour amener ces derniers à respecter l'autorité des décisions de la Cour de Justice[2040]. Pour rappel, le Parlement a même la faculté de voter une motion de censure contre la Commission, lorsqu'il relève des dysfonctionnements dans l'accomplissement des missions dévolues à cette dernière. Hormis le Parlement de l'UEMOA, il est possible d'invoquer une éventuelle intervention de la CCEG afin d'appeler à la raison l'organe réfractaire, un peu à l'image de ce que prévoit l'article 6 du protocole additionnel n° 1, en cas de non-exécution, par un État membre, d'un arrêt en constatation de manquement[2041]. Cette solution présente néanmoins quelques limites.

D'abord, l'intervention de la CCEG ne peut se faire, d'un point de vue formel, que sous la forme d'une invite et non d'une pression

[2038] Cf. *infra*, sect. 2.
[2039] Robert KOLB, *La Cour internationale de Justice, op. cit.*, p. 853.
[2040] Voir art. 15 et s. du traité portant création du Parlement de l'UEMOA, *op. cit.*
[2041] Cf. *infra*, sect. 2.

ouvertement exercée à l'encontre de l'organe fautif, sous peine de violer le principe de la séparation des pouvoirs et des compétences au sein de l'UEMOA. Il n'en demeure pas moins que dans le fond, une telle intervention de la CCEG, aussi « diplomatique » soit-elle, dissimule une réelle pression sur l'organe visé, compte tenu non seulement du statut d'organe suprême de la CCEG, mais également des pouvoirs considérables qu'elle détient sur les autres organes en général[2042]. Ensuite, il est logique de se demander qui pourrait exercer à l'encontre de la CCEG une éventuelle pareille démarche au cas où elle viendrait elle-même à manquer à son obligation d'exécuter un arrêt de la Cour. Cette question est d'autant plus importante que le Parlement ne peut exercer de contrôle démocratique à l'encontre de cet organe qui, bien au contraire, dispose du droit de le dissoudre en vertu de l'article 20 du traité portant création du Parlement de l'UEMOA. L'intérêt de la question n'est pas purement théorique dans la mesure où elle s'est posée dans la pratique de l'exécution des arrêts de la Cour de Justice. En effet, l'on se rappelle que dans la saga des arrêts Eugène YAÏ, la CCEG a refusé, par deux fois, d'exécuter les arrêts d'annulation rendus par la Cour de Justice, respectivement en 2005[2043] et 2006[2044].

Si le mépris caractérisé dont fait montre l'organe suprême à l'égard de l'autorité des décisions de la Cour est à dénoncer, cette dernière n'en est pas moins irréprochable dans la mesure où elle nous semble avoir manqué une occasion en or pour échafauder sa doctrine (ou sa théorie) sur l'exécution de ses décisions et rappeler clairement aux organes l'obligation qui est la leur de donner plein effet auxdites décisions. En effet, dans son troisième arrêt rendu en 2008 dans l'affaire Eugène YAÏ[2045], la Cour de Justice a déclaré l'irrecevabilité du recours de M. Eugène YAÏ dans des termes qui laissent perplexes, tant on y croirait la CCEG blanchie par les propos de la Cour. Se référant à ces deux précédents arrêts d'annulation, la Cour de Justice a notamment affirmé que :

[2042] On peut rappeler à cet effet, son pouvoir de dissolution à l'encontre du Parlement (art. 20 du traité portant création du Parlement de l'UEMOA, *op. cit.*), son pouvoir de désignation (et non de révocation) des Commissaires (art. 27 du traité de l'UEMOA), ainsi que son pouvoir d'orientation vis-à-vis du Conseil (art. 20 du traité de l'UEMOA).

[2043] CJUEMOA, arrêt Eugène YAÏ c. CCEG et Commission du 27 avril 2005, *op. cit.*

[2044] CJUEMOA, arrêt Eugène YAÏ c. CCEG et Commission du 5 avril 2006, *op. cit.*

[2045] CJUEMOA, arrêt Eugène YAÏ c. CCEG et Commission du 30 avril 2008, *op. cit.*

« Les deux arrêts précités ont donné entière satisfaction au requérant qui peut en tirer toutes les conséquences de droit surtout qu'il est de jurisprudence constante que la Cour n'est pas obligée de déclarer recevable un recours lorsque par une décision antérieure, elle donne entière satisfaction au requérant sur le point de droit invoqué »[2046].

Qui plus est, la CJUEMOA cite malencontreusement l'arrêt Hansen de la CJCE, dans lequel celle-ci avait jugé irrecevable un recours en annulation contre une décision prise par une institution communautaire, dans la mesure où une décision antérieure avait donné satisfaction à la requérante[2047]. La CJUEMOA se méprend sur la véritable signification de l'arrêt Hansen qui n'invoque pas l'exception de l'autorité de la chose jugée, comme elle a l'intention de le faire, mais plutôt l'exception de l'intérêt pour agir du fait de l'absence d'objet de la requête. En effet, l'examen des faits dans l'arrêt Hansen démontre clairement que la « décision antérieure » dont se prévaut la CJCE n'est pas la sienne mais celle de l'organe dont émanait l'acte querellé. Dans ce sens, nous pensons que l'argumentaire de la CJUEMOA aurait gagné en force en se référant plutôt, par exemple, à l'arrêt Karl L. Meyer[2048]. Dans cette affaire, le TPICE avait rejeté l'exception de l'autorité de la chose jugée invoquée par la Commission, qui considérait qu'il y avait identité de parties, d'objet et de cause avec une affaire précédente portée devant la même juridiction. Le TPICE justifia sa décision en précisant que « l'autorité de la chose jugée ne s'attachait qu'aux points de fait et de droit qui [avaient] été effectivement ou nécessairement tranchés par la décision judiciaire en cause »[2049].

Dans la mesure où l'affaire précédente dont se prévalait la Commission n'avait pas donné lieu à une décision au fond (pour cause

---

2046 *Idem*, p. 13 et s.

2047 CJCE, arrêt Mme Meyer, épouse Hansen c. Comité économique et social du 13 décembre 1984, aff. 14/84, Rec. 1984-4317, pts 10 et 11.

2048 TPICE, arrêt Karl L. Meyer c. Commission du 13 février 2003, aff. T-333/01, Rec. 2003, p. II-117.

2049 *Idem*, pt 26. Voir dans le même sens, Trib. (UE), arrêt Imperial Chemical Industries c. Commission du 25 juin 2010, aff. T-66/01, Rec._p._II-2631, pt 198. Également, CJUE, arrêt Pappalardo e.a. c. Commission du 13 septembre 2017, aff. C-350/16 P, ECLI:EU:C:2017:672, pt 37.

d'irrecevabilité manifeste), le TPICE n'avait tranché aucun point de fait ou de droit par lequel il aurait pu être lié dans le cadre de la procédure qui lui était soumise à examen[2050]. En appliquant a contrario cette jurisprudence, la CJUEMOA aurait pu, plus légitimement, opposer à M. Eugène YAÏ une fin de non-recevoir dans la mesure où, contrairement à l'affaire Karl L. Meyer portée devant le TPICE, elle avait pu trancher, par deux fois successifs, sur les points de fait et de droit qui étaient à nouveau soumis à sa juridiction. Ce faisant, la Cour de Justice aurait dû, cependant, souligner et insister sur le fait qu'il appartient à l'organe condamné par sa juridiction, fût-il l'organe suprême de l'UEMOA, de prendre toutes les mesures que comporte l'exécution de ses arrêts en leur donnant plein effet[2051]. En lieu et place, elle s'est contenté d'indiquer, par inversion de la charge de l'obligation, que c'est à la partie gagnante de tirer toutes les conséquences de droit des arrêts antérieures, sans même préciser la nature de ces conséquences qui n'apparaissent pas toujours évidentes aux yeux des requérants. Ici, la Cour aurait pu indiquer, par exemple, la possibilité pour M. Eugène YAÏ d'exercer devant sa juridiction un recours en indemnisation pour inexécution d'un arrêt en annulation. Même si une telle démarche de la CJUEMOA n'aurait pas réglé la question des moyens sociopolitiques susceptibles de remédier à l'inexécution volontaire des décisions de justice, elle aurait eu le mérite de clarifier quelque peu le régime de l'exécution desdites décisions au sein de l'UEMOA.

S'agissant spécifiquement des moyens d'ordre sociopolitique à disposition des requérants qui se heurtent à l'inexécution volontaire de la CCEG, il faut reconnaitre qu'il y en a peu à vrai dire. En dehors du recours au tapage médiatique, l'on se demande ce que pourrait bien faire d'autre les justiciables de l'UEMOA, vis-à-vis de cet organe qui semble se réserver le droit d'être au-dessus des règles de jeu de l'Union de droit. Malheureusement, en l'espèce, le recours aux canaux médiatiques n'a rien pu changer à la situation de l'ex Commissaire ivoirien[2052]. Au regard de l'efficacité limitée des moyens de pression

---

[2050]Arrêt Karl L. Meyer précité, pt 27.

[2051] Art. 10, *in limine*, du protocole additionnel n° 1.

[2052]Voir, par exemple, l'article paru à Jeune Afrique, « Polémique à l'UEMOA » du 7 juin 2005, disponible sur : http://www.jeuneafrique.com/128673/archives-thematique/pol-mique-l-uemoa/ (consulté pour la dernière fois, le 13.10.2017). Également, Abdoulaye TAO, « UEMOA : La Cour de Justice désavoue les chefs

sociopolitiques, les remèdes à l'inexécution volontaire des organes de l'UEMOA ne tiennent plus véritablement qu'à l'hypothèse de la réparation pécuniaire qui pourrait intervenir à l'issue d'un recours en indemnisation. Mais encore faut-il, que l'arrêt d'indemnisation qui résulterait d'une telle action puisse faire l'objet d'une exécution forcée.

2) L'exécution forcée des arrêts résultant du contentieux de pleine juridiction

L'exécution forcée des arrêts rendus dans le cadre du contentieux de pleine juridiction concerne à la fois le contentieux en matière de concurrence et le contentieux de la responsabilité extracontractuelle de l'UEMOA. Dans le contentieux en matière de concurrence, l'exécution forcée ne soulève pas de difficultés particulières, lorsque l'arrêt de la Cour de Justice consiste à réduire ou à augmenter le montant de l'amende ou de l'astreinte infligée par la Commission. Dans la mesure où cet arrêt devient partie intégrante à la décision initiale de la Commission et dans la mesure où il comporte « à la charge des personnes autres les États, une obligation pécuniaire [formant] titre exécutoire »[2053], son exécution forcée pourra intervenir, devant les juridictions nationales, conformément à l'article 46 du traité de l'UEMOA.

En revanche, lorsque l'arrêt de la Cour annule ou modifie la décision de la Commission, sans toucher au montant de l'amende ou de l'astreinte infligée, la partie gagnante ne pourra envisager une exécution forcée qu'à la suite d'un recours en indemnisation fondé sur l'inexécution de l'arrêt d'annulation ou de l'arrêt de modification. L'exécution forcée de l'arrêt d'indemnisation qui résulterait d'un tel recours, tout comme l'exécution forcée de l'arrêt d'indemnisation qui résulterait de tout autre recours en indemnisation, n'est pas sans poser un certain nombre de difficultés. En effet, contrairement aux personnes privées, les organes de l'UEMOA jouissent de l'immunité d'exécution sur le territoire des États membres où ils ont leurs sièges.

Il s'impose donc de résoudre au préalable le problème de l'obstacle des immunités d'exécution des organes (a), avant d'esquisser des

---

d'État » du 6 avril 2006, disponible sur http://lefaso.net/spip.php?article13353 (consulté, la dernière fois, le 13.10.2017).

[2053] Art. 46 du traité de l'UEMOA.

propositions pour le régime juridique qui pourrait être applicable à l'exécution forcée au sein de l'UEMOA (b).

a) Le problème de l'exécution forcée au regard des immunités d'exécution

Les organisations internationales bénéficient, en général, de privilèges et d'immunités destinés à garantir le respect de leur personnalité juridique et les exigences liées à leur fonctionnement[2054]. Ainsi, afin de permettre à l'Union d'exercer convenablement la mission qui lui est assignée par les traités constitutifs et garantir le bon fonctionnement de ses services, il a été adopté le protocole additionnel n° 3 relatif aux droits, privilèges et immunités de l'Union économique et monétaire ouest-africaine (UEMOA)[2055]. L'article 11 de ce protocole stipule que « l'Union jouit, en toutes matières, de l'immunité de juridiction et d'exécution, sauf renonciation expresse de sa part, dans un cas particulier, notifiée par le président de l'organe intéressé ». Quant à l'article 12, il dispose que « Les biens et avoirs de l'Union, en quelque lieu qu'ils se trouvent, et quels qu'en soient les détenteurs, sont exemptés de perquisition, confiscation, réquisition, expropriation et toutes mesures administratives, judiciaires ou autres de coercition et d'exécution ».

En principe, il découle de ces deux dispositions qu'un justiciable, qui qu'il soit, ne peut réclamer l'exécution forcée d'une condamnation pécuniaire d'un organe de l'UEMOA devant une juridiction interne. Comme dans le cas de l'immunité de juridiction, le juge national doit normalement se déclarer incompétent. Toutefois, ainsi que la Cour de Justice l'a reconnu pour l'immunité de juridiction[2056], l'immunité d'exécution des organes de l'UEMOA ne doit pas être considérée comme étant absolue et intangible, notamment lorsqu'elle conduit à des situations de dénis de justice[2057]. En tout état de cause, l'article 11

[2054] Patrick DAILLIER, Mathias FORTEAU et Alain PELLET, *Droit international public, op. cit.*, p. 662.

[2055] Protocole additionnel n° 3 relatif aux droits, privilèges et immunités de l'Union économique et monétaire ouest-africaine (UEMOA) du 10 mai 1996, BO de juin 1996, p. 4.

[2056] Voir CJUEMOA, arrêt Sidonie SODABIE e. a. c. BCEAO, *op. cit.*

[2057] *Idem*, p. 11.

précité du protocole additionnel n° 3 prévoit que l'organe qui en bénéficie peut y renoncer par la voie expresse de son président.

Bien que l'exception prévue par cet article apparaisse très limitée, dépendante de la volonté de l'organe et de ce fait, potentiellement peu opératoire dans le contexte de l'exécution forcée, elle démontre, en soi, qu'il n'a jamais été dans l'intention des rédacteurs du protocole additionnel n° 3 de conférer aux organes de l'UEMOA une immunité absolue d'exécution. S'il est vrai que l'idéal aurait été de confier à la Cour de Justice le pouvoir pour lever, au cas par cas, l'immunité d'exécution, le traité de l'UEMOA ne comporte pas moins des dispositions pouvant servir d'appui à cette dernière pour relativiser, comme elle l'a fait pour l'immunité de juridiction, l'immunité d'exécution, en faisant prévaloir la primauté générale des traités constitutifs sur les autres sources du droit primaire[2058].

À cet effet, notons que l'article 46 du traité de l'UEMOA prévoir l'exécution forcée, devant l'autorité nationale compétente, des décisions du Conseil et de la Commission formant titre exécutoire à l'encontre « des personnes autres que les États ». L'exécution forcée intervenant dans ce cadre ne peut être suspendue que par une décision de la Cour de Justice de l'UEMOA. Par une interprétation dynamique des textes, notamment en vue de donner plein effet à la protection juridictionnelle dont bénéficient les justiciables, il est possible d'affirmer que si les décisions exécutoires du Conseil et de la Commission peuvent faire l'objet d'exécution forcée devant les juridictions nationales, il devrait en être de même, a fortiori, pour les arrêts de la Cour de Justice qui sont, par excellence, des décisions exécutoires. En l'admettant comme telle, l'exécution forcée des décisions de la Cour de Justice ne saurait faire de distinction entre les différents justiciables de cette juridiction (organes, États membres et particuliers), pour qui le besoin de protection juridictionnelle efficace est le même.

Dans ce sens, bien que l'article 11 du protocole n° 3 ne prévoit la levée de l'immunité d'exécution que par consentement de l'organe incriminée, il n'est pas exclu de considérer la Cour de Justice comme étant également investie, de manière implicite, de cette prérogative, dans le but de satisfaire à l'exigence d'une protection juridictionnelle

[2058] Cf. *supra*, partie 1, titre 1, chap. 1.

efficace au profit des individus. Dans la mesure où elle est habilitée à suspendre l'exécution forcée, celle-ci devrait pouvoir également l'ordonner en cas de besoin et cela, même si aucune disposition expresse ne le prévoit. Une telle interprétation de la Cour de Justice pourrait à l'avenir, sait-on jamais, inciter les États membres à réviser dans le même sens le protocole additionnel n° 3.

b) Le régime juridique potentiellement applicable à l'exécution forcée

Comme nous l'avons partiellement abordé dans le point précédent, le régime juridique de l'exécution forcée des décisions de la CJUEMOA pourrait se dégager de l'article 46 du Traité. Même si cette disposition ne mentionne expressément que les décisions de la Commission et du Conseil formant titre exécutoire à la charge de personne autres que les États, elle devrait être également applicable, ainsi que nous l'avons démontré, aux décisions de la Cour de Justice qui sont, par excellence, des décisions exécutoires. Le régime de l'exécution forcée prévu à l'article 46 du traité de l'UEMOA repose sur le principe de l'autonomie institutionnelle et procédurale qui fait appel aux systèmes de compétences et de procédures des États membres ainsi qu'à l'obligation de coopération loyale qui pèse sur ces derniers en vertu de l'article 7 du Traité.

Aux termes de l'article 46, alinéa 2, du traité de l'UEMOA,

> « L'exécution forcée est régie par les règles de procédure civile en vigueur dans l'État sur le territoire duquel elle a lieu. La formule exécutoire est apposée, sans autre contrôle que celui de la vérification de l'authenticité du titre, par l'autorité nationale que le gouvernement de chacun des États membres désignera à cet effet ».

Les décisions prises au sein de l'UEMOA ne sont pas considérées, pour leur exécution sur le territoire des États membres, comme des décisions étrangères. Aucune formule d'exequatur n'est donc requise. Lorsque la décision émane de la Commission ou du Conseil, l'autorité compétente en vérifie l'authenticité avant d'y apposer la formule exécutoire après quoi, l'exécution forcée peut être poursuivie en saisissant directement l'organe compétent selon la législation nationale[2059]. Il en résulte que lorsqu'il s'agit d'une décision de la Cour de Justice, déjà revêtue de la force exécutoire, l'exécution forcée devrait pouvoir être poursuivie également directement devant l'organe national compétent, dont les pouvoirs se limiteraient à l'étape de vérification d'authenticité. Ces décisions possèdent, de plano, force exécutoire sur le territoire des États membres. Il n'appartient pas aux juridictions nationales ni d'apprécier le bien-fondé de la décision de la Cour de Justice (doctrine de la révision), ni de vérifier le respect de quelque règle formelle que ce soit (doctrine du contrôle)[2060]. Il s'agit ici de l'application de ce que nous nous permettrons d'appeler la « doctrine de la réception pure et simple », par opposition à la doctrine de la révision et à la doctrine du contrôle[2061]. Le sursis à l'exécution forcée des arrêts de la Cour de Justice pourra toutefois intervenir conformément à l'article 46, alinéa 4, du traité de l'UEMOA, et dans les mêmes conditions que celles prévues à l'article 76 du règlement de procédures, s'agissant du sursis à l'exécution forcée des arrêts rendus par défaut ou faisant l'objet d'une tierce opposition[2062].

Contrairement à l'inexécution, par les organes, des arrêts de la Cour, l'inexécution volontaire, lorsqu'elle émane des États membres, ne peut donner lieu, rigoureusement parlant, à une exécution forcée. Cela s'explique non seulement par le caractère purement déclaratoire de l'arrêt en constatation de manquement et de l'arrêt en interprétation mais également par le fait que l'inexécution de ces arrêts ne peut donner lieu à réparation pécuniaire devant le prétoire de la Cour de Justice.

B) Les remèdes en cas d'inexécution volontaire des États membres

Quand bien même l'inexécution volontaire des États membres ne peut donner lieu à une exécution forcée, stricto sensu, le droit de l'UEMOA prévoit un certain nombre de mécanismes institutionnels permettant de contraindre ou de sanctionner l'État membre récalcitrant, en cas de non-

[2059] Art. 46, al. 3, du traité de l'UEMOA.

[2060] Par exemple, le respect de l'ordre public, la régularité de la procédure suivie, la compétence de l'organe saisi, etc.

[2061] Sur ces deux dernières doctrines, voir Liliane PLOUVIER, *Les décisions de la Cour de Justice des Communautés européennes et leurs effets juridiques*, *op. cit.*, p. 7 et s.

[2062] Voir notamment les articles 72 à 75 du règlement de procédures de la Cour de Justice de l'UEMOA.

respect de l'arrêt en constatation de manquement (1). Ce sont les mêmes mécanismes qui s'appliquent, in fine, en cas d'inexécution d'un arrêt d'interprétation dans la mesure où l'inobservation d'un tel arrêt est de nature à entrainer le déclenchement d'un recours en manquement (2).

1) Les mécanismes d'exécution de l'arrêt en constatation de manquement

Lorsque l'État membre condamné se refuse à exécuter volontairement l'arrêt en manquement, le droit de l'UEMOA prévoit un premier mécanisme d'exécution institutionnel faisant appel à la voie « diplomatique ». Ce mécanisme est activé par la Commission qui peut alors saisir l'organe suprême de l'UEMOA afin qu'il « invite » l'État membre récalcitrant à s'exécuter. Si le choix du verbe « inviter » traduit l'option d'une approche non coercitive, il n'exclut pas pour autant moins la possibilité d'une véritable pression politique que pourraient exercer les pairs sur l'État membre en défaut d'exécution[2063].

Bien qu'elle n'ait jamais été activée à ce jour au sein de l'Union, la voie soft de l'approche « diplomatique » privilégiée par le droit de l'UEMOA nous paraît potentiellement inefficace au regard de la naïveté dont elle est empreinte. Aussi convient-il de regretter le fait que la solution fort dissuasive de la sanction pécuniaire n'ait pas été retenue comme en droit de l'UE[2064]. En effet, l'article 260, alinéa 2, du traité FUE, institue la procédure du recours en manquement sur manquement,

[2063] Ce mécanisme rappelle, à certains égards, celui prévu à l'article 46 de la CEDH qui confie la surveillance de l'exécution des décisions de la Cour au Comité des ministres.

[2064] Dans le même temps, l'on peut comprendre, sans toutefois l'avaliser, ce choix dans la mesure où il n'aurait pas été évident de faire accepter une telle clause aux parties contractantes en tout début du processus d'intégration. Il n'est toutefois pas exclu (cela est, dans tous les cas, nécessaire) que la sanction pécuniaire soit intégrer à l'avenir au droit de l'UEMOA. Dans cette hypothèse, il serait également souhaitable de prévoir un mécanisme efficace d'exécution forcée. À cet, il convient de mentionner la solution fort intéressante préconiser par l'ancien juge MBACKÉ et consistant à prévoir que la simple signification à la BCEAO des actes et décisions exécutoires fondés sur le droit de l'UEMOA et portant obligation pécuniaire, vaille d'office saisie-arrêt du montant objet de l'acte sur le compte ouvert au nom de l'État membre débiteur, dans les écritures de cet établissement. Voir Mouhamadou Moctar MBACKÉ, *La Cour de Justice de l'Union économique et monétaire ouest-africaine...*, *op. cit.*, p. 58.

pouvant conduire à la condamnation pécuniaire de l'État membre en défaut d'exécution d'un précédent arrêt en manquement. Lorsque le manquement vise l'obligation qui incombe aux États membres de communiquer à la Commission les mesures de transposition d'une directive, la demande de condamnation pécuniaire peut être introduite simultanément au premier recours en manquement[2065]. Dans les deux cas, la condamnation pécuniaire peut consister en une somme forfaitaire ou/et en une astreinte, la CJCE ayant reconnu la possibilité de cumuler les deux sanctions, notamment lorsque le manquement a perduré sur une longue période et qu'il tend à persister[2066].

Cependant, il convient de modérer cette critique du droit de l'UEMOA, compte tenu de la possibilité de recourir également à l'article 74 du Traité de l'UEMOA à l'encontre de l'État membre en défaut d'exécution. En effet, cette disposition spécifique à la surveillance multilatérale des politiques économiques des États membres se trouvent applicable, par le jeu de l'article 15, paragraphe 1, alinéa 4, du règlement de procédures, à tout État membre condamné en manquement, qui viendrait à ne pas s'exécuter, quel que soit le domaine matériel dans lequel est intervenue la condamnation. Il s'agit d'une batterie de mesures graduelles prévue précisément à l'article 74, lettre d, du Traité de l'UEMOA : la publication par le Conseil d'un communiqué, éventuellement assorti d'informations supplémentaires sur la situation de l'État concerné ; le retrait, annoncé publiquement, des mesures positives dont bénéficient éventuellement l'État membre ; la recommandation à la BOAD de revoir sa politique d'intervention en faveur de l'État membre concerné ; et la suspension des concours de l'Union à l'État membre concerné. Ces sanctions sont prises par le Conseil qui en informe le Parlement[2067].

[2065] Art. 260, al. 3, TFUE.

[2066] CJCE, arrêt Commission c. France du 12 juillet 2005, aff. C-304/02, Rec. 2005, p. I-6263, pts 98-116. Sur la question, voir Jean-Pierre PUISSOCHET, « Le nouveau visage de l'action en manquement : des enjeux financiers élevés pour les États membres » *in* Hommage à J.-A. TOUSCOZ, *Droit international et coopération internationale*, France Europe Éditions Livres, 2007, p. 715.

[2067] L'article 74, let. d, du Traité de l'UEMOA ne précise pas les modalités du vote. Toutefois, par une interprétation systémique des articles 63 à 75 consacrés à la politique économique commune de l'UEMOA, il est possible de soutenir que le vote de ces sanctions par le Conseil devrait avoir lieu à la majorité qualifiée des 2/3 qui semble être la règle retenue en la matière par les rédacteurs du Traité. Conformément

Par ailleurs, notons que les mêmes mesures d'exécution institutionnelles sont applicables, avec toutefois un certain allègement procédural, en cas de condamnation d'un État membre pour aide d'État illégal octroyée à une entreprise[2068]. Dans ce cas, c'est à la Commission que revient la compétence de prendre les mesures graduelles après avoir invité l'État membre à présenter ses observations. Elle n'est liée alors par aucune obligation d'informer le Parlement ou aucun autre organe de l'UEMOA. Enfin, dans le domaine de l'Union monétaire, l'État membre qui n'exécute pas l'arrêt en constatation de manquement de la Cour de Justice s'expose à la sanction radicale de l'exclusion définitive de l'organisation. En effet, comme le stipule l'article 3, alinéa 3, du traité de l'UMOA, « Si l'État membre qui n'a pas respecté ses engagements ne prend pas les mesures que comporte l'exécution de l'arrêt de la Cour de Justice de l'UEMOA, la Conférence des chefs d'État et de gouvernement constatera, à l'unanimité, la volonté de cet État de se retirer de l'UMOA ».

3) Les mécanismes d'exécution de l'arrêt d'interprétation

Aux termes de l'article 13, *in fine*, du protocole additionnel n° 1, « L'inobservation [des interprétations de la Cour] peut donner lieu à un recours en manquement ». Dans sa mise en œuvre, une telle disposition n'est pas sans poser de problème au regard de l'indépendance du pouvoir judiciaire si âprement défendue au sein des États de droit dont se réclament les États membres de l'UEMOA. En effet, il est possible de s'interroger sur le bien-fondé d'une action de ce genre à l'encontre d'un État membre dont le gouvernement ne dispose, en principe, d'aucun moyen contraignant pour obliger une juridiction interne à suivre un arrêt de la CJUEMOA, en raison même de la séparation des pouvoirs.

---

au principe selon lequel « nul ne peut être juge partie à la fois », ce vote devrait exclure la voix de l'État membre condamné.

[2068] Voir art. 24, par. 1, du règlement n° 4/2002 relatif aux aides d'État à l'intérieur de l'UEMOA, *op. cit.* En effet, bien que ce soit la Commission qui est compétente pour condamner les États membres en la matière, cette condamnation peut être contestée devant la Cour de Justice de l'UEMOA, laquelle pourra le cas échéant la confirmer. Voir dans ce sens également, l'art. 15 du règlement n°4/2002 précité et art. 90 du traité de l'UEMOA.

Cette question ne devrait toutefois pas avoir d'incidence sur l'application de l'article 13, in fine, du protocole additionnel n° 1, compte tenu notamment du caractère unitaire de l'État qui est seul considéré en la matière. À titre de droit comparé, la CJCE admet de manière constante que l'indépendance de l'organe à l'origine de la violation est sans incidence[2069]. En cas de constatation du manquement par la Cour de Justice de l'UEMOA, l'exécution de l'arrêt se fera suivant les mécanismes institutionnels prévus à cet effet[2070]. Hormis le recours en manquement qui ne peut être introduit que par la Commission, les individus pourront, dans les conditions prévues par le droit interne, exercer un recours en annulation à l'encontre des actes nationaux indirectement incriminés ou encore un recours en indemnisation pour les dommages dont ils auront souffert du fait de l'infraction au droit de l'UEMOA commise par l'État membre condamné.

Pour clore la section dédiée à l'exécution des décisions finales de justice au sein de l'UEMOA, il convient de dire quelques mots sur l'exécution des décisions rendues par les juridictions internes, sur le fondement du droit de l'UEMOA.

Paragraphe III- Cas particulier des décisions rendues par les juridictions nationales sur le fondement du droit de l'UEMOA

L'objectif de ce paragraphe n'est pas d'examiner les voies d'exécution des décisions rendues par les juridictions nationales des États membres, sur le fondement du droit de l'UEMOA, à l'intérieur de leurs territoires respectifs. En effet, cette question ne soulève pas de difficulté particulière dans la mesure où, bien qu'étant rendues sur le fondement du droit de l'UEMOA, il s'agit de décisions juridictionnelles nationales exécutables suivant les modalités prévues par le droit interne. Pose en revanche problème, la question de l'exécution desdites décisions sur le territoire des autres États membres.

[2069] CJCE, arrêt Commission c. Belgique du 5 mai 1970, aff. 77/69, Rec. 1970, p. 237. Également Commission c. Italie du 18 novembre 1970, aff. 8/70, Rec. 1970, p. 961. Arrêts cités par Fernand SCHOCKWEILER, « L'exécution des arrêts de la Cour », *op. cit.*, p. 632.

[2070] Cf. *supra*, A.

En l'état actuel du droit de l'UEMOA, ces décisions ne circulent pas librement sur le territoire des autres États où elles continuent d'être considérées comme des décisions rendues par des juridictions étrangères (A). Face à cette situation qui ne favorise pas l'exécution des décisions rendues par les juridictions internes sur le fondement du droit de l'UEMOA, il apparaît justifié de faire un plaidoyer en faveur de la reconnaissance mutuelle desdites décisions, de sorte à créer au sein de l'UEMOA un espace judiciaire commun (B).

A) L'absence d'une libre circulation des décisions de justice entre les États membres de l'UEMOA

Le droit de l'UEMOA ne garantit pas à ce jour une libre circulation des décisions rendues par les juridictions nationales dans les domaines couverts par celui-ci. En effet, ni les traités constitutifs, ni les textes régissant la Cour de Justice, ne contiennent de dispositions similaires aux articles 81 et 82 du traité FUE, en droit de l'UE, relatifs à la reconnaissance mutuelle des décisions judiciaires et extrajudiciaires. Cela signifie qu'en principe, les décisions juridictionnelles d'un État membre de l'UEMOA sont considérées, sur le territoire des autres États membres, comme des décisions étrangères, nécessitant la formule d'exequatur, sous réserve de respecter les conditions prévues par le droit international privé interne[2071] ou éventuellement, le droit international privé conventionnel[2072].

Ainsi, par exemple, l'article 90 du Code des personnes et la famille du Burkina-Faso (ci-après CPF) dispose que « les jugements et arrêts rendus par les juridictions étrangères ne peuvent être transcrits sur les registres que s'ils sont revêtus de l'exequatur ». Quant aux articles 996 et suivants, ils précisent les conditions de fond devant être vérifiées à cette fin par le juge burkinabè. Il en ressort notamment que pour être

---

[2071] Voir par exemple : art. 787 et s. du code de procédure civile du Sénégal ; art. 345 et s. du code de procédure civile, commerciale et administrative de Côte d'Ivoire ; art. 993 et s. du Code des personnes et de la famille et art. 668 et s. du Code de procédure civile du Burkina-Faso.

[2072] Voir notamment la Convention générale de coopération en matière de justice du 12 septembre 1961 liant les pays de l'ex OCAM (organisation commune, africaine et malgache) : Bénin, Burkina, Cameroun, Centrafrique, Congo, Côte d'Ivoire, Gabon, Madagascar, Mauritanie, Niger, Sénégal et Tchad (5 pays de l'UEMOA). Également, la convention de coopération en matière judiciaire du 21 avril 1987 entre les pays de l'Accord de Non-agression et d'Assistance en matière de défense (ANAD) : Burkina, Côte d'Ivoire, Mali, Mauritanie, Niger, Sénégal, et Togo (6 pays de l'UEMOA).

reconnu et déclaré exécutoire sur le territoire burkinabè, le jugement étranger doit respecter des conditions déterminées à la fois à partir du droit burkinabè (État requis) et du droit étranger (État d'origine).

S'agissant des conditions déterminées à partir du droit burkinabè, l'on peut citer, entre autres, la compétence internationale de l'État d'origine[2073] et la non-contrariété avec l'ordre public burkinabè[2074]. Pour ce qui est des conditions déterminées à partir du droit de l'État d'origine, le jugement étranger ne doit pas être privé, dans l'État membre d'origine, des effets qu'on entend lui faire produire au Burkina[2075]. Le demandeur à l'exequatur doit également produire une expédition authentique du jugement étranger dans les conditions d'authenticité prévues par le droit de l'État d'origine[2076].

Dans la mesure où ces règles internes de droit international privé ne sont pas toujours les mêmes d'un État membre à l'autre, il existe un risque réel d'une exécution diffuse et éparse des décisions juridictionnelles internes rendues sur le fondement du droit de l'UEMOA, hormis le fait que cette exécution se trouve déjà retardée par les procédures judiciaires additionnelles auxquelles doivent se plier les justiciables. Il existe par ailleurs des conventions multilatérales et bilatérales entre certains États membres mais dont la mise en œuvre ne pose pas moins de problème. Sur le plan multilatéral, on peut se référer à la Convention générale de coopération en matière de justice conclue le 12 septembre 1961 entre les pays de l'ex Organisation commune africaine et malgache (OCAM) dont cinq (5) États membres de l'UEMOA à savoir le Bénin, le Burkina-Faso, la Côte d'Ivoire, le Niger et le Sénégal.

Le premier problème que pose le recours à cette Convention est celui de son applicabilité. En effet, tandis qu'elle est considérée dans certains

---

[2073] Art. 998 du CPF burkinabè. Aux termes de cette disposition, la juridiction étrangère est internationalement compétente, « s'il n'existe pas, en la matière, de compétence exclusive des juridictions burkinabè ; si le litige se rattache de manière caractérisée à l'État dont le juge a été saisi ; si le choix de la juridiction n'a pas été frauduleux ».

[2074] *Idem*, art. 999, par. 1.

[2075] *Id.*, art. 996.

[2076] *Id.*, art. 10001. Pour plus de détails, voir Pierre MEYER, *Droit international privé burkinabè*, Collection Précis de droit burkinabè, Université de Ouagadougou, 2006, p. 150 et s.

États, la Côte d'Ivoire en l'occurrence, comme étant tombée en désuétude, elle continue d'être appliquée dans d'autres[2077]. Pourtant, comme le démontre Pierre MEYER, cette désuétude ne s'explique pas juridiquement dans la mesure où la Convention ne lie pas les États en tant que parties à l'organisation qui a disparu mais dans la mesure où ceux-ci ont signé et ratifié à part entière ladite Convention. Qui plus est, les règles relatives à l'entrée en vigueur et à la durée de la Convention ne lient pas le caractère obligatoire de cette dernière à l'existence de la défunte organisation[2078]. Quoiqu'il en soit, il s'impose de reconnaitre qu'une telle divergence de vues au sein des États parties sur l'applicabilité de cette Convention n'est nullement rassurante du point de la sécurité judiciaire des justiciables et dessert grandement l'efficacité des jugements prononcés dans ces États[2079].

En plus du problème lié à son applicabilité, la Convention de coopération judiciaire conclue entre les pays de l'ex OCAM a un champ d'application matériel limité aux domaines civil et commercial, ce qui en exclut l'exécution des jugements rendus en matière pénale et en matière administrative. Enfin, cette Convention se caractérise de manière paradoxale par la rigueur des conditions posées à la reconnaissance et à l'exequatur des jugements rendus dans les États parties par rapport à celles posées dans les droits communs desdits États. Elle exige par exemple, au titre de ces conditions, le contrôle de la loi appliquée au fond par le juge de l'État d'origine, ce qui n'est pas exigé par certains droits nationaux tels le droit burkinabè et le droit ivoirien[2080].

Dans le cas des jugements rendus par les tribunaux nationaux sur le fondement du droit de l'UEMOA, ladite condition perdrait cependant sa raison d'être avec l'application du droit uniforme de l'UEMOA dans tous les États membres. Aussi, convient-il de rappeler que les juridictions nationales ne peuvent invalider le droit de l'UEMOA sous aucun prétexte, cette tâche étant réservée à la Cour de Justice. Pour

---

[2077] Voir Pierre MEYER, « La sécurité juridique et judiciaire dans l'espace OHADA », *Penant*, n° 855, 2006, pp. 151-169, spéc. p. 164.

[2078] Voir les articles 67 et 68 de la Convention générale de coopération en matière de justice du 12 septembre 1961.

[2079] Pierre MEYER, « La sécurité juridique et judiciaire dans l'espace OHADA », *op. cit.*, p. 165.

[2080] *Idem*, p. 164.

toutes ces raisons, le renvoi à la Convention du 12 septembre 1961, laquelle ne s'applique d'ailleurs pas à tous les États membres de l'UEMOA, ne serait pas pertinent pour l'efficacité des jugements internes rendues sur le fondement du droit de l'UEMOA.

Il en est de même de la Convention de coopération en matière judiciaire du 21 avril 1987, conclue entre les pays de l'Accord de non-agression et d'assistance en matière de défense (ANAD) et qui ne réunit que six (6) pays de l'UEMOA dont le Burkina, la Côte d'Ivoire, le Mali, le Niger, le Sénégal, et le Togo. Cette Convention, matériellement presqu'identique à la première, n'est à ce jour pas encore entré en vigueur du fait du non-dépôt de tous les instruments de ratification requis. En ce qui concerne les conventions bilatérales telles la Convention générale de coopération en matière de justice conclue le 23 novembre 1963 entre le Burkina-Faso et le Mali, leur invocation ne ferait qu'aggraver le morcellement de l'exécution des jugements internes rendus sur le fondement du droit de l'UEMOA avec tout ce que cela comporterait en termes d'insécurité juridique et judiciaire pour les justiciables de l'Union.

De ce qui précède, il s'impose d'étendre à l'exécution des décisions juridictionnelles internes fondées sur le droit de l'UEMOA, le principe de la reconnaissance mutuelle déjà applicable dans d'autres domaines.

B) Plaidoyer pour la reconnaissance mutuelle des jugements internes fondés sur le droit de l'UEMOA

Dégagé dans l'arrêt Cassis de Dijon de la CJCE[2081], le principe de la reconnaissance mutuelle exige qu'en l'absence d'une règlementation commune dans un domaine donné, les États considèrent leurs législations respectives comme étant équivalentes[2082]. Ce principe a été repris en droit de l'UEMOA où il connaît plusieurs applications. On le retrouve par exemple à l'article 2 du règlement n° 6/2009 portant sur la

[2081] CJCE, arrêt Rewe-Zentral AG c. Bundesmonopolverwaltung für Branntwein, du 20 février 1979, aff. 120/78, Rec.1979, p. 649, pt 8, 2e par.

[2082] Pour plus de détails sur ce principe, l'on pourra se référer à Alexandre BERNEL, *Le principe d'équivalence ou la reconnaissance mutuelle en droit communautaire,* Zürich, Schulthess Polygraphischer Verl. ; Bern, Verl. Stämpfli, 1996, 350 p. Voir également, Christine JANSSENS, *The principle of Mutual Recognition in the EU law*, Oxford, OUP, 2013, 358 p.

reconnaissance mutuelle des visas délivrés par les États membres aux non-ressortissants de l'UEMOA[2083]. Dans le domaine du marché commun, le principe de la reconnaissance mutuelle existe également en ce qui concerne les règlementations techniques, les normes, les spécifications, les procédures d'évaluation de la conformité, ainsi que les résultats de ces procédures d'évaluation[2084].

Appliqué aux jugements rendus par les juridictions des États membres, le principe de la reconnaissance mutuelle signifie que « les décisions rendues par une juridiction dans un État membre, quelles que soient leur dénomination, sont reconnues dans les autres États membres, sans qu'il faille recourir à une procédure complémentaire »[2085]. Ainsi définie, la reconnaissance mutuelle des jugements au sein des États membres d'une organisation commune tend à en faire un espace judiciaire commun ou, pour emprunter l'expression à Pierre MEYER, « un marché commun des jugements »[2086]. Toutefois, elle présuppose l'existence d'une confiance réciproque[2087] desdits États en la qualité de leurs systèmes judiciaires respectifs dans la mesure où aucune tentative d'intégration n'est raisonnablement envisageable sans une confiance mutuelle à l'égard des juridictions des différents États membres[2088].

Au sein des États membres de l'UEMOA, l'effectivité de ce pré requis ne va pourtant pas de soi au regard de nombreux défis auxquels continuent d'être confrontés les systèmes judiciaires des États membres[2089]. Aussi, il convient de faire remarquer qu'il n'existe pas pour l'heure au sein des États membres de l'UEMOA un référentiel commun de valeurs qui serait à même de favoriser une telle confiance

---

2083 Règlement n° 6/2009 portant reconnaissance mutuelle des visas délivrés par les États membres de l'UEMOA, *op. cit.*

2084 Voir art. 9 du règlement n° 1/2005/CM/UEMOA portant Schéma d'harmonisation des activités d'accréditation, de certification, de normalisation et de métrologie dans l'UEMOA, *op. cit.*

2085 Guy ISAAC et Marc BLANQUET, *Droit général de l'Union européenne, op. cit.* p. 673.

20862086 Pierre MEYER, « La sécurité juridique et judiciaire dans l'espace OHADA », *op. cit.* p. 166.

2087 Voir dans ce sens, Henri LABAYLE, « La confiance mutuelle dans l'espace de liberté, sécurité et justice » i*n Grenzüberschreitendes Recht : Festschrift für Kay Hailbronner : Crossing frontier*s, 2013, pp. 153-168.

2088 Pierre MEYER, *op. cit.*

2089 Voir dans ce sens, Jean du Bois De GAUDUSSON, « La justice en Afrique : nouveaux défis, nouveaux acteurs. Introduction thématique », *Afrique contemporaine,* Vol. 250, n°. 2, 2014, pp. 13-28.

mutuelle. Au sein de l'UE par exemple, la confiance mutuelle entre les différents systèmes judiciaires des États membres est encouragée et entretenue par l'existence de valeurs fondatrices communes prévues à l'article 2 du traité UE. Plus qu'un simple référentiel de valeurs communes, l'article 2 du traité UE constitue une exigence normative contraignante pouvant entrainer le déclenchement d'une sanction politique au titre de l'article 7 du traité UE, comme il pourrait bien en être question à la suite des dernières réformes judiciaires entreprises par la Pologne et jugées contraires aux principes de l'État de droit[2090].

Ainsi donc, compte tenu de ce qui précède, il apparaît nécessaire que l'institution de la reconnaissance mutuelle des jugements internes au sein des États membres de l'UEMOA soit accompagnée de réformes adéquates au sein de leurs systèmes judiciaires respectifs en vue d'en renforcer la qualité et l'indépendance. L'institution, dans les traités constitutifs, d'un code de valeurs communes à l'image de l'article 2 du traité UE pourrait servir de catalyseur en la matière mais également de moyen de pression en vue d'assainir le milieu de la justice nationale. D'où l'importance, une fois de plus, de plaider en faveur d'une formalisation de l'obligation de respecter le principe démocratique et les droits fondamentaux comme principe de gouvernement au sein des États membres[2091]. En effet, ce renforcement de l'Union de droit contribuerait à garantir le respect de la séparation des pouvoirs et partant, l'indépendance de la justice, ainsi que le respect des droits de la défense, éléments figurant parmi les principaux arguments évoqués pour opposer une fin de non-recevoir aux demandes de reconnaissance judiciaire. La confiance réciproque des États membres en leurs systèmes judiciaires s'en trouverait dès lors accrue et l'exécution des décisions juridictionnelles, facilitée.

Toutefois, la reconnaissance mutuelle des jugements internes des États membres, malgré son caractère fondamental pour l'Union de droit, ne doit être conçue comme étant absolue, au risque de méconnaitre l'identité ou la spécificité nationale de chaque État ou encore certains droits fondamentaux des justiciables. Dans ce sens, un jugement rendu par la juridiction d'un État membre ne devrait pas pouvoir être reconnu dans un autre État membre, lorsque ce dernier est contraire à l'ordre

---

[2090] Voir dans ce sens, Alicja ZAPEDOWSKA, « L'Union européenne : quels moyens à disposition pour garantir l'Etat de droit ? », *actualité* du 14 janvier 2016, www.ceje.ch (consulté la dernière fois, le 28.10.2017).
[2091] Cf. *supra*, partie 1, titre 2, chap. 2.

public de cet État. S'agissant des droits des justiciables, il conviendrait d'admettre également, comme exception à la reconnaissance mutuelle, non seulement le défaut de respect des droits de la défense mais également l'incompatibilité de la décision à exécuter avec une décision antérieure rendue entre les mêmes parties dans l'État membre requis ou dans un autre État membre, à l'occasion d'un litige ayant le même objet et la même cause (*ne bis in idem*)[2092]. L'idée serait donc de pouvoir obtenir l'apposition quasi-automatique de la formule exécutoire, moyennant un examen formel minimal du jugement à exécuter[2093].

[2092] Voir dans ce sens, Guy ISAAC et Marc BLANQUET, *Droit général de l'Union européenne, op. cit.*, p. 673.

[2093] Ibidem. Nous soulignons qu'il ne s'agit là que de quelques indications qui n'épuisent nullement la matière. Á titre de droit comparé, l'on pourra se référer de manière plus exhaustive au règlement dit Bruxelles I relatif à la reconnaissance et à l'exécution des décisions judiciaires rendues au sein des États membres de l'UE : Règlement (UE) n° 1215/2012 du Parlement européen et du Conseil du 12 décembre 2012 concernant la compétence judiciaire, la reconnaissance et l'exécution des décisions en matière civile et commerciale, JOUE L 351 du 20.12.2012, pp. 1-32.

Conclusion titre II

À n'en point douter, le droit de l'UEMOA assure une certaine efficacité aux garanties juridictionnelles offertes aux individus vis-à-vis des organes et des États membres. Cette efficacité découle non seulement de la consécration du droit à une protection juridictionnelle provisoire mais également de l'obligation d'exécuter les arrêts rendus par la Cour de Justice et les juridictions nationales. Toutefois, force est de reconnaître que cette efficacité recherchée demeure encore fragilisée par un certain nombre de limites auxquelles il appartiendra à la Cour de Justice de remédier en attendant l'intervention décisive du « législateur » de l'Union et/ou des maîtres des traités.

Tel est d'abord le cas des conditions régissant la recevabilité des demandes et l'octroi des mesures provisoires devant la Cour de Justice. Prévues à l'article 72 et suivants du règlement de procédures et quelque peu clarifiées par la jurisprudence de la Cour, lesdites conditions suscitent encore, néanmoins, quelques interrogations liées par exemple à la nature des préjudices graves et irréparables ou encore au sérieux de la demande pouvant donner lieu à des mesures provisoires. Sur ces questions, la CJUE dispose d'une jurisprudence assez riche dont pourrait s'inspirer, éventuellement, la CJUEMOA.

Tel est ensuite le cas de la protection juridictionnelle provisoire à laquelle les individus pourraient prétendre devant les juridictions nationales, sur le fondement du droit de l'UEMOA. Même si le droit primaire et les textes régissant la Cour de Justice ne disposent, à ce jour, d'aucune référence formelle à ce droit, ils n'en comportent pas moins des fondements matériels pouvant servir de tremplin à la Cour de Justice pour une consécration jurisprudentielle. En recourant aux méthodes d'interprétation, aux PGD, ainsi qu'au droit comparé de l'UE, l'analyse a effet permis de relever l'existence matérielle du droit à une protection juridictionnelle provisoire devant les juridictions nationales sur le fondement du droit de l'UEMOA et d'en proposer un régime juridique essentiellement fondé sur le principe de l'autonomie institutionnelle et procédurale.

En ce qui concerne l'exécution des décisions rendues par la Cour de Justice, le droit de l'UEMOA leur a consacré l'autorité de la chose jugée (ou force obligatoire) ainsi que la force exécutoire. Cela oblige les organes et les États membres, lorsqu'ils sont condamnés par cette juridiction, à s'exécuter afin de garantir l'utilité du recours exercé par les particuliers. C'est à eux qu'appartient l'initiative de l'exécution, la Cour de Justice ne pouvant leur enjoindre une action quelconque en raison de la séparation des pouvoirs. Il faut cependant regretter le fait que la Cour n'ait pas au moins développé un pouvoir d'indication (ou d'incitation), ce qui ne serait pas contraire aux limites de ses prérogatives et faciliterait énormément l'exécution de ses décisions. En tout état de cause, le droit de l'UEMOA prévoit un certain nombre de mécanismes permettant de contraindre les organes et les États membres en cas d'inexécution volontaire. Ces derniers ont ainsi l'initiative de l'exécution des décisions de justice mais ils n'en ont pas la discrétion.

Les mécanismes d'exécution prévus par le droit de l'UEMOA consistent tantôt en de nouvelles voies de droit ouvertes aux particuliers devant la Cour de Justice ou les juridictions nationales, tantôt en d'autres mécanismes institutionnels ou sociopolitiques faisant appel à l'intervention d'organes tiers. Au nombre de ces mécanismes, figure la réparation pécuniaire qui n'est pas sans poser un certain nombre de difficulté du point de vue de l'immunité d'exécution dont jouissent les organes de l'Union sur le territoire des États membres. Il ne s'agit pourtant pas d'un obstacle infranchissable compte tenu de la possibilité de le surmonter à travers une interprétation dynamique des textes pertinents dans l'intérêt de la protection juridictionnelle efficace des particuliers. Il faut toutefois regretter le fait qu'en l'état actuel du droit de l'UEMOA, la condamnation pécuniaire ne soit pas possible à l'encontre d'un État membre condamné en manquement, et qui s'abstiendrait de toute exécution.

Toutefois, en dépit de l'obligation qui incombe aux organes et aux États membres, d'exécuter les arrêts de la Cour de Justice, le droit de l'exécution de l'UEMOA n'est pas un droit rigide mais modulable en fonction des intérêts en présence. À cet, il y a lieu de signaler la faculté reconnue à la Cour de Justice de limiter, dans le temps, les effets de ses arrêts. Dans ce cas, la portée de l'obligation d'exécuter, incombant aux organes ou aux États membres, se trouverait réduite. Aussi, dans l'hypothèse d'une demande en révision de l'arrêt de la Cour[2094], d'une

[2094] Art. 49 des Statuts de la CJUEMOA.

opposition[2095] ou d'une tierce opposition[2096] à l'arrêt rendu, l'obligation d'exécuter pourra être momentanément suspendue même si, dans l'intérêt des justiciables, ledit arrêt pourrait tout de même connaître un commencement d'exécution par l'effet de mesures provisoires[2097]. En outre, il n'est pas exclu qu'un organe ou un État membre défaillant se prévale de la force majeure[2098] ou d'une impossibilité absolue d'exécuter, pour diverses raisons, l'arrêt tel que rendu. Dans tous les cas, il appartiendra à la Cour de Justice de veiller à ce que l'action entreprise par le justiciable conserve son intérêt en prévoyant, éventuellement, une exécution équivalente en lieu et place[2099]. Il lui reviendra également de veiller à ce que l'obligation d'exécuter ses arrêts ne conduise pas à méconnaitre les droits légitimement acquis par les tiers.

En ce qui concerne enfin l'exécution des décisions rendues par les juridictions nationales, sur le fondement du droit de l'UEMOA, elle ne soulève pas de difficultés particulières dans la mesure où elle s'opère, en principe, à travers les voies d'exécution prévues pour les jugements nationaux. Pose en revanche problème, la question de l'absence d'une libre circulation des jugements internes au sein des États membres de l'UEMOA. Compte tenu de l'importance que revêt la question pour l'efficacité des garanties juridictionnelles, il s'avère indispensable d'instituer la reconnaissance mutuelle de ces jugements dans l'espace UEMOA.

[2095] Art. 80, al. 5, du règlement de procédures.

[2096] *Idem*, art. 81, al. 1.

[2097] Art. 46 des Statuts de la CJUEMOA et art. 76 du règlement de procédures, respectivement pour l'opposition et la tierce opposition.

[2098] La CJCE a jugé par exemple qu'un attentat terroriste pouvait constituer un cas de force majeure. Voir CJCE, arrêt Commission c. Italie du 11 juillet 1985, aff. 101/84, Rec. 1985, p. 2629, pt 16.

[2099] À titre de droit comparé, la CJCE a jugé que même en cas de difficulté particulière à exécuter une décision juridictionnelle, l'institution condamnée reste dans l'obligation d'adopter à l'égard de la partie gagnante, une décision « de nature à compenser équitablement le désavantage ayant résulté, [pour cette dernière], de la décision annulée ». Voir CJCE, arrêt Könecke c. Commission du 5 mars 1980, aff. 76/79, Rec. 1980, p. 665, pt 15. Dans ce cas, il appartient à l'institution visée d'entreprendre les démarches nécessaires auprès de la partie adverse, afin de trouver la meilleure compensation équitable à l'illégalité dont cette dernière a été victime. Voir dans ce sens, TPICE, Ord. Mireille Meskens c. Parlement du 5 juillet 1993, Rec. 1993, p. II-757, pt 80.

Conclusion de la IIe partie

L'analyse menée dans la deuxième partie de la thèse nous permet de conclure que le droit de l'UEMOA dispose de garanties juridictionnelles permettant de sanctionner la violation des fondements normatifs de l'Union de droit relevées dans la première partie. En leur aménageant des voies d'accès au juge de l'UEMOA et au juge national, aussi bien pour la contestation des actes des organes que pour la contestation des actes étatiques, ces garanties assurent au individus une protection juridictionnelle de leurs droits. Cette protection juridictionnelle est par ailleurs renforcée par la possibilité d'obtenir une protection provisoire et garantie, in fine, par l'obligation d'exécuter les décisions finales de justice.

Il n'en demeure pas moins que l'accès aux garanties juridictionnelles et son efficacité restent fragilisés par un certain nombre de facteurs imputables tant à la manière dont le droit est « écrit » au sein de l'UEMOA qu'à la manière dont il est « dit » par la Cour de Justice. En effet, l'analyse du contentieux de l'UEMOA a permis de relever l'existence de certaines restrictions à l'effectivité du droit d'accès au juge malgré la forte prégnance de la politique de rejet des « zones de non droit » menée par la Cour de Justice. Ces restrictions tiennent principalement au caractère incomplet et parfois, indisponible, des voies du contrôle juridictionnel. À cela s'ajoute le fait que le contrôle exercé par la Cour de Justice peut s'avérer, pour diverses raisons, hors de portée des justiciables. Quant aux éléments de nature à affecter l'efficacité de l'accès au juge, il convient de mentionner, essentiellement, l'incertitude qui entoure le contenu de certaines conditions d'octroi de la protection provisoire devant le juge de l'UEMOA et qui vise aussi le principe même de la protection provisoire, devant le juge national, sur le fondement du droit de l'UEMOA. Enfin, il convient de regretter qu'en matière d'exécution des décisions de justice, certains mécanismes ne soient pas prévus en droit de l'UEMOA tel que la condamnation pécuniaire dans le recours en manquement ou le pouvoir d'indication du juge quant aux mesures susceptibles de satisfaire à l'obligation d'exécuter.

Conclusion générale

L'étude consacrée à l'Union de droit au sein de l'UEMOA a permis d'évaluer la réalité de ce concept dans le droit et la pratique de l'organisation et de dégager des perspectives en vue d'un meilleur ancrage à l'avenir. En effet, comme nous l'expliquions en introduction, l'Union de droit n'est pas une option pour l'UEMOA et ses États membres, mais un passage obligé pour garantir le succès de l'entreprise d'intégration économique. L'examen du cadre juridique de l'UEMOA a permis de relever l'existence de certains fondements normatifs de l'Union de droit au sein de l'organisation. En effet, le droit de l'UEMOA consacre non seulement le respect du principe de légalité mais également l'ancrage du principe démocratique et la protection des droits fondamentaux au sein de l'UEMOA. Qui plus est, ces fondements normatifs s'accompagnent d'un certain nombre de garanties juridictionnelles (voies de droit), permettant aux individus d'accéder notamment à la Cour de Justice pour obtenir la protection de leurs droits.

Sur l'ensemble de ces attributs de l'Union de droit, le droit de l'UEMOA se révèle, par endroit, innovateur et progressiste, comparé notamment au droit de l'Union européenne. Tel est le cas de la consécration expresse, dans le droit originaire, du principe de primauté qui sous-tend l'édifice de la hiérarchie des normes de l'UEMOA dans les ordres juridiques internes. L'on peut mentionner également le large accès des personnes privées au prétoire du juge de la légalité. Contrairement au droit de l'Union européenne où le locus standi des justiciables privés est enfermé dans des conditions jugées restrictives, le droit de l'UEMOA consacre des conditions assez souples à l'accès des individus tant au contrôle direct de la légalité qu'au contrôle à titre incident. À cela s'ajoute la politique juridictionnelle dite de « rejet des zones de non droit », menée par la CJUEMOA. Fort de cette politique, la Cour a consacré la justiciabilité quasi-absolue des actes des organes de l'UEMOA, y compris ceux de l'organe suprême (CCEG). Hormis le fait qu'elles assurent aux individus une protection juridictionnelle relativement large, les garanties juridictionnelles, au sein de l'UEMOA, s'accompagnent d'une protection provisoire au profit de ces derniers ainsi que de l'obligation, existant à la charge des organes et des États membres, d'exécuter les décisions de justice les condamnant. Au regard de l'ensemble de ces éléments, l'on ne peut pas dire que l'Union de droit est une réalité absente au sein de l'UEMOA. Pour autant, il ne s'agit guère d'une réalité absolue (irréprochable). En effet, il existe dans le droit et la pratique au sein de l'UEMOA plusieurs limites à l'existence et à l'ancrage des fondements normatifs de l'Union de droit ainsi qu'à l'accessibilité et à l'efficacité des garanties juridictionnelles.

S'agissant d'abord des fondements normatifs de l'Union de droit, force est de constater l'existence d'incertitudes juridiques, voire de vides juridiques, dans l'arsenal juridique de l'UEMOA. Au titre des incertitudes qui émaillent les fondements normatifs de l'Union de droit au sein de cette organisation, l'on peut citer les règles applicables à la détermination de la hiérarchie des normes à l'intérieur de l'ordre juridique de l'UEMOA et précisément, celles applicables à la hiérarchie des normes du droit dérivé. À ces incertitudes s'ajoutent des menaces à la réception, dans certains ordres constitutionnels internes, de la primauté du droit de l'UEMOA sur le droit national. En outre, la répartition des compétences entre d'une part l'Union et les États membres et d'autre part, entre les organes de l'Union, n'est pas un modèle en termes de clarté. Pire, quelques éléments tirés de la pratique ont permis de mettre en évidence une tendance au choix hasardeux des bases juridiques des actes adoptés par la CCEG et par le Conseil ou encore, une tendance à l'inertie de la part du Conseil, même en situation de compétence liée. Cette attitude n'est pas sans porter préjudice aux ressortissants des États membres censés bénéficier des retombées positives du projet commun d'intégration. En ce qui concerne les vides juridiques, ils concernent principalement l'exigence du respect du principe démocratique et des droits fondamentaux comme principes de gouvernement des États membres.

En effet, si le droit originaire de l'UEMOA consacre ces principes en tant principes directeurs de l'Union (régissant l'organisation et le fonctionnement de l'Union), il n'en est pas de même en ce qui concerne les États membres. Autrement dit, il n'existe pas, en droit de l'UEMOA, d'équivalent à l'article 2 du traité UE, relatif aux valeurs fondatrices en droit de l'Union européenne. Or, ainsi que nous l'avons démontré, l'on ne saurait déconnecter le succès ou l'aboutissement du processus d'intégration, de la situation démocratique et des droits de l'Homme au sein des États membres. D'ailleurs, l'analyse menée dans le cadre de cette thèse a permis de mettre en évidence le fait que le principe démocratique au sein de l'UEMOA emprunte, dans une certaine mesure, aux structures démocratiques à l'intérieur des États membres.

Les incertitudes et vides juridiques ci-dessus relevés ne concernent pas que les fondements normatifs de l'Union de droit. Ils visent également, hélas, les garanties juridictionnelles existant en vue d'en assurer l'effectivité. Sur ce point, le droit de l'UEMOA se caractérise par l'absence de certaines voies de droit pourtant utiles, dans le contexte de cette organisation, pour garantir l'Union de droit. Il s'agit précisément du recours en carence permettant de sanctionner l'inaction des organes ainsi que du recours en responsabilité extracontractuelle des États membres pour violation du droit de l'UEMOA. En plus, le droit de l'UEMOA comporte certaines restrictions préjudiciables à l'effectivité du droit au recours juridictionnel des individus, tel que le régime linguistique applicable devant la Cour de Justice. Violant le principe d'égalité entre les justiciables de cette juridiction, ce régime juridique fait du contrôle juridictionnel devant ladite Cour, un contrôle antidémocratique. L'aspect antidémocratique de ce contrôle est renforcé, dans la pratique, par le caractère parfois arbitraire du contrôle juridictionnel exercé par le juge de l'UEMOA, ainsi que par la propension de certains organes (la CCEG en l'occurrence) à remettre en cause l'indépendance de la CJUEMOA et l'autorité de ses arrêts.

Par ailleurs, le rôle du juge national, auxiliaire incontournable de la Cour de Justice dans la garantie de l'effectivité de l'Union de droit, s'avère quasi-absent des règles régissant le contentieux de l'UEMOA. Il n'existe quasiment aucune référence à ce rôle dans la jurisprudence de la Cour de Justice, encore moins dans les traités et autres actes de droit dérivé de l'UEMOA. Cette situation contraste grandement avec le droit de l'UE où la jurisprudence de la CJUE essaime de passages relatifs au rôle du juge national, que l'article 19 du traité UE consacre formellement depuis le traité de Lisbonne. Cette situation explique sans doute l'incertitude existant, en droit de l'UEMOA, quant à la possibilité pour les justiciables d'obtenir, sur le fondement du droit supranational, une protection provisoire de leurs droits devant les juridictions des États membres. Cela n'est pas sans affaiblir l'efficacité de la protection juridictionnelle à laquelle ces derniers peuvent prétendre. Enfin, en matière d'exécution des décisions de justice, le droit de l'UEMOA se caractérise par l'absence de certains mécanismes qui ont pourtant fait leurs preuves en droit de l'Union européenne, comme par exemple la possibilité d'assortir la condamnation en manquement d'une sanction pécuniaire exigible. Par ailleurs, le droit de l'UEMOA ne garantit pas une libre circulation des décisions de justice rendues, par les juridictions nationales, sur le fondement du droit supranational.

Face à ces défis auxquels l'Union de droit est confrontée au sein de l'UEMOA, l'étude menée dans le cadre de la thèse a également permis de mettre en exergue le rôle d'appoint joué par la Cour de Justice. Hormis sa politique de refus des dénis de justice et sa large interprétation des conditions tenant au locus standi des individus devant le juge de la légalité, la Cour de Justice a fourni, dans un effort de clarification, voire de systématisation, des pistes de solutionnement aux problèmes de la hiérarchisation des sources normatives du droit dérivé et de la répartition des compétences. Malheureusement, cet apport jurisprudentiel, lorsqu'il n'est pas sujet à caution, reste limité par le fait que la Cour ne saurait se substituer au « législateur » de l'UEMOA ou aux États membres (seuls maîtres des traités) sous peine de contrevenir au principe cardinal de la séparation des pouvoirs.

Partant de l'ensemble de ces constats qui font de l'Union de droit, une réalité encore en chantier au sein de l'UEMOA, l'étude a contribué à dégager plusieurs perspectives allant dans le sens de son renforcement. En s'appuyant sur diverses méthodes d'interprétation des traités, sur le droit interne des États membres et principalement sur le droit de l'Union européenne, la thèse propose quelques critères d'hiérarchisation du droit dérivé, échafaude une typologie des compétences au sein de l'UEMOA et jette les bases d'une formalisation future de l'exigence du respect de la démocratie et des droits de l'Homme comme principes de gouvernement des États membres. Elle démontre par ailleurs l'existence, dans le droit de l'UEMOA, de fondements matériels à l'affirmation du droit au juge national, tant à titre principal que pour l'obtention d'une protection provisoire. Enfin, la thèse propose l'enrichissement des voies du contrôle juridictionnel au sein de l'UEMOA, à travers notamment l'introduction du recours en carence, la reconnaissance du principe de la responsabilité des États membres pour violation du droit de l'UEMOA, ainsi que l'objectivisation du mécanisme de renvoi préjudiciel.

Au-delà de ces propositions, cette thèse a permis de réaliser que plus qu'un simple mot, l'Union de droit est avant toute chose une culture, un état d'esprit, qui doit imprégner l'action de tous les acteurs du processus d'intégration, depuis les ressortissants des États membres jusqu'à l'organe suprême de l'UEMOA, en passant par la Cour de Justice et par les juridictions nationales. C'est la culture du respect du droit et des institutions mises sur pied afin de rendre effectif le projet commun d'intégration, la pleine conscience que nul n'est au-dessus des règles du jeu préétablies. Cela passe non seulement par l'implication de tous les acteurs mais aussi par le bon exemple que doivent donner les chefs d'État et de gouvernement réunis au sein de l'instance suprême qu'est la CCEG. Ces derniers devront notamment accepter le fait que les pouvoirs que leur confère la position d'organe suprême de l'Union, ne peuvent et ne doivent s'exercer que dans les strictes limites fixées par le droit (les traités).

Gageons sur ces mots de clôture, que chacun de ces acteurs saura mesurer l'ampleur de la responsabilité qui est la sienne et se mettre, sans répit, à œuvrer pour la consolidation et le renforcement de l'Union de droit, en ayant à l'esprit que celle-ci, comme une terre promise, même lorsqu'elle est donnée (principe immanent aux traités), reste toujours à conquérir.

Document annexe

Annexe 1. Questionnaire administré aux membres et au personnel de la Cour de Justice de l'UEMOA

Contexte général

L'Union économique et monétaire ouest-africaine (UEMOA) est née le 10 janvier 1994 à Dakar et réunit huit États membres. Créée par le droit (le traité de Dakar) qui régit également son existence, l'UEMOA se présente comme une Union de droit, dont la surveillance relève principalement de la responsabilité de la Cour de justice de Ouagadougou. Compte tenu de rôle-clé attribué à cette dernière, l'objectif de ce questionnaire vise à recueillir son appréciation sur l'ancrage des principaux déterminants de l'Union de droit, à travers l'évaluation des forces et des limites du système juridique et judiciaire de l'Union. Le présent questionnaire est subdivisé en trois points principaux : principe de légalité, démocratie et protection des droits fondamentaux, droit au juge. Il est précédé, à chaque fois, d'une présentation sommaire de la personne interrogée et notamment de son curriculum vitae au regard du droit de l'UEMOA, dans le respect des données à caractère personnel. Sont visés par le questionnaire, non seulement les membres de la Cour de justice (juges et avocats généraux), mais également les auxiliaires de justice (greffiers et auditeurs). Il pourra être aussi soumis éventuellement au personnel administratif de ladite Cour.

- Présentation sommaire de la personne interrogée

1°) Quelle fonction occupez-vous au sein de la Cour de justice de l'UEMOA ?
2°) Depuis combien de temps y exercez-vous ces fonctions ?
3°) Disposiez-vous de connaissances antérieures en droit de l'intégration et spécialement en droit de l'UEMOA ? Si oui, pouvez-vous préciser dans quel cadre les avez-vous acquises (formation universitaire générale ou spécialisée/ emploi antérieur) ?
4°) Sur quels domaines spécifiques portent ces connaissances ?

I- Principe de légalité

1°) Êtes-vous pour ou contre l'autonomie du droit de l'intégration (ou droit communautaire) par rapport au droit international ?

2°) Quelle appréciation faîtes-vous du cadre général de la légalité au sein de l'UEMOA (légalité externe notamment) ?

-Hiérarchie des normes : la hiérarchie des normes au sein de l'Union vous apparaît-elle claire et cohérente ?

-Système de compétences : Comment évaluez-vous, dans les traités, la répartition des compétences, d'une part entre les différents organes de l'Union, et d'autre part, entre cette dernière et les États membres ?

3°) Avez-vous le sentiment, au regard du contentieux porté devant votre juridiction, que les organes et les États membres attachent au principe de la légalité, la place et l'importance qui lui sont dus ?

II- Démocratie et droits fondamentaux

1°) Le droit de l'UEMOA impose à l'Union et aux États membres le respect de la démocratie. Concernant spécifiquement le respect de la démocratie comme principe de gouvernement au sein des États membres, pensez-vous qu'il soit envisageable de prévoir un mécanisme judiciaire de sanction auprès de la Cour de justice ?

2°) Êtes-vous pour une application limitée ou illimitée (par rapport au champ d'application du droit de l'UEMOA) des droits fondamentaux au sein de l'UEMOA ?

III- Droit au juge

1°) Pensez-vous que le cadre juridique actuel, régissant votre statut et vos fonctions, vous permets d'exercer en toute indépendance et impartialité votre rôle de juge au sein de l'UEMOA ?

Si non, qu'est-ce-qui pourrait être amélioré à votre avis ?

2°) Pensez-vous que la systématique des voies de recours actuelle, prévue en droit de l'UEMOA, est complète et effective ?

Si non, qu'est-ce qui pourrait être amélioré à votre avis ?

3°) Pensez-vous que le droit de l'UEMOA actuellement en vigueur permet l'exécution efficace des décisions de justice rendues au sein de l'UEMOA ?

Si non, qu'est-ce qui pourrait être amélioré à votre avis ?

4°) Comment évaluez-vous la coopération juridictionnelle la CJ et les juridictions nationales à travers notamment le mécanisme du renvoi préjudiciel ?

Bibliographie

PARTIE I : Doctrine thématique

Union de droit, Communauté de droit, État de droit, prééminence du droit

A) Ouvrages

Karen J. ALTER, *Establishing the supremacy of European law: the making of an international rule of law in Europe*, Oxford, OUP, 2001, 258 p.

Andreas AUER, Georgio MALINVERNI et Michel HOTTELIER (Dir.), *Droit constitutionnel suisse, l'État, Berne, Stämpfli*, 3e éd., Vol. II, 878 p.

Mauro CAPPELLETTI, Monica SEECOMBE et Joseph WEILER (eds), *Integration through Law: Europe and the American Federal experience*, New York, De Gruyter, 1986, Vol. I, Liv. I, p. 169.

Eric CARPANO, *État de droit et droits européens,* Paris, l'Harmattan, 2005, 664 p.

Raymond CARRÉ De MALBERG, *Contributions à la théorie générale de l'État,* Paris, Sirey, 1922, 1526 p.

Jacques CHEVALLIER, *L'Etat de droit*, Paris, LGDJ, 6e éd., 2017, 158 p.

Losséni CISSÉ, *La problématique de l'état de droit en Afrique de l'ouest : analyse comparée de la situation de la Côte d'Ivoire, de la Mauritanie, du Libéria et de la Sierra Léone*, Paris, l'Harmattan, 2013, 284 p.

Dominique COLAS (Dir.), *L'État de droit. Travaux sur la modernisation de l'État*, Paris, PUF, 1987, 254 p.

Ninon COLNERIC, David EDWARD, Jean-Pierre PUISSOCHET, Dámaso Ruiz-Jarabo COLOMER (Dir.), *Une Communauté de droit. Festschrift für Gil Carlos Rodríguez IGLESIAS*, Berlin, Berliner Wissenschafts-Verlag, 2003, 648 p.

Vlad CONSTANTINESCO et Stéphane PIERRÉ-CAPS, *Droit constitutionnel,* Paris, PUF, 2006, 564 p.

Albert Venn DICEY, *Introduction to the study of the Constitution*, London, Macmillan & Co Ltd, 10e éd., 1959, p. 183.

Walter HALLSTEIN, *Die Europäische Gemeinschaft*, Düsseldorf, Econ-Verlag, 5e éd. 1979, 420 p.

Luc HEUSCHLING, *État de droit, Rechtsstaat, Rule of Law*, Paris, Dalloz, 2002, 739 p.

Olivier JOUANJAN (Dir.), *Figures de l'État de droit. Le Rechtsstaat dans l'histoire intellectuelle et constitutionnelle de l'Allemagne*, Strasbourg, PUS, 2001, 412 p.

Hans KELSEN, *Théorie pure du droit*, Trad. de la 2e éd., Paris, Dalloz, 1962, 496 p.

Theodore KONSTADINIDES, *The rule of law in the European Union: the internal dimension, Oxford; London: Hart Publishing*, 2017, 180 p.

Jean-Claude MASCLET, Hélène Ruiz FABRI, Chahira BOUTAYEB, Stéphane RODRIGUES (Dir), *L'Union européenne. Union de droit, union des droits. Mélanges en l'honneur du Professeur Philippe Manin,* Paris, Pédonne, 2010, 937 p.

Gianluigi PALOMBELLA & Neil WALKER (eds), *Relocating the rule of law*, Oxford, Hart, 2009, 228 p.

Samuel-Jacques PRISSO-ESSAWE, *Intégration économique et droit en Afrique centrale « étude de la zone UDEAC »*, thèse, Université Montpellier I, 1997, 461 p.

Joël RIDEAU (Dir.*), De la Communauté de droit à l'Union de droit. Continuités et avatars européens*, Nice, LGDJ, 2000, 515 p.

Ronny ABRAHAM (et al.), *L'État de droit. Mélanges en l'honneur de Guy Braibant,* Paris, Dalloz, 1996, 817 p.

Werner SCHROEDER (ed.), *Strengthening the rule of law in Europe: from a common concept to mechanisms of implementation, Oxford, Portland, Oregon*, Hart Publishing, 2016, 320 p.

B) Articles et contributions de doctrine

Sadok BELAID, « Le rôle du droit dans l'intégration régionale », *RTD*, n° 1, 1989, pp.27-54, préc. p. 54.

Laurence BURGORGUE-LARSEN, « Les résistances des États de droit » *in* Joël RIDEAU (Dir.), *De la Communauté de droit à l'Union de droit. Continuités et avatars européens*, Nice, LGDJ, 2000, 515p., pp. 423-458.

Albin CHALANDON, « Le droit, moteur de l'Europe », *Revue administrative*, 1986, pp. 427-430.

Carmenza CHARRIER, « La communauté de droit, une étape sous-estimée de la construction européenne », *RMCUE*, n° 400, 1996, p. 529 et p. 531.

Jacques CHEVALLIER, « Les aspects idéologiques de l'État de droit » *in* SFDI, *L'État de droit en droit international*, Paris, A. Pedone, 2009, 447 p, pp. 69-80.

Jacques CHEVALLIER, « La mondialisation de l'État de droit », *in* Michel BORGETTO (éd.), *Mélanges Philippe Ardent. Droit et politique à la croisée des cultures*, Paris, LGDJ, 1999, pp. 325-337.

Claude GOYARD, « État de droit et démocratie » *in Mélanges René CHAPUS,* Paris, Montchrestien, 1992, pp. 299-314.

Constance GREWE, « Réflexions comparatives sur l'État de droit » *in* Joël RIDEAU (Dir), *De la Communauté de droit à l'Union de droit. Continuités et avatars européens*, Nice, LGDJ, 2000, 515 p., pp. 11-22.

Constance GREWE, « L'État de droit sous l'empire de la loi fondamentale », *in* Olivier JOUANJAN (Dir.), *Figures de l'État de droit,* Strasbourg, PUS, 2001, pp. 385-393.

Jean HAMPTON, "Democracy and the Rule of Law", *in* I. SHAPIRO (Dir.), *The Rule of Law*, New York, New York University Press, 1994, pp. 13-44.

Jean-Paul JACQUÉ, « Le rôle du droit dans l'intégration européenne », *Philosophie politique*, n° 1, 1991, pp. 119-133.

Jean Paul JACQUÉ, « Cours général de droit communautaire », Collected Courses of the Academy of European Law, Vol. I, Book 1, Dordrecht, Martinus Nijhoff, 1991, p. 277.

Jeffrey JOWELL, "The Rule of Law Today" *in* J. JOWELL & D. OLIVER (Dir.), The *Changing Constitution*, 3rd ed., Oxford, Clarendon, 1994, pp. 57-78.

Armel LALI, « La perception de l'État de droit dans le droit et la pratique de l'Union africaine » *in* SFDI, *L'État de droit en droit international, Colloque de Bruxelles*, Paris, Pedone, 2009, 447 p., pp. 287-300.

Kanetake MACHIKO, "The interfaces between the National and International Rule of Law", *Int'l Org. L. Rev.*, n° 9, 2012, pp. 267-338.

Geoffrey MARSHALL, « The rule of Law. Its meaning and scope », *CPPJ*, n° 24, 1993, p. 43.

Rostane MEHDI, « Le respect de l'État de droit en droit européen et dans les relations extérieures de l'Union européenne » *in* SFDI, *L'État de droit en droit international,* Paris, A. Pédonne, 2009, pp. 219-238.

Rostane MEHDI, « Les retombées de la Communauté de droit dans les États de droit » *in* Joël RIDEAU (Dir.), *De la Communauté de droit à l'Union de droit. Continuités et avatars européens*, Nice, LGDJ, 2000, 515p., pp. 377-422.

Daniel MOCKLE, « Rule of Law » *in* Michel TROPER et Dominique CHAGNOLLAUD (Dir.), *Traité international de droit constitutionnel,* Paris, Dalloz, Tome I, 2012, p. 671 et s.

Heinz MOHNHAUPT, « L'État de droit en Allemagne. Histoire, notion, fonction », *CPPJ*, n° 24, 1993, pp. 71-91.

Jacques-Yvan MORIN, "The Rule of Law and the Rechtsstaat Concept: a comparison" *in* E. McWHINNEY, J. ZASLOVE & W. WOLF (Dir.), *Federalism-in-the-Making. Contemporary Canadian and German Constitutionalism, National and Transnational,* Dordrecht, Kluwer, 1992, pp. 60-86.

Pierre PESCATORE, « Rôle et chance du droit et des juges dans la construction de l'Europe », *RIDC*, Vol. 26, n° 1, 1974, pp. 5-19.

Joël RIDEAU, « Communauté de droit et Etats de droit » *in Humanité et droit international, Mélanges René-Jean DUPUY,* Paris, éd. A. Pédonne, 1991, p. 249.

Babacar SARR, « Le traité de l'UEMOA : un pacte constitutionnel fédératif », *RIDA*, 1999, n°43, p. 80.

Denys SIMON, « La Communauté de droit » *in* Frederic SUDRE et Henri LABAYLE (Dir.), *Réalités et perspectives du droit communautaire des droits fondamentaux*, Bruxelles, Bruylant, 2000, 531 p., p. 94.

Despina SINOU, « Le respect de l'État de droit comme condition de participation à l'Union européenne », *in L'État de droit en droit international*, Paris, A. Pédonne, 2009, 447 p., pp. 239-248.

Michel TROPER, « Le concept d'État de droit », Droits, n° 15, 1992, pp. 51-63.

Kaarlo TUORI, « L'État de droit » *in* Michel TROPER et Dominique CHAGNOLLAUD (Dir.), *Traité international de droit constitutionnel,* Paris, Dalloz, Tome I, 2012, p. 645 et s.

II- Droit des organisations régionales d'intégration économique (Droit institutionnel et droit matériel)

A) UEMOA et autres organisations régionales africaines

1) Ouvrages et thèses

M. Ayo AJOMOA et Omobolaji ADEWALE (éd*.), African Economic Community Treaty, Issues Problems and Prospects*, Lagos, Nigerian Institute of Advanced Legal studies, 1993, 376 p.

Abdoul Salam BELLO, *La régionalisation en Afrique. Essai sur un processus d'intégration et de développement*, Paris, l'Harmattan, 2017, 210 p.

Joseph- Roger De BENOIST, *L'Afrique occidentale française de la Conférence de Brazzaville (1944) à l'indépendance (1960), Dakar,* Nouvelles éditions africaines, 1982, 617 p.

Ousmane BOUGOUMA, *La libre circulation des marchandises en droit communautaire européen et de l'UEMOA,* Sarrebruck, Éd. Universitaires européennes, 2015, 432 p.

CEA (NU), *État de l'intégration régionale en Afrique*, Addis-Abeba, Publications de la CEA, 2004, 311 p., préc. p. 30.

Etienne CEREXHE et Louis le Hardy De BAULIEU, *Introduction à l'union économique ouest africaine*, Université de Boeck, 1997, p. 15.

Kémoko DIAKITÉ, *Droit de l'intégration africaine,* Paris, l'Harmattan, 2017, 195 p.

Makhtar DIOUF, *Intégration économique, perspectives africaines,* Dakar, Nouvelles éditions africaines, 1984, 281 p.

Kennedy GASTORN, *Processes of legal integration in the East African Community,* Dar es Salaam, Dar es Salaam University Press, 2011, 293 p.

Philippe HUGON (Dir.), *Analyse comparative des processus d'intégration économique régionale*, publication du ministère français des affaires étrangères, 2001, 275 p.

Luc Marius IBRIGA, *L'évolution des systèmes d'intégration économique en Afrique occidentale et francophone : le cas de la* CEAO, thèse, Nancy II, 1991, 404 p.

Luc Marius IBRIGA ; Abou Saïb COULIBALY et Dramane SANOU (éd.), *Droit communautaire ouest-africain* (Collection Précis de droit burkinabé), Ouagadougou, Presses africaines, 2008, 510 p.

Ousséni ILLY, *L'OMC et le régionalisme. Le régionalisme africain,* Bruxelles, Larcier, 2012, 333 p.

Kofi Oteng KUFUOR, *The insitutionnal Transformation of the Economic Community of West African states,* Hampshire, Ashgate, Routledge, 2006, 190 p.

Richard Frimpong OPPONG, *Legal aspects of economic integration in Africa,* Cambridge, Cambridge University Press, 2011, 371 p.

Rurihose NDESHYO, (Dir), *Manuel de droit communautaire africain. Tome I. Introduction générale : objet, sources, caractéristiques et domaines,* Kinshasa, Editions Etat et Société (E.S.), Coll. Bibliothèques des Facultés de Droit des Universités congolaises, 2011, 566 p.

Kwamé N'KRUMAH, *L'Afrique doit s'unir*, [traduit de l'anglais par L. Jospin], Paris, Présence africaine, 1994, 256 p.

Alioune SALL, *Les mutations de l'intégration des Etats en Afrique de l'Ouest. Une approche institutionnelle,* l'Harmattan, 2006, 187 p.

Amadou Yaya SARR, *L'intégration juridique dans l'Union économique et monétaire ouest-africaine (UEMOA) et l'Organisation pour l'harmonisation en Afrique du droit des affaires (OHADA),* thèse, Aix-Marseille, PUAM, 2008, 654 p.

Fatimata SAWADOGO, *De la CEAO à l'UEMOA. Ou la genèse d'une intégration sous-régionales réussie,* Paris, l'Harmattan, 2015, 154 p.

Saidou Nourou TALL, *Droit des organisations internationales africaines,* Paris, l'Harmattan, 2015, 550 p.

Jacques TERNIER, *Intégrations régionales dans les pays en développement,* Paris, l'Harmattan, 2005, 222 p.

Edouard Gnimpiéba TONNANG*, L'ordre juridique communautaire de la CEMAC,* Paris, l'Harmattan, 2016, 250 p.

UEMOA, *Recueil des textes fondamentaux de la Cour de Justice de l'UEMOA*, Ouagadougou, Papeterie Eclair, 2012, p. 9.

Melchiade YADI, *Les systèmes d'intégration régionale en Afrique,* Genève, Librairie de l'Université, 1979, 480 p.

2) Articles et contributions de doctrine

Abdallah BENHAMOU, « Les mutations du régionalisme dans les pays en développement », *RADIC*, Vol. 8, n° 4, 1996, pp. 871-903, préc. p. 872.

Laurence BURGORGUE-LARSEN, « La régionalisation du développement » *in* SFDI, *Droit international et développement,* Colloque de Lyon, Paris, Pedone, 2015, 504 p., préc. pp. 429-440.

Jean-Claude GAUTRON, « La Communauté Économique de l'Afrique de l'Ouest : antécédents et perspectives », *AFDI*, Vol. 21, n° 1, 1975, pp. 197-215.

Philippe HUGON, « Les économies en développements au regard des théories de la régionalisation », *Revue tiers monde*, t. XLIII, n° 169, 2002, p. 9.

Luc Marius IBRIGA, « L'UEMOA ou l'actualisation de l'AOF » *in* Charles BECKER, Saliou MBAYE, Ibrahima THIOUB (Dir.), *AOF :*

réalités et héritages. Sociétés ouest-africaines et ordre colonial, 1895-1960, Dakar, Direction des Archives du Sénégal, 1997, 667 p., p. 512.

Luc Marius IBRIGA, « L'UEMOA : une nouvelle approche de l'intégration économique régionale en Afrique de l'Ouest », *AYIL*, Vol.6, 1998, pp. 23-64, spéc. p. 47.

Luc Marius IBRIGA et Pierre MEYER, « La place du droit communautaire UEMOA dans le droit interne des Etats », *RBD*, 2000, n°37, pp. 28-46, préc. p. 46.

Luc Marius IBRIGA, « L'ordre juridique communautaire et plus spécialement le droit dérivé » *in Séminaire organisé par l'UIA en collaboration avec l'ordre des avocats du Bénin, 2013,* disponible sur www.uianet.org.

Luc Marius IBRIGA, « L'Union économique et monétaire ouest-africaine : un modèle de transition pour l'intégration régionale et internationale de l'Afrique de l'ouest », *in Actes de colloque de Ouagadougou des 29 et 30 octobre 1996,* CEEI, p. 54.

Ntumba Lwaba LUMU, « La faiblesse du cadre institutionnel décisionnel comme frein à l'intégration régionale africaine », *in* Etat, Société et Pouvoirs à l'aube du XXIèmesiècle, *Mélanges en l'honneur de François BORELLA,* Nancy, Presses Universitaires de Nancy, 1999, pp 335-364.

Ahmed MAHIOU, « La Communauté économique africaine », *AFDI,* Vol. 39, n° 1, 1993. pp. 798-819.

Joseph Kazadi MPIANA, « La problématique de l'existence du droit communautaire africain. L'option entre mimétisme et spécificité », *RLD*, n° 1, 2014, p.38-78.

Pierre VIAUD, « Union européenne et Union économique et monétaire de l'ouest africain, une symétrie raisonnée », *RMCUE*, n° 414,1998, p. 15.

André WATTEYNE, « Une intégration économique africaine à l'image de l'intégration économique européenne : le cas de l'UEMOA », *RBD*, n° 39-40, 2001, pp.83-92.

Robert YOUGBARÉ, « La nature juridique de l'acte additionnel dans le système juridique de l'UEMOA à la lumière de l'affaire YAÏ », *Penant*, Vol. 118, n° 864, 2008, p. 342.

Relwendé Louis Martial ZONGO, « Le dialogue 'unilatéral' entre la Cour de Justice de l'UE et la Cour de Justice de l'UEMOA », *GJMWP*, n° 11, 2016, disponible sur www.ceje.ch

B) UE, droit international et autres

1) Encyclopédies, dictionnaires, Ouvrages et thèses.

Abdelkhaleq BERRAMDANE et Jean ROSSETTO, *Droit de l'Union européenne. Institutions et ordre juridique,* Paris, Montchrestien, 2010, 595 p.

André-Jean ARNAUD e. a. (Dir.), *Dictionnaire de théorie et de sociologie du droit,* Paris, LGDJ, 1988, p. 220.

André-Jean ARNAUD e. a (Dir.), *dictionnaire encyclopédique de théorie et de sociologie de droi*t, Paris, LGDJ, 1993, p. 536.

Marc BLANQUET et Guy ISAAC, *Droit général de l'Union européenne,* Paris, Sirey, 10e éd., 2012, 768 p.

Claude BLUMANN et Louis DUBOUIS, *Droit institutionnel de l'Union européenne,* Paris, LexisNexis, 5e éd., 2013, 863 p.

Jean CARBONNIER, *Sociologie juridique,* Paris, PUF, 2e éd., 415 p.

René CHAPUS, *Droit administratif général.* Tome 1, 15e éd., Paris, Montchrestien, p. 1167.

Gérard CORNU (Dir.), *Vocabulaire juridique*, 10e éd., Paris, PUF, 2014, 1100 p.

Léontin-Jean CONSTANTINESCO, *Traité de droit comparé*, t. II : La méthode comparative, Paris, LGDJ, 1974, 412 p.

Olivier CORTEN, *Méthodologie du droit international public*, Éd. De l'Université de Bruxelles, 2017, 291 p.

Jean Paul JACQUÉ, *Droit institutionnel de l'Union européenne*, Paris, Dalloz, 4e éd. 2006, p. 325.

Jean Paul JACQUÉ, *Droit institutionnel de l'Union européenne,* Paris, Dalloz, 8e éd., 2015, p. 247.

Nathalie de GROVE-VALDEYRON, *Droit du marché intérieur européen,* Paris, LGDJ, 4e éd., 2014, p. 9.

Klaus Von LINDEINER-WILDAU, *La supranationalité en tant que principe* de droit, thèse de doctorat, Leyde, A.W. Sijthoff, 1970, 175 p.

Miguel Poiares MADURO and Loïc AZOULAÏ (eds), *The Past and the Future of EU Law. The Classics of EU Law revisited on the 50th Anniversary of the Rome Treaty,* Oxford and Portland, Oregon, Hart Publishing, 2010, 512 p.

Pierre PESCATORE, *Le droit de l'intégration : émergence d'un phénomène nouveau dans les relations internationales selon l'expérience des communautés européennes*, Bruxelles, Bruylant, 2005, 100 p.

Jean SALMON (Dir.), *Dictionnaire de droit international public*, Bruxelles Bruylant, 2001, p. 216.

Georges SCELLE, *Précis de droit des gens*. Principes et systématique, Vol. I, 1932, 332 p.

Denys SIMON, *Le système juridique communautaire,* Paris, PUF, 3e éd., 2001, 779 p.

Pierre-Henri TEITGEN, *Droit institutionnel communautaire,* Paris, Les cours de droit, 1977-1978, p. 86.

Renato TREVES, *Sociologie du droit*, Paris, PUF, 1995, 281 p.

François VAN DER MENSBRUGGHE (Dir), *L'utilisation de la méthode comparative en droit européen,* Namur, Presses universitaires de Namur, 2003, 218 p.

2) Articles de doctrine et contributions

Marjorie BEULAY, « L'Union européenne comme organisation internationale ? » *in* Myriam BENLOLO-CARABOT, Ulas CANDAS et Eglantine CUJO (Dir.), *Union européenne et droit international,* Éd. A. Pedone, Paris, 2012, 912 p., pp. 95-138.

Chahira BOUTAYEB, « La violation de la règle de droit. Fleuron des moyens de légalité en droit communautaire » *in* Jean-Claude MASCLET, Hélène Ruiz FABRI, Chahira BOUTAYEB et Stéphane RODRIGUES, *L'Union européenne : Union de droit, Union des droits. Mélanges en l'honneur de Philippe MANIN*, A. Pedone, 2010, 937, pp. 805-832.

Laurence BURGORGUE-LARSEN, « Le fait régional dans la juridictionnalisation du droit international » *in* SFDI, *La juridictionnalisation du droit international, colloque de Lille*, Paris, Pedone, 2003, pp. 203-266.

Louis DUBOUIS, « La nature de l'Union européenne », *in* Gérard COHEN-JONATHAN et Jacqueline DUTHEIL De La ROCHERE (Dir.), *Constitution européenne, démocratie et droits de l'Homme,* Bruylant, Bruxelles, Collection Droit et Justice n° 47, 2003, 312 p.

Jean-Claude GAUTRON, « Remarques sur quelques limites de l'autonomie du droit de l'Union européenne » *in* Brunessen BERTRAND, Fabrice PICOD et Sébastien ROLAND (Dir.), *L'identité du droit de l'Union européenne. Mélanges en l'honneur de Claude BLUMANN*, Bruxelles, Bruylant, 2015, 829 p., pp. 361-373.

Pierre GUIBENTIF, « Questions de méthode en sociologie du droit : à propos de l'entretien en profondeur » *in* Robert ROTH, Jean KELLERHALS, Dominique MANAI-WERHRLI (eds), *Pour un droit pluriel. Études offertes au professeur Jean-François PERRIN*, Genève, Bâle, Helbing & Lichtenhahn, 2002, pp. 311-338.

Pierre LEGRAND, « Comparer », *RIDC*, Vol. 48, n° 2, 1996, pp.279-318.

Koen LENEARTS, « Le droit comparé dans le travail du juge communautaire » *in* François R. VAN DER MENSBRUGGHE (éd.), *L'utilisation de la méthode comparative en droit européen,* Namur, Presses universitaire de Namur, 2003, p. 122.

Alain PELLET, « Les fondements juridiques internationaux du droit communautaire », *Collected Courses of the Academy of European Law*, Vol. V, Book 2, p. 201.

Pierre PESCATORE, « Le recours, dans la jurisprudence de la Cour de justice des Communautés européennes, à des normes déduites de la comparaison des droits des États membres », *RIDC*, Vol. 32, n° 2, 1980, p. 338.

Étienne PICARD, « L'état du droit comparé en France en 1999 », *RIDC,* Vol. 52, n°4, 1999, p. 161.

Jean-Pierre PUISSOCHET, « Conclusion » *in* Joël RIDEAU (Dir), *De la Communauté de droit à l'Union de droit. Continuités et avatars européens*, Paris, LGDJ, 2000, 515 p., pp. 493-502.

Joël RIDEAU, « Ordre juridique de l'Union européenne. Sources non écrites », *Jurisclasseur Europe Traité*, Fasc. 191, 2014, p. 72 et s.

Denys SIMON, « Les fondements de l'autonomie du droit communautaire » *in* SFDI, *Colloque de Bordeaux. Droit international et droit communautaire. Perspectives actuelles,* éd. A. Pédonne, Paris, 2000, pp. 209-250.

Henry G. SHERMERS, *International Institutional Law*, Leiden, BRILL, 2011, 519 p.

Joseph WEILER, "The Community System: The Dual Character of Supranationalism", *YEL*, Vol. 1, Issue 1, 1981, pp.267-306.

III- Principe de légalité, hiérarchie des normes et compétences

A) Principe de légalité

1) Ouvrages

Jena Bernard AUBY et Jacqueline DUTHEIL De La ROCHERE (Dir.), *Traité de droit administratif européen*, Bruxelles, Bruylant, 2014, 1356 p.

Leonard BESSELINK, Frans PENNINGS, Sacha PRECHAL (eds), The eclipse of the legality principle *in* the European Union, AlphenaandenRijn : KluwerLawInternational, 2011, 312 p.

Hans KELSEN, *Théorie pure du droit*, trad. Eisenmann, 2e éd., Paris, LGDJ, Coll. La pensée juridique, 1999, n°35, 367 p.

Charles-Albert MORAND et Jacques CHEVALLIER (éd.), *Figures de la légalité,* Paris, Publisud, 1992, 203 p.

Charles-Albert MORAND (éd.), *La légalité : un principe à géométrie variable,* Bâle et Francfort-sur-le-Main, Helbing & Lichtenhahn, 1992, 165 p.

2) Articles et contributions

Loïc AZOULAI et Laure CLÉMENT-WILZ, « Le principe de légalité » *in* Jena Bernard AUBY et Jacqueline DUTHEIL De La ROCHERE (Dir.), *Traité de droit administratif européen,* Bruxelles, Bruylant, 2014, p. 543.

Simone GOYARD-FABRE, « Les fondements de la légalité » *in* Charles-Albert MORAND (éd.), *Figures de la légalité,* Paris, Publisud, 1992, pp. 29-54.

Franz MERL, "Principle of Legality and the Rule of Law" in Werner SCHROEDER (ed.), *Strengthening the rule of law in Europe: from a common concept to mechanisms of implementation*, Oxford, Portland, Oregon, Hart Publishing, 2016, pp. 37-45.

Shahabuddeen MOHAMED, "Does the principle of Legality Stand in the Way of Progressive Development Law?" *J. Int'l. Crim. Just.*, n° 2, 2004, pp. 1007-1017.

Pierre MOOR, « Introduction à la théorie de la légalité » *in* Charles-Albert MORAND (éd.), *Figures de la légalité,* Paris, Publisud, 1992, pp. 11-28.

Claude ROUILLER, « Le principe de la légalité en droit public suisse », *in* Charles-Albert MORAND (éd*.), La légalité : un principe à géométrie variable,* Bâle et Francfort-sur-le-Main, Helbing & Lichtenhahn, 1992, p. 7.

Guillaume TUSSEAU, « Critique d'une métanotion fonctionnelle. La notion (trop) fonctionnelle de ''notion fonctionnelle'' », *RFDA*, n° 4, 2009, p. 641 et s.

Georges VEDEL, « De l'arrêt Septfonds à l'arrêt Barinstein (la légalité des actes administratifs devant le juge judiciaire) », *Semaine juridique,* 1948, I, n° 682, p. 682 et s.

B) Hiérarchie des normes

1) Ouvrages

a) Ouvrages généraux

Dionisio ANZILOTTI, *Cours de droit international*, trad. Gidel, Vol. 1, Introduction, théories générales, Paris, Sirey, 1929, 534p.

Paul CRAIG & Gráinne De BÙRCA, *EU Law, Text, Cases, and Materials*, 6th ed., Oxford, OUP, 2015, 1198 p.

Jean COMBACAU et Serge SUR, *Droit international public*, Paris, LGDJ, 11e éd., 2014, 830 p.

Alain PELLET, Patrick DAILLIER et Mathias FORTEAU, *Droit international public,* Paris, LGDJ, 2009, 1722 p.

b) Ouvrages spécialisés

Denys De BÉCHILLON, *Hiérarchie des normes et hiérarchie des fonctions normatives de l'État*, Paris, Economica, 1996, 577 p.

Jorg GERKRATH, *L'émergence d'un droit constitutionnel pour l'Europe,* Bruxelles, Éd. de l'Université, 1997, 426 p.

Pierre-Yves MONJAL, *Recherche sur la hiérarchie des normes communautaires*, Paris, LGDJ, 2000, 629 p.

Luc SINDJOUN, *Les grandes décisions de la justice constitutionnelle africaine. Droit constitutionnel jurisprudentiel et Politiques constitutionnelles au prisme des systèmes politiques africains*, Bruxelles, Bruylant, 2009, 598 p.

Takis TRIDIMAS, *The General Principles of Law,* Oxford, Oxford EC law Library, 2nd ed., 2007, 712 p.

2) Articles et contributions

a) Droit de l'UEMOA et autres droits africains

Emilie CHEVALIER, « La déclinaison du principe de primauté dans les ordres juridiques communautaires. L'exemple de l'Union économique et monétaire ouest-africaine », *Cahier de droit européen*, Vol. 42, n° 3-4, 2006, p. 351 et s.

Jacques CHEVALIER, « Le juge constitutionnel et l'effet Beckett », *Renouveau du droit constitutionnel, Mélanges en l'honneur de Louis Favoreu*, Paris, Dalloz, 2007, pp. 83-94.

Abou Saïb COULIBALY, « Obs. Avis n°1/97 du mai 1997 de la Cour de justice de l'UEMOA », *RBD*, 2000, n°37, p. 106.

Joseph ISSA-SAYEGH, « L'ordre juridique de l'UEMOA et l'intégration juridique africaine » *in* Joël ANDRIANTSIMBAZOVINA et al. (éd.), *Les dynamiques du droit européen en début de siècle : études en l'honneur de Jean Claude GAUTRON,* Pedone, Paris, pp. 663-679.

Joseph ISSA-SAYEGH, « La production normative de l'UEMOA. Essai d'un bilan et de perspectives », *Ohadata D-03-18*, 14 p, disponible sur http://www.ohada.com.

Sanwé Médard KIENOU, « L'incidence du droit régional africain sur le droit constitutionnel des États francophones d'Afrique de l'Ouest », *RFDC*, n° 110, 2017/2, pp. 413-436.

Guy-Fleury NTWARI, « La décision du Conseil Constitutionnel ivoirien n° CI-2011-036 du 4 mai 2011 », *RQDI*, n° 24.1-2011, 2012, pp. 407-411.

Richard Frimpong OPPONG, « Making regional economic community laws enforceable in national legal systems-constitutional and judicial challenges », *Monitoring regional integration in Southern Africa yearbook*, 2008, 30 p.

Abdoulaye SOMA, « Les caractères généraux du droit communautaire », *Revue CAMES/SJP*, n° 1, 2017, p. 8.

•) Droit de l'UE et autres

Jurgen BAST, "New Categories of Acts after the Lisbon Reform: Dynamics of parliamentarization in the EU Law", *CMLRev.* n° 49, 2012, p. 885.

Jaron VAN BEKKUM, "Commentary on the EU Court's Decision in Audiolux", *ECL*, 2010, Vol.7, n° 4, pp.161-164.

Rudolf BERNHARDT, « Les sources du droit communautaire : la constitution de la Communauté » *in Trente ans de droit communautaire, perspectives européennes*, 1982, pp. 73-86.

Samantha BESSON, « General Principles in International Law-Whose Principles ? » *in* Samantha BESSON et Pascal PICHONNAZ (éd.), *Les principes en droit européen. Principles in European Law*, Genève, Schulthess, 2011, pp. 19-64.

Paul CRAIG, "The Hierarchy of Norms" *in* Takis TRIDIMAS and Paolisa NEBBIA (eds), *European Union Law for the Twenty-First Century: Rethinking the New Legal Order*, Oxford, Hart Publishing, 2004, pp. 75-93.

Jean COMBACAU, « Le droit international : bric-à-brac ou système ? », *Archives de philosophie du droit*, 1986, pp. 88-105.

Vlad CONSTANTINESCO, « La constitutionnalisation de l'Union européenne », *in* Joël RIDEAU (Dir.), *De la Communauté de droit à l'Union de droit, op. cit.* pp. 133-152.

Bart DRIESSEN, "Delegated Legislation after The Treaty of Lisbon: An Analysis of Article 290 TFEU", *ELRev.* n° 35, 2010, p. 837.

Mathias FORTEAU, « La place des conventions internationales dans l'ordre juridique de l'UE » *in* Myriam BENLOLO-CARABOT, Ulaş CANDAS, Eglantine CUJO (Dir.), *Union européenne et Droit international,* Paris, Pedone, 2012, 912 p., pp. 587-627.

Hélène GAUDIN, « Amsterdam, L'échec de la hiérarchie des normes ? », *RTDE*, 1999, pp. 1-20.

Jean-Claude GAUTRON, « Un ordre juridique autonome et hiérarchisé » in Joël RIDEAU (Dir.), *De la Communauté de droit à l'Union de droit. Continuités et avatars européens*, op. cit., p. 41.

Constance GREWE, « La normativité de l'autonomie de l'ordre juridique de l'Union européenne ou illustration et défense du ''désordre des ordres'' », *in (Dés) ordres juridiques européens*, Genève, Schulthess, 2012, p. 255.

Herwig HOFMANN, "Legislation, delegation and Implementation under the Treaty of Lisbon: Typology meets Reality", *ELJ,* n° 15, 2009, p. 482.

Hans KELSEN, « Les rapports de système entre le droit international et le droit interne », *RCADI*, 1926, Vol. 14, pp. 227-232.

Robert LECOURT, « Quel eut été le droit des communautés sans les arrêts de 1963 et de 1964 ? » *in* Mélanges *en l'honneur de Jean Boulouis*, Paris, Dalloz, 1991, pp. 349-362.

Koen LENAERTS & Marlies DESOMER, "Towards a Hierarchy of Legal Acts in The European Union? Simplification of The Legal Instruments and Procedures", *ELJ*, n° 11, 2005, p. 744.

Jacques MEGRET, « La spécificité du droit communautaire », *RIDC*, Vol. 19, n°13, 1967, pp. 565-577.

Rostane MEHDI, « Ordre juridique de l'Union européenne. Effet direct », *Jurisclasseur Europe*, fasc. 195, 2018.

Joël RIDEAU, « Ordre juridique de l'Union européenne. Sources non écrites », *Jurisclasseur Europe Traité*, Fasc. n° 191, 2014, p. 7.

Denys SIMON, « Y a-t-il des principes généraux du droit communautaire ? », *Droits*, 1991, n°14, p.82 et s.

Antonio TIZZANO, « La hiérarchie des normes communautaires », *RMUE*, n°3, 1995, p. 221.

Heinrich Triepel, « Les rapports entre le droit interne et le droit international », *RCADI*, 1923, Vol. 1, p. 73.

C) Compétences

1) Droit de l'UEMOA et autres droits africains

a) Ouvrages et thèses

Mor BAKHOUM, *L'articulation du droit communautaire et des droits nationaux de la concurrence dans l'Union Économique et Monétaire Ouest-Africaine (UEMOA)*, Berne, Stämpfli Editions SA, 2007, 425 p.

Valérie KABORÉ, *Les relations entre l'Union européenne et les pays d'Afrique, des Caraïbes et du Pacifique,* thèse de doctorat, Université de Rouen, 2012, p.

Sylvain OUEDRAOGO, *Les compétences nationales en matière fiscale et la communautarisation des règles dans l'espace ouest-africain,* thèse, Université de Bordeaux, 2015, 649 p.

Robert YOUGBARÉ, *La fonction de représentation extérieure commune des organisations d'intégration ouest-africaines dans les négociations commerciales*, thèse, Université de Ouaga II, 2012, 417 p.

b) Articles de doctrine et contributions

Eloi DIARRA, « Coopération ou intégration fiscale au sein de l'Union économique et monétaire ouest africaine (UEMOA) », *RBD*, n° 45, 2004, 17 p.

Seni OUEDRAOGO, « Les problèmes juridiques relatifs à la communautarisation du droit des investissements dans l'espace UEMOA », *AFDI*, vol. 58, 2012, pp. 515-549.

Ayawa A. TSAKADI « De la compétence exclusive de l'Union en droit de la concurrence dans l'espace UEMOA » *in* Recueil d'Études sur l'OHADA et l'UEMOA, Aix-Marseille, PUAM, Vol. 1, p. 569 et s.

Salif YONABA, « L'intégration des règles budgétaires et comptables dans le cadre de l'Union économique et monétaire ouest-africaine (UEMOA) », *RBD*, n° 39-40, 2005, p. 93.

2) Droit de l'UE et autres

a) Ouvrages et thèses

Emmanuel AUBER, *La répartition des compétences. Une comparaison États-Unis-Union européenne*, Paris, l'Harmattan, 2009, 162 p.

Kosmas BOSKOVITS, *Le juge communautaire et l'articulation des compétences normatives entre la Communauté européenne et ses États membres,* Bruxelles, Bruylant, 2000, 876 p.

Vlad CONSTANTINESCO, *Compétences et pouvoirs dans les Communautés européennes, contribution à l'étude de la nature juridique des Communautés*, Paris, LGDJ, Bib. De droit international, t. LXXIV, 1974, p. 70.

Delphine CORRE, *Recherche sur les bases juridiques en droit communautaire,* thèse, Bordeaux, 2002.

Bernard DUBEY, *La répartition des compétences au sein au sein de l'Union européenne à la lumière du fédéralisme suisse*, Genève, Bâle, etc., Helbing & Lichtenhahn, 2002, 876 p.

Christine KADDOUS, *Le droit des relations extérieures dans la jurisprudence de la Cour de justice des communautés européennes,* Bâle (Helbing & Lichtenhahn), 1998, 551 p.

Koen LENAERTS, *Le juge et la Constitution aux États-Unis d'Amérique et dans l'ordre juridique européen*, Bruxelles, Bruylant, 1988, 817 p.

Sébastien MARCIALI, *La flexibilité du droit de l'Union européenne, Bruxelles*, Bruylant, 2007, 904 p.

Commentaire MEGRET, *Les politiques des Communautés européennes*, Paris, les Cours de droit, 1977-1978, p. 3-4.

Valérie MICHEL, *Recherches sur les compétences de la Communauté*, Paris, l'Harmattan, 2003, 704 p.

Eleftheria NEFRAMI, *Les accords mixtes de la Communauté européennes : aspects communautaires et internationaux*, Bruxelles, Bruylant, 2007, 736 p.

Sébastien ROLAND, *Le triangle décisionnel communautaire à l'aune de la théorie de la séparation des pouvoirs*, Bruxelles, Bruylant, 2008, 722 p.

Stephen C. SIEBERSON, *Dividing Lines Between the European Union and Its Member States: The Impact of the treaty of Lisbon*, The Hague, TMC Asser Press, Cambridge University Press, 2008, 298 p.

b) Articles et contributions de doctrine

George A. BERMANN, "Competences of the Union" *in* Takis TRIDIMAS et Paolisa NEBBIA (ed.), *European Union Law for the twenty-first century*, Oxford, Hart Publishing, vol. 1, 2004, p. 65

Fabien Le BOT, « Précisions sur les compétences externes implicites après le traité de Lisbonne. CJUE, gde ch., 4 septembre 2014, Commission /Conseil, aff. C-114/12 », *RAE*, 2014/3, pp. 633-640.

Grainne de BÙRCAet Bruno de WITTE, The Delimitation of Powers between the European Union and its Member States, *in* Anthony ARNULL et Daniel WINCOTT (ed.), *Accountability and Legitimacy in the European Union*, Oxford, OUP, 2002, p. 201-222.

Laurence BURGORGUE-LARSEN, « Le droit communautaire dans tous ses états ou les désordres du in et du out » *in 50 ans de droit communautaire, Mélanges en hommage à Guy ISAAC*, tome 1, Presses de l'Université de Toulouse, 2004, pp. 135-136.

Laurence BURGORGUE-LARSEN, « À propos de la notion de "compétence partagée". Du particularisme de l'analyse en droit communautaire », *RGDIP*, n° 2, 2006, p. 373.

Charles CHAUMONT, « La signification du principe de spécialité dans les organisations internationales » *in Mélanges Henri ROLIN,* 1964, pp. 55-66.

Anthony M. COLLINS, « Flexibilités et union de droit » *in* Joël RIDEAU (Dir.), *De la Communauté de droit à l'Union de droit. Continuités et avatars européens, op. cit*. p. 180.

Alan DASHWOOD, "Implied External Competence of the European Community" *in* Martti KOSKENNIEMI (ed.), *International Law Aspects of the European Union,* The Hague, Kluwer Law International, 1998, p. 113.

Charles DURAND, « L'État fédéral » *in Centre de Sciences politiques de l'Institut juridique de Nice, Le Fédéralisme,* PUF, Paris, 1956, p. 185 et s.

Maurice FLORY, « Irréversibilité et point de non-retour » *in* Pierre GERBET et Daniel PEPY (Dir.*), La décision dans les Communautés européennes, coll. « Grands colloques européens »*, Bruxelles, Presses universitaires de Bruxelles, 1969, p. 439.

Jean-Claude GAUTRON, « Présentation théorique des politiques communautaires » *in* Lasok DOMINIK et Soldatos PANAYOTIS (Dir.), *Les Communautés européennes en fonctionnement*, Bruxelles, Bruylant, 1981, 604 p., p. 217.

Michael HARDY, « Opinion 1/76 of the Court of Justice. The Rhine Case and the Treaty-Making Powers of the Community », *CMLRev.*, vol. 14, 1977, pp. 561-600.

Paul Joan G. KAPTEYN, « The Common Commercial Policy of the European Economic Community: Delimitation of the Community's Power and the European Court of Justice's Opinion of November 11, 1975 », *TILJ*, 1976, p. 500 et s.

Christian KOHLER et Jean-Charles ENGEL, « Le choix approprié de la base juridique pour la législation communautaire : enjeux constitutionnels et principes directeurs », *Europe*, n°1, 2007, p. 7.

Robert KOVAR, « L'affaire de l'A.E.T.R. devant la Cour de justice des Communautés européennes et la compétence internationale de la C.E.E. », *AFDI*, vol. 17, 1971, pp. 386-418.

Jean-Victor LOUIS, « La doctrine AETR et les impératifs de l'action externe de l'Union européenne » *in* Ninon COLNERIC, David EDWARD, Jean-Pierre PUISSOCHET, Damaso RUIZ-JARABO COLOMER (Dir.), *Une Communauté de droit – Festschrift für Gil Carlos Rodríguez Iglesias,* Berlin, BMW, Berliner Wissenschafts-Verlag, 2003, 648 p., pp. 315-328.

H. H. MAAS, « The External Powers of the EEC with regard to Commercial Policy: Comment on Opinion 1/75 », *CMLRev.*, 1976, pp.379-387, p. 384.

Valérie MICHEL, « Le défi de la répartition des compétences », *CDE*, 2003, p. 17.

Valérie MICHEL, « Les compétences externes implicites : continuité jurisprudentielle et clarification méthodologique », *Europe*, n° 10, 2006, p. 4.

Valérie MICHEL, « Les compétences : les mots et les choses », *Europe*, n° 7, 2008, p. 43.

Eleftheria NEFRAMI, « Le rapport entre objectifs et compétences : de la structuration et de l'identité de l'UE » *in* Eleftheria NEFRAMI (Dir.), *Objectifs et compétences dans l'Union européenne*, Bruxelles, Bruylant, 2013, 450 p., p. 5.

Antonio TIZZANO, « Les compétences de la Communauté » *in Commission des Communautés européennes, Trente ans de droit communautaire*, Luxembourg, OPOCE, 1982, p. 46.

Michel VIRALLY, « La notion de fonction dans la théorie de l'organisation international » *in La Communauté internationale. Mélanges offerts à Charles Rousseau*, Paris, Éd. A. Pedone, p. 282.

Anne WACHSMANN, « Le contentieux de la base juridique dans la jurisprudence de la Cour de justice », *Europe*, n°1, 1993, p. 1.

Luc WEITZEL, « Commentaire de l'article 308 CE » *in* Isabelle PINGEL (Dir.), *Commentaire article par article des traités CE et UE : de Rome à Lisbonne*, Bâle, Helbing Lichtenhahn, 2010, p. 1899 et s.

Jacques ZILLER, « Bases juridiques et compétences en droit de l'Union européenne » *in L'Union européenne : Union de droit, Union des droits. Mélanges en l'honneur de Philippe MANIN,* Paris, éd. A. Pedone, 2010, 937 p., pp. 751-766.

- Démocratie et droits fondamentaux

A) Droit de l'UEMOA et autres droits africains

1) Ouvrages

Maurice KAMTO (Dir.), *La Charte africaine des droits de l'homme et des peuples et le protocole y relatif portant création de la Cour africaine des droits de l'homme. Commentaire article par article,* Bruxelles, Bruylant, 2011, p. 1630 p.

Augustin LOADA et Luc Marius IBRIGA, *Droit constitutionnel et institutions politiques*, Ouagadougou, Collection précis de droit burkinabè, 2007, 655 p.

Abdoulaye SOMA, *Les grands textes des droits de l'Homme en Afrique,* Saarbrücken, PAF, 2014, 222 p.

Frans VILJOEN, *International human rights law in Africa*, Oxford, OUP, 2012, 622 p.

Abdoulaye SOMA, *La Constitution du Burkina-Faso : l'espérance d'une démocratie intègre, Ouagadougou,* Temple du savoir international, 2e éd., 2013, 277 p.

2) Articles et contributions de doctrine

Omoniyi ADEWOYE, « Constitutionnalisme et intégration économique » *in* Réal LAVERGNE (Dir.), *Intégration et coopération régionales en Afrique de l'Ouest,* Paris, Karthala-CRDI, 1996, p. 379.

Jean-François AKANDJI-KOMBÉ, « Le juge de la CEDEAO et la révolution démocratique burkinabè. Brèves remarques préoccupées sur une décision inquiétante », *Les notes de l'IAM*, 2015, disponible sur : http://www.institutafriquemonde.org/.

Karen J. ALTER; Laurence R. HELFER; Jacqueline R. MCALLISTER, « A new International Human Rights Court for West Africa: the ECOWAS Community Court of Justice », *AJIL*, 2013, vol. 107, AFL. 4, pp. 737-779.

BCEAO, « Les grands principes constitutionnels en vigueur dans l'UEMOA », *RIDA*, n° 39, 1998, p. 22.

Solomy Balungi BOSSA, « A Critique of The East African Court of Justice as a Human Rights Court » *in Protecting Humanity: Essays in International Law and Policy in Honor of Navanethem Pillay* / éd. by Chile Eboe-Osuji, Nijhoff, 2010, p. 333.

Sayeman BULA-BULA, « Mise hors-la-loi ou en quarantaine des gouvernements anticonstitutionnels par l'UA », *AYIL*, vol. 11, n° 1, 2003, p. 74.

Jean-Yves CARLIER, « Intégration régionale et démocratie. Quelques réflexions à partir de la pensée d'Alexis de Tocqueville », *RBD*, n° 39-40, 2001, pp. 9-20.

Vincent DARRACQ et Victor MAGNANI, « Les élections en Afrique : un mirage démocratique ? », *Politiques étrangères*, 2011, n° 4, p. 5 et s.

Solomon T. EBOBRAH, « Application of the African Charter by African sub-regional organizations: gains, pains and the future », Law Democracy and Development, Vol. 16, 2012, p. 53.

Habib GHERARI, « Article 63 » *in* Maurice KAMTO (Dir), *La Charte africaine des droits de l'Homme et des peuples et le protocole y relatif portant création de la Cour africaine des droits de l'Homme. Commentaire article par article, op. cit.* p. 1154.

Maurice KAMTO, « Préambule » *in* Maurice KAMTO (Dir.), *La Charte africaine des droits de l'Homme et des peuples et le protocole y relatif portant création de la Cour africaine des droits de l'Homme. Commentaire article par article,* Bruxelles, Bruylant, 2011, p. 65.

Maurice KAMTO, « Introduction générale » *in* Maurice KAMTO (Dir.), *La Charte africaine des droits de l'homme et des peuples et le protocole y relatif portant création de la Cour africaine des droits de l'homme. Commentaire article par article, Bruxelles,* Bruylant, 2011, p. 18.

Barney KARUUOMBE, « The role of parliament in regional integration-the missing link », Monitoring Regional Integration *in Southern Africa Yearbook*, 2008, p. 8.

Ulf TERLINDEN, « African Regional Parliaments-Engines of Integration and Democratization? », *Background Paper on International Development Cooperation*, Africa Desk of the Friedrich-Ebert-Foundation, Bonn, 2004, p. 3. Disponible sur http://www.ulf-terlinden.de/docs/Terlinden2004Reg_Parl.pdf.

Abdoulaye SOMA, « Réflexions sur le changement insurrectionnel au Burkina-Faso », *Revue CAMES, SJP*, Vol. 1, n°1, 2015, 14 p.

Charly Delmas NGUEFACK TSAFACK, « La citoyenneté communautaire africaine et l'avenir du processus d'intégration régionale en Afrique. Comment œuvrer pour une bonne gouvernance future de l'Union Africaine ? », *CODESRIA*, Dakar, 2005, p. 1.

Sisule Frederick MUSUNGU, « Economic integration and Human rights in Africa: A comment on conceptual linkages », *AHRLJ*, Vol. 3, n° 1, 2003, p. 88.

Ally POSSI, « The East African Court of Justice: Towards effective Protection of Human Rights in the East African Community », *Max Planck Yearbook of United Nations Law,* Vol. 17, 2013, p.173.

Abdoulaye SOMA, « La Charte africaine des droits de l'homme et des peuples » *in* Hertig Randall MAYA et Michel HOTELLIER (Dir.), *Introduction aux droits de l'homme, Genève*, Schulthess, 2014, 850 p., pp. 558-569.

Abdoulaye SOMA, « Sur le principe d'une obligation des États africains de se 'démocratiser' : éléments de droit constitutionnel et de droit international public », *AYIL*, 2008, Vol. 16 (1), p. 373 et s.

Augustin LOADA, « La limitation du nombre de mandats présidentiels en Afrique francophone », *Afrilex*, n° 3, 2003, pp. 1-32.

Blaise TCHIKAYA, « La charte africaine de la démocratie, des élections et de la gouvernance », *AFDI*, Vol. 54, 2008, pp. 515-528.

Joseph Kazadi MPIANA, « L'Union africaine face à la gestion des changements anticonstitutionnels de gouvernement », *RQDI*, Vol. 25.2, 2012, p. 117.

B) Droit de l'UE et autres

1) Ouvrages et thèses

Jean D'ASPREMONT, *L'État non démocratique en droit international. Étude critique du droit positif et de pratique contemporaine*, Paris, A. Pedone, 2008, 375 p.

Constance BORDÉ & Sheila MALOVANY-CHEVALLIER, *Focus on American democracy*, Paris, Presses de Sciences Po, 1996, p. 154.

Stephan BREITENMOSER, Wildhaber, Luzius WILDHABER, Marco SASSOLI (éd.), *Droits de l'Homme, démocratie et État de droit. Liber amicorum Luzius Wildhaber*, Zürich, Dike, Nomos, 2007, 1650 p.

Catherine CASTOR, *Le principe démocratique dans le droit de l'Union européenne,* Bruylant, Bruxelles, 2011, 532 p.

Catherine HAGUENAU-MOIZARD et Christian MESTRE (Dir.*), La démocratie dans l'Union européenne,* Bruxelles, Emile Bruylant, 2018, 300 p.

Michel HOTTELIER, *Le Bill of Rights et son application aux États américains. Étude de droit constitutionnel des États-Unis, avec des éléments comparatifs de droit suisse*, Helbing & Lichtenhahn, Bâle, 1995, 183 p.

Silvia GASTALDI, *Citoyenneté de l'Union et libre circulation : du critère économique au statut unique*, Bâle, Helbing Lichtenhahn, 2013, 753 p.

Simone GOYARD-FABRE, *Qu'est-ce que la démocratie ? La généalogie philosophique d'une grande aventure humaine*, Paris, Armand Colin, 1998, 240 p.

Hans KELSEN, *La démocratie. Sa nature. Sa valeur.* Trad. par Charles Eisenmann. Paris, Economica, 1988, 98 p.

Joël MOLINIER (Dir.), *Les principes fondateurs de l'Union européenne,* Paris, PUF, 2005, 280 p.

Fabrice PICOD (Dir.), *Le principe majoritaire en droit de l'Union européenne*, Bruxelles, Bruylant, 2016, 277 p.

Fabrice PICOD et Cécilia RIZCALLA (Dir.), *Charte des droits fondamentaux de l'Union européenne : commentaire article par article,* Bruxelles, Emile Bruylant, 2018, 1279 p.

Articles et contributions de doctrine

Thomas ACKERMANN (et al.), « Editorial comments: The EU's Accession to ECHR - a "NO" from ECJ! », *CMLRev.*, 2015, Vol. 52, pp. 1-15.

Christine BERTRAND, « La démocratie participative dans le système institutionnel de l'Union européenne », Siècles [En ligne], 37 | 2013, 13 p.

René CASSIN, « La déclaration universelle et la mise en œuvre des droits de l'Homme », *RCADI*, Paris, Sirey, 1951, p. 48.

Julien CAZALA, « Le soft law international : entre inspiration et aspiration » *in* Isabelle HACHEZ, Yves CARTUYVELS, Hugues DUMONT et al. (Dir.), *Les sources du droit revisitées,* Vol. I, Normes internationales et constitutionnelles, p. 17.

Vlad CONSTANTINESCO « Les sanctions politiques contre les États membres » *in* Isabelle PINGEL (Dir.), *Les sanctions contre les États en droit communautaire,* Paris, A. Pedone, 2006, p. 39.

Marianne DONY, « La majorité qualifiée au Conseil du traité de Nice au traité de Lisbonne » *in Mélanges en hommage à Georges Vandersanden. Promenades au sein du droit européen,* Bruxelles, Bruylant, 2008, 1030 p., pp. 131-166.

Roland DRAGO, « La pondération dans les organisations internationales », *AFDI*, Vol. 2, n° 1, 1956, pp. 529-547.

Constantin P. ECONOMIDÈS « Les règles d'ordre public en droit international » *in* Aristotle CONSTANTINIDES et Nikos ZAIKOS (éd.), *The diversity of International Law. Essays in Honour of Professor Kalliopi K. Koufa*, Leiden; Boston, Martinus Nijhoff Publishers, 2009, p. 12.

Marc FISCHBACH, « Droits fondamentaux et mondialisation. Pour une globalisation éthique » *in Droits de l'Homme, démocratie et État de droit.* Liber amicorum Luzius Wildhaber, Zürich, Dike, Nomos, 2007, 1650 p., p. 229.

Christine KADDOUS, « L'initiative citoyenne : un instrument de démocratie directe à l'échelle de l'Union européenne » *in* Christine KADDOUS et Andreas AUER (éd.), *Les principes fondamentaux de la Constitution européenne,* Genève, Helbing & Lichtenhahn, 2006, pp. 317-328.

Christine KADDOUS, « Droits de l'Homme et libertés de circulation : complémentarité ou contradiction ? » *in Mélanges en l'Hommage de Georges Vandersanden. Promenades au sein du droit européen,* Bruxelles, Bruylant, 2008, 1030 p., pp. 563-592.

Nicolas LEVRAT, « L'initiative citoyenne européenne : une réponse au déficit démocratique ? », CDE, 2011 n° 1, pp. 53-101.

Stefano MARTINELLI, « Le rôle des parlements nationaux dans l'architecture européenne », *RDUE*, n°4-2004, p. 753.

Pierre-Yves MONJAL, « La fonction constatatoire de risque de manquement aux principes de l'Union européenne dévolue au Conseil (A propos du dilatoire et de l'aléatoire dans l'article 7 § 1 du Traité de Nice », *Petites affiches*, n°114, 2004, p. 3.

Felipe PAOLILLO, « Commentaire de l'article 30 de la Convention de Vienne de 1969 » *in* Olivier CORTEN et Pierre KLEIN (éd.), *Les Conventions de Vienne sur le droit des traités. Commentaire article par article*, Vol. II, Bruxelles, Bruylant, p. 1263.

Sophie PEREZ, « Démocratisation et complexification du processus de décision » *in* Joël RIDEAU (Dir.), *De la communauté de droit à l'Union de droit. Continuités et avatars européens,* Paris, LJDG, 2000, 515 p., pp. 181-206.

Pierre PESCATORE, « Les exigences de la démocratie et la légitimité de la Communauté européenne », CDE, 1974, p. 501.

Fabrice PICOD, « Article II-111 » *in* Laurence BURGORGUE-LARSEN, Anne LEVADE et Fabrice PICOD (Dir.), *Traité établissant une Constitution pour l'Europe. Commentaire article par article. La Charte des droits fondamentaux de l'Union, Tome 2*, Bruxelles, Bruylant, 2005, p. 643.

Fabrice PICOD, « Droit de l'Union européenne des droits de l'Homme et des libertés fondamentales » *in Jurisclasseur Libertés*, Fasc. n° 120, 2014, p.

Isabelle PINGEL-LENUZZA, « La garantie politique » *in* Frédéric SUDRE et Henri LABAYLE (Dir.), *Réalités et perspectives du droit communautaire des droits fondamentaux, op. cit.* p. 452.

Helmut SCHMITT VON SYDOW, « Liberté, démocratie et État de droit : analyse de l'article 7 du traité UE », *RDUE*, n°2-2001, p. 285.

Frederic SUDRE, « Article I-9. Droits fondamentaux » *in* Laurence BURGORGUE-LARSEN, Anne LEVADE, Fabrice PICOD (Dir.), *Traité établissant une Constitution pour l'Europe. Commentaire article par article*, Bruxelles, Bruylant, 2007, t. 1, p. 153.

Marie-France Christophe TCHAKALOFF, « Les conditions de l'adhésion à l'Union européenne » *in* Joël RIDEAU (Dir.), *De la Communauté de droit à l'Union de droit. Continuités et avatars européens*, Paris, LJDG, 2000, 515 p., pp. 287-298.

Giuseppe TESAURO, « The Role of the Court of justice in the protection of fundamental rights » *in* Ninon COLNERIC, David EDWARD, Jean-Pierre PUISSOCHET et Dámaso Ruiz-Jarabo COLOMER (Dir.), *Une Communauté de droit. Festschrift für Gil Carlos Rodríguez Iglesias*, Berlin, BMW, Berliner Wissenschafts-Verlag, 2003, 648 p., p. 103.

Frédéric VANENESTE, « Le soft law du droit international des droits de l'Homme dans la jurisprudence internationale et la jurisprudence interne » *in* Isabelle HACHEZ, Yves CARTUYVELS, Hugues DUMONT et al. (Dir.), *Les sources du droit revisitées, Vol. I, Normes internationales et constitutionnelles*, Bruxelles, Anthémis, 2012, p. 105.

Marc VERDUSSEN, « La déclaration universelle des droits de l'Homme » *in* Hertig Randall MAYA et Michel HOTELLIER (éd.), *Introduction aux droits de l'homme*, Genève, Schulthess, 2014, p. 229.

Joseph YACOUB, « Les droits de l'homme, une œuvre collective de l'humanité », *RTDH*, 2009, p. 398.

V- Contrôle juridictionnel, droit au juge et voies de droit

A) Droit de l'UEMOA et autres droits africains

1) Ouvrages et thèses

Mouhamadou Moctar MBACKE, *La Cour de Justice de l'Union économique et monétaire ouest-africaine. Son organisation, ses compétences et ses règles de procédures*, Dakar, EDJA, 1999, 118 p.

Alioune SALL, *La Justice de l'intégration : réflexions sur les institutions judiciaires de la CEDEAO et de l'UEMOA*, Dakar, éd. CREDILA, 2011, 398 p.

Dramane SANOU, *La juridictionnalisation des organisations régionales d'intégration économique en Afrique, Panthéon-Sorbonne,* thèse, 2012, 993 p.

Jacques VANDERLINDEN, *Les systèmes juridiques africains. Que sais-je* ? Paris, PUF, 1ere éd., 1983, 127 p.

2) Articles et contributions de doctrine

Yawovi BATCHASSI et Robert YOUGBARE, « Les actes additionnels de l'UEMOA : analyse juridique », *Cahiers du CEEI*, n° 1, 1999, Ouagadougou, p. 29.

Guy CARCASSONE, « Rapport introductif » *in AHJUCAF, L'indépendance de la Justice. Actes du deuxième congrès de l'association des Hautes juridictions de cassation des pays ayant en partage le français (AHJUCAF)*, Dakar, 7 et 8 novembre 2007, pp. 31-46, spéc. p. 38.

Mariolina ELIANTONIO & Haakon ROER-EIDE, « Regional Courts and locus standi for privates parties: Can the CJEU learn something from the others? », *The law and practice of international Courts and Tribunals*, n° 13, 2014, p.31 et s.

Maurine KAMTO, « Les cours de justice des communautés et des organisations d'intégration économique africaines », *AFDI*, 1998, Vol. 6, p.108.

Djedjro Francisco MELEDJE, « L'appropriation des normes communautaires par les milieux universitaires et judiciaires » *in Troisième rencontre inter juridictionnelle des Cours communautaires de l'UEMOA, la CEMAC, la CEDEAO et l'OHADA,* Dakar, 2010, 17 p.

Henry ONORIA, « Locus standi of individuals and non-state entities before regional economic integration judicial bodies in Africa », *AJICL*, n° 18.2, 2010, p.

Ramata Fofana OUEDRAOGO, « Les règles de procédures applicables à la mise en œuvre effective du droit de la concurrence UEMOA », *Revue de droit uniforme africain*, n° 5, 2011, p. 22 et s.

Samuel PRISO-ESSAWE, « L'inamovibilité de l'exécutif dans les communautés économiques d'Afrique francophone : de la maîtrise politique au respect du droit », *Penant*, Vol. 118, Issue 864, 2008, pp. 317-339.

Alioune SALL, « Pour une plus grande pédagogie du contentieux communautaire : réflexions sur la mise en œuvre des procédures de collaboration avec les juridictions sous régionales (Renvoi préjudiciel et demande d'avis) » *in UEMOA, Communication à la rencontre interjuridictionnelle UEMOA-CEDEAO-CEMAC-OHADA*, Dakar 4-6 mai 2010, non publié.

Babacar SARR, « L'implication du juge national dans la mise en œuvre de la règle communautaire », *Annales africaines*, Université CAD, n°1, 2007, p. 219.

SIDGOMDÉ, « Cour de Justice de l'UEMOA : l'affaire du Commissaire El Hadji Abdou SACKO enfin jugée » *in Lefaso.net* du 14 avril 2017, disponible sur : http://lefaso.net/spip.php?article76667.

Demba SY, « L'activité de la Cour de Justice de l'UEMOA », *Nouvelles anales africaines*, n° 1, 2007, Dakar, Université CAD, p. 237.

Amavi TAGODOE & El Hadji Malick NDIAYE, « Les expériences africaines de la diffusion libre du droit sur le web : bilan et perspectives » *in Lex Electronica*, vol. 13, n°1, 2008, disponible sur : http://www.lex-electronica.org/files/sites/103/13-1_tagodoe-ndiaye.pdf.

Robert YOUGBARE, « La nature juridique de l'Acte additionnel dans le système juridique d l'UEMOA, à la lumière de l'affaire 'YAÏ' », *Penant*, Vol. 118, n° 864, p. 355.

B) Droit de l'UE et autres

1) Ouvrages et thèses

Ami BARAV, La *fonction communautaire du juge national*, thèse, Strasbourg, 1983, 612 p.

René BARENTS, Helen E. Breese (ed.), *Remedies and Procedures before the EU Courts, Alphen aan den Rijn, Kluwer Law International* B. V., 2016, 909 p.

Loïc CADIET, Jacques NORMAND & Soraya AMRANI-MEKKI, *Théorie générale du procès*, 2e éd., Paris, PUF, 2010, 998 p.

Paul CASSIA, *L'accès des personnes physiques ou morales au juge de la légalité des actes communautaires*, Paris, Dalloz, 2002, 1045 p.

Safia CAZET, *Le recours en carence en droit de l'Union européenne,* Bruxelles, Bruylant, 2012, 678 p.

Laurent COUTRON, *La contestation incidente des actes de l'Union* européenne, Bruxelles, Bruylant, 2007, 872 p.

Laurent COUTRON, *Droit de l'Union européenne. Ordre juridique de l'Union européenne. Droit du contentieux de l'Union européenne,* Paris, Dalloz, 1ere éd., 2011, 203 p.

Dominique D'AMBRA, *L'objet de la fonction juridictionnelle : dire le droit et trancher les litiges*, Paris, LGDJ, 1994, 339 p.

Emilie DEAL, *La garantie juridictionnelle des droits fondamentaux communautaires. La Cour de justice face à la Communauté de droit,* thèse de doctorat, Université Paul-Cézanne, 2006, 617 p.

Olivier DUBOS, *Les juridictions nationales, juge communautaire,* thèse, Paris, Dalloz, 2001, 1015 p.

Aurore GARIN, *Le droit d'accès aux documents : en quête d'un nouveau droit fondamental dans l'Union européenne*, thèse, Université de Genève, 2014, 732 p.

Robert LECOURT, *L'Europe des juges*, Bruxelles, Bruylant, 1976, 334 p.

Fatima NIANG, *La fonction fédérative du juge national*, thèse, Genève, 347 p.

Stéphanie PAYET, *Le droit à une protection juridictionnelle effective en droit de l'Union européenne*, Thèse de doctorat, Université de la Réunion, 2012, 1033 p.

Pierre PESCATORE, *Vade-mecum : recueil de formules et de conseils pratiques à l'usage des rédacteurs d'arrêts*, Bruxelles, Bruylant, 2007, 328 p.

Astéris PLIAKOS, *Le principe général de la protection juridictionnelle efficace en droit communautaire*, Bruylant, 1997, 278 p.

Joël RIDEAU (Dir.), *Le droit au juge dans l'Union européenne*, Paris, LGDJ, 1998, 230 p.

Henry G. SCHERMERS & Denis F. WAELBROECK, *Judicial Protection in The European Union*, 6th ed., The Hague: Kluwer Law International, 2001, 889 p.

Denys SIMON (Dir.), *Contentieux de l'Union européenne/1. Annulation. Exception d'illégalité*, Paris, Lamy, 2011, p. 108.

Sean VAN RAEPENBUSCH, *Le recours des particuliers devant le juge de l'Union européenne*, Bruxelles, Bruylant, 114 p.

Bertrand WÄGENBAUR, *Court of Justice of the EU. Commentary on Statute and Rules of Procedure:* München, Beck, 2013, 921 p.

Melchior WATHELET et Jonathan WILDEMEERSCH, *Contentieux européen*, Bruxelles, Larcier, 2014, deux tomes, 972 p.

2) Articles et contributions de doctrine

Jean AMPHOUX, « L'arrêt de la Cour de justice des CE du 16 décembre 1960 dans l'affaire Humblet », *RGDIP*, 1961, pp.546-574.

Ami BARAV, « The exception of illegality in Community law: a critical analysis », *CMLRev.*, 1974, p. 366.

Ami BARAV, « Le renvoi préjudiciel communautaire » *in Justices, Revue générale de droit processuel*, 1997, n° 6 : Justice et Europe : Facteurs d'unités, Paris, Dalloz, p. 1.

Ami BARAV, « Tâtonnement préjudiciel. La notion de juridiction en droit communautaire » *in Liber Amicorum en l'honneur de BO VESTERDORF,* Bruxelles, Bruylant, 2007, p. 97

Ami BARAV, « Transmutations préjudicielles » *in Une Communauté de droit. Festschrift für Gil Carlos Rodriguez Iglesias, op. cit.* p. 621.

Ami BARAV, « Déviation préjudicielle » *in Études en l'honneur de Jean-Claude GAUTRON. Les dynamiques du droit européen en début de siècle,* Paris, A. Pedone, 2004, p. 215.

Ami BARAV, « Considérations sur la spécificité du recours en carence en droit communautaire », *RTDE*, 1975, p. 53.

Ami BARAV, « La répétition de l'indu dans la jurisprudence de la Cour de Justice des Communautés européennes » *in* Ami BARAV (Dir.), *L'application judiciaire du droit de l'Union européenne,* Bruxelles, Bruylant, 2015, 537 p, pp. 383-415.

Ami BARAV, « Responsabilité et irresponsabilité de l'État en cas de méconnaissance du droit communautaire », *in Gouverner, administrer et juger. Liber Amicorum Jean Waline, op. cit.*, p. 434.
Elsa BERNARD, « Obligation de renvoi », Europe, 2006, Comm. n° 39 p.15-16.

Abdelkhaleq BERRAMDANE, « Le manquement judiciaire dans l'ordre juridique de l'Union européenne », *in* Chahira BOUTAYEB (Dir.), *La Constitution, l'Europe et le Droit. Mélanges en l'honneur de Jean-Claude MASCLET*, Paris, Publications de la Sorbonne, 2013, pp. 417 et s.

Andrea BIONDI, "Review of Judgment in Case C-222/04 - Ministero dell'Economia e delle Finanze v. Cassa di Risparmio di Firenze SpA et al.", European State Aid Law Quarterly, 2006 pp.371-375.

Jean BOULOUIS, « Quelques observations à propos de la sécurité juridique », *in Du droit international au droit de l'intégration. Liber Amicorum P. Pescatore, op. cit.*, pp. 53-58.

Jean-Pierre BOURGOIS, « Les nouvelles technologies de l'information et de la communication et l'accès au droit : entre marché et service public » *in Centre de Recherches en Droit Privé de l'Université de Tours, L'accès au droit*, Tours, 2002, p. 53.

Laurence BURGOGUE-LARSEN, « De l'internationalisation du dialogue des juges. Missive doctrinale à l'attention de Bruno Genevois » *in Dialogue des juges. Mélanges en l'honneur du président Bruno Genevois*, Paris, Dalloz, 2009, p. 101.

Loïc CADIET, « Le spectre de la société contentieuse », *in Droit civil, procédure, linguistique juridique. Écrits en hommage à Gérard Cornu*, Paris, PUF, 1994, p. 29.

Gérard COHEN-JONATHAN, « Le droit au juge » *in Gouverner, administrer, juger. Liber Amicorum Jean Waline*, Paris, Dalloz, 2002, p. 484.

Marco DARMON et Jean-Guy HUGLO, « La formation des juges en droit communautaire » *in Mélanges en hommage à Michel WAELBROECK*, Bruxelles, Bruylant, Vol. I, 1999, pp. 303-312.

José Carlos M. De ALMEIDA, « La notion de juridiction d'un État membre (article 177 du traité CE) » *in Mélanges en hommage à F. SCHOCKWEILER, op. cit.*, p. 463.

Daniel DITTERT, « Rapport allemand » *in* Laurent COUTRON (Dir), *L'Obligation de renvoi préjudiciel à la Cour de Justice : une obligation sanctionnée* ? Bruxelles, Bruylant, p. 62.

Marianne DONY et Thierry RONSE, « Réflexions sur la spécificité du recours en carence », *CDE*, 2000. pp. 595-636.

Myriam DORIAT-DUBAN, « Analyse économique de l'accès à la justice : les effets de l'aide juridictionnelle », *RIDE*, 2001, n°1, p. 81.

Louis DUBOUIS : « La "guerre de la fraise": l'impuissance publique sous la toise du droit communautaire. A propos de l'arrêt de la Cour de justice des Communautés européennes du 9 décembre 1997, Commission c/ République française, C-265/95 », *in RFDA*, 1998 pp.120-131.

Dubout EDOUARD, « Le 'contentieux de la troisième génération' ou l'incomplétude du système juridictionnel communautaire », *RTD eur.*, n° 3, 2007, pp. 427-444.

Jacques FAGET, « Regard sociologique sur l'accès au droit » *in Centre de Recherches en Droit Privé de l'Université de Tours, L'accès au droit, op. cit.* p. 119.

Louis FAVOREU, « Résurgence de la notion de déni de justice et droit au juge » *in Gouverner, Administrer, Juger. Liber amicorum Jean Waline,* Paris, Dalloz, 2002, p. 516.

Patrick FRAISSEIX, « Droit au juge et amende pour recours abusif », *AJDA*, 2000, n° 1, 20 janvier, p. 20-30.

Jean-Claude GAUTRON, « Le principe de protection de la confiance légitime », *in Le droit de l'Union européenne en principes. Liber Amicorum Jean Raux, op. cit.*, pp. 199-218.

Bebr GERHARD, "The rambling ghost of 'Cohn-Bendit': act eclair and the Court of Justice", *CMLRev*. n° 3, Vol. 20, 1983, pp. 439-472.

Ljupcho GROZDANOVSKI et Araceli TURMO, « Le juge national, interlocuteur privilégié de la Cour de justice de l'Union européenne », *RSDIE*, 2012 pp.487-503.

Ljupcho GROZDANOVSKI, « La théorie du « sens clair » en droit de l'Union européenne : la clarté donnée et construite dans le cadre du renvoi préjudiciel » *in Le législateur, son juge et la mise en œuvre du droit,* Genève, Schulthess éd. romandes, 2014, pp. 531-552.

James E. HANFT, « Francovich and Bonifaci v. Italy: EEC Member State Liability for Failure to Implement Community Directives », *FILJ*, 1991, n° 92, pp. 1237-1274.

Marc JAEGER, « Les voies de recours sont-elles des vases communicants ? » *in Mélanges F. SCHOCKWEILER, Nomos Verlagsgesellschaft*, Baden-Baden, 1999, p. 235.

Francis G. JACOBS, « Access to justice as a fundamental right in European law» *in Mélanges en homage a F. SCHOCKWEILER, op. cit.* p. 205.

Robert KOVAR, « La notion de juridiction en droit européen » *in Gouverner, administrer, juger. Liber Amicorum en l'honneur de Jean Waline,* Paris, Dalloz, 2002, p. 607.

M. Jules LECLERCQ, « Réflexions sur un principe général de droit : la répétition de l'indu », *Journaux des tribunaux*, n° 4943, 1976, pp. 105-116.

Jean-Victor LOUIS, « Le rôle de la Commission dans la procédure en manquement selon la jurisprudence récente de la Cour de Justice *», in Du droit international au droit de l'intégration, Liber Amicorum Pierre PESCATORE*, Baden-Baden, Nomos Verlag, 1987, p. 387.

Giorgio MALINVERNI, « Le régime linguistique de la nouvelle Cour européenne des droits de l'Homme », *in Mélanges P. LAMBERT*, p. 544.

Rostane MEHDI, « Variations sur le principe de la sécurité juridique », i*n Le droit de l'Union européenne en principes.* Liber Amicorum Jean Raux, Rennes, Éd. Apogée, 2006, pp. 177-198.

Rostane MEHDI, « La recevabilité des recours formés par les personnes physiques et morales à l'encontre d'un acte de portée générale : l'aggiornamento n'aura pas lieu », *RTDE*, 2003, pp. 23-50.

Joël MOLINIER, « Le contrôle juridictionnel et ses limites : À propos du pouvoir discrétionnaire des institutions communautaires » *in* Joël RIDEAU (Dir.), *De la Communauté de droit à l'Union de droit. Continuités et avatars européens,* p. 78.

Eleftheria NEFRAMI, « Quelques réflexions sur l'article 19, paragraphe 1, alinéa 2, du traité UE, et l'obligation de l'État membre d'assurer la protection juridictionnelle effective dans les domaines couverts par le droit de l'Union », *in* Chahira BOUTYEB (Dir.), *La Constitution, l'Europe et le Droit. Mélanges en l'honneur de Jean-Claude MASCLET,* p. 805 et s.

Gilda NICOLAU, « Que faut-il entendre par accès au droit ? » *in Centre de Recherches en Droit Privé de l'Université de Tours, op. cit.*, p. 10 et s.

Paul NIHOUL & Caroline DELFORGE, « Arrêt "Telefónica S.A. c. Commission": les recours en annulation introduits par des particuliers contre les actes réglementaires européens en l'absence de mesure d'exécution », *JDE,* 2014, n° 208 p.156-159.

Jacques PERTEK, « L'avocat et le renvoi préjudiciel : sa place et son rôle devant les juridictions nationales et la Cour de Justice » *in L'identité du droit de l'Union européenne. Mélanges en l'honneur de Claude BLUMANN,* Bruxelles, Bruylant, 2015, pp. 461-472.

Fabrice PICOD, « Droit au juge et voies de droit communautaire. Un mariage de raison » *in* Jean-Claude MASCLET, Henri Ruiz FABRI, Chahira BOUTAYEB et Stéphane RODRIGUES (Dir.), *Mélanges Philippe Manin*, pp. 907-920.

Richard A. POSNER, "The meaning of judicial self-restraint", *ILJ*, n° 1, Vol. 59, 1983, 25 p.

Jean-Pierre PUISSOCHET, « L'action en manquement peut-elle encore se parer de ses justes vertus ? », *in Une Communauté de droit. Festschrift für Gil Carlos Rodríguez Iglesias,* p. 571.

Dominique RITLENG, « Pour une systématique des contentieux au profit d'une protection juridictionnelle effective » *in Mélanges en hommage à Guy ISAAC. 50 ans de droit communautaire, tome 2,* Paris, PUSS, 2004, p. 747 et s.

Denys SIMON, « 'Droit au juge' et contentieux de la légalité en droit communautaire : la clé du prétoire n'est pas un passe-partout » *in Libertés, Justice, tolérance. Mélanges en hommage au Doyen Gérard COHEN-JONATHAN,* Vol. II, Bruxelles, Bruylant, 2004, p. 1399.

Denys SIMON, « La responsabilité des Etats membres en cas de violation du droit communautaire par une juridiction suprême. (A propos de l'arrêt Köbler, CJCE, 30 sept. 2003, aff. C-224/01) », Europe, 2003, Chron. n° 12 p.3-6.

Denys SIMON & Anne RIGAUX, « La technique de consécration d'un nouveau principe général du droit communautaire : l'exemple de l'abus de droit » *in Mélanges en hommage à Guy ISAAC, op. cit. p.* 577.

Denys SIMON, « La répétition de l'indu », *Europe*, n° 10, 2014, pp. 19-20.

Georges VANDERSANDEN, « La procédure préjudicielle à la recherche d'une identité perdue » *in Mélanges WAELBROECK,* Bruxelles, Bruylant, 1999, p. 632.

Georges VANDERSANDEN, « La procédure et les voies de recours » *in* Inge GOVAERE et Georges VANDERSANDEN (éd*.), La fonction publique communautaire. Nouvelles règles et développements contentieux*, Bruxelles, Bruylant, 2008, p. 114.

Michel VAN HUFFEL, « Recevabilité des recours au regard de l'article 263, quatrième alinéa, TFUE et notion d'acte réglementaire », *Revue Lamy de la Concurrence : droit, économie, régulation,* 2012, n° 30, p.95-97.

Sean VAN RAEPENBUSCH, « Les 20 ans de l'arrêt Brasserie du Pêcheur et Factortame », *JDE*, 2016, n° 227, p.89.

Denis WAELBROECK, « Le droit au recours juridictionnel effectif du particulier. Trois pas en avant, deux pas en arrière », CDE, 2002, pp. 2-8.

VI- Protection provisoire et exécution des décisions de justice

A) Droit de l'UEMOA et droits africains

1) Ouvrages

Jean du Bois De GAUDUSSON, « La justice en Afrique : nouveaux défis, nouveaux acteurs. Introduction thématique », Afrique contemporaine, vol. 250, no. 2, 2014, pp. 13-28.

Pierre MEYER, *Droit international privé burkinabè,* Collection Précis de droit burkinabè, Université de Ouagadougou, 2006, p. 150 et s.

B) Droit de l'UE et autres

1) Ouvrages

Alexandre BERNEL, *Le principe d'équivalence ou la reconnaissance mutuelle en droit communautaire*, Zürich, Schulthess Polygraphischer Verl. ; Bern, Verl. Stämpfli, 1996, 350 p.

Christine JANSSENS, *The principle of Mutual Recognition in the EU law,* Oxford, OUP, 2013, 358 p.

Loïc CADIET, *Dictionnaire de la justice,* Paris, PUF, 2004, 1363 p.

Robert KOLB, *La Cour internationale de Justice,* Paris, A. Pedone, 2014, 1358 p.

Liliane PLOUVIEN, *Les décisions de la Cour de Justice des Communautés européennes*, Bruxelles, Bruylant, 310 p.

Araceli TURMO, *L'autorité de la chose jugée en droit de l'Union européenne*, Bruxelles, Bruylant, 2017, 584 p.

2) Articles et contributions de doctrine

Joël ANDRIANTSIMBAZOVINA, « L'autorité de la chose interprétée et le dialogue des juges. En théorie et en pratique, un couple juridiquement inséparable », *in Le dialogue des juges : mélanges en l'honneur du président Bruno Genevois,* Paris, Dalloz (2009), 1166 p., pp. 11 et s.

Éric BARBIER De la SERRE, « Les offices du juge des référés communautaire » *in Liber amicorum en l'honneur de/in honour of Bo Vesterdorf,* Bruxelles, Bruylant, 2007, p. 237.

Fernando CASTILLO de la TORRE, Interim measures in Community Courts: recent trends: *CML Rev.*, n° 2, 2007, p. 273.

Henderson CHRISTOPHER « The Camera Care Case and the European Court's Role as Praetor », *The Law Society's Gazette*, 1980 pp.575-576.

J. L. Da CRUZ VILACA, « La procédure en référé comme instrument de protection juridictionnelle des particuliers en droit communautaire » *in Scritti in onore di G. F. Mancini : Milano, Giuffrè,* 1998, p. 257.

Francis G. JACOBS, "Interim Measures in the Law and Practice of the Court of Justice of the European Communities" *in* R. Bernhardt (ed.), *Interim Measures Indicated by International Courts,* Berlin, Springer-Verlag, 1994, p. 37.

Marc JAEGER, « Le référé devant le Tribunal de l'Union européenne », *RAE*, 2009-2010/3, p. 373.

Henri LABAYLE, « La confiance mutuelle dans l'espace de liberté, sécurité et justice » *in Grenzüberschreitendes Recht : Festschrift für Kay Hailbronner : Crossing frontiers,* 2013, pp. 153-168.

Areán Lalín MANUEL, «La competencia de la Comisión para adoptar medidas cautelares en el marco del derecho "antitrust" de la C.E.E", Actas de derecho industrial, 1981, Tomo VII, pp.269-292.

Rostane MEHDI, « Le juge communautaire et l'urgence » *in* Hélène RUIZ-FABRI et Jean-Marc SOREL (Dir.), *Le contentieux de l'urgence et l'urgence dans le contentieux devant les juridictions internationales : regards croisés,* Paris, Éd. A. PEDONE, 2001, pp. 57-104, préc. p. 58.

Pierre MEYER, « La sécurité juridique et judiciaire dans l'espace OHADA », *Penant*, n° 855, 2006, pp. 151-169, spéc. p. 164.

Peter OLIVER, « Interim measures: some recent developments », *CMLRev.*, n° 29, 1992, pp. 7-22.

Blanca PASTOR et Eric Van GINDERACHTER, « La procédure en référé », *RTD* eur., n° 4, 1989, pp. 561-621, spéc. p. 564.

Guillaume PAYAN, « La jurisprudence européenne (relative au droit à l'exécution des décisions de Justice) », *UIHJ Publishing*, 2014, 22 p., préc. p. 9 et s.

Pierre PESCATORE, « Les mesures conservatoires et les référés » *in* SFDI, *La juridiction internationale permanente, Colloque de Lyon,* Paris, Pedone, 1987, pp. 315-362.

Fabrice PICOD, « Référé devant la Cour de Justice de l'Union européenne », *Jurisclasseur Europe Traité*, Fasc. n° 390, 2014.

Alain PILLEPICH, « Commentaire de l'article 94 » *in* Jean-Pierre Cot, Alain PELLET, Mathias FORTEAU (Dir.), *La Charte des Nations Unies. Commentaire article par article,* Paris, Economica, 2005, Vol. 2, p.

Jean-Pierre PUISSOCHET, « Le nouveau visage de l'action en manquement : des enjeux financiers élevés pour les États membres » *in Hommage à Jean-André TOUSCOZ, Droit international et coopération internationale*, Paris, Nice, France-Europe Éditions, 2007, p. 715.

Emmanuel PUTMAN, « Accès à la justice et droit à l'exécution » *in* Emmanuel PUTMAN et al. (Dir.), *L'accès à la justice,* Aix-en-Provence, Presses universitaires d'Aix-Marseille, 2007, p. 275.

Joël RIDEAU et Fabrice PICOD, « Les mesures provisoires ordonnées par la juridiction communautaire », *Journal des tribunaux-Droit européen*, n° 20, 1995, p. 125.

Henry G. SCHERMERS, « Joined cases C-143/88 and C-92/89, Zuckerfabrik Süderdithmarschen AG v. Hauptzollamt Itzehoe and Zuckerfabrik Soest GmbH v. Hauptzollamt Paderborn, Preliminary ruling of 21 February 1991 requested by the Finanzgerichte of Hamburg and Düsseldorf », *CMLRev.*, Issue 1, Vol. 29, 1992, pp. 133–139.

Fernand A. SCHOCKWEILER, « L'exécution des arrêts de la Cour » *in Du droit international au droit de l'intégration.* Liber Amicorum Pierre Pescatore, Nomos Verlagsgesellschaft, Baden-Baden, 1987, pp. 613-635.

Olivier De SCHUTTER, « Les mesures provisoires devant la Cour de Justice des Communautés européennes dans le domaine des droits fondamentaux » *in* Gérard COHEN-JONATHAN et Jean-François FLAUSS (Dir.), *Mesures conservatoires et droits fondamentaux* (Droits et Justice, n° 65), Bruxelles, Bruylant, 2003, pp. 93-130.

Denys SIMON et Ami BARAV, « Le droit communautaire et la suspension provisoire des mesures nationales- les enjeux de l'affaire Factortame », *RMC*, n° 340, 1990, pp. 591-597.

Denys SIMON, « L'effet dans le temps des arrêts préjudiciels de la Cour de Justice des Communautés européennes : enjeu ou prétexte d'une nouvelle guerre des juges ? » *in Du droit international au droit de l'intégration. Liber Amicorum Pierre Pescatore, op. cit.*, pp. 651-674.

Marcel SLUSNY, « Les mesures provisoires dans la jurisprudence de la Cour de Justice des Communautés européennes », *RBDI*, n° 3, 1967, pp. 127-153.

Jean-Marc SOREL, « Le contentieux de l'urgence et l'urgence dans le contentieux devant les juridictions interétatiques » *in* Hélène RUIZ-FABRI et Jean-Marc SOREL (Dir.), *Le contentieux de l'urgence et l'urgence dans le contentieux devant les juridictions internationales : regards croisés, op. cit.*, pp. 7-56.

Vivien TERRIEN, « Le référé : problématiques actuelles et derniers développements » *in* Stéphanie MAHIEU (Dir.), *Contentieux de l'Union européenne. Questions choisies, op. cit.*, pp. 339-396.

Alberto TRABUCCHI, « L'effet 'erga omnes' des décisions préjudicielles rendues par la CJCE », *RTDE*, 1974, pp. 56-87.

B. VESTERDORF, « De l'interprétation par le juge communautaire des référés » *in Problèmes d'interprétation à la mémoire de C. N. Kakouris : Athènes, Sakoulas*, 2004, p. 431.

Denis WAELBROECK, « L'exécution des arrêts d'annulation de la CJCE » *in Mél. En l'Honneur de Michel WAELBROECK, Études de droit européen et international,* Vol. I, Bruylant, Bruxelles, 1999, p. 698.

Luc WEITZEL, « Demander le sursis à exécution ou d'autres mesures provisoires » *in* V. Christianos (Dir.), *Évolution récente du droit judiciaire communautaire,* Vol. II, Maastricht, IEAP, 1995, p. 33.

Alicja ZAPEDOWSKA, « L'Union européenne : quels moyens à disposition pour garantir l'Etat de droit ? », actualité du 14 janvier 2016, www.ceje.ch.

PARTIE II- Jurisprudence

Cour de Justice de l'UEMOA

.) Arrêts, avis et ordonnances

CJUEMOA, avis n°03/96 du 10 décembre 1996, demande d'avis de la BCEAO sur le projet d'agrément unique pour les banques et les établissements financiers, Rec. 2008, p. 110.

CJUEMOA, avis n° 1/97 du 20 mai 1997. Disponible sur www.courdejusticeuemoa.org

CJUEMOA, avis n°1/98 du 10 septembre 1998 : Demande d'avis de Monsieur Moussa TOURE, président de la Commission de l'UEMOA sur la décision n°90/96/PCOM du 11 septembre 1996 par laquelle celui-ci a donné à son Directeur de Cabinet Monsieur Antoine SARR, délégation de signature portant sur une catégorie d'actes, de documents et de pièces, Rec. 2008, p. 141.

CJUEMOA, avis n°1/99 du 22 mars 1999, demande d'avis complémentaire du Président de la Commission de l'UEMOA par rapport à l'avis n°1/98 de la Cour de Justice de l'UEMOA en date du 10 septembre 1998, Rec. 2008, p. 217.

CJUEMOA, avis n°2/99 du 25 juin 1999, demande d'avis du président de la Commission de l'UEMOA sur les projets d'acte additionnel portant statuts de la Cour des comptes et de règlement portant modalités de reddition et de contrôle, disponible sur www.courdejusticeuemoa.org.

CJUEMOA, avis n°3/99 du 25 novembre 1999, demande d'avis du président de la Commission de l'UEMOA relative à l'interprétation de dispositions du traité de l'UEMOA et de son protocole additionnel n°1, disponible sur courdejusticeuemoa.org

CJUEMOA, Avis n°4/99 du 25 novembre 1999. Demande d'avis du président de la Commission de l'UEMOA sur le projet de traité du Parlement de l'UEMOA, non publié.

CJUEMOA, arrêt Serges Laubhouet c. Commission du 29 mai 1998, aff. n° 01/98, Rec. 2008, p. 150.

CJUEMOA, arrêt Abdourahmane SACKO c. Commission de l'UEMOA du 29 mai 1998, aff. n° 02/98, Rec. 2008, p. 174.

CJCUEMOA, arrêt Ababacar DIENG c. Commission de l'UEMOA du 29 mai 1998, aff. n°03/98, Rec. 2008, p. 202.

CJUEMOA, avis n° 2/2000 du 2 février 2000, demande d'avis du président de la Commission de l'UEMOA relative à l'interprétation de l'article 84 du traité de l'UEMOA, Rec. 2008, p. 226, préc. p. 241.

CJUEMOA, avis n° 3/2000 du 27 février 2000, demande d'avis de la Commission relative à l'interprétation des articles 88, 89, et 90 du traité, relatifs aux règles de concurrence de l'Union, Rec. 2008, p. 244, préc. p. 255.

CJUEMOA, arrêt Ababacar DIENG c. Commission de l'UEMOA du 26 janvier 2000, aff. n°1/2000, Rec. 2008, p. 259.

CJUEMOA, arrêt Société des Ciments du Togo (CIMTOGO) SA c. Commission de l'UEMOA, 20 juin 2000, aff. n° 01/01, Rec. 2008, p. 272.

CJUEMOA, arrêt Akakpo Tobi Edoué du 20 juin 2001, aff. n° 2/2001, Rec. 2008, p. 301.

CJUEMOA, arrêt Adamou Moumouni DJERMAKOYE c. Comité Interparlementaire de l'UEMOA (CIP), 27 mars 2002, aff. n°01/02, Rec. 2008, p. 376.

CJUMEOA, arrêt Kossi Mawuli AGOKLA c. Commission de l'UEMOA, 18 décembre 2002, aff. n° 03/02, Rec. 2008, p. 344.

CJUEMOA, avis n°1/2003 du 18 mars 2003, demande d'avis de la Commission de l'UEMOA relative à la création d'une Cour des Comptes au Mali, Rec. 2008, p. 470.

CJUEMOA, avis n°2/2003 du 20 juin 2003, demande d'avis de la Commission de l'UEMOA relative au renouvellement du mandat des conseillers de la Cour des comptes, Rec. 2008, p. 479.

CJUEMOA, arrêt Haoua TOURE c. Commission de l'UEMOA du 25 juin 2003, aff. n° 01/03, Rec. 2008, p. 418.

CJUEMOA, arrêt T. Ludovic TASSEMBEDO c. Bourse régionale des valeurs mobilières (BVRM) du 2 juillet 2003, Rec. 2008, p. 420.

CJUEMOA, Ord. n° 12 du 3 décembre 2004, Eugène YAÏ c. CCEG et Commission de l'UEMOA, Rec. 2008, p. 515.

CJUEMOA, arrêt Groupement de Développement Economique d'Intervention et de Réalisation des Investissements (GDEIRI-SA) c. la Commission de l'UEMOA, du 12 janvier 2005, aff. n° 02/05, Rec. 2008, p. 535.

CJUEMOA, arrêt Compagnie Air France contre Syndicat des Agents de Voyage et de Tourisme du Sénégal du 12 janvier 2005, aff. n°02/05, Rec. 2008, p. 518.

CJUEMOA, arrêt Eugène YAÏ c. Conférence des Chefs d'Etat et de Gouvernement de l'UEMOA, du 27 avril 2005, aff. n°03/05, Rec. 2008, p. 550.

CJUEMOA, Ord. Eugène YAÏ c. CCEG et Commission, du 2 juin 2005, aff. n° 5, Rec. 2008, p. 576.

CJUEMOA, arrêt Mamadou G. LALLOU c. Jury du DESCOGEF du 23 novembre 2005, Rec. 2008, aff. n° 4/05, p. 564.

CJUEMOA, avis n°1/2007 - Demande d'avis du président de la Commission de l'UEMOA relative à la possibilité des Etats de conclure individuellement des accords d'investissement avec les pays tiers, Rec. 2008, p. 595.

CJUEMOA, Ord. M. Eugène YAÏ c. CCEG et Commission du 6 mars 2008, aff. n° 1, Rec. p. 616.

CJUEMOA, arrêt SONITEL SA & SAHEL-COM SA c. État du Niger, du 16 juin 2010, aff. n°01/2010, disponible sur www.courdejusticeuemoa.org

CJUEMOA, Ord. État de Côte d'Ivoire et M. Laurent GBAGBO c. Conseil et Commission de l'UEMOA du 4 avril 2011, aff. n° 6/2011, disponible sur www.courdejusticeuemoa.org

CJUEMOA, Avis n° 01/2011 du 30 octobre 2011. Demande d'avis de la Banque ouest-africaine de développement relative à son éligibilité judiciaire de la Cour de Justice de l'UEMOA, disponible sur www.courdejusticeuemoa.org

CJUEMOA, arrêt Mondoukpè Sidonie SODABI et Léon KOUGBLENOU c. BCEAO du 19 décembre 2012, aff. n°02/12, disponible sur www.courdejusticeuemoa.org

CJUEMOA, arrêt El Hadji Aboubacar c. État du Niger du 16 janvier 2013, aff. n° 1/2013, disponible sur www.courdejusticeuemoa.org

CJUEMOA, arrêt Etat de Côte d'Ivoire/M. Laurent Gbagbo c. Conseil des ministres de l'UEMOA/Commission de l'UEMOA du 18 décembre 2013, aff. n° 1/2013 bis, disponible sur www.courdejusticeuemoa.org

CJUEMOA, arrêt Charles Afolabi ABIALA c. Conseil de l'UMOA/Commission bancaire de la BCEAO du 18 décembre 2013, aff. n° 3/2013, disponible sur www.courdejusticeuemoa.org

CJUEMOA, arrêt Toïdi MOUTAIROU et autres c. Conseil des ministres de l'UMOA/Commission bancaire de la BCEAO du 18 décembre 2013, aff. n° 4/2013, disponible sur www.courdejusticeuemoa.org

CJUEMOA, arrêt Fanny Ismaël KADER c. CREPMF du 30 avril 2014, aff. n° 1/2014, disponible sur www.courdejusticeuemoa.org

CJUEMOA, arrêt TRAORE Thierry Michel c. SALIFOU Mohamed du 30 avril 2014, aff. n° 11 RP 001.12, disponible sur www.courdejusticeuemoa.org

CJUEMOA, arrêt TRAORE Thierry Michel c. SYB Léwa Sansan Dieudonné du 30 avril 2014, aff. n° 11 RP 003.20, disponible sur www.courdejusticeuemoa.org

CJUEMOA, arrêt BOAD c. SOUMAHORO Youssouf du 30 avril 2014, aff. n° 13 RP 001.36, disponible sur www.courdejusticeuemoa.org

CJUEMOA, arrêt TRAORE Lassina c. BOAD du 30 avril 2014, aff. n° 13 RP 002.53, disponible sur www.courdejusticeuemoa.org

CJUEMOA, arrêt Lassina TRAORE c. BOAD du 30 avril 2014, aff. n° 13 RP 002.53, disponible sur www.courdejusticeuemoa.org

CJUEMOA, Avis n°01/2016, demande d'avis de la Chambre consulaire régionale relative à l'interprétation des article 6, 8 et 16 de l'Acte additionnel n°2/97 fixant les attributions, la composition et les principes d'organisation et de fonctionnement de la Chambre consulaire régionale de l'UEMOA.
Disponible sur www.courdejusticeuemoa.org

CJUEMOA, Avis n° 1/2017, demande d'avis du Conseil régional de l'épargne publique et des marchés financiers sur le dispositif de prise de sanctions pecuniaires sur le marché financier régional de l'UEMOA. Disponible sur www.courdejusticeuemoa.org

CJUEMOA, arrêt État du Sénégal c. Commission de l'UEMOA du 21 février 2017, aff. n° 1/2017, disponible sur www.courdejusticeuemoa.org

CJUEMOA, arrêt El Hadj Abdou SACKO du 18 avril 2017, aff. n° 4/2017, disponible sur www.courdejusticeuemoa.org

CJUEMOA, arrêt Héritiers de feu Abdoul Karim FALL, actionnaires de TOTAL Sénégal SA c. CREPMF du 30 mai 2017, aff. n° 5/2017, disponible sur www.courdejusticedeuemoa.org

CJUEMOA, arrêt M. KABORE W. Charles c. Caisse de Retraite par Répartition avec Epargne de l'Union Monétaire Ouest-Africaine (CRRAE-UMOA) du 14 mars 2018, disponible sur www.courdejusticeuemoa.org

CJUEMOA, arrêt Sociétés SUNEOR-SA e.a. c. Sociétés UNILEVER CI du 9 mai 2018, aff. n° 002/2018, disponible sur www.courdejusticeuemoa.org

CJUEMOA, arrêt Madame Léontine Marie Florence ZOMBRE ZIDA c. CCEG et UEMOA du 13 février 2019, aff. n° 1/2019, non encore publié.

CJUEMOA, arrêt M. Comlan Honorat ADJOVI c. CCEG et UEMOA du 13 février 2019, aff. n° 02/2019, non encore publié.

CJUEMOA, arrêt Fonds de Solidarité Africain (FSA) c. UEMOA, BECEAO et Commission de l'UEMOA du 10 avril 2019, aff. n° 03/2019. Disponible sur www.courdejusticeuemoa.org

CJUEMOA, arrêt Agence WELLINDE VOYAGES SARL c. Commission de l'UEMOA du 15 mai 2019, aff. n° 04/2019, disponible sur www.courdejusticeuemoa.org

CJUEMOA, arrêt M. Yao Barnabé YEBOUET c. Conseil et Commission bancaire de l'UMOA du 15 mai 2019, aff. n° 05/2019. Disponible sur www.courdejusticeuemoa.org

CJUEMOA, arrêt M. Ebrotié KOUADIO c. Commission bancaire de l'UMOA du 15 mai 2019, aff. n° 06/2019, disponible sur www.courdejusticeuemoa.org

3) Conclusions (avocats généraux) et Rapports (juges rapporteurs)

Observations et conclusions du juge rapporteur Mouhamadou Moctar MBACKE dans l'arrêt Serge Laubhouet c. Commission du 29 mai 1998, Rec. 2008, p. 153.

Conclusions de l'avocat général M. DIAKITÉ dans l'arrêt Serges Laubhouet c. Commission du 29 mai 1998, Rec. 2008, p. 163.

Observations et conclusions du juge rapporteur Martin Dobo ZONOU dans l'arrêt Abdourahamane SACKO du 29 mai 1998, Rec. 2008, p. 177.

Conclusions de l'Avocat général Kalédji AFANGBEDJI dans l'arrêt Bayon BAKO c. Commission de l'UEMOA du 18 février 2004, Rec. 2008, p. 506.

Observations et conclusions du juge rapporteur Youssouf Any MAHAMANN dans l'arrêt Ababacar DIENG c. Commission de l'UEMOA du 29 mai 1998, Rec. 2008, p. 204.

Cour de Justice de l'UE

\) CJCE, CJUE

.) Conclusions d'avocats généraux

Conclusions de l'avocat général Alain Dutheillet De LAMOTHE, du 22 septembre 1971, rendues dans l'affaire Rheinmühlen Düsseldorf, aff. 6/71, Rec. 1971, p. 854.

Conclusions de l'avocat général Federico MANCINI, du 4 décembre 1985, rendues dans l'affaire Parti écologiste "Les Verts" c. Parlement européen, aff. 294/83, Rec. 1986, p. 1341.

Conclusions de l'avocat général Marco DARMON, du 28 janvier 1986, rendues dans l'affaire Marguerite Johnston c. Chief Constable of the Royal Ulster Constabulary, aff. 222/84, Rec. 1986, p. 1651, pt 3.

Conclusions de l'avocat général M. Giuseppe TESAURO, du 17 mai 1990, rendues dans l'affaire The Queen c. Secretary of State for Transport, ex parte: Factortame Ltd e.a., aff. C-213/89, Rec. 1990, p. I-2433, pt 8.

Conclusions de l'avocat général Nial FENNELLY, du 15 juin 2000, rendues dans l'affaire dite du « Tabac », aff. C-74/99, Rec. I, p. 8419.

Conclusions de l'avocat général Francis Geoffrey JACOBS, du 16 novembre 2000, rendues dans l'affaire Nachi Europe GmbH c. Hauptzollamt Krefeld, aff. C-239/99, Rec. 2001, p. I-1197, pt 58.

Conclusions de l'avocat général Francis Geoffrey JACOBS, du 21 mars 2002, rendues dans l'affaire UPA, aff. C-50/00 P, Rec. 2002, p. I-6677, pt 102.

Conclusions de l'avocat général Philipe LEGER, du 8 avril 2003, rendues dans l'affaire Gerhard Köbler contre Republik Österreich, aff. C-224/01, Rec. 2003, p. I-10239, pt 70.

Conclusions de l'avocate générale Christine STIX-HACKL, du 12 juillet 2005, rendues dans l'affaire Parlement c. Conseil, aff. C-436/03, Rec, p. 3733, pt 61.

Conclusions de l'avocat général Paolo MENGOZZI, du 2 septembre 2010, rendues dans l'arrêt DEB Deutsche Energiehandels, aff. C-279/09, Rec. 2010, p. I-13849, pt 46.

Conclusions de l'avocat général Pedro CRUZ VIILLALON, du 1er mars 2011, rendues dans l'affaire Brahim Samba Diouf contre Ministre du Travail, de l'Emploi et de l'Immigration, aff. C-69/10, Rec. 2011 p. I-7151, pt 43.

Conclusions de l'avocat général Pedro CRUZ VILLALÓN, du 8 décembre 2011, rendues dans l'affaire CIVAD, aff. C-533/10, pt 56.

Conclusions de l'avocat général Pedro CRUZ VILLALÓN, du 1er mars 2012, rendues dans l'affaire IFAW Internationaler Tierschutz-Fonds gGmbH c. Commission européenne, aff. C-135/11 P, ECLI :EU :C :2012 :118, pt 67.

Conclusions de l'avocat général Yves BOT, du 7 mai 2015, rendues dans l'affaire Procédure pénale c. Gavril Covaci, aff. C-216/14, ECLI:EU:C:2015:305, pt 32.

2) Arrêts et ordonnances

a) Arrêts

CJCE, arrêt Algera e. a. du 12 juillet 1957, aff. Jtes 7/56 et 3 à 7/57, Rec. 1957, p.81.

CJCE, arrêt Cie des hauts fourneaux de Chasse c. Haute Autorité du 12 juin 1958, aff. 15/57, Rec. 1958, p. 157, spéc. p. 184 et s.

CJCE, arrêt Méroni du 13 juin 1958, aff. 10/56, Rec. 1958, p. 53.

CJCE, arrêt Hauts Fournaux de Givors du 10 mai 1960, aff. 27 à 29/58, Rec. 1960, p. 527

CJCE, arrêt Italie c. Haute Autorité du 15 juillet 1960, aff. 20/59, Rec. 1960, p. 663.

CJCE, arrêt Jean-E. Humblet contre État belge du 16 décembre 1960, aff. 6/60, Rec. 1960, p. 1125.

CJCE, arrêt Wöhrmann et Lütticke c. Commission du 14 décembre 1962, aff. 31/62 et 33/62, Rec. 1962 p. 965, spéc. p. 980.

CJCE, arrêt Van Gend en Loos du 5 février 1963, aff. 26/62, Rec. 1963, p. 3.

CJCE, arrêt Da Costa e. a. c. Administration fiscale néerlandaise du 27 mars 1963, aff. 28/62, Rec. 1963, p. 75.

CJCE, arrêt Entreprise Plaumann & Co c. Commission de la Communauté économique européenne du 15 juillet 1963, aff. 25/62, Rec. 1963, p. 197, spéc. p. 223.

CJCE, arrêt Costa c. ENEL du 15 juillet 1964, aff. 6/64, Rec. 1964, Rec. 1964, p. 1145.

CJCE, arrêt Commission c. Belgique et Luxembourg du 13 novembre 1964, aff. Jtes 90 et 91/63, Rec. 1964, p. 1217.

CJCE, arrêt Veuve G. Vaassen-Göbbels du 30 juin 1966, aff. 61/65, Rec. 1966, p. 377.

CJCE, arrêt Italie c. Conseil et Commission du 13 juillet 1966, aff. 32/65, Rec. p. 1966, p. 563, spéc. p. 594.

CJCE, arrêt Molkerei du 3 avril 1968, aff. 28/67, Rec. 1968, p. 211.

CJCE, arrêt Danvin du 11 juillet 1968, aff. 26/67, Rec. 1968, p. 463.

CJCE, arrêt Salgoil du 19 décembre 1968, aff. 13/68, Rec. 1968, p. 661.

CJCE, arrêt Klomp du 25 février 1969, aff. 23/68, Rec. 1969, p. 43.

CJCE, arrêt Portelange du 9 juillet 1969, aff. 10/69, Rec. 1969, p. 309.

CJCE, arrêt Commission c. Italie du 17 février 1970, aff. 31/69, Rec. 1970, p. 25.

CJCE, arrêt Tradax du 10 mars 1971, aff. 38/70, Rec. 1971, p. 145.

CJCE, arrêt Commission c. Belgique du 5 mai 1970, aff. 77/69, Rec. 1970, p. 237.

CJCE, arrêt Franz Grad du 6 octobre 1970, aff. 9/70, Rec. p. 825.

CJCE, arrêt Commission c. Italie du 18 novembre 1970, aff. 8/70, Rec. 1970, p. 961.

CJCE, arrêt Amedeo CHEVALLEY c. Commission des Communautés européennes du 18 novembre 1970, aff. 15/70, Rec. 1970, p. 975.

CJCE, arrêt AETR du 31 mars 1971, aff. 22/70, Rec. 1971, p. 263.

CJCE, arrêt Deutscher Komponistenverband e.V. c. Commission des Communautés européennes, 13 juillet 1971, Rec. 1971, p.705.

CJCE, arrêt Aktien-Zuckerfabrik Schöppenstedt c. Conseil des Communautés européennes du 2 décembre 1971, aff. 5/71, Rec. 1971, p. 975.

CJCE, arrêt Commission c. France du 14 décembre 1971, aff. 7/71, Rec. 1971, p. 1003.

CJCE, arrêt International Fruit Company du 15 décembre 1971, aff. 51 à 54/71, Rec. 1971, p. 1116.

CJCE, arrêt Compagnie d'approvisionnement, de transport et de crédit SA et Grands Moulins de Paris SA c. Commission du 13 juin 1972, aff. Jtes 9 et 11/71, Rec. 1972, p. 391, pt 6.

CJCE, arrêt R. & V. Haegeman c. État belge du 30 avril 1974, aff. 181/73, Rec. 1974, p.449.

CJCE, arrêt Nold du 14 mai 1974, aff. 4/73, Rec. 1974, p. 491.

CJCE, avis 1/75 du 11 novembre 1975, Rec. 1975, p. 1355.

CJCE, arrêt Defrenne du 8 avril 1976, aff. 43/73, Rec. 1976, p. 455, pt 74.

CJCE, arrêt Comet du 16 décembre 1976, aff. 45/76, Rec. 1976, p. 2043.

CJCE, arrêt Bosch du 16 mars 1978, aff. 135/77, Rec. 1978, p. 855.

CJCE, arrêt Rewe-Zentral AG c. Bundesmonopolverwaltung für Branntwein du 20 février 1979, aff. 120/78, Rec. 1979, p. 649.

CJCE, arrêt Könecke c. Commission du 5 mars 1980, aff. 76/79, Rec. 1980, p. 665.

CJCE, arrêt Salumi e. a. du 27 mars 1980, aff. Jtes 66, 127 et 128/79, Rec. 1980, p. 1237.

CJCE, Ordonnance Jules Borker du 18 juin 1980, aff. 138/80, Rec. p. 1975.

CJCE, arrêt Amministrazione delle finanze dello Stato c. Ariete SpA, du 10 juillet 1980, aff. 811/79, Rec. 1980, p. 2545.

CJCE, arrêt Société coopérative "Providence agricole de la Champagne" du 15 octobre 1980, aff. 4/79, Rec. 1980, p. 2823, pt 45.

CJCE, arrêt Roquette et Maïzena du 29 octobre 1980, aff. Jointes 138 et 139/79, Rec. 1980, p. 3333.

CJCE, arrêt International Chemical Corporation du 13 mai 1981, aff. 66/80, Rec. 1981, p. 1191.

CJCE, arrêt Rewe du 7 juillet 1981, aff. 158/80, Rec. p. 1805.

CJCE, arrêt Renato Albini c. Conseil et Commission des Communautés européennes du 16 juillet 1981, Rec. 1981, p. 2141.

CJCE, arrêt Ludwigshafener Walzmühle, aff. jtes 197/80 à 200/80, du 17 décembre 1981, Rec. p. 3211.

CJCE, arrêt Becker c. Finanzamt Münster-Innenstadt du 19 janvier 1982, aff. 8/81, Rec. 1982, p. 53.

CJCE, arrêt Srl CILFIT et Lanificio di Gavardo SpA contre Ministère de la santé du 6 octobre 1982, aff. 283/81, Rec. 1982, p. 3415.

CJCE, arrêt Turner c. Commission du 12 janvier 1984, aff. 266/82, Rec. 1984, p.1.

CJCE, arrêt Kirsten Andersen e. a. c. Parlement européen du 19 janvier 1984, aff. 262/80, Rec. 1984, p. 195.

CJCE, arrêt Von Colson et Elisabeth Kamann du 10 avril 1984, aff. 14/83, Rec. 1984, p. 1891.

CJCE, arrêt Mme Meyer, épouse Hansen c. Comité économique et social du 13 décembre 1984, aff. 14/84, Rec. 1984-4317.

CJCE, arrêt Société des produits de maïs du 27 février 1985, aff. 112/83, Rec. 1985, p. 719.

CJCE, arrêt Salerno e.a. c. Commission et Conseil du 11 juillet 1985, aff. jtes 87,130/77 ; 22/83 ; 9 et 10/84, Rec. p. 2523.

CJCE, arrêt Commission c. Italie du 11 juillet 1985, aff. 101/84, Rec. 1985, p. 2629.

CJCE, arrêt Les verts c. Parlement européen du 23 avril 1986, aff. 294/83, Rec. 1986, p. 1339.

CJCE, arrêt Astéris AE e. a. c. Commission des Communautés européennes du 26 avril 1986, aff. Jtes 97/86, 99/86, 193/86, 215/86, Rec. 1988, p. 2181.

CJCE, arrêt Marguerite Johnston c. Chief Constable of the Royal Ulster Constabulary du 15 mai 1986, aff. C-222/84, Rec. 1986, p. 1651.

CJCE, arrêt Conseil c. Parlement du 3 juillet 1986, aff. 34/86, Rec. 1986, p. 2155.

CJCE, arrêt Wybot du 10 juillet 1986, aff. 149/85, Rec. 1986, p. 2391.

CJCE, arrêt Akzo du 23 septembre 1986, aff. 5/85, Rec. 1986, p. 2585.

CJCE, arrêt Systèmes de préférences généralisés du 26 mars 1987, aff. 45/86, Rec. 1987, p. 1493.

CJCE, arrêt UNECTEF c. Heylens, du 15 octobre 1987, aff. 222/86, Rec. 1987, p. 4097.

CJCE, arrêt Deutsche Babcock du 15 décembre 1987, aff. 328/85, Rec. 1987, p. 5119.

CJCE, arrêt Murphy du 4 février 1988, aff. 157/86, Rec. 1988, p. 686.

CJCE, arrêt Espagne c. Commission du 20 septembre 1988, aff. C-203/86, Rec. p. 4563.

CJCE, arrêt Parlement c. Conseil du 27 septembre 1988, aff. 302/87, Rec. 1988, p. 5615.

CJCE, arrêt Star Fruit SA c. Commission, 14 février 1989, aff. 247/87, Rec. 1989, p. 291.

CJCE, arrêt Fediol c. Commission, du 22 juin 1989, aff. 70/87, Rec. p. 1781.

CJCE, arrêt Fratelli Costanzo c. Commue de Milan du 22 juin 1989, aff. 108/88, Rec. p. 1839.

CJCE, arrêt Wachauf du 13 juillet 1989, aff. 5/88, Rec. 1989, p. 2609.

CJCE, arrêt Grimaldi du 13 décembre 1989, aff. C-322/88, Rec. 1989, p. 4407.

CJCE, arrêt The Queen c. Secretary of State for Transport, ex parte: Factortame Ltd e.a. du 19 juin 1990, aff. C-213/89, Rec. 1990, p. I-2433.

CJCE, arrêt Marleasing SA c. La Comercial Internacional de Alimentacion SA, 13 novembre 1990, aff. C-106/89, Rec. 1990, p. I-4135.

CJCE, arrêt Zuckerfabric Süderdithmarschen du 21 février 1991, aff. jtes C-143/88 et c-92/89, Rec. p. I-4115.

CJCE, Nakajima c. Conseil du 7 mai 1991, aff. C-69/89, Rec. 1989, p. I-2069.

CJCE, arrêt ERT du 18 juin 1991, aff. C-260/89, Rec. I-2925.

CJCE, arrêt Andrea Francovich et Danila Bonifaci e. a. c. République italienne du 19 novembre 1991, aff. Jtes C-6/90 et C-9/90, Rec. 1991, p. I-5357.

CJCE, avis EEE du 14 décembre 1991, 1/91, Rec. p. I-6079.

CJCE, arrêt J. M. Mulder et autres et Otto Heinemann c. Conseil des Communautés européennes et Commission des Communautés européennes, du 19 mai 1992, aff. jtes C-104/89 et C-37/90, Rec. 1992 p. I-3061.

CJCE, arrêt Dansk Denkavit e. a. du 31 mars 1992, aff. C-200/90, Rec. 1992, p. I-2217.

CJCE, arrêt Poulsen, du 24 novembre 1992, aff. C- 286/90, Rec. 1992, p. I-6052.

CJCE, arrêt Telemarsicabruzzo du 26 janvier 1993, aff. Jtes C-320/90, C-321/90 et C-322/90, Rec. 1993, p. I-393.

CJCE, arrêt Beate Weber du 23 mars 1993, aff. C-314/91, Rec. 1993, p. I-1093.

CJCE, arrêt Pierre Corbiau du 30 mars 1993, aff. C-24/92, 1993 Rec. p. I-01277.

CJCE, arrêt Parlement européen c. Conseil et Commission du 30 juin 1993 aff. Jointes C-181/91 et C-248/91, Rec. 1993, p. I-3685.

CJCE, arrêt Parlement c. Conseil du 2 mars 1994, aff. C- 316/91, Rec. 1994, p. I-625.

CJCE, arrêt Roquettes Frères du 26 avril 1994, aff. C-228/92, Rec. 1994, p. I-1445.

CJCE, arrêt Faccini Dori du 14 juillet 1994, aff. C-91/92, Rec. 1994, p. 3325.

CJCE, arrêt Allemagne c. Conseil du 5 octobre 1994, aff. C-280/94, Rec. 1994, p. 109.

CJCE, arrêt F. G. Roders BV e. a. du 11 août 1995, aff. Jtes C-367/93 à C-377/93, Rec. 1995, p. I-2229.

CJCE, arrêt TWD c. Commission du 13 septembre 1995, aff. T-244/93, Rec. 1995, p. II-2265.

CJCE, arrêt Job center du 19 octobre 1995, aff. C-111/94, Rec. 1995, p. I- 3361.

CJCE, arrêt Atlanta Fruchthandelsgesellschaft mbH et autres c. Bundesamt für Ernährung und Forstwirtschaft du 9 novembre 1995, Rec. 1995, p. I-03761.

CJCE, arrêt Brasserie du Pêcheur et Factortame III, du 5 mars 1996, aff. Jtes C-46/93 et C-48/93, Rec. 1996, p. I-1029.

CJCE, avis 2/94 relatif à l'adhésion de la Communauté européenne à la Convention EDH, du 28 mars 1996, Rec. 1996, p.I-1759.

CJCE, arrêt T. Port GmbH c. Bundesanstalt für Landwirtschaft und Ernährung du 26 novembre 1996, aff. C-68/95, Rec. 1996, p. I- 6065.

CJCE, arrêt Wiljo NV du 30 janvier 1997, aff. C-178/95, Rec. 1997 I-p. 585.

CJCE, arrêt Kremzow du 19 mai 1997, aff. C-299/95, Rec. 1997 I-2629.

CJCE, arrêt Commission c. France du 9 décembre 1997, aff. C-265/95, Rec. 1997, p. I-6959.

CJCE, arrêt Lisa Jacqueline Grant c. South-West Trains Ltd du 17 février 1998, aff. C-249/96, Rec. 1998 I-621.

CJCE, arrêt Racke, du 16 juin 1998, aff. C-162/96, Rec. 1998, p. I-3665.

CJCE, arrêt Commission c. Espagne du 1er octobre 1998, aff. C-71/97, Rec. 1998, p. 5991.

CJCE, arrêt Victoria Film du 11 novembre 1998, aff. C-134/97, Rec. 1998, p. I-7023.

CJCE, arrêt Inter-Environnement Wallonie ASBL c. Région wallonne du 18 décembre 1997, aff. C-129/96, Rec. 1997 I-07411.

CJCE, arrêt Portugal c. Conseil, du 23 novembre 1999, aff. C-149/06, Rec. 1999, p. I-8395.

CJCE, arrêt Schröder du 10 février 2000, aff. C-50/96, Rec. 2000, p. I-743.

CJCE, arrêt Commission c. Portugal, du 4 juillet 2000, aff. C-62/98, Rec. 2000, p. I-5171.

CJCE, arrêt Commission c. Portugal, du 4 juillet 2000, aff. C-84/98, Rec. 2000, p. I-5215.

CJCE, arrêt Abrahamsson et Anderson du 6 juillet 2000, aff. C-407/98, Rec. 2000, p. I- 5539.

CJCE, arrêt Emsland Stärke GmbH c. Hauptzollamt Hamburg-Jonas, du 14 décembre 2000, aff. C-110/99, Rec. 2000 p. I-11569, pts 52 et 53.

CJCE, arrêt Espagne c. Conseil du 30 janvier 2001, aff. C-36/98, Rec. I-779.

CJCE, arrêt Rudy Grzelczyk du 20 septembre 2001, aff. C-184/99, Rec. 2001, p. I-6193.

CJCE, arrêt Unión de Pequeños Agricultores (UPA) c. Conseil du 25 juillet 2002, aff. C-50/00 P, Rec. 2002, p. I-6677.

CJCE, arrêt Huber du 19 septembre 2002, aff. C-336/00, Rec. 2002, p. I-7699.

CJCE, arrêt Commission c. Conseil du 12 décembre 2002, aff. C-281/01, Rec. I-2049.

CJCE, arrêt Bacardi-Martini du 21 janvier 2003, aff. C-318/00, Rec. 2003 p. I-905.

CJCE, arrêt Karl L. Meyer c. Commission du 13 février 2003, aff. T-333/01, Rec. 2003, p. II-117.

CJCE, arrêt Ministero delle Finanze contre Eribrand SpA, 19 juin 2003, aff. C-467/01, Rec. 2003, p. I-6471.

CJCE, arrêt Safalero du 11 septembre 2003, aff. C-13/01, Rec. p. I-8679.

CJCE, arrêt Gerhard Köbler c. Republik Österreich, du 30 septembre 2003, aff. C-224/01, Rec. 2003, p. I- 10239.

CJCE, arrêt Budéjovicky Budvar du 18 novembre 2003, aff. C-216/01, Rec. p. 13617.

CJCE, arrêt Procédure pénale c. X, du 7 janvier 2004, aff. C-60/02, Rec. 2004, p. I-651.

CJCE, arrêt Bidar du 15 mars 2005, aff. C- 209/03, Rec. I-2119.

CJCE, arrêt Goed Wonen du 26 avril 2005, aff. C-376/02, Rec. 2005, p. I-3445.

CJCE, arrêt Commission c. France du 12 juillet 2005, aff. C-304/02, Rec. 2005, p. I-6263.

CJCE, arrêt Commission c. Conseil du 10 janvier 2006, aff. C-94/03, Rec. 2006, p. I-1.

CJCE, arrêt Alvarez Moreno/Commission du 10 janvier 2006, C-373/04 P, Rec. 2006, p. I-1.

CJCE, arrêt Ministero dell'Economia e delle Finanze du 10 janvier 2006, aff. C-222/04, Rec. 2006, p. I- 289.

CJCE, arrêt Parlement c. Conseil et Commission du 30 mai 2006, aff. Jtes C-317 et 318/04, Rec. 2006, p. I-4721.

CJCE, arrêt G. J. Dokter e. a. du 15 juin 2006, aff. C-28/05, Rec. 2006, p. I-5431, pt 75.

CJCE, arrêt Segi, Araitz Zubimendi Izaga et Aritza Galarraga c. Conseil de l'Union européenne du 27 février 2007, aff. C-355/04, Rec. 2007, I-01657.

CJCE, arrêt Gestoras Pro Amnistía, Juan Mari Olano et Julen Zelarain Errasti c. Conseil de l'Union européenne du 27 février 2007, aff. C-354/04, Rec. 2007, p. I-01579.

CJCE, arrêt Unibet (London) Ltd et Unibet (International) Ltd contre Justitiekanslern, 13 mars 2007, aff. C-432/05, Rec. 2007, p. I-2271.

CJCE, arrêt Yassin Abdullah Kadi et Al Barakaat International Foundation c. Conseil de l'Union européenne et Commission des Communautés européennes du 3 septembre 2008, aff. Jointes C-402/05 et C-415/05, Rec. 2008, p. I-06351.

CJCE, arrêt Société Arcelor Atlantique et Lorraine e. a. c. Premier ministre, Ministre de l'Écologie et du Développement durable et Ministre de l'Économie, des Finances et de l'Industrie, du 16 décembre 2008, aff. C-127/07, Rec. 2008, p. I-9895.

CJCE, arrêt Michaniki du 16 décembre 2008, aff. C-213/07, Rec. 2008 p. I-9999.

CJCE, arrêt Sopropé du 18 décembre 2008, aff. C-349/07, Rec. p.I-10369.

CJCE, Arrêt Yedaş Tarim ve Otomotiv Sanayi ve Ticaret c. Conseil et Commission du 2 avril 2009, aff. C-255/06 P-REV, Rec. p.I-53.

CJCE, arrêt Commission c. Conseil du 1er Octobre 2009, aff. C-370/07, Rec. 2009, p. I-8917.

CJUE, arrêt Audiolux SA e.a c. Groupe Bruxelles Lambert SA (GBL) e.a. et Bertelsmann AG e.a., du 15 octobre 2009, aff. C-101/08, Rec. 2009, p. I-9823.

CJCE, arrêt Virginie Pontin c. T-Comalux SA du 29 octobre 2009, aff. C-63/08, Rec. 2009 p. I-10467.

CJUE, arrêt Município de Barcelos du 12 février 2010, aff. C-408/09, Rec. 2010, p. I-21.

CJUE, arrêt Rosalba Alassani du 18 mars 2010, aff. jtes C-317/08, C-318/08, C-319/08 et C-320/08, Rec. 2010, p. I-02213.

CJUE, arrêt Vodafone du 8 juin 2010, aff. C-58/08, Rec. 2010, p. I-4999.

CJUE, arrêt Procédure pénale c. E. et F. du 29 juin 2010, aff. C-550/09, Rec. 2010 I-6213.

CJUE, arrêt Casteels du 10 mars 2011, aff. C-379/09, Rec. 2011, p. I-1379.

CJUE, arrêt Commission c. Grèce du 31 mars 2011, aff. C-407/09, Rec. 2011, p. I-2467.

CJUE, arrêt Paul Miles e. a. c. Écoles européennes du 14 juin 2011, aff. C-196/09, Rec. 2011 p. I-5105.

CJUE, arrêts République de Pologne c. Commission européenne du 26 juin 2012, aff. C-335/09 P et aff. C-336/09 P, EU:C:2012:385 et EU:C:2012:385.

CJUE, arrêt Akerberg Fransson du 26 février 2013, aff. C-617/10, ECLI :EU :C :2013 :105.

CJUE, arrêt Inuit Tapiriit Kanatami et autres c. Parlement européen et Conseil de l'Union européenne du 3 octobre 2013, aff. C-583/11 P, EU:C:2013:625.

CJUE, arrêt Telefónica SA du 19 décembre 2013, aff. C-274/12 P, ECLI:EU:C:2013:852.

CJUE, arrêt Ascendi du 12 juin 2014, aff. C-377/13, ECLI:EU:C:2014:1754

CJUE, arrêt Commission c. Conseil du 4 septembre 2014, aff. C-114/12, ECLI:EU:C:2014:2151.

CJUE, arrêt Parlement c. Conseil du 16 avril 2015, aff. C-540/13, EU:C:2015:224.

CJUE, arrêt T & L Sugars Ltd et Sidul Açúcares Unipessoal Lda c. Commission européenne du 28 avril 2015, aff. C-456/13 P, EU:C:2015:284.

CJUE, arrêt Conseil c. Front Polisario, du 21 décembre 2016, aff. C-104/16 P, ECLI:EU:C:2016:973.

CJUE, avis 2/15 relatif à l'Accord de libre-échange entre l'UE et la République de Singapour du 16 mai 2017, ECLI:EU:C:2017:376.

CJUE, arrêt Western Sahara Campaign UK du 27 février 2018, aff. C-266/16, ECLI:EU:C:2018:118.

CJUE, arrêt Achmea du 6 mars 2018, aff. C-284/16, ECLI:EU:C:2018:158.

b) Ordonnances

CJCE, Ord. Max Gutmann c. Commission de la CEEA du 8 avril 1965, aff. 18/65 R, Rec. 1966, p. 195.

CJCE, Ord. Camera Care Ltd c. Commission des Communautés européennes du 17 janvier 1980, aff. 792/79 R, Rec. 1980, p. 119.

CJCE, Ord. Pizzinato c. Commission du 24 octobre 1984, aff. C-241/84 R, Rec. p. 3619, pts 9 et 10.

CJCE, Ord. Asia Motor France c. Commission du 23 mai 1990, aff. C-72/90, Rec. 1990, p. I-2181, pt 13.

CJCE, Ordonnance Zwartveld e.a. du 13 juillet 1990, aff. C-2/88, Rec. 1990, p. I-3365, pt 16.

CJCE, Ord.Abertal e.a./Commission du 18 octobre 1991, aff. C-213/91 R, Rec. p. I-5109, pt 24.

CJCE, Ord. ISAE et INTERDATA c. Commission du 14 janvier 1992, aff. C- 130/91, Rec. p. I-69, pt 11.

CJCE, Ord. Camar c. Commission et Conseil de l'UE du 15 avril 1998, aff. C-43/98 P (R), Rec. p. I-1815, pts 46 et 47.

CJCE, Ord. E. Rhigini c. Commission du 26 janvier 2007, aff. C-57/06P, Rec. p. 1, pt 14.

CJUE, Ord. EDF c. Commission, du 7 mars 2013, aff. C-551/12 P(R), ECLI:EU:C:2013:157, pts 20-35.

CJUE, Ord. Commission c. Pilkington Group, 10 septembre 2013, aff. C-278/13 P (R), ECLI:EU:C:2013:558.

B) TPICE, Trib. (UE)

TPICE, Ord. Zubizarreta c. Albani du 26 mars 1992, aff. T-35/89, Rec. 1992, p. II- 1599.

TPICE, arrêt NBV et NVB du 17 septembre 1992, aff. T-138/89, Rec. 1992, p. II-2181, pt 33.

TPICE, Ord. Peixoto c. Commission du 5 avril 1993, aff. T- 21/93 R, Rec. 1993 II-00463, pts 31 à 38.

TPICE, Ord. Mireille Meskens c. Parlement du 5 juillet 1993, Rec. 1993, p. II-757, pt 80.

TPICE, Ord. Etienne TÊTE e. a. c. BEI du 26 novembre 1993, aff. T-460/93, Rec. p. II-1258, pt 21.

TPICE, Ord. Norsk Hydro c. Commission du 1er juillet 1994, aff. T-106/89, Rec. 1994, p. II- 419.

TPICE, Ord. Century Oils Hellas c. Commission, du 4 juillet 1994, aff. T-13/94, Rec. 1994, pp. 11-431, pts 13 et 14.

TPICE, Ord. Laakmann Karton GmbH c. Commission des Communautés européennes du 21 décembre 1994, aff. T-301/94 R, Rec. 1994 II-01279, pt 22.

TPICE, Ord. Buchmann GmbH c. Commission des Communautés européennes, du 21 décembre 1994, aff. T-295/94 R, Rec. 1994 II-01265, pts 23 et 24.

TPICE, arrêt Cityflyer Express c. Commission, 30 avril 1998, aff. T-16/96, Rec. 1998, p. II-757, pt 30.

TPICE, arrêt Union européenne de l'artisanat et des petites et moyennes entreprises (UEAPME) c. Conseil, T-135/96 du 17 juin 1998, Rec. p. II-2335, pt 89.

TPICE, Ord. Eduardo Peña Abizanda e.a. c. Commission des Communautés européennes du 4 février 1999, aff. T-196/98 R, Rec. 1999, FP-I-A-5 ; FP-II-15.

TPICE, arrêt Bo Forvass c. Commission des Communautés européennes du 6 juillet 1999, aff. T-203/97, Rec. 1999, p. FP-I-A-00129, pt 70.

TPICE, Ord., Alexopoulou c. Commission du 13 février 1998, T-195/96, RecFP p. I-A-51 et II-117, pt 39.

TPICE, arrêt ARAP e. a. c. Commission du 17 juin 1999, aff. T-82/96, Rec. 1999 II-01889, pt 49.

TPICE, Ord. Jean-Marie Le Pen c. Parlement européen du 26 janvier 2001, aff. T-353/00 R, 2001 II-125, pt 96.

TPICE, arrêt Jégo-Quéré du 3 mai 2002, aff. T-177/01, Rec. 2002, p.II-02365.

TPICE, arrêt Cantina Sociale di Dolianova e. a. c. Commission du 23 novembre 2004, aff. T-166/98, Rec. 2004, p. II-3991.

TPICE, arrêt Kuwait Petroleum (Nederland) c. Commission du 31 mai 2006, aff. T-354/99, Rec. 2006, p. II-1475, pt 33.

TPICE, arrêt Österreichische Postsparkasse c. Commission du 7 juin 2006, aff. Jtes T-213/01 et T-214/01, Rec. 2006, p. II-1601, pts 53-55.

TPICE, Ord. Delice c. Commission et Erlangen du 19 mai 2009, aff. T-528/08, ECLI:EU:T:2009:162, pt 14.

TPICE, Ord. Avaessian Avaki e.a. c. People's Mojahedin Organization of Iran du 17 septembre 2009, aff. T-284/08 TO, Rec. 2009, p.II-161, pt 15.

Trib. (UE), ord. Victoria Sanchez c. Parlement et Commission, 17 novembre 2010, aff. T-61/10, Rec. 2010, p. II-252, pt 28.

Trib. (UE), Ord. Noko Ngele c. Commission, du 26 mai 2010, aff. T-15/10 R, Rec. p. II-102*, pt 14.

Trib. (UE). Ord. Castiglioni Srl c. Commission du 9 mars 2011, aff. T-591/10 R, Rec. 2011, p. II-47*, pt 12.

Trib. (UE), arrêt Safariland du 13 avril 2011, aff. T-262/09, Rec. 2011, p. II-1629, pt 41.

Trib. (UE), Ord. Trabelsi e. a. c. Conseil, du 14 juillet 2011, aff. T-187/11 R, Rec. 2011 II-235, pt 32.

Trib. (UE), arrêt Vahan Adjemian e.a c. Commission européenne du 21 septembre 2011, aff. T-325/09 P, Rec. 2011 p. II-6515.

Trib. (UE), arrêt Vivendi c. Commission, 23 septembre 2011, T 567/10, Rec. 2011, p. II-00317, pt 19.

Trib. (UE), Ord. Samir Hassan c. Conseil de l'Union européenne, du 23 avril 2012, aff. T-572/11 RII, ECLI:EU:T:2012:83 , pt 50.

Trib. (UE), Ord. Akzo Nobel e. a. c. Commission, du 16 novembre 2012, aff. T-345/12 R, ECLI:EU:T:2012:605.

Trib. (UE), Ord. Evonik Degussa c. Commission, du 16 novembre 2012, aff. T-341/12 R, ECLI:EU:T:2012:604.

Trib. (UE), Ord. Alstrom c. Commission, 29 novembre 2012, aff. T-164/12 R, ECLI:EU:T:2012:637.

Trib. (UE), Ord. Pilkington Group c. Commission, 11 mars 2013, aff. T-462/12 R, ECLI:EU:T:2013:119.

Trib. (UE), arrêt Deutsche Bahn e.a. / Commission du 6 septembre 2013, aff. jtes T-289/11, T-290/11 et T-521/11, ECLI:EU:T:2013:404, pts 56-58.

Trib. (UE), arrêt Inuit Tapiriit Kanatami e.a. c. Parlement et Conseil, 3 octobre 2013, aff. T-18/10, Rec. 2013, p. II- 5599.

Trib. (UE), Ord. Holistic Innovation Institute c. REA du 23 octobre 2014, aff. T-706/14 R, ECLI:EU:T:2014:913, pt 8.

Trib. (UE), arrêt Safa Nicu Sepahan Co. c. Conseil de l'Union européenne du 25 novembre 2014, aff. T-384/11, ECLI:EU:T:2014:986, pt 151.

) TFPUE

TFPUE, arrêt Lebedef et Jones c. Commissiondu 30 septembre 2010, aff. F-29/09, ECLI:EU:F:2010:120, pts 29-30.

TFPUE, Ord. Marcuccio c. Commission du 13 février 2012, aff. F-118/11 R, ECLI:EU:F:2012:16, pt 20.

TFPUE, Ord. BH c. Commission du 28 février 2012, aff. F-129/11 R, ECLI:EU:F:2012:21, pt 59.

TFPUE, Ord. du président du TFUE, Philippe Colart c. Parlement européen du 2 octobre 2013, aff. F-87/13 R, ECLI:EU:F:2013:147, pt 13.

III- Juridictions internationales et régionales

A) Juridictions internationales

CPJI, arrêt Wimbledon, du 17 août 1923, série A, n° 1, p. 32.

CPJI, arrêt Usine de Chorzów, du 13 septembre 1928, série A, n° 17, p. 68.

CPJI, arrêt du 12 juillet 1929, affaire des emprunts serbes et brésiliens, série A, n°20/21, p. 1.

CIJ, avis Réparation de dommages subis au service des Nations Unies du 11 avril 1949, Rec. p. 182.

CIJ, arrêt Nottebohm (Liechtenstein c. Guatemala) du 6 avril 1955, Rec. 1955, p. 23.

CIJ, affaire du Sud-ouest africain du 18 juillet 1966, Rec. 1966, p. 6.

CIJ, arrêt Activités militaires et paramilitaires au Nicaragua et contre celui-ci, du 27 juin 1986, Rec. 1986, p. 95.

CIJ, arrêt Burkina-Faso c. Mali (affaire du différend frontalier) du 22 décembre 1986, Rec. p. 573.

CIJ, avis « Licéité de la menace ou de l'emploi d'armes nucléaires » du 8 juillet 1996, Rec. p. 78.

B) Juridictions régionales

Cour EDH, arrêt Hornsby c. Grèce du 19 mars 1997, n° 18357/91, Rec. 1997-II.

Cour EDH, arrêt Fogarty c. Royaume-Uni du 21 novembre 2001, Rec. 2001-XI.

CJCEDEAO, arrêt Hon Dr Christian Ugokwe c. République Fédérale du Nigéria & Hon Dr Christian C. Okike et autres, du 7 octobre 2005, aff. n° ECW/CCJ/APP/02/05, disponible sur http://www.courtecowas.org/.

EACJ, James Katabazi and 21 others v. Secretary general of the EAC and Attorney general of Republic of Uganda, reference n°1 of 2007, 1st November 2007, disponible sur www.eacj.org

CJCEDEAO, arrêt Prof. Étim Moses Essien c. République de Gambie et Université de Gambie du 29 octobre 2007, aff. n°ECW/CCJ/APP/05/07, disponible sur : http://www.courtecowas.org/

CJCEDEAO, arrêt Dame Hadijatou Mani Koraou c. La République du Niger du 27 octobre 2008, aff. n°ECW/CCJ/JUD/06/08.

EACJ, Advisory opinion to the Council of Ministers, n° 1, 2010, disponible sur www.eacj.org

EACJ, Plaxeda Rugumba v. The Secretary general of the East African Community and Attorney General of Rwanda, reference n° 8 of 2010 of 7th November 2010, disponible sur: www.eacj.org.

CJCEDEAO, arrêt Congrès pour la démocratie et le Progrès (CDP) & autres c. État du Burkina, du 13 juillet 2015, aff. n° ECW/CCJ/APP/19/15, disponible sur : http://www.courtecowas.org/.

Juridictions nationales

A) États membres de l'UEMOA

1) Bénin

Cour Const. Ben., 18 octobre 200, décision DDC 07-122.

Cour Const. Ben., 7 janvier 2016, Décision DDC 16-006.

Cour Const. Ben., 22 août 2019, Décision DCC 19-287.

2) Burkina-Faso

Ch. Adm., 23 janvier 1976, TIENDREBEOGO Anatole et 2 autres c/Gouvernement de Haute-Volta, n°2.

3) Côte d'Ivoire

Cons. Const. Civ., 11 décembre 1996, décision n°A-001/96.

Cons. Const. Civ., 16 juin 1997, décision n° L-007/97.

Cons. Const. Civ., 6 décembre 2006, décision n°19/GG/SG

Cons. Const. Civ., 4 mai 2011, décision n° CI-2011-EP-036/04-05/CC/SG.

4) Sénégal

Cons. Const. SE, 12 février 2005, Loi d'amnistie, aff. N° 1 et 2/C/2005.

B) États membres de l'UE

1) France

Conclusions du procureur général Matter dans Cass. Civ, 22 décembre 1931, Sanchez, D. 1932, 1. 131.

Cons. Const. Fr, 15 janvier 1975, IVG, décision n° 74-54 DC.

Cass., mixte, 24 mai 1975, Société Jacques Vabre, D. 1975, p. 497.

CE. Ass., 20 octobre 1989, Nicolo, Rec. Lebon, p. 190.

CE Ass., 30 octobre 1998, Sarran, Levacher e.a. Rec. Lebon, p. 624.

CE Ass., 3 décembre 2001, Syndicat national de l'industrie pharmaceutique, Rec. Lebon, p. 624.

Cons. Const. Fr., 10 juin 2004, Loi pour la confiance dans l'économie numérique, 2004-496 DC.

Cons. Const. Fr., 19 novembre 2004, Traité établissant une constitution pour l'Europe, 2004-505 DC.

Cons. Const. Fr, 27 juillet 2006, Loi relative au droit d'auteur, 2006-540 DC.

Cons. Const. Fr., 30 novembre 2006, Loi relative au secteur de l'énergie, 2006-543 DC.

CE Ass., 8 février 2007, Société Arcelor Atlantique et Lorraine, n°287110.

Cons. Const. Fr, 20 décembre 2007, Traité de Lisbonne, 2007-560 DC, pt 7.

2) Italie

Cour const. It., arrêt Frontini et Pozzani, CDE 1975, p. 114.

3) Allemagne

Cour const. All., arrêt dit Solange I du 29 mars 1974, BVerfGE 37, p. 271.

Cour const. All., arrêt dit Solange II du 22 octobre 1986, BVerfGE, p. 339

4) Hongrie

Cour Const. Hon., 16 juin 2006, 1053/E/2005 AB.

C) Autres

Cour suprême des États-Unis, Mc Chulloch v. Maryland, 17 U.S. (1819) 316.

Tribunal mixte germano-polonais, Décision du 29 juillet 1924, Rec. n° 5, p. 455.

PARTIE IV- Traités et législation

I- UEMOA

A) Droit originaire

1) Traités constitutifs

Traité de l'UEMOA (traité de Dakar) du 10 janvier 1994, BO, n° 05, édition spéciale, pp.1-14.

Traité révisé de l'UEMOA (traité de Ouagadougou) du 29 janvier 2003, disponible sur www.uemoa.int

Traité révisé de l'UMOA du 20 janvier 2007, disponible sur www.beceao.int

2) Autres actes de droit originaire

Traité relatif à l'adhésion de la Guinée-Bissau à l'UEMOA du 5 mars 1997, BO non disponible.

Traité portant création du Parlement de l'UEMOA du 29 janvier 2003, disponible sur www.uemoa.int

Protocole additionnel n° 1 relatif aux organes de contrôle de l'UEMOA, BO, n° 05, édition spéciale, pp. 14-15.

Protocole additionnel n° 2 relatif aux politiques sectorielles communes de l'UEMOA, BO, n° 05, édition spéciale, pp. 15-17.

Protocole additionnel n° 3 relatif aux droits, privilèges et immunités de l'Union économique et monétaire ouest-africaine (UEMOA) du 10 mai 1996, BO de juin 1996, p. 4.

Protocole relatif aux privilèges et immunités de la BCEAO, disponible sur : www.bceao.int.

B) Droit dérivé

1) Actes contraignants

Actes additionnels

Acte additionnel n° 4 /1996 du 10 mai 1996 instituant un régime tarifaire préférentiel transitoire des échanges au sein de l'UEMOA et son mode de financement, BO, Éd. spéciale, juin 1996, p. 7.

Acte additionnel n°10/96/CCEG/UEMOA portant statuts de la Cour de justice de l'UEMOA, BO, Éd. spéciale, 2è trimestre, 1996, pp. 15-18.

Acte additionnel n° 1/1997 modifiant l'article 12 de l'acte additionnel n° 04/96 du 10 mai 1996, instituant un régime tarifaire préférentiel transitoire des échanges au sein de l'UEMOA et son mode de financement, BO non disponible.

Acte additionnel n°2/97 fixant les attributions, la composition et les principes d'organisation et de fonctionnement de la Chambre consulaire régionale de l'UEMOA, BO non disponible.

Acte additionnel n° 4/98 portant modification de l'article premier de l'acte additionnel n° 01/97 du 23 juin 1997 modifiant l'article 12 de l'acte additionnel n° 04/96 du 10 mai 1996 instituant un régime tarifaire préférentiel transitoire des échanges au sein de l'UEMOA, BO non disponible.

Acte additionnel n°3/2001/CCEG/UEMOA portant adoption de la politique agricole de l'UEMOA du 19 décembre 2001, BO, n°24, 4e trimestre 2001, pp.7- 10.

Acte additionnel n°4/2001/CCEG/UEMOA portant adoption de la politique énergétique commune de l'UEMOA du 19 décembre 2001, BO, n°24, 4e trimestre 2001, pp.10- 11.

Acte additionnel n° 1/2003/CCEG/UEMOA du 29 janvier 2003 nommant les membres de la Commission de l'UEMOA, BO non disponible.

Acte additionnel n° 2/2003/CCEG/UEMOA du 29 janvier 2003 nommant les membres de la Commission de l'UEMOA, BO non disponible.

Acte additionnel n° 01/2004/CCEG/UEMOA du 10 janvier 2004 abrogeant l'Acte additionnel n° 02/2003 du 29 janvier 2003 désignant le Président de la Commission, BO non disponible.

Acte additionnel n° 4/2004/CCEG/UEMOA portant nomination des membres de la Commission de l'UEMOA, 22 mars 2004, BO non disponible.

Acte additionnel n° 6/2004/CCEG/UEMOA portant nomination de Monsieur Jérôme BRO GREBE en qualité de membre de la Commission de l'UEMOA, BO non disponible.

Acte additionnel n° 1/2007/CCEG/UEMOA portant nomination des membres de la Commission de l'UEMOA, BO non disponible.

Acte additionnel n°1/2008/CCEG/UEMOA portant adoption de la politique commune d'amélioration de l'environnement de l'UEMOA, BO, n° 60, 1er trimestre 2008, pp.3-6.

Acte additionnel n°1/2009 instituant une politique commune de l'UEMOA, dans le domaine de la libre circulation et du séjour des personnes non ressortissantes de l'Union du 17 mars 2009, BO, n° 66, 1er trimestre 2009, pp.13-15.

Acte additionnel n° 2/2009/CCEG/UEMOA portant création et organisation du Conseil du travail et du dialogue social de l'UEMOA, BO, n° 66, 1er trimestre 2009, pp.13-15.

Acte additionnel n° 3/2009/CCEG/UEMOA portant reconnaissance de l'intérêt communautaire à l'association des médiateurs des pays membres de l'UEMOA, BO non disponible.

Acte additionnel n° 4/2009 portant modification de l'acte additionnel n° 2/97 du 23 juin 1997 fixant les attributions, la composition et les principes d'organisation et de fonctionnement de la chambre consulaire régionale de l'UEMOA, BO, n° 66, 1er trimestre 2009, pp.16-17.

Acte additionnel n°1/2010 portant institution d'une politique commune du tourisme au sein de l'UEMOA du 2 juin 2010, BO non disponible.

Acte additionnel n°2/CCEG/UEMOA/2011 du 30 mai 2011 portant création et organisation du Conseil des collectivités territoriales, BO non disponible.

Acte additionnel n° 3/2011/CCEG/UEMOA portant nomination des membres de la Commission de l'UEMOA, 26 août 2011, BO non disponible.

Acte additionnel n° 6/2011/CCEG/UEMOA portant nomination de Monsieur Cheick Hadjibou SOUMARE en qualité de membre de la Commission de l'UEMOA en remplacement de Monsieur El Hadji Abdou SACKO, 21 octobre 2011, BO non disponible.

Acte additionnel n°4/2013 instituant la politique commune de l'UEMOA dans le domaine de la paix et de la sécurité du 24 octobre 2013, BO, n° 87, 4e trimestre 2013, pp.4-5.

Acte additionnel n° 05/2013/CCEG/UEMOA portant institution d'une revue annuelle des réformes, politiques, programmes et projets communautaires au sein de l'Union économique et monétaire ouest-africaine, BO non disponible.

Acte additionnel n°6/2013 portant institution de la politique commune de développement culturel au sein de l'UEMOA du 24 octobre 2013, BO, n°6, 4è trimestre 2013, pp 7-9.

Acte additionnel n° 04/2015/CCEG/UEMOA portant rappel des juges auprès de leur pays, pour une consultation de six (06) mois, BO non disponible.

Acte additionnel n° 02/2016/CCEG/UEMOA du 8 janvier 2016, BO non disponible.

Acte additionnel n° 05/2016/CCEG/UEMOA du 20 mai 2016, BO non disponible.

b) Règlements

Règlement n° 01/95/CM/UEMOA portant statut des fonctionnaires de l'UEMOA, BO, mai 1996, p. 3.

Règlement n° 02/95/CM/UEMOA portant régime applicable au personnel non permanent de l'UEMOA, BO, mai 1996, p. 11.

Règlement n° 01/96/CM portant règlement de procédures de la Cour de Justice de l'Union économique et monétaire ouest-africaine, BO non disponible.

Règlement d'exécution n° 05/96/COM fixant la période probatoire pour la titularisation des fonctionnaires de l'UEMOA, du 1er février 1996, BO non disponible.

Règlement d'exécution n° 08/96/COM/UEMOA fixant la composition et les règles de fonctionnement de la Commission Consultative de Recrutement et d'Avancement de l'UEMOA (CCRA), du 8 juillet 1996, BO disponible.

Règlement n° 02/2002/CM/UEMOA relatif aux pratiques anticoncurrentielles à l'intérieur de l'Union, BO non disponible.

Règlement n° 03/2002/CM/UEMOA relatif aux procédures applicables aux ententes et abus de position dominante à l'intérieur de l'UEMOA, BO non disponible.

Règlement n° 4/2003 fixant les règles communes pour l'attribution des créneaux horaires dans les aéroports de l'Union, BO, n°31, 1er trimestre 2003, pp.15- 18.

Règlement n° 18/2003 portant adoption du code minier communautaire de l'UEMOA, BO, n°35, 4e trimestre 2003, pp.20- 27.

Règlement n° 1/2005/CM/UEMOA du 4 juillet 2005 portant schéma d'harmonisation des activités d'accréditation, de certification, de normalisation et de métrologie dans l'UEMOA, BO disponible.

Règlement n°5/2006/CM/UEMOA relatif à la libre circulation et à l'établissement des experts-comptables et des comptables agréés ressortissants de l'Union au sein de l'espace UEMOA, du 02 mai 2006, BO, n°48, 2006, pp.3- 4.

Règlement n° 1/2007 portant adoption du code communautaire de l'aviation civile des Etats membres de l'UEMOA, BO, n° 56, Edition spéciale, janvier 2007, p. 1.

Règlement n° 2/2008 relatif aux transports maritimes au sein de l'UEMOA, BO, n° 60, 1er trimestre 2008, pp.11-13.

Règlement n° 8/2008/CM/UEMOA portant adoption des règles visant à éviter la double imposition au sein de l'UEMOA et des règles d'assistance en matière fiscale, BO non disponible.

Règlement n° 6/2009/CM/UEMOA portant reconnaissance mutuelle des visas délivrés par les États membres de l'UEMOA, BO, n° 67, 1er trimestre 2009, pp.4-5.

Règlement n° 07/2010/CM/UEMOA portant statut du personnel de l'UEMOA, 1er octobre 2010, BO non disponible.

Règlement d'exécution n° 15/2011/COM/UEMOA fixant la composition et le fonctionnement du Comité consultatif paritaire, BO non disponible.

Règlement administratif n°01/2012/CJ abrogeant et remplaçant le Règlement n°01/2010/CJ relatif au Règlement administratif de la Cour de Justice de l'UEMOA, BO non disponible.

c) Directives

Directive n° 05/97/CM/UEMOA du 16 décembre 1997, relative aux lois de finances, BO, n° 7, décembre 1997, pp. 10-19.

Directive n° 06/97/CM/UEMOA du 16 décembre 1997, portant règlement général de la comptabilité publique, BO, n° 7, décembre 1997, pp. 20-29.

Directive n° 02/1998 qui définit le régime harmonisé de la Taxe sur la Valeur Ajoutée (TVA) applicable par l'ensemble des Etats membres de l'Union, BO non disponible.

Directive n° 07/98/CM/UEMOA du 22 décembre 1998, donnant mandat à la Commission pour ouvrir et conduire des négociations en vue de la conclusion d'un Accord entre les États-Unis d'Amérique et l'UEMOA, relatif au développement des relations de commerce et d'investissement, BO non disponible.

Directive n°2/2000/CM/UEMOA du 29 juin 2000, portant adoption du Code de transparence dans la gestion des finances publiques au sein de l'UEMOA, BO, n°18, 2e trimestre 2000, p. 18.

Directive n° 6/2005/CM/UEMOA relative à la libre circulation et à l'établissement des médecins ressortissants de l'Union au sein de l'espace UEMOA du 16 décembre 2005, BO, n°47, 4e trimestre 2005, pp.44-46.

Directive n°7/2005/CM/UEMOA relative à la libre circulation et à l'établissement des architectes ressortissants de l'Union au sein de l'espace UEMOA, du 16 décembre 2005, BO, n°47, 4e trimestre 2005, pp.46- 48.

Directive n°2/2002/CM/UEMOA relative à la coopération entre la Commission et les structures nationales de concurrence des États membres pour l'application des articles 88, 89 et 90 du traité de l'UEMOA, BO, n°26, 2e trimestre 2002, pp.164- 165.

Directive n° 03/2003/CM/UEMOA du 26 juin 2003, donnant mandat à la Commission pour ouvrir et conduire les négociations en vue de la conclusion d'un accord commercial et d'investissement entre l'UEMOA et la République algérienne démocratique et populaire, BO non disponible.

Directive n° 04/2003/CM/UEMOA du 26 juin 2003, donnant mandat à la Commission pour ouvrir et conduire les négociations en vue de la conclusion d'un accord commercial et d'investissement entre l'UEMOA et la République arabe d'Egypte, BO non disponible.

Directive n° 1/2005/CM/UEMOA sur l'égalité de traitement des étudiants ressortissants de l'UEMOA, dans la détermination des conditions et des droits d'accès aux institutions publiques d'enseignement supérieur dans les États membres de l'Union, BO non disponible.

Directive n° 8/2005/CM/UEMOA relative à la réduction des points de contrôle routiers inter-états de l'Union, BO non disponible.

Directive n° 1/2007 modifiant la directive n° 6/2001/CM/UEMOA portant harmonisation de la taxation des produits pétroliers au sein de l'UEMOA, BO non disponible

Directive n° 1/2008 portant harmonisation des modalités de détermination du résultat imposable des personnes morales au sein de l'UEMOA, BO, n° 60, 1er trimestre 2008, pp.74-81

Directive n° 01/2009/CM/UEMOA portant code de transparence dans la gestion des finances publiques au sein de l'UEMOA, BO non disponible.

d) Décisions

Décision n° 8/2002/CM/UEMOA du 27 juin 2002 portant adoption du programme commun du transport aérien des États membres de l'UEMOA, BO non disponible.

Décision n° 15/2005/CM/UEMOA du 16 décembre 2005 portant modalités pratiques d'application du plan régional de contrôle des axes routiers inter-États de l'UEMOA, BO non disponible.

Décision n° 7/2010/COM/UEMOA invitant l'État du Sénégal à retirer la norme NS 03-072 modifiée et les mesures prises pour son application, BO n° 71, 2e trimestre, 2010, p. 36.

e) Autres

Accord conclu entre le gouvernement des États-Unis d'Amérique et l'UEMOA, relatif au développement des relations de commerce et d'investissement du 24 avril 2002.

Accord entre la Communauté européenne et l'Union économique et monétaire ouest-africaine sur certains aspects relatifs aux services aériens, JOUE L 56 du 6.3.2010, p. 16–36.

2) Actes non contraignants

a) Résolutions

Résolution n°3/2003/CIP sur la création d'un mécanisme interne d'alerte et de suivi des conflits, du 20 juillet 2003, BO, n° 34, 3e trimestre 2003, p.31.

Résolution n°5/2003/CIP relative à l'envoi de missions d'observateurs du CIP aux élections organisés dans les États membres de l'Union, du 28 juillet 2003, BO non disponible.

Résolution n°1/2004/CIP-UEMOA du 5 avril 2004 portant création du Conseil parlementaire pour la paix, BO, n° 39, 2e trimestre 2004, pp.45-46.

Résolution n°2/CIP/2008 du 11 août 2008 sur la situation sociopolitique en Guinée-Bissau, BO, n° 63, 3e trimestre, 2008, p. 51.

Résolution n° 1/CIP/2009 du 31 mars 2009 sur la situation sociopolitique en Guinée-Bissau, BO, n° 66, 1er trimestre, 2009, p. 105.

Résolution n° 1/CIP/2011 du 5 avril 2011 sur la crise postélectorale en Côte d'Ivoire, BO, n°76, 2e trimestre, 2011, p. 57.

Résolution n° 2/CIP/2011 du 5 avril 2011 sur l'organisation des élections dans l'espace UEMOA, BO, n° 76, 2e trimestre, 2001, p. 57.

Résolution n° 3/CIP/2014 relative à l'observation des élections dans l'espace UEMOA, BO, n° 88, 1er trimestre 2014, pp.47.

Résolution n°4/CIP/2014 du 3 avril 2014, disponible sur :

http://www.uemoa.int/Pages/ACTES/ComiteInterparlementaire.aspx.

) Recommandations

Recommandation n°2/CIP/2008 sur la situation monétaire de l'Union, BO, n° 63, 3e trimestre, 2008, p. 50.

Recommandation n° 3/CIP/2008 sur la mise en œuvre de la politique agricole de l'Union, BO, n° 63, 3e trimestre, 2008, p. 51.

Recommandation n° 1/CIP/2009 du 6 février 2009 sur la nécessité de la restitution des résultats des travaux des sessions du CIP aux populations, BO, n° 66, 1er trimestre, 2009, p. 106.

Recommandation n° 2/CIP/2009 du 6 février 2009 sur la prise en compte du volet intégration par les assemblées nationales dans les commissions générales ou permanentes, BO, n° 66, 1er trimestre, 2009, p. 106.

Recommandation n° 3/CIP/2009 du 6 février 2009 sur le parlement communautaire et la diplomatie parlementaire, BO, n° 66, 2009, p.

:) Rapports

CJUEMOA, Rapport de synthèse de l'atelier national de formation des magistrats et avocats en droit communautaire UEMOA, Niamey, 22 au 23 avril 2009, 9 p.

CJUEMOA, Rapport général de l'atelier de formation des magistrats et avocats en droit communautaires UEMOA, Bamako, 9 au 10 juin 2009, 10 p.

CJUEMOA, Rapport général de l'atelier de formation des magistrats et avocats en droit communautaire UEMOA, Ouahigouya, 12 au 13 mai 2009, 13 p.

CJUEMOA, Rapport de séminaire national de formation des magistrats et avocats en droit communautaire UEMOA, Abidjan, 9 juin 2010, 7 p.

CJUEMOA, Rapport général de l'atelier régional d'harmonisation des pratiques dans les greffes des pays membres de l'UEMOA, Abidjan, 30 mai au 1er juin 2012, 6 p.

CJUEMOA, Rapport général du séminaire régional de sensibilisation des magistrats et avocats en droit communautaire UEMOA, Abidjan, 10 au 12 juillet 2012, 8 p.

d) Déclarations

Déclaration du CIP-UEMOA du 25 mai 2012 sur les crises au Mali et en Guinée-Bissau, disponible sur www.uemoa.int.

Déclaration de Lomé du 6 février 2009 sur le rôle des parlements dans le processus d'intégration et la diplomatie parlementaire, disponible sur :
http://www.uemoa.int

e) Autres

UEMOA, Discours de son excellence docteur Yayi Boni, président de la république du Bénin, président en exercice de la conférence des chefs d'État et de gouvernement de l'UEMOA, Ouagadougou, le 20 octobre 2014, p. 7, disponible sur www.uemoa.int.

UEMOA, Rapport annuel 2015 de la Commission sur le fonctionnement et l'évolution de l'Union, Lomé, Espace Technologie, 2016, 94 p.

Commission de l'UEMOA, 25e rapport de l'Observatoire des Pratiques Anormales (OPA). Rapport annuel de l'année 2015, 10 p., disponible sur : http://patronat.bf/wp-content/uploads/2016/07/Rapport-annuel-OPA_2015.pdf

II- UE

A) Droit originaire

Traité sur l'Union européenne, JOUE n° C 326, 26.10.2012.

Traité sur le fonctionnement de l'Union européenne, JOUE n° C 326, 26.10.2012.

Protocoles et Annexes au traité de Lisbonne, JOUE n° C 326, 26.10.2012.

Charte des droits fondamentaux, JOUE n° C 326, 26.10.2012.

Protocole n°1 sur le rôle des parlements nationaux dans l'Union européenne, JOUE, C 326/01 du 26 octobre 2012, p. 201.

Protocole n° 2 sur l'application des principes de subsidiarité et de proportionnalité, JOUE, C 83 du 30 mars 2010, p. 202.

B) Droit dérivé

) Actes contraignants

Acte portant élection des représentants à l'Assemblée au suffrage universel direct, JOCE, n° L 278 du 8 octobre 1976.

Décision du Conseil du 25 juin 2002 et du 23 septembre 2002 modifiant l'acte portant élection des représentants au Parlement européen au suffrage universel direct, annexé à la décision 76/787/CECA, CEE, Euratom, JOUE, n° L 283/1 du 21 octobre 2002.

Directive 2004/38/CE du Parlement européen et du Conseil du 29 avril 2004 relative au droit des citoyens de l'Union et des membres de leurs familles de circuler et de séjourner librement sur le territoire des États membres, modifiant le règlement (CEE) n° 1612/68 et abrogeant les directives 64/221/CEE, 68/360/CEE, 72/194/CEE, 73/148/CEE, 75/34/CEE, 75/35/CEE, 90/364/CEE, 90/365/CEE et 93/96/CEE (Texte présentant de l'intérêt pour l'EEE), JOUE L 158 du 30/04/2004 p.77 – 123.

Règlement n° 211/2011 du Parlement et du Conseil du 16 février 2011, relatif à l'initiative citoyenne, JOUE L 65 du 11.3.2011, p. 1–22.

Règlement (UE) n° 1215/2012 du Parlement européen et du Conseil du 12 décembre 2012 concernant la compétence judiciaire, la reconnaissance et l'exécution des décisions en matière civile et commerciale, JOUE L 351 du 20.12.2012, pp. 1-32.

Règlement de procédure de la Cour de justice, JOUE L 265, 29.9.2012, p. 1-2.

2) Actes non contraignants

Rapport de la Cour de justice des Communautés européennes sur l'application du traité sur l'Union européenne, Luxembourg, 1995, disponible sur http://www.cvce.eu.

Communication de la Commission au Parlement européen et au Médiateur européen concernant les relations avec le plaignant en matière d'infractions au droit communautaire, COM/2002/0141 final, JOCE n° C 244, 10.10.2002, p. 5.

Communication de la Commission au Conseil et au parlement sur l'article 7 du traité sur l'Union européenne. Respect et promotion des valeurs sur lesquelles l'Union est fondée, du 15.10.2003. COM (2003) 606 final.

Explications relatives à la Charte des droits fondamentaux, JOUE C 303 du 14 décembre 2007, p. 17.

Note informative sur l'introduction de procédures préjudicielles par les juridictions nationales, JOUE C 160 du 28.05.2011.

Proposition de décision du Conseil relative à la signature de l'accord de partenariat économique (APE) négocié entre les États de l'Afrique de l'Afrique de l'Ouest, la CEDEAO et l'UEMOA, d'une part, et l'Union européenne et ses États membres, d'autre part, COM (2014) 576 final du 15.9.2014.

III- Autres

A) Traités internationaux

1) Actes constitutifs et autres actes de droit originaire (organisations régionales africaines)

Traité révisé de la CEDEAO du 24 juillet 1993, disponible sur www.ecowas.int

Traité instituant la Communauté économique africaine du 3 juin 1991, disponible sur http://www.au.int/en/treaties

Acte Constitutif de l'UA du 11 juillet 2000, disponible sur http://www.au.int/en/treaties

Protocole A/P 01/05/1979 du 29 mai 1979, sur la libre circulation des personnes, le droit de résidence et d'établissement, JO Vol. 1, juin 1979, p. 3.

Protocole n° A/P3/5/1982 du 29 mai 1982, portant code de la citoyenneté de la Communauté, JO Vol. 4, juin 1982, p. 21.

Protocole additionnel A/SP 01/07/1986 du 1er juillet 1986, relatif à l'exécution de la deuxième étape (droit de résidence) du protocole sur la libre circulation des personnes, le droit de résidence et d'établissement, JO Vol. 9, juillet 1986, p. 3.

Protocole A/SP 02/05/1990 du 29 juin 1990, relatif à l'exécution de la troisième étape (droit d'établissement) du protocole sur la libre circulation des personnes, le droit de résidence et d'établissement, JO Vol. 17, juin 1990, p. 9.

Protocole A/P2/8/94 du 6 août 1994, relatif au Parlement de la Communauté, disponible sur : http://www.dri.gouv.sn.

Protocole sur les relations entre la Communauté économique africaine et les Communautés économiques régionales africaines signé à Addis-Abeba le 28 février 1998, disponible sur : http://www.ssatp.org/sites/ssatp/files/publications/HTML/legal_review/Annexes_fr/Annexes%20III_fr/Annexe%20III-04_fr.pdf .

Protocole additionnel A/SP1/01/05 portant amendement du protocole AP1/7/91 relatif à la Cour de justice de la CEDEAO, disponible sur : http://www.courtecowas.org/site2012/pdf_files/supplementary_protocol.pdf.

Protocole de la CEDEAO A/SP1/12/01 sur la démocratie et la bonne gouvernance, additionnel au protocole relatif au mécanisme de prévention, de gestion, de règlement des conflits, de maintien de la paix et de la sécurité, JO n°

La Charte africaine sur la démocratie, les élections et la bonne gouvernance du 30 janvier 2007, disponible sur : http://www.au.int/en/treaties.

Protocole relatif à la création du Conseil de paix et de sécurité de l'UA, Doc. Off. OUA, 1ere sess.

2) Autres instruments internationaux

Convention de la Haye du 12 avril 1930, concernant certaines questions relatives aux conflits de lois sur la nationalité, Recueil des Traités de la Société des Nations, Vol. 179, p. 89.

Pacte relatif aux droits économiques, sociaux et culturels du 16 décembre 1966, Nations Unies, Recueil des Traités, vol. 993, p. 3. Il est entré en vigueur le 3 janvier 1976.

Pacte relatif aux droits civils et politiques du 16 décembre 1966, Nations Unies, Recueil des Traités, vol. 999, p. 171. Il est entré en vigueur le 23 mars 1976.

Protocole facultatif se rapportant au Pacte international des droits civils et politiques, du 16 décembre 1966, Nations Unies, Recueil des Traités,vol. 999, p. 171.

Protocole facultatif se rapportant aux droits civils et politiques, visant à abolir la peine de mort, du 15 décembre 1989, Nations Unies, Recueil des traités, Vol. 1642, p. 414.

Convention générale de coopération en matière de justice du 12 septembre 1961 liant les pays de l'ex Organisation commune africaine et malgache (OCAM).

Convention de coopération en matière judiciaire du 21 avril 1987 entre les pays de l'Accord de Non-agression et d'Assistance en matière de défense (ANAD).

B) Actes de droit dérivé

Déclaration universelle des droits de l'homme du 10 décembre 1948, Nations Unies, Recueil d'instruments internationaux, 2002, Vol. 1, p. 1.
Résolution n° A/RES/217 (III) de l'Assemblée générale de l'ONU du 10 décembre 1948.

Règlement intérieur de la Conférence de l'Union, Doc. Off. UA, Assembly/AU/2 (I) a (2002).

Décision A/DEC.2/6/06., Conférence des chefs d'État et de gouvernement, du 14 juin 2006, in JO, Vol. 49, juin 2006, p. 40.

Décision L/4903 dans GATT, IBDD, Supplément n°26, p. 223 (Clause d'habilitation).

C) Actes nationaux

1) Constitutions

Constitution de la Guinée-Bissau du 16 mai 1984,

Constitution du Burkina-Faso du 2 juin 1991, JOBF du 13 juin 1991, p. 794.

Constitution du Bénin du 11 décembre 1990, JO du 1er janvier 1991, 102e année, n°1, p.

Constitution du Mali du 12 janvier 1992, disponible http://www.courconstitutionnelle.ml

Constitution du Togo du 14 octobre 1992, JO du 19 octobre 1999, 37e année, n°36, p. 1.

Constitution du Niger du 18 juillet 1999, JO du 9 août 1999, p. 1.

Constitution du Sénégal du 22 janvier 2001, JO du 22 janvier 2001, n°5963, pp.27-42.

Constitution de la République de Côte d'Ivoire du 6 novembre 2016, JO, n° spécial, 9 novembre 2016, pp. 129-144.

2) Législations

Loi n° 72-833 du 21 décembre 1973 portant code de procédure civile, commerciale et administrative de Côte d'Ivoire, disponible sur https://www.loidici.com

Zatu an VII 13 du 16 novembre 1989 portant institution et application d'un code des personnes et de la famille au Burkina Faso, disponible sur http://www.legiburkina.bf

Table des matières

REMERCIEMENTS I

DÉDICACE II

PRÉFACE III

LISTE DES PRINCIPALES ABBRÉVIATIONS, SIGNES ET ACCRONYMES VI

ÉPIGRAPHE X

INTRODUCTION GÉNÉRALE 1

Paragraphe I- La notion d'Union de droit en droit de l'UE 6

A) L'Union de droit, une notion atavique au concept d'État de droit 9

1) Des origines à la conception moderne de l'État de droit 9

2) Le reflet de la conception moderne de l'État de droit dans la notion d'Union de droit 15

B) L'Union de droit, une notion autonome du droit de l'UE 20

C) L'Union de droit, une notion fonctionnelle en droit de l'UE 23

1) L'Union de droit et le principe de légalité 24

2) L'Union de droit et le contrôle juridictionnel 26

3) L'Union de droit et le principe de coopération loyale 31

4) L'Union de droit et la protection des droits fondamentaux 33

5) L'Union de droit et la constitutionnalisation de l'ordre juridique de l'UE 36

Paragraphe II- La notion d'Union de droit dans l'analyse du système juridique de l'UEMOA 39

A) L'Union de droit, une notion transposable en droit de l'UEMOA 39
B) Problématique générale et intérêt du sujet 46
C) Méthodologie et annonce du plan 52

PREMIÈRE PARTIE : LES FONDEMENTS NORMATIFS DE L'UNION DE DROIT 57

Titre Ier : L'obligation de respecter le principe de légalité 58
Chapitre Ier : La hiérarchie des normes au sein de l'UEMOA 60
Section I : La hiérarchie des sources du droit dans l'ordre juridique de l'UEMOA 61
Paragraphe II- Taxinomie des sources du droit 62
A) La pluralité des sources du droit primaire 62
1) La coexistence des traités constitutifs 62
2) Les autres sources du droit primaire 64
B) L'hétérogénéité des sources du droit dérivé 66
1) Les sources du droit dérivé à effet contraignant 66
a) Les sources à caractère unilatéral 66
b) Les sources à caractère conventionnel 72
2) Les sources du droit dérivé à effet non contraignant 79
Paragraphe II- L'ordonnancement hiérarchique des sources du droit 80
A) La hiérarchie des sources du droit primaire 81
1) La primauté sur les sources du droit dérivé 81
2) La primauté sur les conventions liant uniquement les États membres 84
3) La hiérarchie à l'intérieur des sources du droit primaire 88
B) La hiérarchie des sources du droit dérivé 90
1) L'absence d'une hiérarchisation des actes de droit dérivé 90
1) L'identification de critères d'hiérarchisation du droit dérivé 93
Section II : La hiérarchie des sources du droit de l'UEMOA dans les ordres juridiques internes 98
Paragraphe I : La consécration de la primauté générale dans l'ordre juridique de l'UEMOA 99
A) Les fondements de la consécration 99
1) Le principe de l'effet direct 100

2) Le principe de primauté.. 105
B) La portée de la consécration 108
1) L'effet de substitution au droit national 108
2) L'effet d'exclusion du droit national....................... 109
Paragraphe II : La reconnaissance de la primauté générale dans les ordres juridiques internes 112
A) Les ordres juridiques enclins à la reconnaissance de la primauté générale 112
B) Les ordres juridiques hostiles ou enclins au rejet de la primauté générale 116
Chapitre IIeme : Les compétences au sein de l'UEMOA 120
Section I : Le régime juridique applicable aux compétences 121
Paragraphe I : L'attribution des compétences........................ 121
A) Le principe des compétences d'attribution............. 121
1) La consécration du principe 122
2) La traduction du principe dans le choix de la base juridique 126
B) La flexibilité dans l'application du principe des compétences d'attribution 132
1) Le rejet de la théorie des compétences implicites ... 133
2) Le mécanisme de la clause d'adaptation 144
Paragraphe II - L'exercice des compétences.......................... 148
A) L'autonomie dans l'exercice des compétences 148
1) L'autonomie de l'action des organes 148
2) L'autonomie de l'action étatique............................ 151
B) L'efficacité dans l'exercice des compétences 155
1) L'encadrement de l'autonomie............................... 156
2) L'obligation de coopération 158
Section II : La catégorisation des compétences........................ 161
Paragraphe I : L'identification des catégories de compétences 161
A) La clarté relative des compétences des organes 161
1) Les compétences d'orientation et de « législation » 162
2) La compétence d'exécution.................................... 164
3) Les compétences de contrôle.................................. 165
B) L'identification malaisée des compétences de l'Union 167
1) L'absence de catalogue des compétences dans les traités constitutifs... 168

2) L'apport limité de la systématisation jurisprudentielle 170
Paragraphe II- Essai d'une typologie des compétences de l'Union 173
A) Les compétences internes 173
1) Les compétences internes exclusives 174
2) Les compétences internes mixtes 180
B) Les compétences externes 189
1) Les compétences externes exclusives 189
2) Les compétences externes mixtes 192
Conclusion du titre I 195

Titre II : L'ancrage du principe démocratique et la protection des droits fondamentaux 197
Chapitre Ier : Le principe démocratique et la protection des droits fondamentaux comme principes directeurs de l'Union 199
Section I : Le principe démocratique 200
Paragraphe I : La représentation démocratique au sein de l'Union 200
A) La représentation « directe » à travers l'organe parlementaire 201
1) Le Comité interparlementaire 201
2) Le Parlement de l'UEMOA 205
B) La représentation indirecte par les exécutifs et les parlements nationaux 211
1) La représentation par les exécutifs nationaux 211
2) La représentation par les parlements nationaux 217
Paragraphe II : La participation démocratique au sein de l'Union 219
A) La participation en tant qu'opérateurs économiques 220
1) La chambre consulaire régionale 220
2) Le Conseil du travail et du dialogue social 223
B) La participation en tant que « citoyens » de l'Union 226
1) L'absence formelle d'une citoyenneté de l'UEMOA 227
2) Les prémices d'une citoyenneté de l'UEMOA 232
Section II : La protection des droits fondamentaux 236

Paragraphe I : Les sources de protection des droits fondamentaux....239
A) Le caractère externe des sources de protection des droits fondamentaux....239
1) La déclaration universelle des droits de l'homme...239
2) La Charte africaine des droits de l'homme et des peuples....242
B) Le statut juridique des sources de protection des droits fondamentaux....245
1) Le caractère « soft law » de la DUDH....245
2) Le caractère « hard law » de la CADHP....248
Paragraphe II : L'application des droits fondamentaux....255
A) Le champ d'application ratione personae....255
1) L'application des droits fondamentaux aux organes 256
2) L'application des droits fondamentaux aux États membres....258
B) Le champ d'application ratione materiae....260
1) Le caractère spécialisé de l'UEMOA....261
2) Les risques liés à l'application illimitée des droits fondamentaux....263
Chapitre IIeme : Le principe démocratique et la protection des droits fondamentaux comme principes de gouvernement des États membres....266
Section I : L'obligation du respect, par les États membres, du principe démocratique et des droits de l'Homme comme principes de gouvernement....266
Paragraphe I : Les fondements de l'obligation....267
A) Le respect de la démocratie et des droits de l'Homme comme principes imposés par le droit de l'UEMOA....267
1) Le silence des traités constitutifs....267
2) Le caractère évasif du droit dérivé....269
B) Le respect de la démocratie et des droits de l'Homme comme principes découlant des « traditions constitutionnelles communes » aux États membres....273
1) La démocratie et les droits de l'Homme comme « traditions constitutionnelles communes » aux États membres....273

2) Les « traditions constitutionnelles communes » aux États membres, comme source d'inspiration du juge de l'UEMOA 277
Paragraphe II : Proposition d'une formalisation de l'obligation au sein de l'UEMOA 279
A) Les sources juridiques de l'obligation des États membres 280
1) Les chartes africaines sur la démocratie et la gouvernance 280
2) L'applicabilité des chartes africaines comme obligation découlant du cadre juridique de l'UEMOA .. 284
B) Les modalités de l'obligation 286
1) Le respect de la démocratie et des droits de l'Homme comme condition d'adhésion à l'UEMOA 287
2) Le respect de la démocratie et des droits de l'Homme comme condition de participation à l'UEMOA 289
Section II : Les garanties du respect de la démocratie et des droits de l'Homme comme principes de gouvernement 291
Paragraphe unique : Les garanties politiques 292
A) La complémentarité des mécanismes de garanties politiques 293
1) Le mécanisme spécifique aux changements anticonstitutionnels 293
2) Le mécanisme général de garantie de la démocratie et des droits de l'Homme 295
B) Les difficultés de mise en œuvre des mécanismes de garantie politique 296
1) Les difficultés formelles 296
2) Les difficultés matérielles 301
Conclusion du titre II 307
Conclusion de la Ière partie 310

DEUXIÈME PARTIE : LES GARANTIES JURIDICTIONNELLES DE L'UNION DE DROIT 313

Titre I : L'accès aux garanties juridictionnelles 317
Chapitre Ier : L'accès aux garanties juridictionnelles en cas de contestation des actes des organes 319
Section I : L'étendue de l'accès aux garanties juridictionnelles 320
Paragraphe I : L'accès aux voies de droit ordinaires 320

A) Les voies de recours directs 320
1) Les conditions d'accès aux voies de recours directs 321
a) Les conditions d'accès au recours en appréciation de légalité 322
i) Le locus standi du requérant 322
ii) La nature de l'acte attaquable 328
iii) Le délai pour agir et les moyens invocables......332
b) Les conditions d'accès au recours en responsabilité extracontractuelle 333
i) Les conditions de recevabilité..........................334
ii) Les conditions de fond....................................336
2) L'autonomie des voies de recours directs 341
B) Les voies de droit incidentes 342
1) Les conditions d'accès aux voies de droit incidentes 343
a) Les conditions d'accès à l'exception d'illégalité .343
b) Les conditions d'accès au renvoi préjudiciel en appréciation de légalité 346
2) Le caractère cumulatif de l'accès aux voies de droit incidentes par rapport au recours direct en appréciation de légalité 354
Paragraphe II- L'accès aux voies de droit spéciales 359
A) Les spécificités des conditions d'accès au recours du personnel de l'UEMOA 359
1) La qualité des requérants.......................................360
2) La procédure applicable 362
B) Les spécificités des conditions d'accès au recours de plein contentieux en matière de concurrence 366
1) L'objet du recours 366
2) L'étendue des pouvoirs du juge 368
Section II : Les limites de l'accès aux garanties juridictionnelles 370
Paragraphe I : Les restrictions à l'utilisation des voies d'accès au juge...370
A) Les restrictions de droit...370
1) Les restrictions imputables à la règlementation en vigueur 370
a) L'indisponibilité de certaines voies d'accès.........371
i) L'absence du recours en carence 371

ii) L'accès « hypothéqué » au renvoi préjudiciel en appréciation de légalité....................................376
b) L'inexistence de conditions préalables 381
c) L'imposition de conditions excessives 382_Toc32848712
d) Les restrictions justifiées....................................385
2) Les restrictions imputables au juge de l'UEMOA ..387
a) L'interprétation restrictive des voies d'accès.......388
b) L'interprétation restrictive des conditions d'accès 390
i) La condition du recours administratif préalable dans l'affaire Kossi M. AGOKLA 390
ii) La condition de la production de l'acte attaqué en annulation dans l'affaire État de Côte d'Ivoire et M. Laurent GBAGBO..395
B) Les restrictions de fait 397
1) L'obstacle de la connaissance préalable du droit de l'UEMOA 397
2) L'obstacle de la langue...399
3) L'obstacle du coût de l'accès au juge.....................400
Paragraphe II : Les restrictions à la qualité de l'accès...........402
A) Les restrictions imputables à la manière de juger ...402
1) L'exercice « arbitraire » du contrôle juridictionnel.403
2) Le self-restraint du juge de l'UEMOA...................405
B) Les restrictions imposées à la fonction du juge de l'UEMOA 410
1) Les menaces statutaires à l'indépendance du juge ..410
2) L'illustration par la crise judiciaire de 2011 à 2015415
Chapitre IIeme : L'accès aux garanties juridictionnelles en cas de contestation des actes étatiques 420
Section I : La consécration de l'accès aux garanties juridictionnelles 421
Paragraphe I : Le caractère indirect de l'accès devant le juge de l'UEMOA 421
A) L'accès indirect dans le renvoi préjudiciel en interprétation 421
1) L'accès à une voie de contrôle indirect...................422
a) L'objet du mécanisme 422
b) L'opérationnalisation du mécanisme 424
2) L'accès indirect par le canal du juge national.........427

B) L'accès indirect au recours en manquement 430
1) Le caractère réservé de l'exercice du recours 431
2) Le déclenchement indirect de la procédure par les individus 435
Paragraphe II : L'accès direct devant le juge national 439
A) Le droit d'accès au juge national 439
1) Les fondements du droit d'accès 439
2) La portée du droit d'accès 442
a) L'accès au juge national de la légalité 442
b) L'accès au juge national de la réparation 443
i) L'accès au juge de la réparation dans le contentieux de la répétition de l'indu 443
ii) L'accès au juge réparation dans le contentieux de la responsabilité étatique pour violation du droit de l'UEMOA 446
B) Les voies d'accès 451
Section II : La réalité de l'accès aux garanties juridictionnelles 453
Paragraphe I : Le caractère quasi-inexistant de l'accès devant le juge de l'UEMOA 454
A) L'inactivation du recours en manquement par les requérants attitrés 454
1) L'évitement réciproque des États membres 454
2) Le laxisme de la Commission à l'égard des États membres 457
B) L'activation limitée du renvoi préjudiciel en interprétation par le juge national 463
Paragraphe II : Le caractère incertain de l'accès devant le juge national 467
A) L'indispensable connaissance du droit de l'UEMOA 468
B) L'importance de la reconnaissance préalable de la primauté générale du droit de l'UEMOA 468
Conclusion du titre I 470

Titre II : L'efficacité de l'accès aux garanties juridictionnelles 472
Chapitre Ier : La possibilité d'obtenir des mesures provisoires 474
Section I : Les fondements et les caractéristiques de la protection juridictionnelle provisoire 475
Paragraphe I : L'hétérogénéité des fondements 476

A) Les fondements formels de la protection accordée par le juge de l'UEMOA 477
B) Les fondements matériels d'une protection octroyée par le juge national 479
1) Les caractéristiques du droit de l'intégration et les obligations subséquentes du juge national 479
2) Le principe de l'effet utile, la cohérence du système de protection provisoire et la théorie des pouvoirs implicites 484
Paragraphe II : L'homogénéité des caractéristiques 487
A) Le caractère accessoire 487
B) Le caractère provisoire 488
C) Le caractère conservatoire 490
Section II : Les conditions d'obtention des mesures provisoires 491
Paragraphe I : Les conditions de recevabilité et la procédure applicable à la demande de mesures provisoires 491
A) Les conditions de recevabilité et la procédure applicable devant le juge des référés de l'UEMOA 491
1) Les conditions de recevabilité 491
a) L'identité du requérant 492
b) Le contenu de la demande en référé 492
c) L'exigence d'une action préalable au principal 493
2) Le déroulement de la procédure 494
a) L'organe ou l'entité compétente 495
b) Les différentes étapes de la procédure 498
B) Les conditions de recevabilité et la procédure applicable devant le juge national des référés 500
Paragraphe II : Les conditions d'octroi de la protection provisoire 501
A) Les conditions d'octroi applicables devant le juge des référés de l'UEMOA 502
1) L'urgence 502
2) Le sérieux de la demande 507
3) La mise en balance des intérêts en présence 508
4) Le pouvoir d'appréciation du juge des référés de l'UEMOA 510
B) Les conditions d'octroi applicables devant le juge national des référés 513

Chapitre IIeme : Les décisions finales de justice et leurs mécanismes d'exécution 516
Section I : La teneur des décisions finales de justice et leurs effets juridiques 520
Paragraphe I : Les décisions de la Cour de Justice résultant de la contestation des actes des organes 520
A) Les décisions résultant du contentieux de la légalité 520
1) L'arrêt rendu à l'issue du contrôle direct de la légalité 521
2) Les arrêts rendus à l'issue du contrôle incident de la légalité 523
a) L'arrêt d'invalidation 523
b) La déclaration d'illégalité....................................527
B) Les décisions résultant du contentieux de pleine juridiction 528
Dans le cadre du contentieux de pleine juridiction, la Cour de Justice peut être saisie d'un recours en responsabilité extracontractuelle de l'Union ou d'un recours de plein contentieux en matière de concurrence. Dans le premier cas de figure, la saisine du juge de l'UEMOA peut conduire à un arrêt d'indemnisation (1) tandis que la seconde hypothèse, l'examen de l'affaire est susceptible de conduire à plusieurs types de décisions (2). 528
1) L'arrêt d'indemnisation..528
2) Les arrêts rendus en matière de concurrence...........529
Paragraphe II : Les décisions de la Cour de Justice résultant de la contestation des actes étatiques..531
A) L'arrêt en constatation de manquement 531
B) L'arrêt d'interprétation...532
Section II : L'exécution des décisions finales de justice...........535
Paragraphe I : L'obligation d'exécuter les arrêts de la Cour de Justice..536
A) La portée de l'obligation d'exécuter à l'égard des organes 536
1) La portée de l'obligation dans le contentieux de la légalité 536
a) L'obligation d'exécuter l'arrêt en annulation.......536
b) L'obligation d'exécuter l'arrêt d'invalidation et la déclaration d'illégalité 539

2) La portée de l'obligation dans le contentieux de la responsabilité extracontractuelle 540
B) La portée de l'obligation à l'égard des États membres 540
1) L'obligation d'exécuter l'arrêt en constatation de manquement........ 540
2) L'obligation d'exécuter l'arrêt d'interprétation 542
Paragraphe II : Les remèdes en cas de non-respect de l'obligation d'exécuter 543
A) Les remèdes en cas d'inexécution volontaire des organes 543
1) L'inexécution des arrêts résultant du contentieux de la légalité 543
a) La réparation pécuniaire 544
b) Le recours aux moyens de pression sociopolitiques 545
2) L'exécution forcée des arrêts résultant du contentieux de pleine juridiction 549
a) Le problème de l'exécution forcée au regard des immunités d'exécution 550
b) Le régime juridique potentiellement applicable à l'exécution forcée 552
B) Les remèdes en cas d'inexécution volontaire des États membres 553
1) Les mécanismes d'exécution de l'arrêt en constatation de manquement 554
2) Les mécanismes d'exécution de l'arrêt d'interprétation 556
Paragraphe III- Cas particulier des décisions rendues par les juridictions nationales sur le fondement du droit de l'UEMOA 557
A) L'absence d'une libre circulation des décisions de justice entre les États membres de l'UEMOA 558
B) Plaidoyer pour la reconnaissance mutuelle des jugements internes fondés sur le droit de l'UEMOA 561
Conclusion titre II 565
Conclusion de la IIe partie 568

CONCLUSION GÉNÉRALE 569

DOCUMENT ANNEXE 574

BIBLIOGRAPHIE 577

TABLE DES MATIÈRES 669

Structures éditoriales du groupe L'Harmattan

L'Harmattan Italie
Via degli Artisti, 15
10124 Torino
harmattan.italia@gmail.com

L'Harmattan Hongrie
Kossuth l. u. 14-16.
1053 Budapest
harmattan@harmattan.hu

L'Harmattan Sénégal
10 VDN en face Mermoz
BP 45034 Dakar-Fann
senharmattan@gmail.com

L'Harmattan Cameroun
TSINGA/FECAFOOT
BP 11486 Yaoundé
inkoukam@gmail.com

L'Harmattan Burkina Faso
Achille Somé – tengnule@hotmail.fr

L'Harmattan Guinée
Almamya, rue KA 028 OKB Agency
BP 3470 Conakry
harmattanguinee@yahoo.fr

L'Harmattan RDC
185, avenue Nyangwe
Commune de Lingwala – Kinshasa
matangilamusadila@yahoo.fr

L'Harmattan Congo
67, boulevard Denis-Sassou-N'Guesso
BP 2874 Brazzaville
harmattan.congo@yahoo.fr

L'Harmattan Mali
Sirakoro-Meguetana V31
Bamako
syllaka@yahoo.fr

L'Harmattan Togo
Djidjole – Lomé
Maison Amela
face EPP BATOME
ddamela@aol.com

L'Harmattan Côte d'Ivoire
Résidence Karl – Cité des Arts
Abidjan-Cocody
03 BP 1588 Abidjan
espace_harmattan.ci@hotmail.fr

L'Harmattan Algérie
22, rue Moulay-Mohamed
31000 Oran
info2@harmattan-algerie.com

L'Harmattan Maroc
5, rue Ferrane-Kouicha, Talaâ-Elkbira
Chrableyine, Fès-Médine
30000 Fès
harmattan.maroc@gmail.com

Nos librairies en France

Librairie internationale
16, rue des Écoles – 75005 Paris
librairie.internationale@harmattan.fr
01 40 46 79 11
www.librairieharmattan.com

Lib. sciences humaines & histoire
21, rue des Écoles – 75005 Paris
librairie.sh@harmattan.fr
01 46 34 13 71
www.librairieharmattansh.com

Librairie l'Espace Harmattan
21 bis, rue des Écoles – 75005 Paris
librairie.espace@harmattan.fr
01 43 29 49 42

Lib. Méditerranée & Moyen-Orient
7, rue des Carmes – 75005 Paris
librairie.mediterranee@harmattan.fr
01 43 29 71 15

Librairie Le Lucernaire
53, rue Notre-Dame-des-Champs – 75006 Paris
librairie@lucernaire.fr
01 42 22 67 13

www.ingramcontent.com/pod-product-compliance
Lightning Source LLC
LaVergne TN
LVHW011215061026
849535LV00001BA/46
* 9 7 8 2 3 4 3 1 9 7 6 8 5 *